吉林人民出版社

简体字本二十六史

元史

卷四四——卷七五

（二）

〔明〕 宋 濂等 撰

余大钧 标点

元史卷四四
本纪第四四

顺帝七

十五年春正月戊午朔，以中书平章政事搠思监提调留守司，宣徽使黑厮为中书平章政事，河南行省左丞许有壬为集贤大学士，辽阳行省左丞奇伯颜不花升本省平章政事。壬戌，以宣政院副使忻都为太子詹事。癸亥，享于太庙。甲子，亲王秃坚帖木儿殁于军中，赐钞五百锭。江西行省平章政事道童加大司徒。戊辰，太阴犯五车。辛未，太阴犯鬼宿。大斡耳朵儒学教授郑恒建言：“蒙古乃国家本族，宜教之以礼。而犹循本俗，不行三年之丧，又收继庶母、叔婶、兄嫂，恐贻笑后世，必宜改革，绳以礼法。”不报。丙子，上都饥，赈粜米二万石。丁丑，徐寿辉伪将倪文俊复陷沔阳府。威顺王宽彻普化令王子报恩奴等同湖南元帅阿思蓝水陆并进，讨之。至汉川，水浅，文俊用火筏烧船，报恩奴遇害。庚辰，复设仁虞、云需、尚供三总管府。丙戌，大同路饥，出粮一万石减价粜之。是月，诏以湖广行省平章政事乞剌班慢功，削其官爵，令从军自效。诏安置脱脱于亦集乃路，收所赐田土。命河南行省参知政事洪丑驴守御河南，陕西行省参知政事述律朵儿只守御潼关，宗王扎牙失里守御兴元，陕西行省参知政事阿鲁温沙守御商州，通政院使朵来守御山东。诏豫王阿剌忒纳失里与陕西行省平章政事搠思监从宜商议军事。

闰月壬寅，以各卫军人屯田京畿，人给钞五锭，以是日入役，日支钞二两五钱，仍给牛、种、农器，命司农司令本管万户督其勤惰。

丙午，太阴犯心宿。丙辰，太白经天。是月，上都路饥，诏严酒禁。命
河南行省参知政事塔失帖木尔领元管陕西军马守御河南。

二月己未，刘福通等自砀山夹河迎韩林儿至，立为皇帝，又号
小明王，建都亳州，国号宋，改元龙凤。以其母杨氏为皇太后，杜遵
道、盛文郁为丞相，罗文素、刘福通为平章，刘六知枢密院事；拆鹿
邑县太清宫材建宫阙，遵道等各遣子入侍。遵道得宠专权，刘福通
疾之，命甲士挝杀遵道，福通遂为丞相，后称太保。丙寅，以中书平
章政事黑厮、左丞许有壬并知经筵事。戊辰，命太傅、御史大夫汪家
奴为中书右丞相，中书平章政事定住为左丞相，诏天下。庚午，以河
南行省平章政事咬咬为辽阳行省左丞相。壬申，立淮东等处宣慰使
司都元帅府于天长县，统濠、泗义兵万户府并洪泽等处义兵。听富
民愿出丁壮义兵五千名者为万户，五百名者为千户，一百名者为百
户，仍降宣敕牌面。丙子，以达识帖睦迩为中书平章政事，提调留守
司；平章政事黑厮兼大司农。是月，命刑部尚书董铨等与江西行省
平章政事火你赤专任征讨之务，便宜从事。遣使先降曲赦，谕以祸
福，如能出降，释其本罪，执迷不悛，克日进讨。

三月庚寅，太阴犯五车。癸巳，徐寿辉兵陷襄阳路。甲午，命汪
家奴摄太尉，持节授皇太子爱猷识理达腊玉册，锡以冕服、九旒，祗
谒太庙。丙申，太阴犯房宿。辛丑，以监察御史言，安置脱脱于云南
镇西路，也先帖木儿于四川碉门。脱脱长男哈剌章安置肃州，次男
三宝奴安置兰州。仍籍其家产。己酉，命知枢密院事众家奴知经筵
事，知枢密院事捏兀失该提调内史府。癸丑，太白经天。

夏四月壬戌，中书省臣言："江南因盗贼阻隔，所在阙官，宜遣
人与各省及行台官以广东、广西、海北、海南三品以下通行迁调，五
品以下先行照会之任，江浙行省三年一次迁调，福建等处阙官，亦
依前例。"从之。命彰德等处分枢密院添设同知、副使、都事各一员。
癸亥，以中书平章政事达识帖睦迩知经筵事。命枢密院添设佥院一
员、判官二员，直沽分枢密院添设副使一员、都事一员。以御史中丞
扎撒兀孙同知经筵事。乙丑，以中书右丞臧卜、左丞乌古孙良桢分

省彰德。辛未，命御史中丞伯家奴同知经筵事，中书参议成遵兼经筵官。癸酉，以左丞相定住为右丞相，平章政事哈麻为左丞相，太子詹事桑哥失里为中书平章政事，雪雪为御史大夫。丁丑，加知枢密院事众家奴太傅。辛巳，亲王脱脱薨，赐钞二百锭。是月，车驾时巡上都。诏翰林待制乌马儿、集贤待制孙㧑招安高邮张士诚，仍赍宣命、印信、牌面，与镇南王孛罗不花及淮南行省、廉访司等官商议给付之。御史台劾奏中书左丞吕思诚，罢之。诏四川等处立宣化镇南军民府，改四川忠孝军民府为忠孝军民安抚司。罢盘顺府，改立盘顺军民安抚司。罢四川羊母甲洞、臭南王洞长官司。改立忠义军民安抚司。立汴梁等处义兵万户府。

五月壬辰，复襄阳路。监察御史也里忽都等劾奏河南行省左丞相太不花慢功虐民，诏削其官职，仍令率领火赤温，从总兵官、平章政事答失八都鲁征进，答失八都鲁管领太不花一应军马。庚戌，倪文俊自沔阳陷中兴路，元帅朵儿只班死之。是月，命淮南行省平章政事咬住、淮东廉访使王也先迭儿抚谕高邮。

六月丙辰，命御史大夫雪雪提调端本堂。癸亥，太白经天。丁卯，监察御史哈林秃劾奏脱脱之师集贤大学士吴直方及其参军黑汉、长史火里赤等，并宜追夺；从之。监察御史歪哥等辩明中书左丞吕思诚给付元追所授宣命、玉带。戊辰，命中书平章政事搠思监兼大司农，桑哥失里知经筵事。己巳，靖安王阔不花薨，无后，命其侄袭封靖安王。癸酉，以四川行省平章政事答失八都鲁为河南行省平章政事。乙亥，命将作院判官乌马儿招安濠、泗等处，章佩监丞普颜帖木儿招安沔阳等处。诸王倒吾没于军中，赙钞二百锭。丁丑，保德州地震。己卯，陕西行省平章政事秃秃加答剌罕。庚辰，徵徽州隐士郑玉为翰林待制，不至。江浙省臣言："至正十五年税课等钞内，除诏书已免税粮等钞，较之年例，海运并所支钞不敷，乞减海运以苏民力。"户部定拟本年税粮除免之外，其寺观并拨赐田粮，十月开仓，尽行拘收，其不敷粮拨至元折中统钞一百五十万锭，于产米处籴一百五十万石，贮濒河之仓，以听拨运。"从之。癸未，中书参知政事实理门言："旧立蒙古国子监，专教四怯薛并各爱马官员子弟。今宜谕之，依先例入学，俾严为训诲。"从之。是月，大明皇帝起兵，自和州渡江，取太平路。自红巾妖寇倡乱之后，南北郡县多陷没，故大明从而取之。荆州大水。命湖广行省平章政事阿鲁灰领军与淮南行省平章政事蛮子海牙、淮西道宣慰使完者不花以兵攻和州等处。命郡王只儿嗷伯、湖广行省右丞卜兰奚攻讨河南。以湖广行省平章政事咬住为总兵官，领本省军马并江州杨完者、黄州李胜等军守御湖广。江浙行省参知政事纳麟哈剌统领水军万户等军，会本省平章政事定定，进攻常州、镇江等处。命将作院判官乌马儿、利用监丞八十奴招谕濠、泗，淮南行省左丞相太平助之；章佩监丞普颜帖木儿、翰林修撰烈瞻招谕沔阳，四川行省平章政事玉枢虎儿吐华等助之。以怯薛丹泼皮等六十名从江南行御史台大夫福寿守御集庆路。国王朵儿只虁于扬州军中，命郡王只儿嗷伯管领其所部军马。

秋七月辛卯，享于太庙。壬寅，倪文俊复陷武昌、汉阳等路。是月，命亲王失里门以兵守曹州，山东宣慰马某火者以兵分府沂州、莒州等处。命知枢密院事答儿麻监藏及四川行省左丞沙剌班、湖南同知宣慰使刘答儿麻失里以兵屯中兴，招谕诸处，有不降者，与亲王秃鲁及玉枢虎儿吐华讨之。命湖广行省平章政事桑哥、亦秃浑及秃秃守御襄阳，参知政事哈林秃及王塔失帖木尔守御沔阳，如贼徒不降，即进兵讨之。升台州海道巡防千户所为海道防御运粮万户府。

八月庚申，命南阳等处义兵万户府召募毛胡芦义兵万人，进攻南阳。戊辰，以中书平章政事达识帖睦迩为江浙行省左丞相，便宜行事，赐钞一千锭。甲戌，以大宗正府扎鲁忽赤送里迷失为甘肃行省平章政事。戊寅，太白经天。云南死可伐等降，令其子莽三以方物来贡，乃立平缅宣抚司。四川向思胜降，以安定州改立安定军民安抚司。是月，车驾还自上都。诏淮南行省左丞相太平统淮南诸军讨所陷郡邑，仍命湖广行省平章政事阿鲁灰以所部苗军听其节制。立吾者野人乞列迷等处诸军万户府于哈儿分之地。命亲王宽彻班守兴元，永昌宣慰使完者帖木儿讨西番贼。以淮南行省平章政事蛮子海牙与同知枢密院事绊住马等，自芜湖至镇江南岸守御，同阿鲁灰所部军马协力卫护江南行台。命答失八都鲁从便调度湖广行省左丞卜兰奚所领苗军，江浙行省平章政事卜颜帖木儿守御蕲、黄、兰溪等处。

九月癸未，命掤思监提调武卫。以知岭北行枢密院事纽的该为中书平章政事。乙酉，立分海道防御运粮万户府于平江路。己丑，太白犯太微垣。辛卯，命秘书卿答兰提调别吉太后影堂祭祀，知枢密院事野仙帖木儿提调世祖影堂祭祀，宣政院使蛮子提调裕宗、英宗影堂祭祀。己亥，倪文俊围岳州路。壬子，命桑哥失里提调宣文阁，吕思诚知经筵事，集贤大学士许有壬兼太子谕德。是月，移置脱脱于阿轻乞之地。命答失八都鲁移军住陈留。

冬十月丁巳，立淮南行枢密院于扬州。己未，太阴犯垒壁阵。甲子，命兵、工二部尚书撒八儿、王安童以金银牌一百六十五面给淮东宣慰使司等处义兵官员。命哈麻领大司农司。帝谓右丞相定住等曰：“敬天地，尊祖宗，重事也。近年以来，缺于举行，当选吉日，朕将亲祀郊庙，务尽诚敬，不必繁文。卿等其议典礼，从其简者行之。”遂命右丞斡栾、左丞吕思诚领其事。以中书右丞拜住为平章政事。庚午，以袭封衍圣公孔克坚同知太常礼仪院事，以克坚子希学为袭封衍圣公。癸酉，太阴犯轩辕。哈麻奏言：“郊祀之礼，以太祖配。皇帝出宫至郊祀所，便服乘马，不设内外仪仗、教坊队子，斋戒七日，内散斋四日于别殿，致斋三日，二日于大明殿西幄殿，一日在南郊祀所。”丙子，以郊祀，命皇太子爱猷识理达腊祭告太庙。己卯，以翰林学士承旨庆童为淮南行省平章政事。立黄河水军万户府于小清口。

十一月甲申，荧惑犯氐宿。庚寅，填星犯井宿。壬辰，亲祀上帝于南郊，以皇太子爱猷识理达腊为亚献，摄太尉、右丞相定住为终献。甲午，以太不花为湖广省左丞相，总兵招捕湖广、沔阳等处，湖广、荆襄诸军悉听节制，给还元追夺河南行省丞相宣命，仍给以功赏宣敕、金银牌面。戊戌，介休县桃杏花。己亥，太阴犯鬼宿。戊申，右丞相定住以病辞职，命以太保就第治病。庚戌，贼陷饶州路。辛亥，赐高丽国王伯颜帖木儿为亲仁辅义宣忠奉国彰惠靖远功臣。是月，答失八都鲁攻夹河贼，大破之。贼陷怀庆，命河南行省右丞不花讨之。以湖广归州改隶四川行省。

十二月壬子朔，荧惑犯房宿。给湖广行省分省印。丁巳，命中书参知政事月伦失不花、陈敬伯分省彰德。癸亥，立忠义、忠勤万户府于宿州、武安州。己巳，以诸郡军储供饷繁浩，命户部印造明年钞本六百万锭给之。壬申，以平章政事帖里帖木儿、右丞斡栾并知经筵事，参议丁好礼兼经筵官。乙亥，以天下兵起，下诏罪己，大赦天下。是月，答失八都鲁大败刘福通等于太康，遂围亳州，伪宋主遁于安丰。立兴元等处上宣慰使司都元帅府于兴元路。

是岁，蓟州雨血。诏：“凡有水田之处，设大兵农司，招集人夫，有警乘机进讨，无事栽植播种。”诏浚大内河道，以宦官同知留守野先帖木儿董其役。野先帖木儿言，自十一年以来，天下多事，不宜兴作。帝怒，命往使高丽，改命宦官答失蛮董之。以中书平章政事拜住分省济宁，设四部。

是岁，察罕帖木儿与贼战于河南、北，屡有功，除中书刑部侍郎。

十六年春正月壬午，改福建宣慰使司都元帅府为福建行中书省。戊子，亲享太庙。命中书平章政事帖里帖木儿提调国子监。己丑，太阴犯昴宿。丁酉，太保定住以病辞职，太尉、大宗正府扎鲁忽赤月阔察儿以出军中伤辞职，皆不允。乙亥，诏命太尉阿吉剌开府设官属。乙巳，以辽阳行省左丞相咬咬为太子詹事，翰林学士承旨朵列帖木儿同知詹事院事。丙子，以知枢密院事实理门兼大府监卿。戊申，云南土官阿芦降，遣侄腮幹以方物来贡。庚戌，左丞相哈麻罢。辛亥，御史大夫雪雪亦罢。以搠思监为御史大夫。复以定住为右丞相。是月，蓟州地震。倪文俊建伪都于汉阳，迎徐寿辉据之。

二月癸酉,秃鲁帖木儿辞职,不允。搠思监纠言哈麻及其弟雪雪等罪恶。帝曰:"哈麻兄弟虽有罪,然侍朕日久,与朕弟懿璘质班皇帝实同乳,且缓其罚,令之出征自效。"甲寅,命右丞相定住依前太保,中书一切机务悉听总裁,诏天下。丙辰,以镇南王孛罗不花自兵兴以来,率怯薛丹讨贼,累立战功,赐钞一万锭。定住及平章政事桑哥失里等复奏哈麻兄弟罪恶,遂命贬哈麻惠州安置,雪雪肇州安置,寻杖杀之。壬戌,詹事伯撒里辞职。乙丑,禁销毁、贩卖铜钱。丙寅,命翰林国史院、太常礼仪院定拟皇后奇氏三代功臣谥号、王爵。甲戌,命六部、大司农司、集贤、翰林国史两院、太常礼仪院、秘书、崇文、国子、都水监、侍仪司等正官,各举才堪守令者一人,不拘蒙古、色目、汉、南人,从中书省斟酌用之,或任内害民受赃者,举官量事轻重降职。命蛮蛮为靖安王,赐金印,置王傅等官。己卯,命集贤直学士杨俊民致祭曲阜孔子庙,仍葺其庙宇。诏谕:山东盐法,军民毋得沮坏。赐定住笃怜赤、怯薛丹三十名,给衣粮、马匹、草料。是月,高邮张士诚陷平江路据之,改平江路为隆平府,遂陷湖州、松江、常州。

三月辛巳,复立酒课提举司。命中书平章政事帖里帖木儿、参知政事成遵等议钞法。壬午,徐寿辉复寇襄阳。癸未,台臣言:"系官牧马、草地,俱为权豪所占。今后除规运总管府见种外,余尽取勘,令大司农召募耕垦,岁收租课,以资国用。"从之。丁亥,以今秋出师,诏和买马六万匹。戊子,命宣让王帖木儿不花、威顺王宽彻普化以兵镇遏怀庆路,各赐金一锭、银五锭、币帛九匹、钞二千锭。庚寅,大明兵取集庆路,江南行台御史大夫福寿死之。丙申,倪文俊陷常德路,总兵官俺都剌遁。命搠思监提调承徽寺。丁酉,立行枢密院于杭州,命江浙行省左丞相达识睦迩兼知行枢密院事,节制诸军,省、院等官并听调遣,凡赏功、罚罪、招降、讨逆,许以便宜行事。大明兵取镇江路。戊申,方国珍复降,以为海道运粮漕运万户兼防御海道运粮万户,其兄方国璋为衢州路总管兼防御海道事。是月,有两日相荡。

　　夏四月辛亥,以搠思监为中书左丞相。丙辰,以资正院使普化
为御史大夫。丁巳,命左丞相搠思监领经筵事,中书平章政事悟良
哈台、御史大夫普化并知经筵事。庚申,以河南行省左丞卜兰奚为
湖广行省平章政事,答失八都鲁加金紫光禄大夫。丙寅,命阿因班
太子与陕西行省官同讨均、房、南阳。辽阳行省平章政事奇伯颜不
花加大司徒。丁卯,以陕西行台御史大夫朵朵为陕西行省左丞相,
大司农咬咬为辽阳行省左丞相。以知枢密院事实理门分院济宁。翰
林学士承旨脱脱同知詹事院事。壬申,命豫王阿剌忒纳失里与陕西
行省官商议军机,从宜攻讨。己卯,命悟良哈台兼太子谕德。是月,
车驾时巡上都。

　　五月壬辰,太白犯鬼宿。癸巳,亦如之。甲午,太阴入斗宿。丙
申,倪文俊陷澧州路。丁酉,太阴犯垒壁阵。乙巳,贼寇辰州,守将
和尚以乡兵击败之。

　　六月甲寅,江浙行省平章政事三旦八、参知政事杨完者以兵守
嘉兴路御张士诚。乙丑,大明兵取广德路。

　　秋七月癸未,以翰林学士秃鲁帖木儿为侍御史。丁酉,太阴犯
垒壁阵。是月,张士诚遣兵陷杭州,江浙行省平章政事左答纳失里
战死,丞相达识帖睦迩遁,杨完者及万户普贤奴击败之,复其城。

　　八月丙辰,奉元路判官王渊等以义兵复商州。升渊同知关、商、
襄、邓等处宣慰司事。己未,贼侵河南府路,参知政事洪丑驴以兵败
之。丁卯,太阴犯昂宿,庚午,倪文俊陷衡州路,元帅甄崇福战死。甲
戌,彗星见张宿,色青白,彗指西南,长尺余,至十二月戊午始灭。是
月,车驾还自上都。黄河决,山东大水。

　　九月庚辰,汝、颍贼李武、崔德等破潼关,参知政事述律杰战
死。壬午,豫王阿剌忒纳失里、同知枢密院事定住引兵复潼关,河南
行省平章政事伯家奴以兵守之。丙申,潼关复陷,伯家奴兵溃,豫王
阿剌忒纳失里复以兵取之,李武、崔德败走。戊戌,贼陷陕州及虢
州。诏以太尉纳麟复为江南行台御史大夫,迁行台治绍兴。是月,
察罕帖木儿复陕州及虢州,复袭败贼兵于平陆、安邑,以功由兵部

尚书升金河北行枢密院事。

冬十月丁未，大名路有星如火，从东南流，芒尾如曳篲，堕地有声，火焰蓬勃，久之乃息，化为石，青黑色，光莹，形如狗头，其断处如新割者，命藏于库。壬辰，太阴犯井宿，是月，诏罢太尉也先帖木儿。

十一月丙戌，以老的沙、答里麻失并为詹事。丁亥，流星大如酒杯，色青白，尾迹约长五尺余，光明烛地，起自东北，东南行，没于近浊，有声如雷。壬辰，太阴犯井宿。是月，河南陷，河南廉访副使俺普通，置河南廉访司于沂州。又于沂州设分枢密院，以兵马指挥使司隶之。

十二月，倪文俊陷岳州路，杀威顺王子歹帖木儿。湖广参知政事也先帖木儿与左江义兵万户邓祖胜合兵复衡州。

是岁，诏沿海州县为贼所残掠者，免田租三年。赐高年帛。河南行省左丞相太不花驻军于南阳嵩、汝等州，叛民皆降，军势大振。陕西行台监察御史李尚綱上《关中形胜急论》，凡十有二事。命大司农司屯种雄、霸二州，以给京师，号京粮。

元史卷四五
本纪第四五

顺帝八

十七年春正月丙子朔，日有食之。以伯颜秃古思为大司徒。辛卯，命山东分省团结义兵，每州添设判官一员，每县添设主簿一员，专率义兵以事守御，仍命各路达鲁花赤提调，听宣慰使司节制。丙申，监察御史哈剌章言："淮东道廉访使楮不华，徇忠尽节，宜加褒赠，优恤其家。"从之。

二月壬子，贼犯七盘、蓝田，命察罕帖木儿以军会答儿麻亦儿守陕州、潼关。哈剌不花由潼关抵陕西，会豫王阿剌忒纳失里及定住等同进讨。癸丑，太阴犯五车。以征河南许、亳、太康、嵩、汝大捷，诏赦天下。戊辰，知枢密院事脱脱复邳州，调客省使撒儿答温等攻黄河南岸贼，大破之。壬申，刘福通遣其党毛贵陷胶州，佥枢密院事脱欢死之。甲戌，倪文俊陷峡州。是月，李武、崔德陷商州。察罕帖木儿与李思齐以兵自陕、虢援陕西，以察罕帖木儿为陕西行省左丞，李思齐为四川行省左丞。诏以高宝为四川行省参知政事，将兵取中兴，不克，贼遂破辘轳关。

三月乙亥，义兵万户赛甫丁、阿迷里丁叛据泉州。庚辰，毛贵陷莱州，守臣山东宣慰副使释嘉讷死之。壬午，大明兵取常州路。甲申，太阴犯鬼宿。壬辰，岁星犯垒壁阵。甲午，毛贵陷益都路，益王买奴遁，自是山东郡邑皆陷。乙未，以江淮行枢密院副使董抟霄为山东宣慰使。丁酉，毛贵陷滨州。戊戌，以中书平章政事帖里帖木儿为御史大夫,悟良哈台、斡栾并为中书平章政事。

夏四月丙午,监察御史五十九言:

> 今京师周围虽设二十四营,军卒疲弱,素不训练,诚为虚
> 设。倘有不测,诚可寒心。宜速选择骁勇精锐,卫护大驾,镇守
> 京师,实当今奠安根本、固坚人心之急务。况武备莫重于兵,而
> 养兵莫先于食。今朝廷拨降钞锭,措置农具,命总兵官于河南
> 克复州郡,且耕且战,甚合寓兵于农之意。为今之计,权命总兵
> 官从宜于军官内选委能抚字军民者,兼路府州县之职,务要农
> 事有成,军民得所;则扰民之害亦除,而匮乏之忧亦释矣。

帝嘉纳之。乙卯,毛贵陷莒州。丙辰,京师立便民六库倒易昏钞。辛
酉,以咬咬为甘肃行省左丞相,答失八都鲁加太尉、四川行省左丞
相。汉中道廉访司纠陕西行省左丞萧家奴遇贼逃窜,失陷所守郡
邑。诏正其罪。是月,车驾时巡上都。封江西行省平章政事火你赤
为营国公。大明兵取宁国路。

五月乙亥,命知枢密院事孛兰奚进兵讨山东。戊寅,平章政事
亦老温帖木儿复武安州等三十余城。丙申,命搠思监为右丞相,太
平为左丞相,诏天下。免民今岁税粮之半。诏以永昌宣慰司属詹事
院。

六月甲辰朔,以实理门为中书分省右丞,守济宁。丙辰,监察御
史脱脱穆而言:

> 去岁河南之贼窥伺河北,惟河南与山东互相策应,为害尤
> 大。为今之计,中书当遴选能将,就太不花、答失八都鲁、阿鲁
> 三处军马内,择其精锐,以守河北,进可以制河南之侵,退可以
> 攻山东之寇,庶几无虞。

从之。己未,以帖里帖木儿、老的沙并为御史大夫。庚申,大明兵取
江阴州。壬申,帖里帖木儿纠陕西知行枢院事也先帖木儿,遂命罢
陕西行枢密院,令也先帖木儿居于草地。癸酉,温州路乐清江中龙
起,飓风作,有火光如球。是月,刘福通犯汴梁,其军分三道,关先
生、破头潘、冯长舅、沙刘二、王士诚寇晋、冀,白不信、大刀敖、李喜

喜趋关中,毛贵据山东,其势大振。

秋七月己卯,帖里帖木儿奏续集《风宪宏纲》。庚辰,大明兵取徽州路。癸未,太白犯鬼宿。甲申,太阴犯斗宿。乙酉,命右丞相搠思监领宣政院事,平章政事臧卜知经筵事,参知政事李稷同知经筵事,参知政事完者帖木儿兼太府卿。丁亥,填星犯鬼宿。戊子,以李稷为御史中丞。中书省臣言:"山东般阳、益都相次而陷,济南日危。宜选将练卒,信赏必罚,为保燕赵计,以卫京师。"不报。己丑,镇守黄河义兵万户田丰叛,陷济宁路,分省右丞实理门遁。义兵万户孟本周攻之,田丰败走,本周还守济宁。甲午,以御史中丞完者帖木儿为中书右丞,河南廉访使俺普为中书参知政事。监察御史迭里弥实、刘杰言:"疆域日蹙,兵律不严,陕西、汴梁、淮颍、山东之寇有窥伺燕赵之志,宜俯询大臣,共图克复之宜,预定守备之策。"不报。是月,立四方献言详定使司,秩正三品。归德府知府林茂、万户时公权叛,以城降于贼,归德府及亳州皆陷。

八月癸卯,填星犯鬼宿,太白犯轩辕。癸丑,刘福通兵陷大名路;遂自曹、濮陷卫辉路;答失八都鲁之子孛罗帖木儿与万户方脱脱击之。甲子,太阴犯五车。乙丑,以陕西行台御史中丞伯嘉讷为陕西行省平章政事,淮南行省参知政事余阙为淮南行省左丞,江浙行省参知政事杨完者升左丞,方国珍为江浙行省参知政事,海道运粮万户如故。丙寅,庆阳府镇原州大雹。是月,大驾还自上都。蓟州大水。诏知枢密院事纽的该进讨山东。大明兵取扬州路。平江路张士诚俾前江南行台御史中丞蛮子海牙为书请降,江浙左丞相达识帖睦迩承制令参知政事周伯琦等至平江抚谕之。诏以士诚为太尉,士德为淮南行省平章政事;时士德已为大明兵所擒。

九月丙子,命同知枢密院事寿童以兵讨冠州。以老的沙为中书省平章政事兼兀良海牙指挥使。甲午,泽州陵川县陷,县尹张辅死之。戊戌,太不花复大名路并所属郡县。辛丑,诏中书右丞也先不花、御史中丞成遵奉使宣抚彰德、大名、广平、东昌、东平、曹、濮等处,奖厉将帅。是月,命纽的该加太尉,总诸军守御东昌;时田丰据济、濮，率众来寇，击走之。倪文俊谋杀其主徐寿辉，不果，自汉阳奔黄州，寿辉伪将陈友谅袭杀之，友谅遂自称平章。

闰九月癸卯，有飞星如盂，青色，光烛地，尾约长尺余，起自王良，没于勾陈。监察御史朵儿只等劾奏知枢密院使哈剌八秃儿失陷所守郡县，诏正其罪。丙午，太阴犯斗宿。右丞相搠思监、左丞相太平并加开府仪同三司，平章政事完者不花兼大司农。庚申，太阴犯井宿。乙丑，路州陷。丙寅，贼攻冀宁，察罕帖木儿以兵击走之。

冬十月乙亥，荧惑犯氐宿。戊寅，设分詹事院。甲申，太阴掩昴宿。戊戌，曹州贼入太行山。是月，白不信、大刀敖、李喜喜陷兴元，遂入凤翔，察罕帖木儿、李思齐屡击破之，其党走入蜀。答失八都鲁与知枢密院事答里麻失里以军讨曹州贼；官军败溃，答里麻失里死之。静江路山崩，地陷，大水。

十一月辛丑，山东道宣慰使董抟霄建言："请令江淮等处各枝官军，分布连珠营寨于隘口，屯驻守御；宜广屯田，以足军食。"从之。汾州桃杏花。壬寅，贼侵壶关，察罕帖木儿大破之。戊午，以河南行省平章政事答兰为中书平章政事，御史中丞李献为中书左丞，陕西行台中丞卜颜帖木儿、枢密院副使哈剌那海、司农少卿崔敬、侍御史陈敬伯皆为参知政事。癸亥，豫王阿剌忒纳失里与陕西行省左丞相朵朵、陕西行台御史中丞伯嘉讷分道攻讨关、陕。己巳，以中书参知政事八都麻失里为右丞。

十二月庚午，荧惑犯天江。辛未，山东道廉访使伯颜不花建言：严保伍，集勇健，汰冗官。戊寅，太白犯岁星。甲申，太阴犯鬼宿。丁亥，岁星犯垒壁阵。庚寅，太白犯垒壁阵。癸巳，太阴犯心宿。丁酉，庆元路象山县鹅鼻山崩。己亥，流星如金星大，尾约长三尺余，起自太阴，近东而没，化为青白气。庚子，答失八都鲁卒于军中。

是岁，诏天下团结义兵，路、府、州、县正官俱兼防御事。诏淮南行知枢密院事脱脱领兵讨淮南。诏谕济宁李秉彝、田丰等，令其出降，叙复元任；啸乱士卒，仍给资粮，欲还乡者听。倪文俊陷川蜀诸郡，命伪元帅明玉珍守据之。赵君用及彭大之子早住同据淮安；赵僭称永义王,彭僭称鲁淮王。义兵千户余宝杀其知枢密院事宝童以叛,降于毛贵;余宝遂据棣州。河南大饥。

十八年春正月辛丑,填星犯鬼宿。乙巳,察罕帖木儿、李思齐合兵于凤翔。丙午,太阴犯昴宿。陈友谅陷安庆路,守将余阙死之。庚戌,大明兵取婺源州。甲子,以不兰奚知枢密院事。乙丑,大风起自西北,益都土门万岁碑仆而碎。丙寅,田丰陷东平路。丁卯,不兰奚与毛贵战于好石桥,败绩,走济南。是月,诏答失八都鲁子孛罗帖木儿为河南行省平章政事,总领其父元管军马。诏察罕帖木儿屯陕西,李思齐屯凤翔。

二月己巳朔,议团结西山寨大小十一处以为保障,命中书右丞塔失帖木儿、左丞乌古孙良桢等总行提调,设万夫长、千夫长、百夫长,编立牌甲,分守要害,互相策应。毛贵陷清、沧州,遂据长芦镇。中书省臣奏:以陕西军旅事剧务殷,去京师道远,供费艰难;请就陕西印造宝钞为便。遂分户部宝钞库等官,置局印造。仍命诸路拨降钞本,畀平准行用库倒易昏币,布于民间。癸酉,毛贵陷济南路,守将爱的战死。毛贵立宾兴院,选用故官,以姬宗周等分守诸路;又于莱州立三百六十屯田,每屯相去三十里,造大车百辆,以挽运粮储,官民田十止收二分,冬则陆运,夏则水运。乙亥,填星犯鬼宿。辛巳,诏以太不花为中书右丞相,总兵山东。壬午,田丰复陷济宁路。甲申,辉州陷。丙戌,纽的该闻田丰逼近东昌,弃城走。丁亥,察罕帖木儿调兵复泾州、平凉,保巩昌。戊子,田丰陷东昌路。庚寅,王士诚自益都犯怀庆路,周全击败之。辛卯,以安童为中书参知政事。丁酉,兴元路陷。

三月己亥朔,日色如血。加右丞相搠思监太保。庚子,毛贵陷般阳路。辛丑,大同路夜黑气蔽西方,有声如雷;少顷,东北方有云如火,交射中天,遍地俱见火,空中有兵戈之声。癸卯,王士诚陷晋宁路,总管杜赛因不花死之。甲辰,察罕帖木儿遣赛因赤等复晋宁路。己酉,刘福通遣兵犯卫辉,孛罗帖木儿击走之。庚戌,毛贵陷蓟州,诏徵四方兵入卫。乙卯,毛贵犯漷州,至枣林,枢密副使达国珍战死,遂略柳林。同知枢密院事刘哈剌不花以兵击败之,贵走据济南。丙辰,大明兵取建德路。以周全为湖广行省参知政事,统奥鲁等军,移镇嵩州白龙寨。冀宁路陷。丁巳,田丰陷益都路。辛酉,大同诸县陷,察罕帖木儿遣关保等往击之。是时贼分二道犯晋、冀:一出沁州,一侵绛州。乙丑,以老章为太子少保。

夏四月甲申,陈友谅陷龙兴路,省臣道童、火你赤弃城遁。壬午,田丰陷广平路,大掠,退保东昌;诏令元帅方脱脱以兵复广平。癸未,以诸处捷音屡至,诏颁军民事宜十一条。庚寅,以翰林学士承旨蛮子为岭北行省平章政事。辛卯,太白犯鬼宿。甲午,陈友谅遣王奉国陷瑞州路。是月,车驾时巡上都。察罕帖木儿、李思齐会宣慰张良弼、郎中郭择善、宣慰同知拜帖木儿、平章政事定住、总帅汪长生奴,各以所部兵讨李喜喜于巩昌,李喜喜败入蜀。察罕帖木儿驻清湫,李思齐驻斜坡,张良弼驻秦州,郭择善驻崇信,拜帖木儿等驻通渭,定住驻临洮,各自除路、府、州、县官,征纳军需。李思齐、张良弼又同袭杀拜帖木儿,分总其兵。

五月戊戌朔,察罕帖木儿遣董克昌等,以兵复冀宁。以方国珍为江浙行省左丞兼海道运粮万户。诏察罕帖木儿还兵镇冀宁。李思齐杀同佥枢密院事郭择善。庚子,贼复逾太行,察罕帖木儿部将关保击败之,以察罕帖木儿为陕西行省右丞兼陕西行台侍御史、同知河南行枢密院事。刘福通攻汴梁。壬寅,太白犯填星。汴梁守将竹贞弃城遁,福通等遂入城,乃自安丰迎其伪主居之,以为都。陈友谅遣康泰、赵琮、邓克明等以兵寇邵武路。甲辰,命太尉阿吉剌为甘肃行省左丞相。乙巳,关保与贼战于高平,大败之。庚戌,陈友谅陷吉安路。壬子,太阴犯斗宿。癸丑,监察御史七十等纠劾太保、中书右丞相太不花。乙卯,诏削太不花官爵,安置盖州。时太不花总兵山东,以知行枢密院悟良哈台代之。命悟良哈台节制河北诸军,河南行省平章政事周全节制河南诸军。辛酉,陈友谅兵陷抚州路。甲子,监察御史七十、燕赤不花等劾中书参知政事燕只不花。是月,辽州蝗;山东地震,天雨白毛。察罕帖木儿自以刘尚质为冀宁路总管。

六月戊辰朔,太不花伏诛。察罕帖木儿调虎林赤、关保同守潞州。拜察罕帖木儿陕西行省平章政事,便宜行事。庚辰,关先生、破头潘等陷辽州,虎林赤以兵击走之。关先生等遂陷冀宁路。乙酉,命左丞相太平督诸军守御京城,便宜行事。是月,汾州大疫。

秋七月丁酉朔,周全据怀庆路以叛,附于刘福通。时察罕帖木儿驻军洛阳,遣伯帖木儿以兵守盘子城。周全来战,伯帖木儿为其所杀。周全遂尽驱怀庆民渡河入汴梁。丁未,太阴犯斗宿。不兰奚以兵复殷阳路。已而,复陷。戊申,太白昼见。癸丑,有贼兵犯京城,刑部郎中不花守西门,夜开门击退之。己未,刘福通遣周全引兵攻洛阳,守将登城,以大义责全,全愧谢退兵,刘福通杀之。丙寅,以完卜花、脱脱帖木儿为中书平章政事。是月,京师大水、蝗,民大饥。

八月丁卯朔,江浙行省平章政事三旦八遁于福建。先是,三旦八讨饶州,贪财玩寇,久而无功,遂妄称迁职福建行省。至福建,为廉访金事般若帖木儿所劾,拘之兴化路。壬申,太阴掩心宿。庚辰,陈友谅兵陷建昌路。辛巳,义兵万户王信以滕州叛,降于毛贵。甲申,太阴掩昴宿。庚寅,以老的沙为御史大夫。诏作新风纪。

九月丁酉朔,诏授昔班帖木儿同知河东宣慰司事,其妻剌八哈敦云中郡夫人,子观音奴赠同知大同路事,仍旌表其门闾。先是,昔班帖木儿为赵王位下同知怯怜口总管府事,其妻尝保育赵王。及是,部落灭里叛,欲杀王。昔班帖木儿与妻谋,以其子观音奴服王平日衣冠,居王宫。夜半,夫妻卫赵王微服遁去。比贼至,遂杀观音奴,赵王得免。事闻,故旌其忠焉。褒封唐赠谏议大夫刘蕡为文节昌平侯。关先生攻保定路,不克,遂陷完州,掠大同、兴和塞外诸郡。中书左丞张冲请立团练安抚劝农使司二道:一奉元、延安等处,一巩昌等处。从之。壬寅,诏命中书参知政事普颜不花、治书侍御史李国凤经略江南。癸卯,诏以福建行中书省平章政事庆童为江南行台御史大夫。丙午,贼兵攻大同路。壬戌,平定州陷。乙丑。陈友谅陷赣州路,江西行省参知政事全普庵撒里及总管哈海赤死之。

冬十月丙寅朔,诏豫王阿剌忒纳失里徙居白海,寻迁六盘。壬申,大明兵取兰溪州。己卯,太阴犯昴宿。壬午,监察御史燕赤不花劾右丞相搠思监罪状,诏收其印绶。乙酉,监察御史答儿麻失里、王彝等复劾之,请正其罪;帝不听。壬辰,大同路陷,达鲁花赤完者帖木儿弃城遁。

十一月乙未朔,以普化帖木儿为福建行省平章政事。癸卯,陈友谅陷汀州路。丙午,太阴犯昴宿,太白犯房宿。丁未,田丰陷顺德路。先是,枢密院判官刘起祖守顺德,粮绝,劫民财,掠牛马,民强壮者令充军,弱者杀而食之。至是,城陷,起祖遂尽驱其民走于广平。辛酉,太阴掩心宿。

十二月乙丑朔,日有食之。癸酉,关先生、破头潘等陷上都,焚宫阙,留七日,转略往辽阳,遂至高丽。戊寅,太白经天。庚辰,察罕帖木儿遣枢密院判官琐住进兵于辽阳。癸未,太白经天。甲申,大明兵取婺州路,达鲁花赤僧住、浙东廉访使杨惠死之。戊子,太阴犯房宿。

十九年春正月甲午朔,陈友谅兵陷信州路,守臣江东廉访副使伯颜不花的斤力战死之。大明兵取诸暨州。辛丑,太阴犯昴宿。乙巳,以朵儿只班为中书平章政事。丙午,辽阳行省陷,懿州路总管吕震死之。赠震河南行省左丞,追封东平郡公。察罕帖木儿遣枢密院判官陈秉直、八不沙将兵二万守冀宁。癸丑,流星如酒杯大,有声如雷。

三月辛巳,枢密副使朵儿只以贼犯顺宁,命张立将精锐由紫荆关出讨,命鸦鹊由北口出迎敌。甲申,叛将梁炳攻辰州,守将和尚击败之。以和尚为湖广行省参知政事。贼由飞狐、灵丘犯蔚州。庚寅,御史台臣言:“先是召募义兵,费用银钞一百四十万锭,多近侍、权幸冒名关支,率为虚数。乞令军士,凡已领官钱者,立限出征。”诏从之,已而复止不行。是月,诏孛罗帖木儿移兵镇大同,以为京师捍蔽。置大都督兵农司,仍置分司十道,专督屯种,以孛罗帖木儿领之。所在侵夺民田，不胜其扰。太不花溃散之兵数万钞掠山西，察罕帖木儿遣陈秉直分兵驻榆次，招抚之，其首领悉送河南屯种。

三月癸巳朔，陈友谅遣兵由信州略衢州，复遣兵陷襄阳路。辛丑，京城北兵马司指挥周哈剌歹与林智和等谋叛，事觉，伏诛。庚戌，太阴犯房宿。壬戌，诏定科举流寓人名额：蒙古、色目、南人各十五名，汉人二十名。

夏四月癸亥朔，汾水暴涨。贼陷金、复等州，司徒、知枢密院事佛家奴调兵平之。甲子，毛贵为赵君用所杀。帝以天下多故，却天寿节朝贺，诏群臣曰：“朕方今宜敬天地，法祖宗，以自修省。朕初度之日，群臣毋贺。”庚午，左丞相太平暨文武百官奏曰：“天寿节朝贺，乃臣子报本，实合礼典。今谦让不受，固陛下盛德，然今军旅征进，君臣名分正宜举行。”不允。壬申，皇太子复率群臣上奏曰：“朝贺祝寿，是祖宗以来旧行典故。今不行，有乖于礼。”帝曰：“今盗贼未息，万姓荼毒，正朕恐惧、修省、敬天之时，奈何受贺以自乐？”乙亥，御史大夫帖里帖木儿复奏曰：“天寿朝贺之礼，盖出臣子之诚，伏望陛下曲徇所请。若朝贺之后，内庭燕集，特赐除免，亦古者人君减膳之意。仍乞宣示中书，使内外知圣天子忧勤惕厉至于如此。”帝曰：“为朕缺于修省，以致万姓涂炭，今复朝贺燕集，是重朕之不德。当候天下安宁，行之未晚。卿等其毋复言。”卒不听。己丑，贼陷宁夏路，遂略灵武等处。

五月壬辰朔，以陕西行台御史大夫完者帖木儿为陕西行省左丞相，便宜行事。丙申，荧惑犯鬼宿。丁酉，皇太子奏请巡北边以抚绥军民，御史台臣上疏固留；诏从之。壬寅，察罕帖木儿请今岁八月乡试河南举人及避兵儒士，不拘籍贯，依河南省元定额数，就陕州置贡院应试，诏从之。丙午，太阴犯天江。丁未，太阴犯斗宿。是月，察罕帖木儿大发秦、晋诸军讨汴梁，围其城。山东、河东、河南、关中等处蝗飞蔽天，人马不能行，所落沟堑尽平，民大饥。

六月辛巳，诏以宣徽使燕古儿为御史大夫。

秋七月壬辰朔，出搠思监为辽阳行省左丞相，便宜行事。丁酉，太白犯上将。庚子,诏以察罕脑儿宣慰司之地属资正院,有司毋得差占。察罕脑儿之地,在世祖时隶忙哥歹太子四千户,今从皇后奇氏请故,以属之资正院。甲辰,太白犯右执法。戊申,命国王襄加歹、中书平章政事佛家奴、也先不花、知枢密院事黑驴等统领探马赤军进征辽阳。己酉,太白犯左执法。丙辰,赵君用既杀毛贵,其党续继祖自辽阳入益都,杀君用,遂与其所部自相仇敌。是月,霸州及介休、灵石县蝗。

八月辛酉朔,倪文俊余党陷归州。戊寅,察罕帖木儿督诸将闰思孝、李克彝、虎林赤、赛因赤、答忽、脱因不花、吕文、完哲、贺宗哲、孙翥等攻破汴梁城;刘福通奉其伪主遁,退据安丰。己卯,蝗自河北飞渡汴梁,食田禾一空。诏以察罕帖木儿为河南行省平章政事兼同知河南行枢密院事、陕西行台御史中丞,依前便宜行事,仍赐御衣、七宝腰带以旌其功。是月,大同路蝗。襄垣县螟蛛。

九月癸巳,以中书平章政事帖里帖木儿为陕西行省左丞相,便宜行事。乙巳,以湖南、北,江东、西四道廉访司所治之地皆陷,诏任其所便之地置司。丙午夜,白虹贯天。丁未,禁军人不得私杀牛马。甲寅,太白犯天江。是月,大明兵取衢州路。诏遣兵部尚书伯颜帖木儿、户部尚书曹履亨以御酒、龙衣赐张士诚,征海运粮。

冬十月庚申朔,诏京师十一门皆筑瓮城,造吊桥。以方国珍为江浙行省平章政事。壬申,太白犯斗宿。辛巳,流星大如桃。

十一月癸卯,大明兵陷取处州路。戊申,陈友谅兵陷杉关。

十二月戊辰,太白犯垒壁阵。是月,知枢密院事兀良哈台领太不花军,其所部方脱脱与弟方伯帖木儿时保辽州,兀良哈台同唐琰、高脱因等屯孟州,与察罕帖木儿部将八不沙等交兵。已而兀良哈台独引达达军还京师,方脱脱等乃从孛罗帖木儿。皇太子憾太平忤己,以中书左丞成遵、参知政事赵中皆太平所用,使监察御史诬成遵、赵中以赃罪,杖杀之。

是岁以后,因上都宫阙尽废,大驾不复时巡。陈友谅以江州为都,迎伪主徐寿辉居之,自称汉王。

二十年春正月己丑朔，察罕帖木儿请以巩县改立军州万户府，招民屯种。从之。御史大夫老的沙、御史中丞咬住奏："今后各处从宜行事官员，毋得阴挟私仇，明为举索，辄将风宪官吏擅自迁除，侵扰行事，沮坏台纲。"从之。己亥，太阴犯井宿。癸卯，大宁路陷。壬子，以危素为参知政事。乙卯，会试举人，知贡举平章政事八都麻失里、同知贡举翰林学士承旨李好文、礼部尚书许从宗、考试官国子祭酒张翥、同考官太常博士傅亨等奏："旧例，各处乡试举人，三年一次，取三百名，会试取一百名。今岁乡试所取，比前数少，止有八十八名，会试三分内取一分，合取三十名。如于三十名外，添取五名为宜。"从之。丙辰，五色云见移时。

二月戊午朔，左丞相太平罢为太保，守上都。

三月戊子朔，田丰陷保定路。彗星见东方。甲午，廷试进士三十五人，赐买住、魏元礼进士及第，其余出身有差。乙巳，冀宁路陷。壬子，以搠思监为中书右丞相。

夏四月庚申，命大司农司都事乐元臣招谕田丰，至其军，为丰所害。丁卯，太阴犯明堂。辛未，金行枢密院事张居敬复兴中州。癸酉，太阴犯东咸。

五月丁亥朔，日有食之。雨雹。陈友谅杀其伪主徐寿辉于太平路，遂称皇帝，国号大汉，改元大义，已而回驻于江州。乙未，陈友谅遣罗忠显陷辰州。己亥，以绊住马为中书平章政事。壬寅，太阴犯建星。是月，张士诚海运粮十一万石至京师。

闰月己未，以太尉也帖木儿知经筵事，以甘肃行省左丞相阿吉剌为太尉。乙亥，流星大如桃。

六月己丑，命孛罗帖木儿部将方脱脱守御岚、兴、保德州等处。诏："今后察罕帖木儿与孛罗帖木儿部将，毋得互相越境，侵犯所守信地，因而仇杀。方脱脱不得出岚、兴州境界，察罕帖木儿亦不得侵其地。"癸巳，太白犯井宿。戊戌，太阴犯建星。是月，大明兵取信州路。

秋七月辛酉，命辽阳行省参知政事张居敬讨义州贼。孛罗帖木儿败贼王士诚于台州。乙丑，太阴犯井宿。乙亥，诏孛罗帖木儿总领达达、汉儿军马，为总兵官，仍便宜行事。

八月戊子，命孛罗帖木儿守石岭关以北，察罕帖木儿守石岭关以南。辛卯，太阴犯天江。壬辰，加封福建镇闽王为护国英仁武烈忠正福德镇闽尊王。乙未，永平路陷。壬辰，填星犯太微。甲辰，太阴犯井宿。诏："诸处所在权摄官员，专务渔猎百姓，今后非朝廷允许，不得之任。"庚戌，诏江浙行省左丞相达识帖睦迩加太尉兼知江浙行枢密院事，提调行宣政院事，便宜行事。

九月乙卯朔，诏遣参知政事也先不花往谕孛罗帖木儿、察罕帖木儿，令讲和。时孛罗帖木儿调兵自石岭关直抵冀宁，围其城三日，复退屯交城。察罕帖木儿调参政阎奉先引兵与战，已而各于石岭关南、北守御。壬戌，贼陷孟州，又陷赵州，攻真定路。癸未，贼复犯上都，右丞忙哥帖木儿引兵击之，败绩。

冬十月甲申朔，甘露降于国子监大成殿前柏木。以张良弼为湖广行省参知政事，讨南阳、襄、樊。诏孛罗帖木儿守冀宁，孛罗帖木儿遣保保、殷兴祖、高脱因倍道趋冀宁，守者不纳。丙戌，命迭儿必失为太尉，守卫大斡耳朵思。戊子，荧惑犯井宿。己亥，察罕帖木儿遣陈秉直、琐住等以兵攻孛罗帖木儿之军于冀宁，与孛罗帖木儿部将脱列伯战，败之。时帝有旨以冀宁畀孛罗帖木儿，察罕帖木儿以为用兵数年，惟藉冀、晋以给其军，而致盛强，苟奉旨与之，则彼得以足其兵食，乃托言用师汴梁，寻渡河，就屯泽、潞拒之，调延安军交战于东胜州等处，再遣八不沙以兵援之。八不沙谓彼军奉旨而来，我何敢抗王命；察罕帖木儿怒杀之。

十一月甲寅朔，黄河清凡三日。孛罗帖木儿以兵侵汾州，察罕帖木儿以兵拒之。癸酉，贼犯易州。

十二月丙戌，诏："太庙影堂祭祀，乃子孙报本重事。近兵兴岁歉，品物不能丰备，累朝四祭减为春秋二祭，今宜复四祭。"后竟不行。辛卯，广平路陷。

　　是岁,阳翟王阿鲁辉帖木儿拥兵数十万屯于木儿古彻兀之地,将犯京畿,使来言曰:"祖宗以天下付汝,汝已失其太半;若以国玺付我,我当自为之。"帝遣报之曰:"天命有在,汝欲为则为之。"命枢密院事秃坚帖木儿等将兵击之,不克,军士皆溃;秃坚帖木儿走上都。

元史卷四六
本纪第四六

顺帝九

二十一年春正月癸丑朔，诏赦天下。命中书参知政事七十往谕孛罗帖木儿罢兵还镇。复遣使往谕察罕帖木儿，亦令罢兵。孛罗帖木儿纵兵掠冀宁等处，察罕帖木儿以兵拒之，故有是命。庚申，太阴犯岁星。乙丑，河南贼犯杞县，察罕帖木儿讨平之。丁卯，李思齐进兵平伏羌县等处。癸酉，石州大风拔木，六畜俱鸣，民所持枪，忽生火焰，抹之即无，摇之即有。

二月癸未朔，填星退犯太微垣。甲申，同金枢密院事迭里帖木儿复永平、滦州等处。己丑，察罕帖木儿驻兵霍州，攻孛罗帖木儿。壬寅，太阴犯天江。是月，江南行台侍御史八撒剌不花杀广东廉访使完者笃、副使李思诚、佥事迭麦赤，以兵自卫，据广州。时八撒剌不花以廉访使久居广东，专恣自用，诏乃以完者笃等为廉访司官，而除八撒剌不花侍御史。八撒剌不花不受命，怒完者笃等代己，即诬以罪，尽杀之，惟廉访使董钥哀请得免。

三月丙辰，太阴犯井宿。癸酉，察罕帖木儿调兵讨永城县，又驻兵宿州，擒贼将梁绵住。庚辰，荧惑犯鬼宿。是月，张士诚海运粮一十一万石至京师。孛罗帖木儿罢兵还，遣脱列伯等引兵据延安，以谋入陕。张良弼出南山义谷，驻蓝田，受节制于察罕帖木儿。良弼又阴结陕西行省平章政事定住，听丞相帖里帖木儿调遣，营于鹿台。

　　夏四月辛巳朔,日有食之。是月,以张良弼为陕西行省参知政事。察罕帖木儿遣其子副詹事扩廓帖木儿贡粮至京师,皇太子亲与定约,遂不复疑。

　　五月癸丑,四川明玉珍陷嘉定等路,李思齐遣兵击败之。壬戌,太阴犯房宿。癸酉,太白犯轩辕。甲戌,荧惑犯太白。乙亥,察罕帖木儿以兵侵孛罗帖木儿所守之地。是月,李思齐受李武、崔德等降。

　　六月乙未,荧惑、岁星、太白聚于翼宿。丙申,察罕帖木儿总兵讨山东,发晋军下井陉,出邯郸,过磁、相、怀、卫,逾白马津,发其军之在汴梁者继之,水陆并进。戊戌,太阴犯云雨。甲辰,太白昼见。

　　秋七月辛亥,察罕帖木儿平东昌。己巳,沂州西北有赤气蔽天如血。是月,察罕帖木儿进兵复冠州。

　　八月乙酉,大同路北方夜有赤气蔽天,移时方散。庚子,以福建行省平章政事普化帖木儿为江南行台御史大夫。癸卯,大明兵取江州路。时伪汉陈友谅据江州为都,至是退都武昌。是月,察罕帖木儿遣其子扩廓帖木儿、阎思孝等会关保、虎林赤等将兵由东河造浮桥以济,贼以二万余众夺之。关保、虎林赤且战且渡,拔长清,讨东平。东平伪丞相田丰遣崔世英等出战,大破之。乃遣使招谕田丰,丰降,东平平,令丰为前锋,从大军东讨。棣州俞宝降,东平王士诚、东昌杨诚等皆降,鲁地悉定。进兵济南,刘珪降,遂围益都。

　　九月戊午,阳翟王阿鲁辉帖木儿伏诛。阿鲁辉帖木儿以宗亲,见天下盗贼并起,遂乘间隙肆为异图,诏少保、知枢密院事老章率诸军讨之。老章遂败其众。寻为部将同知太常礼仪院事脱欢所擒,送阙下,诏诛之。于是诏加老章太傅、和宁王,以阿鲁辉帖木儿之弟忽都帖木儿袭封阳翟王。宗王襄加、玉枢虎儿吐华与脱欢悉议加封。壬戌,四川贼兵陷东川郡县,李思齐调兵击之。壬申,命孛罗帖木儿于保定以东,河间以南从便屯种。是月,命兵部尚书彻彻不花、侍郎韩祺徵海运粮于张士诚。大明取建昌、饶州二路。

　　冬十月癸巳,绛州有赤气见北方如火。以察罕帖木儿为中书平章政事兼知河南、山东等处行枢密院事、陕西行御史台中丞。察罕帖木儿调参知政事陈秉直、刘珪等守御河南。

十一月戊申朔,温州乐清县雷。庚戌,太阴犯建星。癸亥,太阴犯井宿。戊辰,黄河自平陆三门碛下至孟津五百余里皆清,凡七日;命秘书少监程徐祀之。壬申,太阴犯氐宿。是月,察罕帖木儿、李思齐遣兵围鹿台,攻张良弼,诏和解之,俾各还信地,兵乃解。

是岁,京师大饥,屯田成,收粮四十万石,赐司农丞胡秉彝尚尊、金币,以旌其功。

二十二年春正月戊申朔,太白犯建星。甲寅,诏李思齐讨四川,张良弼平襄汉。时两军不和,故有是命。乙卯,填星退犯左执法。庚申,大明取江西龙兴诸路。时江西诸路皆陈友谅所据。丁卯,诏以太尉完者帖木儿为陕西行省左丞相,仍命察罕帖木儿屯种于陕西。申谕李思齐、张良弼等各以兵自效。以也先不花为中书右丞。

二月丁丑朔,盗杀陕西行省右丞塔不歹。己卯,太白犯垒壁阵。乙酉,彗星见于危宿,光芒长丈余,色青白。丁酉,彗星犯离宫西星,至二月终,光芒长二丈余。是月,知枢密院事秃坚帖木儿奉诏谕李思齐讨四川。时思齐退保凤翔,使至,思齐进兵益门镇,使还,思齐复归凤翔。

三月戊申,彗星不见星形,惟有白气,形曲竟天,西指扫大角。壬子,彗星行过太阳前,惟有星形,无芒,在昴宿,至戊午始灭。甲寅,四川明玉珍陷云南省治,屯金马山,陕西行省参知政事车力帖木儿等击败之,擒明玉珍弟明二。己未,御史大夫老的沙辞职,不许。是月,命孛罗帖木儿为中书平章政事,位第一,加太尉。张良弼受节制于孛罗帖木儿。李思齐遣兵攻良弼,至于武功;良弼以伏兵大破之。

夏四月丙子朔,长星见,其形如练,长数十丈,在虚、危之间,后四十余日乃灭。丁亥,荧惑离太阳三十九度,不见,当出不出。已丑,诏诸王、驸马、御史台各衙门,不许占匿人民不当差役。乙未,贼新桥张陷安州,孛罗帖木儿来请援兵。是月,绍兴路大疫。

　　五月乙巳朔,泉州赛甫丁据福州路,福建行省平章政事燕只不花击败之,余众航海,还据泉州。福建行省参知政事陈有定复汀州路。己未,中书参知政事陈祖仁上章,乞罢修上都宫阙。辛酉,太阴犯建星。辛未,明玉珍据成都,自称陇蜀王,遣伪将杨尚书守重庆,分兵寇龙州、青州,犯兴元、巩昌等路。是月,张士诚海运粮一十三万石至京师。

　　六月辛巳,彗星见紫微垣,光芒长尺余,东南指,西南行。戊子,彗星光芒扫上宰。田丰及王士诚刺杀察罕帖木儿,遂走入益都城。众乃推察罕帖木儿之子扩廓帖木儿为总兵官,复围益都。诏赠察罕帖木儿推诚定远宣忠亮节功臣、开府仪同三司、上柱国、河南行省左丞相,追封忠襄王,谥献武,食邑沈丘县,令河南、山东等处立庙,长吏岁时致祭。其父司徒阿都温赐良田二百顷。其子扩廓帖木儿授光禄大夫、中书平章政事兼知河南山东等处行枢密院事、同知詹事院事,一应军马,并听节制。仍诏谕其将士曰:“凡尔将佐,久为察罕帖木儿从事,惟恩与义,实同骨肉,视彼逆党,不共戴天。当力图报复,以伸大义。”己亥,益都贼兵出战,扩廓帖木儿生擒六百余人,斩首八百余级。

　　秋七月乙卯,彗星灭迹。丙辰,荧惑见西方,须臾,成白气,如长蛇,光炯有文,横亘中天,移时乃灭。是月,河决范阳县,漂民居。

　　八月己亥,扩廓帖木儿言:“孛罗帖木儿、张良弼据延安,掠黄河上下,欲东渡,以夺晋宁。乞赐诏谕。”癸巳,太白犯毕宿。

　　九月癸卯朔,刘福通以兵援田丰,至火星埠,扩廓帖木儿遣关保邀击,大破之。甲辰,以山北廉访司权置于惠州。丁未,太白犯亢宿。己酉,太阴犯斗宿。癸亥,岁星犯轩辕。丙寅,荧惑犯鬼宿。戊辰,以也速为辽阳行省左丞相,依前总兵,抚安迤东郡县。己巳,有流星如酒杯,色青白,光明烛地。荧惑犯鬼宿积尸气。

　　冬十月壬申朔,江西行省平章朵列不花移檄讨八撒剌不花。时朵列不花分省广州,适邵宗愚陷广州,执八撒剌不花,杀之。甲戌,孛罗帖木儿南侵扩廓帖木儿所守之地,遂据真定路。己卯,太阴犯牛宿。丁亥，辰星犯亢宿。戊子，太阴犯毕宿。

十一月乙巳，扩廓帖木儿复益都，田丰等伏诛。自扩廓帖木儿既袭父职，身率将士，誓必复仇，人心亦思自奋，围城益急。贼悉力拒守，乃以壮士穴地通道而入，遂克之，尽诛其党，取田丰、王士诚之心以祭察罕帖木儿。庚戌，扩廓帖木儿遣关保复莒州，山东悉平。庚申，诏授扩廓帖木儿太尉、银青荣禄大夫、中书平章政事、知枢密院事、太子詹事，便宜行事，袭总其父兵，将校、士卒论赏有差。察罕帖木儿父阿鲁温进封汝阳王，察罕帖木儿改赠宣忠兴运弘仁效节功臣，追封颍川王，改谥忠襄。癸亥，四川贼兵陷清州。

十二月壬辰，太阴犯角宿。庚子，以中书平章政事佛家奴为御史大夫。

是岁，枢密副使李士瞻上疏极言时政，凡二十条：一曰悔己过，以诏天下；二曰罢造作，以快人心；三曰御经筵，以讲圣学；四曰延老成，以询治道；五曰去姑息，以振乾刚；六曰开言路，以求得失；七曰明赏罚，以厉百司；八曰公选举，以息奔竞；九曰察近幸，以杜奸弊；十曰严宿卫，以备非常；十一曰省佛事，以节浮费；十二曰绝滥赏，以足国用；十三曰罢各宫屯种，俾有司经理；十四曰减常岁计置，为诸宫用度；十五曰招集散亡，以实八卫之兵；十六曰广给牛具，以备屯田之用；十七曰奖励守令，以劝农、务本；十八曰开诚布公，以礼待藩镇；十九曰分遣大将，急保山东；二十曰依唐广宁故事，分道进取。先是蓟国公脱火赤上言，乞罢三宫造作，帝为减军匠之半，还隶宿卫，而造作如故，故士瞻疏首及之。皇太子尝坐清宁殿，分布长席，列坐西番、高丽诸僧。皇太子曰："李好文先生教我儒书多年，尚不省其义，今听佛法，一夜即能晓焉。"于是颇崇尚佛学。帝以谗废高丽王伯颜帖木儿，立塔思帖木儿为王。国人上书言旧王不当废、新王不当立之故。初，皇后奇氏宗族在高丽，恃宠骄横，伯颜帖木儿屡戒饬不悛，高丽王遂尽杀奇氏族。皇后谓太子曰："尔年已长，何不为我报仇？"时高丽王昆弟有留京师者，乃议立塔思帖木儿为王，而以奇族子三宝奴为元子，以将作同知崔帖木儿为丞相，以兵万人送之国。至鸭绿江，为高丽兵所败，仅余十七骑还京师。诏加封唐抚州刺史南庭王危全讽为南庭忠烈灵惠王。

二十三年春正月壬寅朔，四川明玉珍僭称皇帝，建国号曰大夏，纪元曰天统。乙巳，大宁陷。庚戌，岁星犯轩辕。

二月戊戌，太白昼见。庚子，亦如之。是月，扩廓帖木儿自益都领兵还河南，留锁住以兵守益都，以山东州县立屯田万户府。

三月辛丑朔，彗星见东方，经月乃灭。诏中书平章政事爱不花分省冀宁，扩廓帖木儿遣兵据之。丙午，大赦天下。丁未，亲试进士六十二人，赐宝宝、杨锐进士及第，余出身有差。丙辰，太白犯氐宿。壬戌，大同路夜有赤气亘天，中侵北斗。是月，立广西行中书省，以廉访使也儿吉尼为平章政事。时南方郡县多陷没，惟也儿吉尼独保广西者十五年。立胶东行中书省及行枢密院总制东方事，以袁宏为参知政事。

是春，关先生余党复自高丽还寇上都，孛罗帖木儿击降之。

夏四月辛丑，荧惑犯岁星。孛罗帖木儿、李思齐互相交兵。庚申，岁星犯轩辕。是月，扩廓帖木儿遣貊高等以兵击张良弼。

五月己巳朔，张士诚海运粮十三万石至京师。壬午，太白昼见。甲午，亦如之。乙未，荧惑犯右执法。是月，爪哇遣使淡濛加加殿进金表，贡方物。

六月戊戌朔，孛罗帖木儿遣方脱脱迎匡福于彰德，扩廓帖木儿遣兵追之，败还，匡福遂据保定路。己亥，扩廓帖木儿部将歹驴等驻兵蓝田、七盘，李思齐攻围兴平，遂据盩厔。孛罗帖木儿时奉诏进讨襄汉，而歹驴阻道于前，思齐踵袭于后，乃请催督扩廓帖木儿东出潼关，道路既通，即便南讨。戊申，孛罗帖木儿遣竹贞等入陕西，据其省治。时陕西行省右丞答失铁木儿与行台有隙，且恐陕西为扩廓帖木儿所据，阴结于孛罗帖木儿，请竹贞入城，劫御史大夫完者帖木儿及监察御史张可遵等印。其后屡使召完者帖木儿，贞拘留不遣。扩廓帖木儿遣部将貊高与李思齐合兵攻之，竹贞出降，遂从扩廓帖木儿。庚戌，星陨于济南龙山，入地五尺。甲寅，诏授江南下第及后期举人为路、府、州儒学教授。乙卯，太白犯井宿。丁巳，绛州有白虹二道，冲斗、牛间。庚申，平阳路有白气三道：一贯北极，一贯北斗，一贯天汉；至夜分乃灭。壬戌，太白昼见，夜犯井宿。

秋七月戊辰朔，京师大雹，伤禾稼。丁丑，以马良为中书参知政事。乙酉，太白昼见。有星坠于庆元路西北，声如雷，光芒数十丈，久之乃灭。

八月丁酉朔，倭人寇蓬州，守将刘暹击败之。自十八年以来，倭人连寇濒海郡县，至是海隅遂安。辛丑，扩廓帖木儿遣兵侵孛罗帖木儿所守之境。壬寅，太白犯轩辕。乙巳，太阴犯建星。丁未，太白犯轩辕。己酉，太白昼见。丙辰，太阴犯毕宿。沂州有赤气亘天，中有白色，如蛇形，徐徐西行，至夜分乃灭。戊午，孛罗帖木儿言：“扩廓帖木儿踵袭父恶，有不臣之罪，乞赐处置。”己未，太白昼见。辛酉，太白犯岁星。乙丑，太白犯右执法。是月，大明兵与伪汉兵大战于鄱阳湖，陈友谅败绩而死。其子理自立，仍据武昌为都，改元德寿。大明兵遂进围武昌。

九月丁卯朔，遣爪哇使淡濛加加殿还国，诏赐其国主三珠金虎符及织金纹币。辛未，太白犯左执法。乙亥，岁星犯右执法。丁丑，辰星犯填星。丁亥，太白犯填星，辰星犯亢宿。是月，张士诚自称吴王，来请命，不报。遣户部侍郎博罗帖木儿等徵海运于张士诚，士诚不与。

冬十月丙申朔，青齐一方赤气千里。癸卯，太白犯氐宿。甲辰，湖广伪姚平章、张知院阴遣人言于扩廓帖木儿，设计擒杀伪汉主陈理及伪夏主明玉珍，不果。己酉，监察御史米只儿海牙劾奏太傅太平罪状，诏安置太平于陕西之西，仍拘收宣命并御赐等物。戊午，太白犯房宿。是月，扩廓帖木儿遣金枢密院事任亮复安陆府。孛罗帖木儿遣兵攻冀宁至石岭关，扩廓帖木儿大破走之，擒其将乌马儿、殷兴祖，孛罗帖木儿军由是不振。

十一月壬申，御史台臣言：“故右丞相脱脱有大臣之体，向在中书,政务修举,深惧满盈,自求引退,加封郑王,固辞不受。再秉钧轴,克济艰危,统军进征,平徐州,收六合,大功垂成,浮言构难,奉诏谢兵,就贬以没。已蒙录用其子,还所籍田宅。更乞悯其勋旧,还其所授宣命。"从之。癸未,太阴犯轩辕,岁星犯左执法。

是岁,御史大夫老的沙与知枢密院事秃坚帖木儿得罪于皇太子,皆奔大同,孛罗帖木儿匿之营中。

二十四年春正月戊寅,太白犯轩辕。庚辰,保德州民家产猪,一头两身。

二月壬子,岁星犯左执法。癸丑,太阴犯西咸池。是月,大明灭伪汉,其所据湖南、北、江西诸郡皆降于大明。

三月乙亥,监察御史王朵列秃、崔卜颜帖木儿等谏皇太子勿亲征。辛卯,诏以孛罗帖木儿匿老的沙,谋为悖逆,解其兵权,削其官爵,候道路开通,许还四川田里。孛罗帖木儿拒命不受。

夏四月甲午朔,命扩廓帖木儿讨孛罗帖木儿。乙未,太阴犯西咸池。孛罗帖木儿悉知诏令调遣之事非出帝意,皆右丞相搠思监所为,遂令秃坚帖木儿举兵向阙。壬寅,秃坚帖木儿兵入居庸关。癸卯,知枢密院事也速、詹事不兰奚迎战于皇后店。不兰奚力战,也速不援而退。不兰奚几为所获,脱身东走。甲辰,皇太子率侍卫兵出光熙门,东走古北口,趋兴、松。乙巳,秃坚帖木儿兵至清河,列营。时都城无备,城中大震,令百官、吏卒分守京城。使达达国师至其军问故,以必得搠思监及宦官朴不花为对。诏慰解之,不听。丁未,诏屏搠思监于岭北,窜朴不花于甘肃,执而与之。复孛罗帖木儿前官,仍总兵。以也速为左丞相。庚戌,秃坚帖木儿陈兵,自健德门入觐帝于延春阁,恸哭请罪,帝就宴赉之。加孛罗帖木儿太保,依前守御大同,秃坚帖木儿为中书平章政事。辛亥,秃坚帖木儿军还。皇太子至路儿岭,诏追及之,还宫。癸丑,太白犯井宿。甲子,黄河清。戊辰,扩廓帖木儿奉命讨孛罗帖木儿,屯兵冀宁,其东道以白锁住领兵三万,守御京师,中道以貊高、竹贞领兵四万,西道以关保领军五万,合击之。关保等兵逼大同,孛罗帖木儿留兵守大同,而自率兵与秃坚帖木儿、老的沙复大举向阙。甲戌,太白犯鬼宿。乙亥,又犯积尸气。岁星犯左执法。

六月癸卯,三星昼见,白气横突其中。甲辰,河南府有大星夜见南方,光如昼。丁未,大星陨,照夜如昼,及旦,黑气晦暗如夜。甲寅,白锁住以兵至京师,请皇太子西行。丁巳,太白犯右执法。是月,保德州黄龙见井中。

秋七月癸亥,太白与岁星合于翼宿。甲子,岁星犯左执法。丙戌,孛罗帖木儿前锋军入居庸关,皇太子亲率军御于清河,也速军于昌平,军士皆无斗志。皇太子驰还都城,白锁住引兵入平则门。丁亥,白锁住扈从皇太子出顺承门,由雄、霸、河间,取道往冀宁。戊子,孛罗帖木儿驻兵健德门外,与秃坚帖木儿、老的沙入见帝于宣文阁,诉其非罪,皆泣。帝亦泣,乃赐宴。孛罗帖木儿欲追袭皇太子,老的沙止之。庚寅,诏以孛罗帖木儿为中书左丞相,老的沙为中书平章政事,秃坚帖木儿为御史大夫,其部属布列省、台、百司。以也速知枢密院事。诏谕:"孛罗帖木儿、扩廓帖木儿俱朕股肱,视同心膂,自今各弃宿忿,弼成大勋。"是月,大明兵取庐州路。

八月壬辰朔,日有食之。乙未,荧惑犯鬼宿。壬寅,诏以孛罗帖木儿为中书右丞相、监修国史,节制天下军马。乙巳,皇太子至冀宁。乙卯,张士诚自以其弟士信代达识帖睦迩为江浙行省左丞相。是月,孛罗帖木儿请诛狎臣秃鲁帖木儿、波迪哇儿祃,罢三宫不急造作,沙汰宦官,减省钱粮,禁止西番僧人好事。

九月辛酉朔,宦官思龙宜潜送宫女伯忽都出自顺承门,以达于皇太子。乙丑,太白昼见。癸酉夜,天西北有红光,至东而散。甲申,太阴犯轩辕。是月,大明兵取中兴及归、峡、潭、衡等路。

冬十月丙午,太阴犯毕宿。己酉,太阴犯井宿。己未,诏皇太子还京师。命也速、老的沙分道总兵。

十二月乙卯,太阴犯太白。

二十五年春正月癸亥,封李思齐为许国公。丙寅,太白昼见。戊辰,亦如之。己巳,大明兵取宝庆路,守将唐隆道遁走。伪汉守将熊天瑞以赣州及韶州、南雄降于大明。甲戌,太白犯建星。壬午,监察御史孛罗帖木儿、贾彬等辩明哈麻、雪雪之罪。

二月辛丑,汴梁路见日傍有一月一星。丙午,太阴犯填星。戊午,皇太子在冀宁,命甘肃行省平章政事朵儿只班以岐王阿剌乞儿军马会平章政事臧卜、李思齐,各以兵守宁夏。

三月庚申,皇太子下令于扩廓帖木儿军中曰:“孛罗帖木儿袭据京师,余既受命总督天下诸军,恭行显罚,少保、中书平章政事扩廓帖木儿躬勒将士,分道进兵,诸王、驸马及陕西平章政事李思齐等各统军马,尚其奋义戮力。克期恢复。”丙寅,孛罗帖木儿幽置皇后奇氏于诸色总管府。丁卯,命老的沙、别帖木儿并为御史大夫。戊辰,太白犯垒壁阵。

夏四月庚寅,孛罗帖木儿至诸色总管府见皇后奇氏,令还宫取印章,作书遗皇太子,遣内侍官完者秃持往冀宁,复出皇后,幽之。乙巳,关保等兵进围大同。壬子,荧惑犯灵台。乙卯,关保入大同。

五月辛酉,荧惑犯太微垣。甲子,京师天雨牦,长尺许,或言于帝曰:“龙丝也。”命拾而祀之。乙亥,大明兵破安陆府,守将任亮迎战,被执。己卯,大明兵破襄阳路。是月,侯卜延答失奉威顺王自云南经蜀转战而出,至成州,欲之京师,李思齐俾屯田于成州。

六月戊子,以黎安道为中书参知政事。辛丑,湖广行省左丞周文贵复宝庆路。乙巳,皇后奇氏自幽所还宫。乙卯,以太尉火你赤为御史大夫。是月,皇太子加李思齐银青荣禄大夫、邠国公、中书平章政、皇太子詹事兼四川行枢密院事、虎符招讨使。分中书四部。

秋七月丁丑,填星、岁星、荧惑聚于角、亢。太阴犯毕宿。己卯,太阴犯毕宿。乙酉,孛罗帖木儿伏诛。秃坚帖木儿、老的沙皆遁走。丙戌,遣使函孛罗帖木儿首往冀宁,召皇太子还京师,大赦天下。黎安道、方脱脱、雷一声皆伏诛。是月,京师大水。河决小流口,达于清河。

八月丁亥朔，京城门至是不开者三日。竹贞、貊高军至城外，命军士缘城而上，碎平则门键，悉以军入，占民居，夺民财。乙未，太阴犯建星。己亥，太白犯垒壁阵。癸卯，诏命皇太子分调将帅戡定未复郡邑，即还京师，行事之际，承制用人，并准正授。丁未，皇后弘吉剌氏崩。壬子，以洪宝宝、帖古思不花、捏烈秃并为中书平章政事。

九月，扩廓帖木儿扈从皇太子至京师。丁丑，太阴犯井宿。壬午，诏以伯撒里为太师、中书右丞相、监修国史；扩廓帖木儿为太尉、中书左丞相、录军国重事、同监修国史、知枢密院事，兼太子詹事。是月，以方国珍为淮南行省左丞相，分省庆元。

冬十月辛卯，荧惑犯天江。壬寅，以哈剌章为知枢密院事。丁未，益王浑都帖木儿、枢密副使观音奴擒老的沙，诛之。秃坚帖木儿以余兵往八儿思之地，命岭北行省左丞相山僧及知枢密院事魏赛因不花同讨之。戊申，以资政院使秃鲁为御史大夫。己酉，荧惑犯斗宿，太阴犯右执法。庚戌，太阴犯太微垣。

闰月庚申，以宾国公五十八为知枢密院事。诏张良弼、俞宝、孔兴等悉听调于扩廓帖木儿。戊辰，太白、辰星、荧惑聚于斗宿，太阴犯毕宿。辛未，诏封扩廓帖木儿河南王，代皇太子亲征，总制关、陕、晋、冀、山东等处并迤南一应军马，诸王各爱马应该总兵、统兵、领兵等官，凡军民一切机务、钱粮、名爵、黜陟、予夺，悉听便宜行事。壬申，太白犯辰星。辛巳，以脱脱木儿为中书右丞，达识帖木儿为参知政事。己丑，太白犯荧惑，太阴犯垒壁阵。丙申，太阴犯毕宿。癸卯，太阴犯太微垣。是月，大明兵取泰州。时泰州、通州、高邮、淮安、徐州、宿州、泗州、濠州、安丰诸郡，皆张士诚所据。

十二月乙卯，诏立次皇后奇氏为皇后，改奇氏为肃良合氏，诏天下，仍封奇氏父以上三世皆为王爵。癸亥，太阴犯毕宿。以帖林沙为中书参知政事。庚子，岁星掩房宿。辛未，太阴犯右执法。是月，秃坚帖木儿伏诛。

元史卷四七
本纪第四七

顺帝十

二十六年春正月己酉,以崇政院使孛罗沙为御史大夫。壬子,以完者木知枢密院事。是月,以沙蓝答里为中书左丞相。命燕南、河南、山东、陕西、河东等处举人会试者,增其额数,进士及第以下递升官一级。

二月癸丑朔,立河淮水军元帅府于孟津县。甲戌,诏天下,以比者逆臣孛罗帖木儿、秃坚帖木儿、老的沙等干纪乱伦,内外之民经值军马,致使困乏,与免一切杂泛差徭。是月,扩廓帖木儿还河南,分立省部以自随,寻居怀庆,又居彰德,调度各处军马;陕西张良弼拒命。

三月癸未朔,罢洛阳嵩县宣慰司。丁亥,白虹五道亘天,其第三道贯日,又有气横贯东南,良久始灭。甲午,扩廓帖木儿遣关保、虎林赤以兵西攻张良弼于鹿台。李思齐、脱烈伯、孔兴等兵皆与良弼合。以蛮子、脱脱木儿知枢密院事。乙未,廷试进士七十二人,赐赫德溥化、张栋进士及第,余出身有差。监察御史玉伦普建言八事:一曰用贤,二曰申严宿卫,三曰保全臣子,四曰八卫屯田,五曰禁止奏请,六曰培养人才,七曰罪人不孥,八曰重惜名爵;帝嘉纳之。是月,大明兵取高邮府。

夏四月辛酉,诏立皇太子妃瓦只剌孙答里氏。是月,大明兵取淮安路、徐州、宿州、濠州、泗州、颍州、安丰路。

五月壬午朔，洛阳瑞麦生，一茎四穗。甲辰，以脱脱不花为御史大夫。

六月壬子朔，汾州介休县地震。平遥县大雨雹。绍兴路山阴县卧龙山裂。己未，命知枢密院事买闾以兵守直沽，命河间盐运使拜住、曹履亨抚谕沿海灶户，俾出丁夫从买闾征讨。丙寅，诏：“英宗时谋为不轨之臣，其子孙或成丁者，可安置旧地，幼者随母居草地，终身不得入京城，及不得授官，止许于本爱马应役。”皇后肃良合氏生日，百官进笺，皇后谕沙蓝答里等曰：“自世祖以来，正宫皇后寿日不曾进笺，近年虽行，不合典故。”却之。

秋七月辛巳朔，日有食之。徐沟县地震。介休县大水。石州大星如斗，自西南而落。甲申，以李思齐为太尉。甲午，太白经天。丙申，扩廓帖木儿遣朱珍、卢旺屯兵河中，遣关保、虎林赤合兵渡河，会竹贞、商暠，且约李思齐以攻张良弼。良弼遣子弟质于思齐，与良弼拒守，关保等不利，思齐请诏和解之。丙午，太白经天。

八月戊寅，以李国凤为中书左丞，陈有定为福建行省平章政事。

九月甲申，李思齐兵下盐井，获川贼余继隆，诛之。礼部侍郎满尚宾、吏部侍郎掩笃剌哈自凤翔还京师。先是，尚宾等持诏谕思齐开通川蜀道路，思齐方兵争，不奉诏，尚宾等留凤翔一年，至是始还。丙戌，以方国珍为江浙行省左丞相，弟国瑛、国珉，侄明善并为江浙行省平章政事。己亥，以中书平章政事失列门为御史大夫。辛丑，孛星见东北方。

冬十月甲子，扩廓帖木儿遣其弟脱因帖木儿及貊高、完哲等驻兵济南，以控制山东。

十一月甲申，大明兵取湖州路。丙申，大明兵取杭州路及绍兴路。辛丑，大明兵取嘉兴路。时湖州、杭州、绍兴、嘉兴、松江、平江诸路及无锡州皆张士诚所据。

十二月庚午，蒲城洛水和顺崖崩。

二十七年春正月乙未，绛州夜闻天鼓鸣，将旦复鸣，其声如空中战斗者。庚子，大明兵取松江府。癸卯，大明兵取沅州路。是月，李思齐、张良弼、脱列伯自会于含元殿基，推李思齐为盟主，同拒扩廓帖木儿。

二月庚申，以买住为云国公，七十为中书平章政事，月鲁不花为御史大夫。乙丑，以詹事月鲁帖木儿为御史大夫。

三月丁丑朔，莱州大风，有大鸟至，其翅如席。扩廓帖木儿遣兵屯滕州，以御王信。庚子，京师大风自西北起，飞砂扬砾，白日昏暗。

夏五月丙子朔，白气二道亘天。以去岁水潦霜灾，严酒禁。戊寅，以空名宣敕遣付福建行省，命平章政事曲出、陈有定同验有功者给之。辛巳，大同陨霜杀麦。癸未，福建行宣政院以废寺钱粮由海道送京师。乙酉，以完者帖木儿为中书右丞相，辞以老病，不许。辛卯，以知枢密院事失列门为岭北行省左丞相，提调分通政院。己亥，以俺普为中书平章政事。辛丑，扩廓帖木儿定拟其所属官员二千六百一十人，从之。是月，山东地震，雨白牦。李思齐遣张良弼部将郭谦等守黄连寨，扩廓帖木儿部将关保、虎林赤、商暠、竹贞引兵拔其寨，郭谦走。会貊高等为变，关保、虎林赤夜遁，李思齐遂解而西。

六月丙午朔，日有食之，昼晦。丁巳，皇太子寝殿后新甃井中有龙出，光焰烁人，宫人震慑仆地。又长庆寺有龙缠绕槐树飞去，树皮皆剥。丁卯，沂州山崩。是月，知枢密院事寿安奉空名宣敕与侯伯颜达世，令其以兵援扩郭帖木儿。时李思齐据长安，与商暠拒战，侯伯颜达世进兵攻李思齐，秦州守将萧公达降思齐。思齐知关保等兵退，遣蔡琳等破其营，侯伯颜达世奔溃。

秋七月甲申，命也速提调武备寺。丁酉，绛州星陨，光耀如昼。是月，李思齐遣许国佐、薛穆飞会张良弼、脱列伯兵，屯于华阴。时命秃鲁为陕西行省左丞相，思齐不悦，遣其部将郑应祥守陕西，而自还凤翔。龙见于临朐龙山，大石起立。

八月丙午,诏命皇太子总天下兵马,其略曰:

> 元良重任,职在抚军,稽古徵今,卓有成宪。曩者障塞决河,本以拯民昏垫,岂期妖盗横造讹言,簧鼓愚顽,涂炭郡邑,殆遍海内,兹逾一纪。故察罕帖木儿仗义兴师,献功敌忾,汛扫汴、洛,克平青、齐,为国捐躯,深可哀悼。其子扩廓帖木儿克继先志,用成骏功。爰猷识理达腊计安宗社,累请出师。朕以国本至重,讵宜轻出,遂授扩廓帖木儿总戎重寄,畀以王爵,俾代其行。李思齐、张良弼等各怀异见,构兵不已,以致盗贼愈炽,深遗朕忧。况全齐密迩辇毂,倘失早计,恐生异图,询诸众谋,佥谓皇太子聪明仁孝,文武兼资,聿遵旧典,爰命以中书令、枢密使,悉总天下兵马,诸王、驸马、各道总兵、将吏,一应军机政务,生杀予夺,事无轻重,如出朕裁。其扩廓帖木儿总领本部军马,自潼关以东,肃清江淮;李思齐总统本部军马,自凤翔以西,与侯伯颜达世进取川蜀;以少保秃鲁为陕西行中书省左丞相,本省驻札,总本部及张良弼、孔兴、脱列伯各枝军马,进取襄樊;王信本部军马,固守信地,别听调遣。诏书到日,汝等悉宜洗心涤虑,同济时艰。

庚戌,貊高杀卫辉守御官余仁辅、彰德守御官范国英,引军至清化,闻怀庆有备,遂还彰德,上疏言:"人臣以尊君为本,以尽忠为心,以爱民为务。今总兵官扩廓帖木儿岁与官军仇杀,臣等乃朝廷培养之人,素知忠义,焉能俯首听命。乞降明诏别选重臣,以总大兵。"诏以扩廓帖木儿不遵君命,宜黜其兵权,就命貊高讨之。辛亥,帖木儿不花进封淮王,赐金印,设王傅等官。壬子,为皇太子立大抚军院,秩从一品,知院四员,同知二员,副使、同佥各一员,经历、都事各二员,管勾一员。癸丑,封太师伯撒里永平王。甲寅,以右丞相完者帖木儿、翰林承旨答尔麻、平章政事完者帖木儿并知大抚军院事。丙辰,完者帖木儿言:"大抚军院专掌军机,今后迤北军务,仍旧制枢密院管,其余内外诸王、驸马、各处总兵、统兵、行省、行院、宣慰司一应军情,不许隔越,径行移大抚军院。"詹事院同知李国凤同知大抚军院事，参政完者帖木儿为副使，左司员外郎咬住、枢密参议王弘远为经历。庚申，完者帖木儿言："诸军将士有能用命效力、建立奇功者，请所赏宣敕依常制外，加以忠义功臣之号。"从之。辛酉，以完者帖木儿仍前少师、知枢密院事，也速仍前太保、中书右丞相，帖里帖木儿以太尉、添设中书左丞相。丙寅，立行枢密院于阿难答察罕脑儿；命陕西行省左丞相秃鲁仍前少保兼知行枢密院事。壬申，命帖里帖木儿仍前太尉、左丞相，为知大抚军院事；中书右丞陈敬伯为中书平章政事。

九月甲戌朔，义士戴晋生上皇太子书，言治乱之由。命右丞相也速以兵往山东，命参知政事法都忽剌分户部官，一同供给。丁亥，以兵兴，迤南百姓供给繁重，其真定、河南、陕西、山东、冀宁等处，除军人自耕自食外，与免民间今年田租之半，其余杂泛一切住罢。辛巳，大明兵取平江路，执张士诚。乙酉，大明兵取通州。丁亥，大明兵取抚锡州。己丑，诏也速以中书右丞相分省山东，沙蓝答里以中书左丞相分省大同。丙申，太师汪家奴追封兖王，谥忠靖。己亥，命帖里帖木儿提调端本堂及领经筵事。辛丑，大明兵取台州路。时台州、温州、庆元三路皆方国珍所据。

冬十月甲辰朔，貊高以兵入山西，定孟州、忻州，下潞州，遂攻真定。诏也速自河间以兵会貊高取真定，已而不克，命也速还河间，貊高还彰德。乙巳，皇太子奏以淮南行省平章政事王信为山东行省平章政事兼知行枢密院事。立中书分省于真定路。丙午，加司徒、淮南行省平章政事王宣为沂国公。丁未，享于太庙。壬子，诏扩廓帖木儿落太傅、中书左丞相并诸兼领职事，仍前河南王，锡以汝州为其食邑。其弟脱因帖木儿以集贤学士同扩廓帖木儿于河南府居。其帐前诸军命琐住、虎林赤一同统之。其河南诸军，命中书平章政事、内史李克彝统之。关保本部诸军仍旧统之。山东诸军命太保、中书右丞相也速统之。山西诸军命少保、中书左丞相沙蓝答里统之。河北诸军命知枢密院事貊高统之。赦天下。甲寅，以火里赤为中书平章政事。乙丑，命集贤大学士丁好礼为中书添设平章政事。

丙寅,平章、内史关保封许国公。己巳,大明兵取温州。

十一月壬午,大明兵取沂州,守臣王信通,其父宣被执。癸未,大明兵取庆元路。丙戌,以平章政事月鲁帖木儿,知枢密院事完者帖木儿,平章政事伯颜帖木儿、帖林沙并知抚军院事。戊子,大明兵取峄州。乙未,以知枢密院事貊高为中书平章政事。命太尉、中书左丞相帖里帖木儿为抚军院使。丁酉,命帖里帖木儿同监修国史。命关保分省于晋宁。辛丑,大明兵取益都路,平章政事保保降,宣慰使普颜不花、总管胡浚、知院张俊皆死之。

十二月卯朔,日有食之。丁未,大明兵取般阳路。戊申,大明兵取济宁路,陈秉直遁。己酉,大明兵取莱州,遂取济南及东平路。丁巳,大明兵入杉关,取邵武路。时邵武、建宁、延平、福州、兴化、泉、漳、汀、潮诸路,皆陈友定所据。庚申,以杨诚、陈秉直并为国公、中书平章政事。甲子,命右丞相也速,太尉知院脱火赤,中书平章政事忽林台,平章政事貊高,知枢密院事小章、典坚帖木儿、江文清、驴儿等会杨诚、陈秉直、伯颜不花、俞胜各部诸军同守御山东。又命关保往援山东。丙寅,以庄家为中书参知政事。庚午,大明兵由海道取福州,守臣平章政事曲出遁,行宣政院使朵耳死之。是月,方国珍归于大明。诏命陕西行省左丞相秃鲁总统张良弼、脱列伯、孔兴各枝军马,以李思齐为副总统,御关中,抚安军民,脱列伯、孔兴等出潼关,及取顺便山路,渡黄河、合势东行,共勤王事。思齐等皆不奉命。

是岁,诏分潼关以西属李思齐,以东属扩廓帖木儿,各罢兵还镇;于是关保退屯潞州,商暠留屯潼关。

二十八年春正月壬申朔,皇太子命关保固守晋宁,总统诸军,如扩廓帖木儿拒命,当以大义相裁,就便擒击。以中书平章政事不颜帖木儿为御史大夫。辛巳,诏谕扩廓帖木儿曰:

　　比者也速上奏,卿以书陈情,深自悔悟。及省来意,良用恻然。朕视卿犹子,卿何惑于憸言,不体朕心,隳其先业。卿今能自悔，固朕所望。卿其思昔委任肃清江淮之意，即将冀宁、真定诸军，就行统制渡河，直捣徐、沂，以康靖齐、鲁，则职任之隆，当悉还汝。卫辉、彰德、顺德皆为王城，卿无以貊高为名，纵军侵暴。其晋宁诸军，已命关保总制策应，戡定山东，将帅各宜悉心。

庚寅，彗星见于昴、毕之间。是月，大明兵取建宁、延平二路，陈有定被执。

二月壬寅朔，诏削扩廓帖木儿爵邑，命秃鲁、李思齐等讨之，诏曰：

> 扩廓帖木儿本非察罕帖木儿之宗，俾嗣职任，冀承遗烈，畀以相位，陟以师垣，崇以王爵，授以兵柄，顾乃凭藉宠灵，遂肆跋扈，构兵关陕，专事吞并。貊高倡明大义，首发奸谋；关保弗信邪言，乃心王室，陈其罪恶，请正邦典。今秃鲁、李思齐，其率兵东下，共行天讨。

癸卯，武库灾。癸丑，大明兵取东昌路，守将申荣、王辅元死之。丙辰，扩廓帖木儿自泽州退守晋宁。关保守泽、潞二州，与貊高军合。已未，大明兵取宝庆路。甲子，汀州路总管陈谷珍以城降于大明。丙寅，大明兵取棣州。是月，大明兵至河南。李思齐、张良弼等解兵西还。诏命知枢密院事脱火赤、平章政事魏赛因不花进兵攻晋宁。李思齐次渭南，张良弼次栎阳。兴化、泉州、漳州、潮州四路皆降于大明。

三月庚寅，彗星见于西北。壬辰，翰林学士承旨王时、太常院使陈祖仁上章，乞抚谕扩廓帖木儿以兵勤王赴难。是月，有星流于东北，众小星随之，其声大震。大明兵取河南。李思齐、张良弼会兵驻潼关。火焚良弼营；思齐移军葫芦滩，调其所部张德敛、穆薛飞守潼关。大明兵入潼关，攻李思齐营；思齐弃辎重奔于凤翔。是月，大明兵取永州路，又取惠州路。

夏四月辛丑朔，大明兵取英德州。丙午，陨霜杀菽。戊申，大明兵取广州路，又取嵩、陕、汝等州。

五月庚午朔，大明兵取道州。李克彝弃河南城，奔陕西，推李思齐为总兵，驻兵岐山。是月，李思齐部将忽林赤、脱脱、张意据盩厔，商暠据武功，李克彝据岐山，任从政据陇州。

六月庚子朔，徐沟县地震。癸丑，大明兵取全州、郴州、梧州、藤州、寻州、贵、象、郁林等郡。甲寅，雷雨中有火自天坠，焚大圣寿万安寺。壬戌，临州、保德州地震，五日不止。大明兵取静江路。是月，广西诸郡县皆附于大明。

秋七月癸酉，京城红气满空，如火照人，自旦至辰方息。乙亥，京城黑气起，百步内不见人，从寅至巳方消。貊高关保以兵攻晋宁。是月，李思齐会李克彝、商暠、张意、脱列伯等于凤翔。海南、海北诸郡县皆降于大明。

闰月己亥朔，扩廓帖木儿与貊高、关保战，败之，擒关保、貊高，遣其断事官以闻。诏："关保、貊高间谍构兵，可依军法处治。"关保、貊高皆被杀。辛丑，大明兵取卫辉路。癸卯，大明兵取彰德路。乙巳，左江、右江诸路皆降于大明。丁未，大明兵取广平路。丁巳，诏罢大抚军院，诛知大抚军院事伯颜帖木儿等。诏复命扩廓帖木儿仍前河南王、太傅、中书左丞相，统领见部军马，由中道直抵彰德、卫辉；太保、中书右丞相也速统率大军经由东道，水陆并进；少保、陕西行省左丞相秃鲁统率关陕诸军，东出潼关，攻取河洛；太尉、平章政事李思齐统率军马，南出七盘、金、商，克复汴洛。四道进兵，掎角剿捕，毋分彼此。秦国公、平章、知院俺普，平章琐住等军，东西布列，乘机扫殄。太尉、辽阳左丞相也先不花，郡王、知院厚孙等军，捍御海口，藩屏畿辅。皇太子爱猷识理达腊悉总天下兵马，裁决庶务，具如前诏。壬戌，白虹贯日。癸亥，罢内府河役。甲子，扩廓帖木儿自晋宁退守冀宁。大明兵至通州。知枢密院事卜颜帖木儿力战被擒，死之。左丞相失列门传旨，令太常礼仪院使阿鲁浑等奉太庙列室神主与皇太子同北行。阿鲁浑等即至太庙，与署令王嗣宗、太祝哈剌不华袭护神主毕，仍留室内。乙丑，白虹贯日。罢内府兴造。诏淮王帖木儿不花监国，庆童为中书左丞相，同守京城。丙寅，帝御清宁殿,集三宫后妃、皇太子、皇太子妃,同议避兵北行。失列门及知枢密院事黑厮、宦者赵伯颜不花等谏以为不可行,不听。伯颜不花恸哭,谏曰:"天下者世祖之天下,陛下当以死守,奈何弃之!臣等愿率军民及诸怯薛歹出城拒战,愿陛下固守京城。"卒不听。至夜半,开健德门北奔。

八月庚申,大明兵入京城,国亡。

后一年,帝驻于应昌府。又一年,四月丙戌,帝因痢疾,殂于应昌,寿五十一,在位三十六年。太尉完者、院使观音奴奉梓宫北葬。五月癸卯,大明兵袭应昌府,皇孙买的里八剌及后妃并宝玉皆被获,皇太子爱猷识礼达腊从十数骑遁。大明皇帝以帝知顺天命,退避而去,特加其号曰顺帝,而封买的里八剌为崇礼侯。

元史卷四八
志第一

天文一

简仪　仰仪　大明殿灯漏　正方案
圭表　景符　窥几　西域仪象
四海测验　日薄食晕珥及日变
月五星凌犯及星变上

　　司天之说尚矣,《易》曰"天垂象,见吉凶,圣人象之。"又曰"观乎天文以察时变。"自古有国家者,未有不致谨于斯者也。是故尧命羲、和,历象日有星辰,舜在璇玑、玉衡,以齐七政,天文于是有测验之器焉。然古之为其法者三家:曰周髀,曰宣夜,曰浑天。周髀、宣夜先绝,而浑天之学至秦亦无传,汉洛下闳始得其术,作浑仪以测天。厥后历世递相沿袭,其有得有失,则由乎其人智术之浅深,未易遽数也。

　　宋自靖康之乱,仪象之器尽归于金。元兴,定鼎于燕,其初袭用金旧,而规环不协,难复施用。于是太史郭守敬者,出其所创简仪、仰仪及诸仪表,皆臻于精妙,卓见绝识,盖有古人所未及者。其说以谓:昔人以管窥天,宿度余分约为太半少,未得其的。乃用二线推测,于余分纤微皆有可考。而又当时四海测景之所凡二十有七,东极高丽,西至滇池,南逾朱崖,北尽铁勒,是亦古人之所未及为者也。自是八十年间，司天之官遵而用之，靡有差忒。而凡日月薄食、五纬凌犯、彗孛飞流、晕珥虹霓、精祲云气等事，其系于天文占候者，具有简册存焉。

若昔司马迁作《天官书》，班固、范晔作《天文志》，其于星辰名号、分野次舍、推步候验之际详矣。及晋、隋二志，实唐李淳风撰，于夫二十八宿之躔度，二曜五纬之次舍，时日灾祥之应，分野休咎之别，号极详备，后有作者，无以尚之矣。是以欧阳修志《唐书·天文》，先述法象之具，次纪日月食、五星凌犯及星变之异；而凡前史所已载者，皆略不复道。而近代史官志宋《天文》者，则首载仪象诸篇；志金《天文》者，则唯录日月五星之变。诚以玑衡之制载于《书》，日星、风雨、霜雹、雷霆之灾异载于《春秋》，慎而书之，非史氏之法当然，固所以求合于圣人之经者也。今故据其事例，作元《天文志》。

简仪之制，四方为趺，纵一丈八尺，三分去一以为广。趺面上广六寸，下广八寸，厚如上广。中布横轵、纵轵三。南二，北抵南轵，北一，南抵中轵。趺面四周为水渠，深一寸，广加五分。四隅为础，出趺面内外各二寸。绕础为渠，深广皆一寸，与四周渠相灌通。又为础于卯酉位，广加四维，长加广三之二，水渠亦如之。北极云架柱二，径四寸，长一丈二尺八寸。下为鳌云，植于乾艮二隅础上，左右内向，其势斜准赤道，合贯上规。规环径二尺四寸，广一寸五分，厚倍之。中为距，相交为斜十字，广厚如规。中心为窍，上广五分，方一寸有半，下二寸五分，方一寸，以受北极枢轴。自云架柱斜上，去趺面七尺二寸，为横轵。自轵心上至窍心六尺八寸。又为龙柱二，植于卯酉础中分之北，皆饰以龙，下为山形，北向斜植，以柱北架。南极云架柱二，植于卯酉础中分之南，广厚形制，一如北架。斜向坤巽二隅，相交为十字，其上与百刻环边齐，在辰巳、未申之间，南倾之势准赤道，各长一丈一尺五寸。自趺面斜上三尺八寸为横轵，以承百刻环。下边又为龙柱二，植于坤巽二隅础上，北向斜柱，其端形制，一如北柱。

　　四游双环,径六尺,广二寸,厚一寸,中间相离一寸,相连于子午卯酉。当子午为圆窍,以受南北极枢轴。两面皆列周天度分,起南极,抵北极,余分附于北极。去南北枢窍两旁四寸,各为直距,广厚如环。距中心各为横关,东西与两距相连,广厚亦如之。关中心相连,厚三寸,为窍方八分,以受窥衡枢轴。窥衡长五尺九寸四分,广厚皆如环,中腰为圆窍,径五分,以受枢轴。衡两端为圭首,以取中缩。去圭首五分,各为侧立横耳,高二寸二分,广如衡面,厚三分,中为圆窍,径六分。其中心,上下一线界之,以知度分。

　　百刻环,径六尺四寸,面广二寸,周布十二时、百刻,每刻作三十六分,厚二寸,自半已上广三寸。又为十字距,皆所以承赤道环也。百刻环内广面卧施圆轴四,使赤道环旋转无涩滞之患。其环陷入南极架一寸,仍钉之。赤道环径广厚皆如四游,环面细刻列舍、周天度分。中为十字距,广三寸,中空一寸,厚一寸。当心为窍,窍径一寸,以受南极枢轴。界衡二,各长五尺九寸四分,广三寸。衡首斜剡五分,刻度分以对环面。中腰为窍,重置赤道环、南极枢轴。其上衡两端,自长窍外边至衡首底,厚倍之,取二衡运转,皆着环面,而无低昂之失,且易得度分也。二极枢轴皆以钢铁为之,长六寸,半为本,半为轴。本之分寸一如上规距心,适取能容轴径一寸。北极轴中心为孔,孔底横穿,通两旁,中出一线,曲其本,出横孔两旁结之。孔中线留三分,亦结之。上下各穿一线,贯界衡两端,中心为孔,下洞衡底,顺衡中心为渠以受线,直入内界长窍中。至衡中腰,复为孔,自衡底上出结之。

　　定极环,广半寸,厚倍之,皆势穹窿,中径六度,度约一寸许。极星去不动处三度,仅容转周。中为斜十字距,广厚如环,连于上规。环距中心为孔,径五厘。下至北极轴心六寸五分,又置铜板,连于南极云架之十字,方二寸,厚五分。北面剡其中心,存一厘以为厚,中为圜孔,径一分,孔心下至南极轴心亦六寸五分。又为环二:其一阴纬环,面刻方位,取跌面纵横轵北十字为中心,卧置之;其一曰立运环,面刻度分,施于北极云架柱下,当卧环中心,上属架之横轵,下抵跌轵之十字,上下各施枢轴,令可旋转。中为直距,当心为窍,以施窥衡,令可俯仰,用窥日、月、星辰出地度分。右四游环,东西运转,南北低昂,凡七政、列舍、中外官去极度分皆测之。赤道环旋转,与列舍距星相当,即转界衡使两线相对,凡日月、五星、中外官入宿度分,皆测之。百刻环,转界衡令两线与日相对,其下直时刻,则昼刻也,夜则以星定之。比旧仪测日月、五星出没,而无阳经、阴纬云柱之映。

其浑象之制,圆如弹丸,径六尺,纵横各画周天度分。赤道居中,去二极,各周天四之一。黄道出入赤道内外,各二十四度弱。月行白道,出入不常,用竹篾均分天度,考验黄道所交,随时迁徙。先用简仪测到入宿去极度数,按于其上,校验出入黄赤二道远近疏密,了然易辨,仍参以算数为准。其象置于方匮之上,南北极出入匮面各四十度太强,半见半隐,机运轮牙隐于匮中。

仰仪之制:以铜为之,形若釜,置于砖台。内画周天度,唇列十二辰位。盖俯视验天者也。其铭辞云:

不可体形,莫天大也。无竞维人,仰釜载也。六尺为深,广自倍也。兼深广倍,絜釜兑也。环凿为沼,准以溉也。辨方正位,曰子卦也。衡缩度中,平斜再也。斜起南极,平釜镦也。小大必周,入地画也。始周浸断,浸极外也。极入地深,四十太也。北九十一,赤道龁也。列刻五十,六时配也。衡竿加卦,巽坤内也。以负缩竿,本午对也。首旋玑板,亵纳芥也。上下悬直,与镦会也。视日透光,何度在也。旸谷朝宾,夕饯昧也。寒暑发敛,验进退也。薄蚀起自,鉴生杀也。以避赫曦,夺目害也。南北之偏,亦可概也。极浅十五,林邑界也。黄道夏高,人所载也。夏永冬短,犹少差也。深五十奇,铁勒塞也。黄道浸平,冬昼晦也。夏则不没,永短最也。安浑宣夜,昕穹盖也。六天之书,言殊话也。一仪一揆,孰善悖也。以指为告,无烦喙也。暗资以明,疑者沛也。智者是之,胶者怪也。古今巧历,不亿辈也。非让不为，思不逮也。将窥天朕，造化爱也。其有俊明，昭圣代也。泰山砺乎，河如带也。黄金不磨，悠久赖也。鬼神禁诃，勿铭坏也。

灯漏之制：高丈有七尺，架以金为之。其曲梁之上，中设云珠，左日、右月。云珠之下，复悬一珠。梁之两端，饰以龙首，张吻转目，可以审平水之缓急。中梁之上，有戏珠龙二，随珠俯仰，又可察准水之均调。凡此皆非徒设也。灯球杂以金宝为之，内分四层，上环布四神，旋当日月参辰之所在，左转日一周。次为龙虎鸟龟之象，各居其方，依刻跳跃，铙鸣以应内。又次周分百刻，上列十二神，各执时牌，至其时，四门通报。又一人当门内，常以手指其刻数。下四隅，钟、鼓、钲、铙各一人，一刻鸣钟，二刻鼓，三钲，四铙，初正皆如是。其机发隐于柜中，以水激之。

正方案，方四尺，厚一寸。四周去边五分为水渠。先定中心，画为十字，外抵水渠。去心一寸，画为圆规，自外寸规之，凡十九规。外规内三分，画为重规，遍布周天度。中为圆，径二寸，高亦如之。中心洞底植臬，高一尺五寸，南至则减五寸，北至则倍之。

凡欲正四方，置案平地，注水于渠，眂平，乃植臬于中。自臬景西入外规，即识以墨影，少移辄识之，每规皆然，至东出外规而止。凡出入一规之交，皆度以线，屈其半以为中，即所识与臬相当，且其景最短，则南北正矣。复遍阅每规之识，以审定南北。南北既正，则东西从而正。然二至前后，日轨东西行，南北差少，即外规出入之景以为东西，允得其正。当二分前后，日轨东西行，南北差多，朝夕有不同者，外规出入之景或未可凭，必取近内规景为定，仍校以累日则愈真。

又测用之法，先测定所在北极出地度，即自案地平以上度，如其数下对南极入地度，以墨斜经中心界之，又横截中心斜界为十字，即天腹赤道斜势也。乃以案侧立，悬绳取正。凡置仪象皆以此为准。

圭表以石为之，长一百二十八尺，广四尺五寸，厚一尺四寸。座高二尺六寸。南北两端为池，圆径一尺五寸，深二寸，自表北一尺，与表梁中心上下相直。外一百二十尺，中心广四寸，两旁各一寸，画为尺寸分，以达北端。两旁相去一寸为水渠，深广各一寸，与南北两池相灌通以取平。表长五十尺，广二尺四寸，厚减广之半，植于圭之南端圭石座中，入地及座中一丈四尺，上高三十六尺。其端两旁为二龙，半身附表上擎横梁，自梁心至表颠四尺，下属圭面，共为四十尺。梁长六尺，径三寸，上为水渠以取平。两端及中腰各为横窍，径二分，横贯以铁，长五寸，系线合于中，悬锤取正，且防倾垫。

按表短，则分寸短促，尺寸之下，所谓分秒太半少之数，未易分别；表长则分寸稍长，所不便者景虚而淡，难得实影。前人欲就虚景之中考求真实，或设望筒，或置小表，或以木为规，皆取端日光，下彻表面。今以铜为表，高三十六尺，端挟以二龙，举一横梁，下至圭面共四十尺，是为八尺之表五。圭表刻为尺寸，旧一寸，今申而为五，厘毫差易分别。

景符之制：以铜叶，博二寸，长加博之二，中穿一窍，若针芥然。以方圜为趺，一端设为机轴，令可开阖，揭其一端，使其势斜倚，北高南下，往来迁就于虚梁之中。窍达日光，仅如米许，隐然见横梁于其中。旧法，一表端测晷，所得者日体上边之景。今以横梁取之，实得中景，不容有毫末之差。至元十六己卯夏至晷景，四月十九日乙未景一丈二尺三寸六分九厘五毫。至元十六年己卯冬至晷景，十月二十四日戊戌景七丈六尺七寸四分。

窥几之制：长六尺，广二尺，高倍之。下为趺，广三寸，厚二寸。上闺广四寸，厚如趺。以板为面，厚及寸。四隅为足，撑以斜木，务取正方。面中开明窍，长四尺，广二寸。近窍两旁一寸分画为尺，内三寸刻为细分，下应圭面。几面上至梁心二十六尺，取以为准。窥限各各长二尺四寸，广二寸，脊厚五分，两刃斜靱，取其于几面相符，着限两端，厚广各存二寸，衔入几闰。俟星月正中，从几下仰望，视表梁南北以为识，折取分寸中数，用为直景。又于远方同日窥测取景数，以推星月高下也。

世祖至元四年，扎马鲁丁造西域仪象：

咱秃哈剌吉，汉言混天仪也。其制以铜为之，平设单环，刻周天度，画十二辰位以准地面。侧立双环而结于平环之子午，半入地下，以分天度。内第二双环，亦刻周天度，而参差相交，以结于侧双环，去地平三十六度以为南北极，可以旋转，以象天运为日行之道。内第三、第四环，皆结于第二环，又去南北极二十四度，亦可以运转。凡可运三环，各对缀铜方钉，皆有窍，以代衡箫之仰窥焉。

咱秃朔八台，汉言测验周天星曜之器也。外周圆墙，而东面启门，中有小台，立铜表高七尺五寸，上设机轴，悬铜尺，长五尺五寸，复加窥测之第二，其长如之，下置横尺，刻度数其上，以准挂尺。下本开图之远近，可以左右转而周窥，可以高低举而遍测。

鲁哈麻亦渺凹只，汉言春秋分晷影堂。为屋二间，脊开东西横罅，以斜通日晷。中有台，随晷影南高北下，上仰置铜半环，刻天度一百八十，以准地上之半天，斜倚锐首铜尺，长六尺，阔一寸六分，上结半环之中，下加半环之上，可以往来窥运，侧望漏屋晷影，验度数，以定春、秋二分。

鲁哈麻亦木思塔余，汉言冬夏至晷影堂也。为屋五间，屋下为坎，深二丈二尺，脊开南北一罅，以直通日晷。随罅立壁，附壁悬铜尺，长一丈六寸。壁仰画天度半规，其尺亦可往来规运，直望漏屋晷影，以定冬、夏二至。

苦来亦撒麻，汉言浑天图也。其制：以铜为丸，斜刻日道交环度数于其腹，刻二十八宿形于其上。外平置铜单环，刻周天度数，列于十二辰位以准地。而侧立单环二，一结于平环之子午，以铜丁象南北极,一结于平环之卯酉,皆刻天度。即浑天仪而不可运转窥测者也。

苦来亦阿儿子,汉言地理志也。其制:以木为圆球,七分为水,其色绿,三分为土地,其色白。画江、河、湖、海,脉络贯串于其中。画作小方井,以计幅圆之广袤,道里之远近。

兀速都儿刺不定,汉言昼夜时刻之器。其制:以铜如圆镜而可挂,面刻十二辰位、昼夜时刻。上加铜条缀其中,可以圆转。铜条两端,各屈其首为二窍以对望,昼则视日影,夜则窥星辰,以定时刻,以测休咎。背嵌镜片,三面刻其图凡七,以辨东西南北日影长短之不同、星辰向背之有异,故各异其图,以画天地之变焉。

南海,北极出地一十五度,夏至景在表南,长一尺一寸六分,昼五十四刻,夜四十六刻。

衡岳,北极出地二十五度,夏至日在表端,无景,昼五十六刻,夜四十四刻。

岳台,北极出地三十五度,夏至晷景长一尺四寸八分,昼六十刻,夜四十刻。

和林,北极出地四十五度,夏至晷景长三尺二寸四分,昼六十四刻,夜三十六刻。

铁勒,北极出地五十五度,夏至晷长五尺一分,昼七十刻,夜三十刻。

北海,北极出地六十五度,夏至晷景长六尺七寸八分,昼八十二刻,夜一十八刻。

大都,北极出地四十度太强,夏至晷景长一丈二尺三寸六分,昼六十二刻,夜三十八刻。

上都,北极出地四十三度少。

北京,北极出地四十二度强。

益都,北极出地三十七度少。

登州,北极出地三十八度少。

高丽，北极出地三十八度少。

西京，北极出地四十度少。

太原，北极出地三十八度少。

安西府，北极出地三十四度半强。

兴元，北极出地三十三度半强。

成都，北极出地三十一度半强。

西凉州，北极出地四十度强。

东平，北极出地三十五度太。

大名，北极出地三十六度。

南京，北极出地三十四度太强。

河南府阳城，北极出地三十四度太弱。

扬州，北极出地三十三度。

鄂州，北极出地三十一度半。

吉州，北极出地二十六度半。

雷州，北极出地二十度太。

琼州，北极出地一十九度太。

世祖中统二年三月壬戌朔，日有食之。三年十一月辛丑，日有背气，重晕三珥。

至元二年正月辛未朔，日有食之。四年五月丁亥朔，日有食之。五年十月戊寅朔，日有食之。七年三月庚子朔，日有食之。八年八月壬辰朔，日有食之。九年八月丙戌朔，日有食之。十二年六月庚子朔，日有食之。十四年十月丙辰朔，日有食之。十九年六月己丑朔，日有食之。七月戊午朔，日有食之。二十四年七月癸丑，日晕连环，白虹贯之。十月戊午朔，日有食之。二十六年三月庚辰朔，日有食之。二十七年八月辛未朔，日有食之。二十九年正月甲午朔，日有食之，有物渐侵入日中，不能既，日体如金环然，左右有珥，上有抱气。三十一年六月庚辰朔，日食。

成宗大德三年八月己酉朔，日食。四年二月丁未朔，日食。六年六月癸亥朔，日食。七年閏五月戊午朔，日食。八年五月癸未朔，日食。

武宗至大三年正月丁亥，白虹貫日。八月甲寅，白虹貫日。四年正月壬辰，日赤如赭。

仁宗皇庆元年六月乙丑朔，日有食之。

延祐元年三月己亥，白暈亘天，連環貫日。二年四月戊寅朔，日有食之。五月甲戌，日赤如赭。乙亥，亦如之。九月甲寅，日赤如赭。戊午，亦如之。三年五月戊申，日赤如赭。五年二月癸巳朔，日有食之。六年二月丁亥朔，日有食之。七年正月辛巳朔，日有食之。三月乙未，日有暈，若連環然。

英宗至治元年三月己丑，交暈如連環貫日。六月癸卯朔，日有食之。二年十一月甲午朔，日有食之。

泰定帝泰定四年二月辛卯，白虹貫日。九月丙申朔，日食。

文宗天历二年七月丙辰朔，日有食之。

至順元年九月癸巳，白虹貫日。二年正月己酉，白虹貫日。八月甲辰朔，日有食之。十一月壬申朔，日有食之。三年五月丁酉，白虹并日出，長竟天。

元统元年三月癸巳，日赤如赭。閏三月丙申、癸丑、甲寅，皆如之。二年四月戊午朔，日有食之。

至元元年十二月戊午，日赤如赭。閏十二月丁亥、戊子、己丑，皆如之。二年二月壬辰，日赤如赭。乙未、丙申，亦如之。三月庚申、壬戌、癸亥，四月丁丑，皆如之。八月甲戌朔，日有食之。十二月甲戌，日赤如赭。三年正月丁巳，日有交暈，左右珥上有白虹貫之。二月壬申朔，日有食之。八月癸未，日有交暈，左右珥上有白虹貫之。十月癸酉，日赤如赭。四年閏八月戊戌，日赤如赭。己亥、壬寅，亦如之。九月庚寅，皆如之。五年正月丙寅，日有交暈，左右珥上有白虹貫之。二月辛亥，日赤如赭。三月庚申、辛酉，四月丁未，皆如之。

至正元年三月壬申，日赤如赭。三年四月丙申朔，日有食之。四年九月丁亥朔，日有食之。十年十一月壬子朔，日有食之。十三年九月乙丑朔，日有食之。十四年三月癸亥朔，日有食之。十五年二月丙子，日赤如赭。十七年七月己丑，日有交晕，连环贯之。十八年六月戊辰朔，日有食之。十二月乙丑朔，日有食之。二十一年四月辛巳朔，日有食之。二十五年三月壬戌，日有晕，内赤外青，白虹如连环贯之。二十六年二月丁卯，日有晕，左珥上有背气一道。七月辛巳朔，日有食之。二十七年十二月癸卯朔，日有食之。

宪宗六年六月，太白昼见。

世祖中统元年五月乙未，荧惑入南斗，留五十余日。

二年二月丁酉，太阴掩昴。六月戊戌，太阴犯角。八月丙午，太白犯岁星。十一月庚午，太阴犯昴。十二月辛卯，荧惑犯房。壬寅，荧惑犯钩钤。

三年十一月乙酉，太白犯钩钤。

至元元年二月丁卯，太阴犯南斗。四月辛亥，太阴犯轩辕御女星。五月丙戌，太阴犯房。己亥，太阴犯昴。七月甲戌，彗星出舆鬼，昏见西北，贯上台，扫紫微、文昌及北斗，旦见东北，凡四十余日。十二月甲子，太阴犯房。

二年六月丙子，太阴犯心宿大星。

四年八月庚申，填星犯天樽距星。壬午，太白犯轩辕大星。甲子，岁星犯轩辕大星。十一月乙巳，填星犯天樽距星。

五年正月甲午，太阴犯井。二月戊子，太阴犯天关。己丑，太阴犯井。

六年十月庚子，太阴犯辰星。

七年正月己酉，太阴犯毕。九月丁巳，太阴犯井。十月庚午，太白犯右执法。十一月壬寅，荧惑犯太微西垣上将。

八年正月辛未，太阴犯毕。三月丁亥，荧惑犯太微西垣上将。九月丙子，太阴犯毕。

九年五月乙酉，太白犯毕距星。九月戊寅，太阴犯御女。十月戊戌，荧惑犯填星。十一月丁卯，太阴犯毕。

十年三月癸酉，客星青白如粉絮，起毕，度五车北，复自文昌贯斗杓，历梗河，至左摄提，凡二十一日。

十一年二月甲寅，太阴犯井宿。十月壬戌，岁星犯垒壁阵。

十二年七月癸酉，太白犯井。辛卯，太阴犯毕。九月己巳，太白犯少民。己卯，太白犯太微西垣上将。十月癸丑，太阴犯毕。十一月丙戌，太阴犯轩辕大星。十二月戊戌，填星犯亢。戊申，太阴犯毕。

十三年九月辛亥，太白犯南斗。甲寅，太白入南斗。十二月乙卯，太阴犯填星。辛酉，荧惑掩钩钤。

十四年二月癸亥，彗出东北，长四尺余。

十五年二月丁丑，荧惑犯天街。三月丁亥，太阴犯太白。戊子，太阴犯荧惑。十一月辛亥，太白、荧惑、填星聚于房。

十六年四月癸卯，填星犯键闭。七月丙寅，填星犯键闭。八月庚辰，太阴犯房宿距星。庚子，岁星犯轩辕大星。十月丙申，太阴犯太微西垣上将。十一月癸丑，太阴犯荧惑。

十七年四月庚子，岁星犯轩辕大星。七月戊申，太阴掩房宿距星。己酉，太阴犯南斗。八月丙子，太阴犯心宿东星。甲子，太阴犯右执法，并犯岁星。

十八年七月癸卯，太阴犯房宿距星。闰八月癸巳朔，荧惑犯司怪南第二星。庚戌，太阴犯昴。九月甲申，太阴犯轩辕大星。十一月甲戌，太阴犯五车次南星。丁丑，太阴犯鬼。丁亥，太阴掩心。十二月丙午，太阴犯轩辕大星。

二十年正月己巳，太阴犯轩辕御女。庚辰，太阴入南斗，犯距星。二月庚寅，太阴掩昴。庚子，太白犯昴。壬寅，太白犯昴。乙巳，太阴犯心。三月己未，岁星犯键闭。庚申，太阴犯井。壬戌，太阴犯鬼。乙巳，岁星犯房。癸酉，岁星掩房。四月己亥，太阴犯房。壬寅，太阴犯南斗。五月丙寅，太阴掩心。七月丙辰，太白犯井。癸亥，太阴犯南斗。乙丑，太白犯井。庚午，荧惑犯司怪。八月丙午，太白犯轩辕。丁未，岁星犯钩钤。九月壬子，太白犯轩辕少女。戊午，太阴犯斗。己巳，太白犯右执法。壬申，太阴掩井。癸酉，荧惑犯鬼。甲戌,太阴犯鬼,荧惑犯积尸气,太白犯左执法。十月丙申,太阴犯昴。十一月戊寅,太白、岁星相犯。十二月甲辰,太阴掩荧惑。

二十一年闰五月戊寅朔,填星犯斗。七月甲申,太白犯荧惑。九月癸巳,太白犯南斗第四星。乙未,太阴犯井。十月己酉,太阴犯轸。十一月丙戌,太阴犯昴。己丑,太阴掩舆鬼。庚子,太阴犯心。

二十二年二月辛亥,太阴犯东井。癸丑,太阴犯鬼。壬戌,太阴犯心。八月癸丑,太阴入东井。十二月己亥,岁星犯填星。

二十三年正月壬午,太阴犯轩辕太民。乙酉,太阴犯氐。二月丙午,太阴犯井。三月己巳,太阴犯娄。五月己巳,荧惑犯太微西垣上将。庚辰,岁星犯垒壁阵。乙酉,荧惑犯太微右执法。六月丙申朔,太白犯御女。八月乙卯,太白犯轩辕右角星。九月甲申,太阴犯天关。十月甲午朔,太白犯右执法。戊戌,太阴犯建星。辛亥,太阴犯东井。甲寅,太白犯进贤。十一月戊辰,太白犯亢。己卯,太阴犯东井。辛巳,岁星犯垒壁阵。十二月戊戌,太白犯东咸。丁未,太阴犯东井。丁巳,太阴犯氐。

二十四年正月甲戌,太阴犯东井。乙酉,太阴犯房。二月庚子,太阴犯天关。辛丑,太阴犯东井。闰二月癸亥,太阴犯辰星。甲申,太阴犯牵牛。三月丙申,太阴犯东井。四月癸酉,太阴犯氐。甲戌,太阴犯房。七月戊戌,太阴犯南斗。辛丑,太阴犯牵牛。壬寅,荧惑犯舆鬼积尸气。甲辰,荧惑犯舆鬼。壬子,太阴犯司怪。八月癸亥,太白犯亢。丙子,填星南犯垒壁阵。己卯,太阴犯天关。辛巳,太阴犯东井。甲申,太白犯房。九月丁酉,荧惑犯长垣。庚子,太白犯天江。乙巳,太阴犯毕。辛亥,荧惑犯太微西垣上将。壬子,太白犯南斗。十月壬戌,太阴犯牵牛大星。乙酉,荧惑犯左执法。十一月壬辰,太白犯垒壁阵。太阴晕太白、填星。丙申,荧惑犯太微东垣上将。庚子,太白昼见。丙辰,荧惑犯进贤。十二月丙寅,太阴犯毕。太白昼见。

二十五年正月乙巳,太阴犯角。戊申,太阴犯房。三月丁亥,荧惑犯太微东垣上相。戊子,太阴犯毕。己亥,太阴掩角。四月戊午,太阴犯井。五月戊申,太白犯毕。六月甲戌,太白犯井。丁丑,太阴犯岁星。七月己亥,荧惑犯氐。庚子,太白犯鬼。乙巳,太阴掩毕。八月丙辰,荧惑犯房。己未,太白犯轩辕大星。九月癸未朔,荧惑犯天江。庚子,太阴犯毕。癸卯,荧惑犯南斗。十二月辛酉,太阴犯毕。甲子,太阴犯井。甲戌,太阴犯亢。荧惑犯垒壁阵。

二十六年正月辛丑,太阴犯氐。三月甲午,太阴犯亢。五月壬辰,太白犯鬼。七月戊子,太白经天四十五日。辛卯,太阴犯牛。乙未,太阴犯岁星。八月辛未,岁星昼见。九月戊寅,岁星犯井。乙未,太阴犯毕。丙申,荧惑犯太微西垣上将。十月癸丑,太阴犯牛宿距星。甲寅,荧惑犯右执法。闰十月丁亥,辰星犯房。己丑,太阴犯毕。荧惑犯进贤。太阴犯井。十一月丁巳,荧惑犯亢。戊辰,太阴犯亢。

二十七年正月庚戌,太白犯牛。癸丑,太阴犯井。丁卯,荧惑犯房。壬申,荧惑犯键闭。二月戊寅,太阴犯毕。庚寅,太阴犯亢。三月壬子,荧惑犯钩钤。四月丙子,太阴犯井。壬辰,荧惑守氐十余日。五月乙丑,太阴犯填星。六月己丑,荧惑犯房。七月辛酉,荧惑犯天江。九月癸卯,岁星犯鬼。十月辛巳,太白犯斗。十一月戊申,太阴掩填星。辛酉,太阴掩左执法。十二月辛卯,太阴犯亢。

二十八年正月壬寅,太白、荧惑、填星聚奎。二月癸未,太阴犯左执法。甲申,太白犯昴。三月丁未,太阴犯御女。己酉,太阴犯右执法。庚戌,太阴犯太微东垣上相。乙卯,太白犯五车。四月乙未,岁星犯舆鬼积尸气。五月壬寅,太阴犯少民。甲寅,太阴犯牛。六月辛卯,太阴犯毕。七月己亥,太白犯井。八月丙寅,太白犯舆鬼。丙子,太阴犯牵牛。癸未,岁星犯轩辕大星。戊子,太白犯轩辕大星,并犯岁星。癸巳,太阴掩荧惑。九月丙辰,荧惑犯左执法。戊午,太白犯荧惑。辛酉,岁星犯少民。十月丙戌,太阴犯轩辕大星并御女。己丑,太阴犯太微东垣上相。十一月甲辰,太阴犯房。丙午,荧惑犯亢。丁未,太阴犯毕。庚申,荧惑犯氐。十二月庚辰,太阴犯御女。癸未,太阴犯东垣上相。己丑,荧惑犯房。庚寅,荧惑犯钩钤。

二十九年正月戊申,太阴犯岁星及轩辕左角。二月己巳,太阴犯毕。四月丙子,太阴犯氐。六月己丑,太白犯岁星。闰六月戊申,荧惑犯狗国。七月辛未,太阴犯牛。八月丁酉,辰星犯右执法。己亥,太白犯房。乙巳,岁星犯右执法。九月壬戌,荧惑犯垒壁阵。辛巳,太白犯南斗。十月乙巳,太阴犯井。丁未,太阴犯鬼。乙卯,太阴犯氐。十一月壬戌,太阴犯垒壁阵。己卯,太阴犯太微东垣上将。十二月庚子,太阴犯井。甲辰,太阴犯太微西垣上将。

三十年正月丙寅,太阴犯毕。丁丑,太阴犯氐。庚辰,岁星犯左执法。二月壬辰,太阴犯毕。乙巳,荧惑犯天街。庚戌,太阴犯牛。癸丑,太白犯垒壁阵。三月辛未,太阴犯氐。四月癸丑,太白犯填星。六月己丑,岁星犯左执法。丙申,太阴犯斗。七月甲子,太阴犯建星。辛丑,太阴犯鬼。八月甲午,辰星犯太微西垣上将。甲辰,太阴犯毕。戊申,太阴犯鬼。九月丁卯,太阴犯毕。十月庚寅,彗星入紫微垣,抵斗魁,光芒尺许,凡一月乃灭。丙申,荧惑犯亢。己亥,太阴犯天关。辛丑,太且犯井。十一月乙丑,太阴犯毕。丁卯,太阴犯井。庚子,太阴犯鬼。丙子,荧惑犯钩钤。戊寅,岁星犯亢。十二月乙未,太阴犯井。

三十一年四月戊申,太白昼见,又犯鬼。五月庚戌朔,太白犯舆鬼。六月丙午,太阴犯井。八月庚辰,太白昼见。戊戌,太阴犯毕。太白犯轩辕。九月丁巳,太白经天。丙寅,太阴掩填星。辛未,太阴犯轩辕。乙亥,太白犯右执法。太阴犯平道。十月壬午,太白犯左执法。癸巳,太阴掩填星。乙未,太阴犯井。十一月己酉,太阴犯亢。庚申,太阴犯毕。癸酉,太白犯房。十二月癸未,岁星犯房。丁亥,岁星犯钩钤。壬辰,太阴犯鬼。庚子,太阴犯房,又犯岁星。

成宗元贞元年正月乙卯,太阴犯填星,又犯毕。癸酉,岁星犯东咸。二月癸未,荧惑犯太阴。壬辰,太阴犯平道。癸卯,太阴犯岁星。三月庚戌,太阴犯填星。壬戌,太阴犯房。四月庚寅,太阴犯东咸。闰四月癸丑,岁星犯房。甲寅,太阴犯平道。乙卯,太阴犯亢。丁巳,太阴掩房。五月丁亥,太阴犯南斗。七月丁丑,太阴犯亢。甲申,岁星犯房。八月乙酉,太阴犯牛。壬子,太阴犯垒壁阵。九月甲午,太阴犯轩辕。戊戌，太阴犯平道。十月辛酉，辰星犯房。壬戌，辰星犯键闭。戊辰，太白昼见。太阴犯房。十一月甲戌，太白经天，及犯垒壁阵。乙酉，太阴犯井。丁亥，太阴犯鬼。十二月丙辰，太阴犯轩辕。甲子，太阴犯天江。

二年正月壬午，太阴犯舆鬼。丙戌，太白昼见。丁亥，太阴犯平道。庚寅，太阴犯钩钤。二月丁未，太阴犯井。三月乙酉，太阴犯钩钤。五月丁丑，太阴犯平道。六月乙巳，太白犯天关。丁巳，太白犯填星。癸亥，太阴犯井。七月壬午，填星犯井，太白犯舆鬼。八月庚子，太阴犯亢，太白犯轩辕。癸卯，太阴犯天江。乙卯，太阴犯天街。太白犯上将。九月戊辰，太白犯左执法。壬申，太阴掩南斗。丁丑，太阴犯垒壁阵。己丑，太阴犯轩辕。十一月丁丑，太阴犯月星，又犯天街。庚辰，太阴犯井。丁亥，太阴犯上相。戊子，太阴犯平道。壬辰，太阴犯天江。十二月丁未，太阴犯井。乙卯，太阴犯进贤。

大德元年三月戊辰，荧惑犯井。癸酉，太阴掩轩辕大星。五月癸酉，太白犯鬼积尸气。乙亥，太阴犯房。六月乙未，太白昼见。七月庚午，太阴犯房。八月丁巳，祅星出奎。九月辛酉朔，祅星复犯奎。十月戊午，太白经天。十一月戊子，太白经天。十二月甲辰，太白经天，又犯东咸。丙午，太阴犯轩辕。甲寅，太阴犯心。闰十二月癸酉，太白犯建星。丙子，太白犯建星。

二年二月辛酉，岁星、荧惑、太白聚危。荧惑犯岁星。辛未，太阴犯左执法。丙子，太阴犯心。五月戊戌，太阴犯心。六月壬戌，太阴犯角。七月癸巳，太阴犯心。八月壬戌，太阴犯箕。九月辛丑，太阴犯五车南星。癸卯，太阴犯五诸侯。己酉，太阴犯左执法。十月壬戌，太白犯牵牛。戊寅，太阴犯角宿距星。十一月己亥，太阴犯舆鬼。辛丑，辰星犯牵牛。壬寅，太阴犯右执法。十二月戊午，太白经天。己未，填星犯舆鬼。乙丑，太白犯岁星。太阴犯荧惑。庚午，填星入舆鬼，太阴犯上将。甲戌，彗出子孙星下。己卯，太阴犯南斗。

三年正月丙戌，太阴犯太白。丁酉，太阴犯西垣上将。戊戌，太阴犯右执法。乙巳，太白经天。三月乙巳，荧惑犯五诸侯。戊戌，荧惑犯舆鬼。四月己未,太阴犯上将。丙寅,填星犯舆鬼,太阴犯心。五月丙申,太阴犯南斗。己亥,太白犯毕。六月庚申,太阴掩房。丁卯,荧惑犯右执法。壬申,岁星昼见。七月己卯朔,太白犯井。丁未,太阴犯舆鬼。八月丁巳,太阴犯箕。戊辰,太白犯轩辕大星。己巳,太阴犯五车星。九月壬辰,流星色赤,尾长尺余,其光烛地,起自河鼓,没于牵牛之西,有声如雷。乙未,太阴犯昴宿距星。丁酉,太白犯左执法。十月丙子,太阴犯房。十一月乙酉,太白犯房。

四年二月戊午,太阴犯轩辕。五月甲午,太阴犯垒壁阵。辛丑,太白犯舆鬼,太阴犯昴。六月丁巳,太白犯填星。七月辛卯,荧惑犯井。八月癸丑,太阴犯井。甲子,辰星犯灵台上星。闰八月庚辰,荧惑犯舆鬼。九月戊午,太白犯斗。壬戌,太阴犯舆鬼。甲子,太白犯斗。十二月庚寅,荧惑犯轩辕。癸巳,太阴犯房宿距星。

五年正月己酉,太阴犯五车。壬子,太阴犯舆鬼积尸气。辛酉,太阴犯心。二月己卯,太阴犯舆鬼。三月戊申,太阴犯御女。丁卯,荧惑犯填星。己巳,荧惑、填星相合。四月壬申,太阴犯东井。五月癸丑,太阴犯南斗。乙卯,荧惑犯右执法。丁卯,太白犯井。六月甲申,岁星犯司怪。己酉,太白犯舆鬼。岁星犯井。甲午,太白犯舆鬼。七月丙午,岁星犯井。辛亥,太阴犯垒壁阵。庚申,辰星犯太白。八月壬辰,太阴犯轩辕御女。乙未,填星犯太微上将。九月乙丑,自八月庚辰,彗出井二十四度四十分,如南河大星,色白,长五尺,直西北,后经文昌斗魁,南扫太阳,又扫北斗、天机、紫微垣、三公、贯索,星长丈余,至天市垣巴蜀之东、梁楚之南、宋星上,长盈尺,凡四十六日而灭。十月癸未,太阴犯东井。辛卯,夜有流星,大如杯,色赤,尾长丈余,光烛地,自北起,近东徐徐而行,分为二星,前大后小,相离尺余,没于危宿。十一月己亥,岁星犯东井。戊申,太阴犯昴。十二月甲戌,岁星犯司怪。辛卯,太阴犯南斗。

六年正月壬戌,填星犯太微西垣上将。二月庚午,太阴犯昴。三月壬寅,太阴犯舆鬼。癸卯,岁星犯井。甲寅,太阴犯钩钤。四月乙丑朔,太白犯东井。戊寅,太阴犯心。庚寅,太白犯舆鬼。六月癸亥朔,填星犯太微西垣上将。乙亥,太阴犯斗。七月癸巳朔,荧惑、填星、辰星聚井。庚子,太阴犯心。戊午,太阴犯荧惑。八月乙丑,荧惑犯岁星。己巳,荧惑犯舆鬼。辛巳,太阴犯昴。壬午,太白犯轩辕。九月丙午,荧惑犯轩辕。癸丑,太阴犯舆鬼。丁巳,太白犯右执法。十月壬午,荧惑犯太微西垣上将。十一月辛亥,填星犯左执法。乙未,辰星犯房。癸卯,太阴犯昴。己酉,太阴犯轩辕。十二月庚申朔,荧惑犯填星。乙丑,岁星犯舆鬼。乙亥,太阴犯舆鬼。庚辰,荧惑犯太微东垣上相。癸未,太阴犯房。

七年正月戊戌,太阴犯昴。甲辰,太阴犯轩辕。二月戊寅,太阴犯心。四月癸亥,太阴犯东井。丙寅,太阴犯轩辕。乙亥,岁星犯舆鬼。太阴犯南斗。甲申,荧惑犯太微垣右执法。丁亥,岁星犯舆鬼。五月壬辰,辰星犯东井。闰五月戊辰,太阴犯心。七月戊寅,岁星犯轩辕。己卯,太阴犯井。乙酉,荧惑犯房。八月癸巳,太白犯氐。甲午,荧惑犯东咸。太阴犯牵牛。乙巳,岁星犯轩辕。辛亥,荧惑犯天江。九月丙寅,太白昼见。辛未,荧惑犯南斗。甲戌,太阴犯东井。乙亥,太白犯南斗。壬午,辰星犯氐。十月丁亥,太白经天。辛丑,太阴犯东井。十一月己未,太白经天。丙寅,填星犯进贤。戊辰,太阴犯东井。己卯,太阴犯东咸。十二月丙戌,太白经天。夜,荧惑犯垒壁阵。丙申,太阴犯东井。辛丑,太阴犯明堂。丁未,太阴犯天江。

八年三月乙丑,自去岁十二月庚戌,彗星见,约盈尺,指东南,色白,测在室十一度,渐长尺余,复指西北,扫腾蛇,入紫微垣,至是灭,凡七十四日。

九年正月丁巳,太阴犯天关。甲子,太阴犯明堂。己巳,太阴犯东咸。三月甲寅,荧惑犯氐。戊午,岁星犯左执法。四月庚辰,太阴犯井。壬辰,太白犯井。五月癸亥,岁星掩左执法。七月丙午,荧惑犯氐。甲寅,太白经天。丁卯,荧惑犯房。八月辛巳,太阴犯东咸。乙未,荧惑犯天江。九月丁巳,荧惑犯斗。十月丙戌,太白经天。十一月庚戌,岁星、太白、填星聚于亢。癸丑,岁星犯亢。丙寅,岁星昼见。十二月壬申,太白经天。丙子,太阴犯西咸。庚寅,荧惑犯垒壁阵。己亥，辰星犯建星。

十年正月丁巳，太白犯建星。闰正月癸酉，太白犯牵牛。己丑，太白犯垒壁阵。二月戊午，太阴犯氐。三月戊寅，岁星犯亢。四月辛酉，填星犯亢。六月癸丑，太阴犯罗堰上星。己未，岁星犯亢。七月庚辰，太阴犯牵牛。八月壬寅，岁星犯氐。荧惑犯太微垣上将。九月己巳，荧惑犯太微垣右执法。壬午，荧惑犯太微垣左执法。十月甲辰，太白犯斗。辛亥，太阴犯毕。甲寅，太阴犯井。十一月辛未，岁星犯房。壬申，太阴犯虚。甲戌，荧惑犯亢。戊子，荧惑犯氐。辛卯，太阴犯荧惑。十二月壬寅，太白昼见。乙巳，岁星犯东咸。戊午，太阴犯氐。

十一年六月丙午，太阴犯南斗杓星。己巳，太阴犯亢。七月壬午，荧惑犯南斗。九月癸酉，太白犯右执法。己卯，太白犯左执法。十月乙巳，太白犯亢。己酉，荧惑犯垒壁阵。甲寅，太阴犯明堂。己未，太阴犯太白。十一月丁卯，太白犯房。丙子，太阴犯东井。乙酉，太阴犯亢。辛卯，辰星犯岁星。十二月丁巳，填星犯键闭。

武宗至大元年正月辛未，太阴犯井。甲申，太阴犯填星。二月丁未，太阴犯亢。甲寅，太阴犯牛距星。三月乙丑，太阴犯井。五月癸未，太白犯舆鬼。七月庚申，流星起自勾陈，南至于大角傍，尾迹约三尺，化为白气，聚于七公，南行，圆若车轮，微有锐，经贯索灭。壬申，太白犯左执法。八月壬子，太阴犯轩辕太民。九月壬申，填星犯房。丙子，太阴犯井。癸未，太阴犯荧惑。十月辛丑，太白犯南斗。十一月庚申，太白昼见。癸亥，荧惑犯亢。己巳，太阴掩毕。甲戌，荧惑犯氐。乙亥，辰星犯填星。闰十一月壬寅，荧惑犯房。丁未，太阴犯亢。十二月甲子，太阴犯毕。丙子，太阴犯氐。戊寅，太白掩建星。

二年二月己巳，太阴犯亢。辛未，太阴犯氐。庚辰，太阴犯太白。三月戊戌，太阴犯氐。己亥，荧惑犯岁星。丙午，荧惑犯垒壁阵。五月辛卯，太阴犯亢。六月乙卯，太白犯井。癸酉，辰星犯舆鬼。乙亥，太阴掩毕。八月乙亥，太阴犯轩辕。丁丑，太阴犯右执法。九月丙午，太阴犯进贤。十月壬申，太阴犯左执法。十一月己亥，太阴犯右执法。庚子，太阴犯上相。辛丑，荧惑犯外屏。十二月庚申，太阴犯参。癸亥，辰星犯岁星。辛未，太白犯垒壁阵。

三年正月壬辰，太阴犯轩辕御女。甲午，太阴犯右执法。丙申，太阴犯平道。二月辛亥，荧惑犯月星。庚申，荧惑犯天街。太阴犯轩辕少民。壬戌，太阴犯左执法。甲戌，太白犯月星。三月甲申，太阴犯井。庚寅，太阴犯氐。丙申，太阴犯南斗。丁未，太白犯井。甲寅，太阴犯轩辕御女。戊辰，太白昼见。五月乙酉，太阴犯平道。癸巳，荧惑犯舆鬼。六月乙卯，太阴犯氐。七月戊寅，太阴犯右执法。己卯，太阴犯上相。八月甲子，太白犯轩辕太民。乙丑，太阴掩毕大星。辛巳，太阴犯建星。辛卯，太阴犯天廪。十月甲辰朔，太白经天。丙午，太白犯左执法。癸丑，荧惑犯亢。十一月甲戌朔，太白犯亢。丁亥，太阴犯毕。十二月甲辰朔，太阴犯罗堰。庚申，太阴犯轩辕大星。辛酉，太白犯填星。丙寅，太白犯氐。

四年二月甲子，太阴犯填星。三月丙戌，太阴犯太微上将。四月甲寅，太阴犯亢。荧惑犯垒壁阵。癸未，太阴犯氐。五月乙未，太阴犯太微东垣上相。庚戌，太阴犯氐。七月癸巳，太阴掩毕。丁酉，太阴犯鬼宿距星。闰七月丙寅，太阴犯轩辕。九月乙卯，太阴犯毕。十月丙申，太白犯垒壁阵。十一月甲寅，太阴犯舆鬼。十二月庚辰，太白经天。癸未，亦如之。甲申，太阴犯太微西垣上将。壬辰，太白经天。

仁宗皇庆元年正月癸丑，太阴犯太微东垣上相。二月壬午，太阴犯亢。三月丁酉朔，荧惑犯东井。壬寅，太阴犯东井。四月丙子，太白昼见。壬午，荧惑犯舆鬼。癸未，荧惑犯积尸气。庚寅，太白经天。六月己巳，太阴犯天关。七月戊午，太阴犯东井。八月戊辰，太白犯轩辕。辛未，太阴犯填星。壬午，辰星犯右执法。乙酉，太白犯右执法。丁亥，辰星犯左执法。九月丁巳，太白犯亢。十月丁亥，太阴犯平道。戊子，太阴犯亢。十一月己亥，太阴掩垒壁阵。十二月甲申，荧惑、填星、辰星聚井。戊子，太阴犯荧惑。

二年正月戊申，太阴犯三公。三月庚子，荧惑犯垒壁阵。丁未，彗出东井。七月己丑朔，岁星犯东井。辛卯，太白昼见。乙未、丙辰，皆如之。丁巳，太白经天。八月戊午朔，太白昼见。壬戌，岁星犯东井。壬午，太阴犯舆鬼。

延祐元年二月癸酉，荧惑犯东井。三月壬辰，太阴掩荧惑。闰三月辛酉，太阴犯舆鬼。丙寅，太阴犯太微东垣。五月戊午，辰星犯舆鬼。六月乙未，荧惑犯右执法。十月庚戌，辰星犯东咸。十二月甲午，太阴犯舆鬼。癸卯，太阴犯房。甲辰，太阴犯天江。

二年正月乙卯，岁星犯舆鬼。己未，太白昼见。癸亥，太阴犯轩辕。丁卯，太阴犯进贤。二月戊子，太白昼见。癸巳，太白经天。丙午，亦如之。三月丙辰，太阴色赤如赭。四月庚子，太阴犯垒壁阵。五月辛酉，太阴犯天江。庚午，太白昼见。六月甲申，太白昼见。是夜，太阴犯平道。癸卯，太白犯东井。丙午，辰星犯舆鬼。九月己酉，太阴犯房。辛酉，太白犯左执法。十月丙子朔，客星见太微垣。十一月丙午，客星变为彗，犯紫微垣，历轸至壁十五宿，明年二月庚寅乃灭。

三年九月癸丑，太白昼见。丙寅，太白经天。十月甲申，太白犯斗。

四年三月乙酉，太阴犯箕。六月乙巳，太阴犯心。八月丙申，荧惑犯舆鬼。壬子，太阴犯昴。九月庚午，太阴犯斗。

六年正月戊寅，太阴犯心。二月己亥，太阴犯灵台。三月己巳，太阴犯明堂。癸酉，太阴犯日星。甲戌，太阴犯心。五月辛酉，太阴犯灵台。丁卯，太阴犯房。丙子，太阴犯垒壁阵。六月己亥，岁星犯东咸。七月壬戌，太阴犯心。丙子，太白犯太微垣右执法。八月乙酉，荧惑犯舆鬼。闰八月丙辰，辰星犯太微垣右执法。丁巳，太阴犯心。癸亥，荧惑犯轩辕。甲子，太阴犯垒壁阵。乙亥，太白犯东咸。十月癸亥，荧惑犯太微垣左执法。乙丑，太阴犯昴。戊辰，太阴犯东井。庚午，太白昼见。辛未，太阴犯轩辕。辛卯，荧惑犯进贤。庚子，太阴犯明堂。十二月丙寅，太阴犯轩辕。

　　七年正月乙未，太阴犯明堂上星。癸卯，太阴犯斗宿东星。二月辛酉，太阴犯轩辕御女。壬戌，太阴犯灵台。丁卯，太阴犯日星。庚午，太阴犯斗宿距星。三月戊子，太阴犯酒旗上星。荧惑犯进贤。庚寅，太阴犯明堂上星。四月甲寅，太白犯填星。壬戌，太阴犯房宿距星。五月庚寅，太阴犯心宿东星。癸巳，太阴犯狗宿东星。丙申，太白犯毕宿距星。六月庚申，太阴犯斗宿东星。癸亥，太阴犯垒壁阵西二星。丁卯，太白犯井宿东扇第三星。辛未，太阴犯昴宿。七月丁亥，太阴犯斗宿东三星。戊戌，荧惑犯房宿上星。己亥，太阴犯昴宿距星。八月丙辰，太白犯灵台上星。乙丑，荧惑犯天江。丁卯，太白犯太微垣右执法。壬申，太阴犯轩辕御女。九月乙酉，太阴犯垒壁阵西二星。丙戌，荧惑犯斗宿。癸巳，太阴犯昴宿东星。己亥，太白犯亢星。十月庚戌，太阴犯荧惑于斗。癸亥，太阴犯井宿。十一月癸卯，荧惑犯垒壁阵。乙卯，太阴掩昴宿。戊午，太阴犯井宿东星。庚申，太阴犯鬼宿。

　　英宗至治元年正月乙未，太阴掩房宿距星。甲辰，辰星犯外屏西第一星。辰星、太白、荧惑、填星聚于奎宿。二月壬子，太白、荧惑、填星聚于奎宿。辛酉，太白犯荧惑。癸亥，太阴犯心宿大星，又犯心宿东星。三月丁丑，太阴掩昴宿。四月戊午，太阴犯心宿大星。庚申，太阴犯斗宿东第三星。五月戊寅，太白犯鬼宿积尸气。太阴犯轩辕右角。庚辰，太阴犯明堂中星。六月己未，太阴犯虚梁东第二星。辛酉，太白经天。七月癸巳，太阴犯昴宿。八月丁未，太阴犯心宿前星。己酉，太阴犯斗宿西第二星。壬子，荧惑犯轩辕大星。九月乙亥，荧惑犯灵台东北星。壬午，荧惑犯太微西垣上将。丁酉，荧惑犯太微垣右执法。十月甲辰，太白经天。戊申，荧惑犯太微垣左执法。十一月辛未，荧惑犯进贤。丙子，太阴犯虚梁东第一星。戊寅，辰星犯房宿上星。丙戌，太阴犯井宿东扇北第二星。己丑，太阴犯酒旗西星，又犯轩辕右角。辛卯，太阴犯明堂中星。己亥，太白犯西咸南第一星。十二月甲辰，荧惑犯亢宿南第一星。庚戌，太阴犯昴宿东第一星。辛酉，荧惑入氐宿。

二年正月丁丑，太阴犯昴宿距星。庚辰，太白犯建星西第二星。辛巳，太白犯建星西第三星。辛卯，太阴犯心宿大星。甲午，荧惑犯房宿上星。丁酉，太白犯牛宿南第一星。二月己亥朔，荧惑犯键闭星。丙午，荧惑犯罚星南一星。戊申，太阴犯井宿东扇北第二星。庚戌，荧惑犯东咸北第二星。辛亥，太阴犯酒旗西第一星及轩辕右角星。壬子，太白犯垒壁阵西方第二星。癸丑，太阴犯明堂中星。己未，太阴犯天江南第一星。壬戌，太白犯垒壁阵第六星。五月丙子，荧惑退犯东咸南第一星。六月壬申，荧惑犯心宿距星。七月己亥，荧惑犯天江南第一星。戊午，太阴犯井宿越星。九月己未，太阴犯明堂中星。十月庚辰，太阴犯井宿距星。辛巳，太阴犯井宿东扇北第二星及第三星。己丑，荧惑犯垒壁阵西第六星。十一月甲辰，太白犯垒壁阵第一星。乙巳，荧惑犯垒壁阵西第八星。戊申，太阴掩井宿东扇北第二星。己未，太阴犯东咸南第一星。庚申，太阴犯天江上第二星。辛酉，荧惑犯岁星。十二月乙丑，太白、岁星、荧惑聚于室。太白犯垒壁阵西第八星。乙亥，太阴掩井宿距星。戊寅，太白犯岁星。己丑，荧惑犯外屏西第三星。太阴犯建星西第二星。

三年正月壬寅，太阴犯钺星，又犯井宿距星。癸卯，太阴犯井宿东扇南第二星。二月癸亥朔，荧惑、太白、填星聚于胃宿。癸酉，太白犯昴宿。辛巳，太阴犯东咸南第一星、第二星。五月戊戌，太白经天。癸卯，太阴犯房宿第二星。庚戌，太白犯毕宿右股第三星。六月癸未，填星犯毕宿距星。九月辛卯，填星退犯毕。十月己巳，太白犯亢。丙子，太白犯氐。十一月己丑朔，荧惑犯亢。庚寅，太白犯钩钤。乙未，太白犯东咸。壬寅，荧惑犯氐。十二月己巳，辰星犯垒壁阵。辛未，荧惑犯房。辛巳，荧惑犯东咸。

泰定帝泰定元年五月丙午，太白犯鬼宿。丁未，太白又犯鬼宿积尸气。十月丙寅，太白犯斗宿距星。己巳，太白入斗宿魁。太阴犯填星。庚午，太白犯斗。壬午，荧惑犯垒壁阵。十二月庚午，荧惑犯外屏。乙亥，太白经天。

二年正月丙戌，辰星犯天鸡。壬寅，太白犯建星。二月庚寅，荧

惑、岁星、填星聚于毕宿。六月丙戌,填星犯井宿钺星。丙午,填星
犯井宿。八月癸巳,岁星犯天樽。十月壬辰,荧惑犯氐宿。癸巳,填
星退犯井宿。十一月戊午,填星退犯井宿钺星。十二月乙酉,荧惑
犯天江。辰星犯建星。甲午,太白犯垒壁阵。

三年正月辛酉,太白犯外屏。三月丙午,填星犯井宿钺星。戊
辰,荧惑犯垒壁阵,填星犯井宿。庚午,填星、太白、岁星聚于井。四
月戊戌,太白犯鬼宿。壬寅,荧惑犯垒壁阵。七月戊辰,太白经天,
至于十二月。九月壬戌,太白犯太微垣右执法。十月辛巳,太白犯
进贤。

四年正月己酉,太白犯牛宿。三月丁卯,荧惑犯井宿。九月壬
子,太白犯房宿。闰九月己巳,太白经天,至十二月。十月乙巳,昼
有流星。戊午,辰星犯东咸。十一月癸酉,太白犯垒壁阵。荧惑犯
天江。十二月己未,岁星退犯太微西垣上将。

致和元年二月壬戌,太白昼见。五月庚辰,流星如缶大,光明烛
地。七月丙戌,太白犯轩辕大星。

文宗天历元年九月庚辰,太白犯亢宿。

二年正月甲子,太白犯垒壁阵。二月己酉,荧惑犯井宿。五月
庚申,太白犯鬼宿积尸气。六月丁未,太白昼见。七月癸亥,太白经
天。十一月癸酉,太阴犯填星。

至顺元年七月庚午,岁星犯氐宿。八月戊辰,太白犯氐宿。九
月己丑,荧惑犯鬼宿。甲午,荧惑犯鬼宿。十一月甲申,荧惑退犯鬼
宿。丙戌,太白犯垒壁阵。

二年二月壬子,太白昼见。三月丙子朔,荧惑犯鬼宿。己卯,荧
惑犯鬼宿积尸气。五月丁丑,荧惑犯轩辕左角。甲午,太白犯毕宿。
庚子,太阴犯太白。辛丑,太白经天。六月丁未,太白昼见。丁卯,
太阴犯毕。太白犯井。八月乙卯,太白犯轩辕大星。庚申,太白犯
轩辕左角。九月丙子,太白犯填星。十一月壬申朔,太白犯钩钤。

三年五月癸酉,荧惑犯东井。

元史卷四九
志第二

天文二

月五星凌犯及星变下

顺帝元统元年正月癸酉,太白昼见。二月戊戌,亦如之。己亥,填星退犯太微东垣上相。丙辰,太阴犯天江下星。三月戊寅,太阴犯太微东垣上相。五月丁酉,荧惑犯太微垣右执法。六月丁丑,太阴犯垒壁阵西第二星。七月己亥,太阴犯房宿北第二星。九月甲午,太阴犯东咸西第一星。填星犯进贤。乙未,太阴犯天江下星。丁巳,太阴犯填星。己未,太阴犯氐宿距星。十月甲子,太阴入犯斗宿魁东北星。十一月甲午,太阴犯垒壁阵西方第二星。辛亥,太阴犯太微东垣上相。壬子,太阴犯填星。癸丑,太阴犯亢宿南第一星。癸酉,太阴犯鬼宿东北星。乙亥,太白犯垒壁阵西第八星。太阴犯轩辕夫人星。己卯,太阴犯进贤。癸未,太阴犯东咸西第二星。

二年正月壬寅,太阴犯轩辕夫人星。庚戌,太阴犯房宿北第二星。二月癸酉,太阴犯太微东垣上相。丁亥,太白经天。三月辛丑,太阴犯进贤,又犯填星。四月丁丑,太白经天。戊寅,太白昼见。辛巳、壬午皆如之。壬午夜,太白犯鬼宿积尸气。七月己亥,太白经天。甲辰,亦如之。丙午,复如之。己酉,太白昼见。夜,流星如酒杯大,色赤,尾迹约长五尺余,光明烛地,起自天津之侧,没于离宫之南。庚戌,太白经天。壬子,荧惑入犯鬼宿积尸气。癸丑,太白经天。甲寅,亦如之。八月丙辰朔,太白经天。丁巳、戊午、己未,亦如之。癸亥、丙寅、戊辰、辛未、壬申、癸酉、甲戌、丁丑、己卯,皆如之。己卯夜,太白犯轩辕御女星。庚辰,太白经天。壬午,亦如之。九月庚寅,太白经天。壬辰,太阴入南斗魁。癸巳,太阴犯狗国东星。太白犯灵台中星。甲午,太白经天。乙未,亦如之。己亥、壬寅,皆如之。乙巳,太白犯太微垣右执法。壬子,太白犯太微垣左执法。十月癸亥,荧惑犯太微西垣上将。太白犯进贤。乙亥,太阴犯轩辕夫人星。太白犯填星。十一月乙未,填星犯亢宿距星。庚戌,荧惑犯太微东垣上相。

　　仍改至元元年二月甲戌,荧惑逆行入太微垣。四月壬戌,太阴犯太微垣左执法。五月癸卯,太阴犯垒壁阵东方第四星。六月壬戌,太阴犯心宿大星。七月乙未,太阴犯垒壁阵西方第二星。八月辛亥,荧惑犯氐宿东南星。九月丁亥,太阴入魁,犯斗宿东南星。庚寅,太阴犯垒壁阵西方第二星。十月甲寅,荧惑犯斗宿西第二星。庚申,太阴犯垒壁阵东方东第二星。甲子,太阴犯昴宿西第二星。丁卯,太白犯斗宿魁第三星。戊辰,太白昼见。十一月甲申,太白经天。丙戌,亦如之。己丑,辰星犯房宿上星及钩钤星。丙申,太阴犯鬼宿东北星。己亥,太阴犯太微西垣上将。庚子,太阴犯太微垣左执法。十二月壬子,太阴犯垒壁阵西方第二星。辛酉,太白犯垒壁阵东方第六星。甲子,太白经天。乙丑,太阴犯轩辕夫人星。丙寅,太白经天。丁卯,亦如之。太阴犯太微垣右执法。庚午,太白经天。壬申,亦如之。癸酉,岁星昼见。乙亥,太白、岁星皆昼见。戊寅,太白经天。岁星昼见。闰十二月乙酉,荧惑犯垒壁阵西第八星。庚子,太阴犯心宿大星。壬寅,太阴犯箕宿距星。癸卯,太阴犯斗宿魁东南星。

　　二年正月壬戌,太阴犯太微垣右执法。甲子,太阴犯角宿距星。丁卯,太阴犯房宿距星。二月辛巳,太阴犯昴宿距星。甲申,太白经天。己丑,太阴犯太微西垣右执法。三月壬戌,太阴犯心宿距星。甲子,太阴犯箕宿距星。乙丑,太阴犯斗宿东南星。四月丙戌,太阴犯角宿距星。五月庚戌,太阴犯灵台西第一星。五月丙辰,太白昼见。

丁巳,亦如之。六月戊子,太白犯井宿东扇北第二星。七月己酉,太白犯鬼宿东南星。乙卯,太白犯荧惑。八月己卯,太阴犯心宿东第一星。辛巳,太阴犯箕宿东北星。九月庚戌,荧惑犯太微西垣上将。十月丙子,荧惑犯太微垣左执法。丁亥,太阴犯昴宿。己亥,荧惑犯进贤。十一月己酉,太阴犯垒壁阵西第八星。己未,太阴犯鬼宿积尸气。丁卯,太阴犯房宿距星。

　　三年三月辛亥,太阴犯灵台上星。四月辛卯,太阴犯垒壁阵西方第五星。庚子,太白昼见。五月壬寅,太白犯鬼宿东北星。乙巳,太阴犯轩辕左角。戊申,太白昼见。壬子,太阴犯心宿后星。戊午,太白昼见。己未,太阴犯垒壁阵西方第六星。辛酉,太白昼见。丁卯,彗星见于东北,如天船星大,色白,约长尺余,彗指西南,测在昴五度。六月庚午,太白经天。辛未,亦如之。甲戌,复如之。乙亥,太白犯灵台上星。己卯,太白经天。夜,太白犯太微西垣上将。壬午,太白昼见。太阴犯斗宿魁尖星。丁亥,太白犯太微垣右执法。己丑,太白昼见。庚寅,亦如之。七月癸卯,太白经天。乙巳,亦如之。丙午,复如之。庚戌,太白昼见。甲寅,太白经天。辛酉,太白昼见。壬戌,太白经天。癸亥、甲子,皆如之。八月庚午,彗星不见。其星自五月丁卯始见,戊辰往西南行,日益渐速,至六月辛未,芒彗愈长,约二尺余,丁丑扫上丞,己卯光芒愈甚,约长三尺余,入圜卫,壬午扫华盖、杠星,乙酉扫钩陈大星及天皇大帝,丙戌贯四辅,经枢心,甲午出圜卫,丁酉出紫微垣,戊戌犯贯索,扫天纪,七月庚子扫河间,癸卯经郑晋,入天市垣,丙午扫列肆,己酉太阴光盛,微辨芒彗,出天市垣,扫梁星,至辛酉光芒微小,瞻在房宿键闭之上、罚星中星正西,难测,日渐南行,至是凡见六十有三日,自昴至房,凡历一十五宿而灭。甲戌,太阴犯心宿后星。九月己亥,荧惑犯斗宿西第二星。甲辰,太阴犯斗宿魁第二星。丁未,太阴犯垒壁阵西第一星。己酉,太阴犯垒壁阵西第八星。辛酉,太阴犯轩辕大星。十月庚午,太白昼见。丙子,太阴犯垒壁阵西方第七星。壬午,太阴犯昴宿上行星。丁亥,太白昼见。太阴犯鬼宿积尸气。庚寅,太白昼见。

辛卯,亦如之。丙申,复如之。十一月丁酉,太白经天。戊戌,太白犯亢宿距星。己亥,太白经天。壬寅,太阴犯荧惑。癸卯,太阴犯垒壁阵西第六星。丁未,填星犯键闭。辛亥,太阴犯五车东南星。甲寅,太阴犯鬼宿西北星。丙辰,太阴犯轩辕左角。丁巳,太白经天。太阴犯太微垣三公东南星。戊午,太白经天。癸亥,亦如之。甲子、乙丑,皆如之。十二月己巳,岁星退犯天樽东北星。填星犯罚星南第一星。甲戌,荧惑犯垒壁阵东第五星。太白犯东咸上星。

　　四年正月癸卯,太白犯建星西第二星。甲辰,太白犯建星西第三星。丙午,太阴犯五车东南星。辛亥,太阴犯轩辕左角。己未,填星犯东咸上星。庚申,太阴入斗魁,太白犯牛宿。二月戊寅,太阴犯轩辕大星。己卯,太阴犯灵台中星。三月戊申,填星退犯东咸上星。六月辛巳,填星退犯键闭星。闰八月己亥,填星犯罚星南第一星。太阴犯斗宿南第二星。庚戌,太阴犯昴宿南第二星。乙卯,太阴犯鬼宿东南星。九月丙寅,太阴犯斗宿距星。戊辰,太白犯东咸上第二星。癸酉,奔星如酒杯大,色白,起自右旗之下,西南行,没于近浊。甲申,太阴犯轩辕御女。乙酉,太阴犯灵台南第一星。庚寅,太白犯斗宿北第二星。十月辛亥,太阴犯酒旗上星。十一月辛未,荧惑犯氐宿距星。丁丑,太阴犯鬼宿东南星。戊寅,太白犯垒壁阵西第六星。十二月庚子,荧惑犯房宿上星。癸卯,太白经天。己酉、庚戌、辛亥,皆如之。壬子,荧惑犯东咸上第二星。乙卯,太白犯外屏西第二星。太阴犯斗宿距星。丙辰,太白经天。

　　五年正月庚午,太阴犯井宿东扇上星。乙亥,荧惑犯天江上星。二月甲午,太阴犯昴宿上西第一星。壬寅,太阴犯灵台下星。四月壬寅,太阴犯日星及犯房宿距星。五月庚午,太阴犯心宿后星。壬申,太阴犯斗宿西第四星。丙子,太白犯毕宿右股西第三星。六月甲辰,荧惑退入南斗魁内。七月辛酉,荧惑犯南斗魁尖星。壬戌,亦如之。甲子,复如之。太阴犯房宿距星。甲戌,太白经天。乙亥、丙子,亦如之。戊寅、乙酉、丙戌,皆如之。八月戊子,太白经天。己丑、庚寅、辛卯,皆如之。甲午,太阴犯斗宿西第四星。丁酉,太白犯轩辕大星。戊戌，太白经天。己亥，亦如之。壬寅、甲辰，皆如之。乙巳，太阴犯昴宿上行西第三星。九月戊午，太白经天。己未，亦如之。十月己亥，荧惑犯垒壁阵西方第六星。十一月丁巳，荧惑犯垒壁阵东方第五星。十二月甲午，太阴犯昴宿距星。癸卯，荧惑犯外屏西第三星。

六年正月丁卯，太阴犯鬼宿距星。乙亥，太阴犯房宿距星。二月己丑，太阴犯昴宿。丙申，太阴犯太微西垣上将。癸卯，太阴犯心宿大星。丁未，太阴犯罗堰南第一星。戊申，荧惑犯月星。己酉，彗星如房星大，色白，状如粉絮，尾迹约长五寸余，彗指西南，测在房七度，渐往西北行。太阴犯虚梁南第二星。三月癸亥，太阴犯轩辕右角。庚午，太阴犯房宿距星。壬申，太阴犯南斗杓第二星。丙子，太阴犯虚梁南第一星。戊寅，太白犯月星。辛巳，是夜彗星不见。自二月己酉至三月庚辰，凡见三十二日。四月乙巳，太阴犯云雨西北星。五月丁卯，太阴犯斗宿西第二星。辛未，太阴犯虚梁西第二星。六月癸卯，太白昼见。己酉，亦如之。辛亥，复如之。辛亥夜，太白犯岁星。又太白、岁星皆犯右执法。七月甲寅，太白昼见。丁巳，亦如之。庚申，太阴犯心宿距星，又犯心中央大星。壬戌，太白昼见。癸亥，亦如之。甲子，太阴犯罗堰。乙丑，太白昼见。丙寅，亦如之。癸酉，复如之。九月辛酉，太阴犯虚梁北第一星。丁卯，太阴犯昴宿距星。荧惑犯岁星。甲戌，太阴犯轩辕右角。十月丁酉，太白入南斗魁。己亥，太白犯斗宿中央东星。十一月乙卯，太阴犯虚梁西第一星。戊午，荧惑犯氐宿距星。丙寅，辰星犯东咸上第一星。戊寅，辰星犯天江北第一星。十二月癸未，太阴犯虚梁北第一星。乙酉，太阴犯土公东星。丁亥，荧惑犯钩钤南星。乙未，荧惑犯东咸北第二星。戊戌，太阴犯明堂星。

至正元年正月甲寅。荧惑犯天江上星。庚申，太阴犯井宿东扇北第二星。辛未，太阴犯心宿距星。癸酉，太阴犯斗宿北第二星。甲戌，太白昼见。乙亥、丙子、丁丑，皆如之。二月己卯，太白昼见。庚辰，亦如之。丙戌，复如之。癸巳，太阴犯明堂东南星。三月癸酉，太阴犯云雨西北星。六月庚午，太阴犯井宿距星。七月乙酉，太阴犯填星。庚寅，太阴犯云雨西北星。九月庚辰，太阴犯建星南第二星。壬辰，太阴犯钺星，又犯井宿距星。十月己卯，岁星犯氐宿距星。丁巳，太阴犯月星。十一月己亥，太阴犯东咸南第一星。庚子，太阴犯天江北第二星。十二月丁巳，太白犯垒壁阵东方第五星。

二年正月戊子，太阴犯明堂北第二星。甲午，荧惑犯月星。三月戊子，太阴犯房宿北第二星。四月庚申，太阴犯罗堰上星。五月甲申，太白经天。七月乙未，太阴掩太白。丁酉，太白昼见。八月丙午，太白昼见。九月丁丑，太阴犯罗堰北第一星。戊子，太阴犯井宿东扇南第一星。十月癸卯，太阴犯建星北第三星。甲寅，太阴犯天关。十一月辛卯，岁星、荧惑、太白聚于尾宿。

三年二月甲辰，太阴犯井宿西扇北第二星。填星犯牛宿南第一星。荧惑犯罗堰南第一星。乙卯，太阴犯氐宿东南星。三月壬午，太阴犯氐宿东南星。七月庚辰，太白犯右执法。

四年十二月壬戌，太阴犯外屏西第二星。

七年七月丙辰，太阴犯垒壁阵东第四星。十一月庚戌，太阴犯天廪西北星。

八年二月庚辰，太阴犯轩辕左角。癸未，太阴犯平道东星。三月丙辰，太阴犯建星西第一星。八月丙子，太阴犯垒壁阵西方第五星。九月己未，太阴犯灵台东北星。

九年正月庚戌，太白犯建星东第三星。辛亥，太阴犯平道西星。二月甲申，太阴犯建星西第二星。三月己亥，太白犯垒壁阵东方第六星。七月丙午，太阴犯垒壁阵东方南第一星。癸丑，太阴犯天关。九月丙戌，荧惑犯灵台上星。十一月戊辰，太阴犯毕宿左股北第三星。庚辰，太白犯垒壁阵西方第二星。十二月戊戌，太白犯垒壁阵东方第五星。

十年正月壬申，太阴犯荧惑。二月辛丑，太阴犯平道东星。甲辰，太阴犯键闭。三月己卯，荧惑犯太微西垣上将。四月丙午，太白犯鬼宿西北星。七月辛酉，太阴犯房宿北第一星。辛未，太白昼见。

壬申、丁丑、壬午，皆如之。八月癸未朔，太白昼见。丁酉，亦如之。九月癸丑朔，太白昼见。壬戌，荧惑犯天江南第二星。十月癸巳，岁星犯轩辕大星。丙申，太阴犯昴宿右股东第二星。十一月戊辰，太阴犯鬼宿东北星。十二月乙未，太阴犯鬼宿西北星。

十一年正月丙戌，辰星犯牛宿西南星。二月庚寅，太阴犯鬼宿东北星。乙未，太阴犯太微东垣上相。丁酉，太阴犯亢宿距星。三月丁卯，太阴犯东咸第二星。戊辰，太阴犯天江西第一星。七月己未，太阴犯斗宿东第三星。壬戌，太白犯右执法。甲子，太阴犯垒壁阵东方第一星。己巳，太白犯太微垣左执法。荧惑入犯鬼宿积尸气。八月乙酉，太阴犯天江南第二星。九月乙卯，辰星犯太微垣左执法。丁巳，太白犯房宿第二星。戊辰，太阴犯鬼宿东北星。十月戊寅，荧惑犯太微西垣上将。辛巳，太阴犯斗宿距星。乙酉，太白犯斗宿西第二星。己丑，太白昼见。荧惑犯岁星。辛卯，太白犯斗宿西第四星。癸巳，岁星犯右执法。丙午，荧惑犯太微垣左执法。十一月辛亥，孛星见于奎宿。癸丑，孛星见于娄宿。甲寅，孛星见于胃宿。乙卯，亦如之。丙辰，孛星见于昴宿。丁巳，太阴犯填星。孛星微见于毕宿。丁卯，太白昼见。庚午，岁星昼见。十二月丙子，太白昼见。丁丑，太白经天。庚辰，亦如之。夜，太白犯垒壁阵西第六星。甲申，太阴犯填星。丙戌，太白经天。夜，太白犯垒壁阵西第七星。辛卯，太白经天。壬辰，亦如之。甲午，复如之。丁酉，太白昼见。太阴犯荧惑。庚子，太白经天。辰星犯天江西第二星。辛丑，太白经天。壬寅，太白昼见。

十二年正月乙丑，太阴犯荧惑。己巳，岁星犯右执法。二月庚寅，太阴犯太微东垣上相。癸巳，太阴犯氐宿距星。三月戊午，太阴犯进贤。壬戌，太阴犯东咸西第一星。戊辰，太白昼见。五月癸酉，太白犯填星。六月辛亥，太白犯井宿东第二星。七月丁酉，辰星犯灵台北第二星。八月丁卯，太白犯岁星。九月壬辰，太阴犯轩辕南第三星。十月戊午，太阴犯鬼宿东北星。甲子，太阴犯岁星。乙丑，太阴犯亢宿南第一星。十一月庚寅，太阴犯太微东垣上相。

十三年正月乙酉，太阴犯太微东垣上相。戊戌，荧惑、太白、辰星聚于奎宿。二月己酉，太阴犯轩辕南第三星。庚戌，太白犯荧惑。壬子，太阴犯太微东垣上相。四月辛丑，太白犯井宿东扇北第一星。辛亥，太阴犯房宿北第二星。五月乙亥，太阴犯岁星。七月戊辰，太白昼见。九月庚寅，太阴犯荧惑。壬辰，太白经天。荧惑犯左执法。十月庚子，太白经天。甲辰，岁星犯氐宿距星。癸亥，太白犯亢宿距星。十一月壬申，太阴犯垒壁阵东方第四星。十二月丁酉，太白犯东咸北第一星。庚子，荧惑入氐宿。丁巳，太阴犯心宿距星。

十四年正月乙丑，荧惑犯岁星。丁卯，太白犯建星西第二星。癸酉，荧惑犯房宿北第一星。二月戊午，太白犯垒壁阵西第八星。六月甲辰，太阴入斗宿南第一星。七月乙丑，太阴犯角宿距星。壬午，太阴犯昴宿距星。十月壬子，太阴犯太微垣右执法。十一月丙子，太阴犯鬼宿东北星。十二月己亥，太阴掩昴宿。

十五年正月戊辰，太阴犯五车东南星。辛未，太阴犯鬼宿东北星。闰正月丁未，太阴犯心宿后星。丙辰，太白经天。三月庚寅，太阴犯五车东南星。五月丙申，太阴犯房宿距星。癸丑，太白经天。六月癸亥，太白经天。八月戊寅，太白昼见。九月乙丑，太白昼见。夜，太白入犯太微垣左执法。庚寅，太白昼见。十月己未，太阴犯垒壁阵西方第二星。癸酉，太阴犯轩辕大星。十一月乙酉，荧惑犯氐宿距星。庚寅，填星退犯井宿东扇北第二星。己亥，太阴犯鬼宿东北星。十二月癸丑，荧惑犯房宿北第一星。

十六年正月己丑，太阴犯昴宿西第一星。四月癸亥，荧惑犯垒壁阵西方第四星。五月壬辰，太白犯鬼宿西北星。癸巳，太白犯鬼宿积尸气。甲午，太阴入犯斗宿南第二星。丁酉，太阴犯垒壁阵西方第一星。八月丁卯，太阴犯昴宿西北星。甲戌，彗星见于正东，如轩辕左角大，色青白，彗指西南，约长尺余，测在张宿十七度一十分，至十月戊午灭迹，西北行四十余日。十一月丁亥，流星如酒杯大，色青白，尾迹约长五尺余，光明烛地，起自西北，东南行，没于近浊，有声如雷。壬辰，太阴犯井宿东扇上星。

十七年二月癸丑,太阴犯五车东南星。三月甲申,太阴入犯鬼宿积尸气,又犯东南星。壬辰,岁星犯垒壁阵西南第六星。七月癸未,太白入犯鬼宿积尸气。甲申,太阴入犯斗宿距星。丁亥,填星入犯鬼宿距星。八月癸卯,填星犯鬼宿东南星。太白犯轩辕大星。已酉,岁星犯垒壁阵西方第六星。甲子,太阴犯五车尖星。闰九月癸卯,飞星如酒盂大,色青白,光明烛地,尾迹约长尺余,起自王良,没于勾陈之下。丙午,太阴犯斗宿南第三星。庚申,太阴犯井宿东扇北第一星。十月乙亥,荧惑犯氐宿距星。甲申,太阴掩昴宿。十二月庚午朔,荧惑犯天江北第一星。戊寅,太白犯岁星。庚辰,太白犯垒壁阵东方第五星。甲申,太阴犯鬼宿距星。丁亥,岁星犯垒壁阵东方第五星。癸巳,太阴犯心宿后星。已亥申时,流星如金星大,尾迹约长三尺余,起自太阴近东,往南行,没后化为青白气。

十八年正月辛丑,填星退入犯鬼宿积尸气。丙午,太阴犯昴宿。二月乙亥,填星入守鬼宿积尸气。三月丁卯,太白在井宿,失行于北,生芒角。荧惑犯垒壁阵东方第六星。四月辛卯,太白入犯鬼宿积尸气。五月壬寅,太白犯填星。壬子,太阴犯斗宿东第三星。七月丁未,太阴犯斗宿南第三星。戊申,太白昼见。八月壬申,太阴掩心宿大星。甲申,太阴掩昴宿距星。十月已卯,太阴犯昴宿距星。十一月丙午,太阴犯昴宿距星。太白犯房宿上第一星。辛酉,太阴掩心宿大星。十二月戊寅,太白生黑芒,环绕太白,乍东乍西,乍动乍静。癸未,太白生黑芒,忽明忽暗,乍东乍西。戊子,太阴犯房宿南第二星。

十九年正月辛丑,太阴犯昴宿东第一星。癸丑,流星如酒盂大,色赤,尾迹约长五尺余,起自南河,没于腾蛇,其星将没,迸散随落处有声如雷。三月庚戌,太阴犯房宿距星。五月丙申,荧惑入犯鬼宿积尸气。丙午,太阴犯天江南第一星。丁未,太阴犯斗宿北第二星。七月丁酉,太白犯上将。甲辰,太白犯右执法。已酉,太白犯左执法。九月甲寅,太阴入犯天江南第一星。十月壬申,太白入犯斗宿南第三星。辛巳,流星如桃大,色黄润,后离一尺又一小星相随,色赤,尾迹通约长三尺余,起自危宿之东,缓缓东行,没于毕宿之西。十二月戊辰,太白犯垒壁阵西方第七星。

二十年正月己亥,太阴犯井宿东扇北第二星。丙辰,荧惑犯牛宿东角星。四月丁卯,太阴犯明堂中星。癸酉,太阴犯东咸西第一星。五月癸卯,太阴犯建星西第二星。闰五月乙亥,流星如桃大,色赤,尾迹约长丈余,起自房宿之侧,缓缓西行,没于近浊。六月癸巳,太白犯井宿东扇北第二星。戊戌,太阴犯建星西第三星。七月丁丑,太阴犯井宿距星。八月辛卯,太阴犯天江北第二星。壬寅,填星犯太微西垣上将。甲辰,太阴犯井宿钺星。十月戊子,荧惑犯井宿东扇北第一星。

二十一年正月庚申,太阴犯岁星。二月癸未,填星退犯太微西垣上将。壬寅,太阴犯天江北第一星。三月丙辰,太阴犯井宿西扇第二星。庚辰,荧惑入犯鬼宿西北星。五月壬戌,太阴犯房宿北第二星。癸酉,太白犯轩辕左角。甲戌,荧惑犯太白。六月乙未,荧惑、岁星、太白聚于翼宿。戊戌,太阴犯云雨上二星。甲辰,太白昼见。七月丙辰,太阴犯氐宿东南星。十月甲申,太阴犯牛宿距星。十一月庚戌,太阴犯建星西第四星。癸亥,太阴犯井宿东扇北第四星。壬申,太阴犯氐宿东南星。

二十二年正月戊申朔,太白犯建星西第二星。乙卯,填星退犯左执法。二月己卯,太白犯垒壁阵西方第二星。乙酉,彗星见,光芒约长尺余,色青白,测在危七度二十分。丁酉,彗星犯离宫西星,至二月终,光芒约长二丈余。三月戊申,彗星不见星形,惟有白气,形曲竟天,西指,扫大角。壬子,彗星行过太阳前,惟有星形,无芒,如酒杯大,昏濛,色白,测在昴宿六度,至戊午始灭迹焉。四月丁亥,荧惑离太阳三十九度,不见,当出不出。五月辛酉,太阴犯建星西第四星。六月辛巳,彗星见于紫微垣,测在牛二度九十分,色白,光芒约长尺余,东南指,西南行。戊子,彗星光芒扫上宰。七月乙卯,彗星灭迹。八月癸巳,太阴犯毕宿右股第二星。九月丁未,太白犯亢宿南第一星。己酉,太阴犯斗宿北第一星。癸亥,岁星犯轩辕大星。丙寅，荧惑犯鬼宿西北星。己巳，流星如酒杯大，色青白，光明烛地。荧惑入犯鬼宿积尸气。十月己卯，太阴犯牛宿距星。丁亥，辰星犯亢宿南第一星。戊子，太阴犯毕宿距星。十二月壬辰，太阴犯角宿距星。

二十三年正月庚戌，岁星退犯轩辕大星。二月戊戌，太白昼见。庚子，亦如之。三月丙辰，太阴犯氐宿距星。四月辛丑，荧惑犯岁星。庚申，岁星犯轩辕大星。五月壬午，太白昼见。甲午，亦如之。乙未，荧惑犯右执法。六月乙卯，太白犯井宿西扇北第二星。壬戌，太白昼见。夜，太白入犯井宿东扇南第二星。七月乙酉，太白昼见。丙戌、辛卯，皆如之。八月壬寅，太白入犯轩辕大星。乙巳，太阴犯建星东第二星。丁未，太白犯轩辕左角。己酉，太白昼见。壬子，亦如之。丙辰，太阴犯毕宿右股北第二星。己未，太白昼见。辛酉，太白犯岁星。乙丑，太白入犯右执法。九月辛未，太白入犯左执法。乙亥，岁星入犯右执法。丁丑，辰星犯填星。丁亥，太白犯填星。辰星犯亢宿南第一星。十月癸卯，太白犯氐宿距星。戊午，太白犯房宿北第一星。十一月癸未，太阴犯轩辕右角。岁星犯太微垣左执法。

二十四年正月癸酉，太阴犯毕宿大星。戊寅，太阴犯轩辕右角。二月壬子，岁星自去年九月九日东行，入右掖门，犯右执法，出端门，留守三十余日，犯左执法，今逆行入端门，西出右掖门，又犯右执法。太阴犯西咸南第一星。四月丁未，太阴犯西咸南第一星。癸丑，太白入犯井宿东扇北第一星。五月甲戌，太白犯鬼宿西北星。乙亥，又犯积尸气。岁星入犯右执法。六月丁巳，太白犯右执法。七月癸亥，太白与岁星相合于翼宿，二星相去八寸余。甲子，岁星犯左执法。八月丁未，荧惑入犯鬼宿积尸气。九月乙丑，太白昼见。甲申，太阴犯轩辕右角。戊子，荧惑入犯轩辕大星。十月丙午，太阴犯毕宿大星。己酉，太阴犯井宿东扇南第一星。丙辰，太白犯斗宿西第二星。十二月乙卯，太阴犯太白。

二十五年正月丁卯，太白昼见。戊辰，亦如之。太阴犯毕宿右股东第四星。甲戌，太白犯建星西第四星。二月丙午，太阴犯填星。

三月戊辰，太白犯垒壁阵东方第五星。四月壬子，荧惑犯灵台东北星。五月辛酉，荧惑犯太微西垣上将。流星如酒杯大，色青白，光明烛地，起自房宿之侧，缓缓西行，没于太微垣右执法之下。七月丁丑，填星、岁星、荧惑聚于角、亢。己卯，太阴犯毕宿左股北第二星。八月乙未，太阴犯建星东第三星。己亥，太阴犯垒壁阵东方第六星。九月丁丑，太阴犯井宿东扇南第一星。十月辛卯，荧惑犯天江东第二星。己酉，荧惑犯斗宿杓星西第二星。太阴犯右执法。庚戌，太阴犯太微东垣上相。闰十月戊辰，太白、辰星、荧惑聚于斗宿。太阴犯毕宿右股北第四星，又犯左股北第三星。壬申，太白犯辰星。十一月己丑，太白犯荧惑。太阴犯垒壁阵东方第五星。丙申，太阴犯毕宿大星。癸卯，太阴犯太微西垣上将。十二月丙辰，太阴犯太白。癸亥，太阴犯毕宿右股第二星。庚午，岁星掩房宿北第一星。辛未，太阴犯太微垣右执法。

　　二十六年正月戊戌，太阴犯太微西垣上将。辛丑，太阴犯亢宿距星。二月戊午，太阴犯毕宿大星。丁丑，岁星退行，犯房宿北第一星。岁星守钩钤。三月甲午，太阴犯左执法。四月己未，太阴犯轩辕大星。乙丑，太阴犯西咸西第一星。丙子，太白入犯鬼宿积尸气。六月癸酉，流星如酒杯大，色青白，尾迹约长尺余，起自心宿之侧，东南行，光明烛地，没于近浊。七月丁酉，荧惑犯鬼宿积尸气。甲辰，太白昼见。丙午、丁未、戊申，皆如之。八月辛亥，太白昼见。己未，太阴掩牛宿南三星。庚午，岁星犯钩钤。乙亥，太阴掩轩辕大星。九月壬辰，太白犯太微垣右执法。庚子，孛星见于紫微垣北斗权星之侧，色如粉絮，约斗大，往东南行，过犯天棓星。辛丑，孛星测在尾十八度五十分。壬寅，孛星测在女二度五十分。癸卯，孛星测在女九度九十分。甲辰，孛星测在虚初度八十分。太阴犯太微西垣上将。乙巳，孛星出紫微垣北斗权星、玉衡之间，在于轸宿，东南行，过犯天棓，经渐台、辇道，去虚宿、垒壁阵西方星，始消灭焉。丙午，荧惑犯太微西垣上将。十一月乙酉，太白犯填星。丁亥，太白犯房宿北第一星。戊子，荧惑犯太微东垣上相。太白犯键闭。己丑，流星如酒杯大，分为三星，紧相随，前星色青明，后二星色赤，尾迹约长二丈余，起自东北，缓缓往西南行，没于近浊。庚寅，太阴犯毕宿右股北第四星。丙申，太白、岁星、辰星聚于尾宿。庚子，太阴犯太微东垣上相。辛丑，填星犯房宿北第一星。甲辰，太白犯岁星。十二月戊午，太阴犯毕宿大星。庚申，太阴犯井宿西扇北第二星。乙丑，太阴犯轩辕左角。丙寅，太阴犯太微西垣上将。辛未，太阴犯西咸西第一星。甲戌，太阴犯建星西第三星。

二十七年正月癸巳，太阴犯太微西垣上将。二月乙卯，太阴犯井宿西扇北第二星。三月辛巳，填星退犯键闭星。四月丙寅，太阴犯垒壁阵西方第四星。六月乙卯，太阴犯氐宿东北星。辛未，太阴犯井宿西扇北第二星。七月壬辰，荧惑犯氐宿东南星。丙申，太阴犯毕宿大星。己亥，太阴犯井宿东扇南第二星。八月庚戌，荧惑犯房宿北第二星。癸丑，太阴犯建星西第二星。九月丁丑，填星犯房宿北第一星。荧惑犯天江南第二星。乙酉，太阴犯垒壁阵东方第六星。辛卯，填星犯键闭。太阴犯毕大星。癸巳，太阴犯井宿西扇北第二星。丁酉，荧惑犯斗宿西第二星。十月戊午，太阴犯毕宿右股西第二星。辛酉，太阴犯井宿东扇南第三星。癸亥，太阴犯鬼宿西南星。丁卯，岁星、太白、荧惑聚于斗宿。十一月戊寅，太白昼见。庚辰，太阴犯垒壁阵东方南东第一星。

余见本纪。

元史卷五〇

志第三上

五行一

　　人与天地，参为三极，灾祥之兴，各以类至。天之五运，地之五材，其用不穷，其初一阴阳耳，阴阳一太极耳。而人之生也，全付畀有之，具为五性，著为五事，又著为五德。修之则吉，不修则凶，吉则致福焉，不吉则致极焉。征之于天，吉则休征之所应也，不吉则咎征之所应也。天地之气，无感不应，天地之气应，亦无物不感，而况天子建中和之极，身为神人之主，而心范围天地之妙，其精神常与造化相流通，若桴鼓然。故轩辕氏治五气，高阳氏建五官，夏后氏修六府，自身而推之于国，莫不有政焉。其后箕子因之，以衍九畴，其言天人之际备矣。汉儒不明其大要，如夏侯胜、刘向父子，竞以灾异言之，班固以来采为《五行志》，又不考求向之论著本于伏生。生之《大传》言："六沴作见，若是共御，五福乃降；若不共御，六极其下。禹乃共辟厥德，爰用五事，建用王极。"后世君不建极，臣不加省，顾乃执其类而求之，惑矣！否则判而二焉，如宋儒王安石之论亦过也。天人感应之机，岂易言哉！故无变而无不修省者，上也；因变而克自修省者，次之；灾变既形，修之而莫知所以修，省之而莫知所以省，又次之；其下者，灾变并至，败亡随之，讫莫修省者，刑戮之民是已。历考往古存亡之故，不越是数者。

　　元起朔漠，方太祖西征，角端见于东印度，为人语云："汝主宜早还"，意者天告之以止杀也。宪宗讨八赤蛮于宽田吉思海，会大风,吹海水尽涸,济师大捷,宪宗以为"天导我也"。以此见五方不殊性,其于畏天,有不待教而能者。世祖兼有天下,方地既广,郡邑灾变,盖不绝书,而妖孽祸眚,非有司言状,则亦不得具见。

昔孔子作《春秋》,所纪灾异多矣,然不著其事应。圣人之知,犹天也,故不妄意天,欲人深自谨焉。乃本《洪范》,仿《春秋》之意,考次当时之灾祥,作《五行志》。

五行,一曰水。润下,水之性也。失其性为沴,时则雾水暴出,百川逆溢,坏乡邑,溺人民,及凡霜雹之变,是为水不润下。其征恒寒,其色黑,是为黑眚黑祥。

至元元年,真定、顺天、河间、顺德、大名、东平、济南等郡大水。

四年五月,应州大水。

五年八月,亳州大水。

六年十二月,献、莫、清、沧四州及丰州、浑源县大水。

九年九月,南阳、怀孟、卫辉、顺天等郡,洺、磁、泰安、通、滦等州淫雨,河水并溢,圮田庐,害稼。

十三年十二月,济宁及高丽沈州水。

十四年六月,济宁路雨水,平地丈余,损稼。曹州定陶、武清二县,濮州、堂邑县雨水,没禾稼。十二月,冠州、永年县水。

十六年十二月,保定等路水。

十七年正月,磁州、永平县水。八月,大都、北京、怀孟、保定、东平、济宁等路水。

十八年二月,辽阳懿州、盖州水。十一月,保定清苑县水。

二十年六月,太原、怀孟、河南等路沁河水涌溢,坏民田一千六百七十余顷。卫辉路清河溢,损稼。南阳府唐、邓、裕、嵩四州河水溢,损稼。十月,涿州巨马河溢。

二十一年六月,保定、河间、滨、棣大水。

二十二年秋,南京、彰德、大名、河间、顺德、济南等路河水坏田三千余顷。高邮、庆元大水,伤人民七百九十五户,坏庐舍三千九十区。

二十三年六月,安西路华州华阴县大雨,潼谷水涌,平地三丈余。杭州、平江二路属县水,坏民田一万七千二百顷。大都涿、漷、檀、顺、蓟五州,汴梁、归德七县水。

二十四年六月,霸州益津县雨水。九月,东京谊、静、威远、婆娑等处水。

二十五年七月,胶州大水,民采橡为食。十二月,太原、汴梁二路河溢,害稼。

二十六年二月,绍兴大水。十月,平滦路水,坏田稼一千一百顷。

二十七年正月,甘州、无为路大水。五月,江阴州大水。六月,河溢太康县,没民田三十一万九千亩。八月,沁水溢。广州清远县大水。十一月,河决祥符义唐湾,太康、通许二县,陈、颍二州,大被其患。

二十八年二月,常德路水。八月,浙东婺州水。九月,平滦、保定、河间三路大水。

二十九年五月,龙兴路南昌、新建、进贤三县水。六月,镇江、常州、平江、嘉兴、湖州、松江、绍兴等路府水。扬州、宁国、太平三郡大水。岳州华容县水。

三十年五月,深州静安县大水。十月,平滦路水。

三十一年八月,赵州宁晋县水。十月,辽阳路水。

元贞元年五月,建康溧阳州,太平当涂县,镇江金檀、丹徒等县,常州无锡州,平江长洲县,湖州乌程县;鄱阳余干州,常德沅江、澧州安乡等县水。六月,泰安州奉符、曹州济阴、兖州磁阳等县水。历城县大清河水溢,坏民居。七月,辽东和州、大都武卫屯田水。九月,庐州、平江二郡大水。

二年五月,太原平晋县,献州交河、乐寿二县,莫州任丘、莫亭等县,湖南醴陵州水。六月,大都路益津、保定、大兴三县水,损田稼七千余顷。真定古城、获鹿、藁城等县,保定葛城、归信、新安、束鹿等县,汝宁颖州,济宁沛县,扬、庐、岳、澧四郡,建康、太平、镇江、常州、绍兴五郡水。八月,棣州、曹州水。九月,河决河南杞、封丘、祥符、宁陵、襄邑五县。十月,河决开封县。十二月,江陵潜江县,沔阳玉沙县,淮安海宁朐山、盐城等县水。

大德元年三月,归德徐州,邳州宿迁、潍宁,鹿邑三县,河南许州临颖、郾城等县,睢州襄邑,太康、扶沟、陈留、开封、杞等县河水大溢,漂没田庐。五月,河决汴梁,发民夫三万五千塞之。漳水溢,害稼。龙兴、南康、澧州、南雄、饶州五郡水。六月,和州历阳县江水溢,漂庐舍一万八千五百区。七月,郴州耒阳县、衡州酃县大水,溺死三百余人。七月,温州平阳、瑞安二州水,溺死六千八百余人。十一月,常德武陵县大水。

二年六月,河决蒲口,凡九十六所泛溢。汴梁、归德二郡,大名、东昌、平滦等路水。

三年八月,河间郡水。

四年五月,保定、真定二郡,通、蓟二州水。六月,归德睢州大水。

五年五月,宣德、保定、河间属州水。宁海州水。六月,济宁、殷阳、益都、东平、济南、襄阳、平江七郡水。七月,江水暴风大溢,高四五丈,连崇明、通、泰、真州定江之地,漂没庐舍,被灾者三万四千八百余户。辽阳大宁路水。八月,平滦郡雨,滦河溢。顺德路水。

六年四月,上都大水。五月,济南路大水。归德府徐州、邳州睢宁县雨五十日,沂、武二河合流,水大溢。东安州浑河溢,坏民田一千八十余顷。六月,广平路大水。

七年五月,济南、河间等路水。六月,辽阳、大宁、平滦、昌国、沈阳、开元六郡雨水,坏田庐,男女死者百十有九人。修武、河阳、新野、兰阳等县赵河、湍河、白河、七里河、沁河、辽河皆溢。台州风水大作,宁海、临海二县死者五百五十人。

八年五月,太原阳武县、卫辉获嘉县、汴梁祥符县河溢。大名滑州、浚州雨水,坏民田六百八十余顷。八月,潮阳飓风海溢,漂民庐舍。

九年六月，汴梁武阳县思齐口河决。东昌博平、堂邑二县雨水。潼川郪县雨，绵江、中江溢，水决入城。龙兴、抚州、临川三郡水。七月，沔阳玉沙县江溢。峄州水。扬州泰兴县、淮安山阳县水。八月，归德府宁陵、陈留、通许、扶沟、太康、杞县河溢。大名元城县大水。

十年五月，雄州、漷州水。平江、嘉兴二郡水，害稼。六月，保定满城、清苑二县雨水。大名、益都、定兴等路大水。七月，平江路大风，海溢。吴江州大水。

十一年六月，靖海、容城、束鹿、隆平、新城等县水。七月，冀宁文水县汾水溢。十一月，卢龙、滦河、迁安、昌黎、抚宁等县水。

至大元年七月，济宁路雨水，平地丈余，暴决入城，漂庐舍，死者十有八人。真定路淫雨，大水入南门，下注藁城，死者百七十人。彰德、卫辉二郡水，损稻田五千三百七十顷。

二年七月，河决归德府，又决汴梁封丘县。

三年六月，洧川、鄄城、汶上三县水。峡州大雨，水溢，死者万余人。七月，循州、惠州大水，漂庐舍二百九十区。

四年六月，大都三河县、潞县，河东祁县、怀仁县，永平丰盈屯雨水害稼。七月，东平、济宁、般阳、保定等路大水。江陵松滋县、桂阳临武县水。

皇庆元年五月，归德睢阳县河溢。六月，大宁、水达达路雨，宋瓦江溢，民避居亦母儿乞岭。八月，松江府大风，海水溢。

二年五月，辰州沅陵县水。六月，涿州范阳县，东安州，宛平县，固安州，霸州益津，永清、永安等县雨水，坏田稼七千六百九十余顷。河决陈、亳、睢三州，开封、陈留等县。八月，崇明、嘉定二州大风，海溢。

延祐元年五月，常德路武陵县雨水，坏庐舍，溺死者五百人。六月，涿州范阳、房山二县浑河溢，坏民田四百九十余顷。七月，沅陵、卢溪二县水。八月，肇庆、武昌、建康、杭州、建德、南康、江州、临江、袁州、建昌、赣州、安丰、抚州等路水。

二年六月,河决郑州,坏汜水县治。七月,京师大雨。郑州、昌平、香河、宝坻等县水。全州、永州江水溢,害稼。

三年四月,颍州泰和县河溢。七月,婺源州雨水,溺死者五千三百余人。

四年正月,解州盐池水。

五年四月,庐州合肥县大雨水。

六年六月,河间路漳河水溢,坏民田二千七百余顷。益都、般阳、济南、东昌、东平、济宁等路,曹、濮、泰安、高唐等州大雨水,害稼。辽阳、广宁、沈阳、永平、开元等路水。大名路属县水,坏民田一万八千顷。汴梁、归德、汝宁、彰德、真定、保定、卫辉、南阳等郡大雨水。

七年四月,安丰、庐州淮水溢,损禾麦一万顷。城父县水。五月,江陵县水。六月,棣州、德州大雨水,坏田四千六百余顷。七月,上蔡、汝阳、西平等县水。八月,霸州文安、文成二县滹沱河溢,害稼。汾州平遥县水。是岁,河决汴梁原武县。

至治元年六月,霸州大水,浑河溢,被灾者三万余户。七月,蓟州平谷、渔阳二县,顺州邢台、沙河二县,大名魏县,永平石城县大水。彰德临漳县漳水溢。大都固安州,真定元氏县,东安、宝坻二县,淮安清河、山阳等县水。东平、东昌二路,高唐、曹、濮等州雨水害稼。乞里吉思部江水溢。八月,安陆府雨七日,江水大溢,被灾者三千五百户。雷州海康、遂溪二县海水溢,坏民田四千顷。九月,京山、长寿二县汉水溢。十月,辽阳、肇庆等郡水。

二年正月,仪封县河溢。二月,濮州大水。闰五月,睢阳县亳社屯大水。六月,奉元鄠县,邠州新平、上蔡二县水。八月,庐州六安、舒城二县水。十一月,平江路大水,损民田四万九千六百顷。

三年五月,东安州水,坏民田一千五百余顷。真定武邑县水害稼。六月,大都永清县雨水,损田四百顷。七月,漷州雨水害稼。九月,漳州、建昌、南康等郡水。

泰定元年五月,漷州、固安州水。陇西县大雨水,漂死者五百余家。龙庆路雨水伤稼。六月，益都、济南、般阳、东昌、东平、济宁等郡二十有二县，曹、濮、高唐、德州等处十县淫雨，水深丈余，漂没田庐。大同浑源河溢。陈、汾、顺、晋、恩、深六州雨水害稼。真定滹沱河溢，漂民庐舍。陕西大雨，渭水及黑水河溢，损民庐舍。渠州江水溢。七月，真定、河间、保定、广平等郡三十有七县大雨水五十余日，害稼。大都路固安州清河溢。顺德路任县沙、澧、洺水溢。奉元朝邑县、曹州楚丘县、开州濮阳县河溢。九月，延安路洛水溢。奉元长安县大雨，澧水溢。濮州馆陶县水。十二月，杭州盐官州海水大溢，坏堤堑，侵城郭，有司以石囤木柜捍之，不止。

二年正月，大都宝坻县、肇庆高要县雨水，巩昌路水。闰正月，雄州归信县大水。二月，甘州路大雨水，漂没行帐孳畜。三月，咸平府清、寇二河合流，失故道，隳堤堰。四月，涿州房山、范阳二县水。岷、洮、文、阶四州雨水。五月，檀州大水，平地深丈有五尺。高邮兴化、江陵公安二县水。河溢汴梁，被灾者十有五县。六月，冀宁路汾河溢。潼江府绵江、中江水溢入城，深丈余。卫辉汲县、归德宿州雨水。济宁路虞城、砀山、单父、丰、沛五县水。七月，睢州河决。八月，霸州，涿州，永清、香河二县大水，伤稼九千五十余顷。九月，开元路三河溢，没民田，坏庐舍。十月，宁夏鸣沙州大雨水。

三年正月，恩州水。二月，归德府河决。六月，大同县大水。汝宁光州水。七月，河决郑州，漂没阳武等县民一万六千五百余家。东安、檀、顺、漷四州雨，浑河决，温榆水溢伤稼。延安路肤施县水，漂民居九十余户。八月，盐官州大风，海溢，捍海堤崩，广三十余里，袤二十里，徙居民千二百五十家以避之。真定蠡州，奉元蒲城县，无为州，历阳、含山等县水。九月，平遥县汾水溢。十一月，崇明州三沙镇海溢，漂民居五百家。十二月，辽阳大水。大宁路瑞州大水，坏民田五千五百顷，庐舍八百九十所，溺死者百五十人。

四年正月，盐官州潮水大溢，捍海堤崩二千余步。四月，复崩十九里，发丁夫二万余人，以木栅竹落砖石塞之，不止。六月，大都东安、固安、通、顺、蓟、檀、漷七州，永清、良乡等县雨水。七月，上都云州大雨。北山黑水河溢。云安县水。八月,汴梁扶沟、兰阳二县河溢,漂民居一千九百余家。济宁虞城县河溢,伤稼。十二月,夏邑县河溢。汴梁中牟、开封、陈留三县,归德邳、宿二州雨水。

致和元年三月,盐官州海堤崩,遣使祷祀,造浮图二百十六,用西僧法压之。河决砀山、虞城二县。四月,盐官州海溢,益发军民塞之,置石囤二十九里。六月,南宁、开元、永平等路水。河间林邑县雨水。益都、济南、般阳、济宁、东平等郡三十县,濮、德、泰安等州九县雨水害稼。七月,广西两江诸州水。

天历元年八月,杭州、嘉兴、平江、湖州、建德、镇江、池州、太平、广德九郡水,没民田万四千余顷。

二年六月,大都东安、通、蓟、霸四州,河间靖海县雨水害稼。永平昌国诸屯水。

至顺元年六月,河决大名路长垣、东明二县,没民田五百八十余顷。曹州、高唐州水。七月,海潮溢,漂没河间运司盐二万六千七百引。闰七月,平江、嘉兴、湖州、松江三路一州大水,坏民田三万六千六百余顷,被灾者四十万五千五百余户。杭州、常州、庆元、绍兴、镇江、宁国等路,望江、铜陵、长林、宝应、兴化等县水,没民田一万三千五百余顷。大都、保定、大宁、益都属州县水。

二年四月,潞州潞城县大雨水。五月,河间莫亭县、宁夏河渠县、绍庆彭水县及德安屯田水。六月,彰德属县漳水决。十月,吴江州大风,太湖水溢,漂民居一千九百七十余家。十二月,深州、晋州水。

三年三月,奉元朝邑县洛水溢。五月,汴梁河水溢。江都、泰兴、云梦、应城等县水。六月,汾州大水。

至元十四年九月,湖州长兴县金沙泉,自唐、宋以来,用以造茶,其泉不常有,今潨然涌出,溉田可数百顷。有司以闻,锡名瑞应泉。

十五年十二月,河水清,自孟津东柏谷至汜水县蓼子谷,上下八十余里,澄莹见底,数月始如故。

元贞元年闰四月,兰州上下三百余里,河清三日。

中统二年五月,西京陨霜杀禾。

三年五月,宣德、咸宁等路陨霜。八月,河间、平滦等路陨霜害稼。

四年四月,武州陨霜,杀麦禾。

至元二年八月,太原陨霜。

七年四月,檀州陨霜。

八年七月,巩昌会、兰等州霜杀稼。

十七年四月,益都陨霜。

二十一年三月,山东陨霜杀桑,蚕尽死,被灾者三万余家。

二十七年七月,大同、平阳、太原陨霜杀禾。

二十九年三月,济南、般阳等郡及恩州属县霜杀桑。

元贞二年八月,金、复州陨霜杀禾。

大德五年三月,汤阴县霜杀麦。五月,商州霜杀麦。

六年八月,大同、太原霜杀禾。

七年四月,霜杀麦。

八年三月,济阳、栾城二县霜杀桑。八月,陨霜杀稼。

九年三月,河间、益都、般阳三郡属县陨霜杀桑。清、莫、沧、献四州霜杀桑二百四十一万七千余本,坏蚕一万二千七百余箔。

十年七月,大同浑源县霜杀禾。八月,绥德州米脂县霜杀禾二百八十顷。

至大元年八月,大同陨霜杀禾。

皇庆二年三月,济宁霜杀桑。

延祐元年三月,东平、般阳等郡,泰安、曹、濮等州大雨雪三日,陨霜杀桑。闰三月,济宁、汴梁等路及陇州、开州、青城、渭源诸县霜杀桑,无蚕。七月,冀宁陨霜杀稼。

四年夏,六盘山陨霜杀稼五百余顷。

五年五月，雄州归信县陨霜。

六年三月，奉元路同州陨霜。

七年八月，益津县雨黑霜。

至治三年七月，冀宁曲阳县、大同路大同县、兴和路咸宁县陨霜。八月，袁州宜春县陨霜害稼。

泰定二年三月，云需府大雪，民饥。

天历三年二月，京师大霜，昼雾。

至顺元年闰七月，奉元西和州，宁夏应理州、鸣沙州，巩昌静宁、邠、会等州，凤翔鳞游，大同山阴，晋宁潞城、隰川等县陨霜杀稼。

中统二年四月，雨雹大如弹丸。

三年五月，顺天、平阳、真定、河南等郡雨雹。

四年七月，燕京昌平县，景州蓨县，开平路兴、松、云三州雨雹害稼。

至元二年八月，彰德、大名、南京、河南、济南、太原等郡雨雹。

四年三月，夏津县大雨雹。五年六月，中山大雨雹。

六年七月，西京大同县雨雹。

七年五月，河内县大雨雹。

十五年闰十一月，海州赣榆县雨雹伤稼。

十九年八月，雨雹，大如鸡卵。

二十年四月，河南风雷雨雹害稼。五月，安西路风雷雨雹。八月，真定元氏县大风雹，禾尽损。

二十二年七月，冠州雨雹。

二十四年九月，大定、金源、高州、武平、兴中等处雨雹。

二十五年三月，灵璧、虹县雨雹如鸡卵，害麦。十二月，灵寿、阳曲、天成等县雨雹。

二十六年夏，平阳、大同、保定等郡大雨雹。

二十七年四月，灵寿县大风雹。六月，棣州厌次、济阳二县大风雹,伤禾、黍、菽、麦、桑、枣。

二十九年闰六月,辽阳、沈州,广宁、开元等路雨雹。

三十一年四月,即墨县雨雹。八月,德州德安县大风雨雹。

元贞元年五月,巩昌金州、会州、西和州雨雹大,无麦禾。七月,隆兴路雨雹。

元贞二年五月,河中猗氏县雨雹。六月,隆兴咸宁县、顺德邢台县、太原交河、离石、寿阳等县雨雹。八月,怀孟武陟县雨雹。

大德元年六月,太原崞州雨雹害稼。

二年二月,檀州雨雹。八月,彰德安阳县雨雹。

四年三月,宣州泾县、台州临海县风雹。

八年五月,大宁路建州、蔚州灵仙县雨雹。太原、大同、隆兴属县阳曲、天成、怀安、白登风雹害稼。八月,管州、岚州,交城、阳曲、怀仁等县雨雹。

九年六月,晋宁、冀宁、宣德、隆兴、大同等郡大雨雹害稼。

十年四月,郑州管城县风雹,大如鸡卵,积厚五寸。五月,大雨雹。七月,宣德县雨雹。

十一年五月,建州雨雹。

至大元年四月,般阳新城县、济南厌次县、益都高苑县风雹。五月,管城县大雹,深一尺,无麦禾。八月,大宁县雨雹害稼,毙畜牧。

二年三月,济阴、定陶等县雨雹。六月,崞州、源州、金城县雨雹。延安神禾县大雹一百余里,击死人畜。

三年四月,灵寿、平阴等县雨雹。

四年四月,南阳雨雹。闰七月,宣宁路雨雹。

皇庆元年四月,大名浚州、彰德安阳县、河南孟津县雨雹。六月,开元路风雹害稼。

二年七月,冀宁平定州雨雹。景州阜城县风雹。八月,大同怀仁县雨雹。

延祐元年五月,肤施县大风雹损稼,并伤人畜。六月,宣平、仁寿、白登等县雨雹。

二年五月,大同、宣德等郡雷雹害稼。

三年五月,蓟州雹,深一尺。

五年四月,凤翔府雹伤麦禾。

六年六月,大同县雨雹,大如鸡卵。七月,巩昌陇西县雹害稼。

七年八月,大同路雷风雨雹。

至治元年六月,武州雨雹害稼。永平路大雹,深一尺,害稼。七月,真定、顺德等郡雨雹。

二年四月,泾州泾川县雨雹。六月,思州大风雨雹。

三年五月,大风雨雹,拔柳林行宫大木。

泰定元年五月,冀宁阳曲县雨雹伤稼。思州龙泉平雨雹伤麦。六月,顺元、太平军、定西州雨雹。七月,龙庆路雨雹大如鸡卵,平地深三尺余。八月,大同白登县雨雹。

二年四月,奉元白水县雨雹。五月,洮州路可当县、临洮府狄邑县雨雹。六月,兴州、鄜州、静宁州及成纪、通渭、白水、肤施、安塞等县雨雹。七月,檀州雨雹。

三年六月,巩昌路大雨雹。中山府安喜县、乾州永寿县雨雹。七月,房山、宝坻、玉田、永平等县大风雹,折木伤稼。八月,龙庆路雨雹一尺,大风损稼。

四年七月,彰德汤阴县、冀宁定襄县,大同武、应二州雨雹害稼。

致和元年四月,浚州、泾州大雹伤麦禾。五月,冀宁阳曲县、威州井陉县雨雹。六月,泾川、汤阴等县大雨雹。大宁、永平属县雨雹。

天历二年七月,大宁惠州雨雹。八月,冀宁阳曲县大雹如鸡卵,害稼。

三年七月,顺州、东安州及平棘、肥乡、曲阳、行唐等县风雹害稼。开元路雨雹。

至顺二年十二月,冀宁清源县雨雹。

三年五月,甘州雨雹。乙巳,天鼓鸣于西北。

中统二年九月,河南民王四妻靳氏一产三男。《唐志》云:"物反常为妖,阴气盛则母道壮也。"

至元元年八月,武城县王氏妻崔一产三男。

十年八月甲寅,凤翔宝鸡县刘铁牛妻一产三男。

二十年二月,高州张丑妻李氏一产四子,三男、一女。四月,固安州王得林妻张氏怀孕五月,生一男,四手、四足、圆头、三耳,一耳附脑后,生而即死,具状有司上之。

二十八年九月,襄阳南障县民李氏妻王一产三子。

大德元年五月,遂宁州军户任福妻一产三男。十一月,辽阳打雁孛兰奚户那怀妻和里迷一产四男。

四年,宝应县民孙奕妻朱氏一产三男。

十年正月,江州湖口县方丙妻甘氏一产四男。

泰定元年十月乙卯,秦州成纪县赵思直妻张氏一产三子。

致和元年三月壬辰,太平当涂县杨太妻吴氏一产三子。

五行,二曰火。炎上,火之性也,失其性为沴。董仲舒云:"阳失节,则火灾出。"于是而滥炎妄起,灾宗庙,烧宫馆,虽兴师众弗能救也。是为火不炎上。其征恒燠,其色赤,是为赤眚赤祥。

定宗三年戊申,野草自焚,牛马十死八九,民不聊生。

至元十一年十二月,淮西正阳火,庐舍、铠仗悉毁。

十八年二月,扬州火。

元贞二年,杭州火,燔七百七十家。

大德八年五月,杭州火,燔四百家。

九年三月,宜黄县火。十年,武昌路火。

延祐元年二月,真州扬子县火。

三年六月,重庆路火,郡舍十焚八九。

六年四月,扬州火,燔官民庐舍一万三千三百余区。

至治二年四月,扬州、真州火。十二月,杭州火。

三年五月,奉元路行宫正殿火。上都利用监库火。九月,扬州江都县火,燔四百七十余家。

泰定元年五月,江西袁州火,燔五百余家。

三年六月,龙兴路宁州高市火,燔五百余家。七月,龙兴奉新州、辰州辰溪县火。八月,杭州火,燔四百七十余家。

四年八月,龙兴路火。十二月,杭州火,燔六百七十家。

天历二年三月,四川绍庆彭水县火。四月,重庆路火,延二百四十余家。七月,武昌路江夏县火,延四百家。十二月,江夏县火,燔四百余家。

三年二月,河内诸县火。

皇庆元年冬,无雪,诏祷岳渎。

延祐元年,大都檀、蓟等州冬无雪,至春草木枯焦。

至元二年八月丙寅,济南邹平县进芝一本。

八年八月癸酉,益都济州进芝二本。

十五年四月,济南历城县进芝。

十九年六月,芝生眉州青城县景德寺。

二十三年四月丁未,江东宣慰司进芝一本。十月,济宁进芝一本。

二十六年三月癸未,东流县献芝。四月,池州贵池县民王逸进紫芝十二本。六月,汲县民朱良进紫芝。

二十八年三月,芝生钧州翟阳县。

二十九年六月,芝生贺州。

大德五年十二月,兴元西乡县进芝一本,色如珊瑚。

六年正月,济南邹平县进芝一本,五枝五叶,色皆赤。

至大四年八月,芝生国学大成殿。

延祐二年三月,芝生大成殿。

五年七月,芝生大成殿。

元统二年正月辛未,御帐殿,受朝贺,是夜,东北有赤气照人,大如席。

五行,三曰木。曲直,木之性也,失其性为沴,故生不畅茂,为变异者有之,是为木不曲直。其征恒雨,其色青,是为青眚青祥。

大德七年十一月辛酉,木冰。

至顺二年十一月丁巳,雨木冰。十二月癸亥,雨木冰。

元贞元年,太平路芜湖县进榆木,有文曰"天下太平年"。

至治三年五月庚子,柳林行宫大木风拔三千七百株。

至元十七年二月,真定七郡桑有虫食之。

二十九年五月,沧州、潍州,中山,元氏、无棣等县桑虫食叶,蚕不成。

元贞元年四月,真定中山、灵寿二县桑有虫食之。

大德五年四月,彰德、广平、真定、顺德、大名等郡虫食桑。

至大元年五月,大名、广平、真定三郡虫食桑。

致和元年六月,河南德安屯蝗食桑。

天历二年三月,沧州、高唐州及南皮、盐山、武城等县桑,虫食之如枯株。

至顺二年三月,冠州虫食桑四万株。晋、冀、深、蠡等州及郓城、延津二县虫夜食桑,昼匿土中,人莫捕之。五月,曹州禹城、保定博野、东昌封丘等县虫食桑,皆既。

至元九年六月丁亥,京师大雨。

二十四年九月,太原、河间、河南等路霖雨害稼。

二十五年七月,保定郡,霸、漷二州淫雨害稼。八月,嘉祥、鱼台、金乡三县淫雨。九月,莫、献二州淫雨。保定路淫雨。

二十六年六月,济宁、东平、汴梁、济南、顺德、真定、平滦、棣州霖雨害稼。

二十八年八月，大名、清河、南乐诸县霖雨为灾。九月，河间郡淫雨。

至大四年七月，河间、顺德、大名、彰德、广平等路，德、濮、恩、通等州及河东祈县霖雨害稼。

皇庆元年，隆兴路新建县雨害稼。

延祐四年四月，辽阳盖州雨水害稼。

六年七月，霸州文成县雨害稼三千余顷。

至治元年，江州、赣州淫雨。

二年闰五月，安丰路雨伤稼。

三年五月，大名魏县淫雨。保定定兴县，济南无棣、厌次县，济宁砀山县，河间齐东县霖雨害稼。

泰定元年七月，真定、广平、庐州十一郡雨伤稼。元年八月，汴梁考城、仪封，济南沾化、利津等县霖雨损禾稼。

五行，四曰金。从革，金之性也，失其性为渗，时则冶铸不成，变异者有之，是为金不从革，金石同类，故古者以类附见。其征恒旸，其色白，是为白眚白祥。

至元十三年，雾灵山伐木官刘氏言，檀州大峪锥山出铁矿，有司覆视之，寻立四冶。

大德元年，云州聚阳山等冶言，矿石煽炼银货不出，诏减其课额。

二年六月，抚州崇仁县辛陂村有星陨于地，为绿色陨石，邑人张椿以状闻。

泰定四年八月，天全道山崩，飞石击人，中者辄死。

庶征之恒旸，刘向以为春秋大旱也。京房《易传》曰："欲得不用，兹谓张，厥灾荒。"荒，旱也。

中统三年五月，洺、棣二州旱。

四年八月，真定郡及洺、磁等州旱。

至元元年二月，东平、太原、平阳旱，分命西僧祷雨。

五年十二月，京兆大旱。

八年四月，蔚州灵仙、广灵二县旱。

九年六月，高丽旱。

十三年十二月，平阳路旱。

十六年七月，赵州旱。

十八年二月，广宁、北京大定州旱。

二十三年五月，汴梁旱。京畿旱。

二十四年春，平阳旱，二麦枯死。

二十五年，东平路须城等六县，安西路商、耀、乾、华等十六州旱。

二十六年，绛州大旱。

元贞元年六月，环州、葭州及咸宁、伏羌、通渭等县旱。七月，河间肃宁、乐寿二县旱。泗州、贺州旱。

二年八月，大名开州、怀孟武陟县、河间肃宁县旱。九月，莫州、献州旱。十月，化州旱。十二月，辽东、开元二路旱。

大德元年六月，汴梁、南阳大旱，民鬻子女。九月，镇江丹阳、金坛二县旱。十二月，平阳曲沃县旱。

二年五月，卫辉、顺德、平滦等路旱。

三年五月，荆湖诸郡及桂阳、宝庆、兴国三路旱。十月，扬、庐、随、黄等州旱。

四年，平棘、白马二县旱。

五年六月，汴梁、南阳、卫辉、大名等路旱。九月，江陵旱。

八年六月，凤翔扶风、岐山、宝鸡三县旱。

九年七月，晋州饶阳县、汉阳汉川县旱。八月，象州、融州、柳州属县旱。

十年五月，京畿旱。安西春、夏大旱，二麦枯死。

至大三年夏，广平亢旱。

皇庆元年六月，滨、棣、德三州及蒲台、阳信等县旱。

二年九月，京畿大旱。

延祐二年春，檀、蓟、濠三州旱。夏，巩昌兰州旱。

四年四月，德安府旱。

五年七月，真定、河间、广平、中山大旱。

七年六月，黄、蕲二郡及荆门军旱。

至治元年六月，大同路旱。

二年十一月，岷州旱。

三年夏，顺德、真定、冀宁大旱。

泰定元年六月，景、清、沧、莫等州，临汾、泾川、灵台、寿春、六合等县旱。九月，建昌郡旱。

二年五月，潭州、茶陵州、兴国永兴县旱。七月，随州、息州旱。

三年夏，燕南、河南州县十有四亢阳不雨。七月，关中旱。

四年二月，奉元醴泉、顺德唐山、邠州淳化等县旱。六月，潞、霍、绥德三州旱。八月，藤州旱。

致和元年二月，广平、彰德等郡旱。

天历元年八月，陕西大旱，人相食。

二年夏，真定、河间、大名、广平等四州四十一县旱。峡州二县旱。八月，浙西湖州，江东池州、饶州旱。十二月，冀宁路旱。

至顺元年七月，肇州、兴州、东胜州及榆次、滏阳等十三县旱。

二年，霍、隰、石三州，阜城、平地二县旱。

恒旸则有介虫之孽。释者谓小虫有甲飞扬之类，阳气所生也，于《春秋》为螽，今谓之蝗。按刘歆云，贪虐取民则蝝与鱼同占。刘向以为介虫之孽，当属言不从。今仿之。

中统三年五月，真定、顺天、邢州蝗。

四年六月，燕京、河间、益都、真定、东平蝗。八月，滨、棣等州蝗。

至元二年七月，益都大蝗。十二月，西京、北京、顺德，徐、宿、邳等州郡蝗。

五年六月，东平等郡蝗。

七年七月，南京、河南诸路大蝗。

八年六月，上都、中都、大名、河间、益州、顺天、怀孟、彰德、济南、真定、卫辉、平阳、归德、顺德等路，淄、莱、洺、磁等州蝗。

十六年四月，大都十六路蝗。

十七年五月，忻州及涟、海、邳、宿等州蝗。

十九年四月，别十八里部东三百余里蝗害麦。

二十五年七月，真定、汴梁蝗。八月，赵、晋、冀三州蝗。

二十七年四月，河北十七郡蝗。

二十九年六月，东昌、济南、般阳、归德等郡蝗。

三十一年六月，东安州蝗。

元贞元年六月，汴梁陈留、太康、考城等县，睢、许等州蝗。

二年六月，济宁任城、鱼台县，东平须城、汶上县，开州长垣、靖丰县，德州齐河县，滑州，大和州，内黄县蝗。八月，平阳、大名、归德、真定等郡蝗。

大德元年六月，归德邳州、徐州蝗。

二年四月，燕南、山东、两淮、江浙、蕲南属县百五十处蝗。

三年五月，淮安属县蝗，有鹜食之。十月，陇、陕蝗。五年六月，顺德路、淇州蝗。七月，广平、真定等路蝗。八月，河南、淮南、睢、陈、唐、和等州，新野、汝阳、江都、兴化等县蝗。

六年四月，真定、大名、河间等路蝗。七月，大都涿、顺、固安三州及濠州钟离、镇江丹徒二县蝗。

七年五月，益都、济南等路蝗。六年，大宁路蝗。

八年四月，益都临朐、德州齐河县蝗。八年六月，益津县蝗。

九年六月，通、泰、靖海、武清等州县蝗。八月，涿州，良乡、河间南皮、泗州天长等县及东安、海盐等州蝗。

十年四月，大都、真定、河间、保定、河南等郡蝗。六月，龙兴、南康等郡蝗。

至大元年五月，晋宁路蝗。六月，保定、真定二郡蝗。八月，淮东蝗。

二年四月，益都、东平、东昌、顺德、广平、大名、汴梁、卫辉等郡蝗。六月，檀、霸、曹、濮、高唐、泰安等州，良乡、舒城、历阳、合肥、大安、江宁、句容、溧水、上元等县蝗。七月，济南、济宁、般阳、河中、解、绛、耀、同、华等州蝗。八月，真定、保定、河间、怀孟等郡蝗。

三年四月，宁津、堂邑、茌平、阳谷、平原、齐河、禹城七县蝗。七月，磁州、威州，饶阳、元氏、平棘、滏阳、元城，无棣等县蝗。

皇庆元年，彰德安阳县蝗。

延祐七年六月，益都路蝗。

至治元年五月，霸州蝗。六月，卫辉、汴梁等处蝗。七月，江都、泰兴、古城、通许、临淮、盱眙、清池等县蝗。十二月，宁海州蝗。

二年，汴梁祥符县蝗，有群鹜食蝗，既而复吐，积如丘垤。

三年五月，保定路归信县蝗。

泰定元年六月，大都、顺德、东昌、卫辉、保定、益都、济宁、彰德、真定、般阳、广平、大名、河间、东平等郡蝗。

二年五月，彰德路蝗。六月，德、濮、曹、景等州，历城、章丘、淄川、柳城、茌平等郡蝗。九月，济南、归德等郡蝗。

三年六月，东平须城县，兴国永兴县蝗。七月，大名、顺德、广平等路，赵州，曲阳、满城、庆都、修武等县蝗。淮安、高邮二郡，睢、泗、雄、霸等州蝗。八月，永平、汴梁、怀庆等郡蝗。

四年五月，洛阳县有蝗五亩，群乌尽食之，越数日，蝗又集，又食之。七月，籍田蝗。八月，冠州、恩州蝗。十二月，保定、济南、卫辉、济宁、庐州五路，南阳、河南二府蝗。博兴、临淄、胶西等县蝗。

致和元年四月，大都蓟州、永平路石城县蝗。凤翔岐山县蝗。无麦苗。五月，颍州及汲县蝗。六月，武功县蝗。

天历二年四月，大宁兴中州、怀庆孟州、庐州无为州蝗。六月，益都莒、密二州蝗。七月，真定、汴梁、永平、淮安、庐州、大宁、辽阳等郡属县蝗。

三年五月，广平、大名、般阳、济宁、东平、汴梁、南阳、河南等郡,辉、德、濮、开、高唐五州蝗。

　　至顺元年六月,溮、蓟、固安、博兴等州蝗。七月,解州、华州及河内、灵宝、延津等二十二县蝗。

　　二年三月,陕州诸路蝗。六月,孟州济源县蝗。七月,河南阌乡、陕县,奉元蒲城、白水等县蝗。

　　至元十五年四月,济南无棣县获白雉以献。

　　元贞三年正月,海州牟平县获白鹿于圣水山以献。

　　至元二十四年七月癸丑,日晕连环,白虹贯之。

　　至大元年七月,流星起勾陈,化为白气,员如车轮,至贯索始灭。

　　皇庆元年六月丁卯,天雨毛。

　　延祐元年二月己亥,白晕亘天,连环贯日。

　　至顺三年五月丁酉,白虹并日出,其长竟天。

　　五行,五曰土。土,中央生万物者也,而莫重于稼穑。土气不养,则稼穑不成,金木水火渗之,冲气为异,为地震,为天雨土。其征恒风,其色黄,是为黄眚黄祥。

　　中统元年五月,泽州、益州饥。

　　二年六月,塔察儿部饥。七月,桓州饥。

　　三年五月,甘州饥。闰九月,济南郡饥。

　　至元二年四月,辽东饥。

　　五年九月,益都饥。

　　六年十一月,济南饥。十一月,固安、高唐二州饥。

　　七年五月,东京饥。七月,山东淄、莱等州饥。

　　八年正月,西京、益都饥。

　　九年四月,京师饥。七月,水达达部饥。

　　十七年三月,高邮郡饥。

十八年二月，浙东饥。四月，通、泰、崇明等州饥。

十九年九月，真定路饥，民流徙鄂州。

二十三年七月，宣宁路饥。

二十四年九月，平滦路饥。十二月，苏、常、湖、秀四州饥。

二十五年十一月，兀良合部饥。

二十六年二月，合木里部饥。三月，安西、甘州等路饥。四月，辽阳路饥。闰十月，武平路饥，檀州饥。十二月，蠡州饥，河间、保定二路饥。

二十七年二月，开元路宁远县饥。四月，浙东婺州饥，河间任丘、保定定兴二县饥。九月，河东山西道饥。

二十八年三月，真定、河间、保定、平滦、太原、平阳等路饥。杭州、平江、镇江、广德、太平、徽州饥。九月，武平路饥。十二月，洪宽女直部饥。大都内郡饥。

二十九年正月，清州、兴州饥。三月，辉州龙山县、里州和中县饥，东安、固安、蓟、棣四州饥。三月，威宁、昌州饥。闰六月，南阳、怀孟、卫辉等路饥。

三十年十月，京师饥。

元贞二年四月，平阳绛州、太原阳曲、台州黄岩饥。

大德元年六月，广德路饥。七月，宁海州文登、牟平等县饥。

三年八月，扬州、淮安等郡饥。

四年二月，湖北饥。三月，宁国、太平二路饥。九月，建康、常州、江陵等郡饥。

六年五月，福州饥。六月，杭州、嘉兴、湖州、广德、宁国、饶州、太平、绍兴、庆元、婺州等郡饥。大同路饥。七月，建康路饥。十一月，保定路饥。

七年二月，真定路饥。五月，太原、龙兴、南康、袁州、瑞州、抚州等路，高唐、南丰等州饥。六月，浙西饥。七月，常德路饥。

八年六月，乌撒、乌蒙、益州、忙部、东川等路饥。

九年三月，常宁州饥。五月，宝庆路饥。八月，扬州饥。

十年三月，济州任城饥。四月，汉阳、淮安、道州、柳州饥。七月，黄州、沅州、永州饥。八月，成都饥。十一月，扬州、辰州饥。

至大元年二月，益都、般阳、济宁、济南、东平、泰安大饥。六月，山东、河南、江淮等郡大饥。

二年七月，徐州、邳州饥。

皇庆元年六月，巩昌、河州路饥。

二年三月，晋宁、大同、大宁、四川、巩昌、甘肃等郡饥。四月，真定、保定、河间等路饥。五月，顺德、冀宁二路饥。六月，上都饥。

延祐元年六月，衡州饥。七月，台州饥。十二月，归德、汝宁、沔阳、安丰等郡饥。

二年正月，晋宁、宣德、怀孟、卫辉、益都、般阳等路饥。二年十二月，汉阳路饥。

三年二月，河间、济南滨、棣等处饥。四月，辽阳盖州及南丰州饥。五月，宝庆、桂阳、澧州、潭州、永州、道州、袁州饥。

四年正月，汴梁饥。

五年四月，上都饥。

六年八月，山东济宁饥。

七年五月，大同、云南、丰、胜诸郡邑饥，沈阳路饥。八年，广东新州新城县饥。

至治元年正月，蕲州蕲水县饥。二月，河南、汴梁、归德、安丰等路饥。五月，胶州、濮州饥。七月，南恩、新州饥。十一月，巩昌成州饥。十二月，庆远、真定二路饥。

二年三月，河南、淮东、淮西诸郡饥。延安延长、宜川二县饥。奉元路饥。四月，东昌、霸州饥。九月，临安河西县饥。

三年二月，京师饥。三月，平江嘉定州饥。崇明、黄岩二州饥。十一月，镇江丹徒、沅州黔阳县饥。十二月，归、澧二州饥。

泰定元年正月，惠州、新州、南恩州，信州上饶县，广德路广德县，岳州临湘、华容等县饥。二月，庆元、绍兴二路，绥德州米脂、清间二县饥。三月，临洮狄道县、石州离石县饥。四月，江陵、荆门军、监利县饥。五月,赣州、吉安、临江等郡,昆山、南恩等州饥。八月,冀宁、延安、江州、安陆、杭州、建昌、常德、全州、桂阳、辰州、南安等路属州县饥。九月,绍兴、南康二路饥。十一月,泉州饥,中牟、延津二县饥。

二年正月,梅州饥,禄施、英德二州饥。闰正月,河间、真定、保定、瑞州四郡饥。二月,凤翔路饥。三月,蓟、漷、徐、邳等州饥。济南、肇庆、江州、惠州饥。四月,杭州、镇江、宁国、南安、浔州、潭州等路饥。五月,广德、袁州、抚州饥。六月,宁夏路饥。九月,琼州、成州饥,德庆路饥。十二月,济南、延川等郡饥。

三年三月,河间、保定、真定三路饥。三月,大都、永平、奉元饥。十一月,沈阳、大宁、永平、广宁,金、夏州,甘肃亦集乃路饥。

四年正月,辽阳诸郡饥。二月,奉符、长清、莱芜三县饥。建康、淮安、蕲州属县饥。四月,通、蓟等州,渔阳、永清等县饥。七月,武昌江夏县饥。

致和元年二月,乾州饥。三月,晋宁、冀宁、奉元、延安等路饥。四月,保定、东昌、般阳、彰德、大宁五路属县饥。五月,河南、东平、大同等郡饥。七月,威宁、长安县、泾州灵台县饥。

天历二年正月,大同及东胜州饥,涿州房山、范阳等县饥。四月,奉元耀州、乾州、华州及延安,邠、宁诸县饥,流民数十万。大都、兴和、顺德、大名、彰德、怀庆、卫辉、汴梁、中兴等路,泰安、高唐、曹、冠、徐、邳等州饥。江东、浙西二道饥。八月,忻州饥。十月,汉阳、武昌、常德、澧州等路饥。凤翔府大饥。

三年正月,宁海州文登、牟平县饥。怀庆、衡州二路饥。真定、汝宁、扬、庐、蕲、黄、安丰等郡饥。二月,河南大饥。三月,东昌须城、堂邑县饥。沂、莒、胶、密、宁海五州,临清、定陶、光山等县饥。巩昌兰州、定西州饥。四月,德州清平县饥。

至顺二年二月,集庆、嘉兴二郡及江阴州饥。檀、顺、维、密、昌平五州饥。六月,兴和路高原,咸平等县饥。九月,思州镇远府饥。十二月,河南大饥。

三年四月，大理、中庆路饥。五月，常宁州饥。七月，滕州饥。八月，大都宝坻县饥。

至大元年春，绍兴、庆元、台州疫，死者二万六千余人。

皇庆二年冬，京师大疫。《唐志》云："国将有恤，则邪乱之气先被于民，故疫。"

太宗五年癸巳十二月，大风霾，凡七昼夜。

至元二十年正月，汴梁延津、封丘二县大风，麦苗尽拔。

延祐七年八月，延津县大风，昼晦，桑陨者十八九。

至治元年三月，大同路大风，走沙土，壅没麦田一百余顷。

三年三月，卫辉路大风，桑凋蚕死。

泰定三年七月，宝坻、房山二县大风，折木。八月，大都昌平等县大风一昼夜，坏民居九百余家。

四年五月，卫辉路辉州大风九日，禾尽偃。

天历三年二月，胙城县、新乡县大风。

按汉志云："温而风则生螟螣，有裸虫之孽。"

至元八年六月，辽州和顺县、解州闻喜县蚄蚄生。

十八年，高唐、夏津、武城县蝱。

二十三年五月，霸州、漷州蝻。

二十四年，巩昌蚄蚄为灾。

二十七年四月，婺州螟害稼，雷雨大作，螟尽死，岁乃大稔。

元贞元年六月，利州龙山县、盖州明山县螟。

二年五月，济州任城县螟。随州野蚕成茧，亘数百里，民取为纩。

大德七年五月，济南、东昌、般阳、益都等路虫食麦。闰五月，汴梁开封县虫食麦。

九年七月，桂阳郡蝝。

至大元年五月,东平、东昌、益都等郡蝝。

皇庆二年五月,檀州及获鹿县蝻。

延祐七年七月,霸州及堂邑县蝻。

泰定四年七月,奉元路咸阳、兴平、武功三县,凤翔府岐山等县蚄蚄害稼。

天历二年,淮安、庐州、安丰三路属县蝻。

至元十六年四月,益都乐安县朱五十家牛生牸犊,两头、四耳、三尾,其色黄,既生即死。

大德九年二月,大同平地县迷儿的斤家,牛生麒麟而死。

至大四年,大同宣宁县民灭的家牛生一犊,其质有鳞无毛,其色青黄,类若麟者,以其鞹上之。

泰定三年九月,湖州长兴州民王俊家,牛生一兽,鳞身牛尾,口、目皆赤,堕地即大鸣,母不乳之。具图以上,不知何兽,或曰:"此瑞也,宜俾史臣纪箓。"

至元二十四年,诸王薛彻都部雨土七昼夜,没死牛畜。

大德十年二月,大同平地县雨沙黑霾,毙牛马二千。

至治三年二月丙戌,雨土。

致和元年三月壬申,雨霾。

天历二年三月丁亥,雨土霾。

至顺二年三月丙戌,雨土霾。

至元二十一年九月戊子,京师地震。按《传》云:"阳伏而不能出,阴迫而不能升,于是有地震。"

二十六年正月丙戌,地震。

二十七年二月癸未,泉州地震。丙戌,泉州地复震。八月癸未,武平路地大震。

二十八年八月己丑,平阳路地震,坏庐舍万八百区。

元贞元年三月壬戌，地震。

大德六年十二月辛酉，云南地震。戊戌，亦如之。

七年八月辛卯夕，地震。太原、平阳尤甚，坏官民庐舍十万计。平阳赵城县范宣义郇堡徙十余里。太原徐沟、祁县及汾州平遥、介休、西河、孝义等县地震成渠，泉涌黑沙。汾州北城陷，长一里，东城陷七十余步。

八年正月，平阳地震不止。

九年四月己酉，大同路地震，有声如雷，坏庐舍五千八百，压死者一千四百余人。怀仁县地震，二所涌水尽黑，其一广十八步、深十五丈，其一广六十六步、深一丈。五月癸亥，以地震，改平阳路为晋宁，太原路为冀宁。十一月壬子，大同地震。十二月丙子，地震。

十年正月，晋宁、冀宁地震不止。

十一年三月，道州营道县暴雨，山裂百三十余处。八月壬寅，开城路地震。

至大元年六月丁酉，巩昌陇西、宁远县地震。云南乌撒、乌蒙地三日而大震者六。九月己酉，蒲县地震。十月癸巳，蒲县、灵县地震。

二年十二月壬戌，阳曲县地震有声。

三年十二月戊申，冀宁路地震。四年三月己亥，宁夏路地震。七月癸未，甘州地震，大风，有声如雷。闰七月甲子，宁夏地震。

皇庆二年六月，京师地震。己未，京师地震。丙辰，又震。壬寅，又震。

延祐元年二月戊辰，大宁路地震。四月甲申朔，大宁地震，有声如雷。八月丁未，冀宁、汴梁等路，陕县、武安县地震。十一月戊辰，大宁地震如雷。

二年五月乙丑，秦州成纪县北山移至夕川河，明日再移，平地突如土阜，高者二三丈，陷没民居。

三年八月己未，冀宁、晋宁等郡地震。十月壬午，河南地震。

四年正月壬戌，冀宁地震。七月己丑，成纪县山崩。辛卯，冀宁地震。九月，岭北地震三日。

五年正月甲戌,懿州地震。二月癸巳,和宁路地震。丁酉,秦安县山崩。三月己卯,德庆路地震。

七月戊子,宁远县山崩。八月,伏羌县山崩。秦州成纪县暴雨,山崩,朽壤坟起,覆没畜产。

至治二年九月癸亥,地震。十一月癸卯,地震。

泰定元年八月,成纪县大雨,山崩,水溢,壅土至来谷河成丘阜。十二月庚申,奉元路同州地震,有声如雷。

三年十二月丁亥,宁夏路地震如雷,发自西北,连震者三。

四年三月癸卯,和宁路地震如雷。八月,巩昌通渭县山崩。硐门地震,有声如雷,昼晦。凤翔、兴元、成都、陕州、江陵等郡地同日震。九月壬寅,宁夏地震。

致和元年七月辛酉朔,宁夏地震。己卯,大宁路地震。十月壬寅,大宁路地震。

至顺二年四月丁亥,真定陟县地一日五震或三震,月余乃止。

四年四月戊申,大宁路地震。五月戊寅,京师地震有声。八月己酉,陇西地震。

至元元年十月壬子,恩州历亭县进嘉禾,一茎九穗。十一月丁酉,太原临州进嘉禾二茎。

四年十月庚午,太原进嘉禾二本,异亩同颖。

六年九月癸丑,恩州进嘉禾,一茎三穗。

七年夏,东平府进瑞麦,一茎五穗。

十一年,兴元凤州进麦,一茎七穗,谷一茎三穗。

十四年八月,嘉禾生襄阳。

十七年十月,太原坚州进嘉禾六茎。

十八年八月壬寅,瓜州屯田进瑞麦,一茎五穗。

二十年癸巳,斡端宣慰司刘恩进嘉禾,同颖九穗、七穗、六穗者各一。

二十三年五月,广元路阆中麦秀两岐。

　　二十四年八月,浚州进瑞麦,一茎五穗。

　　二十五年八月,袁州萍乡县进嘉禾。

　　二十六年十二月,宁州民张安世进嘉禾二本。

　　三十一年,嘉禾生京畿,一茎九穗。

　　大德元年十一月辛未,曹州禹城县进嘉禾,一茎九穗。大德九年,嘉禾生应州山阴县。

　　至大三年九月,河间路献嘉禾,有异亩同颖及一茎数穗者,敕绘为图。

　　皇庆二年八月,嘉禾生浑源州,一茎四穗。

　　延祐四年七月,南城产嘉禾。

　　七年五月,鄱阳进嘉禾,一茎六穗。

　　至治二年八月,蔚州献嘉禾。

　　泰定元年十月,成都县谷一茎九穗。

元史卷五一
志第三下

五行二

水不润下　火不炎上　木不曲直
金不从革　稼穑不成

　　元统元年五月,汴梁阳武县河溢害稼。六月,京畿大霖雨,水平地丈余。泾河溢,关中水灾。黄河大溢,河南水灾。泉州霖雨,溪水暴涨,漂民居数百家。七月,潮州大水。

　　元统二年正月,东平顺城县、济宁济州、曹州济阴县水灾。二月,滦河、漆河溢,永平路属县皆水。瑞州路水。三月,山东霖雨,水涌。四月,东平、益都水。五月,镇江路水。宣德府大水。六月,淮河涨,漂山阳县境内民畜、房舍。九月,吉安路水。

　　至元元年,河决汴梁封丘县。

　　二年五月,南阳邓州大水。六月,泾水溢。八月,大都至通州霖雨,大水。

　　三年二月,绍兴大水。五月,广西贺州大水害稼。六月,卫辉淫雨,至七月,丹、沁二河泛涨,与城西御河通流,平地深二丈余,漂没人民房舍田禾甚众。民皆栖于树木,郡守僧家奴以舟载饭食之,移老弱居城头,日给粮饷,月余水方退。汴梁兰阳、尉氏二县,归德府皆河水泛溢。黄州及衢州常山县皆大水。

　　四年五月,吉安永丰县大水,六月,邵武大水,城市皆洪流,漂沿溪民居殆尽。

五年五月庚戌,汀州路长汀县大水,平地深三丈许,损民居八百家,坏民田二百顷,溺死者八千余人。七月,沂州沂、沐二河暴涨,决堤防,害田稼。邵武光泽县大水。常州宜兴县山水出,势高一丈,坏民居。

六年二月,京畿五州十一县及福州路福宁州大水。五月甲子,庆元奉化州山崩,水涌出平地,溺死人甚众。六月,衢州西安、龙游二县大水。庚戌,处州松阳、龙泉二县积雨,水涨入城中,深丈余,溺死五百余人。遂昌县尤甚,平地三丈余。桃源乡山崩,压溺民居五十三家,死者三百六十余人。七月壬子,延平南平县淫雨,水泛涨,溺死百余人,损民居三百余家,坏民田二顷七十余亩。乙卯,奉元路盩厔县河水溢,漂溺居民。八月甲午,卫辉大水,漂民居一千余家。十月,河南府宜阳县大水,漂民居,溺死者众。

至正元年,汴梁钧州大水。扬州路崇明、通、泰等州海潮涌溢,溺死一千六百余人。

二年四月,睢州仪封县大水害稼。六月癸丑,夜,济南山水暴涨,冲东西二关,流入小清河,黑山、天麻、石固等寨及卧龙山水通流入大清河,漂没上下民居千余家,溺死者无算。

三年二月,巩昌宁远、伏羌、成纪三县山崩水涌,溺死者无算。五月,黄河决白茅口。七月,汴梁中牟、扶沟、尉氏、洧川四县,郑州荥阳、汜水、河阴三县大水。

四年五月,霸州大水。六月,河南巩县大雨,伊、洛水溢,漂民居数百家。济宁路兖州,汴梁鄢陵、通许、陈留、临颍等县大水害稼,人相食。七月,滦河水溢,出平地丈余,永平路禾稼、庐舍漂没甚众。东平路东阿、阳谷、汶上、平阴四县,衢州西安县大水。温州飓风大作,海水溢,漂民居,溺死者甚众。

五年七月,河决济阴,漂官民亭舍殆尽。十月,黄河泛溢。

七年五月,黄州大水。八月壬午,杭州、上海浦中午潮退而复至。

八年正月辛亥,河决,陷济宁路。四月,平江、松江大水。五月
庚子,广西山崩,水涌,漓江溢,平地水深二丈余,屋宇、人畜漂没。
壬子,宝庆大水。乙卯,钱塘江潮比之八月中高数丈余,沿江民皆迁
居以避之。六月已丑,中兴路松滋县骤雨,水暴涨,平地深丈有五尺
余,漂没六十余里,死者一千五百人。是月,胶州大水。七月,高密
县大水。

九年七月,中兴路公安、石首、潜江、监利等县及沔阳府大水。
夏、秋,蕲州大水伤稼。

十年五月,龙兴瑞州大水。六月乙未,霍州灵岩县雨水暴涨,决
堤堰,漂民居甚众。七月,汾州平遥县汾水溢。静江荔浦县大水害
稼。

十一年夏,龙兴南昌、新建二县大水。安庆桐城县雨水泛涨,花
崖、龙源二山崩,冲决县东大河,漂民居四百余家。七月,冀宁路平
晋、文水二县大水,汾河泛溢东西两岸,漂没田禾数百顷。河决归德
府永城县,坏黄陵冈岸。静江路大水,决南北二陡渠。

十二年六月,中兴路松滋县骤雨,水暴涨,漂民居千余家,溺死
七百人。七月,衢州西安县大水。

十三年夏,蓟州丰润、玉田、遵化、平谷四县大水。七月丁卯,泉
州海水日三潮。

十四年六月,河南府巩县大雨,伊、洛水溢,漂没民居,溺死三
百余人。秋,蓟州大水。

十五年六月,荆州大水。

十六年,河决郑州河阴县,官署民居尽废,遂成中流。山东大
水。

十七年六月,暑雨,漳河溢,广平郡邑皆水。秋,蓟州四县皆大
水。

十八年秋,京师及蓟州、广东惠州、广西四县、贺州皆大水。

十九年九月,济州任城县河决。

二十年七月,通州大水。

二十二年三月,邵武光泽县大水。

二十三年,孟州济源、温县水。七月,河决东平寿张县,圮城墙,漂屋庐,人溺死甚众。

二十四年三月,益都县井水溢而黄。怀庆路孟州、河内、武陟县水。七月,益都路寿光县,胶州高密县水。

二十五年秋,蓟州大水。东平须城、东阿、平阴三县河决小流口,达于清河,坏民居,伤禾稼。

二十六年二月,河北徙,上自东明、曹、濮,下及济宁,皆被其害。六月,河南府大霖雨,瀍水溢,深四丈许,漂东关居民数百家。秋七月,汾州介休县汾水溢。蓟州四县、卫辉、汴梁钧州大水害稼。八月,棣州大清河决滨、棣二州之界,民居漂流无遗。济宁路肥水县西黄水泛溢,漂没田禾、民居百有余里。德州齐河县境七十余里亦如之。

至正二十年十一月,汴梁原武、荥泽二县黄河清三日。

二十一年十一月,河南孟津县至绛州垣曲县二百里河清七日,新安县亦如之。十二月,冀宁路石州河水清,至明年春冰泮,始如故。

二十四年夏,卫辉路黄河清。

至正六年九月,彰德雨雪,结冻如琉璃。

七年八月,卫辉阴霜杀稼。

九年三月,温州大雪。

十年春,彰德大寒,近清明节,雨雪三尺,民多冻馁而死。

十一年三月,汴梁路钧州大雷雨雪,密县平地雪深三尺余。

十三年秋,邵武光泽县阴霜杀稼。

二十三年三月,东平路须城、东阿、阳谷三县阴霜杀桑,废蚕事。八月,钧州密县阴霜杀菽。

二十七年三月,彰德大雪,寒甚于冬,民多冻死。五月辛巳,大同陨霜杀麦。秋,冀宁路徐沟、介休二县雨雪。十二月,奉元路咸宁县井水冰。

二十八年四月,奉元陨霜杀菽。

元统元年三月戊子,绍兴萧山县大风雨雹,拔木仆屋,杀麻、麦,毙伤人民。

二年二月甲子,塞北东凉亭雨雹。

至元元年七月,西和州、徽州雨雹。

二年八月甲戌朔,高邮宝应县大雨雹。是时,淮、浙皆旱,唯本县濒河,田禾可刈,悉为雹所害,凡田之旱者无一雹及之。

至元四年四月癸巳,清州八里塘雨雹,大过于拳,其状有如龟者,有如小儿形者,有如狮象者,有如环玦者,或椭如卵,或圆如弹,玲珑有窍,色白而坚,长老云:"大者固常见之,未有奇状若是也。"

至正二年五月,东平路东阿县雨雹,大者如马首。

三年六月,东平阳谷县雨雹。

六年二月辛未,兴国路雨雹,大如马首,小者如鸡子,毙禽畜甚众。五月辛卯,绛州雨雹,大者二尺余。

八年四月庚辰,钧州密县雨雹,大如鸡子,伤麦禾。龙兴奉新县大雨雹,伤禾折木。八月己卯,益都临淄县雨雹,大如杯盂,野无青草,赤地如赭。

九年二月,龙兴大雨雹。

十年五月,汾州平遥县雨雹。

十一年四月乙巳,彰德雨雹,大者如斧,时麦熟将刈,顷刻亡失,田畴坚如筑场,无秸粒遗留者,地广三十里,长百有余里,树木皆如斧所劈,伤行人,毙禽畜甚众。五月癸丑,文水县雨雹。

十三年四月,益都高苑县雨雹,伤麦禾及桑。

十四年六月,蓟州雨雹。

十七年四月,济南大风雨雹。

十九年四月,莒州蒙阴县雨雹。五月,通州及益都临朐县雹害稼。

二十年五月,蓟州遵化县雨雹终日。

二十一年五月,东平雨雹害稼。

二十二年八月,南雄雨雹如桃李实。

二十三年五月,鄜州宜君县雨雹,大如鸡子,损豆麦。七月,京师及隰州永和县大雨雹害稼。

二十五年五月,东昌聊城县雨雹,大如拳,小者如鸡子,二麦不登。

二十六年六月,汾州平遥县雨雹。

二十七年二月乙丑,永州城中昼晦,鸡栖于埘,人举灯而食,既而大雨雹,逾时方明。五月,益都大雷雨雹。七月,冀宁徐沟县大风雨雹,拔木害稼。

二十八年六月,庆阳府雨雹,大如盂,小者如弹丸,平地厚尺余,杀苗稼,毙禽兽。

至正三年秋,兴国路永兴县雷击死粮房贴书尹章于县治,时方大旱,有朱书在其背云:“有旱却言无旱,无灾却道有灾,未庸歼厥渠魁,且击庭前小吏。”

七年五月庚戌,台州路黄岩州海滨无云而雷。冬,卫辉路天鼓鸣。

十年六月戊申,广西临桂县无云而雷,震死邑民廖广达。十二月庚子,汾州孝义县雷雨。

十一年十二月,台州大雨震电。

十二年三月丙午,宁国路无云而雷。

十三年十二月庚戌,京师无云而雷,少顷有火坠于东南。怀庆路河内县及河南府天鼓鸣于西北。是日,怀庆之修武、潞州之襄垣县皆无云而雷,声震天地。是月,汾州雷雨。

十四年十二月,孝义县雷雨。

十九年十二月,台州大雷电。

二十一年十一月戊申,温州乐清县雷。

二十七年正月乙未夜,晋宁路绛州天鼓鸣,空中如闻战斗之声。十月,奉元路雷电。

至正二十五年六月戊申,京师大雨,有鱼随雨而落,长尺许,人取而食之。

至元五年六月庚戌,汀州长汀县山蛟出,大雨骤至,平地涌水,深三丈余,漂没民居八百余家,坏田二百余顷。

至正十七年六月癸酉,温州有龙斗于乐清江中,飓风大作,所至有光如球,死者万余人。八月癸丑,祥符县西北有青、白二龙见,若相斗之势,良久而散。

二十三年正月甲辰,广西贵州江中有物登岸,蛇首四足而青色,长四尺许,军民聚观而杀之。

二十四年六月,保德州有黄龙见于咸宁井中。

二十七年六月丁巳,皇太子寝殿新凿井成,有龙自井而出,光焰烁人,宫人震慑仆地。又宫墙外长庆寺所掌成宗斡耳朵内大槐树,有龙缠绕其上,良久飞去,树皮皆剥。七月,益都临朐县有龙见于龙山,巨石重千斤浮空而起。

二十八年十一月,大同路怀仁县河岸崩,有蛇大小相绾结,可载数车。

至正三年秋,建宁浦城县民家豕生豚,二尾八足。十五年,镇江民家豕生豚,如象形。

二十四年正月,保德州民家豕生豚,一首、二身,八蹄、二尾。

至元元年正月,广西师宗州猱生妻适和,一产三男。汴梁祥符县市中一乞丐妇人,忽生髭须。

至正九年四月,枣阳民张氏妇生男,甫及周岁,长四尺许,容貌异常,皤腹拥肿,见人辄嬉笑,如世俗所画布袋和尚云。

二十三年五月，霸州民王马驹妻赵氏，一产三男。六月，亳家务李闰妻张氏，一产三男。

至正元年四月戊寅，彰德有赤风自西北来，忽变为黑，昼晦如夜。

十三年冬，袁州路每日暮有黑气，环绕郡城。

十七年正月己丑，杭州降黑雨，河池水皆黑。

二十八年七月乙亥，京师黑雾，昏暝不辨人物，自旦近午始消，如是者旬有五日。

元统元年六月甲申，杭州火。

至正元年四月辛卯，台州火。乙未，杭州火，燔官舍、民居、公廨、寺观凡一万五千七百余间，死者七十有四人。

二年四月，杭州又火。

六年八月己巳，延平路火燔官舍、民居八百余区，死者五人。

十年，兴国路自春及夏，城中火灾不绝，日数十起。

二十年，惠州路城中火灾屡见。

二十三年正月乙卯夜，广西贵州火，同知州事韩帖木不花、判官高万章及家人九口俱死焉，居民死者三百余人，牛五十头，马九匹，公署、仓库、案牍焚烧皆尽。

二十八年二月癸卯，京师武器库灾。己巳，陕西有飞火自华山下，流入张良弼营中，焚兵库器仗。六月甲寅，大都大圣寿万安寺灾。是日未时，雷雨中有火自空而下，其殿脊东鳌鱼口火焰出，佛身上亦火起。帝闻之泣下，亟命百官救护，唯东西二影堂神主及宝玩器物得免，余皆焚毁。此寺旧名白塔，自世祖以来为百官习仪之所，其殿陛阑楯一如内庭之制。成宗时，置世祖影堂于殿之西，裕宗影堂于殿之东，月遣大臣致祭。

至元六年冬，京师无雪。

　　至正八年九月，奉元路桃杏花。

　　十四年八月，冀宁路榆次县桃李花。

　　十五年十一月，汾州介休县桃杏花。

　　十七年十一月，汾州桃杏花。

　　至正十一年十月，衢州东北雨米如黍。十一月，建宁浦城县雨黑子如稗实。邵武大雨震电，雨黑黍如芦穄。信州雨黑黍。鄱阳县雨菽豆。郡邑多有，民皆取而食之。

　　十六年六月，彰德路苇叶顺次倚叠而生，自编成若旗帜，上尖叶聚粘如枪，民谣云："苇生成旗，民皆流离，苇生成枪，杀伐遭殃。"又有黍自生成文，红秸黑字，其上节云"天下太平"，其下节云"天下刀兵"。

　　十八年，处州山谷中小竹结实如小麦，饥民采食之。

　　二十一年，明州象山县竹穗生实如小米，可食。

　　至正十一年，广西庆远府有异禽双飞，见于述昆乡，飞鸟千百随之，盖凤凰云。其一飞去，其一留止者为僮人射死，首长尺许，毛羽五色，有藏之以献于帅府者，久而其色鲜明如生云。五月，兴国有大鸟百余，飞至郡西白朗山颠，状如人立，去而复至者数次。

　　十九年，京师鸥鹊夜鸣达旦，连月乃止。有杜鹃啼于城中，居庸关亦如之。

　　二十七年三月丁丑朔，莱州招远县大社里黑风大起，有大鸟自南飞至，其色苍白，展翅如席，状类鹤，俄顷飞去，遗下粟、黍、稻、麦、黄黑豆、荞麦于张家屋上，约数升许，是岁大稔。

　　元统二年正月庚寅朔，河南省雨血。是日，众官晨集，忽闻燔柴烟气，既而黑雾四塞，咫尺不辨，腥秽逼人，逾时方息。及行礼毕，日过午，骤雨随至，沾洒垩墙及裳衣皆赤。

　　至元四年四月辛未，京师雨红沙，昼晦。

至正五年四月,镇江丹阳县雨红雾,草木叶及行人裳衣皆濡成红色。

十三年三月丙戌,彰德路西南,有火自天而下,如在城外,觅之无有。十二月庚戌,潞州襄垣县有火坠于东南。

十四年,卫辉路有天光见于西方。十二月辛卯,绛州有红气起自北方,蔽天几半,移时方散。

十五年春,蓟州雨血。

十八年三月辛丑夜,大同路有黑气蔽于西方,声如雷然。俄顷,有云如火,交射中天,遍地俱见火光,以物触地,辄有火起,至夜半,空中如有兵戈相击之声。

二十一年七月己巳,冀宁路忻州西北有赤气,蔽空如血,逾时方散。八月壬午,棣州夜半有赤气亘天,起西北至于东北。癸未,彰德西北,夜有红气亘天,至明方息。乙酉,大同路北方,夜有赤气蔽天,直过天庭,自东而西,移时方散,如是者三。十月癸巳,昧爽,绛州有红气见于北方如火。

二十三年三月壬戌,大同路夜有赤气亘天,中侵北斗。六月丁巳,绛州日暮有红光见于北方,如火,中有黑气相杂,又有白虹二,直冲北斗,逾时方散。庚申,晋宁路北方,日暮天赤,中有白气如虹者三,一贯北斗,一贯北极,一贯天潢,至夜分方灭。八月丙辰,忻州东北,夜有赤气亘天,中有白色如蛇形,徐徐而行,逾时方散。十月丙申朔,大名路向青、齐一方,有赤气照耀千里。

二十四年九月癸酉,冀宁平晋县西北方,至夜天红半壁,有顷从东而散。

二十八年六月壬寅,彰德路天宁寺塔忽变红色,自顶至踵,表里透彻,如煅铁初出于炉,顶上有光焰并发,自二更至五更乃止。癸卯、甲辰,亦如之。先是,河北有童谣云:“塔儿黑,北人作主南人客;塔儿红,朱衣人作主人公。”七月癸酉,京师赤气满天,如火照人,自寅至辰,气焰方息。

至元元年十二月,芝草生于荆门州当阳县覆船山,一本五干,高尺有二寸;一本二干,高五寸有半;干皆两岐。二本相依附,扶疏瑰奇,如珊瑚枝,其高者结为华盖庆云之状。

五年秋,芝草生于中书工部之屋梁,一本七干。

至元五年十一月癸酉,瑞州路新昌州雨木冰,至明年二月壬寅冰始解。

至正四年正月,汴梁路郑州尉氏、洧川、河阴三县及龙兴靖安县雨木冰。十一月,东平雨木冰。

十二年九月壬午,冀宁保德州雨木冰。

十四年冬,龙兴雨木冰。

二十五年二月辛亥,汴梁雨木冰,状如楼阁、人物、冠带、鸟兽、花卉,百态具备,羽幢珠葆,弥望不绝,凡五日始解。

至正三年夏,上都、大都桑果叶皆有黄色龙文。

九年秋,奉元桃杏实。

十二年五月,汴梁祥符县椿树结实如木瓜。

十六年七月,彰德李树结实如小黄瓜。民谣云:"李生黄瓜,民皆无家。"

二十一年,明州松树结实,其大有盈尺者。八月,汴梁祥符县邑中树木,一夕皆有湿泥涂之。

至元二年五月乙卯,南阳邓州大霖雨,自是日至于六月甲申乃止。

三年六月,卫辉路淫雨。

至正二年秋,彰德路霖雨。

三年四月至七月,汴梁路荥泽县,钧州新郑、密县霖雨害稼。

四年夏,汴梁兰阳县,许州长葛、郾城、襄城,睢州,归德府亳州之鹿邑,济宁之虞城淫雨害蚕麦,禾皆不登。八月,益都霖雨,饥民有相食者。

五年夏、秋,汴梁祥符、尉氏、洧川,郑州、钧州、亳州久雨害稼,二麦、禾、豆俱不登。河间路淫雨,妨害盐课。

八年五月,京师大霖雨,都城崩圮。钧州新郑县淫雨害麦。

九年七月,高唐州大霖雨,坏官署、民居。归德府淫雨浃十旬。

十年二月,彰德路大雨害麦。

二十年七月,益都高苑县、陕州黾池县大雨害稼。

二十三年七月,怀庆路河内、修武、武陟三县及孟州淫雨害稼。

二十四年秋,密州安丘县大雨。

二十五年秋,密州安丘县,潞州,汴梁许州及钧州之密县淫雨害稼。

二十七年秋,彰德路淫雨。

至正六年八月,龙兴进贤县甘露降。

二十年十月,国子学大成殿松柏树有甘露降其上。

至正十年春,丽正门楼斗拱内,有人伏其中,不知何自而至,远近聚观之。门尉以白留守,达于都堂。上闻,有旨令取付法司鞫问。但云蓟州人,问其姓名,诘其所从来,皆惘若无知,唯妄言祸福而已,乃以不应之罪笞之,忽不知所在。

至正二十年八月,庆阳,延安,宁、安等州野鼠食稼,初由鹌卵化生,既成牝牡,生育日滋,百亩之田,一夕俱尽。

二十六年,泗州濒淮两岸有灰黑色鼠,暮夜出穴,成群覆地食禾。

至正十年正月甲戌,棣州白昼空中有声自西北而来,距州二十里陨于地,化为石,其色黑,微有金星散布其上。有司以进,遂藏之司天监。十一月冬至夜,陕西耀州有星坠于西原,光耀烛地,声如雷鸣者三,化为石,形如斧,一面如铁,一面如锡,削之有屑,击之有声。

十六年冬十一月,大名路大名县有星如火,自东南流,尾如曳篲,坠入于地,化为石,青黑光莹,状如狗头,其断处类新割者。有司以进,太史验视云"天狗也",命藏于库。

十九年四月己丑,建宁路瓯宁县有星坠于营山前,其声如雷,化为石。

二十三年六月庚戌,益都临朐县龙山有星坠入于地,掘之,深五尺,得石如砖,褐色,上有星如银,破碎不完。

至正九年,龙兴靖安县山石迸裂,涌水,人多死者。

十年三月,庆元奉化州南山石突开,其碎而大者有山川、人物、禽鸟、草木之文。

二十七年六月丁卯,沂州东苍山有巨石大如屋,崩裂坠地,声震如雷。七月丙戌,广西灵川县临江石崖崩。

元统元年夏,绍兴旱,自四月不雨至于七月。淮东、淮西皆旱。

二年三月,湖广旱,自是月不雨至于八月。四月,河南旱,自是月不雨是于八月。秋,南康旱。

至元元年夏,河南及邵武大旱。

二年,蕲州、黄州、浙东衢州、婺州、绍兴,江东信州,江西瑞州等路及陕西皆旱。是年四月,黄州黄冈县周氏妇产一男,即死,狗头人身,咸以为旱魃云。

六年夏,广东南雄路旱,自二月不雨至于五月,种不入土。

至正二年,彰德、大同二郡及冀宁平晋、榆次、徐沟县,汾州孝义县,忻州皆大旱,自春至秋不雨,人有相食者。秋,卫辉大旱三月。秋兴国大旱。

四年,福州大旱,自三月不雨至于八月。兴化、邵武、镇江及湖南之桂阳皆旱。

五年，曹州禹城县大旱。夏，胶州高密县旱。

六年，镇江及庆元奉化州旱。

七年，怀庆、卫辉、河东及凤翔之岐山、汴梁之祥符、河南之孟津皆大旱。

八年三月，益都临淄县大旱。五月，四川旱。

十年夏、秋，彰德旱。

十一年，镇江旱。

十二年，蕲州、黄州大旱，人相食。浙东绍兴旱。台州自四月不雨至于七月。

十三年，蕲州、黄州及浙东庆元、衢州、婺州，江东饶州，江西龙兴、瑞州、建昌、吉安，广东南雄，湖南永州、桂阳皆大旱。

十四年，怀庆河内县、孟州，汴梁祥符县，福建泉州，湖南永州、宝庆，广西梧州皆大旱。祥符旱魃再见。泉州种不入土，人相食。

十五年，卫辉大旱。

十六年，婺州、处州皆大旱。

十八年春，蓟州旱。莒州、滨州、般阳滋川县、霍州、郿州、凤翔岐山县春夏皆大旱。莒州家人自相食，岐山人相食。

十九年，晋宁、凤翔，广西梧州、象州皆大旱。

二十年，通州旱。汾州介休县自四月至秋不雨。广西宾州大旱，自闰五月不雨至于八月。

二十二年，河南洛阳、孟津、偃师三县大旱，人相食。

二十三年，山东济南、广西贺州皆大旱。

至元五年八月，京师童谣云："白雁望南飞，马札望北跳。"

至正五年，淮、楚间童谣云："富汉莫起楼，穷汉莫起屋，但看羊儿年，便是吴家国。"

十年，河南、北童谣云："石人一双眼，挑动黄河天下反。"

十五年，京师童谣云："一阵黄风一阵沙，千里万里无人家，回头雪消不堪看，三眼和尚弄瞎马。"

此皆诗妖也。

至元三年,郡邑皆相传朝廷欲括童男女,于是市井乡里竞相嫁娶,仓卒成言,贫富长幼多不得其宜者,此民讹也。

至正十年,彰德境内狼狈为害,夜如人形,入人家哭,就人怀抱中取小儿食之。

二十三年正月,福州连江县有虎入于县治。

二十四年七月,福州白昼获虎于城西。

至元二年七月,黄州蝗。

三年六月,怀庆、温州、汴梁阳武县蝗。

五年七月,胶州即墨县蝗。

至正四年,归德府永城县及亳州蝗。

十七年,东昌茌平县蝗。

十八年夏,蓟州、辽州、潍州昌邑县、胶州高密县蝗。秋,大都、广平、顺德及潍州之北海、莒州之蒙阴、汴梁之陈留、归德之永城皆蝗。顺德九县民食蝗。广平人相食。

十九年,大都霸州、通州,真定、彰德、怀庆、东昌、卫辉,河间之临邑,东平之须城、东阿、阳谷三县,山东益都、临淄二县,潍州、胶州、博兴州,大同、冀宁二郡,文水、榆次、寿阳、徐沟四县,沂、汾二州及孝义、平遥、介休三县,晋宁潞州及壶关、潞城、襄垣三县,霍州赵城、灵石二县,隰之永和,沁之武乡,辽之榆社,奉元及汴梁之祥符、原武、鄢陵、扶沟、杞、尉氏、洧川七县,郑之荥阳、汜水,许之长葛、郾城、襄城、临颍,钧之新郑、密县皆蝗,食禾稼、草木俱尽,所至蔽日,碍人马不能行,填坑堑皆盈。饥民捕蝗以为食,或曝乾而积之。又馨,则人相食。七月,淮安清河县飞蝗蔽天,自西北来,凡经七日,禾稼俱尽。

二十年,益都临朐、寿光二县,凤翔岐山县蝗。

二十一年六月,河南巩县蝗食稼俱尽。七月,卫辉及汴梁荣泽县、郑州蝗。

二十二年秋，卫辉及汴梁开封、扶沟、洧川三县，许州及钧之新郑、密二县蝗。

二十五年，凤翔岐山县蝗。

元统二年六月，彰德雨白毛，俗呼云"老君髯"。民谣曰："天雨牦，事不齐。"

至元三年三月，彰德雨毛如线而绿，俗呼云"菩萨线"。民谣云："天雨线，民起怨，中原地，事必变。"

六年七年，延安路鄜州雨白毛，如马鬃，所属邑亦如之。至正十三年四月，冀宁榆次县雨白毛，如马鬃。七月，泉州路雨白丝。

十八年五月，益都雨白牦。

十九年三月，兴化路连日雨牦。

二十五年五月甲子，京师雨牦，长尺许，如马鬃。

二十七年五月，益都雨白牦。

至元四年八月丁丑，京师白虹亘天。

至正二十二年，京师有白气，如小索，起危宿，长五百丈，扫太微。

二十四年六月癸卯，冀宁路保德州三星昼见，有白气横突其中。

二十六年三月丁亥，白虹五道亘天，其第三道贯日。又气横贯东南，良久乃灭。

二十七年五月，大名路有白气二道。

二十八年闰七月乙丑，冀宁文水县有白虹贯日，自东北直绕西南，云影中似日非日，如镜者三，色青白，逾时方没。

元统元年夏，两淮大饥。

二年春，淮西饥。七月，池州饥。十一月，济南、莱芜县饥。

至元元年春,益都路沂水、日照、蒙阴、莒四县及龙兴路饥。夏,京师饥。是岁,沅州、道州、宝庆及邵武、建宁饥。

二年,顺州及淮西安丰,浙西松江,浙东台州,江西江、抚、袁、瑞,湖北沅州卢阳县饥。

三年,大都及济南、蕲州、杭州、平江、绍兴、溧阳、瑞州、临江饥。

五年,上都开平县、桓州,兴和宝昌州,濮州之鄄城,冀宁之交城,益都之胶、密、莒、潍四州,辽东沈阳路,湖南衡州,江西袁州,八番顺元等处皆饥。

六年,顺德之邢台,济南之历城,大名之元城,德州之清平,泰安之奉符、长清,淮安之山阳等县,归德邳州,益都、般阳、处州、婺州四郡皆饥。

至正元年春,京畿州县、真定、河间、济南及湖南饥。夏,彰德及温州饥。

二年,保德州大饥。

三年,卫辉、冀宁、忻州大饥,人相食。

四年,霸州大饥,人相食。东平路东阿、阳谷、汶上、平阴四县皆大饥。冬,保定、河南饥。

五年春,东平路须城、东阿、阳谷三县及徐州大饥,人相食。夏,济南、汴梁、河南、邠州、瑞州、温州、邵武饥。

六年五月,陕西饥。

七年,彰德、怀庆、东平、东昌、晋宁等处饥。

九年春,胶州大饥,人相食。钧州新郑、密县饥。

十四年春,浙东台州,江东饶,闽海福州、邵武、汀州,江西龙兴、建昌、吉安、临江,广西静江等郡皆大饥,人相食。

十七年,河南大饥。

十八年春,莒州蒙阴县大饥,斗米金一斤。冬,京师大饥,人相食。彰德、山东亦如之。

十九年正月至五月,京师大饥,银一锭得米仅八斗,死者无算。

通州民刘五杀其子而食之。保定路莩死盈道,军士掠孱弱以为食。济南及益都之高苑,莒之蒙阴,河南之孟津、新安、黾池等县皆大饥,人相食。

二十一年,霸州饥,民多莩死。

至正四年,福州、邵武、延平、汀州四郡夏秋大疫。五年春夏,济南大疫。

十二年正月,冀宁保德州大疫。夏,龙兴大疫。

十三年,黄州、饶州大疫。十二月,大同路大疫。

十六年春,河南大疫。

十七年六月,莒州蒙阴县大疫。

十八年夏,汾州大疫。

十九年春夏,鄜州并原县,莒州沂水、日照二县及广东南雄路大疫。

二十年夏,绍兴山阴、会稽二县大疫。

二十二年,又大疫。

至正元年七月,广西雷州飓风大作,涌潮水,拔木害稼。

二年十月,海州飓风作,海水涨,溺死人民。

十三年五月乙丑,浔州飓风大作,坏官舍、民居,屋瓦、门扉皆飘扬七里之外。

十四年七月甲子,潞州襄垣县大风拔木偃禾。

二十一年正月癸酉,石州大风拔木,六畜皆鸣,人持枪矛忽生火焰,抹之即无,摇之即有。

二十四年,台州路黄岩州海溢,飓风拔木,禾尽偃。

二十七年三月庚子,京师有大风起自西北,飞砂扬砾,昏尘蔽天,逾时,风势八面俱至,终夜不止,如是者连日。自后,每日寅时风起,万窍争鸣,戌时方息,至五月癸未乃止。

至正三年六月，梧州青虫食稼。

十年七月，同州虫食稼，郡守石亨祖祷于玄妙观，寒雨三日，虫尽死。

十九年五月，济南章丘、邹平二县螟，五谷不登。

二十二年春，卫辉路螟。六月，莱州胶水县蚜蚄生。七月，掖县蚜蚄生，害稼。

二十三年六月，宁海文登县蚜蚄生。七月，莱州招远、莱阳二县及登州、宁海州蚜蚄生。

至正九年三月，陈州杨家庄上牛生黄犊，火光满室，麻顶绿角，间生绿毛，不食乳，二日而死。

十年秋，襄阳车城民家牛生犊，五足，前三、后二。

十六年春，汴梁祥符县牛生犊，双首，不及二日死。

二十八年五月，东昌聊城县钱镇抚家牛生黄犊，六足，前二、后四。

至元五年二月，信州雨土。

至正三年三月至四月，忻州风霾昼晦。

二十六年四月乙丑，奉元路黄雾四塞。

元统元年八月，巩昌、徽州山崩。九月庚申，秦州山崩。十月丙寅，凤州山崩。十一月丙申，巩昌成纪县地裂山崩。癸卯，安庆灊山县地震。辛亥，秦州地裂山崩。十二月，饶州德兴县，余干、乐平二州地震。

二年五月，信州地震。八月辛未，京师地震。鸡鸣山崩陷为池，方百里，人死者众。

至元元年十一月壬寅，兴国路地震。十二月丙子，安庆路地震，所属宿松、太湖、灊山三县同时俱震。庐州、蕲州、黄州亦如之。是月，饶州亦地震。

二年正月乙丑,宿松地震。五月壬申,秦州山崩。

三年八月辛巳夜,京师地震。壬午,又大震,损太庙神主,西湖寺神御殿壁作祭器皆坏。顺州、龙庆州及怀来县皆以辛巳夜地震,坏官民、房舍,伤人及畜牧。宣德府亦如之,遂改为顺宁云。

四年春,保安州及瑞州路新昌州地震。六月,信州路灵山裂。七月己酉,保安州地大震。丙辰,巩昌府山崩。八月丙子,京师地震,日凡二、三,至乙酉乃止。密州安丘县地震。

六年六月己亥,秦州成纪县山崩地裂。

至正元年二月,汴梁路地震。

二年四月辛丑,冀宁路平晋县地震,声如雷鸣,裂地尺余,民居皆倾仆。七月,惠州雨水,罗浮山崩,凡二十七处,坏民居,塞田涧。十二月己酉,京师地震。

三年二月,钧州新郑、密县地震。六月乙巳,秦州奉安县南坡崩裂,压死人畜。七月戊辰,巩昌山崩,人畜死者众。十二月,胶州及属邑高密地震。

四年八月,莒州蒙阴县地震。十二月,东平路东阿、阳谷、平阴三县及汉阳地震。

五年春,蓟州地震,所领四县及东平汶上县亦如之。十二月乙丑,镇江地震。

六年二月,益都路益都、昌乐、寿光三县,潍州北海县,胶州即墨县地震。三月,高苑县地震,坏民居。六月,广州增城县罗浮山崩,水涌溢,溺死百余人。九月戊午,邵武地震。翌日,地中有声如鼓,夜复如之。

七年二月,益都临淄、临朐,潍州之昌邑,胶州之高密,济南之棣州地震。三月,东平路东阿、阳谷、平阴三县地震,河水动摇。五月,临淄地又震,七日乃止。河东地坼泉涌,崩城陷屋,伤人民。十一月,镇江丹阳县地震。

九年六月,台州地震。七月庚寅,泉州大风雨。永春县南象山崩,压死者甚众。

十年,冀宁徐沟县地震。五月甲子,龙兴宁州大雨,山崩数十处。丙寅,瑞州上高县蒙山崩。十月乙酉,泉州安溪县候山鸣。

十一年四月,冀宁路汾、忻二州,文水、平晋、榆次、寿阳四县,晋宁辽州之榆社,怀庆河内、修武二县及孟州皆地震,声如雷霆,圮房屋,压死者甚众。八月丁丑,中兴路公安、松滋、枝江三县,峡、荆门二州地震。

十二年二月丙戌,霍州灵石县地震。闰三月丁丑,陕西地震,庄浪、定西、静宁、会州尤甚,移山湮谷,陷没庐舍,有不见其迹者。会州公廨墙圮,得弩五百余张,长丈余,短者九尺,人莫能开挽。十月丙午,霍州赵城县霍山崩,涌石数里;前三日,山鸣如雷,禽兽惊散。

十三年三月,庄浪、定西、静宁、会州地震。七月,汾州白彪山坼。

十四年四月,汾州介休县地震,泉涌。七月,孝义县地震。十一月,宁国路地震,所领宁国、旌德二县亦如之。淮安路海州地震。十二月己酉,绍兴地震。

十五年四月,宁国敬亭、麻姑、华阳诸山崩。六月丁丑,冀宁保德州地震。

十六年春,蓟州地震凡十日,所领四县亦如之。六月,雷州地大震。

十七年十月,静江路东门地陷,城东石山崩。十二月丁酉,庆元路象山县鹅鼻山崩,有声如雷。

十八年二月乙亥,冀宁临州地震。五月,益都地震。

十九年正月甲午,庆元地震。

二十年二月,延平顺昌县地震。

二十二年三月,南雄路地震。

二十三年十二月丁巳,台州地震。

二十五年十月壬申,兴化路地震,有声如雷。

二十六年三月,海州地震如雷。赣榆县吴山崩。六月,汾州介休县地震。绍兴山阴县卧龙山裂。七月辛亥,冀宁路徐沟县,石、忻、临三州，汾之孝义、平遥二县同日地震，有压死者。丙辰，泉州同安县大雷雨，三秀山崩。是月，河南府巩县大霖雨，地震山崩。十一月辛丑，华州蒲城县洛岸崩，壅水绝流三日。十二月庚午，华州之蒲城县洛水和顺崖崩，其崖戴石，有岩穴可居。是日，压死辟乱者七十余人。

二十七年五月，山东地震。六月，沂州山石崩裂，有声如雷。七月丙戌，静江灵川县大藏山石崖崩。十月丙辰，福州雷雨，地震。十二月庚午，又震，有声如雷。

二十八年六月，冀宁文水、徐沟二县，汾州孝义、介休二县，临州、保德州、隰之石楼县及陕西皆地震。十月辛巳，陕西地又震。

至元四年五月，彰德临彰县麦秀两岐，有三穗者。

至正元年，延平顺昌县嘉禾生，一茎五穗。冀宁太原县有嘉禾，异亩同颖。

三年八月，晋宁临汾县嘉禾生，有五穗至八穗者。

十年，彰德路谷麦双穗。

十六年，大同路秦城乡嘉禾生，一茎二穗、五穗，有九穗者，有异茎而同穗者。

二十六年五月，洛阳县康家庄有瑞麦，一茎四穗、双穗、三穗者甚众。

元史卷五二
志第四

历　　一

授时历议上

　　夫明时治历,自黄帝、尧、舜与三代之盛王莫不重之,其文备见于传记矣。虽去古既远,其法不详,然原其要,不过随时考验以合于天而已。汉刘歆作《三统历》,始立积年日法以为推步之准。后世因之,历唐而宋,其更元改法者凡数十家,岂故相为乖异哉?盖天有不齐之运,而历为一定之法,所以既久而不能不差,既差则不可不改也。

　　元初承用金《大明历》。庚辰岁,太宗西征,五月望,月蚀不效。二月、五月朔,微月见于西南。中书令耶律楚材以《大明历》后天,乃损节气之分,减周天之秒,去交终之率,治月转之余,课两曜之后先,调五行之出没,以正《大明历》之失。且以中元庚午岁,国兵南伐,而天下略定,推上元庚子岁天正十一月壬戌朔,子正冬至,日月合璧,五星联珠,同会虚宿六度,以应太祖受命之符。又以西域、中原地里殊远,创为里差以增损之,虽东西万里,不复差忒。遂题其名曰《西征庚午元历》,表上之,然不果颁用。

　　至元四年,西域札马鲁丁撰进《万年历》,世祖稍颁行之。十三年,平宋,遂诏前中书左丞许衡、太子赞善王恂、都水少监郭守敬改治新历。衡等以为金虽改历,止以宋《纪元历》微加增益,实未尝测验于天，乃与南北日官陈鼎臣、邓元麟、毛鹏翼、刘巨渊、王素、岳铉、高敬等参考累代历法，复测候日月星辰消息运行之变，参别同异，酌取中数，以为历本。十七年冬至，历成，诏赐名曰《授时历》。十八年，颁行天下。二十年，诏太子谕德李谦为《历议》，发明新历顺天求合之微，考证前代人为附会之失，诚可以贻之永久，自古及今，其推验之精，盖未有出于此者也。今衡、恂、守敬等所撰《历经》及谦《历议》故存，皆可考据，是用具著于篇。惟《万年历》不复传，而《庚午元历》虽未尝颁用，其为书犹在，因附著于后，使来者有考焉。作《历志》。

验气

天道运行，如环无端，治历者，必就阴消阳息之际，以为立法之始。阴阳消息之机，何从而见之？惟候其日晷进退，则其机将无所遁。候之之法，不过植表测景以究其气至之始。智作能述，前代诸人为法略备，苟能精思密索，心与理会，则前人述作之外，未必无所增益。

旧法择地平衍，设水准绳墨，植表其中，以度其中晷。然表短促，尺寸之下所为分秒太、半、少之数未易分别。表长，则分寸稍长，所不便者景虚而淡，难得实景。前人欲就虚景之中考求真实，或设望筒，或置小表，或以木为规，皆取表端日光下彻圭面。今以铜为表，高三十六尺，端挟以二龙，举横梁，下至圭面共四十尺，是为八尺之表五。圭表刻为尺寸，旧寸一，今申而为五，厘毫差易分。别创为景符以取实景。其制以铜叶博二寸，长加博之二，中穿一窍，若针芥然，以方圆为趺，一端设为机轴，令可开阖，楮其一端，使其势斜倚，北高南下，往来迁就于虚景之中，窍达日光，仅如米许，隐然见横梁于其中。旧法以表端测晷，所得者日体上边之景。今以横梁取之，实得中景，不容有毫末之差。

地中八尺表景，冬至长一丈三尺有奇，夏至尺有五寸。今京师长表，冬至之景七丈九尺八寸有奇，在八尺表则一丈五尺九寸六分,夏至之景一丈一尺七寸有奇,在八尺表则二尺三寸四分。虽晷景长短所在不同,而其景长为冬至,景短为夏至,则一也。惟是气至时刻考求不易,盖至日气正,则一岁气节从而正矣。刘宋祖冲之尝取至前后二十三四日间晷景,折取其中,定为冬至,且以日差比课推定时刻。宋皇祐间,周琮则取立冬、立春二日之景,以为去至既远,日差颇多,易为推考。《纪元》以后诸历,为法加详,大抵不出冲之之法。新历积日累月,实测中晷,自远日以及近日,取前后日率相埒者,参考同异,初非偏取一二日之景,以取数多者为定,实减《大明历》一十九刻二十分。仍以累岁实测中晷日差分寸,定拟二至时刻于后。

推至元十四年丁丑岁冬至

其年十一月十四日己亥,景长七丈九尺四寸八分五厘五毫;至二十一日丙午,景长七丈九尺五寸四分一厘;二十二日丁未,景长七丈九尺四寸五分五厘。以己亥、丁未二日之景相校,余三分五厘为晷差,进二位。以丙午、丁未二日之景相校,余八分六厘为法。除之,得三十五刻。用减相距日八百刻,余七百六十五刻。折取其中,加半日刻,共为四百三十二刻半。百约为日,得四日。余以十二乘之,百约为时,得三时,满五十又作一时,共得四时。余以十二收之,得三刻。命初起距日己亥算外,得癸卯日辰初三刻为丁丑岁冬至。此取至前后四日景。

十一月初九日甲午,景七丈八尺六寸三分五厘五毫;至二十六日辛亥,景七丈八尺七寸九分三厘五毫;二十七日壬子,景七丈八尺五寸五分。以甲午、壬子景相减,复以辛亥、壬子景相减,准前法求之,亦得癸卯日辰初三刻。至二十八日癸丑,景七丈八尺三寸四厘五毫,用壬子、癸丑二日之景与甲午景,准前法求之,亦合。此取至前后八九日景。

十一月丙戌朔,景七丈五尺九寸八分六厘五毫;二日丁亥,景七丈六尺三寸七分七厘;至十二月初六日庚申,景七丈五尺七寸五分一厘。准前法求之，亦在辰初三刻。此取至前后一十七日景。

十一月二十一日丙子，景七丈九寸七分一厘；至十二月十六日庚午，景七丈七寸六分；十七日辛未，景七丈一寸五分六厘五毫。准前法求之，亦得辰初三刻。此取至前后二十七日景。

六月初五日癸亥，景一丈三尺八分；距十五年五月癸未朔，景一丈三尺三分八厘五毫；初二日甲申，景一丈二尺九寸二分五毫。准前法求之，亦合。此取至前后一百六十日景。

推十五年戊寅岁夏至

五月十九日辛丑，景一丈一尺七寸七分七厘五毫；距二十八日庚戌，景一丈一尺七寸八分；二十九日辛亥，景一丈一尺八寸五厘五毫。用辛丑、庚戌二日之景相减，余二厘五毫，进二位为实。复用庚戌、辛亥景相减，余二分五厘五毫为法。除之，得九刻，用减相距日九百刻，余八百九十一刻。半之，加半半刻，百约，得四日。余以十二乘之，百约，得十一时。余以十二收为刻，得三刻。命初起距日辛丑算外，得乙巳日亥正三刻夏至。此取至前后四日景。

十四年十二月十五日己巳，景七丈一尺三寸四分三厘；距十五年十一月初二日辛巳，景七丈七寸五分九厘五毫；初三日壬午，景七丈一尺四寸六厘。用己巳、壬午景相减，以辛巳、壬午景相减除之，亦合。此用至前后一百五十六日景。

十四年十二月十二日丙寅，景七丈二尺九寸七分二厘五毫；十三日丁卯，景七丈二尺四寸五分四厘五毫；十四日戊辰，景七丈一尺九寸九厘；距十五年十一月初四日癸未，景七丈一尺九寸五分七厘五毫；初五日甲申，景七丈二尺五寸五厘；初六日乙酉，景七丈三尺三分三厘五毫。前后互取，所得时刻皆合。此取至前后一百五十八九日景。

十四年十二月初七日辛酉，景七丈五尺四寸一分七厘；初八日壬戌，景七丈四尺九寸五分九厘五毫；初九日癸亥，景七丈四尺四寸八分六厘；距十五年十一月初九日戊子，景七丈四尺五寸二分五毫;初十日己丑,景七丈五尺三厘五毫;十一日庚寅,景七丈五尺四寸四分九厘五毫。以壬戌、已丑景相减为实,以辛酉、壬戌景相减为法,除之;或以壬戌、癸亥景相减,或以戊子、已丑景相减,若已丑、庚寅景相减,推前法求之,皆合。此取至前后一百六十三四日景。

推十五年戊寅岁冬至

其年十一月十九日戊戌,景七丈八尺三寸一分八厘五毫;距闰十一月初九日戊午,景七丈八尺三寸六分三厘五毫;初十日己未,景七丈八尺八分二厘五毫。用戊戌、戊午二日景相减,余四分五厘为暑差,进二位,以戊午、已未景相减,余二寸八分一厘为法,除之,得一十六刻,加相距日二千刻,半之,加半日刻,百约,得十日。余以十二乘之,百约为时,满五十又进一时,共得七时。余以十二收为刻,命初起距日己亥算外,得戊申日未初三刻为戊寅岁冬至。此取至前后十日景。

十一月十二日辛卯,景七丈五尺八寸八分一厘五毫;十三日壬辰,景一丈六尺三寸一厘五毫;闰十一月十五日甲子,景七丈六尺三寸六分六厘五毫;十六日乙丑,景七丈五尺九寸五分三厘;十七日丙寅,景七丈五尺五寸四厘五毫。用壬辰、甲子景相减为实,以辛卯、壬辰景相减为法,除之,亦得戊申日未初三刻。或用甲子、乙丑景相减,推之,亦合。若用辛卯、乙丑景相减为实,用乙丑、丙寅景相减,除之,并同。此取至前后十六七日景。

十一月初八日丁亥,景七丈四尺三分七厘五毫;闰十一月二十日已巳,景七丈四尺一寸二分;二十一日庚午,景七丈三尺六寸一分四厘五毫。用丁亥、已巳景相减为实,以已巳、庚午景相减,除之,亦同。此取至前后二十一日景。

六月二十六日戊寅,景一丈四尺四寸五分二厘五毫;二十七日己卯,景一丈四尺六寸三分八厘;至十六年四月二日戊寅,景一丈四尺四寸八分一厘。以二戊寅景相减,用后戊寅、己卯景相减,推之,亦同。此取至前后一百五十日景。

　　五月二十八日庚戌,景一丈一尺七寸八分;至十六年四月二十九日乙巳,景一丈一尺八寸六分三厘;三十日丙午,景一丈一尺七寸八分三厘。用庚戌、丙午景相减,以乙巳、丙午景相减,推之,亦同。此取至前后百七十八日景。

　　推十六年己卯岁夏至

　　四月十九日乙未,景一丈二尺三寸六分九厘五毫;二十日丙申,景一丈二尺二寸九分三厘五毫;至五月十九日乙丑,景一丈二尺二寸六分四厘。以丙申、乙丑景相减,余二分九厘五毫为暑差,进二位。以乙未、丙申景相减,得七分六厘为法,除之,得三十八刻。加相距日二千九百刻,半之,加半日刻,百约,得十五日。余以十二乘之,百约,得二时。余以十二收之,得二刻。命初起距日丙申算外,得辛亥日寅正二刻为夏至。此取至前后十五日景。

　　三月二十一日戊辰,景一丈六尺三寸九分五毫;六月十六日壬辰,景一丈六尺九分九厘五毫;十七日癸巳,景一丈六尺三寸一分一厘。用戊辰、癸巳景相减,以壬辰、癸巳景相减,准前法推之,亦合。此取至前后四十二日景。

　　三月初二日己酉,景二丈一尺三寸五厘;至七月初七日壬子,景二丈一尺一寸九分五厘五毫;初八日癸丑,景二丈一尺四寸八分六厘五毫。用己酉、壬子景相减,以壬子、癸丑景相减,如前法推之,亦合。此取至前后六十一二日景。

　　三月戊申朔,景二丈一尺六寸一分一厘;至七月初八日癸丑,景二丈一尺四寸八分六厘五毫;初九日甲寅,景二丈一尺九寸一分五厘五毫。用戊申、癸丑景相减,以癸丑、甲寅景相减,准前法推之,亦同。此取至前后六十二三日景。

　　二月十八日乙未,景二丈六尺三分四厘五毫;至七月二十一日丙寅,景二丈五尺八寸九分九厘;二十二日丁卯,景二丈六尺二寸五分九厘。用乙未、丙寅景相减,以丙寅、丁卯景相减,如前法推之,亦同。此取至前后七十五六日景。

二月三日庚辰，景三丈二尺一寸九分五厘五毫；至八月初五日庚辰，景三丈一尺五寸九分六厘五毫；初六日辛巳，景三丈二尺二分六厘五毫。用前庚辰与辛巳景相减，以后庚辰、辛巳景相减，如前推之，亦同。此取至前后九十日景。

正月十九日丁卯，景三丈八尺五寸一厘五毫；至八月十八日癸巳，景三丈七尺八寸二分三厘；十九日甲午，景三丈八尺三寸一分五毫。用丁卯、甲午景相减，以癸巳、甲午景相校，如前推之，亦同。此取至前后一百三四日景。

推十六年己卯岁冬至

十月二十四日戊戌，景七丈六尺七寸四分；至十一月二十五日己巳，景七丈六尺五寸八分；二十六日庚午，景七丈六尺一寸四分二厘五毫。用戊戌、己巳景相减，余一寸六分为晷差，进二位；以己巳、庚午景相减，余四寸三分七厘五毫为法；除之，得三十六刻；以相减距日三千一百刻，余三千六十四刻，半之，加五十刻，百约，得一十五日；余以十二乘之，百约为时，满五十，又进一时，共得十时；余以十二收之为刻，得二刻；命初起距日戊戌算外，得癸丑日戌初二刻冬至。此取至前后十五六日景。

十月十八日壬辰，景七丈四尺五分二厘五毫；十九日癸巳，景七丈四尺五寸四分五厘；二十日甲午，景七丈五尺二分五厘；至十一月二十八日壬申，景七丈五尺三寸二分；二十九日癸酉，景七丈四尺八寸五分二厘五毫；十二月甲戌朔，景七丈四尺三寸六分五厘；初二日乙亥，景七丈三尺八寸七分一厘五毫。用甲午、癸酉景相减，癸巳、甲午景相减，如前推之，亦同。若以壬申、癸酉景相减为法，推之，亦同。此取至前后十八九日景。

若用癸巳与甲戌景相减，以壬辰、癸巳景相减推之，或癸巳、甲午景相减推之，或用甲戌、癸酉景相减，推之，或甲戌、乙亥景相减，推之，或以壬辰、乙亥景相减，用壬辰、癸巳景相减，推之，并同。此取至前后二十日景。

十月十六日庚寅，景七丈三尺一分五厘；十二月初三日丙子，景七丈三尺三寸二分；初四日丁丑，景七丈二尺八寸四分二厘五毫。且庚寅、丁丑景相减，以丙子、丁丑景相减，推之亦同。此取至前后二十三日景。

十月十四日戊子，景七丈一尺九寸二分二厘五毫；十五日己丑，景七丈二尺四寸六分九厘；十二月初五日戊寅，景七丈二尺二寸七分二厘五毫。用己丑、戊寅景相减，以戊子、己丑景相减推之，或用己丑、庚寅相减推之，亦同。此取至前后二十四日景。

十月初七日辛巳，景六丈七尺七寸四分五厘；初八日壬午，景六丈八尺三寸七分二厘五毫；初九日癸未，景六丈八尺九寸七分七厘五毫；十二月十二日乙丑，景六丈八尺一寸四分五厘。用壬午、乙丑景相减，以辛巳、壬午相减推之，壬午、癸未景相减推之，亦同。此取至前后三十一二日景。

十月乙亥朔，景六丈三尺八寸七分；十二月十八日辛卯，景六丈四尺二寸九分七厘五毫；十九日壬辰，景六丈三尺六寸二分五厘。用乙亥、壬辰景相减，以辛卯、壬辰景相减，推之，亦同。此取至前后三十八日景。

九月二十二日丙寅，景五丈七尺八寸二分五厘；十二月二十八日辛丑，景五丈七尺五寸八分；二十九日壬寅，景五丈六尺九寸一分五厘。用丙寅、辛丑景相减，以辛丑、壬寅景相减，推之，亦同。此取至前后四十七八日景。

九月二十日甲子，景五丈六尺四寸九分二厘五毫；至十二月二十九日壬寅，景五丈六尺九寸一分五厘；至十七年正月癸卯朔，景五丈六尺二寸五分。用甲子、癸卯相减，壬寅、癸卯景相减，推之，亦同。此取至前后五十日景。

右以累年推测到冬夏二至时刻为准，定拟至元十八年辛巳岁前冬至，当在己未日夜半后六刻即丑初一刻。

岁余岁差

　　周天之度,周岁之日,皆三百六十有五。全策之外,又有奇分,大率皆四分之一。自今岁冬至距来岁冬至,历三百六十五日,而日行一周,凡四周,历千四百六十则余一日,析而四之,则四分之一也。然天之分常有余,岁之分常不足,其数有不能齐者,惟其所差至微,前人初未觉知。迨汉末刘洪始觉冬至后天,谓岁周余分太强,乃作《乾象历》,减岁余分二千五百为二千四百六十二。至晋虞喜,宋何承天、祖冲之,谓岁当有差,因立岁差之法。其法损岁余,益天周,使岁余浸弱,天周浸强,强弱相减,因得日躔岁退之差。岁余、天周,二者实相为用,岁差由斯而立,日躔由斯而得,一或损益失当,讵能与天叶哉?

　　今自刘宋大明壬寅以来,凡测景验气得冬至时刻真数者有六,取相距积日时刻,以相距之年除之,各得其时所用岁余。复自大明壬寅距至元戊寅积日时刻,以相距之年除之,得每岁三百六十五日二十四分二十五秒,比《大明历》减去一十一秒,定为方今所用岁余。余七十五秒,用益所谓四分之一,共为三百六十五度二十五分七十五秒,定为天周。余分强弱相减,余一分五十秒,用除全度,得六十六年有奇,日却一度,以六十六年除全度,适得一分五十秒,定为岁差。

　　复以《尧典》中星考之,其时冬至日在女、虚之交。及考之前史,汉元和二年,冬至日在斗二十一度,晋太元九年,退在斗十七度,宋元嘉十年,在斗十四度末,梁大同十年,在斗十二度,隋开皇十八年,犹在斗十二度,唐开元十二年,在斗九度半,今退在箕十度。取其距今之年、距今之度较之,多者七十余年,少者不下五十年,辄差一度。宋庆元间,改《统天历》,取《大衍》岁差率八十二年及开元所距之差五十五年,折取其中,得六十七年,为日却行一度之差。施之今日,质诸天道,实为密近。

　　然古今历法,合于今必不能通于古,密于古必不能验于今。今《授时历》以之考古,则增岁余而损岁差,以之推来,则增岁差而损岁余;上推春秋以来冬至,往往皆合,下求方来,可以永久而无弊,

非止密于今日而已。仍以《大衍》等六历,考验春秋以来冬至疏密,凡四十九事,具列如后:

冬至刻

《大衍》	《宣明》	《纪元》	《统天》	《大明》	《授时》

献公十五年戊寅岁正月甲寅朔旦冬至:

丙辰	乙卯	丁巳	乙卯	丁巳	甲寅
二十二	八十八	三十三	二	三十五	九十九

僖公五年丙寅岁正月辛亥朔旦冬至:

辛亥	辛亥	壬子	辛亥	壬子	辛亥
九十四	六十六	七十四	二十七	八十九	十四

昭公二十年己卯岁正月己丑朔旦冬至:

己丑	己丑	庚寅	戊子	庚寅	戊子
四十五	二十	二十五	九十二	二十九	八十三

宋元嘉十二年乙亥岁十一月十五日戊辰景长:

戊辰	戊辰	戊辰	戊辰	戊辰	戊辰
三十五	三十二	三十九	五十一	四十一	四十七

元嘉十三年丙子岁十一月二十六日甲戌景长:

癸酉	癸酉	癸酉	癸酉	癸酉	癸酉
五十九	五十七	六十三	七十五	六十五	七十一

元嘉十五年戊寅岁十一月十八日甲申景长:

甲申	甲申	甲申	甲申	甲申	甲申
八	六	十二	二十四	十四	十九

元嘉十六年己卯岁十月二十九日己丑景长:

己丑	己丑	己丑	己丑	己丑	己丑
三十三	三十	三十七	四十八	三十七	四十四

元嘉十七年庚辰岁十一月初十日甲午景长:

甲午	甲午	甲午	甲午	甲午	甲午
五十七	五十五	六十一	七十二	六十三	六十八

元嘉十八年辛巳岁十一月二十一日己亥景长:

己亥	己亥	己亥	己亥	己亥	己亥

八十二	七十九	八十五	九十七	八十七	九十三

元嘉十九年壬午岁十一月初三日乙巳景长：

乙巳	乙巳	乙巳	乙巳	乙巳	乙巳
六	四	十	二十一	一十一	一十七

大明五年辛丑岁十一月乙酉冬至：

甲申	甲申	甲申	甲申	甲申	甲申
七十	六十八	七十三	八十九	七十四	七十九

陈天嘉六年乙酉岁十一月庚寅景长：

庚寅	庚寅	庚寅	庚寅	庚寅	庚寅
十二	十三	五	二十四	八	十七

光大二年戊子岁十一月乙巳景长：

乙巳	乙巳	乙巳	乙巳	乙巳	乙巳
八十	八十六	七十九	九十七	八十一	九十

太建四年壬辰岁十一月二十九日丁卯景长：

丙寅	丙寅	丙寅	丙寅	丙寅	丙寅
八十三	七十八	七十七	九十五	九十八	八十七

太建六年甲午岁十一月二十日丁丑景长：

丁丑	丁丑	丁丑	丁丑	丁丑	丁丑
三十二	三十三	二十五	四十三	二十七	三十六

太建九年丁酉岁十一月二十三日壬辰景长：

癸巳	癸巳	壬辰	癸巳	癸巳	癸巳四
	六	九十九	十六	空	八

太建十年戊戌岁十一月五日戊戌景长：

戊戌	戊戌	戊戌	戊戌	戊戌	戊戌
三十	三十	二十三	四十	二十四	三十三

开皇四年甲辰岁十一月十一日己巳景长：

己巳	己巳	己巳	己巳	己巳	己巳
七十七	七十八	六十九	八十六	七十一	八十六

开皇五年乙巳岁十一月二十二日乙亥景长：

乙亥	乙亥	甲戌	乙亥	甲戌	乙亥

一	二	九十二	十一	五十五	一十

开皇六年丙午岁十一月三日庚辰景长：

庚辰	庚辰	庚辰	庚辰	庚辰	庚辰
二十五	二十六	十八	三十四	十九	三十四

开皇七年丁未岁十一月十四日乙酉景长：

乙酉	乙酉	乙酉	乙酉	乙酉	乙酉
五十	五十一	四十二	五十九	四十四	五十九

开皇十一年辛亥岁十一月二十八日丙午景长：

丙午	丙午	丙午	丙午	丙午	丙午
四十八	四十九	四十三	五十七	四十一	五十六

开皇十四年甲寅岁十一月辛酉朔旦冬至：

壬戌	壬戌	壬戌	壬戌	壬戌	壬戌
二十一	二十二	十三	三十	十四	二十九

唐贞观十八年甲辰岁十一月乙酉景长：

甲申	甲申	甲申	甲申	甲申	甲申
四十三	四十五	三十一	五十	三十二	四十四

贞观二十三年己酉岁十一月辛亥景长：

庚戌	庚戌	庚戌	庚戌	庚戌	庚戌
六十五	六十八	五十三	七十二	五十四	六十六

龙朔二年壬戌岁十一月四日己未至戊午景长：

戊午	戊午	戊午	戊午	戊午	戊午
八十三	八十六	六十九	八十八	七十一	八十二

仪凤元年丙子岁十一月壬申景长：

壬申	壬申	壬申	壬申	壬申	壬申
二十五	二十八	十	二十八	十二	二十二

永淳元年壬午岁十一月癸卯景长：

癸卯	癸卯	癸卯	癸卯	癸卯	癸卯
七十二	七十五	五十七	七十六	五十八	六十八

开元十年壬戌岁十一月癸酉景长：

癸酉	癸酉	癸酉	癸酉	癸酉	癸酉

| 四十九 | 五十四 | 三十一 | 五十 | 三十二 | 四十六 |

开元十一年癸亥岁十一月戊寅景长：

| 戊寅 | 戊寅 | 戊寅 | 戊寅 | 戊寅 | 戊寅 |
| 七十四 | 七十七 | 五十五 | 七十四 | 五十六 | 七十 |

开元十二年甲子岁十一月癸未冬至：

| 癸未 | 甲申 | 癸未 | 癸未 | 癸未 | 癸未 |
| 九十八 | 三 | 八十 | 九十九 | 八十一 | 九十五 |

宋景德四年丁未岁十一月戊辰日南至：

| 戊辰 | 戊辰 | 丁卯 | 丁卯 | 丁卯 | 丁卯 |
| 十五 | 二十六 | 七十四 | 八十二 | 七十四 | 八十 |

皇祐二年庚寅岁十一月三十日癸丑景长：

| 癸丑 | 癸丑 | 癸丑 | 癸丑 | 癸丑 | 癸丑 |
| 六十五 | 七十九 | 二十二 | 二十五 | 二十二 | 二十三 |

元丰六年癸亥岁十一月丙午景长：

| 丙午 | 丙午 | 丙午 | 丙午 | 丙午 | 丙午 |
| 七十三 | 八十五 | 二十六 | 二十七 | 二十六 | 二十六 |

元丰七年甲子岁十一月辛亥景长：

| 辛亥 | 壬子 | 辛亥 | 辛亥 | 辛亥 | 辛亥 |
| 九十七 | 一十 | 五十 | 五十一 | 五十 | 五十一 |

元祐三年戊辰岁十一月壬申景长：

| 壬申 | 癸酉 | 壬申 | 壬申 | 壬申 | 壬申 |
| 九十四 | 八 | 四十八 | 四十八 | 四十八 | 四十八 |

元祐四年己巳岁十一月丁丑景长：

| 戊寅 | 戊寅 | 丁丑 | 丁丑 | 丁丑 | 丁丑 |
| 十九 | 三十二 | 七十二 | 七十二 | 七十二 | 七十二 |

元祐五年庚午岁十一月壬午冬至：

| 癸未 | 癸未 | 壬午 | 壬午 | 壬午 | 壬午 |
| 四十四 | 五十六 | 九十六 | 九十七 | 九十六 | 九十六 |

元祐七年壬申岁十一月癸巳冬至：

| 癸巳 | 甲午 | 癸巳 | 癸巳 | 癸巳 | 癸巳 |

九十二	五	四十五	四十五	四十五	四十五

元符元年戊寅岁十一月甲子冬至：

乙丑	乙丑	甲子	甲子	甲子	甲子
三十九	五十二	九十一	九十一	九十一	九十一

崇宁三年甲申岁十一月丙申冬至：

丙申	丙申	丙申	丙申	丙申	丙申
八十六	九十九	三十七	三十六	三十七	三十七

绍熙二年辛亥岁十一月壬申冬至：

癸酉	癸酉	壬申	壬申	壬申	壬申
十二	二十七	五十七	四十七	五十七	四十六

庆元三年丁巳岁十一月癸卯日南至：

甲辰	甲辰	甲辰	癸卯	甲辰	癸卯
五十九	七十四	三	九十二	三	九十二

嘉泰三年癸亥岁十一月甲戌日南至：

丙子	丙子	乙亥	乙亥	乙亥	乙亥
五	二十一	四十九	三十七	四十九	三十七

嘉定五年壬申岁十一月壬戌日南至：

癸亥	癸亥	壬戌	壬戌	壬戌	壬戌
二十五	四十一	六十九	五十六	六十八	五十六

绍定三年庚寅岁十一月丙申日南至：

丁酉	丁酉	丁酉	丙申	丁酉	丙申
六十五	八十三	七	六十三	七	九十二

淳祐十年庚戌岁十一月辛巳日南至：

壬午	壬午	辛巳	辛巳	辛巳	辛巳
九十四	七十一	九十六	七十七	九十四	七十八

本朝至元十七年庚辰岁十一月己未夜半后六刻冬至：

己未	庚申	己未	乙未	己未	己未
八十七	五	二十五	四	二十四	六

右自春秋献公以来凡二千一百六十余年，用《大衍》、《宣明》、《纪元》、《统天》、《大明》、《授时》六历推算冬至，凡四十九事。《大衍

历》合者三十二,不合者十七;《宣明历》合者二十六,不合者二十三;《纪元历》合者三十五,不合者十四;《统天历》合者三十八,不合者十一;《大明历》合者三十四,不合者十五;《授时历》合者三十九,不合者十事。

今按献公十五年戊寅岁正月甲寅朔旦冬至,《授时历》得甲寅;《统天历》得乙卯,后天一日。至僖公五年正月辛亥朔旦冬至,《授时》、《统天》皆得辛亥,与天合。下至昭公二十年己卯岁正月己丑朔旦冬至,《授时》、《统天》皆得戊子,并先一日;若曲变其法以从之,则献公、僖公皆不合矣。以此知《春秋》所书昭公冬至,乃日度失行之验。一也。《大衍历》考古今冬至,谓刘宋元嘉十三年丙子岁十一月甲戌日南至,《大衍》与《皇极》、《麟德》三历皆得癸酉,各先一日,乃日度失行,非三历之差。今以《授时历》考之,亦得癸酉。二也。大明五年辛丑岁十一月乙酉冬至,诸历皆得甲申,殆亦日度之差。三也。陈太建四年壬辰岁十一月丁卯景长,《大衍》、《授时》皆得丙寅,是先一日。太建九年丁酉岁十一月壬辰景长,《大衍》、《授时》皆得癸巳,是后一日。一失之先,一失之后。若合于壬辰,则差于丁酉;合于丁酉,则差于壬辰。亦日度失行之验。五也。开皇十一年辛亥岁十一月丙午景长,《大衍》、《统天》、《授时》皆得丙午,与天合。至开皇十四年甲寅岁十一月辛酉冬至,而《大衍》、《统天》、《授时》皆得壬戌。若合于辛亥,则失于甲寅;合于甲寅,则失于辛亥。其开皇十四年甲寅岁冬至,亦日度失行。六也。唐贞观十八年甲辰岁十一月乙酉景长,诸历得甲申。贞观二十三年己酉岁十一月辛亥景长,诸历皆得庚戌。《大衍历议》以永淳、开元冬至推之,知前二冬至,乃史官依时历以书,必非候景所得,所以不合,今以《授时历》考之亦然。八也。自前宋以来,测景验气者凡十七事,其景德丁未岁戊辰日南至,《统天》、《授时》皆得丁卯,是先一日。嘉泰癸亥岁甲戌日南至,《统天》、《授时》皆得乙亥,是后一日。一失之先,一失之后。若曲变其数,以从景德,则其余十六事多后天。从嘉泰,则其余十六事多先天。亦日度失行之验。十也。

前十事皆《授时历》所不合，以此理推之，非不合矣，盖类其同则知其中，辨其异则知其变。今于冬至略其日度失行及史官依时历书之者凡十事，则《授时历》三十九事皆中，《统天历》与今历不合者仅有献公一事，《大衍历》推献公冬至后天二日，《大明》后天三日，《授时历》与天合。下推至元庚辰冬至，《大衍》后天八十一刻，《大明》后天一十九刻，《统天历》先天一刻，《授时历》与天合。以前代诸历校之，《授时》为密，庶几千岁之日至，可坐而致云。

古今历参校疏密

《授时历》与古历相校，疏密自见。盖上能合于数百载之前，则下可行之永久，此前人定说。古称善治历者，若宋何承天，隋刘焯，唐傅仁均、僧一行之流，最为杰出。今以其历与至元庚辰冬至气应相校，未有不舛戾者，而以新历上推往古，无不吻合，则其疏密从可知已。

宋文帝元嘉十九年壬午岁十一月乙巳日十一刻冬至，距本朝至元十七年庚辰岁计八百三十八年。其年十一月，气应己未六刻冬至，《元嘉历》推之，得辛酉，后《授时》二日。《授时》上考元嘉壬午岁冬至，得乙巳，与元嘉合。

隋大业三年丁卯岁十一月庚午日五十二刻冬至，距至元十七年庚辰岁计六百七十三年。《皇极历》推之，得庚申冬至，后《授时》一日。《授时》上考大业丁卯岁冬至，得庚午，与《皇极》合。

唐武德元年戊寅岁十一月戊辰日六十四刻冬至，距至元十七年庚辰岁计六百六十二年。《戊寅历》推之，得庚申冬至，后《授时》一日。《授时历》上考武德戊寅岁，得戊辰冬至，与《戊寅历》合。

开元十五年丁卯岁十一月己亥日七十二刻冬至，距至元十七年庚辰岁，计五百五十三年。《大衍历》推之，得己未冬至，后《授时》八十一刻。《授时历》上考开元丁卯岁得己亥冬至，与《大衍历》合，先四刻。

长庆元年辛丑岁十一月壬子日七十六刻冬至，距至元十七年庚辰岁,计四百五十九年。《宣明历》推之,得庚申冬至,后《授时》一日。《授时历》上考长庆辛丑岁,得壬子冬至,与《宣明历》合。

宋太平兴国五年庚辰岁十一月丙午日六十三刻冬至,距至元十七年庚辰岁,计三百年。《乾元历》推之,得庚申冬至,后《授时》一日。《授时历》上考太平兴国庚辰岁,得丙午冬至,兴《乾元》合。

咸平三年庚子岁十一月辛卯日五十三刻冬至,距至元十七年庚辰岁,计二百八十年。《仪天历》推之,得庚申冬至,后《授时》一日;《授时》上考咸平庚子岁,得辛卯冬至,与《仪天》合。

崇宁四年乙酉岁十一月辛丑日六十二刻冬至,距至元十七年庚辰岁,计一百七十五年。《纪元历》推之,得己未日冬至,后《授时》十九刻。《授时历》上考崇宁乙酉岁,得辛丑日冬至,与《纪元历》合,先二刻。

金大定十九年己亥岁十一月己巳日六十四刻冬至,距至元十七年庚辰岁,计一百一年。《大明历》推之得己未冬至,后《授时》一十九刻。《授时历》上考大定己亥岁己巳冬至,与《大明历》合,先九刻。《大明》冬至盖测验未密故也。

庆元四年戊午岁十一月己酉日一十七刻冬至,距至元十七年庚辰岁计八十二年。《统天历》推之,得己未冬至,先《授时》一刻。《授时历》上考庆元戊午岁,得己酉日冬至,与《统天历》合。

周天列宿度

列宿著于天,为舍二十有八,为度三百六十五有奇。非日躔无以校其度,非列舍无以纪其度,周天之度,因二者以得之。天体浑圆,当二极南北之中,络以赤道,日月五星之行,常出入于此。天左旋,日月五星溯而右转,昔人历象日月星辰,谓此也。然列舍相距度数,历代所测不同,非微有动移,则前人所测或有未密。古用窥管,今新制浑仪,测用二线,所测度数分秒与前代不同者,今列于左:

汉洛下闳所测	唐一行所测	宋皇祐所测	元丰所测	崇宁所测	至元所测
角 十二度					十二度 一十分
亢 九度				九度少	九度 二十分
氐 十五度		十六度			十六度 三十分
房 五度			六度	五度太	五度 六十分
心 五度		六度		六度少	六度 五十分
尾 十八度		十九度		十九度少	十九度 一十分
箕 十一度		十度	十一度	十度半	十度 四十分
东方 七十五度		七十七度	七十九度	七十八度	七十九度 二十分
斗二十六度及分	二十六度	二十五度			二十五度 二十分
牛 八度		七度		七度少	七度 二十分
女 十二度		十一度		十一度少	十一度 三十五分
虚 十度	十度少强		九度少强		八度 九十五分
危 十七度		十六度		十五度半	十五度 四十分

室 十六度	十六度	十七度			十七度 一十分
壁 九度				八度太	八度 六十分
北方九十 八度及分	九十八度 二十五分	九十五度 二十五分	九十四度 二十五分	九十四度 七十五分	九十三度 八十分太
奎 十六度				十六度半	十六度 六十分
娄 十二度					十一度 八十分
胃 十四度		十五度			十五度 六十分
昴 十一度				十一度少	十一度 三十分
毕 十六度	十七度	十八度	十七度	十七度少	十七度 四十分
觜 二度	一度			半度	五分
参 九度	十度			十度半	十一度 一十分
西方 八十度	八十一度	八十三度	八十二度	八十三度	八十三度 八十五分
井 三十三度				三十三 度少	三十三度 三十分
鬼 四度	三度	二度		二度半	二度 二十分
柳 十五度		十四度		十三度太	十三度 三十分

星 七度				六度太	六度 三十分
张 十八度			十七度	十七度少	十七度 二十五分
翼 十八度			十九度	十八度太	十八度 七十五分
轸 十七度					十七度 三十分
南方一百 一十二度	一百一十 一度	一百 一十度	一百 一十度	一百九度 二十五分	一百八度 四十分

日躔

日之丽天，县象最著，大明一生，列宿俱熄。古人欲测躔度所在，必以昏旦夜半中星衡考其所距，从考其所当；然昏旦夜半时刻未易得真，时刻一差，则所距、所当不容无舛。晋姜岌首以月食冲检，知日度所在。《纪元历》复以太白志其相距远近，于昏后明前验定星度，因得日躔。今用至元丁丑四月癸酉望月食既，推求得冬至日躔赤道箕宿十度，黄道九度有奇。仍自其年正月至己卯岁终三年之间，日测太阴所离宿次及岁星、太白相距度，定验参考，共得一百三十四事，皆躔箕宿，适与月食所冲允合。以金赵知微所修《大明历法》推之，冬至犹躔斗初度三十六分六十四秒，比新测实差七十六分六十四秒。

日行盈缩

日月之行，有冬有夏，言日月行度，冬夏各不同也。人徒知日行一度，一岁一周天，曾不知盈缩损益，四序有不同者。北齐张子信积候合蚀加时，觉日行有入气差，然损益未得其正。赵道严复准暑景长短，定日行进退，更造盈缩以求亏食。至刘焯立躔度，与四序升降，虽损益不同，后代祖述用之。

夫阴阳往来,驯积而变,冬至日行一度强,出赤道二十四度弱,自此日轨渐北,积八十八日九十一分,当春分前三日,交在赤道,实行九十一度三十一分而适平。自后其盈日损,复行九十三日七十一分,当夏至之日,入赤道内二十四度弱,实行九十一度三十一分,日行一度弱,向之盈分尽损而无余。自此日轨渐南,积九十三日七十一分,当秋分后三日,交在赤道,实行九十一度三十一分而复平。自后其缩日损,行八十八日九十一分,出赤道外二十四度弱,实行九十一度三十一分,复当冬至,向之缩分尽损而无余。盈缩均有损益,初为益,末为损。自冬至以及春分,春分以及夏至,日躔自北陆转而西,西而南,于盈为益,益极而损,损至于无余而缩。自夏至以及秋分,秋分以及冬至,日躔自南陆转而东,东而北,于缩为益,益极而损,损至于无余而复盈。盈初缩末,俱八十八日九十一分而行一象。缩初盈末,俱九十三日七十一分而行一象。盈缩极差,皆二度四十分。由实测晷景而得,仍以算术推考,与所测允合。

月行迟疾

古历谓月平行十三度十九分度之七。汉耿寿昌以为日月行至牵牛、东井,日过度,月行十五度,至娄、角,始平行,赤道使然。贾逵以为今合朔、弦、望、月食加时,所以不中者,盖不知月行迟疾意。李梵、苏统皆以月行当有迟疾,不必在牵牛、东井、娄、角之间,乃由行道有远近出入所生。刘洪作《乾象历》,精思二十余年,始悟其理,列为差率,以囿进退损益之数。后之作历者咸因之。至唐一行,考九道委蛇曲折之数,得月行疾徐之理。

先儒谓月与五星,皆近日而疾,远日而迟。历家立法,以入转一周之日,为迟疾二历,各立初末二限,初为益,末为损。在疾初迟末,其行度率过于平行;迟初疾末,率不及于平行。自入转初日行十四度半强,从是渐杀,历七日,适及平行度,谓之疾初限,其积度比平行余五度四十二分。自是其疾日损,又历七日,行十二度微强,向之益者尽损而无余,谓之疾末限。自是复行迟度,又历七日,适及平行度,谓之迟初限,其积度比平行不及五度四十二分。自此其迟日损,行度渐增,又历七日,复行十四度半强,向之益者亦损而无余,谓之迟末限。入转一周,实二十七日五十五刻四十六分,迟疾极差皆五度四十二分。旧历日为一限,皆用二十八限。今定验得转分进退时各不同,今分日为十二,共三百三十六限,半之为半周限,析而四之为象限。

白道交周

　　当二极南北之中,横络天体以纪宿度者,赤道也。出入赤道,为日行之轨者,黄道也。所谓白道,与黄道交贯,月行之所由也。古人随方立名,分为八行,与黄道而九,究而言之,其实一也。惟其随交迁徙,变动不居,故强以方色名之。

　　月道出入日道,两相交值,当朔则日为月所掩,当望则月为日所冲,故皆有食。然涉交有远近,食分有深浅,皆可以数推之。所谓交周者,月道出入日道一周之日也。日道距赤道之远,为度二十有四。月道出入日道,不逾六度。其距赤道也,远不过三十度,近不下十八度。出黄道外为阳,入黄道内为阴,阴阳一周分为四象。月当黄道为正交,出黄道外六度为半交,复当黄道为中交,入黄道内六度为半交,是为四象。象别七日,各行九十一度,四象周历,是谓一交之终,以日计之,得二十七日二十一刻二十二分二十四秒。每一交,退天一度二百分度之九十三,凡二百四十九交,退天一周有奇,终而复始。正交在春正,半交出黄道外六度,在赤道内十八度。正交在秋正,半交出黄道外六度,在赤道外三十度。中交在春正,半交入黄道内六度,在赤道内三十度。中交在秋正,半交入黄道内六度,在赤道外十八度。月道与赤道正交,距春秋二正黄赤道正交宿度,东西不及十四度三分度之二。夏至在阴历内,冬至在阳历外,月道与赤道所差者多。夏至在阳历外,冬至在阴历内,月道与赤道所差者少。盖白道二交,有斜有直,阴阳二历,有内有外,直者密而狭,斜者疏而阔,其差亦从而异。今立象置法求之,差数多者不过三度五十分,少者不下一度三十分,是为月道与赤道多少之差。

昼夜刻

日出为昼,日入为夜。昼夜一周,共为百刻。以十二辰分之,每辰得八刻三分刻之一。无间南北,所在皆同。昼短则夜长,夜短则昼长,此自然之理也。春秋二分,日当赤道出入,昼夜正等,各五十刻。自春分以及夏至,日入赤道内,去极浸近,夜短而昼长。自秋分以及冬至,日出赤道外,去极浸远,昼短而夜长。以地中揆之,长不过六十刻,短不过四十刻。地中以南,夏至去日出入之所为远,其长有不及六十刻者,冬至去日出入之所为近,其短有不止四十刻者。地中以北,夏至去日出入之所为近,其长有不止六十刻者,冬至去日出入之所为远,其短有不及四十刻者。今京师冬至日出辰初二刻,日入申正二刻,故昼刻三十八,夜刻六十二;夏至日出寅正二刻,日入戌初二刻,故昼刻六十二,夜刻三十八。盖地有南北,极有高下,日出入有早晏,所以不同耳。今《授时历》昼夜刻,一以京师为正,其各所实测北极高下,具见《天文志》。

元史卷五三
志第五

历　二

授时历议下

交食

历法疏密，验在交食。然推步之术，难得其密，加时有早晚，食分有浅深，取其密合，不容偶然。推演加时，必本于朓离朒胐；考求食分，必本于距交远近。苟入气盈缩、入转迟疾，未得其正；则合朔不失之先，必失之后。合朔失之先后，则亏食时刻，其能密乎？日月俱东行，而日迟月疾，月追及日，是为一会。交值之道，有阳历、阴历；交会之期，有中前、中后；加以地形南北、东西之不同，人目高下邪直之各异，此食分多寡，理不得一者也，今合朔既正，则加时无早晚之差；气刻适中，则食分无强弱之失。推而上之，自《诗》、《书》、《春秋》及三国以来所载亏食，无不合焉者。合于既往，则行之悠久，自可无弊矣。

《诗》、《书》所载日食二事

《书·胤征》："惟仲康肇位四海。乃季秋月朔，辰弗集于房。"

今按：《大衍历》作仲康即位之五年癸巳，距辛巳三千四百八年，九月庚戌朔，泛交二十六日五千四百二十一分入食限。

《诗·小雅·十月之交》，大人刺幽王也："十月之交，朔日辛卯，日有食之，亦孔之丑。"

今按:梁太史令虞𠚳云,十月辛卯朔,在幽王六年乙丑朔。《大衍》亦以为然。以《授时历》推之,是岁十月辛卯朔,泛交十四日五千七百九分入食限。

《春秋》日食三十七事

隐公三年辛酉岁春王二月己巳,日有食之。

杜预云:"不书日,史官失之。"《公羊》云:"日食或言朔或不言朔,或日或不日,或失之前,或失之后。失之前者,朔在前也;失之后者,朔在后也。"《谷梁》云:"言日不言朔,食晦日也。"姜岌校《春秋》日食云:"是岁二月己亥朔,无己巳,似失一闰。三月己巳朔,去交分入食限。"《大衍》与姜岌合。今《授时历》推之,是岁三月己巳朔,加时在昼,去交分二十六日六千六百三十一入食限。

桓公三年壬申岁七月壬辰朔,日有食之。

姜岌以为是岁七月癸亥朔,无壬辰,亦失闰。其八月壬辰朔,去交分入食限。《大衍》与姜岌合。以今历推之,是岁八月壬辰朔,加时在昼,食六分一十四秒。

桓公十七年丙戌岁冬十月朔,日有食之。

左氏云:"不书日,史官失之。"《大衍》推得在十一月交分入食限,失闰也。以今历推之,是岁十一月加时在昼,交分二十六日八千五百六十入食限。

庄公十八年乙巳岁春王三月,日有食之。

《谷梁》云:"不言日,不言朔,夜食也。"《大衍》推是岁五月朔,交分入食限,三月不应食。以今历推之,是岁三月朔,不入食限。五月壬子朔,加时在昼,交分入食限,盖误五为三。

庄公二十五年壬子岁六月辛未朔,日有食之。

《大衍》推之,七月辛未朔,交分入食限。以今历推之,是岁七月辛未朔,加时在昼,交分二十七日四百八十九入食限,失闰也。

庄公二十六年癸丑岁冬十有二月癸亥朔,日有食之。

今历推之,是岁十二月癸亥朔,加时在昼,交分十四日三千五百五十一入食限。

庄公三十年丁巳岁九月庚午朔,日有食之。

今历推之,是岁十月庚午朔,加时在昼,去交分十四日四千六百九十六入食限,失闰也。《大衍》同。

僖公十二年癸酉岁春王三月庚午朔,日有食之。

姜氏云:"三月朔,交不应食,在误条。其五月庚午朔,去交分入食限。"《大衍》同。今历推之,是岁五月庚午朔,加时在昼,去交分二十六日五千一百九十二入食限,盖五误为三。

僖公十五年丙子岁夏五月日有食之。

左氏云:"不书朔与日,史官失之也。"《大衍》推四月癸丑朔,去交分入食限,差一闰。今历推之,是岁四月癸丑朔,去交分一日一千三百一十六入食限。

文公元年乙未岁二月癸亥朔,日有食之。

姜氏云:"二月甲午朔,无癸亥。三月癸亥朔,入食限。"《大衍》亦以为然。今历推之,是岁三月癸亥朔,加时在昼,去交分二十六日五千九百十七分入食限,失闰也。

文公十五年己酉岁六月辛丑朔,日有食之。

今历推之,是岁六月辛丑朔,加时在昼,交分二十六日四千四百七十三分入食限。

宣公八年庚申岁秋七月甲子,日有食之。

杜预以七月甲子晦食。姜氏云:"十月甲子朔,食。"《大衍》同。今历推之,是岁十月甲子朔,加时在昼,食九分八十一秒,盖十误为七。

宣公十年壬戌岁夏四月丙辰,日有食之。

今历推之,是月丙辰朔,加时在昼,交分十四日九百六十八分入食限。

宣公十七年己巳岁六月癸卯,日有食之。

姜氏云:"六月甲辰朔,不应食。"大衍云:"是年五月在交限,六月甲辰朔,交分已过食限,盖误。"今历推之,是岁五月乙亥朔,入食限。六月甲辰朔,泛交二日已过食限,《大衍》为是。

成公十六年丙戌岁六月丙寅朔，日有食之。

今历推之，是岁六月丙寅朔，加时在昼，去交分二十六日九千八百三十五分入食限。

成公十七年丁亥岁十有二月丁巳朔，日有食之。

姜氏云："十二月戊子朔，无丁巳，似失闰。"《大衍》推十一月丁巳朔，交分入食限。今历推之，是岁十一月丁巳朔，加时在昼，交分十四日二千八百九十七分入食限，与《大衍》同。

襄公十四年壬寅岁二月乙未朔，日有食之。

今历推之，是岁二月乙未朔，加时在昼，交分十四日一千三百九十三分入食限也。

襄公十五年癸卯岁秋八月丁巳朔，日有食之。

姜氏云："七月丁巳朔，食，失闰也。"《大衍》同。今历推之，是岁七月丁巳朔，加时在昼，去交分二十六日三千三百九十四分入食限。

襄公二十年戊申岁冬十月丙辰朔，日有食之。

今历推之，是岁十月丙辰朔，加时在昼，交分十三日七千六百分入食限。

襄公二十一年己酉岁秋七月庚戌朔，日有食之。

今历推之，是月庚戌朔，加时在昼，交分十四日三千六百八十二分入食限。

冬十月庚辰朔，日有食之。

姜氏云："比月而食，宜在薄条。"《大衍》亦以为然。今历推之，十月已过交限，不应频食。姜说为是。

襄公二十三年辛亥岁春王二月癸酉朔，日有食之。

今历推之，是月癸酉朔，加时在昼，交分二十六日五千七百三分入食限。

襄公二十四年壬子岁，秋七月甲子朔，日有食之，既。今历推之，是月甲子朔，加时在昼，日食九分六秒。

八月癸巳朔，日有食之。

《汉志》：“董仲舒以为比食又既。”《大衍》云：“不应频食，在误条。”今历推之，立分不叶，不应食。《大衍》说是。

襄公二十七年乙卯岁冬十有二月乙亥朔，日有食之。

姜氏云：“十一月乙亥朔，交分入限，应食。”《大衍》同。今历推之，是岁十一月乙亥朔，加时在昼，交分初日八百二十五分入食限。

昭公七年丙寅岁夏四月甲辰朔，日有食之。

今历推之，是月甲辰朔，加时在昼，交分二十七日二百九十八分入食限。

昭公十五年甲戌岁六月丁巳朔，日有食之。

《大衍》推五月丁巳朔，食，失一闰。今历推之，是岁五月丁巳朔，加时在昼，交分十三日九千五百六十七分入食限。

昭公十七年丙子岁夏六月甲戌朔，日有食之。

姜氏云：“六月乙巳朔，交分不叶，不应食，当误。”《大衍》云：“当在九月朔，六月不应食，姜氏是也。”今历推之，是岁九月甲戌朔，加时在昼，交分二十六日七千六百五十分入食限。

昭公二十一年庚辰岁七月壬午朔，日有食之。

今历推之，是月壬午朔，加时在昼，交分二十六日八千七百九十四分入食限。

昭公二十二年辛巳岁，冬十有二月癸酉朔，日有食之。

今历推之，是月癸酉朔，交分十四日一千八百入食限。杜预以长历推之，当为癸卯，非是。

昭公二十四年癸未岁夏五月乙未朔，日有食之。

今历推之，是月乙未朔，加时在昼，交分二十六日三千八百三十九分入食限。

昭公三十一年庚寅岁十有二月辛亥朔，日有食之。

今历推之，是月辛亥朔，加时在昼，交分二十六日六千一百二十八分入食限。

定公五年丙申岁春三月辛亥朔，日有食之。

今历推之，三月辛卯朔，加时在昼，交分十四日三百三十四分入食限。

定公十二年癸卯岁十一月丙寅朔，日有食分。

今历推之，是岁十月丙寅朔，加时在昼，交分十四日二千六百二十二分入食限，盖失一闰。

定公十五年丙午岁，八月庚辰朔，日有食之。

今历推之，是月庚辰朔，加时在昼，交分十三日七千六百八十五分入食限。

哀公十四年庚申岁夏五月庚申朔，日有食之。

今历推之，是月庚申朔，加时在昼，交分二十六日九千二百一分入食限。

右《诗》、《书》所载日食二事，《春秋》二百四十二年间，凡三十有七事，以《授时历》推之，惟襄公二十一年十月庚辰朔及二十四年八月癸巳朔不入食限，盖自有历以来，无比月而食之理。其三十五食，食皆在朔，《经》或不书日，不书朔，《公羊》、《谷梁》以为食晦，二者非；《左氏》以为史官失之者，得之。其间或差一日、二日者，盖由古历疏阔，置闰失当之弊。姜岌、一行已有定说。孔子作书，但因时历以书，非大义所关，故不必致详也。

三国以来日食

蜀章武元年辛丑六月戊辰晦，时加未。

《授时历》，食甚未五刻。

《大明历》，食甚未五刻。

右皆亲。二历推戊辰皆七月朔。

魏黄初三年壬寅，十一月庚申晦食，时加西南维。

《授时历》，食甚申二刻。

《大明历》，食甚申三刻。

右《授时》亲，《大明》次亲。二历推庚申皆十二月朔。

梁中大通五年癸丑四月己未朔食，在丙。

《授时历》，亏初午四刻。

《大明历》，亏初午四刻。

右皆亲。

太清元年丁卯正月己亥朔食，时加申。

《授时历》，食甚申一刻。

《大明历》，食甚申三刻。

右《授时》次亲，《大明》亲。

陈太建八年丙申，六月戊申朔食，于卯甲间。

《授时历》，食甚卯二刻。

《大明历》，食甚卯四刻。

右《授时》次亲，《大明》疏远。

唐永隆元年庚辰十一月壬申朔食，巳四刻甚。

《授时历》，食甚巳七刻。

《大明历》，食甚巳五刻。

右《授时》疏，《大明》亲。

开耀元年辛巳十月丙寅朔食，巳初甚。

《授时历》，食甚辰正三刻。

《大明历》，食甚辰正一刻。

右《授时》亲，《大明》疏。

嗣圣八年辛卯四月壬寅朔食，卯二刻甚。

《授时历》，食甚寅八刻。

《大明历》，食甚卯初刻。右皆次亲。

十七年庚子五月己酉朔食，申初甚。

《授时历》，食甚申初二刻。

《大明历》，食甚申正初刻。

右《授时》次亲，《大明》疏远。

十九年壬寅九月乙丑朔食，申三刻甚。

《授时历》，食甚申一刻。

《大明历》，食甚申四刻。

右《授时》次亲，《大明》亲。

景龙元年丁未六月丁卯朔食，午正甚。

《授时历》，食甚午正二刻。

《大明历》，食甚未初初刻。

右《授时》次亲，《大明》疏远。

开元元年辛酉九月乙巳朔食，午正后三刻甚。

《授时历》，食甚午正一刻。

《大明历》，食甚午正二刻。

右《授时》次亲，《大明》亲。

宋庆历六年丙戌三月辛巳朔食，申正三刻复满。

《授时历》，复满申正三刻。

《大明历》，复满申正一刻。

右《授时》密合，《大明》次亲。

皇祐元年己丑正月甲午朔食，午正甚。

《授时历》，食甚午初三刻。

《大明历》，食甚午正初刻。

右《授进》亲，《大明》密合。

五年癸巳岁十月丙申朔食，未一刻甚。

《授时历》，食甚未三刻。

《大明历》，食甚未初刻。

右《授时》次亲，《大明》亲。

至和元年甲午四月甲午朔食，申正一刻甚。

《授时历》，食甚申正一刻。

《大明历》，食甚申正二刻。

右《授时》密合，《大明》亲。

嘉祐四年己亥正月丙申朔食，未三刻复满。

《授时历》，复满未初二刻。

《大明历》，复满未初二刻。

右皆亲。

六年辛丑六月壬子朔食，未初亏初。

《授时历》,亏初未初刻。

《大明历》,亏初未一刻。

右《授时》亲,《大明》次亲。

治平三年丙午九月壬子朔食,未二刻甚。

《授时历》,食甚未三刻。

《大明历》,食甚未四刻。

右《授时》亲,《大明》次亲。

熙宁二年己酉七月乙丑朔食,辰三刻甚。

《授时历》,食甚辰五刻。

《大明历》,食其辰四刻。

右《授时》次亲,《大明》亲。

元丰三年庚申十一月己丑朔食,巳六刻甚。

《授时历》,食甚巳五刻。

《大明历》,食甚巳二刻。

右《授时》亲,《大明》疏远。

绍圣元年甲戌三月壬申朔食,未六刻甚。

《授时历》,食甚未五刻。

《大明历》,食甚未五刻。

右皆亲。

大观元年丁亥十一月壬子朔食,未二刻亏初,未八刻甚,申六刻复满。

《授时历》,亏初未三刻,食甚申初刻,复满申六刻。

《大明历》,亏初未初刻,食甚未七刻,复满申五刻。

右《授时历》亏初、食甚皆亲,复满密合。

《大明》亏初次亲,食甚、复满皆亲。

绍兴三十二年壬午正月戊辰朔食,申初亏初。

《授时历》,亏初申一刻。

《大明历》,亏初未七刻。

右皆亲。

淳熙十年癸卯十一月壬戌朔食，巳正二刻甚。

《授时历》，食甚巳正二刻。

《大明历》，食甚巳正一刻。

右《授时》密合，《大明》亲。

庆元元年乙卯三月丙戌朔食，午初二刻亏初。

《授时历》，亏初午初一刻。

《大明历》，亏初午初二刻。

右《授时》亏初亲，《大明》亏初密合。

嘉泰二年壬戌五月甲辰朔食，午初一刻亏初。

《授时历》，亏初巳正三刻。

《大明历》，亏初午初三刻。

右皆亲。

嘉定九年丙子二月甲申朔食，申正四刻甚。

《授时历》，食甚申正三刻。

《大明历》，食甚申正二刻。

右《授时》亲，《大明》次亲。

淳祐三年癸卯三月丁丑朔食，巳初二刻。

《授时历》，食甚巳初一刻。

《大明历》，食甚巳初初刻。

右《授时》亲，《大明》次亲。

本朝中统元年庚申三月戊辰朔食，申正二刻甚。

《授时历》，食甚申正一刻。

《大明历》，食甚申初三刻。

右《授时》亲，《大明》疏。

至元十四年丁丑十月丙辰朔食，午正初亏初，未初一刻食甚，未正二刻复满。

《授时历》，亏初午正初刻，食甚未初一刻，复满未正一刻。

《大明历》，亏初午正三刻，食甚未正一刻，复满申初二刻。

右《授时》亏初、食甚皆密合，复满亲。

《大明》亏初疏，食甚、复满皆疏远。

前代考古交食，同刻者为密合，相较一刻为亲，二刻为次亲，三刻为疏，四刻为疏远。今《授时》、《大明》校古日食，上自后汉章武元年，下讫本朝，计三十五事。密合者，《授时》七，《大明》二。亲者，《授时》十有七，《大明》十有六。次亲者，《授时》十，《大明》八。疏者，《授时》一，《大明》三。疏远者，《授时》无，《大明》六。

前代月食

宋元嘉十一年甲戌七月丙子望食，四更二唱亏初，四更四唱食既。

《授时历》，亏初四更三点，食既在四更四点。

《大明历》，亏初在四更二点，食既在四更五点。

右《授时》亏初亲，食既密合。《大明》亏初密合，食既亲。

十三年丙子十二月己巳望食，一更三唱食既。

《授时历》，食既在更三点。

《大明历》，食既在一更四点。

右《授时》密合，《大明》亲。

十四年丁丑十一月丁亥望食，二更四唱亏初，三更一唱食既。

《授时历》，亏初在二更五点，食既在三更二点。

《大明历》，亏初在二更四点，食既在三更二点。

右《授时》亏初、食既皆亲。《大明》亏初密合，食既亲。

梁中大通二年庚戌五月庚寅望月食，在子。

《授时历》，食甚在子正初刻。

《大明历》，食甚在子正初刻。

右皆密合。

大同九年癸亥三月乙巳望食，三更三唱亏初。

《授时历》，亏初三更一点。

《大明历》，亏初三更三点。

右《授时》次亲，《大明》密合。

隋开皇十二年壬子七月己未望食，一更三唱亏初。

《授时历》，亏初在一更四点。

《大明历》，亏初在一更五点。

右《授时》亲，《大明》次亲。

十五年乙卯十一月庚午望食，一更四点亏初，二更三点食甚，三更一点复满。

《授时历》，亏初在一更三点，食甚在二更二点，复满在二更五点。

《大明历》，亏初在一更五点，食甚在二更三点，复满在二更五点。

右《授时》亏初、食甚、复满皆亲。《大明》亏初、复满皆亲，食甚密合。

十六年丙辰十一月甲子望食，四更三筹复满。

《授时历》，复满在四更四点。

《大明历》，复满在四更五点。

右《授时》亲，《大明》次亲。

后汉天福十二年丁未十二月乙未望食，四更四点亏初。

《授时历》，亏初四更五点。

《大明历》，亏初四更一点。

右《授时》亲，《大明》次亲。

宋皇祐四年壬辰十一月丙辰望食，寅四刻亏初。

《授时历》，亏初在寅二刻。

《大明历》，亏初在寅一刻。

右《授时》次亲，《大明》疏。

嘉祐八年癸卯十月癸未望食，卯七刻甚。

《授时历》，食甚在辰初刻。

《大明历》，食甚在辰初刻。

右皆亲。

熙宁二年己酉闰十一月丁未望食，亥六刻亏初，子五刻食甚，丑四刻复满。

《授时历》，亏初在亥六刻，食甚在子五刻，复满在丑三刻。

《大明历》，亏初在子初刻，食甚在子六刻，复满在丑四刻。

右《授时》亏初、食甚密合，复满亲。《大明》亏初次亲，食甚亲，复满密合。

四年辛亥十一月丙申望食，卯二刻亏初，卯六刻甚。

《授时历》，亏初在卯初刻，食甚在卯五刻。

《大明历》，亏初在卯四刻，食甚在卯七刻。

右亏初皆次亲，食甚皆亲。

六年癸丑三月戊午望食，亥一刻亏初，亥六刻甚，子四刻复满。

《授时历》，亏初在戌七刻，食甚在亥五刻，复满在子三刻。

《大明历》，亏初在亥二刻，食甚在亥七刻，复满在子四刻。

右《授时》亏初次亲，食甚、复满皆亲。《大明》亏初、食甚皆亲，复满密合。

七年甲寅九月己酉望食，四更五点亏初，五更三点食既。

《授时历》，亏初在四更五点，食既在五更三点。

《大明历》，亏初在四更三点，食既在五更二点。

右《授时》亏初、食既皆密合。《大明》亏初次亲，食既亲。

崇宁四年乙酉十二月戊寅望食，酉三刻甚，戌初刻复满。

《授时历》，食甚在酉一刻，复满在酉七刻。

《大明历》，食甚在酉三刻，复满在戌二刻。

右《授时》食甚、复满皆次亲。《大明》食甚密合，复满次亲。

本朝至元七年庚午三月乙卯望食，丑三刻亏初，寅初刻食甚，寅六刻复满。

《授时历》，亏初在丑二刻，食甚在寅初刻，复满在寅六刻。

《大明历》，亏初在丑四刻，食甚在寅一刻，复满在寅七刻。

右《授时》亏初亲，食甚、复满密合。《大明》亏初、食甚、复满皆亲。

九年壬申七月辛未望食，丑初刻亏初；丑六刻食甚，寅三刻复满。

《授时历》，亏初在子七刻，食甚在丑四刻，复满在寅一刻。

《大明历》，亏初在丑二刻，食甚在丑六刻，复满在寅二刻。

右《授时》亏初亲，食甚、复满皆次亲。《大明》亏初次亲，食甚密合，复满亲。

十四年丁丑四月癸酉望食，子六刻亏初，丑三刻食既，丑五刻甚，丑七刻生光，寅四刻复满。

《授时历》，亏初在子六刻，食既在丑四刻，食甚在丑五刻，生光丑六刻，复满寅四刻。

《大明历》，亏初在丑初刻，食既丑七刻，食甚在丑七刻，生光在丑八刻，复满寅六刻。

右《授时》亏初、食甚、复满皆密合，食既、生光皆亲。《大明》亏初、食甚、复满皆次亲，食既疏远，生光亲。

十六年己卯二月癸酉望食，子五刻亏初，丑二刻甚，丑七刻复满。

《授时历》，亏初在子五刻，食甚在丑二刻，复满在丑七刻。

《大明历》，亏初在子七刻，食甚在丑三刻，复满在丑七刻。

右《授时》亏初、食甚、复满皆密合。《大明》亏初次亲，食甚亲，复满密合。

八月己丑望食，丑五刻亏初，寅初刻甚，寅四刻复满。

《授时历》，亏初在丑三刻，食甚在寅初刻，复满在寅四刻。

《大明历》，亏初在丑七刻，食甚在寅二刻，复满在寅四刻。

右《授时》亏初次亲，食甚、复满皆密合。《大明》亏初、食甚皆次亲，复满密合。

十七年庚辰八月甲申望食，在昼，戌一刻复满。

《授时历》，复满在戌一刻。

《大明历》，复满在戌四刻。

右《授时》密合，《大明》疏。

已上四十五事：密合者，《授时》十有八，《大明》十有一；亲者，

《授时》十有八,《大明》十有七;次亲者,《授时》九,《大明》十有四;疏者,《授时》无,《大明》二;疏远者,《授时》无,《大明》一。

定朔

日平行一度,月平行十三度十九分度之七,一昼夜之间,月先日十二度有奇,历二十九日五十三刻,复追及日,与之同度,是谓经朔。经朔云者,谓合朔大量不出此也。日有盈缩,月有迟疾,以盈缩迟疾之数损益之,始为定朔。

古人立法,简而未密,初用平朔,一大一小,故日食有在朔二,月食有在望前后者。汉张衡以月行迟疾,分为九道;宋何承天以日行盈缩,推定小余;故月有三大二小。隋刘孝孙、刘焯欲遵用其法,时议排抵,以为迂怪,卒不能行。唐傅仁均始采用之,至贞观十九年九月后,四月频大,复用平朔。讫麟德元年,始用李淳风《甲子元历》,定朔之法遂行。淳风又以晦月频见,故立进朔之法,谓朔日小余在日法四分之三已上者,虚进一日,后代皆循用之。然虞𥅠尝曰:“朔在会同,苟躔次既合,何疑于频大;日月相离,何拘于间小。”一行亦曰:“天事诚密,虽四大三小,庸何伤。”今但取辰集时刻所在之日以为定朔,朔虽小余在时限,亦不之进。甚矣,人之安于故习也。

初历法用平朔,止知一大一小,为法之不可易,初闻三大二小之说,皆不以为然。自有历以来,下讫麟德,而定朔始行,四大三小,理数自然,唐人弗克若天,而止用平朔。迨本朝至元,而常议方革。至如进朔之意,止欲避晦日月见,殊不思合朔在酉戌亥,距前日之卯十八九辰矣,若进一日,则晦不见月,此论诚然。苟合朔在辰申之间,法不当进,距前日之卯已逾十四五度,则月见于晦,庸得免乎?且月之隐见,本天道之自然,朔之进退,出人为之牵强,孰若废人用天,不复虚进,为得其实哉。至理所在,奚恤乎人言,可为知者道也。

不用积年日法

历法之作,所以步日月之躔离,候气朔之盈虚,不揆其端,无以测知天道,而与之吻合。然日月之行迟速不同,气朔之运参差不一。昔人立法,必推求往古生数之始,谓之演纪上元。当斯之际,日月五星同度,如合璧连珠然。惟其世代绵远,驯积其数至逾亿万,后人厌其布算繁多,互相推考,断截其数而增损日法,以为得改宪之术,此历代积年日法所以不能相同者也。然行之未远,浸复差失。盖天道自然,岂人为附会所能苟合哉。夫七政运行于天,进退自有常度,苟原始要终,候验周匝,则象数昭著,有不容隐者,又何必舍目前简易之法,而求亿万年宏阔之术哉!

今《授时历》以至元辛巳为元,所用之数一本诸天,秒而分,分而刻,刻而日,皆以百为率。比之他历积年日法,推演附会,出于人为者,为得自然。

或曰:"昔人谓建历之本,必先立元,元正然后定日法,法定然后度周天以定分至,然则历之有积年日法尚矣。自黄帝以来,诸历转相祖述,殆七八十家,未闻舍此而能成者。今一切削去,无乃昧于本原,而考求未得其方欤?"是殆不然。晋杜预有云:"治历者,当顺天以求合,非为合以验天。"前代演积之法,不过为合验天耳。今以旧历颇疏,乃命厘正,法之不密,在所必更,奚暇踵故习哉。遂取汉以来诸历积年日法及行用年数,具列于后,仍附演积数法,以释或者之疑。

《三统历》西汉太初元年丁丑,邓平造,行一百八十八年,至东汉元和乙酉,后天七十八刻。

积年,一十四万四千五百一十一。

日法,八十一。

《四分历》东汉元和二年乙酉,编䜣造,行一百二十一年,至建安丙戌,后天七刻。

积年,一万五百六十一。

日法,四。

《乾象历》建安十一年丙戌,刘洪造,行三十一年,至魏景初丁巳,后天七刻。

积年,八千四百五十二。

日法,一千四百五十七。

《景初历》魏景初元年丁巳,杨伟造,行二百六年,至宋元嘉癸未,先天五十刻。

积年,五千八十九。

日法,四千五百五十九。

《元嘉历》宋元嘉二十年癸未,何承天造,行二十年,至大明七年癸卯,先天五十刻。

积年,六千五百四十一。

日法,七百五十二。

《大明历》宋大明七年癸卯,宋祖冲之造,行五十八年,至魏正光辛丑,后天二十九刻。

积年,五万二千七百五十七。

日法,三千九百三十九。

《正光历》后魏正光二年辛丑,李业兴造,行一十九年,至兴和庚申,先天十三刻。

积年,一十六万八千五百九。

日法,七万四千九百五十二。

《兴和历》兴和二年庚申,李业兴造,行一十年,至齐天保庚午,先天九十九刻。

积年,二十万四千七百三十七。

日法,二十万八千五百三十。

《天保历》北齐天保元年庚午,宋景业造,行一十七年,至周天和丙戌,后天一日八十七刻。

积年,一十一万一千二百五十七。

日法,二万三千六百六十。

《天和历》后周天和元年丙戌,甄鸾造,行一十三年,至大象己亥,先天四十刻。

积年,八十七万六千五百七。

日法,二万三千四百六十。

《大象历》大象元年己亥,冯显造,行五年,至隋开皇甲辰,后天十刻。

积年,四万二千二百五十五。

日法,一万二千九百九十二。

《开皇历》隋开皇四年甲辰,张宾造,行二十四年,至大业戊辰,后天七刻。

积年,四百一十二万九千六百九十七。

日法,一十万二千九百六十。

《大业历》大业四年戊辰,张胄玄造,行一十一年,至唐武德己卯,后天七刻。

积年,一百四十二万八千三百一十七。

日法,一千一百四十四。

《戊寅历》唐武德二年己卯,道士傅仁均造,行四十六年,至麟德乙丑,后天四十七刻。

积年,一十六万五千三。

日法,一万三千六百。

《麟德历》麟德二年乙丑,李淳风造,行六十三年,至开元戊辰,后天一十二刻。

积年,二十七万四百九十七。

日法,一千三百四十。

《大衍历》开元十六年戊辰,僧一行造,行三十四年,至宝应壬寅,先天一十三刻。

积年,九千六百九十六万二千二百九十七。

日法,三千四十。

《五纪历》宝应元年壬寅,郭献之造,行二十三年,至贞元乙丑,后天二十四刻。

积年,二十七万四百九十七。

日法,一千三百四十。

《贞元历》贞元元年乙丑,徐承嗣造,行三十七年,至长庆壬寅,先天十五刻。

　　积年，四十万三千三百九十七。

　　日法，一千九十五。

　　《宣明历》长庆二年壬寅，徐昂造，行七十一年，至景福癸丑，先天四刻。

　　积年，七百七万五百九十七。

　　日法，八千四百。

　　《崇玄历》景福二年癸丑，边冈造，行十四年，后六十三年，至周显德丙辰，先天四刻。

　　积年，五千三百九十四万七千六百九十七。

　　日法，一万三千五百。

　　《钦天历》五代周显德三年丙辰，王朴造，行五年，至宋建隆庚申，先天二刻。

　　积年，七千二百六十九万八千七百七十七。

　　日法，七千二百。

　　《应天历》宋建隆元年庚申，王处讷造，行二十一年，至太平兴国辛巳，后天二刻。

　　积年，四百八十二万五千八百七十七。

　　日法，一万单二。

　　《乾元历》太平兴国六年辛巳，吴昭素造，行二十年，至咸平辛丑，合。

　　积年，三千五十四万四千二百七十七。

　　日法，二千九百四十。

　　《仪天历》咸平四年辛丑，史序造，行二十三年，至天圣甲子，合。

　　积年，七十一万六千七百七十七。

　　日法，一万一百。

　　《崇天历》天圣二年甲子，宋行古造，行四十年，至治平甲辰，后天五十四刻。

　　积年，九千七百五十五万六千五百九十七。

　　日法，一万五百九十。

　　《明天历》治平元年甲辰，周琮造，行一十年，至熙宁甲寅，合。

积年,七十一万一千九百七十七。

日法,三万九十。

《奉元历》熙宁七年甲寅,卫朴造,行十八年,至元祐壬申,后天七刻。

积年,八千三百一十八万五千二百七十七。

日法,二万三千七百。

《观天历》元祐七年壬申,皇居卿造,行一十一年,至崇宁癸未,先天六刻。

积年,五百九十四万四千九百九十七。

日法,一万二千三十。

《占天历》崇宁二年癸未,姚舜辅造,行三年,至丙戌,后天四刻。

积年,二千五百五十万一千九百三十七。

日法,二万八千八十。

《纪元历》崇宁五年丙戌,姚舜辅造,行二十一年,至金天会丁未,合。

积年,二千八百六十一万三千四百六十七。

日法,七千二百九十。

《大明历》金天会五年丁未,杨级造,行五十三年,至大定庚子,合。

积年,三亿八千三百七十六万八千六百五十七。

日法,五千二百三十。

《重修大明历》大定二十年庚子,赵知微重修,行一百一年,至元朝至元辛巳,后天一十九刻。

积年,八千八百六十三万九千七百五十七。

日法,五千二百三十。

《统元历》后宋绍兴五年乙卯,陈德一造,行三十二年,至乾道丁亥,合。

积年,九千四百二十五万一千七百三十七。

日法,六千九百三十。

《乾道历》乾道三年丁亥,刘孝荣造,行九年,至淳熙丙申,后天一刻。

积年,九千一百六十四万五千九百三十七。

日法,三万。

《淳熙历》淳熙三年丙申,刘孝荣造,行一十五年,至绍熙辛亥,合。

积年,五千二百四十二万二千七十七。

日法,五千六百四十。

《会元历》绍熙二年辛亥,刘孝荣造,行八年,至庆元己未,后天一十刻。

积年,二千五百四十九万四千八百五十七。

日法,三万八千七百。

《统天历》庆元五年己未,杨忠辅造,行八年,至开禧丁卯,先天六刻。

积年,三千九百一十七。

日法,一万二千。

《开禧历》开禧三年丁卯,鲍澣之造,行四十四年,至淳祐辛亥,后天七刻。

积年,七百八十四万八千二百五十七。

日法,一万六千九百。

《淳祐历》淳祐十年庚戌,李德卿造,行一年,至壬子,合。

积年,一亿二千二十六万七千六百七十七。

日法,三千五百三十。

《会天历》宝祐元年癸丑,谭玉造,行十八年,至咸淳辛未,后天一刻。

积年,一千一百三十五万六千一百五十七。

日法,九千七百四十。

《成天历》咸淳七年辛未,陈鼎造,行四年,至至元辛巳,后天一刻。

积年,七千一百七十五万八千一百五十七。

日法,七千四百二十。

此下不曾行用,见于典籍经进者二历:

《皇极历》大业间,刘焯造,阻难不行,至唐武德二年己卯,先天四十三刻。

积年,一百万九千五百一十七。

日法,一千二百四十二。

《乙未历》大定二十年庚子,耶律履造,不曾行用,至辛巳,后天一十九刻。

积年,四千四十五万三千一百二十六。

日法,二万六百九十。

《授时历》元至元十八年辛巳为元。

积年日法不用。

实测到至元十八年辛巳岁。

气应,五十五日六百分。

闰应,二十日一千八百五十分。

经朔,三十四日八千七百五十分。

日法,二千一百九十,演纪上元己亥,距至元辛巳九千八百二十五万一千四百二十二算。

气应,五十五日六百二分。

闰应,二十日一千八百五十三分。

经朔,三十四日八千七百四十九分。

日法,八千二百七十,演纪上元甲子,距辛巳五百六十七万五百五十七算,日命甲子。

气应,五十五日五百三十三分。

闰庆,二十日一千八百八分。

经朔,三十四日八千七百二十五分。

日法,六千五百七十,演纪上元甲子,距辛巳三千九百七十五万二千五百三十七算。

气应,五十五日六百三十一分。

闰应,二十日一千九百一十九分。

经朔,三十四日八千七百一十二分。

元史卷五四

志第六

历　三

授时历经上

步气朔第一

至元十八年岁次辛巳为元。上考往古，下验将来，皆距立元为算。周岁消长，百年各一，其诸应等数，随时推测，不用为元。

日周，一万。

岁实，三万六十五万二千四百二十五分。

通余，五万二千四百二十五分。

朔实，二十九万五千三百五分九十三秒。

通闰，十万八千七百五十三分八十四秒。

岁周，三百六十五日二千四百二十五分。

朔策，二十九日五千三百五分九十三秒。

气策，十五日二千一百八十四分三十七秒半。

望策，十四日七千六百五十二分九十六秒半。

弦策，七日三千八百二十六分四十八秒少。

气应，五十五万六百分。

闰应，二十万一千八百五十分。

没限，七千八百一十五分六十二秒半。

气盈，二千一百八十四分三十七秒半。

朔虚,四千六百九十四分七秒。

旬周,六十万。

纪法,六十。

推天正冬至

置所求距算,以岁实上推往古,每百年长一,下算将来,每百年消一。乘之,为中积。加气应,为通积。满旬周,去之;不尽,以日周约之为日,不满为分。其日命甲子算外,即所求天正冬至日辰及分。如上考者,以气应减中积,满旬周,去之;不尽,以减旬周。余同上。

求次气

置天正冬至日分,以气策累加之,其日满纪法,去之,外命如前,各得次气日辰及分秒。

推天正经朔

置中积,加闰应,为闰积。满朔实,去之不尽,为闰余,以减通积,为朔积。满旬周,去之;不尽,以日周约之,为日,不满为分,即所求天正经朔日及分秒。上考者,以闰应减中积,满朔实,去之不尽,以减朔实,为闰余。以日周约之为日,不满为分,以减冬至日及分,不及减者,加纪法减之,命如上。

求弦望及次朔

置天正经朔日及分秒,以弦策累加之,其日满纪法,去之,各得弦望及次朔日及分秒。

推没日

置有没之气分秒,如没限已上,为有没之气。以十五乘之,用减气策,余满气盈而一,为日,并恒气日,命为没日。

推灭日

置有灭之朔分秒,在朔虚分已下,为有灭之朔。以三十乘之,满朔虚而一,为日,并经朔日,命为灭日。

步发敛第二

土王策,三日四百三十六分八十七秒半。

月闰,九千六十二分八十二秒。

辰法,一万。

半辰法,五千。

刻法,一千二百。

推五行用事

各以四立之节,为春木、夏火、秋金、冬水首用事日。以土王策减四季中气,各得其季土始用事日。

气候

正月

　　立春,正月节。

　　东风解冻,　　　　　　蛰虫始振,　　　　　　鱼陟负冰。
　　雨水,正月中。

　　獭祭鱼,　　　　　　　候雁北,　　　　　　　草木萌动。

二月

　　惊蛰,二月节。

　　桃始华,　　　　　　　仓鹒鸣,　　　　　　　鹰化为鸠。
　　春分,二月中。

　　玄鸟至,　　　　　　　雷乃发声,　　　　　　始电。

三月

　　清明,三月节。

　　桐始华,　　　　　　　田鼠化为駕,　　　　　虹始见。
　　谷雨,三月中。

　　萍始生,　　　　　　　鸣鸠拂其羽,　　　　　戴胜降于桑。

四月

　　立夏,四月节。

　　蝼蝈鸣,　　　　　　　蚯蚓出,　　　　　　　王瓜生。
　　小满,四月中。

　　苦菜秀,　　　　　　　靡草死,　　　　　　　麦秋至。

五月

芒种,五月节。

螳螂生,	鵙始鸣,	反舌无声。

夏至,五月中。

鹿角解,	蜩始鸣,	半夏生。

六月

小暑,六月节。

温风至,	蟋蟀居壁,	鹰始挚。

大暑,六月中。

腐草为萤,	土润溽暑,	大雨时行。

七月

立秋,七月节。

凉风至,	白露降,	寒蝉鸣。

处暑,七月中。

鹰乃祭鸟,	天地始肃,	禾乃登。

八月

白露,八月节。

鸿雁来,	玄鸟归,	群鸟养羞。

秋分,八月中。

雷始收声,	蛰虫坏户,	水始涸。

九月

寒露,九月节。

鸿雁来宾,	雀入大水为蛤,	菊有黄华。

霜降,九月中。

豺乃祭兽,	草木黄落,	蛰虫咸俯。

十月

立冬,十月节。

水始冰,	地始冻,	雉入大水为蜃。

小雪,十月中。

虹藏不见,	天气上升,地气下降,	闭塞而成冬。

十一月

　　大雪,十一月节。

　　鹖鴠不鸣,　　　　　虎始交,　　　　　荔挺出。

　　冬至,十一月中。

　　蚯蚓结,　　　　　　麋角解,　　　　　水泉动。

十二月

　　小寒,十二月节。

　　雁北乡,　　　　　　鹊始巢,　　　　　雉雊。

　　大寒,十二月中。

　　鸡乳,　　　　　　　征鸟厉疾,　　　　水泽腹坚。

推中气去经朔

　　置天正闰余,以日周约之,为日,命之,得冬至去经朔。以月闰累加之,各得中气去经朔日算。满朔策,去之,乃全置闰,然俟定朔无中气者裁之。

推发敛加时

　　置所求分秒,以十二乘之,满辰法而一,为辰数。余以刻法收之,为刻。命子正算外,即所在辰刻。如满半辰法,通作一辰,命起子初。

步日躔第三

周天分,三百六十五万二千五百七十五分。

周天,三百六十五度二十五分七十五秒。

半周天,一百八十二度六十二分八十七秒半。

象限,九十一度三十一分四十三秒太。

岁差,一分五十秒。

周应,三百一十五万一千七十五分。

半岁周,一百八十二日六千二百一十二分半。

盈初缩末限,八十八日九千九十二分少。

缩初盈末限,九十三日七千一百二十分少。

推天正经朔弦望入盈缩历

置半岁周,以闰余日及分减之,即得天正经朔入缩历。冬至后盈,夏至后缩。以弦策累加之,各得弦望及次朔入盈缩历日及分秒。满半岁周去之,即交盈缩。

求盈缩差

视入历盈者,在盈初缩末限已下,为初限,已上,反减半岁周,余为末限。缩者,在缩初盈末限已下,为初限,已上,反减半岁周,余为末限。其盈初缩末者,置立差三十一,以初末限乘之,加平差二万四千六百,又以初末限乘之,用减定差五百一十三万三千二百,余再以初末限乘之,满亿为度,不满退除为分秒。缩初盈末者,置立差二十七,以初末限乘之,加平差二万二千一百,又以初末限乘之,用减定差四百八十七万六百,余再以初末限乘之,满亿为度,不满退除为分秒,即所求盈缩差。

又术:置入限分,以其日盈缩分乘之,万约为分,以加其下盈缩积,万约为度,不满为分秒,亦得所求盈缩差。

赤道宿度

角十二一十	亢九二十	氐十六三十
房五六十	心六五十	尾十九一十
箕十四十		

右东方七宿,七十九度二十分。

斗二十五二十	牛七二十	女十一三十五
虚八九十五太	危十五四十	室十七一十
壁八六十		

右北方七宿,九十三度八十分太。

奎十六六十	娄十一八十	胃十五六十
昴十一三十	毕十七四十	觜初五
参十一一十		

右西方七宿,八十三度八十五分。

井三十三三十	鬼二二十	柳十三三十
星六三十	张十七二十五	翼十八七十五

轸十七三十

右南方七宿，一百八度四十分。

右赤道宿次，并依新制浑仪测定，用为常数，校天为密。若考往古，即用当时宿度为准。

推冬至赤道日度

置中积，以加周应为通积，满周天分，上推往古，每百年消一；下算将来，每百年长一。去之，不尽，以日周约之为度，不满，退约为分秒。命起赤道虚宿六度外，去之，至不满宿，即所求天正冬至加时日躔赤道宿度及分秒。上考者，以周应减中积，满周天，去之，不尽，以减周天，余以日周约之为度，余同上。如当时有宿度者，止依当时宿度命之。

求四正赤道日度

置天正冬至加时赤道日度，累加象限，满赤道宿次，去之，各得春夏秋正日所在宿度及分秒。

求四正赤道宿积度

置四正赤道宿全度，以四正赤道日度及分减之，余为距后度；以赤道宿度累加之，各得四正后赤道宿积度及分。

黄赤道率

积度 至后黄道 分后赤道	度率	积度 至后赤道 分后黄道	度率	积差	差率
初	一		一〇八 六五		八十二秒
一	一	一〇八 六五	一〇八 六三	八十二秒	二分 四六
二	一	二一七 二八	一〇八 六〇	三分 二八	四分 一一

三	一	三 二五 八八	一 ○八 五七	七分 三九	五分 七六
四	一	四 三四 四五	一 ○八 四九	十三分 一五	七分 四一
五	一	五 四二 九四	一 ○八 四三	二十分 五六	九分 ○七
六	一	六 五一 三七	一 ○八 三三	二十九分 三六	十分 七一
七	一	七 五九 七○	一 ○八 二三	四十分 三六	十二分 四○
八	一	八 六七 九三	一 ○八 一二	五十二分 七六	十四分 ○八
九	一	九 七六 ○五	一 ○八 ○一	六十六分 八四	十五分 七六
十	一	十 八四 ○六	一 ○七 八六	八十二分 六○	十七分 四五
十一	一	十一 九一 九二	一 ○七 七二	一 ○○ ○五	十九分 一六
十二	一	十二 九九 六四	一 ○七 五五	一 一九 二一	二十分 八七

十三	一	十四 〇七 一九	一 〇七 四〇	一 四〇 〇八	二十二分 五八
十四	一	十五 一四 五九	一 〇七 二〇	一 六二 六六	二十四分 三〇
十五	一	十六 二一 七九	一 〇七 〇四	一 六八 九六	二十六分 〇五
十六	一	十七 二八 八三	一 〇六 八四	二 一三 〇	二十七分 七九
十七	一	十八 三五 六七	一 〇六 六三	二 四〇 八〇	二十九分 五五
十八	一	十九 四二 三〇	一 〇六 四二	二 七〇 三五	三十一分 三一
十九	一	二十 四八 七二	一 〇六 二二	三 〇一 六五	三十三分 〇七
二十	一	二十一 五四 九四	一 〇五 九九	三 三四 七二	三十四分 八五
二十一	一	二十二 六〇 九三	一 〇五 七五	三 六九 五七	三十六分 六三
二十二	一	二十三 六六 六八	一 〇五 五四	四 〇六 二〇	三十八分 四二

二十三	一	二十四 七二 二二	一 〇五 三〇	四 四四 六二	四十分 二〇
二十四	一	二十五 七七 五二	一 〇五 〇六	四 八四 八二	四十二分
二十五	一	二十六 八二 五八	一 〇四 八二	五 二六 八二	四十三分 七九
二十六	一	二十七 八七 四〇	一 〇四 五六	五 七〇 六一	四十五分 五九
二十七	一	二十八 九一 九六	一 〇四 三二	六 一六 二〇	四十七分 三八
二十八	一	二十九 九六 二八	一 〇四 〇八	六 六三 五八	四十九分 一七
二十九	一	三十一 〇〇 六三	一 〇三 八二	七 一二 七五	五十分 九五
三十	一	三十二 〇四 一八	一 〇三 五五	七 六三 七〇	五十二分 三七
三十一	一	三十三 〇七 七三	一 〇三 三三	八 一六 四三	五十四分 五〇
三十二	一	三十四 一一 〇五	一 〇三 〇六	八 七〇 九三	五十六分 二六

三十三	一	三十五 一四 一一	一〇二 八〇	九 二七 一九	五十八分 〇一
三十四	一	三十六 一六 九一	一〇二 五四	九 八五 二〇	五十九分 七四
三十五	一	三十七 一九 四五	一〇二 二九	十 四四 九四	六十一分 四五
三十六	一	三十八 二一 七四	一〇二 〇三	十 〇六 三九	六十三分 一四
三十七	一	三十九 二三 七七	一〇一 七七	十一 六九 五三	六十四分 八一
三十八	一	四十 二五 五四	一〇一 五二	十二 三四 三三	六十六分 四七
三十九	一	四十一 二七 〇六	一〇一 二六	十三 〇〇 八一	六十八分 〇八
四十	一	四十二 二八 三二	一〇一 〇一	十三 六八 八九	六十九分 六七
四十一	一	四十三 二九 三四	一〇〇 七五	十四 三八 五六	七十一分 二四
四十二	一	四十四 三〇 〇九	一〇〇 四九	十五 〇九 八〇	七十二分 七六

四十三	一	四十五 三〇 五八	一 〇〇 二七	十五 八二 五六	七十四分 二六
四十四	一	四十六 三〇 八五	一 〇〇 〇〇	十六 五二 八六	七十五分 一七
四十五	一	四十七 三〇 八五	九九 七四	十七 三二 五三	七十七分 一三
四十六	一	四十八 三〇 五九	九九 五一	十八 〇九 六五	七十八分 五〇
四十七	一	四十九 三〇 一〇	九九 二五	十八 八八 一五	七十九分 八四
四十八	一	五十 二九 三五	九九 〇一	十九 六七 九九	八十一分 一二
四十九	一	五十一 二八 三六	九八 七六	二十 四九 一一	八十二分 三七
五十	一	五十二 二七 一二	九八 五一	二十一 三一 四八	八十三分 五七
五十一	一	五十三 二五 六三	九八 二七	二十二 一五 〇五	八十四分 七二
五十二	一	五十四 二三 九〇	九八 〇三	二十二 九九 七七	八十五分 八三

五十三	一	五十五 二一九三	九七八〇	二十三 八五六〇	八十六分 八八
五十四	一	五十六 一九七三	九七五五	二十四 七二四八	八十七分 八九
五十五	一	五十七 一七二八	九七三一	二十五 六〇三七	八十八分 八五
五十六	一	五十八 一四五九	九七〇八	二十六 四九二二	八十九分 七七
五十七	一	五十九 一六七	九六八五	二十七 三八九九	九十分 六三
五十八	一	六十 〇八五二	九六六一	二十八 二九六二	九十一分 四四
五十九	一	六十一 〇五一三	九六三九	二十九 二一〇六	九十二分 二·
六十	一	六十二 〇一五二	九六一六	三十一三二八	九十二分 九四
六十一	一	六十二 九七六八	九五九四	三十一 〇六二二	九十三分 六一
六十二	一	六十三 九三六二	九五二七	三十一 九九八三	九十四分 二六

六十三	一	六十四〔八九／四三〕	九五〔五一〕	三十二〔九四／〇九〕	九十四分〔五八〕
六十四	一	六十五〔八四／八五〕	九五〔二九〕	三十三〔八八／九四〕	九十五分〔三八〕
六十五	一	六十六〔八〇／一四〕	九五〔〇九〕	三十四〔八四／三二〕	九十五分〔九〇〕
六十六	一	六十七〔七五／二三〕	九四〔八七〕	三十五〔八〇／二二〕	九十六分〔三八〕
六十七	一	六十八〔七〇／一〇〕	九四〔七〇〕	三十六〔七六／六〇〕	九十六分〔八一〕
六十八	一	六十九〔六四／八〇〕	九四〔五〇〕	三十七〔七三／四一〕	九十七分〔一九〕
六十九	一	七十〔五九／三〇〕	九四〔二七〕	三十八〔七〇／六〇〕	九十七分〔五六〕
七十	一	七十一〔五三／五七〕	九四〔一二〕	三十九〔六八／一六〕	九十七分〔八九〕
七十一	一	七十二〔四七／六九〕	九三〔九二〕	四十〔六六／〇五〕	九十八分〔一八〕
七十二	一	七十三〔四一／六一〕	九三〔八五〕	四十一〔六四／二三〕	九十八分〔四五〕

七十三	一	七十四 三五 四六	九三 五三	四十二 六二 六八	九十八分 六八
七十四	一	七十五 二八 九九	九三 四三	四十三 六一 三六	九十八分 六一
七十五	一	七十六 二二 四二	九三 二九	四十四 六〇 二七	九十九分 一〇
七十六	一	七十七 一五 七一	九三 一五	四十五 五九 三七	九十九分 二五
七十七	一	七十八 〇八 八六	九三 〇四	四十六 五八 六二	九十九分 四〇
七十八	一	七十九 〇一 九〇	九二 八六	四十七 五八 〇二	九十九分 五二
七十九	一	七十九 九四 七六	九二 七五	四十八 五七 五四	九十九分 六二
八十	一	八十 八七 五一	九二 六五	四十九 五七 一六	九十九分 七二
八十一	一	八十一 八〇 一六	九二 五五	五十 五六 八八	九十九分 七九
八十二	一	八十二 七二 七一	九二 四二 四	五十一 五六 六七	九十九分 八四

八十三	一	八十三 六五 一五	九二 三八	五十二 五六 五一	九十九分 八九
八十四	一	八十四 五七 五三	九二 二八	五十三 五六 四〇	九十九分 九三
八十五	一	八十五 四九 八一	九二 二二	五十四 五六 三三	九十九分 九六
八十六	一	八十六 四二 〇三	九二 一五	五十五 五六 二九	九十九分 九七
八十七	一	八十七 三四 一八	九二 一二	五十六 五六 二六	九十九分 九九
八十八	一	八十八 二六 三〇	九二 〇	五十七 五六 二五	一
八十九	一	八十九 一八 四〇	九二 〇四	五十八 五六 二五	一
九十	一	九十 一〇 四四	九二 〇四	五十九 五六 二五	一
九十一	三一	九十一 〇二 四八	二八 七七	六十 五六 二五	三一 二五
九十一		九十一 三一 二五		六十 八七 五〇	

推黄道宿度

置四正后赤道宿积度,以其赤道积度减之,余以黄道率乘之,如赤道率而一。所得,以加黄道积度,为二十八宿黄道积度。以前宿黄道积度减之,为其宿黄道度及分。其秒就近为分。

黄道宿度

角十二八十七	亢九五十六	氐十六四十
房五四十八	心六二十七	尾十七九十五
箕九五十九		

右东方七宿,七十八度一十二分。

斗二十三四十七	牛六九十	女十一一十二
虚九分空太	危十五九十五	室十八三十二
壁九三十四		

右北方七宿,九十四度一十分太。

奎十七八十七	娄十二三十六	胃十五八十一
昴十一〇八	毕十六五十	觜初〇五
参十二十八		

右西方七宿,八十三度九十五分。

井三十一〇三	鬼二一十一	柳十三
星六三十一	张十七七十九	翼二十〇九
轸十八七十五		

右南方七宿,一百九度八分。

右黄道宿度,依今历所测赤道准冬至岁差所在算定,以凭推步。若上下考验,据岁差每移一度,依术推变,各得当时宿度。

推冬至加时黄道日度

置天正冬至加时赤道日度,以其赤道积度减之,余以黄道率乘之,如赤道率而一。所得,以加黄道积度,即所求年天正冬至加时黄道日度及分秒。

求四正加时黄道日度

置所求年冬至日躔黄赤道差,与次年黄赤道差相减,余四而一,所得,加象限,为四正定象度。置冬至加时黄道日度,以四正定象度累加之,满黄道宿次,去之,各得四正定气加时黄道宿度及分。

求四正晨前夜半日度

置四正恒气日及分秒,冬夏二至,盈缩之端,以恒为定。以盈缩差命为日分,盈减缩加之,即为四正定气日及分。置日下分,以其日行度乘之,如日周而一。所得,以减四正加时黄道日度,各得四正定气晨前夜半日度及分秒。

求四正后每日晨前夜半黄道日度

以四正定气日距后正定气日为相距日,以四正定气晨前夜半日度距后正定气晨前夜半日度为相距度,累计相距日之行定度,与相距度相减,余如相距日而一,为日差;相距度多为加,相距度少为减。以加减四正每日行度率,为每日行定度;累加四正晨前夜半黄道日度,满宿次,去之,为每日晨前夜半黄道日度及分秒。

求每日午中黄道日度

置其日行定度,半之,以加其日晨前夜半黄道日度,得午中黄道日度及分秒。

求每日午中黄道积度

以二至加时黄道日度距所求日午中黄道日度,为二至后黄道积度及分秒。

求每日午中赤道日度

置所求日午中黄道积度,满象限,去之,余为分后;内减黄道积度,以赤道率乘之,如黄道率而一;所得,以加赤道积度及所去象限,为所求赤道积度及分秒;以二至赤道日度加而命之,即每日午中赤道日度及分秒。

黄道十二次宿度

危,十二度六十四分九十一秒。	入娵訾之次,辰在亥。
奎,一度七十三分六十三秒。	入降娄之次,辰在戌。
胃,三度七十四分五十六秒。	入大梁之次,辰在酉。
毕,六度八十八分五秒。	入实沈之次,辰在申。

井，八度三十四分九十四秒。　　入鹑首之次，辰在未。

柳，二度八十六分八十秒。　　　入鹑火之次，辰在午。

张，十五度二十六分六秒。　　　入鹑尾之次，辰在巳。

轸，十度七分九十七秒。　　　　入寿星之次，辰在辰。

氐，一度一十四分五十二秒。　　入大火之次，辰在卯。

尾，三度一分一十五秒。　　　　入析木之次，辰在寅。

斗，三度七十六分八十五秒。　　入星纪之次，辰在丑。

女，二度六分三十八秒。　　　　入玄枵之次，辰在子。

求入十二次时刻

　　各置入次宿度及分秒，以其日晨前夜半日度减之，余以日周乘之，为实；以其日行定度，为法；实如法而一，所得，依发敛加时求之，即入次时刻。

步月离第四

转终分，二十七万五千五百四十六分。

转终，二十七日五千五百四十六分。

转中，十三日七千七百七十三分。

初限，八十四。

中限，一百六十八。

周限，三百三十六。

月平行，十三度三十六分八十七秒半。

转差，一日九千七百五十九分九十三秒。

弦策，七日三千八百二十六分四十八秒少。

上弦，九十一度三十一分四十三秒太。

望，一百八十二度六十二分八十七秒半。

下弦，二百七十三度九十四分三十一秒少。

转应，一十三万一千九百四分。

推天正经朔入转

置中积，加转应，减闰余，满转终分，去之，不尽，以日周约之为日,不满为分,即天正经朔入转日及分。上考者,中积内加所求闰余,减转应,满转终,去之,不尽,以减转终,余同上。

求弦望及次朔入转

置天正经朔入转日及分,以弦策累加之,满转终,去之,即弦望及次朔入转日及分秒。如径求次朔,以转差加之。

求经朔弦望入迟疾历

各视入转日及分秒,在转中已下,为疾历;已上,减去转中,为迟历。

迟疾转定及积度

入转日	初末限	迟疾度	转定度	转积度
初	初	疾初	十四 六七 六四	初
一	一十二 二十	疾一 三〇 七七	十四 五五 七三	十四 六七 六四
二	二十四 四十	疾二 四九 六三	十四 四〇 二九	二十九 二三 三七
三	三十六 六十	疾三 五三 〇五	十四 二一 三〇	四十三 六三 六六
四	四十八 八十	疾四 三七 四八	十三 九八 七七	五十七 八四 九六
五	六十一	疾四 九九 三八	十三 七二 七一	七十一 八三 七三

六	七十三 二十	疾五 三五 二二	十三 四四 四六	八十五 五六 四四
七	末八十二 六十	疾五 四二 八一	十三 二三 五三	九十九 ○○ 九○
八	七十 四十	疾五 二九 四七	十二 九四 七五	一百一十二 二四 四三
九	五十八 二十	疾四 八七 三五	十二 六九 四八	一百二十五 一九 一八
十	四十六	疾四 一九 九六	十二 四七 七七	一百三十七 八八 六六
十一	三十三 八十	疾三 三○ 八六	十二 二九 六○	一百五十 三六 四三
十二	二十一 六十	疾二 二三 五九	十二 一四 九六	一百六十二 六六 ○三
十三	九 四十	疾一 ○一 六八	十二 ○四 六二	一百七十四 八○ 九九
十四	初二 八十	迟初	十二 ○八 五二	一百八十六 八五 六一
十五	一十五	迟一 五九 二三	十二 一二 二二	一百九十八 九四 一三

十六	二十七 二十	迟二 七四 八八	十二 三七 五二	二百一十一 一五 三五
十七	三十九 四十	迟三 七四 二二	十二 五七 三〇	二百二十三 五二 八七
十八	五十一 六十	迟四 五三 八〇	十二 八〇 六二	二百三十六 一〇 一七
十九	六十三 八十	迟五 一〇 〇四	十三 〇七 五三	二百四十八 九〇 八〇
二十	七十六	迟五 三九 三八	十三 三三 七七	二百六十一 九八 三三
二十一	末七十九 八十	迟五 四二 四八	十三 五七 一二	二百七十五 三二 一〇
二十二	六十七 六十	迟五 二二 二三	十三 八五 一一	二百八十八 八九 二二
二十三	五十五 四十	迟四 七三 九九	十四 〇九 五五	三百二 七四 三三
二十四	四十三 二十	迟四 〇一 三一	十四 三〇 四六	三百一十六 八三 八八
二十五	三十一	迟三 〇七 七二	十四 四七 八二	三百三十一 一四 三四

二十六	一十八 八十	迟一 九六 七七	十四 六一 六三	三百四十五 六二 一六
二十七	六 六十	迟 七二 〇一	十四 七一 五四	三百六十 二三 七九

求迟疾差

置迟疾历日及分，以十二限二十分乘之，在初限已下为初限，已上覆减中限，余为末限。置立差三百二十五，以初末限乘之，加平差二万八千一百，又以初末限乘之，用减定差一千一百一十一万，余再以初末限乘之，满亿为度，不满退除为分秒，即迟疾差。

又术：置迟疾历日及分，以迟疾历日率减之，余以其下损益分乘之，如八百二十而一，益加损减其下迟疾度，亦为所求迟疾差。

求朔弦望定日

以经朔弦望盈缩差与迟疾差，同名相从，异名相消，盈迟缩疾为同名，盈疾缩迟为异名。以八百二十乘之，以所入迟疾限下行度除之，即为加减差，盈迟为加，缩疾为减。以加减经朔弦望日及分，即定朔弦望日及分。若定弦望分在日出分已下者，退一日，其日命甲子算外，各得定朔弦望日辰。定朔干名与后朔干同者，其月大；不同者，其月小；内无中气者，为闰月。

推定朔弦望加时日月宿度

置经朔弦望入盈缩历日及分，以加减差加减之，为定朔弦望入历，在盈，便为中积，在缩，加半岁周，为中积；命日为度，以盈缩差盈加缩减之，为加时定积度；以冬至加时日躔黄道宿度加而命之，各得定朔弦望加时日度。

凡合朔加时，日月同度，便为定朔加时月度；其弦望各以弦望度加定积，为定弦望月行定积度；依上加而命之，各得定弦望加时黄道月度。

推定朔弦望加时赤道月度

各置定朔弦望加时黄道月行定积度,满象限,去之,以其黄道积度减之,余以赤道率乘之,如黄道率而一,用加其下赤道积度及所去象限,各为赤道加时定积度;以冬至加时赤道日度加而命之,各为定朔弦望加时赤道月度及分秒。象限已下及半周,去之,为至后;满象限及三象,去之,为分后。

推朔后平交入转迟疾历

置交终日及分,内减经朔入交日及分,为朔后平交日;以加经朔入转,为朔后平交入转;在转中已下,为疾历;已上,去之,为迟历。

求正交日辰

置经朔,加朔后平交日,以迟疾历依前求到迟疾差,迟加疾减之,为正交日及分,其日命甲子算外,即正交日辰。

推正交加时黄道月度

置朔后平交日,以月平行度乘之,为距后度,以加经朔中积,为冬至距正交定积度;以冬至日躔黄道宿度加而命之,为正交加时月离黄道宿度及分秒。

求正交在二至后初末限

置冬至距正交积度及分,在半岁周已下,为冬至后;已上,去之,为夏至后。其二至后,在象限已下,为初限;已上,减去半岁周,为末限。

求定差距差定限度

置初末限度,以十四度六十六分乘之,如象限而一,为定差;反减十四度六十六分,余为距差。以二十四乘定差,如十四度六十六分而一;所得,交在冬至后名减,夏至后名加,皆加减九十八度,为定限度及分秒。

求四正赤道宿度

置冬至加时赤道度,命为冬至正度;以象限累加之,各得春分、夏至、秋分正积度;各命赤道宿次去之,为四正赤道宿度及分秒。

求月离赤道正交宿度

以距差加减春秋二正赤道宿度,为月离赤道正交宿度及分秒。冬至后,初限加,末限减,视春正;夏至后,初限减,末限加,视秋正。

求正交后赤道宿积度入初末限

各置春秋二正赤道所当宿全度及分,以月离赤道正交宿度及分减之,余为正交后积度;以赤道宿次累加之,满象限去之,为半交后;又去之,为中交后;再去之,为半交后;视各交积度在半象已下,为初限;已上,用减象限,余为末限。

求月离赤道正交后半交白道旧名九道出入赤道内外度及定差

置各交定差度及分,以二十五乘之,如六十一而一;所得,视月离黄道正交在冬至后宿度为减,夏至后宿度为加,皆加减二十三度九十分,为月离赤道后半交白道出入赤道内外度及分;以周天六之一,六十度八十七分六十二秒半,除之,为定差。月离赤道正交后为外,中交后为内。

求月离出入赤道内外白道去极度

置每日月离赤道交后初末限,用减象限,余为白道积;用其积度减之,余以其差率乘之;所得,百约之,以加其下积差,为每日积差;用减周天六之一,余以定差乘之,为每日月离赤道内外度;内减外加象限,为每日月离白道去极度及分秒。

求每交月离白道积度及宿次

置定限度,与初末限相减、相乘,退位为分,为定差;正交、中交后为加,半交后为减。以差加减正交后赤道积度,为月离白道定积度;以前宿白道定积度减之,各得月离白道宿次及分。

推定朔弦望加时月离白道宿度

各以月离赤道正交宿度距所求定朔弦望加时月离赤道宿度,为正交后积度;满象限,去之,为半交后;又去之,为中交后;再去之,为半交后;视交后积度在半象已下,为初限;已上,用减象限,为末限;以初、末限与定限度相减、相乘,退位为分,分满百为度,为定差;正交、中交后为加,半交后为减。以差加减月离赤道正交后积度,为定积度,以正交宿度加之,以其所当月离白道宿次去之,各得定朔弦望加时月离白道宿度及分秒。

求定朔弦望加时及夜半晨昏入转

置经朔弦望入转日及分,以定朔弦望加减差加减之,为定朔弦望加时入转;以定朔弦望日下分减之,为夜半入转;以晨分加之,为晨转;昏分加之,为昏转。

求夜半月度

置定朔弦望日下分,以其入转日转定度乘之,万约为加时转度,以减加时定积度,余为夜半定积度;依前加而命之,各得夜半月离宿度及分秒。

求晨昏月度

置其日晨昏分,以夜半入转日转定度乘之,万约为晨昏转度;各加夜半定积度,为晨昏定积度;加命如前,各得晨昏月离宿度及分秒。

求每日晨昏月离白道宿次

累计相距日数转定度,为转积度;与定朔弦望晨昏宿次前后相距度相减,余以相距日数除之,为日差;距度多为加,距度少为减。以加减每日转定度,为行定度;以累加定朔弦望晨昏月度,加命如前,即每日晨昏月离白道宿次。朔后用昏,望后用晨,朔望晨昏俱用。

元史卷五五

志第七

历　四

授时历经下

步中星第五

大都北极，出地四十度太强。

冬至，去极一百一十五度二十一分七十三秒。

夏至，去极六十七度四十一分一十三秒。

冬至昼，夏至夜，三千八百一十五分九十二秒。

夏至昼，冬至夜，六千一百八十四分八秒。

昏明，二百五十分。

黄道出入赤道内外去极度及半昼夜分

黄道积度	内外度	内外差	冬至前后去极	夏至前后去极	冬昼夏夜	夏昼冬夜	昼夜差
初	二十三九〇三〇	三三	一百一十五度三一七三	六十七度四一一三	一千九百〇七九六	三千九二〇四	〇九

一	二十三八九九七	九九	一百一十五二一四〇	六十七四一四六	一千九百〇八〇五	三千九一九五	二九
二	二十三八八九八	一分六六	一百一十五二〇四一	六十七四二四五	一千九百〇八三四	三千九一六六	四七
三	二十三八七三二	二分三一	一百一十五一八七五	六十七四四一一	一千九百〇八八一	三千九一一九	六六
四	二十三八五〇一	二分九九	一百一十五一六四四	六十七四六四二	一千九百〇九四七	三千九〇五三	八五
五	二十三八二〇二	三分六五	一百一十五一三四五	六十七四九四一	一千九百一〇三二	三千〇八九六八	一分〇四
六	二十三七八三七	四分三二	一百一十五〇九八〇	六十七五三〇六	一千九百一一三六	三千〇八八六四	一分二二
七	二十三七四〇五	四分九八	一百一十五〇五四八	六十七五七三八	一千九百一二五八	三千〇八七四二	一分四二
八	二十三六九〇七	五分六五	一百一十五〇〇五〇	六十七六二三六	一千九百一四〇〇	三千〇八六〇〇	一分六一
九	二十三六三二四	六分三六	一百一十四九四八一	六十七六八〇五	一千九百一五六七	三千〇八四三九	一分七九
十	二十三五七〇六	七分〇二	一百一十四八八四九	六十七七四三七	一千九百一四七〇	三千〇八二六〇	一分九九

十一	二十三 五〇 〇四	七分 六九	一百一十四 八一 四七	六十七 八一 三九	一千九百 一九 三九	三千〇 八〇 六一	二分 一八
十二	二十三 四二 三五	八分 三九	一百一十四 七三 七八	六十七 八九 〇八	一千九百 二一 五七	三千〇 七八 四三	二分 三七
十三	二十三 三三 九六	九分 〇八	一百一十四 六五 .三九	六十七 九四 四七	一千九百 二三 九四	三千〇 七六 〇六	二分 五六
十四	二十三 二四 八八	九分 七五	一百一十四 五六 三一	六十八 〇六 五五	一千九百 二六 五〇	三千〇 七三 五〇	二分 七四
十五	二十三 一五 一三	十分 四七	一百一十四 四六 五六	六十八 一六 三〇	一千九百 二九 二四	三千〇 七〇 七六	二分 九四
十六	二十三 〇四 六六	十一分 一四	一百一十四 三六 〇九	六十八 二六 七七	一千九百 三一 一八	三千〇 六七 八二	三分 一四
十七	二十二 九三 五二	十一分 八五	一百一十四 二四 九五	六十八 三七 九一	一千九百 三五 三二	三千〇 六四 六八	三分 三〇
十八	二十二 八一 六七	十二分 五四	一百一十四 一三 一〇	六十八 四九 七六	一千九百 三八 六二	三千〇 六一 三八	三分 五一
十九	二十二 六九 一三	十三分 二五	一百一十四 〇〇 五六	六十八 六二 三〇	一千九百 四二 一二	三千〇 五七 八七	三分 六九
二十	二十二 五五 八八	十三分 九五	一百一十三 八七 三一	六十八 七五 五五	一千九百 四五 八二	三千〇 五四 一八	三分 八八

二十一	二十二 四一 五三	十四分 六六	一百一十三 七三 三六	六十八 八九 五〇	一千九百 四九 七〇	三千〇 五〇 三〇	四分 〇七
二十二	二十二 二七	十五分 三七	一百一十三 五八 七〇	六十九 〇四 一六	一千九百 五三 七七	三千〇 四六 二三	四分 二六
二十三	二十二 一一 九〇	十六分 〇六	一百一十三 四三 三三	六十九 一九 五三	一千九百 五八 〇三	三千〇 四一 九七	四分 四三
二十四	二十一 九五 八四	十六分 七八	一百一十三 二七 二七	六十九 三五 五九	一千九百 六二 四六	三千〇 三七 五四	四分 六二
二十五	二十一 七九 〇六	十七分 四七	一百一十三 一〇 四九	六十九 五二 三七	一千九百 六七 〇八	三千 三二 九二	四分 八〇
二十六	二十一 六一 五九	十八分 二〇	一百一十二 九三 〇二	六十九 六九 八四	一千九百 七一 八八	三千 二八 一二	四分 九八
二十七	二十一 四三 三九	十八分 九〇	一百一十二 七四 八二	六十九 八八 〇四	一千九百 七六 八六	三千 二三 一四	五分 一六
二十八	二十一 二四 四九	十九分 六〇	一百一十二 五五 九二	七十 〇六 九四	一千九百 八二 〇二	三千 一七 九八	五分 三五
二十九	二十一 〇四 八九	二十分 二七	一百一十二 三六 三二	七十 二六 五四	一千九百 八七 三七	三千 一二 六三	五分 四九
三十	二十 八四 六二	二十分 九九	一百一十二 一六 〇五	七十 四六 八一	一千九百 九二 八六	三千〇 七一 一四	五分 六七

三十一	二十 六三 六三	二十一分 六八	一百一十一 九五 ○六	七十 六七 八○	一千九百 九八 五三	三千 ○一 四七	五分 八五
三十二	二十 四一 九五	二十二分 三五	一百一十一 七三 三八	七十 八九 四八	二千 ○四 三八	二千九百 九五 六二	六分 ○一
三十三	二十 一九 六○	二十三分 ○三	一百一十一 五一 ○三	七十一 一一 八三	二千 一○ 三九	二千九百 八九 六一	六分 一六
三十四	十九 九六 五七	二十三分 七一	一百一十一 二八 ○○	七十一 三四 八六	二千 一六 五五	二千九百 八三 四五	六分 三三
三十五	十九 七二 八六	二十四分 三七	一百一十一 ○四 二九	七十一 五八 五七	二千 二二 八八	二千九百 七七 一二	六分 四八
三十六	十九 四八 四九	二十五分 ○三	一百一十 七九 九二	七十一 八二 九四	二千 二九 三六	二千九百 七○ 六四	六分 六三
三十七	十九 二三 四六	二十五分 六六	一百一十 五四 八九	七十二 ○七 九七	二千○ 三五 九九	二千九百 六四 ○一	六分 七八
三十八	十八 九七 八○	二十六分 三一	一百一十 二九 二三	七十二 三三 六三	二千○ 四二 七七	二千九百 五七 二三	六分 九二

三十九	十八 七一 四九	二十六分 九三	一百一十 ○二 九二	七十二 五九 九四	二千○ 四九 六九	二千九百 五○ 三一	七分 ○五
四十	十八 四四 五六	二十七分 五二	一百○九 七五 九九	七十二 八六 八七	二千○ 五六 七四	二千九百 四三 二六	七分 一九
四十一	十八 一七 ○四	二十八分 一四	一百○九 四八 四七	七十三 一四 三九	二千○ 六三 九三	二千九百 三六 ○七	七分 三二
四十二	十七 八八 九○	二十八分 七二	一百○九 二○ 三三	七十三 四二 五三	二千○ 七一 二五	二千九百 二八 七五	七分 四四
四十三	十七 六○ 一八	二十九分 二九	一百○八 九一 六一	七十三 七一 二五	二千○ 七八 六九	二千九百 二一 三一	七分 五六
四十四	十七 三○ 八九	二十九分 八四	一百○八 六二 三二	七十四 ○○ 五八	二千○ 八六 二五	二千九百 一三 七五	七分 六八
四十五	十七 ○一 ○五	三十分 三八	一百○八 三二 四八	七十四 三○ 三八	二千○ 九三 九三	二千九百 ○六 ○七	七分 七八
四十六	十六 七○ 六七	三十分 九○	一百○八 ○二 一○	七十四 六○ 六七	二千一百 ○一 七一	二千八百 九八 二九	七分 八九

四十七	十六 三九 七七	三十一分 四一	一百〇七 七一 二〇	七十四 九一 六六	二千一百 〇九 六〇	二千八 百 九〇 四〇	七分 九八
四十八	十六 〇八 三六	三十一分 九一	一百〇七 三九 七九	七十五 二三 〇七	二千一百 一七 五八	二千八 百 八二 四二	八分 〇八
四十九	十五 七六 四五	三十二分 三六	一百〇七 〇七 八八	七十五 五四 九八	二千一百 二五 六六	二千八 百 七四 三四	八分 一七
五十	十五 四四 〇九	三十二分 八五	一百〇六 七五 五二	七十五 八七 三四	二千一百 三三 八三	二千八 百 六六 一七	八分 二六
五十一	十五 一二 二四	三十三分 二六	一百〇六 四二 六七	七十六 二〇 一九	二千一百 四二 〇九	二千八 百 五七 九一	八分 三二
五十二	十四 七七 九八	三十三分 六四	一百〇六 〇九 四一	七十六 五三 四五	二千一百 五〇 四一	二千八 百 四九 五九	八分 四〇
五十三	十四 四四 三四	三十四分 〇七	一百〇五 七五 七七	七十六 八七 〇九	二千一百 五八 八一	二千八 百 四一 一九	八分 四六
五十四	十四 一〇 二七	三十四分 四五	一百〇五 四一 七〇	七十七 二一 一六	二千一百 六七 二七	二千八 百 三二 七三	八分 五四

五十五	十三 七五 八二	三十四分 八一	一百〇五 〇七 二五	七十七 五五 六一	二千一百 七五 八一	二千八百 二四 一九	八分 五九
五十六	十三 四一 〇一	三十五分 一五	一百〇四 七二 四四	七十七 九〇 四二	二千一百 八四 四〇	二千八百 一五 六〇	八分 六四
五十七	十三 〇五 八六	三十五分 四七	一百〇四 三七 二九	七十八 二五 五七	二千一百 九三 〇四	二千八百 〇六 九六	八分 六九
五十八	十二 七〇 三九	三十五分 七八	一百〇四 〇一 八二	七十八 六一 〇四	二千二百 〇一 七三	二千七百 九八 二七	八分 七五
五十九	十二 三四 六一	三十六分 〇七	一百〇三 六六 〇四	七十八 九六 八一	二千二百 一〇 四八	二千七百 八九 五二	八分 七八
六十	十一 九八 五四	三十六分 三三	一百〇三 二九 九七	七十九 三二 八九	二千二百 一九 二六	二千七百 八〇 七四	八分 八一
六十一	十一 六二 二一	三十六分 五九	一百〇二 九三 六四	七十九 六九 二二	二千二百 二八 〇七	二千七百 七一 九三	八分 八四
六十二	十一 二五 六二	三十六分 八三	一百〇二 五七 〇五	八十〇 〇六 一五	二千二百 三六 九一	二千七百 六三 〇九	八分 八九

六十三	十 八八七九	三十七分 〇五	一百〇二 二〇 二二	八十〇 四二 六四	二千二百 四五 二〇	二千七百 四五 八〇	八分 九〇
六十四	十 五一七四	三十七分 二四	一百〇一 八三 一七	八十〇 七九 六九	二千二百 四五 七〇	二千七百 四五 三〇	八分 九二
六十五	十 一四五〇	三十七分 四四	一百〇一 四五 九三	八十一 一九 九三	二千二百 六三 六二	二千七百 三六 三八	八分 九四
六十六	九 七〇六	三十七分 六一	一百〇一 〇八 四九	八十一 五四 三七	二千二百 七二 五六	二千七百 二七 四四	八分 九七
六十七	九 三九四五	三十七分 七六	一百〇〇 七〇 八八	八十一 九一 九八	二千二百 八一 五三	二千七百 一八 四七	八分 九七
六十八	九 〇一六九	三十七分 九一	一百〇〇 三三 一二	八十二 二九 七四	二千二百 九〇 五〇	二千七百 〇九 五〇	八分 九
六十九	八 六三七八	三十八分 〇七	九十九 九五 二一	八十二 六七 六五	二千二百 九九 四七	二千七百 〇〇 五二	九 〇〇
七十	八 二五七一	三十八分 一七	九十九 五七 一四	八十三 〇五 七二	二千三百 〇八 四八	二千六百 九一 五二	九分 〇〇

七十一	七 八七 五四	三十八分 二八	九十九 一八 九七	八十三 四三 八九	二千三百 一七 四八	二千六百 百 八二 五二	九分 ○一
七十二	七 四九 二六	三十八分 三八	九十八 八○ 六九	八十三 八二 一七	二千三百 二六 四九	二千六百 百 七三 五一	九分 ○一
七十三	七 一○ 八八	三十八分 四七	九十八 四二 三一	八十四 二○ 五五	二千三百 二五 五○	二千六百 百 六四 五○	九分 ○一
七十四	六 七二 四一	三十八分 五四	九十八 ○三 八四	八十四 五九 ○二	二千三百 四四 五一	二千六百 百 五五 四九	九分 ○一
七十五	六 三三 八七	三十八分 六二	九十七 六五 三○	八十四 九七 五六	二千三百 五三 五二	二千六百 百 四六 四八	九分 ○一
七十六	五 九五 二五	三十八分 六七	九十七 二六 六八	八十五 三六 一八	二千三百 六二 五三	二千六百 百 三七 四七	九分 ○一
七十七	五 五六 五八	三十八分 七三	九十七 八八 ○一	八十五 七四 八五	二千三百 七一 五四	二千六百 百 二八 四六	九分 ○○
七十八	五 一七 八五	三十八分 七七	九十六 四九 二八	八十六 一三 五八	二千三百 八○ 五四	二千六百 百 一九 四六	九分 ○○

七十九	四 七九 〇八	三十八分 八一	九十六 一〇 五一	八十六 五二 三五	二千三百 八九 五四	二千六百 一〇 四六	九分 〇〇
八十	四 四〇 二七	三十八分 八五	九十五 七一 七〇	八十六 九一 一六	二千三百 九八 五四	二千六百 〇一 四六	九分 〇〇
八十一	四 〇一 四二	三十八分 八八	九十五 三二 八五	八十七 三〇 〇一	二千四百 〇七 五四	二千五百 九二 四六	九分 〇〇
八十二	三 六二 五四	三十八分 八九	九十四 九四 六四	八十七 六八 二二	二千四百 一六 五四	二千五百 八三 四六	八分 九七
八十三	三 二三 六五	三十八分 九〇	九十四 五五 〇九	八十八 〇七 七七	二千四百 二五 五一	二千五百 七四 四九	八分 九七
八十四	二 八四 七五	三十八分 九二	九十四 一六 一八	八十八 四六 六八	二千四百 三四 四八	二千五百 六五 五二	八分 九七
八十五	二 四五 八三	三十八分 九三	九十三 七七 二六	八十八 六五 六〇	二千四百 四三 四五	二千五百 五六 五五	八分 九七
八十六	二 〇六 九〇	三十八分 九四	九十三 三八 三三	八十九 二四 五三	二千四百 五二 四二	二千五百 四七 五八	八分 九六

八十七 一六九六	三十八分 九四	九十二 九九三九	八十九 六三四七	二千四百 六一三八	二千五百 三八六二	八分 九六
八十八 一二九○二	三十八分 九五	九十二 六○四五	九十○ ○二四一	二千四百 七○三四	二千五百 二九六六	八分 九六
八十九 九○七	三十八分 九五	九十二 二一五○	九十○ 四一三六	二千四百 七九三○	二千五百 二○七○	八分 九六
九十 五一一二	三十八分 九五	九十一 八二五五	九十○ 八○三一	二千四百 八八二六	二千五百 一一七四	八分 九五
九十一 一二一七	一十二分 一七	九十一 四三六○	九十一 一九二六	二千四百 九七二一	二千五百 ○二七九	二分 七九
九十一 三一	空	空	九十一 三一四三	九十一 三一四三	二千五百	二千五百 空

求每日黄道出入赤道内外去极度

置所求日晨前夜半黄道积度,满半岁周,去之,在象限已下,为初限;已上,复减半岁周,余为入末限;满积度,去之,余以其段内外差乘之,百约之,所得,用减内外度,为出入赤道内外度;内减外加象限,即所求去极度及分秒。

求每日半昼夜及日出入晨昏分

置所求入初末限,满积度,去之,余以昼夜差乘之,百约之,所得,加减其段半昼夜分,为所求日半昼夜分;前多后少为减,前少后多为加。以半夜分便为日出分,用减日周,余为日入分;以昏明分减日出分,余为晨分,加日入分,为昏分。

求昼夜刻及日出入辰刻

置半夜分,倍之,百约,为夜刻;以减百刻,余为昼刻;以日出入分依发敛求之,即得所求辰刻。

求更点率

置晨分,倍之,五约,为更率;又五约更率,为点率。

求更点所在辰刻

置所求更点数,以更点率乘之,加其日昏分,依发敛求之,即得所求辰刻。

求距中度及更差度

置半日周,以其日晨分减之,余为距中分;以三百六十六度二十五分七十五秒乘之,如日周而一,所得,为距中度;用减一百八十三度一十二分八十七秒半,倍之,五除,为更差度及分。

求昏明五更中星

置距中度,以其日午中赤道日度加而命之,即昏中星所临宿次,命为初更中星;以更差度累加之,满赤道宿次去之,为逐更及晓中星宿度及分秒。其九服所在昼夜刻分及中星诸率,并准随处北极出地度数推之。已上诸率,与晷漏所推自相符契。

求九服所在漏刻

各于所在以仪测验,或下水漏,以定其处冬至或夏至夜刻,与五十刻相减,余为至差刻。置所求日黄道,去赤道内外度及分,以至差刻乘之,进一位,如二百三十九而一,所得内减外加五十刻,即所求夜刻;以减百刻,余为昼刻。其日出入辰刻及更点等率,依术求之。

步交会第六

交终分,二十七万二千一百二十二分二十四秒。

交终,二十七日二千一百二十二分二十四秒。

交中,十三日六千六十一分一十二秒。

交差,二日三千一百八十三分六十九秒。

交望,十四日七千六百五十二分九十六秒半。

交应,二十六万一百八十七分八十六秒。

交终,三百六十三度七十九分三十四秒。

交中,一百八十一度八十九分六十七秒。

正交,三百五十七度六十四分。

中交,一百八十八度五分。

日食阳历限,六度。　　　　定法,六十。

　　阴历限,八度。　　　　定法,八十。

月食限,十三度五分。　　　定法,八十七。

推天正经朔入交

置中积,加交应,减闰余,满交终分,去之,不尽,以日周约之为日,不满为分秒,即天正经朔入交泛日及分秒。上考者,中积内加所求闰余,减交应,满交终去之,不尽,以减交终,余如上。

求次朔望入交

置天正经朔入交泛日及分秒,以交望累加之,满交终日,去之,即为次朔望入交泛日及分秒。

求定朔望及每日夜半入交

各置入交泛日及分秒,减去经朔望小余,即为定朔望夜半入交。若定日有增损者,亦如之。否则因经为定,大月加二日,小月加一日,余皆加七千八百七十七分七十六秒,即次朔夜半入交,累加一日,满交终日,去之,即每日夜半入交泛日及分秒。

求定朔望加时入交

置经朔望入交泛日及分秒,以定朔望加减差加减之,即定朔望加时入交日及分秒。

求交常交定度

置经朔望入交泛日及分秒,以月平行度乘之,为交常度;以盈缩差盈加缩减之,为交定度。

求日月食甚定分

日食：视定朔分在半日周已下，去减半周，为中前；已上，减去半周，为中后；与半周相减、相乘，退二位，如九十六而一，为时差；中前以减，中后以加，皆加减定朔分，为食甚定分；以中前后分各加时差，为距午定分。

月食：视定望分在日周四分之一已下，为卯前；已上，覆减半周，为卯后；在四分之三已下，减去半周，为酉前；已上，覆减日周，为酉后。以卯酉前后分自乘，退二位，如四百七十八而一，为时差；子前以减，子后以加，皆加减定望分，为食甚定分；各依发敛求之，即食甚辰刻。

求日月食甚入盈缩历及日行定度

置经朔望入盈宿历日及分，以食甚日及定分加之，以经朔望日及分减之，即为食甚入盈缩历；依日躔术求盈缩差，盈加缩减之，为食甚入盈缩历定度。

求南北差

视日食甚入盈缩历定度，在象限已下，为初限；已上，用减半岁周，为末限；以初末限度自相乘，如一千八百七十而一，为度，不满，退除为分秒；用减四度四十六分，余为南北泛差；以距午定分乘之，以半昼分除之，所得，以减泛差，为定差。泛差不及减者，反减之为定差，应加者减之，应减者加之。在盈初缩末者，交前阴历减，阳历加，交后阴历加，阳历减；在缩初盈末者，交前阴历加，阳历减，交后阴历减，阳历加。

求东西差

视日食甚入盈缩历定度，与半岁周相减相乘，如一千八百七十而一，为度，不满，退除为分秒，为东西泛差；以距午定分乘之，以日周四分之一除之，为定差。若在泛差已上者，倍泛差减之，余为定差，依其加减。在盈中前者，交前阴历减，阳历加；交后阴历加，阳历减；中后者，交前阴历加，阳历减；交后阴历减，阳历加。在缩中前者，交前阴历加，阳历减；交后阴历减，阳历加；中后者，交前阴历减，阳历加；交后阴历加，阳历减。

求日食正交中交限度

置正交、中交度，以南北东西差加减之，为正交、中交限度及分秒。

求日食入阴阳历去交前后度

视交定度，在中交限已下，以减中交限，为阳历交前度；已上，减去中交限，为阴历交后度；在正交限已下，以减正交限，为阴历交前度；已上，减去正交限，为阳历交后度。

求月食入阴阳历去交前后度

视交定度，在交中度已下，为阳历；已上，减去交中，为阴历。视入阴阳历，在后准十五度半已下，为交后度；前准一百六十六度三十九分六十八秒已上，覆减交中，余为交前度及分。

求日食分秒

视去交前后度，各减阴阳历食限，不及减者不食。余如定法而一，各为日食之分秒。

求月食分秒

视去交前后度，不用南北东西差者。用减食限，不及减者不食。余如定法而一，为月食之分秒。

求日食定用及三限辰刻

置日食分秒，与二十分相减、相乘，平方开之，所得，以五千七百四十乘之，如入定限行度而一，为定用分；以减食甚定分，为初亏；加食甚定分，为复圆；依发敛求之，为日食三限辰刻。

求月食定用及三限五限辰刻

置月食分秒，与三十分相减、相乘，平方开之；所得，以五千七百四十乘之，如入定限行度而一，为定用分；以减食甚定分，为初亏；加食甚定分，为复圆；依发敛求之，即月食三限辰刻。

月食既者，以既内分与一十分相减、相乘，平方开之，所得，以五千七百四十乘之，如入定限行度而一，为既内分；用减定用分，为既外分；以定用分减食甚定分，为初亏；加既外，为食既；又加既内，为食甚；再加既内，为生光；复加既外，为复圆；依发敛求之，即月食五限辰刻。

求月食入更点

置食甚所入日晨分,倍之,五约,为更法;又五约更法,为点法。乃置初末诸分,昏分已上,减去昏分,晨分已下,加晨分,以更法除之,为更数;不满,以点法收之,为点数;其更点数,命初更初点算外,各得所入更点。

求日食所起

食在阳历,初起西南,甚于正南,复于东南;食在阴历,初起西北,甚于正北,复于东北;食八分已上,初起正西,复于正东。此据午地而论之。

求月食所起

食在阳历,初起东北,甚于正北,复于西北;食在阴历,初起东南,甚于正南,复于西南;食八分已上,初起正东,复于正西。此亦据午地而论之。

求日月出入带食所见分数

视其日日出入分,在初亏已上、食甚已下者,为带食。各以食甚分与日出入分相减,余为带食差;以乘所食之分,满定用分而一,如月食既者,以既内分减带食差,余进一位,如既外分而一,所得,以减既分,即月带食出入所见之分;不及减者,为带食既出入。以减所食分,即日月出入带食所见之分。其食甚在昼,晨为渐进,昏为已退;其食甚在夜,晨为已退,昏为渐进。

求日月食甚宿次

置日月食甚入盈缩历定度,在盈,便为定积;在缩,加半岁周,为定积。望即更加半周天度。以天正冬至加时黄道日度,加而命之,各得日月食甚宿次及分秒。

步五星第七

历度

三百六十五度二十五分七十五秒。

历中

一百八十二度六十二分八十七秒半。

历策

一十五度二十一分九十秒六十二微半。

木星

周率,三百九十八万八千八百分。

周日,三百九十八日八十八分。

历率,四千三百三十一万二千九百六十四分八十六秒半。

度率,一十一万八千五百八十二分。

合应,一百一十七万九千七百二十六分。

历应,一千八百九十九万九千四百八十一分。

盈缩立差,二百三十六加。

平差,二万五千九百一十二减。

定差,一千八十九万七千。

伏见,一十三度。

段目	段　日	平　度	限　度	初行率
合伏	一十六日八十六	三度八十六	二度九十三	二十三分
晨疾初	二十八日	六度一十一	四度六十四	二十二分
晨疾末	二十八日	五度五十一	四度一十九	二十一分
晨迟初	二十八日	四度三十一	三度二十八	一十八分
晨迟末	二十八日	一度九十一	一度四十五	一十二分
晨留	二十四日			
晨退	四十六日五十八	四度八十八一十二半	空三十二八十七半	

夕退	四十六日 五十八	四度 八十八 一十二半	空 三十二 八十七半	一十六分
夕留	二十四日			
夕迟初	二十八日	一度九十一	一度四十五	
夕迟末	二十八日	四度三十一	三度二十八	一十二分
夕疾初	二十八日	五度五十一	四度一十九	一十八分
夕疾末	二十八日	六度一十一	四度六十四	二十一分
夕伏	一十六日八十六	三度八十六	二度九十三	二十二分

火星

周率,七百七十九万九千二百九十分。

周日,七百七十九日九十二分九十秒。

历率,六百八十六万九千五百八十分四十三秒。

度率,一万八千八百七分半。

合应,五十六万七千五百四十五分。

历应,五百四十七万二千九百三十八分。

盈初缩末立差,一千一百三十五减。

　　　　平差,八十三万一千一百八十九减。

　　　　定差,八千八百四十七万八千四百。

缩初盈末立差,八百五十一加。

　　　　平差,三万二百三十五负减。

　　　　定差,二千九百九十七万六千三百。

伏见,一十九度。

段目	段　日	平　度	限　度	初行率
合伏	六十九日	五十度	四十六度五十	七十三分
晨疾初	五十九日	四十一度八十	三十八度八十七	七十二分
晨疾末	五十七日	三十九度〇八	三十六度三十四	七十分
晨次疾初	五十三日	三十四度一十六	三十一度七十七	六十七分
晨次疾末	四十七日	二十七度〇六	二十五度一十五	六十二分
晨迟初	三十九日	一十七度七十二	一十六度四十八	五十三分
晨迟末	二十九日	六度二十	五度七十七	三十八分
晨留	八日			
晨退	二十八日 九十六 四十五	八度 六十五 六十七半	六度 四十六 三十二半	
夕退	二十八日 九十六 四十五	八度 六十五 六十七半	六度 四十六 三十二半	四十四分
夕留	八日			
夕迟初	二十九日	六度二十	五度七十七	
夕迟末	三十九日	一十七度七十二	一十六度四十八	三十八分
夕次疾初	四十七日	二十七度〇四	二十五度一十五	五十三分
夕次疾末	五十三日	三十四度一十六	三十一度七十七	六十二分
夕疾初	五十七日	三十九度〇八	三十六度三十四	六十七分
夕疾末	五十九日	四十一度八十	三十八度八十七	七十分
夕伏	六十九日	五十度	四十六度五十	七十二分

土星

周率，三百七十八万九百一十六分。

周日，三百七十八日九分一十六秒。

历率，一亿七百四十七万八千八百四十五分六十六秒。

度率，二十九万四千二百五十五分。

合应，一十七万五千六百四十三分。

历应，五千二百二十四万五百六十一分。

盈立差，二百八十三加。

　平差，四万一千二十二减。

　定差，一千五百一十四万六千一百。

缩立差，三百三十一加。

　平差，一万五千一百二十六减。

　定差，一千一百一万七千五百。

伏见，一十八度。

段目	段　日	平　度	限　度	初行率
合伏	二十日四十	二度四十	一度四十九	一十二分
晨疾	三十一日	三度四十	二度一十一	一十一分
晨次疾	二十九日	二度七十五	一度七十一	一十分
晨迟	二十六日	一度五十	初八十三	八分
晨留	三十日			
晨退	五十二日 六十四 五十八	三度 六十二 五十四半	初 二十八 四十五半	
夕退	五十二日 六十四 五十八	三度 六十二 五十四半	初 二十八 四十五半	一十分

夕留	三十日			
夕迟	二十六日	一度五十	初八十三	
夕次疾	二十九日	二度七十五	一度七十一	八分
夕疾	三十一日	三度四十	二度一十一	一十分
夕伏	二十日四十	二度四十	一度四十九	一十一分

金星

周率,五百八十三万九千二十六分。

周日,五百八十三日九十分二十六秒。

历率,三百六十五万二千五百七十五分。

度率,一万。

合应,五百七十一万六千三百三十分。

历应,一十一万九千六百三十九分。

盈缩立差,一百四十一加。

平差,三减。

定差,三百五十一万五千五百。

伏见,一十度半。

段目	段 日	平 度	限 度	初行率
合伏	三十九日	四十九度五十	四十七度六十四	一度二十七分半
夕疾初	五十二日	六十五度五十	六十三度〇四	一度二十六分半

夕疾末	四十九日	六十一度	五十八度 七十	一度 二十五 分半
夕次疾初	四十二日	五十度 二十五	四十八度 三十六	一度 二十三 分半
夕次疾末	三十九日	四十二度 五十	四十度 九十	一度 一十六 分
夕迟初	三十三日	二十七度	二十五度 九十九	一度 二分
夕迟末	一十六日	四度 二十五	四度 〇九	六十二分
夕留	五日			
夕退	一十日 九十五 一十三	三度 六十九 八十七	一度 五十九 一十三	
夕退伏	六日	四度 三十五	一度 六十三	六十一分
合退伏	六日	四度 三十五	一度 六十二	八十二分
晨退	一十日 九十五 一十三	三度 六十九 八十七	一度 五十九 一十三	六十一分
晨留	五日			
晨迟初	一十六日	四度 二十五	四度 〇九	

晨迟末	三十三日	二十七度	二十五度 九十九	六十二分
晨次疾初	三十九日	四十二度 五十	四十度 九十	一度 二分
晨次疾末	四十二日	五十度 二十五	四十八度 三十六	一度 一十六 分
晨疾初	四十九日	六十一度	五十八度 七十一	一度 二十二 分半
晨疾末	五十二日	六十五度 五十	六十三度 〇四	一度 二十五 分半
晨伏	三十九日	四十九度 五十	四十七度 六十四	一度 二十六 分半

水星

周率，一百一十五万八千七百六十分。

周日，一百一十五日八十七分六十秒。

历率，三百六十五万二千五百七十五分。

度率，一万。

合应，七十万四百三十七分。

历应，二百五万五千一百六十一分。

盈缩立差，一百四十一加。

　　平差，二千一百六十五减。

　　定差，三百八十七万七千。

晨伏夕见，一十六度半。

夕伏晨见，一十九度。

段目	段日	平度	限度	初行率
合伏	一十七日 七十 五	三十四度 二十 五	二十九度 〇八	二度 一十五分 五十八
夕疾	一十五日	二十一度 三十 八	一十八度 一十 六	一度 七十分 三十四
夕迟	一十二日	一十度 一十 二	八度 五十九	一度 一十四分 七十二
夕留	二日			
夕退伏	一十一日 一十八 八十	七度 八十一 二十	二度 一十 八十	
合退伏	一十一日 一十八 八十	七度 八十一 二十八	二度 一十 八十	一度 三分 四十六
晨留	二日			
晨迟	一十二日	一十度 一十 二	八度 五十九	
晨疾	一十五日	二十一度 三十 八	一十八度 一十 六	一度 一十四分 七十二
晨伏	一十七日 七十 五	三十四度 二十 五	二十九度 〇八	一度 七十分 三十四

推天正冬至后五星平合及诸段中积中星

置中积,加合应,以其星周率去之,不尽,为前合;复减周率,余为后合;以日周约之,得其星天正冬至后平合中积中星。命为日,日中积。命为度,日中星。以段日累加中积,即诸段中积;以度累加中星,经退则减之,即为诸段中星。上考者,中积内减合应,满周率去之,不尽,便为所求后合分。

推五星平合及诸段入历

各置中积,加历应及所求后合分,满历率,去之;不尽,如度率而一为度,不满,退除为分秒,即其星平合入历度及分秒;以诸段限度累加之,即诸段入历。上考者,中积内减历应,满历率去之,不尽,反减历率,余加其年后合,余同上。

求盈缩差

置入历度及分秒,在历中已下,为盈;已上,减去历中,余为缩。视盈缩历,在九十一度三十一分四十三秒太已下,为初限;已上,用减历中,余为末限。

其火星,盈历在六十度八十七分六十二秒半已下,为初限;已上,用减历中,余为末限。缩历在一百二十一度七十五分二十五秒已下,为初限;已上,用减历中,余为末限。

置各星立差,以初末限乘之,去加减平差,得,又以初末限乘之,去加减定差,再以初末限乘之,满亿为度,不满退除为分秒,即所求盈缩差。

又术:置盈缩历,以历策除之,为策数,不尽为策余;以其下损益率乘之,历策除之,所得,益加损减其下盈缩积,亦为所求盈缩差。

求平合诸段定积

各置其星其段中积,以其盈缩差盈加缩减之,即其段定积日及分秒。以天正冬至日分加之,满纪法去之,不满,命甲子算外,即得日辰。

求平合及诸段所在月日

各置其段定积,以天正闰日及分加之,满朔策,除之为月数,不尽,为入月已来日数及分秒。其月数,命天正十一月算外,即其段入月经朔日数及分秒;以日辰相距,为所在定月日。

求平合及诸段加时定星

各置其段中星,以盈缩差盈加缩减之,金星倍之,水星三之。即诸段定星。以天正冬至加时黄道日度,加而命之,即其星其段加时所在宿度及分秒。

求诸段初日晨前夜半定星

各以其段初行率,乘其段加时分,百约之,乃顺减退加其日加时定星,即其段初日晨前夜半定星,加命如前,即得所求。

求诸段日率度率

各以其段日辰距后段日辰为日率。以其段夜半宿次与后段夜半宿次相减,余为度率。

求诸段平行分

各置其段度率,以其段日率除之,即其段平行度及分秒。

求诸段增减差及日差

以本段前后平行分相减,为其段泛差。倍而退位,为增减差。以加减其段平行分,为初末日行分。前多后少者,加为初,减为末。前少后多者,减为初,加为末。倍增减差,为总差。以日率减一,除之,为日差。

求前后伏迟退段增减差

前伏者,置后段初日行分,加其日差之半,为末日行分。

后伏者,置前段末日行分,加其日差之半,为初日行分;以减伏段平行分,余为增减差。

前迟者,置前段末日行分,倍其日差,减之,为初日行分。

后迟者,置后段初日行分,倍其日差,减之,为末日行分;以迟段平行分减之,余为增减差。前后近留之迟段。

木、火、土三星,退行者,六因平行分,退一位,为增减差。

金星,前后退伏者,三因平行分,半而退位,为增减差。

前退,置后段初日行分,以其日差减之,为末日行分。

后退者,置前段末日行分,以其日差减之,为初日行分;乃以本段平行分减之,余为增减差。

水星,退行者,半平行分,为增减差;皆以增减差加减平行分,为初末日行分。前多后少者,加为初,减为末。前少后多者,减为初,加为末。又倍增减差,为总差;以日率减一,除之,为日差。

求每日晨前夜半星行宿次

各置其段初日行分,以日差累损益之,后少则损之,后多则益之,为每日行度及分秒。乃顺加退减,满宿次去之,即每日晨前夜半星行宿次。

求五星平合见伏入盈缩历

置其星其段定积日及分秒,若满岁周日及分秒,去之,余在次年天正冬至后。如在半岁周已下,为入盈历;满半岁周,去之,为入缩历;各在初限已下,为初限;已上,反减半岁周,余为末限;即得五星平合见伏入盈缩历日及分秒。

求五星平合见伏行差

各以其星其段初日星行分,与其段初日太阳行分相减,余为行差。若金、水二星退行在退合者,以其段初日星行分,并其段初日太阳行分,为行差。内水星夕伏晨见者,直以其段初日太阳行分为行差。

求五星定合定见定伏泛积

木、火、土三星,以平合晨见夕伏定积日,便为定合伏见泛积日及分秒。

金、水二星,置其段盈缩差度及分秒,水星倍之。各以其段行差除之,为日,不满,退除为分秒。在平合夕见晨伏者,盈减、缩加;在退合夕伏晨见者,盈加、缩减;各以加减定积为定合伏见泛积日及分秒。

求五星定合定积定星

木、火、土三星,各以平合行差除其段初日太阳盈缩积,为距合差日;不满,退除为分秒,以太阳盈缩积减之,为距合差度。各置其星定合泛积,以距合差日盈减缩加之,为其星定合定积日及分秒;

以距合差度盈减缩加之,为其星定合定星度及分秒。

金、水二星,顺合退合者,各以平合退合行差,除其日太阳盈缩积为距合差日;不满,退除除为分秒,顺加退减太阳盈缩积,为距合差度。顺合者,盈加、缩减其星定合泛积,为其星定合定积日及分秒;退合者,以距合差日盈加缩减、距合差度盈加缩减其星退定合泛积,为其星退定合定积日及分秒;命之,为退定合定星度及分秒。以天正冬至日及分秒,加其星定合定积日及分秒,满旬周,去之,命甲子算外,即得定合日辰及分秒。以天正冬至加时黄道日度及分秒,加其星定合定星度及分秒,满黄道宿次,去之,即得定合所躔黄道宿度及分秒。径求五星合伏定日:木、火、土三星,以夜半黄道日度,减其星夜半黄道宿次,余在其日太阳行分已下,为其日伏合;金、水二星,以其星夜半黄道宿次,减夜半黄道日度,余在其日金、水二星行分已下者,为其日伏合。金、水二星伏退合者,视其日太阳夜半黄道宿次,未行到金、水二星宿次,又视次日太阳行过金、水二星宿次,金、水二星退行过太阳宿次,为其日定合伏退定日。

求木火土三星定见伏定积日

各置其星定见定伏泛积日及分秒,晨加夕减九十一日三十一分六秒,如在半岁周已下,自相乘,已上,反减岁周,余亦自相乘,满七十五,除之为分,满百为度,不满,退除为秒;以其星见伏度乘之,一十五除之,所得,以其段行差除之,为日,不满,退除为分秒;见加伏减泛积,为其星定见伏定积日及分秒;加命如前,即得定见伏日辰及分秒。

求金水二星定见伏定积日

各以伏见日行差,除其段初日太阳盈缩积,为日,不满,退除为分秒;若夕见晨伏,盈加、缩减;如晨见夕伏,盈减、缩加;以加减其星定见定伏泛积日及分秒,为常积。如在半岁周已下,为冬至后;已上,去之,余为夏至后。各在九十一日三十一分六秒已下,自相乘;已上,反减半岁周,亦自相乘。冬至后晨,夏至后夕,一十八而一,为分;冬至后夕,夏至后晨,七十五而一,为分;又以其星见伏度乘之,一十五除之,所得,满行差,除之,为日,不满,退除为分秒,加减常积,为定积。在晨见夕伏者,冬至后加之,夏至后减之;夕见晨伏者,冬至后减之,夏至后加之;为其星定见定伏定积日及分秒;加命如前,即得定见定伏日晨及分秒。

元史卷五六
志第八

历　五

庚午元历上

　　演纪上元庚午,距太宗庚辰岁,积年二千二十七万五千二百七十算外,上考往古,每年减一算,下验将来,每年加一算。

　　步气朔术
　　日法,五千二百三十。
　　岁实,一百九十一万二百二十四。
　　通余,二万七千四百二十四。
　　朔实,一十五万四千四百四十五。
　　通闰,五万六千八百八十四。
　　岁策,三百六十五,余一千二百七十四。
　　朔策,二十九,余二千七百七十五。
　　气策,一十五,余一千一百四十二,秒六十。
　　望策,一十四,余四千二,秒四十五。
　　象策,七,余二千一,秒二十二半。
　　没限,四千八十七,秒三十。
　　朔虚分,二千四百五十五。
　　旬周,三十一万三千八百。

纪法,六十。

秒母,九十。

求天正冬至

置上元庚午以来积年,以岁实乘之,为通积分;满旬周,去之;不尽,以日法约之,为日,不盈为余;命壬戌算外,即得所求天正冬至大小余也。先以里差加减通积分,然后求之。求里差术,具《月离》篇中。

求次气

置天正冬至大小余,以气策及余累加之,秒盈秒母从分,分满日法从日,即得次气日及余分秒。

求天正经朔

置通积分,满朔实去之,不尽,为闰余;以减通积分,为朔积分;满旬周,去之,不尽,如日法而一,为日,不尽,为余,即得所求天正经朔大小余也。

求弦望及次朔

置天正经朔大小余,以象策累加之,即各得弦望及次朔经日及余秒也。

求没日

置有没之气恒气小余,如没限以上,为有没之气;以秒母乘之,内其秒,用减四十七万七千五百五十六;余,满六千八百五十六而一;所得,并入恒气大余内,命壬戌算外,即得为没日也。

求灭日

置有灭之朔小余,经朔小余不满朔虚分者。六因之,如四百九十一而一;所得,并经朔大余,命为灭日。

步卦候发敛术

候策,五,余三百八十,秒八十。

卦策,六,余四百五十七,秒六。

贞策,三,余二百二十八,秒四十八。

秒母,九十。

辰法,二千六百一十五。

半辰法,一千三百七半。

刻法,三百一十三,秒八十。

辰刻,八,分一百四,秒六十。

半辰刻,四,分五十二,秒三十。

秒母,一百。

求七十二候

置节气大小余,命之为初候;以候策累加之,即得次候及末候也。

求六十四卦

置中气大小余,命之为公卦;以卦策累加之,得辟卦;又加,得内卦;以贞策加之,得节气之初,为侯外卦;又以贞策加之,得大夫卦;又以卦策加之,为卿卦也。

求土王用事

以贞策减四季中气大小余,即得土王用事日也。

求发敛

置小余,以六因之,如辰法而一,为辰数;不尽,以刻法除为刻,命子正算外,即得加时所在辰刻分也。如加半辰法,即命子初。

求二十四气卦候

恒气 月中节 四正卦	初候	次候	末候	始卦	中卦	终卦
冬至 十一月中 坎初六	蚯蚓结	麋角解	水泉动	公中孚	辟复	侯屯内
小寒 十二月节 坎九二	雁北向	鹊始巢	野鸡始鸲	侯屯外	大夫谦	卿睽

大寒 十二月中 坎六三	鸡始乳	鸷鸟厉疾	水泽腹坚	公升	辟临	侯小过内
立春 正月节 坎六四	东风解冻	蛰虫始振	鱼上冰	侯小 过外	大夫蒙	卿益
雨水 正月中 坎九五	獭祭鱼	鸿雁来	草木萌动	公渐	辟泰	侯需内
惊蛰 二月节 坎上六	桃始华	鸧鹒鸣	鹰化为鸠	侯需外	大夫随	卿晋
春分 二月中 震初九	玄鸟至	雷乃发声	始电	公解	辟大庄	侯豫内
清明 三月节 震六二	桐始华	田鼠 化为鴽	虹始见	侯豫外	大夫讼	卿蛊
谷雨 三月中 震六三	萍始生	鸣鸠 拂其羽	戴胜 降于桑	公革	辟夬	侯旅内
立夏 四月节 震九四	蝼蝈鸣	蚯蚓出	王瓜生	侯旅外	大夫师	卿比
小满 四月中 震六五	苦菜秀	靡草死	小暑至	公小畜	辟乾	侯大 有内
芒种 五月节 震上六	螳螂生	鵙始鸣	反舌 无声	侯大 有外	大夫 家人	卿井

夏至 五月中 离初九	鹿角解	蜩始鸣	半夏生	公咸	辟姤	侯鼎内
小暑 六月节 离六二	温风至	蟋蟀居壁	鹰乃学习	侯鼎外	大夫丰	卿涣
大暑 六月中 离九三	腐草 化为萤	土润 溽暑	大雨 时行	公履	辟遁	侯恒内
立秋 七月节 离九四	凉风至	白露降	寒蝉鸣	侯恒外	大夫节	卿同人
处暑 七月中 离六五	鹰乃 祭鸟	天地 始肃	禾乃登	公损	辟否	侯巽内
白露 八月节 离上九	鸿雁来	玄鸟归	群鸟 养羞	侯巽外	大夫萃	卿大畜
秋分 八月中 兑初九	雷乃 收声	蛰虫 坏户	水始涸	公贲	辟观	侯归 妹内
寒露 九月节 兑九二	鸿雁来宾	雀入大水 化为蛤	菊有 黄花	侯归 妹外	大夫 无妄	卿明夷
霜降 九月中 兑六三	豺乃 祭兽	草木 黄落	蛰虫 咸俯	公困	辟剥	侯艮内
立冬 十月节 兑九四	水始冰	地始冻	野鸡入水 化为蜃	侯艮外	大夫 既济	卿噬嗑

小雪 十月中 兑九五	虹藏不见	天气上腾 地气下降	闭塞 成冬	公大过	辟坤	侯未 济内
大雪 十一月节 兑上六	鹖鸟不鸣	虎始交	荔挺出	侯未 济外	大夫蹇	卿颐

步日躔术

周天分,一百九十一万二百九十二,秒九十八。

岁差,六十八,秒九十八。

秒母,一百。

周天度,三百六十五分,分二十五,秒六十七。

象限,九十一,分三十一,秒九。

分秒母,一百。

二十四气日积度盈缩

恒气	日积度	分秒	损益率	初末率	日差	盈缩积
冬至	空		益七千 五十九	初四百九十八 八十　六十五 末四百七十八 八十八　一十一	四 九十一 七十九	盈空
小寒	一十五	九十二 四十三	益五千 九百二十	初四百二十五 八十九　七十二 末三百二十五 一十　四十一	五 一十八 九十九	盈七千 五十九
大寒	三十一	七十三 四十八	益四千 七百一十八	初三百四十八 八十四　八十 末二百七十一 一十八　七十四	五 四十六 一十九	盈一万二千 九百七十九

立春	四十七	四十二 五十一	益三千 四百五十三	初二百六十七 六十二　八十六 末一百八十六 一十六　一十六	五 七十二 九十六	盈一万七千 六百九十七
雨水	六十二	九十八 八十九	益二千 一百二十六	初一百八十二 二十七　三十八 末九十七　一十二 三十二	五 九十八 八十七	盈二万一千 一百五十
惊蛰	七十八	四十二 空	益七百 三十九	初九十一　一十三 四十六 末五　　一十三 四十	五 九十八 八十七	盈二万三千 二百七十六
春分	九十三	七十一 二十四	损七百 三十九	初五　九十八 四十 末九十一　一十三 四十六	五 九十八 八十七	盈二万四千 一十五
清明	一百八	八十五 六十九	损二千 一百二十六	初九十八　九十六 五十 末一百八十 四十三　二十	五 七十二 六十九	盈二万三千 二百七十六
谷雨	一百 二十三	八十六 二十八	损三千 四百五十三	初一百八十八　六 四十八 末二百六十五 七十二　五十四	五 四十六 一十九	盈二万一千 一百五十
立夏	一百 三十八	七十三 六十	损四千 七百一十八	初二百七十三 一十一　九十七 末三百四十六 九十一　四十三	五 一十八 九十七	盈一万七千 六百九十七
小满	一百 五十三	四十八 二十七	损五千 九百二十	初三百五十四　三 七十九 末四百二十三 九十六　三十二	四 九十一 七十九	盈一万二千 九百七十九

芒种	一百六十八	一十九十二	损七千五十九	初四百二十八八十八 一十一末四百九十 八十六十五	四九十一七十九	盈七千五十九
夏至	一百八十二	六十二一十八	益七千五十九	初四百九十八八十 六十五末四百二十八八十八 一十一	四九十一七十九	缩空
小暑	一百九十七	一十三四十三	益五千九百二十	初四百二十五八十九 七十二末三百五十二 一十 四十一	五一十八九十九	缩七千五十九
大暑	二百一十一	七十六八	益四千七百一十八	初三百四十八八十四 八十末二百七十一 一十八 七十四	五四十六一十九	缩一万二千九百七十九
立秋	二百二十六	五十七十五	益三千四百五十三	初二百六十七六十二 八十六末一百八十六 一十六 一十六	五七十二九十六	缩一万七千六百九十七
处暑	二百四十一	三十八七	益二千一百二十六	初一百八十二二十七 三十八末九十七 一十二 三十二	五九十八八十七	缩一万一千一百五十
白露	二百五十六	三十八六十六	益七百三十九	初九十一 一十三四十六末五 九十八四十	五九十八八十七	缩一万三千二百七十六
秋分	二百七十一	五十三一十二	损七百三十九	初五 九十八四十末九十一 一十三四十六	五九十八八十七	缩二万四千一十五

恒气	中积	经分 约分	损益率	初末率	日差	朓朒积
寒露	二百 八十六	八十二 二十五	损二千 一百二十六	初九十八　九十六 五十 末一百八十 四十三　二十	五 七十二 九十六	缩二万三千 二百七十六
霜降	三百 二	二十五 四十六	损三千 四百五十三	初一百八十八　六 四十八 末二百六十五 七十二　五十四	五 四十六 一十九	缩二万一千 一百五十
立冬	三百 一十七	八十一 八十四	损四千 七百一十八	初二百七十三 一十一　九十七 末三百四十六 九十一　四十三	五 一十八 九十九	缩一万七千 六百九十七
小雪	三百 三十三	五十 八十七	损五千 九百二十	初三百五十四 三十　十九 末四百二十三 九十六　三十二	四 九十一 七十九	缩一万二千 九百七十九
大雪	三百 四十九	三十一 九十二	损七千 五十九	初四百二十八 八十八　一十一 末四百九十八 八十　六十五	四 九十一 七十九	缩七千 五十九

二十四气中积及朓朒

恒气	中积	经分 约分	损益率	初末率	日差	朓朒积
冬至	空		益二百 七十六	初一十九 四十九　六十四 末一十六 七十八　五十二	一十九	朒空
小寒	十五	一千一百四十二 六十 二十一　八十四	益二百 三十二	初一十六 六十八　七十四 末一十三　八十 一十九	二十 二十九	朒二百 七十六

大寒	三十	二千二百八十五 三十 四十三 六十九	益一百八十五	初一十三 六十九 一十一 末一十 六十二 五十九 一十四	二十一 五十九	胐五百八
立春	四十五	三千四百二十八 六十五 五十四	益一百三十五	初一十 四十六 七十 末七 二十七 四十三	二十二 四十五	胐六百九十三
雨水	六十	四千五百七十 六十 八十七 三十九	益八十三	初七 一十 一十四 末三 七十九 六十三	二十三 三十二	胐八百三十八
惊蛰	七十六	四百八十三 三十 九 二十四	益二十九	初三 五十六 三十一 末空 二十四 八十	二十三 三十二	胐九百一十一
春分	九十一	一千六百二十六 三十一 九	损二十九	初空 二十四 八十 末三 五十六 三十一	二十三 三十二	胐九百四十
清明	一百六	二千七百六十八 六十 五十二 九十三	损八十三	初三 八十五 七十六 末七 五 一	二十二 四十五	胐九百一十一
谷雨	一百二十一	三千九百一十一 三十 七十四 七十八	损一百三十五	初七 二十五 五十九 末一十 四十 五十六	二十一 五十九	胐八百二十八
立夏	一百三十六	五千五十四 九十六 六十三	损一百八十五	初一十 七十一 三十六 末一十三 五十九 九十一	二十 二十九	胐六百九十三

小满	一百五十二	九百九十六 一千一十八 六十 四十八	损二百三十二	初一十三 八十九 四十 末一十六 五十九 五十二	一十九	朒五百八
芒种	一百六十七	二千一百九 三十 四十 三十二	损二百七十六	初一十六 七十八 五十二 末一十九 四十九 六十四	一十九	朒二百七十六
夏至	一百八十二	三千二百五十二 六十二 一十八	益二百七十六	初一十九 四十九 六十四 末一十六 七十八 五十二	一十九	朓空
小暑	一百九十七	四千三百九十四 六十 八十四 二	益二百三十二	初一十六 六十八 七十四 末一十三 八十 一十九	二十 二十九	朓二百七十六
大暑	二百一十三	三百七 三十 五 八十七	益一百八十五	初一十三 六十九 八十一 末一十 六十二 一十四	二十一 五十九	朓五百八
立秋	二百二十八	一千四百五十 二十七 七十二	益一百三十五	初一十 四十六 七十 末七 二十七 四十五	二十二 四十五	朓六百九十三
处暑	二百四十三	二千五百九十三 六十 四十九 五十七	益八十三	初七 一十一 一十四 末三 七十九 六十三	二十三 三十二	朓八百二十八
白露	二百五十八	二千七百二十五 三十 七十一 四十二	益二十九	初三 五十六 三十一 末空 二十四 八十	二十三 三十二	朓九百一十一

秋分	二百七十三	四千八百七十八 九十三 二十七	损二十九	初空 二十四 八十 末三 五十六 三十一	二十三 三十二	朓九百四十
寒露	二百八十九	七百九十 六十 一十五 一十二	损八十三	初三 八十五 七十六 末七 一十一 一	二十二 四十五	朓九百一十一
霜降	三百四	一千九百三十三 三十 三十六 九十六	损一百三十五	初七 二十五 五十九 末一十 四十 五十六	二十一 五十九	朓八百二十八
立冬	三百一十九	三千七十六 五十八 八十一	损一百八十五	初一十 七十一 三十六 末一十三 五十九 九十一	二十 二十九	朓六百九十三
小雪	三百三十四	四千二百一十八 六十 八十 六十六	损二百三十二	初一十三 八十九 四十 末一十六 五十九 五十二	一十九	朓五百八
大雪	三百五十	一百三十一 三十 二 三十一	损二百七十六	初一十六 七十八 五十二 末一十九 四十八 六十四	一十九	朓二百七十六

求每日盈缩朓朒

各置其气损益率，求盈缩，用盈缩之损益；求朓朒，用朓朒之损益。六因，如象限而一，为其气中率；与后气中率相减，为合差；加减其气中率，为初末泛率。至后，加初减末；分后，减初加末。又置合差，六因，如象限而一，为日差；半之，加减初末泛率，为初末定率；至后，减初加末；分后，加初减末。以日差累加减气初定率，为每日损益分；至后减，分后加。各以每日损益分加减气下盈缩朓朒，为每日盈缩朓朒。
二分前一气无后率相减为合差者，皆用前气合差。

求经朔弦望入气

置天正闰余,以日法除为日,不满,为余;如气策以下,以减气策,为入大雪气;以上,去之,余亦以减气策,为入小雪气;即得天正经朔入气日及余也;以象策累加之,满气策去之,即为弦望入次气日及余;因加得后朔入气日及余也。便为中朔望入气。

求每日损益盈缩朓朒

以日差益加损减其气初损益率,为每日损益率。驯积损益其气盈缩朓朒积,为每日盈缩朓朒积。

求经朔弦望入气朓朒定数

以各所求入气小余,以乘其日损益率,如日法而一;所得,损益其下朓朒积,为定数。便为中朔弦望朓朒定数。

赤道宿度

斗二十五	牛七少	女十一少	虚九少	六十七秒
危十五度半	室十七	壁八太		

右北方七宿,九十四度六十七秒。

奎十六半	娄十二	胃十五	昴十一少
毕十七少	觜半	参十半	

右西方七宿,八十三度。

井三十三少	鬼二半	柳十三太	星六太
张十七少	翼十八	轸十七	

右南方七宿,一百九度少。

角十二	亢九少	氐十六	房五太
心六少	尾十九少	箕十半	

右东方七宿,七十九度。

求冬至赤道日度

置通积分,以周天分去之;余,日法而一,为度,不满,退除为分秒;以百为母,命起赤道虚宿六度外,去之,不满宿,即得所求年天正冬至加时日躔赤道宿度及分秒。其在寻斯干之东西者,先以里差加减通积分。

求春分夏至秋分赤道日度

置天正冬至加时赤道日度，累加象限，满赤道宿次，去之，即各得春分、夏至、秋分加时日在宿度及分秒。

求四正赤道宿积度

置四正赤道宿全度，以四正赤道日度及分秒减之，余为距后度；以赤道宿度累加之，各得四正后赤道宿度及分秒。

求赤道宿积度入初限

视四正后赤道宿积度及分，在四十五度六十五分五十四秒半以下，为入初限；以上者，用减象限，余为入末限。

求二十八宿黄道度

置四正后赤道宿入初末限度及分，减一百一度，余，以初末限度及分乘之，进位，满百为分，分满百为度；至后以减、分后以加赤道宿积度，为其宿黄道积度；以前宿黄道积度减之，其四正之宿，先加象限，然后以前缩减之。为其宿黄道度及分。其分就近约为太半少。

黄道宿度

| 斗二十三 | 牛七 | 女十一 | 虚九少 | 六十七秒 |
| 危十六 | 室十八少 | 壁九半 | | |

右北方七宿，九十四度六十七秒。

| 奎十七太 | 娄十二太 | 胃十五半 | 昴十一 |
| 毕十六半 | 觜半 | 参九太 | |

右西方七宿，八十三度太。

| 井三十半 | 鬼二半 | 柳十三少 | 星六太 |
| 张十七太 | 翼二十 | 轸十八半 | |

右南方七宿，一百九度少。

| 角十二太 | 亢九太 | 氐十六少 | 房五太 |
| 心六 | 尾十八少 | 箕九半 | |

右东方七宿，七十八度少。

前黄道宿度，依今历岁差所在算定。如上考往古，下验将来，当据岁差，每一度，依术推变当时宿度，然后可步七曜，知其所在。

求天正冬至加时黄道日度

以冬至加时赤道日度分秒,减一百一度,余以冬至加时赤道日度及分秒乘之,进位,满百为分,分满百为度,命曰黄赤道差;用减冬至加时赤道日度及分秒,即得所求年天正冬至加时黄道日度及分秒。

求二十四气加时黄道日度

置所求年冬至日黄赤道差,以次年黄赤道差减之,余以所求气数乘之,二十四而一;所得,以加其气中积度及约分,以其气初日盈缩数盈加缩减之,用加冬至加时黄道日度,依宿次去之,即各得其气加时黄道日躔宿度及分秒。如其年冬至加时黄道宿度空分秒在岁差以下者,即加前宿全度,然求黄赤道差,余依术算。

求二十四气及每日晨前夜半黄道日度

副置其恒气小余,以其气初日损益率乘之,盈缩之损益。万约之,应益者盈加缩减,应损者盈减缩加,其副日法除之,为度,不满,退除为分秒,以减其气加时黄道日度,即得其气初日晨前夜半黄道日度。每日加一度,以万乘之,又以每日损益数,盈缩之损益。应益者盈加缩减,应损者盈减缩加,为每日晨前夜半黄道日度及分秒。

求每日午中黄道日度

置一万分,以所求入气日损益数加减,益者,盈加缩减。损者,盈减缩加。半之,满百为分,不满为秒,以加其日晨前夜半黄道日度,即其日午中日躔黄道宿度及分秒。

求每日午中黄道积度

以二至加时黄道日度,距至所求日午中黄道日度,为入二至后黄道日积度及分秒。

求每日午中黄道入初末限

视二至后黄道积度,在四十三度一十二分八十七秒之以下为初限;以上,用减象限,余为入末限。其积度,满象限去之,为二分后黄道积度;在四十八度一十八分二十一秒之以下,为初限;以上,用减象限,余为入末限。

求每日午中赤道日度

以所求日午中黄道积度，入至后初限、分后末限度及分秒，进三位，加二十万二千五十少，开平方除之，所得减去四百四十九半，余在初限者，直以二至赤道日度加而命之；在末限者，以减象限，余以二分赤道日度加而命之，即每日午中赤道日度。

以所求日午中黄道积度，入至后末限、分后初限度及分秒，进三位，同减三十万三千五十少，开平方除之，所得，以减五百五十半，其在初限者，以所减之余，直以二分赤道日度加而命之；在末限者，以减象限，余以二至赤道日度加而命之，即每日午中赤道日度。

太阳黄道十二次入宫宿度

危，十三度三十九分五十九秒外入卫分娵訾之次，辰在亥。

奎，二度三十五分八十五秒外入鲁分降娄之次，辰在戌。

胃，四度二十四分三十三秒外入赵分大梁之次，辰在酉。

毕，七度九十六分六秒外入晋分实沈之次，辰在申。

井，九度四十七分一十秒外入秦分鹑首之次，辰在未。

柳，四度九十五分二十六秒外入周分鹑火之次，辰在午。

张，十五度五十六分三十五秒外入楚分鹑尾之次，辰在巳。

轸，十度四十四分五秒外入郑地寿星之次，辰在辰。

氐，一度七十七分七十七秒外入宋分大火之次，辰在卯。

尾，三度九十七分七十二秒外入燕分析木之次，辰在寅。

斗，四度三十六分六十六秒外入吴越分星纪之次，辰在丑。

女，二度九十一分九十一秒外入齐分玄枵之次，辰在子。

求入宫时刻

各置入宫宿度及分秒，以其日辰前夜半日度减之，相近一度之间者求之。余以日法乘其分，其秒从于下，亦通乘之。为实；以其日太阳行分为法；实如法而一，所得，依发敛加时求之，即得其日太阳入宫时刻及分秒。

步晷漏术

中限，一百八十二日六十二分一十八秒。

冬至初限、夏至末限，六十二日二十分。

夏至初限、冬至末限，一百二十日四十二分。

冬至永安晷影常数，一丈二尺八寸三分。

夏至永安晷影常数，一尺五寸六分。

周法，一千四百二十八。

内外法，一万八百九十六。

半法，二千六百一十五。

日法四分之三，三千九百二十二半。

日法四分之一，一千三百七半。

昏明分，一百三十分七十五秒。

昏明刻，二刻一百五十六分九十秒。

刻法，三百一十三分八十秒。

秒母，一百。

求午中入气中积

置所求日大余及半法，以所入气大小余减之，为其日午中入气；以加其气中积，为其日午中中积。小余以日法除，为约分。

求二至后午中入初末限

置午中中积及分，如中限以下，为冬至后；以上，去中限，为夏至后。其二至后，如在初限以下，为初限；以上，复减中限，余为入末限也。

求午中晷影定数

视冬至后初限、夏至后末限，百通日内分，自相乘，副置之，以一千四百五十除之；所得，加五万三百八，折半限分并之，除其副为分，分满十为寸，寸满十为尺，用减冬至地中晷影常数，为求晷影定数。

视夏至后初限、冬至后末限，百通日内分，自相乘，为上位；下置入限分，以二百二十五乘之，百约之，加一十九万八千七十五，为法；夏至前后半限以上者，减去半限，列于上位，下置半限，各百通日内分，先相减,后相乘,以七千七百除之,所得以加其法。及除上位为分,分满十为寸,寸满十为尺,用加夏至地中晷影常数,为所求晷影定数。

求四方所在晷影

各于其处测冬夏二至晷数,乃相减之,余为其处二至晷差;亦以地中二至晷数相减,为地中二至晷差。其所求日在冬至后初限、夏至后末限者,如在半限以下,倍之;半限以上,覆减全限,余亦倍之;并入限日,三因,折半,以日为方,十分为寸,以减地中二至晷差,为法;置地中冬至晷影常数,以所求日地中晷影定数减之,余以其处二至晷差乘之,为实;实如法而一,所得,以减其处冬至晷数,即得其处其日晷影定数。所求日在夏至后初限、冬至后末限者,如在半限以下,倍之;半限以上,覆减全限,余亦倍之;并入限日,三因,四除,以日为分,十分为寸,以加地中二至晷差,为法;置所求日地中晷影定数,以地中夏至晷影常数减之,余以其处二至晷差乘之,为实;实如法而一,所得,以加其处夏至晷数,即得其处其日晷影定数。

　　二十四气陟降及日出分

恒气	增损差	加减差	陟降率	初末率	日出分
冬至	增 初九 二十六 末七 九十六	减十	陟十 四十	初空 五 五十 末一 二十六 四	一千五百六十七九十三
小寒	增 初七 八十九 末六 五十九	减十	陟二十八 七十三	初一 三十六 末二 三十七 二十六	一千五百五十七五十二
大寒	增 初六 五十二 末五 二十二	减十	陟四十三 五十六	初二 四十三 末三 二十五 二十八	一千五百二十八七十九

	增/损	减/加	陟/降		
立春	增 初五 一十八 末三 八十八	减十	陟五十五 一十九	初三 二十九 末三 九十二 四十二	一千四百八 十五二十三
雨水	增 初三 八十二 末二 五十二	减十	陟六十三 九十	初三 九十五 五十 末四 三十九 八十八	一千四百三 十四
惊蛰	增 初二 四十八 末一 三十八	减十	陟六十九 一十八	初四 四十四 末四 六十七 一十六	一千三百六 十六一十四
春分	损 初一 三十八 末二 四十八	减十	陟六十四 六十九	初四 三十七 末四 一十 六十八	一千二百九 十六九十六
清明	损 初三 五十 末三 五十四	加八	陟五十九 九	初三 八 五十 末三 六十六 二十二	一千二百三 十二二十七
谷雨	损 初三 六十五 末四 六十九	加八	陟五十 八十四	初三 六十二 末三 三 六十二	一千一百七 十三一十八
立夏	损 初四 八十 末五 八十四	加八	陟三十九 八十六	初二 九十八 末二 二十四 五十	一千一百二 十二三十四
小满	损 初五 九十八 末七 二	加八	陟二十六 六	初一 一十六 末一 二十五	一千八十二 四十八
芒种	损 初七 一十九 末八 二十三	加八	陟九 三十五	初一 一十五 末空 七 六	一千五十六 四十二
夏至	增 初八 三十七 末七 三十三	减八	降九 三十五	初空 四 五十 末一 一十四 四十	一千四十七 七

小暑	增 初七 二十 末六 一十六	减八	降二十六 六	初一 二十三 末二 一十六 五十二	一千五十六 四十二
大暑	增 初六 末四 九十六	减八	降三十九 八十六	初二 二十 五 末二 九十九 二十二	一千八十二 四十八
立秋	增 初四 八十 末三 七十六	减八	降五十 八十四	初三 三 末三 六十二 九十二	一千一百二 十二三十四
处暑	增 初三 六十 末二 五十六	减八	降五十九 九	初三 六十五 五十 末四 八 六十二	一千一百七 十二一十八
白露	增 初二 四十 末一 三十六	减八	降六十四 六十九	初四 一十 五十 末四 三十六 八十二	一千二百三 十二二十七
秋分	损 初一 六十 末一 六十	加十	降六十九 一十八	初四 六十八 末四 四十四 九十	一千二百九 十六九十六
寒露	损 初二 六十二 末三 九十二	加十	降六十三 九十	初四 四十二 末三 九十六 二十二	一千三百六 十六一十四
霜降	损 初三 九十八 末五 二十八	加十	降五十五 一十九	初三 九十四 末三 二十九 一十八	一千四百三 十四
立冬	损 初五 三十二 末六 六十二	加十	降四十三 五十六	初二 二十七 末二 四十三 四十三	一千四百八 十五二十三

	损				
小雪	初六　六十六 末七　九十六	加十	降二十八 七十三	初二　三十九 五十 末一　三十七 一十六	一千五百二 十八七十九
大雪	损 初八　三 末九　三十二	加十	降十 四十	初一　二十八 五十 末空　七 一十二	一千五百五 十七五十二

二分前后朒降率

春分前三日,太阳入赤道内,秋分后三日,太阳出赤道外,故其朒降与他日不伦,今各别立数而用之。

惊蛰,十二日朒四六十七,一十六。此为末率,于此用毕。其减差亦止于此也。

十三日朒四四十一,六。十四日朒四三十八,九十。十五日朒四。

秋分,初日降四三十八。一日降四三十九。二日降四五十九。三日降四六十八。此为初率,始用之。其加差亦始于此也。

求每日日出入晨昏半昼分

各以朒降初率,朒减降加其气初日日出分,为一日下日出分,以增损差仍加减加减差。增损朒降率,驯积而加减之,即为每日日出分;覆减日法,余为日入分;以日出分减日入分,半之,为半昼分;以昏明分减日出分,为晨分;加日入分,为昏分。

求日出入辰刻

置日出入分,以六因之,满辰法而一,为辰数;不尽,刻法除之,为刻,不满为分;命子正算外,即得所求。

求昼夜刻

置日出分,十二乘之,刻法而一,为刻,不满为分,即为刻夜;覆减一百,余为昼刻及分秒。

求更点率

置晨分,四因之,退位,为更率;二因更率,退位,为点率。

求更点所在辰刻

置更点率，以所求更点数因之，又六因之，内加昏明分，满辰法而一，为辰数；不尽，满刻法，除之，为刻数；不满，为分；命其日辰刻算外，即得所求。

求四方所在漏刻

各于所在下水漏，以定其处冬至或夏至夜刻，乃与五十刻相减，余为至差刻。置所求日黄道去赤道内外度及分，以至差刻乘之，进一位，如二百三十九而一，为刻；不尽，以刻法乘之，退除为分；内减外加五十刻，即得所求日夜刻；以减百刻，余为昼刻。其日出入辰刻及更点差率等，并依前术求之。

求黄道内外度

置日出之分，如日法四分之一以上，去之，余为外分；如日法四分之一以下，覆减之，余为内分。置内外分，千乘之，如内外法而一，为度，不满，退除为分秒，即为黄道去赤道内外度；内减外加象限，即得黄道去极度。

求距中度及更差度

置半法，以晨分减之，余为距中分；百乘之，如周法而一，为距中度；用减一百八十三度一十二分八十三秒半，余四因，退位，为每更差度。

求昏明五更中星

置距中度，以其日午中赤道日度加而命之，即昏中星所格宿次，因为初更中星；以更差度累加之，满赤道宿次，去之，即得逐更及明中星。

步月离术

转终分，一十四万四千一百一十，秒六千二十，微六十。

转终日，二十七，余二千九百，秒六千二十，微六十。

转中日，一十三，余四千六十五，秒三千一十，微三十。

朔差日，一，余五千一百四，秒三千九百七十九，微四十。

象策,七,余二千一,秒二千五百。

秒母,一万。

微母,一百。

上弦度,九十一,分三十一,秒四十一大。

望度,一百八十二,分六十二,秒八十三半。

下弦度,二百七十三,分九十四,秒二十五少。

月平行度,十三,分三十六,秒八十七半。

分秒母,一百。

七日初数,四千六百四十八。末数,五百八十二。

十四日初数,四千六十五。末数,一千一百六十五。

二十一日初数,三千四百八十三。末数,一千七百四十七。

二十八日初数,二千九百一。

求经朔弦望入转凡称秒者,微从之,他仿此。

置天正朔积分,以转终分及秒去之,不尽,如日法而一,为日,不满为余秒,即天正十一月经朔入转日及余秒;以象策累加之,去命如前,得弦望经日加时入转及余秒;径求次朔入转,即以朔差加之。加减里差,即得中朔弦望入转及余秒。

求转定分及积度朓朒

一日	一千四百六十八	度　初	疾　初	益五百一十三	朓　初
二日	一千四百五十七	一十·四度六十八	疾一度三十一	益四百六十九	朓五百一十三
三日	一千四百四十二	二十九度二十五	疾二度五十一	益四百一十一	朓九百八十二

四日	一千四百二十二	四十三度六十七	疾三度五十六	益三百三十二	朓一千三百九十三
五日	一千三百九十九	五十七度八十九	疾四度四十一	益二百四十三	朓一千七百二十五
六日	一千七百七十三	七十一度八十八	疾五度三	益一百四十一	朓一千九百六十八
七日	一千三百四十七	八十五度六十一	疾五度三十九	初三益四十 末四损四	朓二千一百九
八日	一千三百二十一	九十九度八	疾五度四十九	损六十三	朓二千一百四十八
九日	一千二百九十五	一百一十二度二十九	疾五度三十三	损一百六十四	朓二千八十五
十日	一千二百七十一	一百二十五度二十四	疾四度九十一	损二百五十八	朓一千九百二十一
十一日	一千二百四十七	一百三十七度九十五	疾四度二十五	损三百二十五	朓一千六百六十三
十二日	一千二百二十八	一百五十度四十二	疾三度三十五	损四百二十五	朓一千三百一十一
十三日	一千二百一十四	一百六十二度七十	疾二度二十六	损四百八十一	朓八百八十四

十四日	一千二百四	一百七十四度 八十四	疾一度 三	初损 四百三 末益 一百一十七	朓四百三
十五日	一千二百八	一百八十六度 八十八	迟空 三十	益五百五	朒一百一十七
十六日	一千二百一十九	一百九十八度 九十六	迟一度 五十九	益四百六十二	朒六百二十二
十七日	一千二百三十六	二百一十一度 一十五	迟二度 七十七	益三百九十五	朒一千八十四
十八日	一千二百五十八	二百二十三度 五十一	迟三度 七十八	益三百九	朒一千四百七十九
十九日	一千二百八十一	二百三十六度 九	迟四度 五十六	益二百一十九	朒一千七百八十八
二十日	一千三百七	二百四十八度 九十	迟五度 一十三	益一百一十七	朒二千七
二十一日	一千三百三十三	二百六十一度 九十七	迟五度 四十三	初益 二十七 末损 一十一	朒二千一百二十四
二十二日	一千三百五十九	二百七十五度 三十	迟五度 四十七	损 八十六	朒二千一百四十
二十三日	一千三百八十四	二百八十八度 八十九	迟五度 二十五	损一百八十四	朒二千五十四
二十四日	一千四百八	三百二度 七十三	迟四度 七十八	损二百七十八	朒一千八百七十

二十五日	一千四百三十一	三百一十六度八十一	迟四度七	损三百六十八	朒一千五百九十二
二十六日	一千四百四十九	三百三十一度一十一	迟三度一十三	损四百三十八	朒一千二百二十四
二十七日	一千四百六十三	三百四十五度八十一	迟二度一	损四百九十三	朒七百八十六
二十八日	一千四百七十二	三百六十度二十四·	迟空七十五	损二百九十三	朒二百九十二

求中朔弦望入转朓朒定数

置入转小余,以其日算外损益率乘之,如日法而一,所得,以损益朓朒积,为定数。其四七日下余,如初数以下,初率乘之,如初数而一,以损益朓朒积,为定数;如初数以上,以初数减之,余乘末率,如末数而一,用减初率,余如朓朒积,为定数,其十四日下余,如初数以上,以初数减之,余乘末率,如末数而一,为朓朒定数。

求朔弦望中日

以寻斯干城为准,置相去地里,以四千三百五十九乘之,退位,万约为分,曰里差;以加减经朔弦望小余,满与不足,进退大余,即中朔弦望日及余。以东加之,以西减之。

求朔弦望定日

置中朔弦望小余,朓减朒加入气入转朓朒定数,满与不足,进退大余,命壬戌算外,各得定朔弦望日辰及余。定朔干名与后朔同者,其月大;不同者,其月小;月内无中气者,为闰。视定朔小余,秋分后在日法四分之三以上者,进一日;春分后,定朔日出分与春分日出分相减之,余者,三约之,用减四分之三;定朔小余及此分以上者,亦进一日;或有交,亏初于日入前者,不进之。定弦望小余,在日出分以下者,退一日;或有交,亏初于日出前者,小余虽在日出后,亦退之。如望在十七日者,又视定朔小余在四分之三以下之数春分后用减定之数。与定望小余在日出分以上之数相校之,朔少望多者,望不退,而朔犹进之;望少朔多者,朔不进,而望犹退之。日月之行,有盈缩迟疾;加减之数,或有四大三小。若循常当察加时早晚,随所近退之,使不过四大三小。

求定朔弦望中积

置定朔弦望小余,与中朔弦望小余相减之,余以加减经朔弦望入气日余,中朔弦望,少即加之,多即减之。即为定朔弦望入气;以加其气中积,即为定朔弦望中积。其余,以日法退除为分秒。

求定朔弦望加时日度

置定朔弦望约余,以所入气日损益率乘之,盈缩之损益。万约之,以损益其下盈缩积,乃盈加缩减定朔弦望中积,又以冬至加时日躔黄道宿度加之,依宿次去之,即得定朔弦望加时日所在度分秒。

又法:置定朔弦望约余,副之,以乘其日盈缩之损益率,万约之,应益者盈加缩减,应损者盈减缩加,其副满百为分,分满百为度,以加其日夜半日度,命之,各得其日加时日躔黄道宿次,若先于历中注定每日夜半日度,即用此法为妙也。

求定朔弦望加时月度

凡合朔加时日月同度,其定朔加时黄道日度即为定朔加时黄道月度;弦望,各以弦望度加定朔弦望加时黄道日度,依宿次去之,即得定朔弦望加时黄道月度及分秒。

求夜半午中入转

置中朔入转,以中朔余减之,为中朔夜半入转。又中朔小余,与半法相减之,余以加减中朔加时入转,中朔少如半法,加之;多如半法,减之。为中朔午中入转。若定朔大余有进退者,亦加减转日,否则因中为定,每日累加一日,满转终日及余秒,去命如前,各得每日夜半午中入转。求夜半,因定朔夜半入转累加之。求午中,因定朔午中入转累加之。求加时入转者,如求加时入气之术法。

求加时及夜半月度

置其日入转算外转定分,以定朔弦望小余乘之,如日法而一,为加时转分;分满百为度。减定朔弦望加时月度,以相次转定分累加之,即得每日夜半月度。或朔至弦望,或至后朔,皆可累加之。然近则差少,远则差多。置所求前后夜半相距月度为行度,计其日相距入转积度,与行度相减,余以相距日数除之,为日差行度。多日差加每日转定分行度,少日差减每日转定分而用之可也。欲求速,即用此数。欲究其微,而可用后术。

求晨昏月度

置其日晨分,乘其日算外转定分,日法而一,为晨转分;用减转定分,余为昏转分。又以朔望定小余,乘转定分,日法而一,为加时分,以减晨昏转分,为前;不足,覆减之,为后;乃前加后减加时月度,即晨昏月度所在宿度及分秒。

求朔弦望晨昏定程

各以其朔昏定月减上弦昏定月,余为朔后昏定程。以上弦昏定月,减望昏定月,余为上弦后昏定程。以望晨定月,减下弦晨定月,余为望后晨定程。以下弦晨定月,减后朔晨定月,余为下弦后晨定程。

求每日转定度

累计每定程相距日下转积度,与晨昏定程相减,余以相距日数除之,为日差;定程多,加之。定程少,减之。以加减每日转分,为转定度;因朔弦望晨昏月,每日累加之,满宿次去之,为每日晨昏月度及分秒。凡注历,朔日已后注昏月,望后一日注晨月。古历有九道月度,其数虽繁,亦难削去,具其术如后。

求平交日辰

置交终日及余秒,以其月经朔加时入交泛日及余秒减之,余为平交其月经朔加时后日算及余秒;中朔同。以加其月中朔大小余,其大余命壬戌算外,即得平交日辰及余秒。求次交者,以交终日及余秒加之,如大余满纪法,去之,命如前,即得次平日辰及余秒也。

求平交入转朓朒定数

置平交小余，其日夜半入转，余以乘其损益率，日法而一，所得，以损益其日下朓朒积，为定数。

求正交日辰

置平交小余，以平交入转朓朒定数朓减朒加之，满与不足，进退日辰，即得正交日辰及余秒；与定朔日辰相距，即得所在月日。

求中朔加时中积

各以其月中朔加时入气日及余，加其气中积及余，其日命为度，其余，以日法退除为分秒，即其月中朔加时中积度及分秒。

求正交加时黄道月度

置平交入中朔加时后日算及余秒，以日法通日内余进二位，如三万九千一百二十一为度，不满，退除为分秒，以加其月中朔加时中积，然后以冬至加时黄道日度加而命之，即得其月正交加时月离黄道宿度及分秒。如求次交者，以交中度及分秒加而命之，即得所求。

求黄道宿积度

置正交加时黄道宿全度，以正交加时月离黄道宿度及分秒减之，余为距后度及分秒；以黄道宿度累加之，即各得正交后黄道宿积度及分秒。

求黄道宿积度入初末限

置黄道宿积度及分秒，满交象度及分秒去之，余在半交象以下为初限；以上者，减交象度，余为末限。入交积度、交象度，并在《交会》篇中。

求月行九道宿度

凡月行所交，冬入阴历，夏入阳历，月行青道；冬至、夏至后，青道半交在春分之宿，当黄道东；立冬、立夏后，青道半交在立春之宿，当黄道东南；至所冲之宿，亦皆如之也。宜细推。冬入阳历，夏入阴历，月行白道；冬至、夏至后，白道半交在秋分之宿，当黄道西；立冬、立夏后，白道半交在立秋之宿，当黄道西北；至所冲之宿，亦如之也。春入阳历，秋入阴历，月行朱道；春分、秋分后，朱道半交在夏至之宿，当黄道南；立春、立秋后，朱道半交在立夏之宿，当黄道西南；至所冲之宿，亦如之也。春入阴历，秋入阳历，月行黑道。春分、秋分后，黑道半交在冬至之宿，当黄道北；立春、立秋后，黑道半交在立冬之宿，当黄道东北；至所冲之宿，亦如之也。四序离为八节，至阴阳之所交，皆与黄道相会，故月行有九道。各以所入初末限度及分，减一百一度，余以所入初入初末限度及分乘之，半而退位为分，分满百为度，命为月道与黄道泛差。

凡日以赤道内为阴，外为阳；月以黄道内为阴，外为阳。故月行正交，入夏至后宿度内为同名，入冬至后宿度内为异名。其在同名者，置月行与黄道泛差，九因之，八约之，为定差；半交后，正交前，以差减；正交后，半交前，以差加；此加减出入六度，正如黄赤道相交同名之差，若较之渐异，则随交所在迁变不常。仍以正交度距秋分度数，乘定差，如象限而一，所得，为月道与赤道定差；前加者为减，减者为加。其在异名者，置月行与黄道泛差，七因之，八约之，为定差；半交后，正交前，以差加；正交后，半交前，以差减；此加减入六度，异名黄赤道相交异名之差，若较之渐同，则随交所在迁变不常。仍以正交度距春分度数，乘定差，如象限而一，所得，为月道与赤道定差；前加者为减，减者为加，各加减黄道宿积度，为九道宿积度；以前宿九道积度减之，为其宿九道度及分秒。其分就近约为太、半、少，论春夏秋冬，以四时日所在宿度为正。

求正交加时月离九道宿度

以正交加时黄道日度及分，减一百一度，余以正交度及分乘之，半而退位为分，分满百为度，命为月道与黄道泛差。其在同名者，置月行与黄道泛差，九因之，八约之，为定差，以加；仍以正交度距秋分度数乘定差，如象限而一，所得，为月道与赤道定差，以减。其异名者，置月行与黄道泛差，七因之，八约之，为定差，以减；仍以正交度距春分度数，乘定差，如象限而一，所得，为月道与赤道定差，以加。置正交加时黄道月度及分，以二差加减之，即为正交加时月离九道宿度及分。

求定朔弦望加时月所在度

置定朔加时日躔黄道宿次，凡合朔加时，月行潜在日下，与太阳同度，是为加时月离宿次；各以弦望度及分秒，加其所当弦望加时日躔黄道宿度，满宿次，去之，命如前，各得定朔弦望加时月所在黄道宿度及分秒。

求定朔弦望加时九道月度

各以定朔弦望加时月离黄道宿度及分秒，加前宿正交后黄道积度，为定朔弦望加时正交后黄道积度；如前求九道积度，以前宿九道积度减之，余为定朔弦望加时九道月离宿度及分秒。其合朔加时，若非正交，则日在黄道，月在九道，所入宿度虽多少不同，考其两极若绳准。故云月行潜在日下，与太阳同度，即为加时。九道月度，求其晨昏夜半月度，并依前术。

元史卷五七
志第九

历　六

庚午元历下

步交会术

交终分，一十四万二千三百一十九，秒九千三百六，微二十。

交终日，二十七，余一千一百九，秒九千三百六，微二十。

交中日，一十三，余三千一百六十九，秒四千六百五十三，微一十。

交朔日，二，余一千六百六十五，秒六百九十三，微八十。

交望日，一十四，余四千二，秒五千。

秒母，一万。

微母，一百。

交终度，三百六十三，分七十九，秒三十六。

交中度，一百八十一，分八十九，秒六十八。

交象度，九十，分九十四，秒八十四。

半交象度，四十五，分四十七，秒四十二。

日食既前限，二千四百。定法，二百四十八。

日食既后限，三千一百。定法，三百二十。

月限，五千一百。

月食既限，一千七百。定法，三百四十。

分秒母,皆一百。

求朔望入交　先置里差,半之,如九而一,所得依其加减天正朔积分,然后求之。

置天正朔积分,以交终分去之,不尽,如日法而一,为日,不满为余,即得天正十一月中朔入交泛日及余秒。便为中朔加时入交泛日及余。交朔加之,得次朔;交望加之,得望;再加交望,亦得次朔;各为朔望入交泛日及余秒。凡称余秒者,微亦从之,余仿此。

求定朔及每日夜半入交

各置入交泛日及余秒,减去中朔望小余,即为定朔望夜半入交泛日及余秒。若定朔望有进退者,亦进退交日,否则因中为定,大月加二日,小月加一日,余皆四千一百二十,秒六百九十三,微八十,即次朔夜半入交;累加一日,满交终日及余秒,去之,即每日夜半入交泛日及余秒。

求定朔望加时入交

置中朔望加时入交泛日及余秒,以入气入转朓朒定数朓减朒加之,即得定朔望加时入交泛日及余秒。

求定朔望加时入交积度及阴阳历

置定朔望加时入交泛日,以日法通之,内余进二位,如三万九千一百二十一而一,为度,不满,退除为分秒,即得定朔望加时月行入交积度;以定朔望加时入转迟疾度迟减疾加之,即为月行入定交积度;如交中度以下,为入阳历积度,以上,去之,为入阴历积度。每日夜半准此求之。

求月去黄道度

视月入阴阳历积度及分,交象以下,为少象;以上,覆减交中,余为老象。置所入老少象度于上位,列交象于下,相减、相乘,倍之,退位为分,分满百为度,用减所入老少象度及分;余,又与交中度相减、相乘,八因之,以一百一十除之,为分,分满百为度,即得月去黄道度及分。

求朔望加时入交常日及定日

置朔望入交泛日，以入气朓朒定数朓减朒加，为入交常日。又置入转朓朒定数，进一位，以一百二十七而一，所得，朓减朒加交常日，为入交定日及余秒。

求入交阴阳历交前后分

视入交定日，如交中以下，为阳历；以上，去之，为阴历。如一日上下，以日法通日内分，内余为交后分；十三日上下，覆减交中日，余为交前分。

求日月食甚定余

置朔望入气入转朓朒定数，同名相从，异各相消，以一千三百三十七乘之，以定朔望加时入转算外转定分除之，所得，以朓减朒加中朔望小余，为泛余。日食，视泛余，如半法以下，为中前，半法以上，去之，为中后。置中前后分，与半法相减、相乘，倍之，万约为分，曰时差。中前以时差减泛余，为定余；覆减半法，余为午前分；中后以时差加泛余，为定余；减去半法，余为午后分。月食，视泛余，在日入后夜半前，如日法四分之三以下，减去半法，为酉前分；四分之三以上，覆减日法，余为酉后分。又视泛余，在夜半后日出前者，如日法四分之一以下，为卯酉分；四分之一以上，覆减半法，余为卯后分。其卯酉前后分，自相乘，四因，退位，万约为分，以加泛余，为定余。各置定余，以发敛加时法求之，即得日月食甚辰刻及分秒。

求日月食甚日行积度

置朔望食甚大小余，与中朔大小余相减之，余以加减中朔望入气日余，以中朔望少加多减。即为食甚入气；以加其气中积，为食甚中积。又置食甚入气余，以所入气损益率盈缩之损益。乘之，如日法而一，以损益其日盈缩积，盈加缩减食甚中积，即为食甚日行积度及分。先以食甚中积经分为约分，然后加减之，余类此者，依而求之。

求气差

置日食食甚日行积度及分，满中限去之，余在象限以下，为初限；以上，覆减中限，为末限；皆相乘，进二位，以四百七十八而一，所得，用减一千七百四十四，余为气差恒数；以午前后分乘之，半昼分除之，所得，以减恒数，为定数。如不及减者，覆减为定数，应加者减之，应减者加之，春分后，阳历减，阴历加；秋分后，阳历加，阴历减。春分前、秋分后，各二日二千一百分为定气，于此宜加减之。

求刻差

置日食食甚日行积度及分，满中限去之，余与中限相减、相乘，进二位，如四百七十八而一，所得，为刻差恒数；以午前后分乘之，日法四分之一除，所得，为定数。若在恒数以上者，倍恒数，以所得之数减之，为定数，依其加减。冬至后，午前阳加、阴减，午后阳减、阴加；夏至后，午前阳减、阴加，午后阳加、阴减。

求日食去交前后定分

置气刻二差定数，同名相从，异名相消，为食差；依其加减交前后分，为去交前后定分。视其前后定分，如在阳历，即不食；如在阴历，即有食之。如交前阴历不及减，反减之，反减食差。为交后阳历；交后阴历不及减，反减之，为交前阳历；即不食。交前阳历不及减，反减之，为交后阴历；交后阳历不及减，反减之，为交前阴历；即日有食之。

求日食分

视去交前后定分，如二千四百以下，为既前分；以二百四十八除，为大分；二千四百以上，覆减五千五百，不足减者不食。为既后分；以三百二十除，为大分，退为秒。其一分以下者，涉交太浅，太阳光盛，或不见食。

求月食分

视去交前后分，不用气刻差者。一千七百以下者，食既；以上，覆减五千一百，不足减者不食。余以三百四十除之，为大分；不尽，退除为秒，即月食之分秒。去交分在既限以下，覆减既限，亦以三百四十除之，为既内之大分。

求日食定用分

置日食之大分，与三十分相减、相乘，又以二千四百五十乘之，如定朔入转算外转定分而一，所得，为定用分；减定余，为初亏分；

加定余，为复圆分；各以发敛加时法求之，即得日食三限辰刻也。

　　求月食定用分

　　置月食之大分，与三十五分相减、相乘，又以二千一百乘之，如定望入转算外转定分而一，所得，为定用分；加减定余，为初亏复圆分。各如发敛加时法求之，即得月食三限辰刻。

　　月食既者，以既内大分，以一十五分相减、相乘，又以四千二百乘之，如定望入转算外转定分而一，所得为既内分；用减定用分，为既外分。置月食定余，减定用分，为初亏分；因加既外分，为食既分；又加既内分，为食甚分；即定余分是也。再加既内分，为生光分；复加既外分，为复圆分。各以发敛加时法求之，即得月食五限辰刻及分。如月食既者，以十分并既内大分，如其法而求其定用分也。

　　求月食所入更点

　　置食甚所入日晨分，倍之，五约之，为更法；又五约之，为点法。乃置月食初末诸分，昏分以上者，减昏分；晨分以下者，加晨分；如不满更法，为初更；不满点法，为一点。依法以次求之，即得更点之数。

　　求日食所起

　　食在既前，初起西南，甚于正南，复于东南。食在既后，初起西北，甚于正北，复于东北。其食八分以上者，皆起正西，复正东。此据正午地而论之。

　　求月食所起

　　月在阳历，初起东北，甚于正北，复于西北。月在阴历，初起东南，甚于正南，复于西南。其食八分以上，皆起正东，复正西。此亦据正午地而论之。

　　求日月出入带食所见分数

　　各以食甚小余，与日出入分相减，余为带食差；以乘所食之分，满定用分而一，月食既者，以既内分减带食差，余乘所食分，如既外分而一，不及减者，为带食既出入。以减所食分，即日月出入带食所见之分。其食甚在昼，晨为渐进，昏为已退。食甚在夜，晨为已退，昏为渐进也。

求日月食甚宿次

置日月食甚日行积度，望即更加望度。以天正冬至加时黄道日度加而命之，依黄道宿次去之，即各得日月食甚宿度及分秒。

步五星术

木星：

周率，二百八万六千一百四十二，秒九。

历率，二千二百六十五万五百五十七。

历度法，六万二千一十四。

周日，三百九十八日八十八分。

历度，三百六十五度二十四分九十秒。

历中，一百八十二度六十二分四十五秒。

历策，一十五度二十一分八十七秒。

伏见，一十三度。

段 目	段 日	平 度	限 度	初行率
合伏	一十六日 八十六	三度 八十六	二度 九十三	二十三
晨顺疾	二十八日	六度 一十一	四度 六十四	二十二
晨次疾	二十八日	五度 五十一	四度 一十九	二十一
晨顺迟	二十八日	四度 三十一	三度 二十八	一十八
晨末迟	二十八日	一度 九十一	一度 四十五	一十二
晨留	二十四日			

晨退	四十六日 五十八	四度 八十八 一十八	空度 三十二 八十二	
夕退	四十六日 五十八	四度 八十八 一十八	空度 三十二 八十二	一十六
夕留	二十四日			
夕末迟	二十八日	一度 九十一	一度 四十五	
夕顺迟	二十八日	四度 三十一	三度 二十八	一十二
夕次疾	二十八日	五度 五十一	四度 一十九	一十八
夕顺疾	二十八日	六度 一十一	四度 六十四	二十一
夕伏	一十六日 八十六	三度 八十六	二度 九十三	二十二

策数	损益率	盈积度	损益率	缩积度
一	益一百五十九	初	益一百五十九	初
二	益一百四十二	一度 五十九	益一百四十二	一度 五十九
三	益一百二十	三度 一	益一百二十	三度 一
四	益九十三	四度 二十一	益九十三	四度 二十一

五	益六十一	五度 一十四	益六十一	五度 一十四
六	益二十四	五度 七十五	益二十四	五度 七十五
七	损二十四	五度 九十九	损二十四	五度 九十九
八	损六十一	五度 七十五	损六十一	五度 七十五
九	损九十三	四度 一十四	损九十三	五度 一十四
十	损一百二十	四度 二十一	损一百二十	四度 二十一
十一	损一百四十二	三度 一	损一百四十二	三度 一
十二	损一百五十九	一度 五十九	损一百五十九	一度 五十九

火星：

周率，四百七万九千四十二，秒一十四半。

历率，三百五十九万二千七百五十七，秒四十四少。

历度法，九千八百三十六半。

周日，七百七十九日九十三分一十六秒。

历度，三百六十五度二十四分七十五秒。

历中，一百八十二度六十二分三十七秒半。

历策，一十五度二十一分八十六秒。

伏见，一十九度。

段　目	段　日	平　度	限　度	初行率
合伏	六十七日	四十八度	四十五度 四十八	七十二
晨顺疾	六十三日	四十四度 六十	四十二度 二十六	七十二
晨次疾	五十八日	四十度 九	三十七度 九十九	七十
晨中疾	五十二日	三十四度 六	三十二度 三十二	六十八
晨末疾	四十五日	二十六度 三十二	二十四度 九十九	六十三
晨顺迟	三十七日	一十六度 六十八	一十五度 八十	五十四
晨末迟	二十八日	五度 七十五	五度 四十五	三十七
晨留	一十一日			
晨退	二十八日 九十六 五十八	八度 一十五 六十	三度 五 四十	
夕退	二十八日 九十六 五十八	八度 一十五 六十	三度 五 四十	四十一
夕留	一十一日			
夕末迟	二十八日	五度 七十五	五度 四十五	
夕顺迟	三十七日	一十六度 六十八	一十五度 八十	三十七

夕末疾	四十五日	二十六度 三十二	二十四度 九十九	五十四
夕中疾	五十二日	三十四度 六	三十二度 三十二	六十三
夕次疾	五十八日	四十度 九	三十七度 九十九	六十八
夕顺疾	六十三日	四十四度 六十	四十二度 二十六	七十
夕伏	六十七日	四十八度	四十五度 四十八	七十一

策数	损益率	盈积度	损益率	缩积度
一	益一千一百六十	初	益四百五十八	初
二	益八百	一十度 六十	益四百五十三	四度 五十八
三	益四百六十四	一十九度 六十	益四百三十三	九度 一十一
四	益一百五十二	二十四度 二十四	益三百九十六	一十三度 四十四
五	损五十七	二十五度 七十六	益三百四十一	一十七度 四十
六	损一百七十二	二十五度 一十九	益二百六十六	二十度 八十一
七	损二百六十六	二十三度 四十七	益一百七十二	二十三度 四十七
八	损三百四十一	二十度 八十一	损五十七	二十五度 一十九

九	损三百九十六	一十七度 四十	损一百五十二	二十五度 七十六
十	损四百三十三	一十三度 四十四	损四百六十四	二十四度 二十四
十一	损四百五十三	九度 一十一	损八百	一十九度
十二	损四百五十八	四度 五十八	损一千一百 六十	一十度 六十

土星：

周率，一百九十七万七千四百一十一，秒六十九。

历率，五千六百二十二万三千二百四十八半。

历度法，一十五万三千九百二十八。

周日，三百七十八日九分二秒。

历度，三百六十五度二十五分六十八秒。

历中，一百八十二度六十二分八十四秒。

历策，一十五度二十一分九十秒。

伏见，一十七度。

段　目	段　日	平　度	限　度	初行率
合伏	一十九日 四十八	二度 四十八	一度 五十六	一十三
晨顺疾	二十七日 五十	三度 二十二	二度 二	一十二
晨次疾	二十七日 五十	二度 六十四	一度 六十五	一十一

晨迟	二十七日 五十	一度 四十八	空度 九十一	八
晨留	三十六日			
晨退	五十一日 六 五十一	三度 三十九 六十六	空度 二十八 三十三	
夕退	五十一日 六 五十一	三度 三十九 六十六	空度 二十八 三十三	九 七十五
夕留	三十六日			
夕迟	二十七日 五十	一度 四十八	空度 九十一	
夕次疾	二十七日 五十	二度 六十四	一度 六十五	八
夕顺疾	二十七日 五十	三度 二十二	二度 二	一十一
夕伏	一十九日 四十八	四度 四十八	一度 五十六	一十二
策数	损益率	盈积度	损益率	缩积度
一	益二百一十三	初	益一百六十三	初
二	益一百九十七	二度 一十三	益一百四十九	一度 六十三
三	益一百六十八	四度 一十	益一百二十八	三度 一十二

四	益一百二十八	五度 七十八	益一百	四度 四十
五	益八十一	七度 六	益六十五	五度 四十
六	益三十三	七度 八十七	益二十三	六度 五
七	损三十三	八度 二十二	损二十三	六度 二十八
八	损八十一	七度 八十七	损六十五	六度 五
九	损一百二十八	七度 六	损一百	五度 四十
十	损一百六十八	五度 七十八	损一百二十八	四度 四十
十一	损一百九十七	四度 一十	损一百四十九	三度 一十二
十二	损二百一十三	二度 一十三	损一百六十三	一度 六十三

金星：

周率，三百五万三千八百四，秒六十三太。

历率，一百九十一万二百四十，秒七十六半。

历度法，五千二百三十。

周日，五百八十三日九十分一十四秒。

合日，二百九十一日九十五分七秒。

历度，三百六十五度二十四分六十八秒。

历中，一百八十二度六十二分三十四秒。

历策，一十五度二十一分八十六秒。

伏见，一十度半。

段 目	段 日	平 度	限 度	初行率
合伏	三十九日 二十五	四十九度 七十五	四十七度 七十六	一百二十七
夕順疾	四十七日 七十五	六十度 一十六 五十	五十七度 七十六	一百二十六
夕次疾	四十七日 七十五	五十九度 三十九	五十七度 一	一百二十五
夕中疾	四十七日 七十五	五十七度	五十四度 七十二	一百二十三
夕末疾	三十九日 二十五	四十二度 二十九	四十度 六十	一百一十五
夕順迟	二十九日 二十五	二十四度 七十二	二十三度 七十二	一百
夕末迟	一十八日 二十五	六度 九十三 五十	六度 六十六	六十九
夕留	七日			
夕退	九日 七十 七	三度 七十九 九十三	一度 六十九 七	
夕退伏	六日	四度 五十	二度 二	六十八
合退伏	六日	四度 五十	二度 二	八十二

晨退	九日 七十 七	三度 七十九 九十三	一度 六十九 七	六十八
晨留	七日			
晨末迟	一十八日 二十五	六度 九十三 五十	六度 六十六	
晨顺迟	二十九日 二十五	二十四度 七十二	二十三度 七十三	六十九
晨末疾	三十九日 二十五	四十二度 二十九	四十度 六十	一百
晨中疾	四十七日 七十五	五十七度	五十四度 七十二	一百一十五
晨次疾	四十七日 七十五	五十九度 三十九	五十七度 一	一百二十三
晨顺疾	四十七日 七十五	六十度 一十六 五十	五十七度 七十六	一百二十五
晨伏	三十九日 二十五	四十九度 七十六	四十七度 七十五	一百二十六
策数	损益率	盈积度	损益率	缩积度
一	益五十二	初	益五十二	初
二	益四十八	空度 五十二	益四十八	空度 五十二
三	益四十八	一度	益四十一半	一度

四	益三十二半	一度 四十一半	益三十二半	一度 四十一半
五	益二十一	一度 七十四	益二十一	一度 七十四
六	益七	一度 九十五	益七	一度 九十五
七	损七	二度 二	损七	二度 二
八	损二十一	一度 九十五	损二十一	一度 九十五
九	损三十二半	一度 七十四	损三十二半	一度 七十四
十	损四十一半	一度 四十一半	损四十一半	一度 四十一半
十一	损四十八	一度	损四十八	一度
十二	损五十二	空度 五十二	损五十二	空度 五十二

水星：

周率，六十万六千三十一，秒七十七半。

历率，一百九十一万二百四十二，秒一十三半。

历度法，五千二百三十。

周日，一百一十五日八十七分六十秒。

合日，五十七日九十三分八十秒。

历度，三百六十五度二十四分七十秒。

历中，一百八十二度六十二分三十五秒。

历策，一十五度二十一分八十五秒。

晨伏夕见，一十四度。

夕伏晨见，一十九度。

段 目	段 日	平 度	限 度	初行率
合伏	一十五日	二十九度 三十六	二十四度 三十六	二百五
夕顺疾	一十五日	二十三度 七十五	一十九度 九十五	一百八十一
夕顺迟	一十五日	一十三度 二十五	一十一度 一十三	一百三十五
夕留	二日			
夕退伏	一十日 九十三 八十	八度 六 二十	二度 四十九 八十	
合退伏	一十日 九十三 八十	八度 六 二十	二度 四十九 八十	一百八
晨留	二日			
晨顺迟	一十五日	一十三度 二十五	一十一度 一十三	
晨顺疾	一十五日	二十三度 七十五	一十九度 九十五	一百三十五
晨伏	一十五日	二十九度	二十四度 三十六	一百八十一
策数	损益率	盈积度	损益率	缩积度
一	益五十七	初	益五十七	初

二	益五十三	空度 五十七	益五十三	空度 五十七
三	益四十五	一度 一十	益四十五	一度 一十
四	益三十五	一度 五十五	益三十五	一度 五十五
五	益二十二	一度 九十	益二十二	一度 九十
六	益八	二度 一十二	益八	二度 一十二
七	損八	二度 二十	損八	二度 二十
八	損二十二	二度 一十二	損二十二	二度 一十二
九	損三十五	一度 九十	損三十五	一度 九十
十	損四十五	一度 五十五	損四十五	一度 五十五
十一	損五十三	一度 一十	損五十三	一度 一十
十二	損五十七	空度 五十七	損五十七	空度 五十七

求五星天正冬至后平合及诸段中积中星

置通积分，先以里差加减之。各以其星周率去之，不尽，为前合分；覆减周率，余为后合分；如日法而一，不满，退除为分秒，即得其星天正冬至后平合中积中星。命为日，日中积；命为度，日中星。以段日累加中积，即为诸段中积；以平度累加中星，经退则减之，即为段中星。

求五星平合及诸段入历

置通积分,各加其星后合分,以历率去之,不尽,各以其历度法除为度,不满,退除为分秒,即为其星平合入历度及分秒;以诸段限度累加之,即得诸段入历度及分秒。

求五星平合及诸段盈缩定差

各置其星段入历度及分秒,如在历中以下,为盈;以上,为减去历中,余为缩。以其星历策除之,为策数;不尽,为入策度及分。命数算外,以其策损益率乘之,如历策而一,为分,以损益其下盈缩积度,即为其星段缩定差。

求五星平合及诸段定积

各置其星段中积,以其段盈缩定差盈加缩减之,即得其段定积日及分;加天正冬至大余及约分,满纪法,去之,不满,命壬戌算外,即得日辰也。

求五星平合及诸段所在月日

各置其定积,以加天正闰日及约分,以朔策及约分除之,为月数;不尽,为入月以来日数及分。其月数,命天正十一月算外,即得其段入月中朔日数及分;乃以日辰相距,为所在定朔月日。

求五星平合及诸段加时定星

各置中星,以盈缩定差盈加缩减,金星倍之,水星三之,然后加减。即为五星诸段定星;以加天至冬至加时黄道日度,依宿次命之,即其日其段加时所在宿度及分秒。

求五星诸段初日晨前夜半定星

各以其段初行率,乘其段定积日下加时分,百约之,乃顺减即加其日加时定星,即其段初日晨前夜半定星所在宿度及分秒。

求诸段日率度率

各以其段日辰,距后段日辰为日率。以其段夜半宿次,与后段夜半宿次相减,余为度率。

求诸段平行分

　　各置其段度率及分秒,以其段日率除之,即得其段行平度及分秒。

　　求诸段总差及日差

　　本段前后平行分相减,为其段泛差;假令求木星次疾泛差,乃以顺疾顺迟平行分相减,余为次疾泛差,他皆仿此。倍而退位,为增减差;加减其平等分,为初末日行分;前多、后少者,加为初,减为末。前少、后多者,减为初,加为末。倍增减差,为总差,以日率减一除之,为日差。

　　求前后伏迟退段增减差

　　前伏者,置后段初日行分,加其日差之半,为末日行分;后伏者,置前段末日行分,加其日差之半,为初日行分;以减伏段平行分,余为增减差。前迟者,置前段末日行分,倍其日差减之,为初日行分;后迟者,置后段初日行分,倍其日差减之,为末日行分;以迟段平行分减之,余为增减差。前后近留迟段。木、火、土三星,退行者,六因平行分,退一位,为增减差。金星,前后伏退者,三因平行分,半而退位,为增减差。前退者,置后段初日之行分,以其日差减之,为末日行分。后退者,置前段末日之行分,以其日差减之,为初日行分。以本段平行分减之,余为增减差。水星,平行分为增减差,皆以增减差加减平行分,为初末日行分。前多、后少,加初、减末。前少、后多,减初、加末。又倍增减差为总差,以日率减一,除之,为日差。

　　求每日晨前夜半星行宿次

　　各置其段初日行分,以日差累损益之,后少则损之,后多则益之。为每日行度及分秒;乃顺加退减之,满宿次去之,即得每日晨前夜半星行宿次。视前段末日后段初日行分相较之数,不过一二日差为妙;或多日差数倍,或颠倒不伦,当类同前后增减差稍损益之,使其有伦,然后用之。或前后平行分俱多俱少,则平注之;或总差之秒不盈一分,亦平注之;若有不伦而平注得伦者,亦平注之。

　　求五星平合及见伏入气

　　置定积,以气策及约分除之,为气数;不满,为入气日及分秒;命天正冬至算外,即得所求平合及见伏入气日及分秒。

求五星平合及见伏行差

各以其段初日星行分与太阳行分相减,余为行差。若金在退行、水在退合者,相并为行差。如水星夕伏晨见者,直以太阳行分为行差。

求五星定合及见伏泛积

木、火、土三星,各以平合晨疾夕伏定积,为定合定见定伏泛积。金、水二星,置其段盈缩定差,水星倍之。各以行差除之,为日,不满,退除为分秒;若在平合夕见晨伏者,盈减缩加;如在退合夕伏晨见,盈加缩减,皆以加减定积为定合定见定伏泛积。

求五星定合定积定星

木、火、土三星,各以平合行差除其日太阳盈缩差,为距合差日;以太阳盈缩差减之,为距合差度;日在盈缩,以差日差度减之;在缩历,加之;加减其星定合泛积,为定合定积定星。金、水二星,顺合退合,各以平合退合行差,除其日太阳盈缩差,为距合差日;顺加退减太阳盈缩差,为距合差度;顺在盈历,以差日差度加之;在缩历,减之;退在盈历,以差日减之,差度加之;在缩历,以差日加之,差度减之;皆以加减其定星定合再定合泛积,为定合再定合定积定星;以冬大余及约分加定积,满纪法,去之,命得定合日辰;以冬至加时黄道日度加定星,满宿次,去之,即得定合所在宿次。其顺退所在盈缩,即太阳盈缩。

求木火土三星定见伏定日

各置其星定见伏泛积,晨加夕减象限日及分秒;半中限为象限。如中限以下,自相乘;以上,复减岁周日及分秒,余亦自相乘;满七十五而一,所得,以其星伏见度乘之,一十五除之,为差。其差,如其段行差而一,为日,不满,退除为分秒;见加伏减泛积,为定积;加命如前,即得日辰。

求金水二星定见伏定日

各以伏见日行差,除其日太阳盈缩差,为日。若晨伏夕见,日在盈历,加之,在缩历,减之;如夕伏晨见,日在盈历,减之,在缩历,加之；加减其星泛积，为常积。视常积，如中限以下，为冬至后；以上，去之，余为夏至后。其二至后，如象限以下，自相乘；以上，覆减中限，余亦自相乘；各如法而一，冬至后晨，夏至后夕，以一十八为法。冬至后夕，夏至后晨，以七十五为法。以伏见度乘之，一十五除之，为差。其差，满行差而一，为日。不满，退除为分秒。加减常积，为定积。冬至后，晨见夕伏，加之；夕见晨伏，减之。夏至后，晨见夕伏，减之；夕见晨伏，加之。加命如前，即得定见伏日辰。

　　其水星，夕疾在大暑气初日至立冬气九日三十五分以下者，不见。晨留在大寒气初日至立夏气九日三十五分以下者，不见。春不晨见，秋不夕见者，亦旧历有之。

元史卷五八
志第一〇

地理一

　　自封建变为郡县，有天下者，汉、隋、唐、宋为盛，然幅员之广，咸不逮元。汉梗于北狄，隋不能服东夷，唐患在西戎，宋患常在西北。若元，则起朔漠，并西域，平西夏，灭女真，臣高丽，定南诏，遂下江南，而天下为一。故其地北逾阴山，西极流沙，东尽辽左，南越海表。盖汉东西九千三百二里，南北一万三千三百六十八里，唐东西九千五百一十一里，南北一万六千九百一十八里，元东南所至不下汉、唐，而西北则过之，有难以里数限者矣。

　　初，太宗六年甲午，灭金，得中原州郡。七年乙未，下诏籍民，自燕京、顺天等三十六路，户八十七万三千七百八十一，口四百七十五万四千九百七十五。宪宗二年壬子，又籍之，增户二十余万。世祖至元七年，又籍之，又增三十余万。十三年，平宋，全有版图。二十七年，又籍之，得户一千一百八十四万八百有奇。于是南北之户总书于策者，一千三百一十九万六千二百有六，口五千八百八十三万四千七百一十有一，而山泽溪洞之民不与焉。立中书省一，行中书省十有一：曰岭北，曰辽阳，曰河南，曰陕西，曰四川，曰甘肃，曰云南，曰江浙，曰江西，曰湖广，曰征东，分镇藩服，路一百八十五，府三十三，州三百五十九，军四，安抚司十五，县一千一百二十七。文宗至顺元年，户部钱粮户数一千三百四十万六百九十九，视前又增二十万有奇，汉、唐极盛之际有不及焉。盖岭北、辽阳与甘肃、四

川、云南、湖广之边,唐所谓羁縻之州,往往在是,今皆赋役之,比于
内地;而高丽守东藩,执臣礼惟谨,亦古所未见。地大民从,后世狃
于治安,而不知诘戎兵、慎封守,积习委靡,一旦有变,而天下遂至
于不可为。鸣呼! 盛极而衰,固其理也。

　　唐以前以郡领县而已,元则有路、府、州、县四等。大率以路领
州、领县,而腹里或有以路领府、府领州、州领县者,其府与州又有
不隶路而直隶省者,具载于篇;而其沿革则溯唐而止焉。作《地理
志》。凡路,低于省一字。府与州直隶省者,亦低于省一字。其有宣慰司、廉访
司,亦止低于省一字。各路录事司与路所亲领之县与府、州之隶路者,低于路
一字。府与州所领之县,低于府与州一字。府领州、州又领县者,又低于县一
字。路所亲领之县若府若州,曰领县若干、府若干、州若干;府与州所领之县,
则曰若干县,所以别之也。

　　中书省。统山东、西,河北之地,谓之腹里。为路二十九、州八,
属府三,属州九十一,属县三百四十六。各路立站,总计一百九十八处。
大都路。唐幽州范阳郡。辽改燕京。金迁都,为大兴府。元太祖十
年,克燕,初为燕京路,总管大兴府。太宗七年,置版籍。世祖至元
元年,中书省臣言:“开平府阙庭所在,加号上都,燕京分立省部,亦
乞正名。”遂改中都,其大兴府仍旧。四年,始于中都之东北置今城,
而迁都焉。京城右拥太行,右挹沧海,枕居庸,莫朔方。城方六十里,十一门:
正南曰丽正,南之右曰顺承,南之左曰文明,北之东曰安贞,北之西曰健德,正
东曰崇仁,东之右曰齐化,东之左曰光熙,正西曰和义,西之右曰肃清,西之左
曰平则。海子在皇城之北,万寿山之阴,旧名积水潭,聚西北诸泉之水流入都
城,而汇于此,汪洋如海,都人因名焉。恣民渔采无禁,拟周之灵沼云。九年,
改大都。十九年,置留守司。二十一年,置大都路总管府。户一十
四万七千五百九十,口四十万一千三百五十。用至元七年抄籍数。领
院二、县六、州十。州领十六县。

　　右警巡院。

　　左警巡院。初设警巡院三。至元四年,省其一,止设左、右二院,分领坊
市民事。

　　县六:

　　大兴，赤。宛平，赤。与大兴分治郭下。金水河源出玉泉山，流入皇城，故名金水。良乡，下。永清，下。宝坻，下。至元十六年，于县立屯田所，收子粒赴太仓及醴源仓输纳。昌平。下。

　　州十：

　　涿州。下唐范阳县，复改涿州。宋因之。元太宗八年，为涿州路。中统四年，复为涿州，领二县：

　　范阳，下。倚郭。房山。下。金奉先县。至元二十七年，改今名。

　　霸州。下。唐隶幽州。周始置霸州。宋升永清郡。金置信安军。元仍为霸州。领四县：

　　益津，下。倚郭。中统四年省，至元二年置。文安，下。大城，下。保定。下。至元二年，省入益津，四年置。

　　通州，下。唐为潞县。金改通州，取漕运通济之义，有丰备、通济、太仓以供京师。领二县：

　　潞县，倚郭。三河。下。

　　蓟州，下。唐置，后改渔阳郡，仍改蓟州。宋为广川郡。金为中都。元太祖十年，定其地，仍为蓟州，领五县：

　　渔阳，下。倚郭。丰闰，下。至元二年，省入玉田，四年，以路当冲要，复置。二十二年立丰闰署，领屯田八百三十七户。玉田，下。遵化，下。平谷。下。至元二年，省入渔阳，十三年，复置。

　　漷州，下。辽、金为漷阴县。元初为大兴府属邑。至元十三年，升漷州，割大兴府之武清、香河二邑来属。领二县：

　　香河，下。武清。

　　顺州，下。唐初改燕州，复为归德郡，复为顺州，复为归顺州。辽为归化军。宋为顺兴军。金仍为顺州，置温阳县。元废县，存州。

　　檀州，下。唐改密云郡，又复为檀州。辽为武威军。宋为镇远军。金仍为檀州。元因之。

　　东安州。下。唐以前为安次县。辽、金因之。元初，隶大兴府。太宗七年，隶霸州。中统四年，升为东安州，隶大都路。

　　固安州，下。唐仍隋旧，为固安县，隶幽州。宋隶涿水郡。金隶涿州。元宪宗九年，隶霸州，又改隶大兴府。中统四年，升固安州。

龙庆州。唐为妫川县。金为缙山县。元至元三年，省入怀来县，五年复置。本属上都路宣德府奉圣州。二十二年，仁宗生于此。延祐三年，割缙山、怀来来隶大都，升缙山为龙庆州。领一县：

怀来。下。

上都路。唐为奚、契丹地。金平契丹，置恒州。元初为札剌儿部、兀鲁郡王营幕地。宪宗五年，命世祖居其地，为巨镇。明年，世祖命刘秉忠相宅于桓州东、滦水北之龙冈。中统元年，为开平府。五年，以阙庭所在，加号上都，岁一幸焉。至元二年，置留守司。五年，升上都路总管府。十八年，升上都留守司，兼行本路总管府事。户四万一千六十二，口一十一万八千一百九十一。领院一、县一、府一、州四。州领三县。府领三县、二州，州领六县。警巡院。

县一：

开平。上。

府一：

顺宁府。唐为武州。辽为德州。金为宣德州。元初为宣宁府。太宗七年，改山东路总管府。中统四年，改宣德府，隶上都路。仍至元三年，以地震，改顺宁府。领三县、二州。

三县：

宣德，下。倚郭。至元二年，省本府之录事司并龙门县并入焉。二十八年，又割龙门去属云州。宣平，下。顺圣。下。本隶弘州，今来属。

二州：

保安。下。唐新州。辽改奉圣州。金为德兴府。元初因之。旧领永兴、缙山、怀来、矾山四县。至元二年，省矾山入永兴。三年，省缙山入怀来，仍改为奉圣州，隶宣德府。五年，复置缙山。延祐三年，以缙山、怀来隶大都。仍至元三年，以地震，改保安州。领一县：

永兴。下。倚郭。

蔚州。下。唐改为安边郡，又改为兴唐县，又仍为蔚州。辽为忠顺军。金仍为蔚州。元至元二年，省州为灵仙县，隶弘州。其年，复

改为蔚州,隶宣德府。领五县:

灵仙,下。灵丘,下。飞狐,下。定安,下。广灵。下。

州四:

兴州。下。唐为奚地。金初为兴化郡,隶北京,后为兴州。元中统三年,属上都路。领二县:

兴安,下。至元二年置。宜兴。中。至元二年置。

松州。下。本松林南境。辽置松山州。金为松山县,隶北京大定府路。元中统三年,升为松州,仍存县。至元二年,省县入州。

桓州。下。本上谷郡地。金置桓州。元初废。至元二年,复置。

云州。下。古望云川地。契丹置望云县。金因之。元中统四年,升县为云州,治望云县。至元二年,州存县废。二十八年,复升宣德之龙门镇为望云县,隶云州。领一县:

望云。

兴和路。上。唐属新州。金置柔远镇,后升为县,又升抚州,属西京。元中统三年,以郡为内辅,升隆兴路总管府,建行宫。户八千九百七十三,口三万九千四百九十五。领县四、州一。

县四:

高原,下。倚郭。中统二年,隶宣德府,三年来属。怀安,下。元初隶宣德府,中统三年来属。天成,下。元初隶宣德府。中统三年来属。咸宁。下。元初隶宣德府,中统三年来属。

州一:

宝昌州。下。金置昌州。元初隶宣德府。中统三年,隶本路,置盐使司。延祐六年,改宝昌州。

永平路。下。唐平州。辽为卢龙军。金为兴平军。元太祖十年,改兴平府。中统元年,升平滦路,置总管府,设录事司。大德四年,以水患改永平路。户一万三千五百一十九,口三万五千三百。领司一、县四、州一,州领二县。

录事司。

县四:

卢龙，下。倚郭。迁安，下。至元二年，省入卢龙县，后复置。抚宁，下。至元二年，与海山俱省入昌黎。三年，复置。四年，又与海山俱入昌黎。七年，复置，仍省昌黎、海山入焉。十二年，复置昌黎以属滦州。今昌黎属本县。昌黎。下。至元十二年复置，仍并海山入焉。详见抚宁县。

州一：

滦州。下。在卢龙塞南。金领义丰、马城、石城、乐亭四县。元至元二年，省义丰入州。三年，复置，先以石城省入乐亭，其年改入义丰。四年，马城亦省。领二县：

义丰，下，倚郭。至元二年省入州。三年复置。乐亭。下。元初尝于县置漠州，寻废，复为乐亭县，隶滦州。

德定路。下。领县一：德宁。下。

净州路。下。领县一：天山。下。

泰宁路。下。领县一：泰宁。下。

集宁路。下。领县一：集宁。下。

应昌路。下。领县一：应昌。下。

全宁路。下。领县一：全宁。下。

宁昌路。下。领县一：宁昌。下。

砂井总管府。领县一：

砂井。

以上七路、一府、八县皆阙。

保定路。上。本清苑县，唐隶郑州。宋升保州。金改顺天军。元太宗十一年，升顺天路，置总管府。至元十二年，改保定路，设录事司。户七万五千一百八十二，口一十三万九百四十。领司一、县八、州七，州领十一县。

录事司。

县八：

清苑，中。附郭。满城，中。唐县，下。金隶定州。后来属。庆都，下。元初隶真定府。太宗十一年来属。行唐，下。曲阳，中。古恒州地。唐为曲阳县。宋属中山府。金因之。元初改恒州，立元帅府，割阜平、灵寿、行唐、庆都、唐县以隶之。逮移镇归德，还隶中山府，复为曲阳县，后隶保定，北岳恒山在焉。**新安**，下。金置新安州渥城县。元至元二年，州、县俱废，改为新安镇，入归信县。四年，割入容城。九年，置新安县来属。**博野**。下。至元三十一年立。

州七：

易州。中。唐改上谷郡。又复为易州。元太宗十一年，割隶顺天府。至元十年，隶大都路。二十三年，还隶保定。领三县：

易县，中。倚郭。元初存州、废县。至元三年复置。**涞水**，下。**定兴**。下。金隶涿州，今来属。

祁州。中。唐为义丰县，属定州。宋改为蒲阴县。金于县置祁州，属真定路。元至元三年，立附郭蒲阴县及以束鹿、深泽二县来属，隶保定。领三县：

蒲阴，中。倚郭。**深泽**，下。至元二年，并入束鹿县。三年，又来属。**束鹿**。中。

雄州。下。唐归义县。五代为瓦桥关，周世宗克三关，于关置雄州。宋为易阳郡。金为永定军。元太宗十一年，割雄州三县属顺天路。至元十年，改属大都路。十二年，改属顺天路为保定路。二十三年，复以雄州隶之。领三县：

归信，下。**容城**，下。金隶安肃州。今来属。**新城**。太宗二年，改新泰州。七年，复为县，隶大都路。十一年，隶顺天路。至元二年，隶雄州。十年，隶大都。二十三年，复来属。

安州，下。唐为唐兴县，隶郑州。宋升顺安军。金改安州，治渥城县。元初移治葛城。至元二年，废为镇，入高阳县，后复改安州，隶保定。领二县：

葛城，下。倚郭。**高阳**。下。

遂州。下。唐为遂城县，属易州。宋改广信军。金废为遂城县，隶保州。元至元二年，省入安肃州为镇。后复置州，而县废，隶保定。

安肃州。下。本易州宥戎镇地。宋创立静戎军，又改安肃军。金为安肃州。元隶保定。

完州，下。唐为北平县，隶定州。宋升北平军。金更为永平县，又改完州。元至元二年,改永平县。后复为完州。

燕南河南道肃政廉访司。

真定路。唐恒山郡,又改镇州。宋为真定府。元初置总管府,领中山府,赵、邢、洺、磁、滑、相、浚、卫、祁、威、完十一州。后割磁、威隶广平,浚、滑隶大名,祁、完隶保定。又以邢入顺德,洺入广平,相入彰德,卫入卫辉。又以冀、深、晋、蠡四州来属。户一十三万四千九百八十六,口二十四万六百七十。领司一、县九、府一、州五。府领三县,州领十八县。

　　录事司。

　　县九:

　　真定,中。倚郭。藁城,中。太宗六年,为永安州,无极、宁晋、新乐、平棘四县隶焉。七年,废州,为藁城县,属真定。栾城,下。元氏,中。获鹿,中。太宗在潜邸,改西宁州。既即位,七年,复为获鹿县,隶真定。平山,下。灵寿,下。阜平,下。涉县。元初为崇州,隶真定路。后废州,复置涉县。至元二年,省入磁州,后复来属。

　　府一:

　　中山府。唐定州。宋为中山郡。金为中山府。元初因之。旧领祁、完二州。太宗十一年,割二州隶顺天府。后为散府,隶真定。领三县:

　　安喜,中。新乐,下。无极。中。

　　州五:

　　赵州。中。唐赵州。宋为庆源军。金改沃州。元仍为赵州。旧领平棘、临城、栾城、元氏、高邑、赞皇、宁晋、隆平、柏乡九县。太祖十五年,割栾城、元氏隶真定。领七县:

　　平棘,中。宁晋,下。隆平,下。临城,中。柏乡,下。高邑,下。赞皇。下。至元二年,并入高邑。七年复置。

　　冀州。上。唐改魏州。后仍为冀州。宋升安武军。元仍为冀州。领五县:

　　信都,中。至元初,与冀州录事司俱省入冀州。后复置。三年,省录事司入焉。为冀州治所。南宫，上。枣强，中。武邑，中。新河。中。太宗四年置。

深州。下。唐改饶阳郡。后仍为深州。元初隶河间，置帅府。太宗十年，隶真定路，领饶阳、安平、武强、束鹿、静安五县。后割安平、饶阳、武强隶晋州，束鹿隶祁州，以冀州之衡水来属。领二县：

静安，中。衡水。下。

晋州。唐、宋皆为鼓城县。元太祖十年，改晋州。太宗十年，立鼓城等处军民万户所。中统二年，复为晋州。领四县：

鼓城，中。倚郭。饶阳，中。安平，下。太祖十九年，为南平州，于此行千户总管府事，领饶阳一县。太宗七年，复改为县，隶深州。宪宗在潜，隶鼓城等处军民万户府。中统二年，改立晋州，仍为安平县隶焉。武强。下。元初创立东武州，领武邑、静安。太宗六年，废州，复为县，改隶深州。十一年，割属祁州。宪宗在潜，隶鼓城等处军民万户府。中统二年，置晋州，县隶焉。

蠡州。下。唐始置。宋改永宁军。金仍为蠡州。元初，隶真定。领司候司、博野县。至元三年，省司候司、博野县入蠡州。十七年，直隶省部。二十一年，仍属真定。

顺德路。下。唐邢州。宋为信德府。金改邢州。元初，置元帅府。后改安抚司。宪宗分洺水民户之半于武道镇，置司总管。五年，以武道镇置广宗县，并以来属。中统三年，升顺德府。至元元年，以洺州、磁州来属。二年，洺、磁自为一路，以顺德为顺德路总管府。户三万五百一，口一十二万四千四百六十五。领司一、县九。

录事司。

县九：

邢台，中。倚郭。钜鹿，中。内丘，中。至元二年，并唐山县入焉。后复置唐山，与内丘并。平乡，中。广宗，中。宪宗五年置。中统三年以后属顺德府。至元二年，省入平乡县，后复置，隶顺德路。沙河，下。至元二年，省南和县入焉。后复置南和，与沙河并。南和，下。唐山，下。任县。下。至元二年，省入邢台县。后复置。

广平路。下。唐洺州，又为广平郡。元太宗八年，置邢洺路总管府，以邢、磁、威隶之。宪宗二年,为洺磁路,止领磁、威二州。至元十五年,升广平路总管府。户四万一千四百四十六,口六万九千八十二。领司一、县五、州二。州领六县。

录事司。

县五:

永年,中。倚郭。曲周,中。肥乡,中。鸡泽,下。元初,并入永年,后复置。广平。下。

州二:

磁州。中。唐磁州。宋为滏阳郡。金以隶彰德。元太祖十年,升为滏源军节度,隶真定路。太宗八年,隶邢洺路。宪宗二年,改邢洺路为洺磁路。至元二年,以真定之涉县及成安县并入滏阳,武安县并入邯郸,止以滏阳、邯郸二县及录事司来属。后复置涉县归真定,以滏阳、武安、邯郸、成安、录事司隶焉。至元三年,并录事司入滏阳县。至元十五年,改洺磁路为广平路总管府,磁州仍隶焉。领四县:

滏阳,中。倚郭。武安,中。邯郸,下。成安,下。

威州,中。旧无此州,金始置。元太宗六年,割隶邢洺路,以洺水县来属。宪宗二年,隶洺磁路,徙州治于洺水。领二县:

洺水,中。倚郭。太宗八年,隶洺州。定宗二年,改隶威州。宪宗二年,徙威州治此。井陉。下。威州本治此。宪宗二年,移州治于洺水县,井陉为属县。

彰德路。下。唐相州,又改邺郡。石晋升彰德军。金升彰德府。元太宗四年,立彰德总帅府,领卫、辉二州。宪宗二年,割出卫、辉,以彰德为散府,属真定路。至元二年,复立彰德总管府,领怀、孟、卫、辉四州及本府安阳、临漳、汤阴、辅岩、林虑五县。四年,又割出怀、孟、卫、辉,仍立总管,以林虑升为林州,复立辅岩县隶之。六年,并辅岩入安阳。户三万五千二百四十六,口八万八千二百六。领司一、县三、州一。

录事司。

县三：

安阳，上。至元六年，并辅岩入焉。汤阴，中。临漳。中。

州一：

林州。下。本林虑县。金升为州。元太宗七年，行县事。宪宗二年，复为州。至元二年，复为县，又并辅岩入焉。未几，复为州，割辅岩入安阳，仍以州隶彰德路。

大名路。中。唐魏州。五代南汉改大名府。金改安武军。元因旧名，为大名府路总管府。户六万八千六百三十九，口一十六万三百六十九。领司一、县五、州三。州领六县。

录事司。

县五：

元城，中。倚郭。至元二年，并入大名县。后复置。大名，中。倚郭。太宗六年，立县治。宪宗二年，迁县事于府城内。至元二年，省元城来属。寻析大名、元城为二县。九年，还县治于故所。南乐，中。魏县，中。清河。本恩州地，太宗七年，籍为清河县，隶大名路。

州三：

开州。上。唐澶州。宋升开德府。金为开州。元割开封之长垣、曹州之东明来属。领四县：

濮阳，上。倚郭。东明，中。太宗七年，割隶大名路。至元二年来属。长垣，中。初隶大名路。至元二年，始隶开州。清丰。中。

滑州。中。唐改灵昌郡。宋改武成军。元仍为滑州。领二县：

白马，上。为州治所。内黄。

浚州。下。唐置黎州，后废。石晋置浚州。宋为通利军，又改平川军。金复为浚州。元初，隶真定。至元二年，隶大名。

怀庆路。下。唐怀州，复改河内郡，又仍为怀州。宋升为防御。金改南怀州，又改沁南军。元初，复为怀州。太宗四年，行怀、孟州事。宪宗六年，世祖在潜邸，以怀、孟二州为汤休邑。七年，改怀孟路总管府。至元元年，以怀孟路隶彰德路。二年，复以怀孟自为一路。延祐六年，以仁宗潜邸，改怀庆路。户三万四千九百九十三，口一十七万九百二十六。领司一、县三、州一。州领三县。

录事司。

县三：

河内，中。修武，中。武陟。中。

州一：

孟州。下。唐置河阳军，又升孟州。宋隶河北道。金大定中，为河水所害，北去故城十五里筑今城，徙治焉。故城谓之下孟州，新城谓之上孟州。元初，治下孟州。宪宗八年，复立上孟州，河阳、济源、王屋、温四县隶焉。设司候司。至元三年，省王屋入济源，并司候司入河阳。领三县：

河阳，下。济源，下。太宗六年，改济源为原州。七年，州废，复为县。至元三年，省王屋县入焉。温县。

卫辉路。下。唐义州，又为卫州，又为汲郡。金改河平军。元中统元年，升卫辉路总管府，设录事司。户二万二千一百二十九，口一十二万七千二百四十七。领司一、县四、州二。

录事司。

县四：

汲县，下。倚郭。新乡，中。获嘉，下。胙城，下。旧以胙城为倚郭。宪宗元年，还州治于汲，以胙城为属邑。

州二：

辉州。下。唐以共城县置共州。宋隶卫州。金改为河平县，又改苏门县，又升苏门县为辉州，置山阳县属焉。至元三年，省苏门县，废山阳为镇，入本州。

淇州。下。唐、宋、金并为卫县之域，曰鹿台乡。元宪宗五年，以大名、彰德、卫辉籍余之民，立为淇州，因又置县曰临淇，为倚郭。中统元年，隶大名路宣抚司。至元三年，立卫辉路，以州隶之，而临淇县省。

河间路。上。唐瀛州。宋河间府。元至元二年，置河间路总管府。户七万九千二百六十六，口一十六万八千五百三十六。领司一、县六、州六。州领十七县。

录事司。

县六：

河间，中。倚郭。肃宁，下。至元二年，废为镇，入河间县，后复旧。**齐东**，下。宪宗三年，隶济南路。至元二年，还属河间路。**宁津**，下。宪宗二年，属济南路。至元二年，隶河间。**临邑**，下。本属济南府，太宗七年，割属河间。宪宗三年，还属济南。至元二年，复属河间。**青城**。下。本青平镇。太宗七年，析临邑、宁津地，置县，隶济南。中统置青城县，隶陵州。至元二年，隶河间。

州六：

沧州。中。唐改景城郡，复仍为沧州。金升临海军。元复为沧州。领五县：

清池，中。乐陵，中。南皮，下。无棣，下。至元二年，并入乐陵县，以县治入济南之隶州，寻复置。盐山。下。

景州。中。唐观州，又改景州。宋改永静军。金仍改观州。元因之。至元二年，复为景州。领五县：

蓚县，中。旧属观州。元初，升元州。后复为蓚县。**故城**，中。元初，隶河间路。至元二年，并为故城镇，属景州。是年，复置县，还来属。**阜城**，下。东光，下。吴桥。中。

清州。下。五代置乾宁军。宋为乾宁郡。大观间，以河清，改清州。金为乾宁郡。元太宗二年，改清宁府。七年，又改清州。至元二年，以靖海、兴济两县及本州司候司并为会川县。后复置清州。领三县：

会川，中。靖海，下。兴济。下。

献州。下。本乐寿县。宋隶瀛州，又隶河间府。金改为寿州，又改献州。元至元二年，以州并入乐寿，直隶河间路。未几，复旧。领二县：

乐寿，中。附郭。交河。中。至元二年，入乐寿，未几如故。

莫州。下。唐置鄚州，寻改为莫。旧领二县。至元二年，省入河间。未几，仍领二县：

莫亭,下。倚郭。至元二年,与任丘俱省入河间县。后复置。任丘,下。

陵州。下。本将陵县。宋、金皆隶景州。宪宗三年,割隶河间府。是年,升陵州,隶济南路。至元二年,复为县。三年,复为州,仍隶河间路。

东平路。下。唐郓州,又改东平郡,又号天平军。宋改东平府,隶河南道。金隶山东路。元太祖十五年,严实以彰德、大名、磁、洺、恩、博、浚、滑等户三十万来归,以实行台东平,领州县五十四。实没,子忠济为东平路管军万户总管,行总管府事,州县如旧。至元五年,以东平为散府。九年,改下路总管府。户四万四千七百三十一,口五万二百四十七。领司一、县六。

录事司。

县六:

须城,下。为东平治所。东阿,中。阳谷,中。汶上,中。寿张,下。平阴。下。至元十一年,以县之辛镇寨、孝德等四乡分析他属。明年,改寨为肥城,作中县,隶济宁路;以平阴为下县,仍属东平。

东昌路。下。唐博州。宋隶河北东路。金隶大名府。元初,隶东平路。至元四年,析为博州路总管府。十三年,改东昌路,仍置总管府。户三万三千一百二,口一十二万五千四百六。领司一、县六。

录事司。

县六:

聊城,中。倚郭。堂邑,中。莘县,中。宋隶大名府。元割以来属。博平,中。茌平,中。丘县。下。本为镇,隶曲周。至元二年,并入堂邑。二十六年,山东宣慰司言:“丘县并入堂邑,差税、词诉相去二百余里,往复非便,平恩有户二千七百,并县为宜。”遂立丘县,隶东昌。

济宁路。下。唐麟州。周于此置济州。元太宗七年,割属东平府。至元六年,以济州还治钜野,仍析郓城之四乡来属。八年,升济宁府,治任城,寻还治钜野。十二年,复立济州,治任城,属济宁府。十五年,迁府于济州,却以钜野行济州事。其年,又以府治归钜野,而济州仍治任城,但为散州。十六年,济宁升为路,置总管府。户一万五百四十五，口五万九千八百一十八。领司一、县七、州三。州领九县。

录事司。

县七：

钜野，中。倚郭。金废，属郓州。至元六年，复立。郓城，上。金以水患，徙置盘沟村。元至元八年，复来属。肥城，宋、金为平阴县。元至元十二年，以平阴辛镇寨东北十五里旧城改设今县。金乡，下。初隶济州，至元二年来属。砀山，金为水荡没。元宪宗七年，始复置县治，隶东平路。至元二年，以户口稀少，并入单父县。三年，复置，属济州。八年，属济宁路。虞城，下。金圮于水。元宪宗二年，始复置县，隶东平。至元二年，以户口稀少，并入单父。三年，复立县，属济州。八年，隶济宁路。丰县。唐属徐州。元宪宗二年，属济州。至元二年，以沛县并入丰县。三年，复立沛县。八年，以丰县直隶济宁路。

州三：

济州。下。唐以前为济北郡，治单父。唐初，为济州，又为济阳郡，仍改济州。周濒济水立济州。宋因之。金迁州治任城，以河水湮没故也。元至元二年，以户不及千数，并隶任城。六年，迁州于钜野，而任城为属邑。八年，升州为济宁府，治任城，复还府治钜野。十二年，以任城当江淮水陆冲要，复立济州，属济宁路，而任城废。十五年，迁府于济州，以钜野行济州事。其年，复于钜野立府，仍于此为州。二十三年，复置任城，隶州。领三县：

任城，倚郭。鱼台，太宗七年，属济州。至元二年，并入金乡。三年，复故。八年，属济宁府。十三年来属。沛县。太宗七年，移滕州治此。宪宗二年，州废，复为县。至元二年，省入丰县。三年，复置。八年，隶济宁府。十三年，来属。

兖州。下。唐初为兖州，复升泰宁军。宋改袭庆府。金改泰定军。元初，复为兖州，属济州。宪宗二年，分隶东平路。至元五年，复属济州。十六年，隶济宁路总管府。二十三年，立尚珍署，领屯田四百五十六户，收子粒赴济州官仓输纳，余粮粜卖，所入钞纳于光禄寺。领四县：

嵫阳，曲阜，泗水，至元二年，省入曲阜。三年，复置。宁阳。至元二年，省入嵫阳。大德元年，复置。

单州，下。唐置辉州，治单父。后唐改为单州。宋升团练州。金隶归德府。元初，属济州。宪宗二年，属东平府。至元五年，复属济州。十六年，隶济宁路。领二县：

单父，县在郭下。元初与单州并属济州。宪宗二年，隶东平府。至元二年，复立单父县。五年，还属济州，今属单州。嘉祥。旧属济州。宪宗二年，割隶东平路。至元三年，还属济州。今为单州属县。

曹州。上。唐初为曹州，后改为济阴郡，又仍为曹州。宋改兴仁府。金复为曹州。元初，隶东平路总管府。至元二年，直隶省部。户三万七千一百五十三，口一十九万五千三百三十五。领县五：

济阴，上。成武，中。定陶，中。禹城，中。楚丘。中。

濮州。上。唐初为濮州，后改濮阳郡，又仍为濮州。宋升防御郡。金为刺史州。元初，隶东平路。后割大名之馆陶、朝城，恩州之临清，开州之观城来属。至元五年，析隶省部。户一万七千三百一十六，口六万四千二百九十三。领县六：

鄄城，上。朝城，中。初隶东平府，至元五年来属。馆陶，中。初属东平路。至元三年来属。临清，观城，下。金属开州，元初来属。范县。下。初属东平府路。至元二年来属。

高唐州。中。唐为县，属博州。宋、金因之。元初，隶东平。至元七年，升州。户一万九千一百四，口二万三千一百二十一。领县三：高唐，中。夏津，中。初隶东平，至元七年来属。武城。中。初隶东平。至元七年来属。

泰安州。中。本博城县。唐初，于县置东泰州。后废州，改为乾封县，属兖州。宋改奉符县。金置泰安州。元初，属东平路。至元二年，省新泰县入莱芜县。五年，析隶省部。三十一年，复立新泰县。东岳泰山在焉。户九千五百四十，口一万七百九十五。领县四：

奉符，中。长清，中。旧属济南府。元初来属。莱芜，下。新泰。金属泰安州。至元二年，省入莱芜。三十一年复立。

德州。唐初为德州，后改平原郡，又仍为德州。金属山东西路。元初，隶东平路总管府，割大名之清平、济南之齐河县来属。户二万四千四百二十四,口一十五万六千九百五十二。领县五:安德,下。平原,下。齐河,金创置此州,隶济南府。至元二年,来属。清平,宋、金隶大名府,元初来属。德平。

恩州。中。唐贝州,又为清河郡。宋改恩州。金隶大名府路。元初割清河县隶大名府,以武城隶高唐,惟存历亭一县及司候司。至元二年,县及司俱省入州。七年,自东平析隶省部。户一万五百四十五,口三万七千四百七十九。

冠州。本冠氏县。唐因隋旧,置毛州。后州废,县属魏州。宋、金并属大名府。元初,属东平路。至元六年,升冠州,直隶省。户五千六百九十七,口二万三千四十。

山东东西道宣慰司。

益都路。唐青州,又升卢龙军。宋改镇海军。金为益都路总管府。户七万七千一百六十四,口二十一万二千五百二。领司一、县六、州八。州领十五县。

录事司。

县六:

益都,中。倚郭。至元二年,以行淄州及行淄川县并入。三年,又并临淄、临朐二县入焉。十五年,割临淄、临朐复置县,并属本路。临淄,下。临朐,下。高苑,下。旧属淄州。乐安,下。寿光。下。

州八:

潍州。下。唐初为潍州,后废。宋为北海军,复升潍州。金属益都路。元初,领北海、昌邑、昌乐三县及司候司。宪宗三年,省司候司入北海。至元三年,省昌乐县入北海。领二县:北海,下。昌邑。下。

胶州,下。唐初为胶西县。宋置临海军。金仍改为胶西县,属密州。元太祖于县置胶州。领三县:

胶西,中。即墨,下。宋、金皆隶莱州,元太祖二十二年来属。高密。下。宋、金并隶密州。

密州。唐初,改为高密郡,后仍为密州。宋为临海军,复为密州。元初因之,以胶西、高密属胶州。宪宗三年,省司候司入诸城县,隶益都。领二县：

诸城。州治所。安丘。下。

莒州。下。唐废莒州，以莒县隶密州。宋沿其旧。金复为莒州，隶益都府。元初因之。领四县：

莒县，下。州治所。宪宗三年，省司候司入焉。沂水，下。有沂山，为东镇。日照，下。蒙阴。下。元初，因旧名为新泰县。中统三年，以李璮乱，人民逃散，省入沂水。皇庆二年，复置为蒙阴县。

沂州。下。唐初改为琅邪郡，后仍为沂州。宋属京东东路。金属山东东路。元属益都路。领二县：

临沂，中。州治所。宪宗三年，省司候司入焉。费县。下。

滕州。下。唐为滕县，属徐州。宋仍旧。金改为滕州，属兖州。元隶益都路。领二县：

滕县，下。宪宗三年，省司候司入焉。邹县。下。

峄州。下。唐置鄫州，又改兰陵县为承县，后州废，以县属沂州。宋仍旧。金改兰陵县，于县置峄州。元初以峄州隶益都路。至元二年，省兰陵入本州。

博兴州。下。唐博昌县。后唐改博兴。宋属青州。金属益都府。元初，升为州。

山东东西道肃政廉访司。

济南路。上。唐济州，又改临淄郡，又改济南郡，又为青州。宋为济南府。金因之。元初，改济南路总管府，旧领淄、陵二州。至元二年，淄州割入淄莱路，陵州割入河间路，又割临邑县隶河间路，长清县入泰安州，禹城县隶曹州，齐河县入德州，割淄州之邹平县来属，置总管府。户六万三千二百八十九，口一十六万四千八百八十五。领司一、县四、州二。州领七县。

录事司。

县四：

历城，中。倚郭。章丘，上。邹平，上。唐宋皆属淄州，至元间来属。济阳。中。

州二：

棣州。上。唐析沧州之阳信、商河、乐陵、厌次置棣州。宋、金因之。元初，滨、棣自为一道，中统三年，改置滨棣路安抚司。至元二年，与滨州俱隶济南路。领四县：

厌次，中。倚郭。初立司候司，至元二年，省入本县。商河，中。阳信，中。无棣。下。宋、金属沧州。元初，割无棣之半属沧州，半以来属。

滨州。中。唐属棣州。周始置滨州。金隶益都。元初，以棣州为滨棣路。至元二年，省路为州，隶济南路。领三县：

渤海，中。初设司候司，至元二年，省入此县。利津，下。沾化。下。

般阳府路。下。唐淄州。宋属河南道。金属山东东路。元初，太宗在潜，置新城县。中统四年，割滨州之蒲台来属。先是，淄州隶济南路总管府。五年，升淄州路，置总管府。是岁改元至元，割邹平属济南路、高苑属益都路。二年，改淄州路为淄莱路。二十四年，改般阳路，取汉县以为名。户二万一千五百三十，口一十二万三千一百八十五。领司一、县四、州二。州领八县。

录事司。

县四：

淄川，中。倚郭。长山，中。初属济南路。中统五年来属。新城，中。本长山县驿台。太宗在潜，以人民完聚，创置城曰新城，以田、索二镇属焉。蒲台。下。金属滨州。元初隶滨棣路。中统五年，属淄州。至元二年，改属淄莱路，升中县。

州二：

莱州。中。唐初，改东莱郡为莱州。宋为防御州。金升定海军，属山东东路。元初，属益都路。中统五年，属淄莱路。旧设录事司，至元二年，省入掖县，又省即墨入掖，与胶水仍隶般阳路。领四县：

掖县，中。倚郭。至元二年，省录事司，析即墨县入焉。胶水，下。至元二年，析即墨县入焉。招远，下。莱阳。下。

登州。下。唐初为牟州，复改登州。宋属河南道。元初，属益都路。中统五年，别置淄莱路，以登州隶之。至元二十四年，改属般阳路。领四县：

蓬莱，下。黄县，下。福山，下。伪齐以登州之雨水镇为福山县，杨疃镇为栖霞县。栖霞。下。

宁海州。下。伪齐刘豫以登州之文登、牟平二县立宁海军。金升宁海州。元初隶益都路。至元九年，直隶省部。户五千七百一十三，口一万五千七百四十三。领县二：

牟平，中。文登。下。

河东山西道宣慰使司

大同路。上。唐为北恒州，又为云州，又改云中郡。辽为西京大同府。金改总管府。元初置警巡院。至元二十五年，改西京为大同路。户四万五千九百四十五，口一十二万八千四百九十六。领司一、县五、州八。州领四县。大德四年，于西京黄华岭立屯田。六年，立万户府，所属山阴、雁门、马邑、鄯阳、洪济、金城、宁武凡七屯。

录事司。

县五：

大同，中。倚郭。至元二年，省西县入焉。白登，下。至元二年，废为镇，属大同县。寻复置。宣宁，下。平地，下。本号平地袤，至元二年，省入丰州。三年，置县，曰平地。怀仁。下。

州八：

弘州。下。唐为清塞军，隶蔚州。辽置弘州。金仍旧。旧领襄阴、顺圣二县。元至元中，割顺圣隶宣德府，惟领襄阴及司候司。后并省入州。

浑源州。下。唐为浑源县，隶应州。金升为州，仍置县在郭下，并置司候司。元至元四年，省入州。

应州。下。唐末置。后唐升彰国军。元初，仍为应州。领二县：金城，下。州治所。山阴。下。至元二年，并入金城。后复置。

朔州。下。唐改马邑郡为朔州。后唐升镇武军。宋为朔宁府。金为朔州。元因之。领二县：鄯阳，下。至元四年，省录事司入焉。马邑。下。

武州。下。唐隶定襄、马邑二郡。辽置武州宣威军。元至元二年,割宁边州之半来属。旧领宁边一县及司候司。四年,省入州。

丰州。下。唐初为丰州,又改九原郡,又仍为丰州。金为天德军。元复为丰州。旧有录事司并富民县。元至元四年,省入州。

东胜州。下。唐胜州,又改榆林郡,又复为胜州。张仁愿筑三受降城,东城南直榆林,后以东城滨河,徙置绥远峰南郡,今东胜州是也。金初属西夏,后复取之。元至元二年,省宁边州之半入焉。旧有东胜县及录事司。四年,省入州。

云内州。下。唐初立云中都督府,复改横塞军,又改天德军,即中受降城之地。金为云内州。旧领云川、柔服二县。元初,废云川,设录事司。至元四年,省司、县入州。

河东山西道肃政廉访司。

冀宁路。上。唐并州,又为太原府。宋金因之。元太祖十一年,立太原路总管府。大德九年,以地震,改冀宁路。户七万五千四百四,口一十五万五千三百二十一。领司一、县十、州十四。州领九县。

录事司。

县十:

阳曲,中。倚郭。文水,中。平晋,下。祁县,下。旧隶晋州。后州废,隶太原路。榆次,下。至元二年,隶太原路。太谷,下。清源,下。寿阳,下。交城,下。徐沟。下。

州十四:

汾州,中。唐改西河郡为浩州,又改汾州,又改西河郡,又为汾州。金置汾阳军。元初,立汾州元帅府,割灵石县隶平阳路之霍州,仍析置小灵石县。后废府。至元二年,复行州事,省小灵石入介休。三年,并温泉入孝义。领四县:

西河,中。孝义,下。至元三年,割温泉县之半,置巡检司,隶本县。平遥,下。元初属太原府。至元二年来属。介休。下。元初直隶太原府。至元二年来属,仍省小灵石县入焉。

石州。下。唐初改离石郡为石州,又改昌化郡,又仍为石州。宋、金因其名。元中统二年,省离石县入本州。三年,复立。至元三年,省温泉入孝义,以临泉为临州。旧置司候司,后与孟门、方山俱省入离石。领二县:

离石,下。倚郭。宁乡。下。太宗九年,隶太原府。定宗三年,隶石州。宪宗九年,又隶太原府。至元三年,复来属。

忻州。下。唐初置新兴郡,后改忻州,又改定襄郡,又为忻州。金隶太原府。元因之。领二县:秀容,下。倚郭。至元二年,省入忻州。四年复置。定襄。下。

平定州。下。唐为广阳县。宋为平定军。金为平定州。元至元二年,省倚郭平定、乐平二县入本州。七年,复立乐平。领一县:

乐平。下。倚郭。至元二年,省县为乡,入本州。立巡检司。七年,复立。

临州。下。唐置临泉县,又置北和州,后州废,隶石州。宋置晋宁军。金废军,置临水县,隶石州。元中统二年,仍改临泉县,直隶太原府。三年,升临州。

保德州。下。本岚州地。宋始置州。旧有倚郭县。元宪宗七年,废县。至元二年,省陕州、芭州入本州。三年,又并岢岚军入焉。四年,割岢岚隶管州,陕州仍来属。

崞州。下。本崞县。元太宗十四年,升崞州。

管州。下。唐以静乐县置。后州废,属岚州。后又为宪州。宋为静乐军。金为静乐郡,又改为管州。元太祖十六年,以岚州之岢岚、宁化、楼烦并入本州。至元二十二年,割岢岚隶岚州,而宁化、楼烦并入本州。

代州。下。唐置代州总管府。金改都督府。元中统四年,并雁门县入州。

台州。下。唐为五台县,隶代州。金升台州,隶太原路。元因之。

兴州。下。唐临津县,隶岚州,又改合河县。金升兴州,隶太原路。元因之。

坚州。下。唐繁畤县。金为坚州,隶太原路。元因之。

岚州。下。唐、宋并为岚州。金升镇西节度。至元二年,省入管州。五年,复立。

孟州。下。本盂县。金升为州。元因之。

晋宁路。上。唐晋州。金为平阳府。元初为平阳路。大德九年,以地震,改晋宁路。户一十二万六百三十,口二十七万一百二十一。领司一、县六、府一、州九。府领六县,州领四十县。

录事司。

县六:

临汾,中。倚郭。襄陵,中。洪洞,中。浮山,下。汾西,下。岳阳。下。本猗氏县,属平阳府。至元三年,省入岳阳县。四年,以县当东西驿路之要,复置,并岳阳、和川二县入焉。后复改为岳阳县。

府一:

河中府。唐蒲州,又改河中府,又改河东郡,又仍为河中府。宋为护国军。金复为河中府。元宪宗在潜,置河解万户府,领河、解二州。河中府领录事司及河东、临晋、虞乡、猗氏、万泉、河津、荣河七县。至元三年,省虞乡入临晋,省万泉入猗氏,并录事司入河东,罢万户府。而河中府仍领解州。八年,割解州直隶平阳路,河中止领五县。十五年,复置万泉县来属。领六县:

河东,下。府治所。万泉,下。猗氏,下。荣河,下。金隶荣州,元初废荣州,复为荣河县。临晋,下。河津。下。

州九:

绛州。中。唐初,为绛郡,又改绛州。宋置防御。金改晋安府。元初,为绛州行元帅府,河、解二州诸县皆隶焉。后罢元帅府,仍为绛州,隶平阳路。领七县:

正平,下。倚郭。至元二年,省录事司入焉。太平,中。曲沃,下。翼城,下。金为翼州,元初复为翼城县,隶绛州。稷山,下。绛县,下。至元二年,省垣曲县入焉。十六年,复立垣曲县,绛县如故。垣曲。下。

潞州。下。唐初为潞州,后改上党郡,又仍为潞州。宋改隆德军。金复为潞州。元初为隆德府,行都元帅府事。太宗三年,复为潞州,隶平阳路。至元三年,以涉县割入真定府,以录事司并入上党县。领七县：

上党，下。壶关，下。长子，下。潞城，下。屯留，下。至元三年，省
入襄垣。十五年复置。襄垣，下。黎城。下。至元二年，并涉县偏城等十三村
入焉。

泽州。下。唐初为泽州，后为高平郡，又仍为泽州。宋属河东道。
金为平阳府。元初置司候司，及领晋城、高平、阳城、沁水、端氏、陵
川六县。至元三年，省司候司、陵川县入晋城，省端氏入沁水。后复
置陵川。领五县：晋城，下。高平，下。阳城，下。沁水，下。陵川。下。
至元三年，省入晋城。后复置。

解州。下。本唐蒲州之解县。五代汉乾祐中，置解州。宋属京
兆府。金升宝昌军。元至元四年，并司候司入解县。有盐池，方一百
二十里。领六县：

解县，下。安邑，下。闻喜，下。夏县，下。平陆，下。芮城。下。

霍州。下。唐初为霍山郡，又改吕州，又废州，而以县隶晋州。金
改霍州。元因之。领三县：霍邑，下。倚郭。有霍山为中镇。赵城，旧属
平阳府。灵石。下。旧属汾州。

隰州。下。唐初为隰州，又改大宁郡，又仍为隰州。元以州隶晋
宁路。领五县：隰川，中。州治所。至元三年，省大宁、蒲、温泉三县入焉。大
宁，下。至元三年，省入隰川。廿三年复置。石楼，下。永和，下。蒲县。下。

沁州。下。唐初为沁州，又改阳城郡，又仍为沁州。宋置威胜军。
金仍为沁州。元因之。领三县：

铜鞮，下。州治所。至元三年，省录事司、武乡县入焉。沁源，下。至元
三年，省绵上县入焉。武乡。下。至元三年，省入铜鞮，后复立。

辽州。下。唐初置辽州，又改箕州，又改仪州。宋复为辽州。元
隶晋宁路。领三县：

辽山，下。倚郭。榆社，下。至元三年，省入辽山。六年复立。和顺。
下。至元三年，省仪城县入焉。

吉州。下。唐初为西汾州，又为南汾州，又改慈州。宋置吉乡军。
金改耿州，又改吉州。元初，领司候司，吉乡、乡宁二县。中统二年，

并司候司入吉乡县。至元二年,省吉乡。三年,又省乡宁,并入州。
后复置乡宁。领一县:

乡宁。下。

岭北等处行中书省,统和宁路总管府。

和宁路。上。始名和林,以西有哈剌和林河,因以名城。太祖十五年,
定河北诸郡,建都于此。初立元昌路,后改转运和林使司,前后五朝
都焉。太宗乙未年,城和林,作万安官。丁酉,治伽坚茶寨殿,在和林北七十余
里。戊戌,菅图苏胡迎驾殿,去和林城三十余里。世祖中统元年,迁都大
兴,和林置宣慰司都元帅府。后分都元帅府于金山之南,和林止设
宣慰司。至元二十六年,诸王叛兵侵轶,和林宣慰使怯伯等乘隙叛
去。二十七年,立和林等处都元帅府。大德十一年,立和林等处行
中书省,以淇阳王月赤察儿为右丞相,太傅答剌罕为左丞相,罢和
林宣慰司都元帅府,置和林总管府。至大二年,改行中书省为行尚
书省。四年,罢尚书省,复为行中书省。皇庆元年,改岭北等处行中
书省,改和林路总管府为和宁路总管府。至元二十年,令西京宣慰司送
牛一千赴和林屯田。二十二年,并和林屯田入五条河。三十年,命戍和林汉军
四百,留百人余,令耕屯杭海。元贞元年,于六卫汉军内拨一千人赴称海屯田,
北方立站帖里干、木怜、纳怜等一百一十九处。

元史卷五九
志第一一

地理二

　　辽阳等处行中书省。为路七、府一,属州十二、属县十。徒存其名而无城邑者,不在此数。本省计站一百二十处。

辽阳路。上。唐以前为高句骊及渤海大氏所有。梁贞明中,阿保机以辽阳故城为东平郡。后唐升为南京。石晋改为东京。金置辽阳府,领辽阳、鹤野二县,后复改为东京,宜风、澄、复、盖、沈、贵德州、广宁府、来远军并属焉。元初废贵德、澄、复州、来远军,以广宁府、婆娑府、懿州、盖州作四路,直隶省。至元六年,置东京总管府,降广宁为散府,隶之。十五年,割广宁仍自行路事,直隶省。十七年,又以婆娑府、懿州、盖州来属。二十四年,始立行省。二十五年,改东京为辽阳路,后废婆娑府为巡检司。户三千七百八,口三万三千二百三十一。壬子年抄籍数。领县一、州二。

　　县一:

　　辽阳。下,倚郭。至元六年以鹤野县、警巡院入焉。

　　州二:

　　盖州。下。初为盖州路。至元六年并为东京支郡,并熊岳、阳地二县入建安县。八年,又并建安县入本州。

　　懿州,下。初为懿州路。至元六年为东京支郡,所领豪州及同昌、灵山二县省入顺安县,入本州。

广宁府路。下。金为广宁府。元封孛鲁古歹为广宁王,旧立广宁行帅府事。后以地远,迁治临潢,立总管府。至元六年以户口单寡,降为东京路总管府属郡。十五年,复分为路,行总管府事。有医巫闾山,为北镇,在府城西北一十里。至顺钱粮户数四千五百九十五。领县二:

间阳,下。初立千户所。至元十五年,以户口繁夥,复立行千户所。后复为间阳县。望平至元六年,省钟秀县入焉。十五年,为望平军民千户所,今复为县。

肇州。按《哈剌八都鲁传》:至元三十年,世祖谓哈剌八都鲁曰:"乃颜故地曰阿八剌忽者产鱼,吾今立城,而以兀速、憨哈纳思、乞里吉思三部人居之,名其城曰肇州,汝往为宣慰使。"既至,定市里,安民居,得鱼九尾皆千斤来献。又《成宗纪》:元贞元年,立肇州屯田万户府,以辽阳行省左丞阿散领其事。而《大一统志》与《经世大典》皆不载此州,不知其所属所领之详。今以广宁为乃颜分地,故附注于广宁府之下。乃颜,孛鲁古歹之孙也。

山北辽东道肃政廉访司。

大宁路。上。本奚部,唐初其地属营州,贞观中奚酋可度内附,乃置饶乐郡。辽为中京大定府。金因之。元初为北京路总管府,领兴中府及义、瑞、兴、高、锦、利、惠、川、建、和十州。中统三年,割兴州及松山县属上都路。至元五年,并和州入利州为永和乡。七年,兴中府降为州,仍隶北京,改北京为大宁。二十五年,改为武平路。后复为大宁。户四万六千六,口四十四万八千一百九十三。壬子年数。领司一、县七、州九。

录事司。初置警巡院。至元二年,改置录事司。

县七:

大定,下。中统二年,省长兴入焉。龙山,下。初属大定府。至元四年,属利州,后复来属。富庶,下。至元三年,省入兴中州。后复置。和众,下。金源,下。惠和,下。武平。下。

州九:

义州。下。

兴中州,下。元初,因旧为兴中府。后省。至元七年,又降府为州。

瑞州。下。至元二十三年，伯颜奏准以唆都、哈觯等拘收户计，种田立屯于瑞州之西，拨濒海荒间地及时开耕，设打捕屯田总管府，仍以唆都、哈觯等为屯田官。高州。下。锦州。下。利州。下。惠州。下。川州。下。建州。下。

东宁路。本高句骊平壤城，亦曰长安城。汉灭朝鲜，置乐浪、玄菟郡，此乐浪地也。晋义熙后，其王高琏始居平壤城。唐征高丽，拔平壤，其国东徙，在鸭绿水之东南千余里，非平壤之旧。至王建，以平壤为西京。元至元六年，李延龄、崔坦、玄元烈等以府州县镇六十城来归。八年，改西京为东宁府。十三年，升东宁路总管府，设录事司，割静州、义州、麟州、威远镇隶婆娑府。本路领司一，余城堙废，不设司存，今姑存旧名。

　　录事司。土山县。中和县。铁化镇。

　　都护府，自唐之季，地入高丽，置府、州、县、镇六十余城，此为都护府，虽仍唐旧名，而无都护府之实。至元六年，李延龄等以其地来归，后城治废毁，仅存其名，属东宁路。

　　定远府。郭州。抚州。黄州。领安岳、三和、龙冈、咸从、江西五县，长命一镇。灵州。慈州。嘉州。顺州。殷州。宿州。德州。领江东、永清、通海、顺化四县，宁远、柔远、安戎三镇。昌州。铁州。领定戎一镇。泰州。价州。朔州。宣州。领宁朔、席岛二镇。成州。领树德一镇。熙州。孟州。领三登一县，椒岛、椴岛、宁德三镇。延州。领阳岩一镇。云州。

沈阳路。本挹娄故地。渤海大氏建定理府，都督沈、定二州，此为沈州地。契丹为兴辽军。金为昭德军，又更显德军，后皆毁于兵火。元初，平辽东，高丽国麟州神骑都领洪福源率西京、都护、龟州四十余城来降，各立镇守司，设官以抚其民。后高丽复叛，洪福源引众来归，授高丽军民万户，徙降民散居辽阳沈州，初创城郭，置司存，侨治辽阳故城。中统二年，改为安抚高丽军民总管府。及高丽举国内附，四年，又以质子淳为安抚高丽军民总管，分领二千余户，理沈州。元贞二年，并两司为沈阳等路安抚高丽军民总管府，仍治辽阳故城，辖总管五、千户二十四、百户二十五。至顺钱粮户数五千一百八十三。

开元路,古肃慎之地,隋、唐曰黑水靺鞨。唐初,渠长阿固郎始来朝,后乃臣服,以其地为燕州,置黑水府。其后渤海盛,靺鞨皆役属之。又其后渤海浸弱,为契丹所攻。黑水复擅其地,东濒海,南界高丽,西北与契丹接壤,即金鼻祖之部落也。初号女真,后避辽兴宗讳,改曰女直。太祖乌古打既灭辽,即上京设都,海陵迁都于燕,改为会宁府。金末,其将蒲鲜万奴据辽东。元初癸巳岁,出师伐之,生禽万奴,师至开元、恤品,东土悉平。开元之名,始见于此。乙未岁,立开元、南京二万户府,治黄龙府。至元四年,更辽东路总管府。二十三年,改为开元路。领咸平府,后割咸平为散府,俱隶辽东道宣慰司。至顺钱粮户数四千三百六十七。

咸平府。古朝鲜地,箕子所封,汉属乐浪郡,后高丽侵有其地。唐灭高丽,置安东都护以统之,继为渤海大氏所据。辽平渤海,以其地多险隘,建城以居流民,号咸州安东军,领县曰咸平。金升咸平府,领平郭、安东、新兴、庆云、清安、归仁六县。兵乱皆废。元初因之,隶开元路。后复割出,隶辽东宣慰司。

合兰府水达达等路,土地旷阔,人民散居。元初设军民万户府五,抚镇北边。一曰桃温,距上都四千里。一曰胡里改,距上都四千二百里、大都三千八百里。有胡里改江并混同江,又有合兰河流入于海。一曰斡朵怜。一曰脱斡怜。一曰孛苦江。各有司存,分领混同江南北之地。其居民皆水达达、女直之人,各仍旧俗,无市井城郭,逐水草为居,以射猎为业。故设官牧民,随俗而治,有合兰府水达达等路,以相统摄焉。有俊禽曰海东青,由海外飞来,至奴儿干,土人罗之,以为土贡。至顺钱粮户数二万九百六。

河南、江北等处行中书省。为路十二、府七、州一,属州三十四,属县一百八十二。本省陆站一百六处,水站九十处。

河南江北道肃政廉访司。

汴梁路。上。唐置汴州总管府。石晋为开封府。宋为东京,建都于此。金改南京。宣宗南迁,都焉。金亡,归附。旧领归德府,延、许、裕、唐、陈、亳、邓、汝、颍、徐、邳、嵩、宿、申、郑、钧、睢、蔡、息、卢氏行襄樊二十州。至元八年,令归德自为一府,割亳、徐、邳、宿四州隶之,升申州为南阳府,割裕、唐、汝、邓、嵩、卢氏行襄樊隶之。九年,废延州,以所领延津、阳武二县属南京路,统蔡、息、郑、钧、许、陈、睢、颍八州,开封、祥符倚郭,而属邑十有五。旧有警巡院,十四年改录事司。二十五年,改南京路为汴梁路。二十八年,以溚河而南、大江以北,其地冲要,又新入版图,置省南京以控治之。三十年,升蔡州为汝宁府,属行省,割息、颍二州以隶焉。本路户三万一十八,口一十八万四千三百六十七。壬子年数。领司一、县十七、州一。州领二十一县。

录事司。

县十七:

开封,下。倚郭。祥符,下。倚郭。中牟,下。原武,下。旧以此县隶延州。元初隶开封府。后复为延州县如旧。至元九年,州废,复来属。鄢陵,中。荥泽,下。旧隶郑州至元二年来属。封丘,中。金大定中,河水湮没,迁治新城。元初新城又为河水所坏,乃因故城遗址稍加完葺,而迁治焉。扶沟,下。阳武,下。旧隶延州。至元九年,州废来属。杞县,中。元初河决,城之北面为水所圮,遂为大河之道。乃于故城北二里河水北岸,筑新城置县。继又修故城,号南杞县。盖黄河至此,分为三,其大河流于二城之间,其一流于新城之北郭睢河中,其一在故城之南,东流,俗称三叉口。延津,下。旧为延州,隶河南路。至元九年,州废,以县来属。兰阳,下。通许,下。尉氏,下。太康,下。洧川,下。陈留。下。

州五:

郑州。下。唐初为郑州,又改荥阳郡。宋为奉宁军。金仍为郑州。元初领管城、荥阳、汜水、河阴、原武、新郑、密、荥泽八县及司候司,后割新郑、密属钧州,荥泽、原武隶开封府,并司候司入管城。领四县:

管城,下。倚郭。荥阳,下。汜水,下。河阴。下。

许州。下。唐初为许州，后改颍川郡，又仍为许州。宋升颍昌府。金改武昌军。元初，复为许州。领五县：

长社，下。长葛，下。郾城，下。襄城，下。临颍。下。

陈州。下。唐初为陈州，后改淮阳郡，又仍为陈州。宋升怀德府。金复为陈州。元初因之。旧领宛丘、南顿、项城、商水、西华、清水六县。至元二年，南顿、项城、清水皆废。后复置南顿、项城。领五县：

宛丘，西华，商水，至元二年，省南顿、项城入焉。后复置。南顿，项城。

钧州。下。唐、宋皆不置郡。伪齐置颍顺军。金改顺州，又改钧州。元至元二年，又割郑州密县来属。领三县：

阳翟，下。新郑，下。密县。下。

睢州。下。唐属曹州。宋改拱州，又升保庆军。金改睢州。元因之。领四县：

襄邑，下。倚郭。考城，下。仪封，下。柘城。下。

河南府路。唐初为洛州，后改河南府，又改东京。宋为西京。金为中京金昌府。元初为河南府，府治即周之王城。旧领洛阳、宜阳、永宁、登封、巩、偃师、孟津、新安、渑池九县，后割渑池隶陕州。户九千五百二，口六万五千七百五十一。壬子年数。领司一、县八、州一。州领四县。

录事司。

县八：

洛阳，宜阳，下。永宁，下。登封，下。中岳嵩山在焉。巩县，下。孟津，下。新安，偃师。下。

州一：

陕州。下。唐初为陕州，又改陕府，又改陕郡。宋为保义军。元仍为陕州。领四县：

陕县，下。灵宝，下。至元三年，省入陕县。八年，废虢州为虢略，隶陕州。并虢略治灵宝，以虢略为巡检司，并朱阳县入焉。阌乡，下。至元二年，省湖城县入焉。渑池。下。金升为韶州，置渑池司候司。元至元三年，省司候司。

八年,省韶州。复为县,隶河南府路。后割以来属。

南阳府。唐初为宛州,而县名南阳。后州废,以县属邓州。历五代至宋皆为县。金升为申州。元至元八年,升为南阳府,以唐、邓、裕、嵩、汝五州隶焉。二十五年,改属汴梁路。后直隶行省。户六百九十二,口四千八百九十三。壬子年数。领县二、州五。州领十一县。

县二:

南阳,下。倚郭。镇平。下。

州五:

邓州。下。唐初为邓州。后改南阳郡,又仍为邓州。宋属京西南路。金属南京开封府。旧领穰县、南阳、内乡、淅川、顺阳五县。元初以淅川、顺阳省入内乡。旧设录事司,至元二年并入穰县。领三县:

穰县,下。倚郭。内乡,下。至元二年,以顺阳来属。新野。下。

唐州。下。唐初为显州,后改唐州。宋属京西南路。金改裕州。元初复为唐州。至元三年,以民力不及,废湖阳、比阳、桐柏三县。领一县:

泌阳。倚郭。

嵩州。下。唐为陆浑、伊阙二县。宋升顺州。金改嵩州,领伊阳、福昌二县。元初以福昌隶河南。至元三年,省伊阳入州。领一县:

卢氏。下。至元二年,隶南京路。八年,属南阳府。十一年,来属。

汝州。下。唐初为伊州,又改汝州。宋属京西北路。元至元三年,废郏城、宝丰二县入梁县。后复置郏县。领三县:梁县,下。鲁山,下。郏县。下。

裕州,下。唐初置北澧州,又改鲁州。后废为县,属唐州。金升为裕州。旧领方城、舞阳、叶县。元初即叶县行随州事,就置昆阳县为属邑。至元三年,罢州,并昆阳、舞阳二县入叶县。后复置舞阳。领三县:

方城,下。倚郭。叶县,下。舞阳。下。

汝宁府。唐蔡州。上蔡、西平、确山、遂平、平舆为属邑。至元七年,省遂平、平舆入汝阳,隶汴梁路。三十年,河南江北行省平章伯颜言,蔡州去汴梁地远,凡事稽误,宜升散府。遂升汝宁府,直隶行省,以息、颍、信阳、光四州隶焉,复置遂平县。抄籍户口阙,至顺钱粮户数七千七十五。领县五、州四。州领十县。

县五:

汝阳,下。元初废。后置蔡州治此,仍复置县。上蔡,下。西平,下。确山,下。遂平。下。元初省入汝阳。后复置。

州四:

颍州。下。唐初为信州,后改汝阴郡,又改颍州。宋升顺昌府。金复为颍州。旧领汝阴、泰和、沈丘、颍上四县。元至元二年,省四县及录事司入州。后复领三县:

太和,下。沈丘,下。颍上。下。

息州。下。唐初为息州,后为新息县,隶蔡州。五代至宋皆因之。金复置息州。旧领新息、新蔡、真阳、褒信四县。元中统三年,以李瓒叛,废州。四年,复置。至元三年,以四县并入州。后复领二县:

新蔡,下。真阳。下。

光州。下。唐初为光州,后改弋阳郡,又复为光州。宋升光山军。元至元十二年归附,属蕲黄宣慰司。二十三年,同蕲、黄等州直隶行省。三十年,隶汝宁府。领三县:

定城,固始,下。宋末兵乱,徙治无常。至元十二年,复旧治。光山。下。兵乱地荒。至元十二年,复立旧治。

信阳州。下。唐初为申州。又改义阳郡。宋改信阳军,端平间,兵乱地荒,凡四十余年。元至元十四年,改立信阳府,领罗山、信阳二县。十五年,改为信阳州。二十年,以罗山县当驿置要冲,徙州治此,而移县治于西南,号曰罗山新县,今州治即旧县。户三千四百一十四,口二万三千七百五十一。至元七年数。领二县:

罗山,倚郭。信阳。

归德府。唐宋州。又为睢阳郡。后唐为归德军。宋升南京。金为归德府。金亡,宋复取之。旧领宋城、宁陵、下邑、虞城、谷熟、砀山

六县。元初与亳之酂县同时归附，置京东行省，未几罢。岁壬子，又
立司、府、州、县官以绥定新居之民。中统二年，审民户多寡，定官吏
员数。至元二年，以虞城、砀山二县在枯黄河北，割属济宁府，又并
谷熟入睢阳，酂县入永州，降永州为永城县，与宁陵、下邑隶本府。
八年，以宿、亳、徐、邳并隶焉。壤地平坦，数有河患。府为散郡，设
知府、治中、府判各一员，直隶行省。抄籍户数阙。至顺钱粮户数二万三
千三百一十七。领县四、州四。州领八县。

县四：

睢阳，下。倚郭。唐曰宋城，亦曰睢阳。金曰睢阳。宋曰宋城。元仍曰
睢阳。永城，下。下邑，下。宁陵。下。

州四：

徐州。下。唐初为徐州。又改彭城郡，又升武宁军。宋因之。金
属山东西路。金亡，宋复之。元初归附后，凡州县视民多少，设官吏。
至元二年，例降为下州。旧领彭城、萧、永固三县及录事司。至是，
永固并入萧县，彭城并录事司并入州。领一县：

萧县。下。至元二年，并入徐州。十二年复立。

宿州。中。唐置。宋升保静军。金置防御使。金亡，宋复之。元
初隶归德府，领临涣、蕲、灵壁、符离四县并司候司。至元二年，以四
县一司并入州。四年，以灵壁入泗州。十七年，复来属。领一县：

灵壁。下。

邳州。下。唐初为邳州，后废属泗州，又属徐州。宋置淮阳军。
金复为邳州。金亡，宋暂有之。元初以民少，并三县入州。至元八
年，以州属归德府。十二年，复置睢宁、宿迁两县，属淮安。十五年，
还来属。领三县：

下邳，下。州治所。宿迁，下。睢宁。下。

亳州。下。唐初为亳州，后改谯郡，又仍为亳州。宋升集庆军。
金复为亳州。金亡，宋复之。元初领县六：

谯、酂、鹿邑、城父、卫真、谷熟。后以民户少，并城父入谯，卫真
入鹿邑，谷熟入睢阳，酂入永城，其睢阳、永城去隶归德。后复置城

父。领三县：谯县，下。鹿邑，下。此邑数有水患，历代民不宁居。城父。
下。

襄阳路。唐初为襄州，后改襄阳郡。宋为襄阳府。元至元十年，兵
破樊城，襄阳守臣吕文焕降，罢宋京西安抚司，立河南等路行中书
省。更襄阳府为散府，未几罢省。十一年，改襄阳府为总管府，又立
荆湖等路行枢密院。十二年，立荆湖行中书省，后复罢。本府领四
县、一司。十九年，割均、房二州，光化、枣阳二县来属。抄籍户口数
阙。至顺钱粮户数五千九十。领司一、县六、州二。州领四县。

　　录事司。
　　县六：
　　襄阳，下。倚郭。南漳，下。宜城，下。谷城，下。光化，至元十三年
南伐，明年设官置县，属南阳。十九年来属。枣阳。至元十四年属南阳。十九
年来属。

　　州二：
　　均州。下。唐初为均州。又为武当郡。宋为武当军。元至元十
二年，江陵归附，割隶湖北道宣慰司。十九年，还属襄阳。领二县：
　　武当，下。兵乱迁治无常。至元十四年复置。郧县。下。兵后侨治无
常。至元十四年复置。
　　房州。下。唐初为迁州，后为房州，又改房陵郡。宋置保宁军。
德祐中，知州黄思贤纳土，命千户镇守，仍令思贤领州事。至元十九
年，隶襄阳路。领二县：
　　房陵，下。竹山。下。

蕲州路。下。唐初为蕲州。后改蕲春郡，又仍为蕲州。宋为防御州。
至元十二年，立淮西宣抚司。十四年，改总管府，设录事司。户三万
九千一百九十，口二十四万九千三百二十一。自此以后至德安府，皆
用至元二十七年数。领司一、县五。

　　录事司
　　县五：
　　蕲春，中。倚郭。蕲水，中。广济，中。宋嘉熙兵乱，徙治大江中洲。归

附后,复旧治。黄梅,中。嘉熙兵乱,侨治中洲,后复旧。罗田。下。兵乱县废。归附后始立。

黄州路。下。唐初为黄州,后改齐安郡,又仍为黄州。宋为团练军州。元至元十二年归附。十四年,立总管府。十八年,又为黄蕲州宣慰司治所。二十三年,罢宣慰司,直隶行省。户一万四千八百七十八,口三万六千八百七十九。领司一、县三。

录事司。

县三:

黄冈,中。州治所。黄陂,下。兵乱侨治郑州青山矶,归附还旧治。麻城。下。兵乱徙治什子山。归附还旧治。

淮西江北道肃政廉访司。

庐州路。上。唐改庐江郡,又仍为庐州。宋为淮西路。元至元十三年,设淮西总管府。明年,于本路立总管府,隶淮西道。二十八年,以六安军为县来属。后升六安县为州。户三万一千七百四十六,口二十二万九千四百五十七。领司一、县三、州三。州领八县。

录事司。

县三:

合肥,上。倚郭。梁县,中。舒城。中。

州三:

和州。中。唐改历阳郡,后仍为和州。宋隶淮南西道。元至元十三年,置镇守万户府。明年,改立安抚司。又明年,升和州路。二十八年,降为州,隶庐州路。旧设录事司,后入州自治。领三县:

历阳,上。倚郭。含山,中。乌江。中。

无为州。中。唐初隶光州。宋始以城口镇置无为军,思与天下安于无事,取"无为而治"之意,以名之。元至元十四年升为路。二十八年,降为州,罢镇巢州为县以属焉。领三县:

无为,上。倚郭。庐江,中。巢县。下。

六安州。下。唐以霍山县置霍州,后州废,仍为县。梁改灊山县。宋改六安军。元至元十二年归附。二十八年,降为县,隶庐州路。后升为州。领二县：

六安，中。英山。中。

安丰路。下。唐初为寿州，后改寿春郡。宋为寿春府，又以安丰县为安丰军，继迁安丰军于寿春府。元至元十四年，改安丰路总管府。十五年，定为散府，领寿春、安丰、霍丘三县。二十八年，复升为路，以临濠府为濠州，与下蔡、蒙城俱来属。户一万七千九百九十二，口九万七千六百一十一。领司一、县五、州一。州领三县。

录事司。

县五：

寿春，中。倚郭。安丰，下。至元二十一年，江淮行省言："安丰之芍陂，可溉田万顷，若立屯开耕，实为便益。"从之。于安丰县立万户府，屯户一万四千八百有奇。霍丘，下。下蔡，下。至元十三年，隶寿春府。二十八年，罢府，与蒙城皆来属。蒙城。下。

州一：

濠州。下。唐初为濠州。后改钟离郡，又仍为濠州，阻淮带山，与寿阳俱为淮南之险郡，名初从豪，后加水为濠。南唐置定远军。宋为团练州，初隶淮南路，后隶淮南西路。元至元十三年归附，设濠州安抚司。十五年，定为临濠府。二十八年，复为濠州，革怀远为下县来属。领三县：

钟离，下。倚郭。定远，下。怀远。下。宋为怀远军，领荆山一县。至元二十八年，以军为县，隶濠州，省荆山入焉。

安庆路。下。唐初为东安州，又改舒州，又改同安郡，又复为舒州。宋为安庆府。元至元十三年，立安抚司。十四年，改安庆路总管府，属蕲黄宣慰司。二十三年，罢宣慰司，直隶行省。户三万五千一百六，口二十一万九千四百九十。领司一、县六。

录事司。

县六：怀宁，中。宿松，中。望江，下。太湖，中。桐城，中。潜山。至治三年初立。

淮东道宣慰使司。

江北淮东道肃政廉访司。

扬州路。上。唐初改南兖州,又改邗州,又改广陵郡,又复为扬州。宋为淮东路。元至元十三年,初建大都督府,置江淮等处行中书省。十四年,改为扬州路总管府。十五年,置淮东道宣慰司,本路属焉。十九年,省宣慰司,以本路总管府直隶行省。二十一年,行省移杭州,复立淮东道宣慰司,止统本路并淮安二郡,而本路领高邮府及真、滁、通、泰、崇明五州。二十三年,行省复迁,宣慰司遂废,所属如故。后改立河南江北等处行中书省,移治汴梁路,复立淮东道宣慰司,割出高邮府为散府,直隶宣慰司。户二十四万九千四百六十六,口一百四十七万一千一百九十四。领司一、县二、州五。州领九县。

录事司。

县二:

江都,上。倚郭。泰兴。上。

州五:

真州。中。五代以前地属扬州。宋以迎銮镇置建安军,又升为真州。元至元十三年,初立真州安抚司。十四年,改真州路总管府。二十一年,复为州。隶扬州路。领二县:

扬子,上。倚郭。至元二十年,省录事司入焉。六合。下。

滁州。下。唐初析扬州地置,又改永阳郡,又复为滁州。元至元十五年,改滁州路总管府。二十年,仍为州。隶扬州路。领三县:

清流,中。至元十四年,省录事司入焉。来安,下。全椒。中。

泰州。上。唐更海陵县曰吴陵,置吴州。寻废。南唐升泰州。元至元十四年,立泰州路总管府。二十一年,改为州。隶扬州路。领二县:

海陵,上。倚郭。如皋。上。

通州。中。唐属扬州。南唐于海陵东境置静海镇。周平淮南,改为通州。宋改静海郡。元至元十五年,改通州路总管府。二十一年,复为州,隶扬州路。领二县:

静海,上。倚郭。海门。中。

崇明州，下。本通州海滨之沙洲。宋建炎间有升州句容县姚、刘姓者，因避兵于沙上，其后稍有人居焉。遂称姚刘沙。嘉定间，置盐场，属淮东制司。元至元十四年，升为崇明州。

淮安路。上。唐楚州。又改临淮郡，又仍为楚州。宋为淮安州。元至元十三年，行淮东安抚司。十四年，改立总管府，领山阳、盐城、淮安、淮阴、新城、清河、桃园七县，设录事司。二十年，升为淮安府路，并淮安、新城、淮阴三县入山阳，兼领临淮府、海宁、泗、安东四郡，其盱眙、天长、临淮、虹、五河、赣榆、朐山、沭阳各归所隶。二十七年，革临淮府，以盱眙、天长隶泗州。户九万一千二十二，口五十四万七千三百七十七。领司一、县四、州三。州领八县。至元二十三年，于本路之白水塘、黄家疃等处立洪泽屯田万户府。

录事司。

县四：

山阳，上。至元十二年，安东州归附，以本县马罗军寨作山阳县。十三年，淮安路归附，仍存淮安县。二十年，省淮安、新城入焉。盐城，上。桃园，下。清河，下。本泗州之清河口。宋立清河军。至元十五年为县。

州三：

海宁州。下。唐海州。宋隶淮东路。元至元十五年，升为海州路总管府，复改为海宁府。未几，降为州，隶淮安路。初设录事司，二十年，与东海县并入朐山。领三县：

朐山，中。沭阳。下。沭阳，下。赣榆。下。

泗州。下。唐改临淮郡，后复为泗州。宋隶淮东路。元至元十三年降为下州。旧领临淮、淮平、虹、灵璧、睢宁五县。十六年，割睢宁属邳州。十七年，割灵璧入宿州，以五河县来属。二十一年，并淮平入临淮。二十七年，废临淮府，以盱眙、天长二县隶焉。领五县：

临淮，下。虹县，下。五河，下。元隶临淮府，十七年来属。盱眙，上。宋昭信军。至元十三年，行招信军安抚司事，领盱眙、天长、招信、五河四县。明年，升昭信路总管府。十五年，改为临淮府。十七年，以五河县在淮之北，改属泗州。二十年，并招信入盱眙。二十七年，废临府为盱治县。天长。中。

安东州。下。

高邮府，唐为县。宋升为军。元至元十四年，升为高邮路总管府，领录事司及高邮、兴化二县。二十年，废安宜府为宝应县来属，又并录事司，改高邮路为府，属扬州路。今隶宣慰司。抄籍户口数阙。至顺钱粮户数五万九十有八。领县三：

　　高邮，上。兴化，中。宝应。上。旧为宝应军，至元十六年，改为安宜府。二十年，废府为县，来属本府。

荆湖北道宣慰司。

山南江北道肃政廉访司。

　　中兴路。上。唐荆州，复为江陵府。宋为荆南府。元至元十三年，改上路总管府，设录事司。天历二年，以文宗潜藩，改为中兴路。户一十七万六百八十二，口五十九万九千二百二十四。领司一、县七。

　　录事司。

　　县七：

　　江陵，上。公安，中。石首，中。松滋，中。枝江，下。潜江，中。监利。中。宋末兵乱民散，收附后始复旧。

峡州路。下。唐改夷陵郡，又为峡州。宋隶荆湖北路，后徙治江南。元至元十三年归附。十七年，升为峡州路。户三万七千二百九十一，口九万三千九百四十七。领县四：

　　夷陵，中。宋末，随州迁治不常。归附后，复归江北旧治。宜都，下。长阳，下。远安。下。

安陆府。唐郢州，又改富水郡，又为郢州。宋隶京西路。元至元十三年归附。十五年，升为安陆府。户一万四千六百六十五，口三万三千五百五十四。领县二：长寿，中。京山。中。兵乱移治汉滨。至元十二年还旧治。

沔阳府。唐复州，又改竟陵郡，又为复州。宋端平间移州治于沔阳镇。至元十二年归附，改为复州路。十五年，升为沔阳府。户一万七千七百六十六，口三万九百五十五。领县二：

玉沙，中。倚郭。景陵。中。兵乱徙治无常，归附后速旧治。

荆门州。下。唐为县。宋升为军。端平间移治当阳县。元至元十三年归附。十四年，升为府，十五年，迁府治于古城，降为州。户二万九千四百七十一，口一十六万五千四百三十五。领县二：

长林，上。当阳。中。

德安府。唐安州，又改安陆郡，又仍为安州。宋为德安府，咸淳间徙治汉阳。元至元十三年还旧治，隶湖北道宣慰司。十八年，罢宣慰司，直隶鄂州行省为散府，后割以来属。户一万九百二十三，口三万六千二百一十八。领县四、州一。州领二县。

县四：

安陆，下。孝感，下。应城，中。云梦。下。

州一：

随州。下。唐初为随州，又改汉东郡，又复为随州。宋为崇信军，又为枣阳军，后因兵乱，迁徙无常。元至元十二年归附。十三年，即黄仙洞为州治。户一万五千九百六十六，口五万二千六十四。领二县：

随县，下。应山。下。

元史卷六〇
志第一二

地理三

陕西诸行御史台。

陕西等处行中书省。为路四、府五、州二十七,属州十二、属县八十八。本省陆站八十处,水站一处。

奉元路。上。唐初为雍州,后改关内道,又改京兆府,又以京城为西京,又曰中京,又改上都。宋分陕西、秦凤、熙河、泾原、环庆、鄜延为六路。金并陕西为四路。元中统三年,立陕西四川行省,治京兆。至元初,并云阳县入泾阳,栎阳县入临潼,终南县入盩厔。十六年,改京兆为安西路总管府。二十三年,四川置行省,改此省为陕西等处行中书省。大德元年,移云南行台于此,为陕西行台。皇庆元年,改安西为奉元路。户三万三千九百三十五,口二十七万一千三百九十九。壬子年数。领司一、县十一、州五。州领十五县。

录事司。

县十一：

咸宁,下。长安,下。咸阳,下。兴平,下。临潼,下。屯田一千二十顷有奇。蓝田,下。泾阳,下。至元二年,并入高陵县。三年,复立。屯田一千二十顷有奇。高陵,下。鄠县,下。盩厔,下。屯田九百四十三顷有奇。郿县。下。旧为郿州。添置柿林县。至元元年省郿州为郿县,废柿林。

州五

同州。下。唐初为同州,又改冯翊郡,又复为同州。宋为定国军。

金因之。元仍为同州。领五县：

朝邑，下。白水，下。郃阳，下。澄城，下。韩城。下。唐、宋为郃城县。金曰祯州。至元元年，州废。二年，再立。六年，州又废，止设县。

华州。下。唐改镇国军。宋改镇潼军。金改金安军。元复为华州。西岳华山在焉。领三县：

华阴，下。薄城，下。渭南。下。屯田一千二百二十二顷有奇。

耀州。下。唐初立宜州，后为华原县，后又为耀州。宋为感义军，又改感德军，又为耀州知故。金因之。元至元元年，并华原县入州，又并美原入富平。领三县：

三原，下。富平，下。同官。下。

乾州。下。唐以高宗乾陵所在，改醴泉县为奉天，又升为乾州。宋改醴州。金复改乾州。元至元元年，并奉天县入州。五年，复置奉天，省好畤入焉，又割永寿来属，后又改奉天为醴泉。领三县：

醴泉，下。武功，下。永寿。下。宋、金属邠州。至元十五年，徙县治于麻亭。

商州。下。唐初为商州，又改上洛郡，又复为商州。宋及元皆因之。领一县：

洛南。下。

延安路。下。唐初为延州，又改延安郡，又为延州。宋为延安府。金为鄜延路。元改延安路。户六千五百三十九，口九万四千六百四十一。壬子年数。领县八、州三。州领八县。本路屯田四百八十余顷。

县八：

肤施，甘泉，下。宜川，下。元初置司候司。至元六年省入宜川。延长，下。延川，下。安定，下。本宋旧堡。元壬子年升为安定县。至元元年析置丹头县。四年，并丹头入本县。安塞，下。本金旧堡。壬子年升为县。保安。下。金为保安州。至元六年，降为县。

州三：

鄜州。下。唐初为鄜州，又改洛交郡，又复为鄜州。宋、金因之。旧领洛交、洛川、鄜城、直罗四县。元至元四年，并鄜城入洛川，又并洛交、直罗入州。六年,废坊州,以中部、宜君二县来属。领三县:洛川下。中部,下。宜君。下。

绥德州。下。唐绥州,又改上郡,又为绥州。宋为绥德军。金为州,领八县。归附后,并嗣武入米脂,绥平入怀宁。至元四年,并定戎入米脂,怀宁入青涧,又并义合、绥德入本州。领二县:

青涧,下。米脂。下。

葭州。下。唐银州。宋为晋宁军。金改为葭州。元至元六年,并通秦、弥川、葭芦入州,并太和入神木,建宁入府谷。领三县:

神木,下。元初创立云州于古麟州之神木寨。至元六年,废州为县。吴堡,下。府谷,下。后唐为府州。元初建州治。至元六年,废为县。

兴元路。下。唐为梁州,又改汉中郡,又为兴元府。宋仍旧名。元立兴元路总管府,久之,以凤、金、洋三州隶焉。宋时领南郑、西县、褒城、廉水、城固五县。后废廉水入南郑。元初割出西县属沔州,以洋州、西乡县来属。户二千一百四十九,口一万九千三百七十八。至元二十七年数。领县四、州三。

县四:

南郑,下。城固,下。褒城,下。西乡。下。

州三:

凤州。下。唐初为凤州,后升节度府。宋为团练州。至元五年,以在郭梁泉县并入州,隶兴元路。

洋州。下。唐改洋州郡,又复为洋州。后更革不常。宋复为洋州。元至元二年,省兴道、真符二县入州。

金州。下。唐改西城郡为金州。宋升为金、房、开、达四州路。元为散州。

陕西汉中道肃政廉访司。

凤翔府,唐为扶风郡,又为凤翔府,号西京。宋、金因其名。元初割平凉府、秦、陇、德顺、西宁、镇宁州隶巩昌路,废恒州,以所领盩屋县隶安西府路。寻立凤翔路总管府。至元九年,更为散府。户二千八十一,口一万四千九百人。壬子年数。领县五:

凤翔，下。屯田九十顷有奇。扶风，下。岐山，下。宝鸡，下。麟游。下。

邠州。下。唐豳州。以字类幽，改为邠。宋、金以来皆因之。领县二：

新平，下。淳化。下。至元七年，并三水入本县。

泾州。下。唐改安定郡，后仍为泾州。宋改彰化军，旧领保定、长武、灵台、良原四县。金改保定县为泾州。元初以隶都元帅府，立总司辖邠州。后属巩昌都总帅府，或隶平凉府、陕西省，所隶不一。今直隶省。领县二：

泾川，下。泾州治此，即保定。灵台。下。至元七年，并归泾川。十一年，复立。以良原并入，而长武仍并于泾州。

开成州。下。，唐原州。宋为镇戎军。金升镇戎州。元初仍为原州。至元十年，皇子安西王分治秦、蜀，遂立开成府，仍视上都，号为上路。至治三年，降为州。领县一、州一。

县一：

开成。

州一：

广安州。本镇戎地。金升为县，隶镇戎州，经乱荒废。元至元十年，安西王封守西土，既立开成路，遂改为广安县，募民居止。未几，户口紧夥。十五年，升为州，仍隶本路。

庄浪州。下。沿革阙。成宗大德八年二月，降庄浪路为州。

巩昌等处总帅府。

巩昌府，唐初置渭州，后曰陇西郡，寻陷入吐蕃。宋复得其地，置巩州。金为巩昌府。元初，改巩昌路便宜都总帅府，统巩昌、平凉、临洮、庆阳、隆庆五府及秦、陇、会、环、金、德顺、徽、金洋、安西、河、洮、岷、利、巴、沔、龙、大安、褒、泾、邠、宁、定西、镇原、阶、成、西和、兰二十七州，又于成州行金洋州事。至元五年，割安西州属脱思麻路总管府。六年，以河州属吐蕃宣慰司都元帅府。七年，并洮州入安西州。八年，割岷州属脱思麻路。十三年，立巩昌路总管府。十四年，复行便宜都总帅府事。其年，割隆庆府，利、巴、大安、褒、沔、

龙等州隶广元路。二十一年，又以泾、邠二州隶陕西汉中道宣慰司，
而帅府所统者巩昌、平凉、临洮、庆阳，府凡四，秦、陇、宁、定西、镇
原、阶、成、西和、兰、会、环、金、德顺、徽、金洋，州凡十有五。户四万
五千一百三十五，口三十六万九千二百七十二。壬子年数。领司一、
县五。

　　录事司。

　　县五：

　　陇西，下。宁远，下。伏羌，下。本旧寨，至元十三年升县。通渭，下。
郭县。下。宋名盐州寨。金为镇。至元十七年，置今县。

平凉府，唐为马监，隶原州。宋为泾原路，升平凉军。金立平凉府。
元初并潘原县入平凉，化平入华亭，隶巩昌帅府。领县三：

　　平凉，下。屯田一百一十五顷。崇信，下。华亭。下。

临洮府。唐临洮军。宋为镇洮军，又为熙州。金为临洮府。元至元
十三年，复以渭源堡升为县。领县二：狄道，下。渭源。下。

庆阳府。唐庆州。宋环庆路，改庆阳军，又升府。金为庆源路。元
初，改为庆阳散府。至元七年，并安化、彭原入焉。领县一：

　　合水。下。

秦州。中。唐初为秦州。宋为天水郡。金为秦州。旧领六县。元至
元七年，并鸡川、陇城入秦安，治坊入清水。领县三：

　　成纪，中。清水，中。秦安。下。

陇州。中。唐改汧阳郡，复为陇州。宋、金置防御使。旧领四县。元
至元七年，省吴山、陇安入汧源。十三年，罢防御使为散郡。有吴山
为西镇。领县二：

　　汧源，中。汧阳。下。

宁州。下。唐初改北地郡为宁州。宋、金因之。元至元七年，并襄乐、
安定、定平入州。领县一：

　　真宁。下。

定西州。下。本唐渭州西市。五代沦于先零。宋置定西城。金改定
西县。复升为州，仍置安西县，倚郭，通西二寨，并置县来属。元至

元三年,并三县入本州。屯田上百六十七顷。

镇原州。下。唐原州。又为平凉郡。宋、金因之。元改镇原州,以镇戎州之东山、三川二县来属。至元七年,例并州县,遂以临泾、彭阳及东山、三川四县入本州。屯田四百二十六顷有奇。

西和州。下。唐岷州。又改和政郡,又仍为岷州。宋改曰西和。旧领县三,大潭、祐川军兴久废,惟有长道一县,元至元七年,亦并入本州。

环州。下。唐改威州。宋复为环州,后与庆州定为环庆路。金隶庆阳府。元初为散郡。旧领通远一县,元至元七年并入本州。

金州。下。本兰州龛谷寨。金升寨为县,以龛谷为金州治所。元至元七年,并县入州。

静宁州。下。宋庆历中,以渭州陇干城置德顺军,复置陇干县。金升为州。元初并治平、永洛入陇干。后复省陇干,改为静宁州。领县一:

　　　隆德。下。

兰州。下。唐初置,后改金城郡,又仍为兰州。宋、金因之。元初领阿干一县及司候司。至元七年并司、县入本州。

会州。下。唐初改西会州,又为粟州,又为会宁郡,又为会州。宋置敷川县。金置宝川县,陷于河西,侨治州西南百里会川城,名新会州。元初弃新会州,还于所隶西宁县。至元七年,并县入州。

徽州。下。元兵入蜀,凤州二县首降,以凤州仍治梁泉,别置南凤州,治于河池,后又升永宁乡为县,与两当同为属邑。至元元年,改为徽州。七年,并河池、永宁二县入州。领县一:

　　　两当。下。

阶州。下。唐初置武州,又改武都郡,又更名阶州。宋因之。今州治在柳树城,距旧城东八十里。旧领福津、将利二县,至元七年并入本州。

成州。下。唐初为成州,又改同谷郡,后仍为成州。宋因之。旧领同谷、粟亭二县。元初,岁壬寅,以田世显挈成都附,令迁于粟亭,行粟亭管民司事,不隶成州,割天水县来属。至元七年,并同谷、天水二县入州。

金洋州。本隶兴元路。戊戌岁,有雷、李二将挈民户附,令迁至成州,自行金洋州事。

土蕃等处宣慰司都元帅府。至元九年,于土蕃西界立宁河站。

河州路。下。领县三:定羌。下。宁河。下。安乡。下。

雅州。下。宪宗戊午岁,攻破雅州,石泉守将赵顺以城降。领县五:

　　　石山,下。泸山,下。百丈,下。荣经,下。严道。下。

黎州。下。至元十八年,给黎、雅州民千一百五十四户钞二千三百八锭,以资牛具种实。领县一:

　　　汉源。下。

洮州。下。领县一:

　　　可当。下。

贵德州。下。

茂州。下。领县二:

　　　文山,下。汶川。下。

脱思麻路。岷州。下。铁州。下。

碉门、鱼通、黎、雅、长河西、宁远等处宣抚司。至元二年,授雅州、碉门安抚使高保四虎符,高保四言:"碉门旧有城邑,中统初为宋人所废,众依山为栅,去碉门半舍,欲复戍故城,便于守佃。敕秦蜀行省:彼中缓急,卿等相度,须得其宜,城如可复,当助成之。"三年,谕四川行枢密院,遣人于碉门、岩州西南沿边,丁宁告谕官吏军民,有愿来归者方便接纳,用意存恤,百姓贫者赈之,愿徙近里城邑者以屋舍给之。

礼店文州蒙古汉儿军民元帅府。自河州以下至此多阙,其余如朵甘思、乌思藏、积石州之类尚多,载籍统略,莫能详录也。

　　　四川等处行中书省。为路九、府三,属府二,属州三十六,军一,属县八十一。蛮夷种落,不在其数。本省陆站四十八处,水站八十四处。盐场十二处,俱盐井所出。井凡九十五眼,在成都、夔府、重庆、叙南、嘉定、顺庆、广元、潼川、绍庆等路所管州县万山之间。

西蜀四川道廉访司。

成都路。上。唐改蜀郡为益州，又改成都府。宋为益州路，又为成都府路。元初抚定，立总管府，设录事司。至元十三年，领成都、嘉定、崇庆三府，眉、邛、隆、黎、雅、威、茂、简、汉、彭、绵十一州，后嘉定自为一路，以眉、雅、黎、邛隶之。二十年，又割黎、雅属吐蕃招讨司，降崇庆为州，隆州并入仁寿县，隶本府。户三万二千九百一十二，口二十一万五千八百八十八。至元二十七年数。领司一、县九、州七。州领十一县。

录事司。

县九：

成都，下。唐、宋为成都府治所。至元十三年，以本县元管大城内西北隅并入录事司。华阳，下。新都，下。郫县，下。温江，下。双流，下。新繁，下。仁寿，下。唐为陵州。宋为隆州。元至元二十年以此州地荒民散，并为仁寿县，隶成都府路。金堂。下。宋属怀安军。元初，升为怀州，而县属如故。至元二十年，并州入金堂县，隶成都府路。

州七：

彭州。下。唐置濛州，又为彭州。宋及元因之。领二县：

濛阳，下。崇宁。下。

汉州。下。唐为德阳郡，又为汉州。自唐至宋，苦于兵革，民不聊生。元中统元年，复立汉州。领三县：

什邡，下。德阳，下。至元八年，升为德州。十三年，仍为县，隶成都路。十八年，复来属。绵竹，下。至元十三年，以户少，并入州。后复置。

安州。下。唐置石泉县。宋升为军。元中统五年，升为安州。领一县：

石泉。下。

灌州。下。唐导江县。五代为灌州。宋为永康军，后废为灌口寨。元初复立灌州。至元十三年，以导江、青城二县户少，省入州。青城陶坝立屯田万户府。

崇庆州。下。唐为唐安郡，又为蜀州。宋为崇庆军。元至元十

二年,立总管府。二十年,改为崇庆州。并江原县入州。本州有屯田万户府。领二县:

晋原,下。新津。下。

威州。下。唐维州。宋改威州,领保宁、通化二县。元至元十九年,并保宁入州,领一县:

通化。下。

简州。下。唐析益州置。宋因之。元至元二十年,并附郭阳安县入州。二十二年,并成都府所属灵泉县来隶,而本州有平泉,以地荒竟废之。

嘉定府路。下。唐初为嘉州,又改犍为郡,又仍为嘉州。宋升嘉定府。元至元十三年,立总管府。旧领龙游、夹江、峨眉、犍为、洪雅五县。二十年,并洪雅入夹江。领司一、县四、州二。州领三县。户口数阙。

录事司。

县四:

龙游,下。夹江,下。峨眉,下。犍为。下。

州二:

眉州。下。唐改嘉州,又仍为眉州。元至元十四年,隶嘉定路。领二县:

彭山,下。青神。下。

邛州,唐初置邛州,又改临邛郡,又仍为邛州。元至元十四年,立安抚司,兼行州事。二十一年,并临邛、依政、蒲江三县入州。领一县:

大邑。下。

广元路。下。唐初为利州,又改益昌郡,又复为利州。宋为利州路。端平后,兵乱无宁岁,地荒,民散者十有七年。元宪宗三年,立利州治,设都元帅府。至元十四年,罢帅府,改为广元路。户一万六千四百四十二,口九万六千四百六。至元二十七年数。领县二、府一、州四。府领三县,州领七县。本路屯田九顷有奇。

县二:

绵谷，下。昭化。下。元初并葭萌入焉。

府一：

保宁府。下。唐隆州，又改阆州，又为阆中郡。后唐为保宁军。元初立东川路元帅府。至元十三年，升保宁府。二十年，罢元帅府，改保宁路。初领新得、小宁二州，后并入阆中县，又并奉国入苍溪县，新井、新政、西水总入南部县，仍改为府，隶广元路。本府屯田一百一十八顷有奇。领三县：

阆中，下。倚郭。苍溪，下。南部。下。

州四：

剑州。下。唐为始州，后改剑州。宋升普安军，又为隆庆府。元至元二十年，改剑州。领二县：

普安，下。至元二十年，并普城、剑门入焉。梓潼。下。

龙州。下。唐初为龙门郡，又改龙州，又改江油郡，又改应灵郡。宋改政州，继复旧。元宪宗岁戊午，宋守将王知府以城降。至元二十二年，并江油、清川二县入焉。

巴州。下。唐初改巴州，又改清化郡，又为巴州。宋领化城、难江、恩阳、曾口、上通江、下通江六县。元至元二十年，并南江、恩阳二县入化城，上、下通江二县入曾口。领二县：

化城，下。曾口。下。

沔州。下。唐初为兴州，又为顺政郡，又改兴州。宋改沔州。元至元十四年，隶广元路。二十年，废襄州，止设铎水县，迁沔州而治焉。领三县：

铎水，下。倚郭。大安，下。本大安州。至元二十年，降为县以来属。略阳。下。至元二十年，并长举及西县入焉。

顺庆路。下。唐为南充郡，又改梁州，又改充州。宋升顺庆府。元中统元年，立征南都元帅府。至元四年，置东川路统军司，后改东川府。十五年，复为顺庆。二十年，升为路，设录事司。户二千八百二十一，口九万五千一百五十六。至元二十七年数。领司一、县二、府一、州二。府领二县，州领五县。

录事司。

县二：

南充，下。至元二十年，并汉初入焉。西充。下。至元二十年，并流溪旧县入焉。

府一：

广安府。唐属宕渠、巴西、洛陵三郡。宋置广安军，又改宁西军。元至元十五年，废宁西军。二十年，升为广安府。旧领渠江、岳池、和溪、新明四县，后并和溪、新明入岳池。领二县：

渠江，下。倚郭。岳池。下。

州二：

蓬州。下。唐改蓬州郡，又仍为蓬州。元初立宣抚都元帅府。后罢。至元二十年，立蓬州路总管府，后复为蓬州。领三县：

相如，至元二十年，以金城寨入焉。营山，下。至元二十年，并良山入焉。仪陇。下。至元二十年，并蓬池、伏虞入焉。

渠州。下。唐初为渠州，又改潾山郡，又为渠州。宋属潼川府。元至元十一年，立渠州安抚司。二十年，罢安抚司，以渠州为散郡。领二县：

流江，下。大竹。下。至元二十年，并邻山、邻水入焉。

潼川府。唐梓州，又改梓潼郡，又为梓州。宋改静戎军，又改安静军，又升潼川府。兵后地荒，元初复立府治。至元二十年，并涪城及录事司入郪县，通泉入射洪，东关入盐亭，铜山入中江。领县四、州二。户口阙。

县四：

郪县，下。倚郭。中江，下。射洪，下。盐亭。下。

州二：

遂宁州。下。唐遂州，又改遂宁郡。宋为遂宁府。元初因之。至元十九年，并遂宁、青石二县入小溪，长江入蓬溪，后复改为州。领二县：

小溪，下。蓬溪。下。

绵州。下。唐更改不常。元初隶成都路。元至元二十年，并魏城入本州，改隶潼川路。领二县：

彭明，下。罗江。下。

永宁路。下。阙。领州一：

筠连州。下。阙。至元十七年，枢密院言："四川行省参政、行诸蛮夷部宣慰司昝顺言，先是奉旨以高州、筠连州腾川县隶安抚郭汉杰立站，今汉杰已并蛮洞五十六。有旨昝顺所陈，卿等与中书议。臣等以为宜遣使行视之。"帝曰："此五十六洞，如旧隶高州、筠连，则与郭汉杰立站，否则还之昝顺。"领一县：

腾川。下。

四川南道宣慰司。至元十六年立。

重庆路。上。唐渝州。宋更名恭州，又升重庆府。元至元十六年，立重庆路总管府。二十一年，升为上路，割忠、涪二州为属郡。二十二年，又割泸、合来属，省壁山入巴县，废南平军入南川县为属邑，置录事司。户二万二千三百九十五，口九万三千五百三十五。至元二十七年数。领司一、县三、州四。州领十县。本路三堆、中嶝、赵市等处屯田上百二十顷。

录事司。

县三：

巴县，下。倚郭。江津，下。至元十六年，赐四川行省参政昝顺田民百八十户于江津县。南川。下。

州四：

泸州。下。唐改泸川郡为泸州。宋为泸川军。元至元二十年，并泸川县入焉。二十二年，隶重庆路。领三县：

江安，下。纳溪，下。合江。下。

忠州。下。唐改为南宾郡，又为忠州。宋升咸淳府。元仍为忠州。领三县：

临江，下。南宾，下。丰都。下。

合州。下。唐为合州，又改巴川郡，又仍为合州。宋因之。元至

元十五年,宋安抚使王立以城降。二十年,为散郡,并录事司、赤水
入石照县。二十二年,改为州,隶重庆路。领三县:

　铜梁,下。元初并巴川入焉。定远,下。本宋地,名女菁平。元至元四
年,便宜都总帅部兵创为武胜军,后为定远州。二十四年,降为县。石照。下。

　涪州。下。唐改为涪陵郡,又改涪州。宋因之。元至元二十年,
并涪陵、乐温二县入焉。领一县:

　武龙。下。

绍庆府。下。唐黔州,又黔中郡。宋升为绍庆府。元至元二十年,仍
置府。户三千九百四十四,口一万五千一百八十九。至元二十七年数。
领县二:

　彭水,下。黔江。下。

怀德府。领州四:阙。

　来宁州。下。柔远州。下。酉阳州。下。服州。下。皆阙。

夔路。下。唐初为信州,又为夔州,又为云安郡,又仍为夔州。宋升
为帅府。元至元十五年,立夔州路总管府,以施、云安、万、大宁四州
隶焉。二十二年,又以开、达、梁山三州来属。户二万二十四,口九
万九千五百九十八。至元二十七年数。领司一、县二、州七。州领五县。
本路屯田五十六顷。

　录事司。

　县二:

　奉节,下。巫山。下。

　州七:

　施州。下。唐改清江郡,又改清化郡,又复为施州。宋因之。旧
领清江、建始二县。元至元二十二年,并清江入州。领一县:

　建始。下。

　达州。下。唐为通州,又改通川郡,又仍为通州。宋更名达州。
元至元十五年,隶四川东道宣慰司。二十二年,改隶夔路。领二县:

　通川,下。新宁,下。

　梁山州。下。本梁山县。宋升梁山军。元至元二十年,升为州。

领一县：

梁山。下。

万州。下。唐改浦州为万川，又改南浦郡。宋为浦州。元至元二十年，以南浦为万州。领一县：

武宁。

云阳州。下。唐云安监。宋置安义县，后复为监。元至元十五年，立云安军。二十年，升云阳州，并云阳县入焉。

大宁州。下。旧大昌县。宋置监。元至元二十年，升为州，并大昌县入焉。

开州。下。唐改为盛山郡，又复为开州。宋及元皆因之。

叙南等处蛮夷宣抚司。

叙州路。古僰国。唐戎州。贞观初，徙治僰道，在蜀江之西三江口。宋升为上州，属东川路，后易名叙州。咸淳中，城登高山为治所。元至元十二年，郭汉杰挈城归附。十三年，立安抚司。未几，毁山城，复徙治三江口，罢安抚司，立叙州。十八年，复升为路，隶诸部蛮夷宣抚司。领县四、州二。

县四：

宜宾，下。庆符，下。南溪，下。宣化。下。元贞二年，于本县置万户府，领军屯田四十余顷。

州二：

富顺州。下。唐富义县。宋富义监，后改富顺县。元至元十二年，改立富顺监安抚司。二十年，罢安抚司，升富顺州。

高州。下。古夜郎之属境，邻乌蛮，与长宁军地相接，均为西南羌族。前代以为化外，置而不论。唐开拓边地，于本部立高州。宋设长宁军，十州族姓俱效顺。元至元十五年，云南行省遣官招谕内附。十七年，知州郭安复行州事，蛮人散居村囤，无县邑乡镇。

马湖路。下。古牂柯属地，汉、唐以下名马湖部。宋时，蛮主屯湖内。元至元十三年，内附后，立总管府，迁于夷部溪口，濒马湖之南岸创府治。其民散居山箐，无县邑乡镇。领军一、州一。初，马湖蛮来朝，尝以独本葱为献,由是岁至,郡县疲于递送。元贞二年,敕罢之。

军一:

长宁军。唐置长宁等羁縻十四州、五十六县,并隶泸州都督府。宋以长宁地当冲要,升为长宁军,立安宁县。元至元十二年,郡守黄立犁城效顺。二十二年,设录事司。后与安宁县俱省入本军。

州一:

戎州。下。本夜郎国西南蛮种,号大坝都掌,分族十有九。前代以化外,置而弗论。唐武后时,恢拓蛮徼,设十四州、五团、二十九县,于本部置晏州。元至元十三年,以昝顺为蛮夷部宣抚司,遣官招谕。十七年,本部官得兰纽来见,授以大坝都总管。二十二年,升为戎州。叛服不常。州治在箐前。所领俱村囤,无县邑乡镇。

上罗计长官司。领蛮地罗计、罗星。乃古夜郎境。为西南种族。前代置之化外。宋设长宁军,十州族姓俱效顺,各命之官。其后分姓他居,遂有上、下罗计之分,盖亦如唐羁縻之,以为西蜀后户屏蔽。元至元十三年,蛮夷部宣抚昝顺引本部夷酋得赖阿当归顺。十五年,授得赖阿当千户。十八年,黎州同知李奇以武略将军来充罗星长官。二十二年,夷人叛,诱讲上罗星夷,行枢密院讨平之。其民人散居村箐,无县邑乡镇。

下罗计长官司。领蛮地,其境近乌蛮,与叙州、长宁军相接,均为西南夷族,与上罗计同。至元十二年,长宁知军率先内附。十三年,昝顺引本部夷酋得颜箇诣行枢密院降,奏充下罗计蛮夷千户。二十二年,诸蛮皆叛,惟本部无异志。

四十六囤蛮夷千户所。领豕蛾夷地,在梦符向南抵定川。古夜郎之属。唐羁縻定州之支江县也。至元十三年收附,于庆符县侨置千户所,领四十六囤:

黄水口上下落骨,山落牟许满吴,麼落财,麼落贤,腾息奴,屯莫面,落搔,麼落梅,麼得幸,上落松,麼得会,麼得恶,落魂,落昧下村,落岛,麼得享,落燕,落得忠,麼得了,麼腾斛,许宿,麼九色,落搔屯右,麼得晏,落能,山落寡,水落寡,落得撍,麼得具,麼得渊,腾日彫，落昧上村，赖扇，许焰，腾郎，周头，卖落炎，落女，爱答落，爱答速，麿得奸，阿郎头，下得辛，上得辛，爱得娄，落鸥。

诸部蛮夷：

秦加大散等洞。以下各设蛮夷官。

斜崖冒朱等洞。

陇堤纣皮等洞。

石耶洞。

散毛洞。

彭家洞。

黑土石等处。

市备洞。

乐化兀都剌布白享罗等处。

洪望册德等族。

大江九姓罗氏。

水西。

鹿朝。

阿水蛮部。至元二十一年，酋长阿泥入觐，自言阿永邻境乌蒙等蛮悉隶皇太子位，顾依例附属。诏从其请，以阿永蛮隶宫府。

师壁洞安宣抚司。

永顺等处军民安抚司。

阿者洞。以下各设蛮夷官。

谢甲洞。

上安下坝。

阿渠洞。

下役洞

驴虎洞。

钱满等处。

水洞下曲等寨。

必藏等处。

酌宜等处。

雍邦等寨。

崖筍等寨。

冒朱洞。

麻峡柘歌等寨。

新附鬼罗金井。

沙溪等处。

宙窄洞。

新容米洞。

甘肃等处行中书省。为路七、州二，属州五。本省马站六处。河西陇北道肃政廉访司。

甘州路。上。唐为甘州，又为张掖郡。宋初为西夏所据，改镇夷郡，又立宣化府。元初仍称甘州。至元元年，置甘肃路总管府。八年，改甘州路总管府。十八年，立行中书省，以控制河西诸郡。户一千五百五十，口二万三千九百八十七。至元二十七年数。本路黑山、满峪、泉水渠、鸭子翅等处屯田，计一千一百六十余顷。

永昌路。下。唐凉州。宋初为西凉府，景德中，陷入西夏。元初仍为西凉府。至元十五年，以永昌王宫殿所在，立永昌路，降西凉府为州隶焉：

　　西凉州。下。

肃州路。下。唐为肃州，又为酒泉郡。宋初为西夏所据。元太祖二十一年，西征，攻肃州下之。世祖至元七年，置肃州路总管府。户一千二百六十二，口八千六百七十九。至元二十七年数。

沙州路。下。唐为沙州。又为敦煌郡。宋仍为沙州，景祐初，西夏陷瓜、沙、肃三州，尽得河西故地。金因之。元太祖二十二年，破其城，以隶八都大王。至元十四年，复立州。十七年，升为沙州路总管府，瓜州隶焉。沙州去肃州千五百里，内附贫民欲乞粮沙州，必须白之肃州，然后给与。朝廷以其不便，故升沙州为路。

瓜州。下。唐改为晋昌郡,复为瓜州。宋初陷于西夏。夏亡,州废。元至元十四年,复立。二十八年,徙居民于肃州,但名存而已。

亦集乃路。下。在甘州北一千五百里,城东北有大泽,西北俱接沙碛,乃汉之西海郡居延故城。夏国尝立威福军。元太祖二十一年,内附。至元二十三年,立总管府。二十三年,亦集乃总管忽都鲁言:"所部有田,可以耕作,乞以新军二百人鉴合即渠于亦集乃地,并以傍近民、西僧余户助其力。"从之。计屯田九十余顷。宁夏府路。下。唐属灵州。宋初废为镇,领蕃部。自唐末有拓拔思恭者镇夏州,世有银、夏、绥、宥、静五州之地。宋天禧间,传至其孙德明,城怀远镇为兴州以居,后升兴庆府,又改中兴府。元至元二十五年,置宁夏路总管府。至元八年,立西夏中兴等路行尚书省。元贞元年,革宁夏路行中书省,并其事于甘肃行省。领州三:本路枣园、纳邻站等处屯田一千八百顷。

灵州。下。唐为灵州,又为灵武郡。宋初陷于夏国,改为翔庆军。

鸣沙州。下。隋置环州,立鸣沙县。唐革州,以县隶灵州。宋没于夏国,仍旧名。元初立鸣沙州。屯田四百四十余顷。

应理州。下。与兰州接境,东阻大河,西据沙山,考之图志,乃唐灵武郡地。其州城未详建立之始。元初仍立州。

山丹州。下。唐为删丹县,隶甘州。宋初为夏国所有,置甘肃军。元初为阿只吉大王分地。至元六年,行山丹城事,删讹为山。二十二年,升为州,隶甘肃行省。

西宁州。下。唐置鄯州,理湟水县。上元间,没于土蕃,号青唐城。宋改为西宁州。元初为章吉驸马分地。至元二十三年,立西宁州等处拘榷课程所。二十四年,封章吉为宁濮郡王以镇其地。

兀剌海路。阙。太祖四年,由黑水城北兀剌海西关口入河西,获西夏将高令公,克兀剌海城。

元史卷六一

志第一三

地理四

云南诸路行中书省。为路三十七、府二,属府三,属州五十四,属县四十七。其余甸寨军民等府,不在此数。马站七十四处,水站四处。

云南诸路道肃政廉访司。大德三年,罢云南行御史台,立肃政廉访司。

中庆路。上。唐姚州。阁罗凤叛,取姚州,其子凤伽异增筑城曰柘东。六世孙券丰祐改曰善阐。历五代迄宋,羁縻而已。元世祖征大理,凡收府八,善阐其一也,郡四,部三十有七。其地东至普安路之横山,西至缅地之江头城,凡三千九百里而远,南至临安路之鹿沧江,北至罗罗斯之大渡河,凡四千里而近。宪宗五年立万户府十有九,分善阐为万户府四。至元七年,改为路。八年,分大理国三十七部为南北中三路,路设达鲁花赤并总管。十三年,立云南行中书省,初置郡县,遂改善阐为中庆路。领司一、县三、州四。州领八县。本路军民屯田二万二千四百双有奇。

录事司。

县三:

昆明,中。倚郭。唐置。元宪宗四年,分其地立千户二。至元十二年,改善州,领县。二十一年,州革,县如故。其地有昆明池,五百余里。夏潦必冒城郭,张立道为大理等处劝农使,求泉源所出,泄其水,得地万余顷,皆为良田云。富民,下。至元四年立黎㵎千户。十二年,即黎㵎立县。宜良。下。唐匡州即其地。蛮首罗氏于此立城居之,名曰罗裒龙,乃今县也。元宪宗六年,立太池千户，隶嵩明万户。至元十三年，升宜良州，治太池县。二十一年，州罢为县。后废太池来属。

州四：

嵩明州。下。州在中庆东北，治沙札卧城，乌蛮车氏所筑，白蛮名为嵩明。昔汉人居之，后乌、白蛮强盛，汉人徙去，盟誓于此，因号嵩盟。今州南有土台，盟会处也。汉人尝立长州，筑金城、阿葛二城。蒙氏兴，改长州为嵩盟部。段氏因之。元宪宗六年，立嵩明万户。至元十二年，复改长州。十五年，升嵩明府。二十二年，降为州。领二县：

杨林，下。在州东南，治杨林城，乃杂蛮枳氏、车氏、斗氏、廖氏四种所居之地。城东门内有石如羊形，故又作羊。唐有羊林部落，即此地。元宪宗七年，立羊林千户。至元十二年，改为县。邵甸。下。在州西，治白邑村，无城郭，车蛮、斗蛮旧地，名为束甸，以束为邵。宪宗七年，立邵甸千户。至元十二年，改为县。

晋宁州。下。唐晋宁县。蒙氏、段氏皆为阳城堡部。元宪宗七年，立阳城堡万户。至元十二年，改晋宁州。领二县：

呈贡，下。西临滇泽之滨，在路之南、州之北，其间相去六十里，有故城曰呈贡，世为些莫强宗部蛮所居。元宪宗六年，立呈贡千户。至元十二年，割诏营、切龙、呈贡、雌甸、塔罗、和罗忽六城及乌纳山立呈贡县。归化。下。在州东北，呈贡县南，西滨滇泽，地名大吴龙，背吴氏所居，后为些莫徒蛮所有，世隶善阐。宪宗六年，分隶呈贡千户。至元十二年，割大吴龙、安西、安湿立归化县。

昆阳州。下。在滇池南，爨、狋杂夷所居，有城曰巨桥，今为州治。阁罗凤叛唐，令曲嶍蛮居之。段氏兴，隶善阐。元宪宗并罗冨等十二城，立巨桥万户。至元十二年，改昆阳州。领二县：

三泊，下。至元十三年于那龙城立县。易门。下。在州之西，治市坪村。世为乌蛮所居。段氏时，高智升治善阐，奄而有之。至元四年，立澳门千户。十二年，改为县。县西有泉曰澳源，讹作易门。

安宁州。下。唐初置安宁县，隶昆州。阁罗凤叛唐后，乌、白蛮迁居。蒙氏终，善阐酋孙氏为安宁城主，及袁氏、高氏互有其地。元宪宗七年,隶阳城万户。至元三年,立安宁千户。十二年,改安宁州。
领二县:

　　禄丰,下。在州西,治白村,其地瘴热,非大酋所居,惟乌、杂蛮居之,迁
徙不常。至元十二年,割安宁千户之碌琫、化泥、骥琮笼三处,立禄丰县,因江
中有石如甑,俗外碌琫,译谓碌为石,琫为甑,讹为今名。罗次。下。在州北,
治厌磨吕白村,本乌蛮罗部,地险俗悍。至元十二年,因罗部立罗次州,隶中庆
路。二十四年,改州为县。二十七年,隶安宁州。

威楚、开南等路。下。为杂蛮耕牧之地,夷名俄碌。历代无郡邑。后
爨酋威楚筑城俄碌睒居之。唐时蒙舍诏阁罗凤合六诏为一,侵俄
碌,取和子城,今镇南州是也。后阁罗凤叛,于本境立郡县,诸爨尽
附。蒙氏立二都督、六节度,银生节度即今路也。及段氏兴,银生隶
姚州,又名当筋验。及高升泰执大理国柄,封其侄子明量于威楚,筑
外城,号德江城,传至其裔长寿。元宪宗三年,征大理平之。六年,
立威楚万户。至元八年,改威楚路置总管府。领县二、州四。州领
一县。本路军民屯田共七千一百双。

　　县二:

　　威楚,下。倚郭。至元十五年,升威州,仍立富民、净乐二县。二十一年,
降州为威楚县,革二县为乡来属。定远。下。在路北,地名目直睒,杂蛮居之。
诸葛孔明征南中,经此睒,后号为牟州。唐蒙氏遣爨蛮酋抬莘镇牟州,筑城曰
耐龙。至高氏专大理国政,命云南些莫徒酋夷羡徙民二百户于黄蓬箐,其抬莘
故城隶高氏。元宪宗四年,立牟州千户,黄蓬箐为百户。至元十二年,改为定远
州,黄蓬箐为南宁县,后革县为乡,改州为县,隶本路。

　　州四:

　　镇南州。下。州在路北,昔朴、落蛮所居。川名欠舍,中有城曰
鸡和。至唐时,蒙氏并六诏,征东蛮,取和子、鸡和二城,置石鼓县,
又于沙却置俗富郡。沙却即今州治。至段氏封高明量为楚公,欠舍、
沙却皆隶之。元宪宗三年,其酋内附。七年,立欠舍千户、石鼓百户。
至元二十二年,改欠舍千户为镇南州,立定边、石鼓二县。二十四
年,革二县为乡,仍隶本州。

　　南安州。下。州在路东南，山岭稠叠，内一峰竦秀，林麓四周，其顶有泉。昔黑爨蛮祖瓦晟吴立栅居其上，子孙渐盛，不隶他部，至高氏封威楚方隶焉。宪宗立摩刍千户，隶威楚万户。至元十二年，改千户为南安州，隶本路。领一县：

　　广通，下。县在州之北，夷名为路睒，杂蛮居之。南诏部长罗凤曾立路睒县。至段氏封高明量于威楚，其后宜州酋些莫徒裔易裒等附之。至高长寿遂处于路睒。易裒去旧堡二十里，山上筑城白龙戏新栅。宪宗七年，长寿内附，立路睒千户。至元十二年，改为广通县，隶南安州。

　　开南州。下。州在路西南，其川分十二甸，昔朴、和泥二蛮所居也。庄蹻王滇池，汉武开西南夷，诸葛孔明定益州，皆未尝涉其境。至蒙氏兴，立银生府，后为金齿、白蛮所陷，移府治于威楚，开南遂为生蛮所据。自南诏至段氏皆为徼外荒僻之地。元中统三年，平之，以所部隶威楚万户。至元十二年，改为开南州。

　　威远州。下。州在开南州西南，其川有六，昔朴、和泥二蛮所居。至蒙氏兴，开威楚为郡，而州境始通。其后金齿、白夷蛮酋阿只步等夺其地。中统三年征之，悉降。至元十二年，立开南州及威远州，隶威楚路。

武定路军民府。下。唐隶姚州。在滇北，昔狢鹿等蛮居之。至段氏使乌蛮阿㔻治纳洟肔共龙城于共甸，又筑城名曰易龙，其裔孙法瓦浸盛，以其远祖罗婺为部名。元宪宗四年，内附。七年，立为万户，隶威楚。至元八年，并仁德、于矢入本部为北路。十一年，割出二部，改本路为武定。领州二，州领四县。本路屯田七百四十八双。

　　州二：

　　和曲州。下。州在路西南，蛮名曰𥐚篷甸，僰、玃诸种蛮所居。地多汉冢，或谓汉人曾居。蒙氏时，白蛮据其地。至段氏，以乌蛮阿㔻并吞诸蛮聚落三十余处，分兄弟侄治之，皆隶罗婺部。元宪宗六年，改𥐚篷甸曰和曲。至元二十六年，升为州。领二县：

　　南甸，下。路治本县，蛮曰瀼甸，又称滇𥐚笼。至元二十六年，改为县。元谋。下。夷中旧名环州，元治五甸，至元十六年，改为县。

禄劝州，下。州在路东北，甸名洪农碌券，杂蛮居之，无郡所。至元二十六年，立禄劝州。领二县：

易笼，下。易笼者，城名，在州北，地名倍场。县境有二水，蛮语谓潢为水，笼为城，因此为名。昔罗婺部大酋居之，为群酋会集之所。至元二十六年，立县。石旧。下。县在州东，有四甸：曰掌鸠，曰法块，曰抹捻，曰曲蔽。掌鸠甸有溪绕其三面，凡数十渡，故名，今讹名石旧。至元二十六年，立县。

鹤庆路军民府。下。府治在丽江路东南、大理路东北，夷名其地曰鹤川、样共。昔隶越析诏，汉、唐未建城邑。开元末，阁罗凤合六诏为一，称南诏，徙治羊苴城，地近龙尾、鹤柘，今府即其地也。大和中，蒙劝封祐于样共立谋统郡。蒙氏后，经数姓如故。元宪宗三年，内附，为鹤州。七年，立二千户，仍称谋统，隶大理上万户。至元十一年，罢谋统千户，复为鹤州。二十年，为燕王分地，隶行省。二十三年，升为鹤庆府。领一县：

剑川。下。县治在剑川湖西，夷云罗鲁城。按唐史，南诏有六节度，剑川其一也。初蒙氏未合六诏时，有浪穹诏与南诏战，不胜，遂保剑川，更称浪剑。贞元中，南诏击破之，夺剑、共诸川地，其酋徙居剑睒西北四百里，号剑羌。蒙氏终，至段氏，改剑川为义督睑。宪宗四年内附。七年，立义督千户。至元十一年，罢千户，立剑川县，隶鹤州。军民屯田共一千余双。

云远路军民总管府。元贞二年置。

彻里军民总管府。大德中置。大德中，云南省言："大彻里地与八百媳妇犬牙相错，势均力敌。今大彻里胡念已降，小彻里复控扼地利，多相杀掠，胡念日与相拒，不得离，遣其弟胡伦入朝，指画地形，乞别立彻里军民宣抚司，择通习蛮夷情状者为之帅，招其来附，以为进取之地。"乃立彻里军民总管府。

广南西路宣抚司。阙。

丽江路军民宣抚司。路因江为名，谓金沙江出沙金，故云。源出吐蕃界，今丽江即古丽水。两汉至隋、唐，皆为越嶲郡西徼地，昔麽蛮、些蛮居之，遂为越析诏。二部皆乌蛮种，居铁桥。贞元中，其地归南诏。元宪宗三年，征大理，从金沙济江，麽、些负固不服。四年春，平之，立茶罕章管民官。至元八年，立宣慰司。十三年，改为丽江路，立军民总管府。二十二年，府罢，于通安、巨津之间立宣抚司。领府

一、州七。州领一县。

府一：

北胜府。在丽江之东。唐南诏时，铁桥西北有施蛮者，贞元中为异牟寻所破，迁其种居之，号剑羌，名其地曰成偈睒，又改名善巨郡。蒙氏终，段氏时，高智升使其孙高大惠镇此郡。后隶大理。元宪宗三年，其酋高俊内附。至元十五年，立为施州。十七年，改为北胜州。二十年，升为府。

州七：

顺州。在丽江之东，俗名牛睒。昔顺蛮种居剑、川共，唐贞元间，南诏异牟寻破之，徙居铁桥、大婆、小婆、三探览等川。其酋成斗族渐盛，自为一部，迁于牛睒。至十三世孙自瞠犹隶大理。元宪宗三年，内附。至元十五年，改牛睒为顺州。

蒗蕖州。治罗共睒，在丽江之东，北胜、永宁南北之间，罗落、麽、些三种蛮世居之。宪宗三年，征大理。至元九年，内附。十六年，改罗共睒为蒗蕖州。

永宁州。昔名楼头睒，按吐蕃东徼，地名答蓝，麽、些蛮祖泥月乌逐出吐蕃，遂居此睒，世属大理。宪宗三年，其三十一世孙和字内附。至元十六年，改为州。

通安州。治在丽江之东，雪山之下，昔名三睒。仆繲蛮所居，其后麽、些蛮叶古乍夺而有之，世隶大理。宪宗三年，其二十三世孙麦良内附。中统四年，以麦良为察罕章管民官。至元九年，其子麦兀袭父职。十四年，改三睒为通安州。

兰州。在兰沧水之东。汉永平中始通博南山道，渡兰沧水，置博南县。唐为卢鹿蛮部。至段氏时，置兰溪郡，隶大理。元宪宗四年，内附，隶茶罕章管民官。至元十二年，改兰州。

宝山州。在雪山之东，丽江西来，环带三面。昔麽、些蛮居之。其先自楼头徙居此，二十余世。世祖征大理，自卞头济江，由罗邦至罗寺，围大匮等寨，其酋内附，名其寨曰察罕忽鲁罕。至元十四年，以大匮七处立宝山县。十六年升为州。

巨津州。昔名罗波九睑，北接三川、铁桥，西邻吐蕃。按《唐书》，南诏居铁桥之南，西北与吐蕃接。今州境实大理西北陬要害地，麽、些大酋世居之。宪宗三年，内附。至元十四年，于九睑立巨津州，盖以铁桥自昔为南诏、吐蕃交会之大津渡，故名。领一县：

临西。下。县在州之西北，乃大理极边险僻之地，夷名罗哀间，居民皆麽、些二种蛮。至元十四年，立大理州县，于罗哀间立临西县，以西临吐蕃境故也，隶巨津州。

东川路。下。至元二十八年立。

茫部路军民总管府。下。

益良州。下。

强州。下。

孟杰路。自东川路以下阙。泰定三年，八百媳妇蛮请官守，置木安、孟杰二府于其地。

普安路。下。治在盘町山阳，巴盘江东。古夜郎地。秦为黔中地，两汉隶牂柯郡。蜀隶兴古郡。隋立牂州。唐置西平州，后改兴古郡为盘州。蒙氏叛唐，其地为南诏东鄙，东爨乌蛮七部落居之。其后爨酋阿宋逐诸蛮据其地，号于失部，世为酋长。元宪宗七年，其酋内附，命为于失万户。至元十三年，改普安路总管府。明年，更立招讨司。十六年，改为宣抚司。二十二年，罢司为路。

曲靖等路宣慰司军民万户府。曲、靖二州在汉为夜郎味县地。蜀分置兴古郡。隋初为恭州、协州。唐置南宁州。东、西爨分乌、白蛮二种，自曲靖州西南昆川距龙和城，通谓之西爨白蛮，自弥鹿、升麻二川南至步头，通谓之东爨乌蛮。贞观中，以西爨归王为南宁都督，袭杀东爨首领盖聘。南诏阁罗凤以兵胁西爨，徙之至龙和，皆残于兵。东爨乌蛮复振，徙居西爨故地，世与南诏为婚，居故曲靖州。天宝末，征南诏，进次曲靖州，大败，其地遂没于蛮。元宪宗六年，立磨弥部万户。至元八年，改为中路。十三年，改曲靖路总管府。二十年，以隶皇太子。二十五年，升宣抚司。领县一、州五，州领六县。本路屯田四千四百八十双，岁输金三千五百五十两、马一百八十四。

县一：

南宁。下。倚郭。唐以爨归王为南宁州都督，治石城。及阁罗凤叛，州废，蒙氏改石城郡。至段氏，乌蛮莫涌部首据石城。元宪宗三年，内附。六年，立千户，隶莫涌部万户。至元十三年，升南宁州。二十一年，革为县。

州五：

陆凉州。下。即汉牂柯郡之平夷县。南诏叛后，落温部蛮世居之。宪宗三年，内附，立落温千户，属落蒙万户。至元十三年，改为陆凉州。领二县：

芳华，下。在州西。河纳。下。在州南，治蔡村。

越州。下。在路之南，其川名鲁望，普麽部蛮世居之。宪宗四年，内附。六年，立千户，隶末迷万户。至元十二年，改越州，隶曲靖路。

罗雄州。下。与溪洞蛮獠接壤，历代未尝置郡，夷名其地为塔敝纳夷甸。俗传盘瓠六男，其一曰蒙由丘，后裔有罗雄者居此甸。至其孙普恐，名其部曰罗雄。宪宗四年，内附。七年，隶普摩千户。至元十三年，割夜苴部为罗雄州。隶曲靖路。

马龙州，下。夷名曰撒匡。昔爨、剌居之，盘瓠裔纳垢逐旧蛮而有其地。至罗苴内附，于本部立千户。至元十三年，改为州，即旧马龙城也。领一县：

通泉。下。在州西南，与嵩明州杨林县接壤，纳垢之孙易陬分居其地。元初为易龙百户，隶马龙千户。至元十三年，改名通泉县，隶马龙州。

沾益州。下。在本路之东北，据南盘江、北盘江之间。唐初置州，天宝末没于蛮，为爨、剌二种所居，后磨弥部夺之。元初，其孙普垢刷内附。宪宗七年，以本部隶曲靖磨弥万户府。至元十三年，改沾益州。领三县：

交水，下。治易陬龙城，其先磨弥部酋蒙提居之。后大理国高护军逐其子孙为私邑。宪宗五年，内附。至元十三年，即其城立县。石梁，下。系磨弥部，又名伍勒部，其酋世为巫，居石梁原山。至元十三年为县。罗山。下。夷名落蒙山，乃磨弥部东境。

澄江路。下。治在滇池东南。唐属牂州，隶黔州都督府。开元中，降为羁縻州。今夷中名其地曰罗伽甸。初，麽、些蛮居之，后为爨蛮所夺。南诏蒙氏为河阳郡。至段氏，麽、些蛮之裔复居此甸，号罗伽部。元宪宗四年，内附，六年，以罗伽部为万户。至元三年，改万户为中路。十六年，升为澄江路。领县三、州二，州领三县。本路屯田四千一百双。

县三：

河阳，下。内附后为千户。至元十六年，为河阳州。二十六年，降为县。江川，下。在澄江路南，星云湖之北。蒙氏叛唐，使白蛮居之。至段氏，些麽徒蛮之裔居此城，更名步雄部。其后弄景内附，即本部为千户。至元十三年，改千户为江川州。二十年，降为县。阳宗。下。在本路西北，明湖之南。昔麽、些蛮居之，号曰强宗部，其酋庐舍内附，立本部千户。至元十三年，改为县。

州二：

新兴州。下。汉新兴县。唐初隶牂州，后南诏叛，降为羁縻州。蒙氏为温富州。段氏时麽、些蛮分居其地。内附后，立为千户。至元十三年，改新兴州，隶澄江路。领二县：

普舍，下。在州西北，昔有强宗部蛮之裔，长曰部傍，据普具龙城，次曰普舍，据普札龙城。二城之西有白城，汉人所筑。二酋屡争其地，莫能定。后普舍孙苴刷内附，立本部为千户。十三年，改千户为普合县，治普札龙城，隶新兴州。研和。下。麽些徒蛮步雄居之，其孙龙锡内附，立百户。至元十三年，改为县。

路南州。下。州在本路之东，夷名路甸，有城曰撒吕，黑爨蛮之裔落蒙所筑，子孙世居之，因名落蒙部。宪宗朝内附，即本部立万户。至元七年，并落蒙、罗伽、末迷三万户为中路。十三年，分中路为二路，改罗伽为澄江路，落蒙为路南州，隶澄江路。领一县：

邑市。下。至元十三年，即邑市、弥歪二城立邑市县，弥沙等五城立弥沙县。二十四年，并弥沙入本县，隶路南州。

普定路。本普里部。归附后改普定府。至元二十七年初，斡罗思、吕国瑞入赂丞相桑哥及要束木等请创罗甸宣慰司。至是，言招至罗甸国札哇并龙家、宋家、犵狫、苗人诸种蛮夷四万六千六百户。阿卜、阿牙者来朝，为曲靖路宣慰同知脱因及普安路官所阻。会云南行省言："罗甸即普里也，归附后改普定府，印信具存，隶云南省三十余年，赋役如期。今所创罗甸宣慰安抚司，隶湖南省。斡罗思等擅以兵协降普定土官矣资男、札哇、希古等，勒令同其入觐，邀功希赏，乞罢之，仍以其地隶云南。"制可。**大德七年，改为路。**大德七年，中书省臣言："蛇节、宋隆济等作乱，普定知府容苴率众效顺。容苴没，其妻适姑亦能宣力戎行，乞令袭其夫职。仍改普定为路，隶曲靖宣慰司，以适姑为本路总管，虎符。"

仁德府。昔爨、剌蛮居之，无郡县。其部曰仲扎溢源，后乌蛮之裔新丁夺而有之。至四世孙，因其祖名新丁，以为部号，语讹为仁地。宪宗五年，内附。明年，立本部为仁地万户。至元初复叛，四年降之，仍为万户。十三年，改万户为仁德府。本府屯田五百六十双。领县二：

为美，下。县治在府北，地名溢浦迭侣睐甸，即仁地故部。至元二十四年置县。归厚。下。县治在府西，地名易浪浦龙，旧隶仁地部。至元二十四年，分立二县，曰偹俸，曰为美。二十五年，改偹俸曰归厚。

罗罗蒙庆等处宣慰司都元帅府。

建昌路。下。本古越嶲地。唐初设中都府，治越嶲。至德中，没于吐蕃。贞元中复之。懿宗时，蒙诏立城曰建昌府，以乌、白二蛮实之。其后诸酋争强，不能相下，分地为四，推段兴为长。其裔浸强，遂并诸酋，自为府主，大理不能制。传至阿宗，娶落兰部建蒂女沙智。元宪宗朝，建蒂内附，以其婿阿宗守建昌。至元十二年，析其地置总管府五、州二十三，建昌其一路也，设罗罗宣慰司以总之。本路领县一、州九，州领一县。本路立军民屯田。

县一：

中县。县治在住头回甸，盖越嶲之东境也。所居乌蛮自别为沙麻部，以首长所立处为中州。至元十年内附。十四年，仍为中州。二十二年，降为县，隶建昌路。

州九：

建安州。下。即总府所治。建蒂既平，分建昌府为万户二，又置千户二。至元十五年，割建乡城十四村及建蒂四村，立宝安州。十七年，改本千户为建安州。二十六年，革宝安州，以其乡村来属。

永宁州。下。在建昌之东郭。唐时南诏立建昌郡，领建安、永宁

二州。元至元九年,西平王平建蕃。十六年,分建昌为二州,在城曰
建安,东郭曰永宁,俱隶建昌路。

泸州。下。州在路西,昔名沙城睑,即诸葛武侯禽孟获之地。有
泸水,深广而多瘴,鲜有行者,冬夏常热,其源可烊鸡豚。至段氏时,
于热水甸立城名渂笼,隶建昌。宪宗时,建蕃内附,复叛。至元九年
平之。十五年,改渂笼为泸州。

礼州。下。州在路西北,泸沽水东,所治曰笼麽城。南诏末,诸
蛮相侵夺,至段氏兴,并有其地。裔孙阿宗内附,复叛。至元九年平
之,设千户。十五年,改为礼州。领一县:

泸沽。县在州北。昔罗落蛮所居,至蒙氏霸诸部,以乌蛮酋守此城,后渐
盛,自号曰落兰部,或称罗落。其裔蒲德遭其侄建蕃内附。建蕃继叛,杀蒲德,
自为酋长,并有诸部。至元九年,平之,设千户。十三年,升万户。十五年改县。

里州。下。唐隶嶲州都督。蒙诏时,落兰部小酋阿都之裔居此,
因名阿都部。传至纳空,随建蕃内附。中统三年叛。至元十年,其
子耶吻效顺,隶乌蒙。十八年,设千户。二十二年,同乌蛮叛,奔罗
罗斯。二十三年,升军民总管府。二十六年,府罢为州,隶建昌路。

阔州。下。州治蜜纳甸。古无城邑,乌蒙所居。昔仲由蒙之裔
孙名科居此,因以名为部号,后讹为阔。至三十七孙麲罗内附。至
元九年,设千户。二十六年,改为州。

邛部州。下。州在路东北,大渡河之南,越嶲之东北。君长十数,
筰都最大。唐立邛部县,后没于蛮。至宋岁贡名马土物,封其酋为
邛都王。其戎地夷称为邛部川,治乌弄城,昔麽、些蛮居之,后仲由
蒙之裔夺其地。元宪宗时内附。中统五年,立邛部川安抚招讨使,
隶成都元帅府。至元十年,割属罗罗其宣慰司。二十一年,改为州。

隆州。下。州在路之西南,与汉邛部县接境,唐会川县之西北。
蒙氏改会川为会同逻,立五睑,本州为边府睑。其后睑主杨大兰于
睑北垲上立城,分派而居,名曰大隆城,即今州治也。元至元十三年
内附。十四年,设千户。十七年,改隆州。

姜州。下。姜者,蛮名也。乌蛮仲牟田之裔阿坛绛始居闷畔部,

其孙阿罗仕大理国主高泰，是时会川有城曰龙纳，罗落蛮世居焉。阿罗挟高氏之势攻拔之，遂以祖名曰绛部。宪宗时，随闷畔内附，因隶焉。至元八年，为落兰部酋建蒂所破。九年，平之，遂隶会川，后属建昌。十五年，改为姜州。二十七年，复属闷畔部，后又属建昌。

德昌路军民府。下。汉邛都县地。唐没于南诏。路在建昌西南，所居蛮号屈部。元至元九年，内附。十二年，立定昌路，以本部为昌州。二十三年，罢定昌路，并入德昌路，沿本州葛鲁城。领州四：本路立军民屯田。

昌州。下。路治本州。初乌蛮阿屈之裔寖强，用祖名为屈部。其孙乌则，至元九年内附。十二年，改本部为州，兼领普济、威龙，隶定昌路。二十三年，罢定昌路，并隶德昌。

德州。下。在路之北，其地今名吾越甸，城曰亦苴龙，所居蛮苴郎，以远祖名部曰颓缒。宪宗时内附。至元十二年，立千户。十三年，改为德州，隶德平路。二十三年，改隶德昌。

威龙州。下。州在路西南，夷名巴翠部，领小部三，一曰沙娲普宗，二曰乌鸡泥祖，三曰娲诺龙菖蒲，皆狇鲁蛮种也。至元十五年，合三部立威龙州。隶德昌。

普济州。下。州在路西北，夷名玗甸。昔为荒僻之地，狇鲁蛮世居之，后属屈部。至元九年，随屈部内附。十五年，于玗甸立定昌路。二十三年，路革，改隶德昌。

会川路。下。路在建昌南，唐移邛都于此。其地当征蛮之要冲，诸酋听会之所，故名。天宝末，没于南诏，立会川都督府，又号清宁郡。至段氏仍为会川府。元至元九年内附。十四年，立会川路，治武安州，领州五：本路立军屯田。

武安州。下。蛮称龙泥城。至元十四年，立管民千户。十七年，改为武安州。

黎溪州。下。古无城邑，蛮云黎驱，讹为今名。初，乌蛮与汉人杂处，及南诏阁罗凤叛，徙白蛮守之。蒙氏终，罗罗逐去白蛮。段氏兴，令罗罗蛮乞夷据其地。至元九年，其裔阿夷内附，改其部为黎溪州。

永昌州。下。州在路北,治故归依城,即古会川也。唐天宝末,没于南诏,置会川都督。至蒙氏,改会同府,置五睑,徙张、王、李、赵、杨、周、高、段、何、苏、龚、尹十二姓于此,以赵氏为府主,居今州城。赵氏弱,王氏据之。及段氏兴,高氏专政,逐王氏,以其子高政治会川。元宪宗三年,征大理,高氏逃去。九年,故酋王氏孙阿龙率众内附。至元八年,以其男阿禾领会川。十四年,改管民千户。十七年,立永昌州。隶会川路。

会理州。下。州在会川府东南。唐时南诏属会川节度,地名昔陀。有蛮名阿坛绛,亦仲由蒙之遗种,其裔罗于则得昔陀地居之,取祖名曰绛部。后强盛,尽有四州之地,号蒙歪。元宪宗八年,其孙亦芦内附,隶闶畔万户。至元四年,属落兰部。十三年,改隶会川路。十五年,置会理州,仍隶会川。二十七年,复属闶畔部。

麻龙州。下。麻龙者,城名也。地名棹罗能。乌亦蒙次次之裔,祖居闶畔东川,后普恐迁苗卧龙,其孙阿麻内附。至元五年,为建蒂所并。十二年,属会川。十四年,立管民千户,隶会川路。十七年,立为州。二十七年,割属闶畔部。

柏兴府。昔摩沙夷所居。汉为定笮县,隶越嶲郡。唐立昆明县,天宝末没于吐蕃,后复属南诏,改香城郡。元至元十年,其盐井摩沙酋罗罗将猹鹿、茹库内附。十四年,立盐井管民千户。十七年,改为闰盐州,以猹鹿部为普乐州,俱隶德平路。二十七年,并普乐、闰盐二州为闰盐县,立柏兴府,隶罗罗宣慰司。领县二:

闰盐,下。倚郭。夷名为贺头甸,以县境有盐井故名。金县。下。县在府北,夷名利窦揭勒。所居蛮因茹库,乃汉越嶲郡北境,与土蕃接。至元十五年,立为金州。后降为县,以县境斛僰和山出金,故名焉。

临安、广西、元江等处宣慰司兼管军万户府

临安路。下。唐隶牂州。天宝末,没于南诏。蒙氏立都督府二,其一曰通海郡,段氏改为秀山郡,阿僰部蛮居之。元宪宗六年,内附,以本部为万户。至元八年改为南路。十三年,又改为临安路。领县二,千户一、州三,州领二县。宣慰司所领屯田六百双,本路有司所管三千四百双,爨僰军千户所管一千一百五十双有奇。

县二:

河西,下。县在杞麓湖之南,夷名其地曰休腊。昔庄跻王其地。唐初,于姚州之南,置西宗州,领三县,河西其一也。天宝后,没于蛮,为步雄部。后阿僰蛮易渠夺而居之。元宪宗六年,内附。七年,即阿僰部立万户,休腊隶之。至元十三年,改为河西州,隶临安路。二十六年,降为县。

蒙自。下。县界南邻交趾,西近建水州。县境有山名自则,汉语讹为蒙自,上有故城,白夷所筑,即今县治,下临巴甸。南诏时,以赵氏镇守。至段氏,阿僰蛮居之。宪宗六年,内附。继叛。七年,平之,立千户,隶阿僰万户。至元十三年,改阿僰万户为临安路,以本千户为县。

舍资千户。蒙自县之东,阿僰蛮所居地,昔名褰古,又曰部媚睡甸。传至裔孙舍资,因以为名。内附后,隶蒙自千户。至元十三年,改蒙自为县。其地近交趾,遂以舍资为安南道防送军千户,隶临安。

州三:

建水州。下。在本路之南,近接交趾,为云南极边,治故建水城,唐元和间蒙氏所筑,古称步头,亦云巴甸。每秋、夏,溪水涨溢如海,夷谓海为惠,刷为大,故名惠刷,汉语曰建水。历赵、杨、李、段数姓,皆仍旧名。些麽徒蛮所居。内附后,立千户,隶阿僰万户。至元十三年,改建水州,隶临安路。

石平州。下。在路之西南,阿僰蛮据之,得石坪,聚为居邑,名曰石坪。至元七年,改邑为州,隶临安路。

宁州。下。在本路之东,唐置黎州,天宝末没于蛮地,号浪旷,夷语,谓旱龙也。步雄部蛮些麽徒据之,后属爨蛮酋阿几,以浪旷割与宁酋豆圭。元宪宗四年,宁酋内附。至元十三年,改为宁州,隶临安路。旧领三县:通海、嶍峨、西沙。西沙在州东,宁部蛮世居之,其裔孙西沙筑城于此,因名西沙笼。宪宗四年,其酋普提内附,就居此城,为万户。至元十三年,立为西沙县。二十六年,以隶宁州。至治二年,并入州。领二县:

通海,下。倚郭。元初,立通海千户,隶善阐万户。至元十三年,改通海县,隶宁海府。二十七年,府革,直隶临安路,今割隶宁州。嶍峨。下。县在河西县之西,控扼山谷,北接滇池,亦属滇国,昔嶍猊蛮居之。后阿僰酋逐嶍猊据其地。至其孙阿次内附,以其部立千户。至元十三年,改为州,领邛洲、平甸二县,二十六年,降为县,并二县为乡,隶临安路。今割隶宁州。

广西路。下。东爨乌蛮弥鹿等部所居。唐为羁縻州,隶黔州都督府。后师宗、弥勒二部浸盛,蒙氏、段氏莫能制。元宪宗七年,二部内附,隶落蒙万户。至元十二年,籍二部为军,立广西路。十八年,复为民。领州二。

　　师宗州。下。在路之东南,昔爨蛮逐獠、僰等居之。其后师宗据匿弄甸,故名师宗部。至元十二年,立为千户。十八年,复为民。二十七年,改为州。

　　弥勒州。下。在路南。昔些莫徒蛮之裔弥勒得郭甸、巴甸、部笼而居之,故名其部曰弥勒。至元十二年,为千户。十八年,复为民。二十七年,改为州。

元江路。下。古西南夷地。今元江在梁州之西南,又当在黑水之西南也。阿僰诸部蛮自昔据之。宪宗四年,内附。七年,复叛,率诸部筑城以拒命。至元十三年,遥立元江府以羁縻之。二十五年,命云南王讨平之。割罗槃、马笼、步日、思麽、罗丑、罗陀、步腾、步竭、台威、台阳、设栖、你陀十二部,于威远立元江路。

　　步日部。在本路之西。蒙氏立此甸,徙白蛮镇之,名步日睑。

　　马笼部。因马笼山立寨,在本路之北。所居蛮阿僰。元初立为千户,属宁州万户。至元十三年,改隶元江万户。二十五年,属元江路。

大理、金齿等处宣慰司都元帅府

大理军民总管府。上。本汉楪榆县地。唐于昆明之梇栋州置姚州都督府,治楪榆洱河蛮。后,蒙舍诏皮罗阁逐河蛮取太和城。至阁罗凤号大蒙国。云南先有六诏,至是请于朝,求合为一。从之。蒙舍在其南,故称南诏,徙治太和城。至异牟寻,又迁于喜郡史城,又徙居羊苴咩城,即今府治。改号大礼国。其后郑、赵、杨三氏互相篡夺,至石晋时,段思平更号大理国。元宪宗三年收附。六年,立上、下二万户。至元七年,并二万户为大理路。有点苍山,在大理城西,周广四百里,为云南形胜要害之地。城中有五花楼。唐大中十年,南诏王券丰佑所建。楼方五里,高百尺,上可容万人。世祖征大理时,驻兵楼前。至元三年,尝赐金重修焉。领司一、县一、府二、州五。府领一县,州领二县。

录事司。宪宗七年,立中千户,属大理万户。至元十一年,罢千户,立录事司。十二年,升理州。二十一年,州罢,复立录事司。

县一:

太和。倚郭。宪宗七年,于城内外,立上、中、下三千户。至元二十六年,即中千户立录事司,上、下二千户立县。

府二:

永昌府。唐时蒙氏据其地。历段氏、高氏,皆为永昌府。元宪宗七年,分永昌之永平立千户。至元十一年,立永昌州。十五年,升为府,隶大理路。领一县:

永平。下。县在府东,鹿沧江之东,即汉博平县。唐蒙氏改胜乡郡,属永昌。至元十一年,改永平县,隶永昌府。

腾冲府。在永昌之西,即越睒地。唐置羁縻郡。蒙氏九世孙异牟寻取越睒,逐诸蛮有戎地,为软化府。其后,白蛮徙居之,改腾冲府。元宪宗三年,府酋高救内附。至元十一年,改藤越州,又立藤越县。十四年,改腾冲府。二十五年,罢州、县,府如故。永昌、腾冲二府,军民屯田共二万二千一百五双。

州五:

邓川州。下。在本路北,夷有六诏,邆睒其一也。唐置邆川州,治大厘。蒙氏袭而夺之,后改德原城,隶大理。段氏因之。元宪宗三年,内附。七年,立德原千户,隶大理上万户。至元十一年,改德原城为邓川州。领一县:

浪穹。下。本名弥茨,乃浪穹诏所居之地。唐初,其王铎罗望与南诏战,不胜,保剑川,更称浪剑。贞元中,南诏破之,以浪穹、施浪、邓睒总三浪为浪穹州。元宪宗七年,内附,立浪穹千户,隶大理上万户。至元十一年,降为县,隶邓川州。

蒙化州。下。本蒙舍城。唐置阳瓜州,天宝间,凤伽异为州刺史。

段氏为开南县。元宪宗七年,以蒙舍立千户,属大理上万户。至元十一年,立蒙化府。十四年,升为路。二十年,降为州,复隶大理路。

赵州。下。昔为罗落蛮所居地。蒙氏立国,有十睑,赵州睑其一也。夷语睑若州。皮罗阁置赵郡,阁罗凤改为州。段氏改天水郡。宪宗七年,立赵睑千户,隶大理下万户。至元十一年,改为州。又于白崖睑立建宁县,隶本州,即古勃弄地。二十五年县革入州,隶大理路。

姚州。下。唐于梇栋川置姚州都督府。天宝间,阁罗凤叛,取姚州,附吐蕃。终段氏为姚州。元宪宗三年,内附。七年,立统矢千户、大姚堡千户。至元十二年,罢统矢,立姚州,隶大理路。领一县:

大姚。下。唐置西濮州,后更名髳州,南接姚州,统县四,一曰青蛉,即此地,夷名大姚堡,与梇栋川相接。元宪宗七年,立千户,隶大理下万户。至元十一年,罢千户,立大姚县,隶姚州。

云南州。下。唐以汉云南县置郡。蒙氏至段氏并为云南州。元宪宗七年,立千户,隶大理下万户。至元十一年,立云南州。

蒙怜路军民府。至元二十七年,从云南行省请,以蒙怜甸为蒙怜路军民总管府,蒙莱甸为蒙莱路军民总管府。其余阙。

蒙莱路军民府。阙。

金齿等处宣抚司。其地在大理西南,兰沧江界其东,与缅地接其西,土蛮凡八种:曰金齿,曰白夷,曰僰,曰峨昌,曰骠,曰繲,曰渠罗,曰比苏。按唐史,茫施蛮本关南种,在永昌之南,楼居,无城郭。或漆齿,或金齿,故俗呼金齿蛮。自汉开西南夷后,未尝与中国通。唐南诏蒙氏兴,异牟寻破群蛮,尽虏其人,以实其南东北,取其地。南至青石山缅界,悉属大理。及段氏时,白夷诸蛮渐复故地,是后,金齿诸蛮浸盛。元宪宗四年,平定大理,继征白夷等蛮。中统初,金齿、白夷诸酋各遣子弟朝贡。二年,立安抚司以统之。至元八年,分金齿、白夷为东西两路安抚使。十二年,改西路为建宁路,东路为镇康路。十五年,改安抚为宣抚,立六路总管府。二十三年,罢两路宣抚司,并入大理、金齿等处宣抚司。

柔远路，在大理之西，永昌之南。其地曰潞江，曰普坪睑，曰申睑僰寨，曰乌摩坪。僰蛮即《通典》所谓黑爨也。中统初，僰酋阿八思入朝。至元十三年，与茫施、镇康、镇西、平缅、麓川俱立为路。隶宣抚司。

茫施路，在柔远路之南，泸江之西。其地曰怒谋，曰大枯睑，曰小枯睑。即唐史所谓茫施蛮也。中统初内附。至元十三年，立为路。隶宣抚司。

镇康路。在柔远路之南，兰江之西。其地曰石睑，亦黑僰所居。中统初内附。至元十三年，立为路，隶宣抚司。

镇西路，在柔远路正西，东隔麓川。其地曰于赖睑，曰渠澜睑，白夷蛮居之。中统初内附。至元十三年，立为路，隶宣抚司。

平缅路。北近柔远路。其地曰骠睑，曰罗必四庄，曰小沙摩弄，曰骠睑头，白夷居之。中统初内附。至元十三年，立为路，隶宣抚司。

麓川路。在茫施路东。其地曰大布茫，曰睑头附赛，曰睑中弹吉，曰睑尾福禄培，皆白夷所居。中统初内附。至元十三年，立为路，隶宣抚司。

南睑。在镇西路西北。其地有阿赛睑、午真睑，白夷、峨昌所居。元初内附，至元十五年隶宣抚司。金齿六路一睑，岁赋金银各有差。

乌撒乌蒙宣慰司。在本部巴的甸。乌撒者，蛮名也。其部在中庆东北七百五十里，旧名巴凡兀姑，今曰巴的甸，自昔乌杂蛮居之。今所辖部六，曰：乌撒部、阿头部、易溪部、易娘部、乌蒙部、閟畔部。其东西又有芒布、阿晟二部。后乌蛮之裔拆怒始强大，尽得其地，因取远祖乌撒为部名。宪宗征大理，累招不降。至元十年始附。十三年，立乌撒路。十五年，为军民总管府。二十一年，改军民宣抚司。二十四年，升乌撒乌蛮宣慰司。

木连路军民府。以下阙。

蒙光路军民府。

木邦路军民府。

孟定路军民府。

谋粘路军民府。

南甸军民府。

六难路甸军民府。

陌麻和管民官。

云龙甸军民府。

缥甸军民府。

二十四寨达鲁花赤。

孟隆路军民府。

木朵路军民总管府。至元三十年,以金齿木朵甸户口增殖,立下路总管府,其为长者给两珠虎符。

金齿孟定各甸军民官。

孟爱等甸军民府。至元三十一年,金齿新附孟爱甸酋长遣其子来朝,即其地立军民总管府。

蒙兀路。

通西军民总管府。大德元年,蒙阳甸酋领缅吉纳款,遣其弟阿不剌等赴阙进方物,且请岁贡银千两及置郡县驿传,遂立通西军民府。

木来军民府。至元二十九年,云南省言:"新附金齿迤当忙兀秃儿迷失出征军马之冲,资其刍粮,拟立为木来路。"中书省奏置散府,以布伯为达鲁花赤,用其土人马列知府事。

元史卷六二
志第一四

地理五

江浙等处行中书省。为路三十、府一、州二,属州二十六,属县一百四十三。本省陆站一百八十处,水站八十二处。

江南浙西道肃政廉访司

杭州路。上。唐初为杭州,后改余杭郡,又仍为杭州。五代钱镠据两浙,号吴越国。宋高宗南渡,都之,为临安府。元至元十三年,平江南,立两浙都督府,又改为安抚司。十五年,改为杭州路总管府。二十一年,自扬州迁江淮行省来治于杭,改曰江浙行省。本路户三十六万八百五十,口一百八十三万四千七百一十。至元二十七年抄籍数。领司二、县八、州一。

左、右录事司。宋高宗建炎三年,迁都杭州,设九厢。元至元十四年,分为四隅录事司。泰定二年,并为左、右二录事司。

县八:

钱塘,上。仁和,上。与钱塘分治城下。余杭,中。临安,中。新城,中。富阳,中。于潜,中。昌化。中。

州一:

海宁州。中。唐以来为盐官县。元元贞元年,以户口繁多,升为盐官州。是年,升江南平阳等县为州,以户为差,户至四万五千者为下州,五万至十万者为中州。凡为中州者二十八,下州者十五。泰定四年,海圮盐官。天历二年,改海宁州。海宁东南皆滨巨海,自唐、宋常有水患,

大德、延祐间亦尝被其害。泰定四年春，其害尤甚，命都水少监张仲
仁往之，沿海三十余里下石囤四十四万三千三百有奇，木柜四百七
十余，工役万人。文宗即位，水势始平，乃罢役，故改曰海宁云。

湖州路。上。唐改吴兴郡，又改湖州。宋改安吉州。至元十三年，升
湖州路。户二十五万四千三百四十五。抄籍户口数阙，用至顺钱粮数。
领司一、县五、州一。

录事司。旧设东西南北四厢。至元十三年，立总督四厢。十四年，改录
事司。

县五：

乌程，上。归安，上。与乌程皆为倚郭。安吉，中。德清，中。武康。
中。

州一：

长兴州。中。唐为绥州，又更名雉州，又为长城县。朱梁改曰长
兴。宋因之。元元贞元年，升为州。

嘉兴路。上。唐为嘉兴县。石晋置秀州。宋为嘉禾郡，又升嘉兴府。
户四十二万六千六百五十六，口二百二十四万五千七百四十二。领
司一、县一、州二。

录事司。旧置厢官。元初改为兵马司。至元十四年，置录事司。

县一：

嘉兴。上。倚郭。

州二：

海盐州。中。唐为县。宋因之。元元贞元年，升州。崇德州。中。
石晋置。宋因之。元元贞元年，升州。

平江路。上。唐初为苏州，又改吴郡，又仍为苏州。宋为平江府。元
至元十三年，升平江路。户四十六万六千一百五十八，口二百四十
三万三千七百。领司一、县二、州四。

录事司。

县二：

吴县，上。长洲。上。与吴县并为倚郭。

州四：

昆山州。中。唐以来为县。元元贞元年，升州。

常熟州。中。唐以来为县。元元贞元年，升州。

吴江州。中。唐以来为县。元元贞元年升州。

嘉定州。中。本昆山县地。宋置县，元元贞元年，升州。

常州路，上。唐初为常州，又改晋陵郡，又复为常州，宋因之。元至元十四年，升为路。户二十万九千七百三十二，口一百二万一十一。领司、县二、州二。

　　录事司。

　　县二：

　　晋陵。中。倚郭。武进。中。倚郭。

　　州二：

　　宜兴州。中。唐义兴县。宋改义为宜。至元十五年，升宜兴府。二十年，仍为县。二十一年，复升为府，仍置宜兴县以隶之。元元贞元年，府、县俱废，止立宜兴州。

　　无锡州。中。唐无锡县。元元贞元年，升州。

镇江路。下。唐润州，又改丹阳郡，又为镇海军。宋为镇江府。元至元十三年，升为镇江路。户一十万三千三百一十五，口六十二万三千六百四十四。领司一、县三。

　　录事司。

　　县三：

　　丹徒，中。倚郭。丹阳，中。金坛。中。

建德路。上。唐睦州，又为严州，又改新定郡。宋为建德军，又为遂安军，后升建德府。元至元十三年，改建德府安抚司。十四年，改建德路。户一十万三千四百八十一，口五十万四千二百六十四。领司一、县六。

　　录事司。

　　县六：

　　建德，中。倚郭。淳安，中。遂安，下。桐庐，中。分水，中。寿昌。

中。

松江府。唐为苏州属邑。宋为秀州属邑。元至元十四年,升为华亭府。十五年,改松江府,仍置华亭县以隶之。户一十六万三千九百三十一。至顺钱粮数。领县二:

华亭,上。倚郭。上海。上。本华亭县地。至元二十七年,以户口繁多,置上海县,属松江府。

江阴州。上。唐初为暨州,后为江阴县,隶常州。宋为军。元至元十二年,依旧置军,行安抚司事。十四年,升为江阴路总管府。今降为江阴州。户五万三千八百二十一,口三十万一百七十七。

浙东道宣慰司都元帅府。元治婺州,大德六年移治庆元。

庆元路。上。唐为鄞州,又为明州,又为余姚郡。宋升庆元府。元至元十三年,改置宣慰司。十四年,改为庆元路总管府。户二十四万一千四百五十七,口五十一万一千一百一十三。领司一、县四、州二。

录事司。

县四:

鄞县,上。倚郭。象山,中。慈溪,中。定海。中。

州二:

奉化州。下。唐析鄮县地置奉化县,隶明州。元元贞元年,升为奉化州,隶庆元。

昌国州。下。宋置昌国县。元至元十四年,升为州,仍置昌国县以隶之。后止立昌国州,隶庆元。

衢州路。上。本太末地。唐析婺州之西境置衢州,又改信安郡,又改为衢州。元至元十三年,改衢州路总管府。户一十万八千五百六十七,口五十四万三千六百六十。领司一、县五。

录事司。

县五:

西安。中。倚郭。龙游,上。江山,下。常山,下。宋改信安,今复旧名。开化。中。

浙东海右道肃政廉访司。

婺州路。上。唐初为婺州。又改东阳郡。宋为保宁军。元至元十三年,改婺州路。户二十二万一千一百一十八,口一百七万七千五百四十。领司一、县六、州一。

　　录事司。

　　县六:

　　金华,上。倚郭。东阳,上。义乌,上。永康,中。武义,中。浦江。中。

　　州一:

　　兰溪州,下。本金华之西部三河戍。唐析置兰溪县。宋因之。元元贞元年,升州。

绍兴路。上。唐初为越州,又改会稽郡,又仍为越州。宋为绍兴府。元至元十三年,改绍兴路。户一十五万一千二百三十四,口五十二万一千五百八十八。领司一、县六、州二。

　　录事司。

　　县六:

　　山阴,上。会稽,中。与山阴俱倚郭。有会稽山为南镇。上虞,上。萧山,中。嵊县,上。新昌。中。

　　州二:

　　余姚州。下。唐余姚县。宋因之。元元贞元年,升州。

　　诸暨州。下。宋诸暨县。元元贞元年,升州。

温州路。上。唐初为东嘉州,又改永嘉郡,又为温州。宋升瑞安府。元至元十三年。置温州路。户一十八万七千四百三,口四十九万七千八百四十八。领司一、县二、州二。

　　录事司。

　　县二:

　　永嘉,上。倚郭。乐清。下。

　　州二:

　　瑞安州。下。唐瑞安县。宋因之。元元贞元年,升州。

平阳州。下。唐平阳县，宋因之。元元贞元年，升州。

台州路。上。唐初为海州，复改台州，又改临海郡，又为德化军，宋因之。元至元十三年，置安抚司。十四年，改台州路总管府。户一十九万六千四百一十五，口一百万三千八百三十三。领司一、县四、州一。

录事司。

县四：

临海，上。倚郭。仙居，上。宁海，上。天台。中。

州一：

黄岩州。下。唐为县，宋因之。元元贞元年，升州。

处州路。上。唐初为括州。又改缙云郡，又改处州，宋因之。元至元十三年，立处州路总管府。户一十三万二千七百五十四，口四十九万三千六百九十二。领司一、县七。

录事司。

县七：

丽水，中。倚郭。龙泉，中。松阳，中。遂昌，中。青田，中。缙云，中。庆元。中。

江东建康道肃政廉访司。

宁国路。上。唐为宣州，又为宣城郡，又升宁国军。宋升宁国府。元至元十四年，升宁国路总管府。户二十三万二千五百三十八，口一百一十六万二千六百九十。领司一、县六。

录事司。旧立四厢，元至元十四年，废四厢创立。

县六：

宣城，上。倚郭。南陵，中。泾县，宁国，中。旌德，中。太平。中。

徽州路。上。唐歙州，宋改徽州。元至元十四年，升徽州路。户一十五万七千四百七十一，口八十二万四千三百四。领司一、县五、州一。

录事司。旧设四厢，至元十四年改置。

县五：

歙县，上。倚郭。休宁，中。祈门，中。黟县，下。绩溪。中。

州一：

婺源州，下。本休宁县之回玉乡，唐析之置婺源县。元元贞元年，升州。

饶州路。上。唐改鄱阳郡，仍改饶州。宋因之。元至元十四年，升饶州路总管府。户六十八万二百三十五，口四百三万六千五百七十。领司一、县三、州三。

录事司。旧设三厢，至元十四年改立。

县三：

鄱阳，上。倚郭。德兴，上。安仁。中。

州三：

余干州。中。唐以来为县。元元贞元年，升州。

浮梁州。中。唐以来为县。元元贞元年，升州。

乐平州。中。唐以来为县。元元贞元年，升州。

江南诸道行御史台。

集庆路。上。唐武德初，置扬州东南道行台尚书省。后复为蒋州，罢行台，移扬州江都，改金陵曰白下，以其地隶润州。贞观中，更白下曰江宁。至德中，置江宁郡。乾元中，改升州。其后杨氏有其地，改为金陵府。南唐李氏又改为江宁府。宋平南唐，复为升州。仁宗以升王建国，升建康军。高宗改建康府，建行都，又为沿江制置司治所。元至元十二年，归附。十四年，升建康路。初立行御史台于扬州，既而徙杭州；又徙江州，又还杭州；二十三年，自杭州徙治建康。天历二年，以文宗潜邸，改建康路为集庆路。户二十一万四千五百三十八，口一百七万二千六百九十。领司一、县三、州二。

录事司。

县三：

上元，中。倚郭。江宁，中。倚郭。句容。中。

州二：

溧水州。中。唐以来皆为县。元元贞元年，升州。

溧阳州。中。唐以来并为县。元至元十六年,升为溧阳路。二十七年,复降为县,后复升为州。

太平路。下。唐置南豫州。宋为太平州。至元十四年,升为太路。户七万六千二百二,口四十四万六千三百七十一。领司一、县三。

录事司。旧设四厢,至元十四年改立。

县三:

当涂,中。倚郭。芜湖,中。繁昌。下。

池州路。下。唐于秋浦县置池州,后废,以县隶宣州,未几复置。宋仍为池州。元至元十四年,升为路。户六万八千五百四十七,口三十六万六千五百六十七。领司一、县六。

录事司。

县六:

贵池,下。倚郭。即秋浦县,吴改为贵池。青阳,下。建德,下。铜陵,下。石埭,中。东流。下。

信州路。上。唐乾元以前,为衢、饶、抚、建四州之地。乾元元年,始割衢之玉山、常山,饶之弋阳及抚、建二州之地置信州。宋因之。元至元十四年,升为路。户一十三万二千二百九十,口六十六万二千二百五十八。领司一、县五。

录事司。

县五:

上饶,上。倚郭。玉山,中。弋阳,中。贵溪,中。永丰。中。

广德路。下。唐初,以绥安县置桃州,后废州,改绥安为广德县。宋为广德军。元至元十四年,升为路。户五万六千五百一十三,口三十三万九千七百八十。领司一、县二。

录事司。

县二:

广德,中。倚郭。建平。中。

铅山州。中。本建、抚二州之地,山产铜铅。后唐析上饶、弋阳五乡为铜场,继升为县,属信州。宋因之。元至元二十九年,割上饶之乾元、永乐二乡,弋阳之新政、善政二乡来属,升为铅山州,直隶行省。户二万六千三十五。至顺钱粮数。

福建道宣慰使司都元帅府。大德元年立。

福建闽海道肃政廉访司。

福州路。上。唐为闽州,后改福州,又为长乐郡,又为威武军。宋为福建路。元至元十五年,为福州路。十八年,迁泉州行省于本州。十九年,复还泉州。二十年,仍迁本州。二十二年,并入杭州。户七十九万九千六百九十四,口三百八十七万五千一百二十七。领司一、县九、州二。州领二县。

录事司。至元十五年,行中书省于在城十二厢分四隅,置录事司。十六年,并其二,置东西二司。二十年,复并为一。

县九:

闽县,中。倚郭。候官,中。倚郭。怀安,中。古田,上。闽清,中。长乐,中。连江,中。罗源,中。永福。中。

州二:

福清州。下。唐析长乐八乡置万安县,又改福唐,又改福清。元元贞元年,升为州。

福宁州。上。唐长溪县,元升为福宁州。领二县:

宁德,中。福安。中。

建宁路。下。唐初为建州,又改建安郡。宋升建宁军。元至元二十六年,升为路。户一十二万七千二百五十四,口五十万六千九百二十六。领司一、县七。

录事司。

县七:

建安,中。瓯宁,中。与建安俱倚郭。浦城,中。建阳,中。崇安,中。松溪,下。政和。下。

泉州路。上。唐置武荣州。又改泉州。宋为平海军。元至元十四年,立行宣慰司,兼行征南元帅府事。十五年,改宣慰司为行中书省,升泉州路总管府。十八年,迁行省于福州路。十九年,复还泉州。二十年,仍迁福州路。户八万九千六十,口四十五万五千五百四十五。领司一、县七。

录事司。至元十五年,立南北二司。十六年,并为一。

县七:

晋江,中。倚郭。南安,中。惠安,下。同安,下。永春,下。安溪,下。德化。下。

兴化路。下。宋置太平军,又改兴化军,先治兴化,后迁莆田。元至元十四年,升兴化路。户六万七千七百三十九,口三十五万二千五百三十四。领司一、县三。

录事司。

县三:

莆田,中。宋置兴化军,迁治莆田。元至元十三年,割左右二厢属录事司,县如故。仙游,下。兴化。下。军治元在此,后移于莆田,此县为属邑。

邵武路。下。唐邵武县,属建州。宋置邵武军。元至元十三年,为邵武路。户六万四千一百二十七,口二十四万八千七百六十一。领司一、县四。

录事司。

县四:

邵武,中。倚郭,光泽,中。泰宁,中。建宁。中。

延平路。下。五代为延平镇,王延政始以镇为镡州。南唐置剑州。宋以利州路亦有剑州,乃称此为南剑州。元至元十五年,升南剑路,后改延平路。户八万九千八百二十五,口四十三万五千八百六十九。领司一、县五。

录事司。

县五:

南平,中。倚郭。尤溪,中。沙县,中。顺昌,中。将乐。中。

汀州路。下。唐开福、抚二州山洞置州,治新罗,后改临汀郡,又仍为汀州。宋隶福建路。元至元十五年,升为汀州路。户四万一千四百二十三,口二十三万八千一百二十七。领司一、县六。本路屯田二百二十五顷。

录事司。

县六：

长汀，中。倚郭。宁化，中。清流，下。莲城，下。上杭，下。武平。
下。

漳州路，下。唐析闽州西南境置，后改漳浦郡，又复为漳州。宋因之。
元至元十六年，升漳州路。户二万一千六百九十五，口一十万一千
三百六。领司一、县五。本路屯田二百五十顷。

录事司。

县五：

龙溪，下。倚郭。漳浦，下。龙岩，下。长泰，下。南靖。下。本南
胜，改今名。

江西等处行中书省。为路一十八、州九，属州十三，属县七十
八。本省马站八十五处，水站六十九处。

江西湖东道肃政廉访司。

龙兴路。上。唐初为洪州，又为豫章郡，又仍为洪州。宋升隆兴府。
元至元十二年，设行都元帅府及安抚司，仍领南昌、新建、丰城、进
贤、奉新、靖安、分宁、武宁八县，置录事司。十四年，改元帅府为江
西道宣慰司、本路为总管府，立行中书省。十五年，立江西湖东道提
刑按察司，移省于赣州。十六年，复还龙兴。十七年，并入福建行省，
止立宣慰司。十九年复立，罢宣慰司，隶皇太子位。二十一年，改隆
兴府为龙兴。二十三年，丰城县升富州，武宁县置宁州，领武宁、分
宁二县。大德五年，以分宁县置宁州，武宁县隶龙兴路。户三十七
万一千四百三十六，口一百四十八万五千七百四十四。至元二十七
年抄籍数。领司一、县六、州二。

录事司。宋以南昌、新建二县分置九厢。元至元十三年，废城内六厢，置
录事司。

县六：

南昌,上。倚郭。至元二年,割录事司所领城外二厢、东南两关来属。新建,上。倚郭。进贤,中。奉新,中。靖安,中。武宁。中。至元二十三年,置宁州,县为倚郭。大德八年,于分宁县置宁州,武宁直隶本路。

州二:

富州。上。本富城县,又曰丰城。唐自丰水之西徙治章水东,即今治所。宋属隆兴府。元至元十九年,隶皇太子位。二十三年,升为富州。宁州。中。唐分宁县。宋因之。元至元二十三年,于武宁县置宁州,分宁为倚郭县。大德八年,割武宁直隶本路,遂徙州治于分宁。

吉安路。上。唐为吉州,又为庐陵郡。宋升为上州。元至元十四年,升吉州路总管府,置录事司。领一司、八县。元贞元年,吉水、安福、太和、永新四县升州,改吉州为吉安路。户四十四万四千八十三,口二百二十二万四百一十五。领司一、县五、州四。大德二年,吉、赣立屯田。

录事司。

县五:

庐陵,上。倚郭。永丰,上。万安,中。龙泉,中。永宁。下。至顺间,分永新州立。

州四:

吉水州,中。旧为县。元元贞元年,升州。

安福州。中。唐初以县置颍州,后废,复为县。元元贞元年,升州。太和州。下。唐初置南平州,后废为县。元元贞元年,升州。

永新州。下。唐为县。元元贞元年,升州。

瑞州路。上。唐改建成县曰高安,即其地置靖州,又改筠州。宋为高安郡,又改瑞州。元至元十四年,升瑞州路,领一司、三县。元贞元年,升新昌县为州。户一十四万四千五百七十二,口七十二万二千三百二。领司一、县二、州一。

录事司。至元十四年始立。

县二:

高安，上。倚郭。上高。中。

州一：

新昌州。下。唐为建成县，属靖州，后省入高安。宋割高安、上高二县地，升盐步镇为新昌县。元元贞元年，升州。

袁州路。上。唐为袁州，又为宜春郡。元至元十三年，安抚司。十四年，改总管府，领四县，设录事司，隶湖南行省。十九年，升路，隶江西行省。元贞元年，萍乡县升州。户一十九万八千五百六十三，口九十九万二千八百一十五。领司一、县三、州一。

录事司。至元十三年，设兵马司。十四年，改录事司。

县三：

宜春，上。倚郭。分宜，上。万载。中。

州一：

萍乡州。中。本为县。元贞元年，升州。

临江路。上。唐改建成为高安，而萧滩镇实高安境内。南唐升镇为清江县，属洪州，后又属筠州。宋即清江县置临江军，隶江南西道。元至元十三年，隶江西行都元帅府，十四年，改临江路总管府。元贞元年，新淦、新喻二县升州。户一十五万八千三百四十八，口七十九万一千七百四十。领司一、县一、州二。

录事司。宋隶都监司。元至元十三年，设兵马司。十五年，改录事司。

县一：

清江。上。宋即县治置临江军。元至元十四年，升军为路，而县为倚郭。

州二：

新淦州。中。唐以来为县。元元贞元年，升州。

新喻州。中。唐以来为县。元元贞元年，升州。

抚州路。上。唐初为抚州，又为临川郡，又仍为抚州。元至元十二年，复为抚州。十四年，升抚州路总管府。户二十一万八千四百五十五，口一百九万二千二百七十五。领司一、县五。

录事司。至元十四年，废宋三厢立。

县五：

临川，上。崇仁，上。金溪，上。宜黄，中。乐安。中。

江州路。下。唐初为江州，又改寻阳郡，又仍为江州。宋为定海军。元至元十二年，置江东西宣抚司。十三年，改为江西大都督府，隶扬州行省。十四年，罢都督府，升江州路，隶龙兴行都元帅府。后置行中书省，江州直隶焉。十六年，隶黄、蕲等路宣慰司。二十二年，复隶行省。户八万三千九百七十七，口五十万三千八百五十二。领司一、县五。

录事司。宋隶都监司。元至元十二年，设兵马司。十四年，置录事司。

县五：

德化，中。唐浔阳县。瑞昌，中。彭泽，中。湖口，中。德安。中。

南康路。下。唐属江州。宋置南唐军，治星子县。元至元十四年，升南康路，隶江淮行省。二十二年，割属江西，领一司、三县。户九万五千六百七十八，口四十七万八千三百九十。领司一、县二、州一。

录事司。

县二：

星子，下。南康治所。都昌。上。

州一：

建昌州。下。唐初置南昌州，后废，属洪州。宋属南康军。元元贞元年，升州。

赣州路。上。唐初为虔州，又为南康郡，又仍为虔州。宋改赣州。元至元十四年，升赣州路总管府。十五年，设录事司，领一司、十县，隶江西省。二十四年，并龙南入信丰，安远入会昌。大德元年，宁都、会昌二县升州，割瑞金隶会昌。至大三年，复置龙南、安远二县，属宁都。户七万一千二百八十七，口二十八万五千一百四十八。领司一、县五、州二。州领三县。本路屯田五百二十余顷。

录事司。

县五：

赣县，上。州治所。兴国，中。信丰，下。雩都，下。石城。下。

州二：

宁都州。下。唐为县。元大德元年,升宁都州。领二县:

龙南,下。至元二十四年,并入信丰县。至大三年复置。安远。下。至元二十四年,省入会昌县。至大三年复置。

会昌州。下。本雩都地。唐属虔州。宋升县之九州镇为会昌县,复升为军。元大德元年,升会昌州。领一县:

瑞金。下。旧属虔州。大德元年来属。

建昌路。下。本南城县,属抚州。南唐升建武军。宋升建昌军。元至元十四年,改建昌路总管府,割南城置录事司。十九年,南丰县升州,直隶行省。户九万二千二百二十三,口五十五万三千三百三十八。领司一、县三。

录事司。至元十四年立。

县三:

南城,上。新城,中。广昌。中。

南安路。下。唐升大庚镇为县,属虔州。宋以县置南安军。元至元十四年,改南安路总管府。十五年,割大庚县在城四坊,设录事司。十六年,废录事司。户五万六百一十一,口三十万三千六百六十六。领县三:

大庚,中。倚郭。南康,中。上犹。下。南唐为上犹。宋改南安。至元十六年,改永清。后复为上犹。

南丰州。下。唐为南丰县,隶抚州。宋改隶建昌军。元至元十九年,升为州,直隶行省。户二万五千七十八,口一十二万八千九百。

广东道宣慰使司都元帅府。

海北广东道肃政廉访司。

广州路。上。唐以广州为岭南五府节度五管经略使治所,又改南海郡,又仍为广州。宋升为帅府。元至元十三年内附,后又叛。十五年克之。立广东道宣慰司,立总管府并录事司。元领八县,而怀集一县割属贺州。户一十七万二百一十六,口一百二万一千二百九十六。领司一、县七。

录事司。至元十六年立,以州之东城、西城、子城并番禺、南海二县在城民户隶之。

县七：

南海，中。番禺，下。与南海俱倚郭。东莞，中。增城，中。香山，下。新会，下。清远。

韶州路。下。唐初为番州，又更名东衡州，又改韶州，又为始兴郡，又仍为韶州。元至元十三年内附。未几广人叛，十五年始定，立总管府，设录事司。户一万九千五百八十四，口十七万六千二百五十六。领司一、县四。

录事司。

县四：

曲江，中。元初分县城西厢地及城外三厢，属录事司。乐昌，下。仁化，下。乳源。下。

惠州路。下。唐循州。宋改惠州，又改博罗郡，又复为惠州。元至元十六年，改惠州路总管府。户一万九千八百三，口九万九千一十五。领县四：

归善，下。倚郭。博罗，下。海丰，下。河源。下。

南雄路。下。本始兴县。唐初属韶州。五代刘氏割韶之浈昌、始兴二县置雄州。宋以河北有雄州，改为南雄州。元至元十五年，改南雄路总管府。户一万七百九十二，口五万三千九百六十。领县二：

保昌，下。本浈昌。宋改今名。始兴。下。

潮州路。下。唐初为潮州，又改潮阳郡，又复为潮州。元至元十五年归附。十六年，改为总管府，以孟招讨镇守。未几移镇漳州，土豪各据其地。二十一年，广东道宣慰使月的迷失以兵来招谕。二十三年，复为江西等处行枢密院副使兼广东道宣慰使以镇之。始定。户六万三千六百五十，口四十四万五千五百五十。领司一、县三。

录事司。至元二十二年始立。

县三：

海阳，下。倚郭。潮阳，下。揭阳。下。

德庆路。下。唐初为南康州，又名康州，又改晋康郡。宋升德庆府。

元至元十三年,徇广东,既取广州,而德庆未下。十四年,广西宣慰司以兵取之,改隶广西道。十七年,立德庆路总管府。后仍属广东道。户一万三千七百五,口三万二千九百九十七。领县二:

　　端溪,下。泷水,下。

肇庆路。下。唐初为端州,又改高要郡,又仍为端州。宋升肇庆府。元至元十三年,徇广东,惟肇庆未附。十六年,广南西道宣慰司定之,因隶广西。十七年,改为下路总管府,仍属广东。户三万三千三百三十八,口五万五千四百二十九。领县二:

　　高要,中。倚郭。四会。中。

英德州。下。唐涯州。五代南汉为英州。宋升英德府。元至元十三年,归附。十五年,立英德路总管府。二十三年,降为散州。大德五年,复为路。本州素为寇盗渊薮。大德四年,达鲁花赤脱欢察儿此岁招降群盗至二千余户,遂升英德为路,命脱欢察儿为达鲁花赤兼万户以镇之。至大元年,复降为州。领县一:

　　翁源。大德五年置。

梅州。下。唐为程乡县,属潮州。五代南汉置敬州。宋改梅州。元至元十三年,归附。十六年,置总管府。二十三年,改为散州。户二千四百七十八,口一万四千八百六十五。领县一:

　　程乡。

南恩州。下。唐恩州,又为齐安郡。宋改南恩州。元至元十三年置南恩路总管府,十九年降为散州。户一万九千三百七十三,口九万六千八百六十五。领县二:

　　阳江,下。阳春。下。

封州。下。唐改为临封郡,后复为封州。元至元十三年归附。明年,广人叛,广西宣慰司以兵定之,遂隶西道。十六年,立封州路总管府,后又降为散州,仍属东道。户二千七十七,口一万七百四十二。领县二:

　　封川,下。开建。下。

新州。下。唐改为新昌郡,后复为新州。元至元十六年,置新州路总管府。十九年，降为散州。户一万一千三百一十六，口六万七千八百九十六。领县一：

新兴。下。

桂阳州。下。本桂阳县。唐、宋因之。元至元十三年内附。十九年，升桂阳县为散州，割连州阳山县来属，为蒙古斛忽都虎郡王分地。元隶湖南省宣慰司，后隶广东道。户六千三百五十六，口二万五千六百五十五，领县一：

阳山。下。唐属连州，宋因之。至元十九年割以来属。

连州。下。唐改连山郡，复改连州。元至元十三年，置安抚司，直隶行中书省。十七年，废安抚司，升为连州路总管府，隶湖南道宣慰司。十九年，降为散州，隶广东道。户四千一百五十四，口七千一百四十一。领县一：

连山。下。

循州。下。唐改为海丰郡，仍改循州。宋为博罗郡。元至元十三年，立总管府。二十三年，降为散州。户一千六百五十八，口八千二百九十。领县三：

龙川，下。兴宁，下。长乐。下。

元史卷六三
志第一五

地理六

　　湖广等处行中书省。为路三十、州十三、府三、安抚司十五、军三,属府三,属州十七,属县一百五十,管番民总管府一。本省陆站一百处,水站七十三处。

江南湖北道肃政廉访司。

武昌路上。唐初为鄂州,又改江夏郡,又升武昌军。宋为荆湖北路。元宪宗末年,世祖南伐,自黄州阳罗洑,横桥梁,贯铁锁,至鄂州之白鹿矶,大兵毕渡,进薄城下,围之数月。既而解去,归即大位。至元十一年,丞相伯颜从阳罗洑南渡,权州事张晏然以城降,自是湖北州郡悉下。是年,立荆湖等路行中书省,并本道安抚司。十三年,设录事司。十四年立湖北宣慰司,改安抚司为鄂州路总管府,并鄂州行省入潭州行省。十八年,迁潭州行省于鄂州,移宣慰司于潭州。十九年,随省处例罢宣慰司,本路隶行省。大德五年,以鄂州首来归附,又世祖亲征之地,改武昌路。户一十一万四千六百三十二,口六十一万七千一百一十八。至元二十七年抄籍数。领司一、县七。

　　录事司。

　　县七:

　　江夏,中。倚郭。咸宁,下。嘉鱼,下。蒲圻,中。崇阳,中。通城,中。武昌。下。宋升寿昌军,以其为江西冲要地也。元因之。至元十四年升散府,治本县。后革府,以县属本路。户一万五千八百五,口六万四千五百九十八。

岳州路。上。唐巴州，又改岳州。宋为岳阳军。元至元十二年归附。十三年，立岳州路总管府。户一十三万七千五百八，口七十八万七千七百四十三。领司一、县三、州一。

　　录事司。

　　县三：

　　巴陵，上。倚郭。临湘，中。华容。中。

　　州一：

　　平江州，下。唐平江县。宋因之。元元贞元年，升州。

常德路。上。唐朗州。宋常德府。元至元十二年，置常德府安抚司。十四年，改为总管府。户二十万六千四百二十五，口一百二万六千四十二。领司一、县一、州二，州领一县。

　　录事司。

　　县一：

　　武陵。上。

　　州二：

　　桃源州。中。宋置县。元元贞元年，升州。

　　龙阳州。下。宋辰阳县。元元贞元年，升州，领一县：

　　沅江。下。本属朗州。后来属。

澧州路。上。唐改澧阳郡，复改澧州。元至元十二年立安抚司。十四年，改澧州路总管府。户二十万九千九百八十九，口一百一十一万一千五百四十三。领司一、县三、州二。

　　录事司。

　　县三：

　　澧阳，上。倚郭。石门，上。安乡。下。

　　州二：

　　慈利州。中。唐、宋皆为县，元元贞元年，升州。

　　柿溪州。下。

辰州路。下。唐改唐溪郡，复改辰州。宋因之。元改辰州路。户八万三千二百二十三，口一十一万五千九百四十五。领县四：

　　沅陵，中。辰溪，下。卢溪，下。叙浦。下。

沅州路。下。唐巫州，又改沅州，又为潭阳郡，又改叙州。宋为镇远
州。元至元十二年，立沅州安抚司。十四年，改沅州路总管府。户
四万八千六百三十二，口七万九千五百四十五。领县三：

　　卢阳，下。黔阳，下。麻阳。下。

兴国路。下。本隋永兴县。宋置永兴军，又改兴国军。元至元十四
年，升兴国路总管府，旧隶江西，三十年，自江西割隶湖广。户五万
九百五十二，口四十万七千六百一十六。领司一、县三。

　　录事司。至元十七年立。

　　县三：

　　永兴，下。倚郭。大冶，下。通山。下。

汉阳府。唐初为沔州，又改汉阳郡。宋为汉阳军。咸淳十年，郡守
孟琦以城来归。元至元十四年，升汉阳府。户一万四千四百八十六，
口四万八百六十六。领县二：

　　汉阳，至元二十二年，升中县。汉川。下。

归州。下。唐初为归州，又改巴东郡，又复为归州。宋端平三年，元
兵至江北，遂迁郡治于江南曲沱，次新滩，又次白沙南浦，今州治是
也。德祐初，归附。元至元十二年，立安抚司。十四年，改归州路总
管府。十六年，降为州。户七千四百九十二，口一万九百六十四。领
县三：

　　秭归，下。倚郭。巴东，下。兴山。

靖州路。下。唐为夷、播、叙三州之境。宋为诚州，复改靖州。元至
元十二年，立安抚司。明年，改靖州路总管府。户二万六千五百九
十四，口六万五千九百五十五。领县三：

　　永平，下。会同，下。通道。下。

湖南道宣慰司。

岭北湖南道肃政廉访司。

天临路。上。唐为潭州长沙郡。宋为湖南安抚司。元至元十三年，

立安抚司。十四年,立行省,改潭州路总管府。十八年,迁行省于鄂州,徙湖南道宣慰司治潭州。天历二年,以潜邸所幸,改天临路。户六十万三千五百一,口一百八十万一千一十。领司一、县五、州七。

　　录事司。宋有兵马司,都监领之。元至元十四年,改置。

　　县五:

　　长沙,上。倚郭。善化,倚郭。衡山,上。南岳衡山在焉。宁乡,上。安化。下。

　　州七:

　　醴陵州,中。唐、宋皆为县。元元贞元年,升州。

　　浏阳州。中。唐、宋皆为县。元元贞元年,升州。

　　攸州,中。唐为县,属南云州。宋属潭州。元元贞元年,升州。

　　湘乡州。下。唐、宋皆为县。元元贞元年,升州。

　　湘潭州,中。唐、宋皆为县。元元贞元年,升州。

　　益阳州。中。唐新康县。宋安化县。元元贞元年,升为益阳州。

　　湘阴州。下。唐、宋皆为县。元元贞元年,升州。

衡州路。上。唐初为衡州,又改衡阳郡,又仍为衡州。宋因之。元至元十三年,置安抚司。十四年,改衡州路总管府。十五年,置湖南宣慰司,以衡州为治所。十八年,移司于潭,衡州隶焉。户一十一万三千三百七十三,口二十万七千五百二十三。领司一、县三。本路屯田一百二十顷。

　　录事司。宋立兵马司,分在城民户为五厢。元至元十三年改立。

　　县三:

　　衡阳,上。倚郭。安仁,下。酃县。

道州路。下。唐为南营州,复改诞州,复为江华郡。宋仍为道州。元至元十三年,置安抚司。十四年,改道州路总管府。户七万八千一十八,口一十万九百八十九。领司一、县四。

　　录事司。

　　县四:

　　营道,中。倚郭。宁元,中。江华,中。永明。下。

永州路。下。唐改零陵郡为永州，宋因之。元至元十三年，置安抚司。十四年，改永州路总管府。户五万五千六百六十六，口一十万五千八百六十四。领司一、县三。本路屯田一百三顷。

　　录事司。

　　县三：

　　零陵，上。倚郭。东安，上。祁阳。中。

郴州路，下。唐改桂阳郡为郴州，宋因之。元至元十三年，置安抚司。十四年，改郴州路总管府。户六万一千二百五十九，口九万五千一百一十九。领司一、县六。录事司，旧有兵马司，至元十四年，改立。

　　县六：

　　郴阳，中。倚郭。旧为敦化县，至元十三年，改今名。宜章，中。永兴，中。兴宁，下。桂阳，下。桂东。下。

全州路，下。石晋于清湘县置全州。宋因之。元至元十三年，置安抚司。十四年，改全州路总管府。户四万一千六百四十五，口二十四万五百一十九。领司一、县二。

　　录事司。旧有兵马司，至元十五年，改立。

　　县二：

　　清湘，上。倚郭。灌阳。下。

宝庆路。下。唐邵州，又为邵阳郡。宋仍为邵州，又升宝庆府。元至元十二年，立安抚司。十四年，改宝庆路总管府。户七万二千三百九，口一十二万六千一百五。领司一、县二。

　　录事司。

　　县二：

　　邵阳，上。倚郭。新化。中。

武冈路，下。唐武冈县。宋升为军。元至元十三年。置安抚司。十四年，升武冈路总管府。户七万七千二百七，口三十五万六千八百六十三。领司一、县三。本路屯田八十六顷。

　　录事司。旧有兵马司，领四厢。至元十五年，改立。

　　县三：

　　武冈,上。倚郭。新宁,下。绥宁。下。

桂阳路。下。唐郴州。宋升桂阳军。元至元十三年,置安抚司。十
四年,升桂阳路总管府。户六万五千五十七,口一十万二千二百四。

　　录事司。

　　县三:

　　平阳。上。临武,中。蓝山。下。

茶陵州。下。唐为县,隶南云州。宋隶衡州,升为军,复为县。元至
元十九年,升为州。户三万六千六百四十二,口一十七万七千二百
二。

耒阳州。下。唐、宋皆为县,隶湘东郡。元至元十九年,升为州。户
二万五千三百一十一,口一十一万一十。

常宁州。下。唐为县,隶衡州。宋因之。元至元十九年,升为州。户
一万八千四百三十一,口六万九千四百二。

广西两江道宣慰使司都元帅府。大德二年,广西两江道宣慰司都元帅府
言:"比者黄圣许叛乱,逃窜交趾,遗弃水田五百四十五顷。请募溪洞徭、獞民
丁,于上浪、忠州诸处开屯耕种,缓急则令击贼,深为便益。"从之。

岭南广西道肃政廉访司。

静江路。上。唐初为桂州,又改始安郡,又改建陵郡,又置桂管,又升
静江军。宋仍为静江军。元至元十三年,立广西道宣抚司。十四年,
改宣慰司。十五年,为静江路总管府。元贞元年,并左右两江宣慰
司都元帅府为广西两江道宣慰司都元帅府,仍分邕州。户二十一
万八百五十二,口一百三十五万二千六百七十八。领司一、县十。

　　录事司。

　　县十:

　　临桂,上。倚郭。兴安,下。灵川,下。理定,下。义宁,下。修仁,
下。荔浦,下。阳朔,下。永福,下。古县。下。

南宁路。下。唐初为南晋州,又改邕州,又为永宁郡。元至元十三年,
立安抚司。十六年,改为邕州路总管府,兼左右两江溪洞镇抚。泰
定元年,改为南宁路。户一万五百四十二,口二万四千五百二十。领

司一、县二。

　　录事司。

　　县二：宣化，下。武缘。下。

梧州路。下。唐改苍梧郡，又仍为梧州。宋因之。元至元十四年，置安抚司。十六年，改梧州路总管府。户五千二百，口一万九百一十。领县一：

　　苍梧。下。

浔州路。下。唐改浔江郡，又仍为浔州。元至元十三年，置安抚司。十六年，改为总管府。户九千二百四十八，口三万八十九。领县二：

　　桂平。下。平南。下。

柳州路。下。唐改龙城郡，又改柳州。元至元十三年。置安抚司。十六年，改柳州路总管府。户一万九千一百四十三，口三万六百九十四。领县三：

　　柳城，下。倚郭。马平，下。洛容。下。

庆远南丹溪洞等处军民安抚司，唐为龙水郡，又改粤州。宋为庆远府。元至元十三年，置安抚司。十六年，改庆远路总管府。大德元年，中书省臣言："南丹州安抚司及庆远路相去为近，所隶户少，请省之。"遂立庆远南丹溪洞等处军民安抚司。户二万六千五百三十七，口五万二百五十三。领县五：

　　宜山，下。忻城，下。天河，下。思恩，下。河池。下。

平乐府。唐以平乐县置乐州。复改昭州，又为平乐郡，又仍为昭州。宋因之。元改为平乐府。户七千六十七，口三万三千八百二十。领县四：

　　平乐，下。倚郭。恭城，下。立山，下。龙平。下。

郁林州，下。唐为南尹州，又改贵州，又为郁林州。宋因之。元至元十四年，仍行州事。户九千五十三，口五万一千五百二十八。领县三：

　　南流，下。兴业，下。博白。下。

容州，下。唐改铜州为容州，又改普宁郡，又置管内经略略使。宋为

宁远军。至元十三年,改安抚司。十六年,改容州路总管府。户二千九百九十九,口七千八百五十四。领县三:

普宁,下。北流,下。陆川。下。

象州。下,唐改为象郡,又改象州。元至元十三年,立安抚司。十五年,改象州路总管府。户一万九千五百五十八,口九万二千一百二十六。领县三:

阳寿,下。来宾,下。武仙。下。

宾州。下。唐以岭方县地,置南方州。又为宾州,又改安城郡,又改岭方郡,又仍为宾州。元至元十三年,置安抚司。十六年,改下路总管府。户六千二百四十八,口三万八千八百七十九。领县三:

岭方,下。倚郭。上林,下。迁江。下。

横州,下。唐初为简州,又改南简州,又改横州,又为宁浦郡。元至元十四年,立安抚司。十六年,改总管府。户四千九十八,口三万一千四百七十六。领县二:

宁浦,下。倚郭。永淳。下。

融州。下。唐初为融州,又改融水郡,后仍为融州。宋为清远军。元至元十四年,置安抚司。十六年,改融州路总管府。二十二年,改散州。户二万一千三百九十三,口三万九千三百三十四。领县二:

融水,下。怀远。下。

藤州。下。唐改感义郡,后仍为藤州。宋徙州治于大江西岸。元至元十三年,仍行州事。户四千二百九十五,口一万一千二百一十八。领县二:

镡津,下。岑溪。下。

贺州。下。唐改临贺郡,后仍为贺州。宋因之。元至元十三年,仍行州事。户八千六百七十六,口三万九千二百三十五。领县四:

临贺,下。倚郭。富川,下。桂岭,下。怀集。下。宋属广州,至元十五年,以隶本州。

贵州。下。唐改怀泽郡,后仍为贵州。元至元十四年,领郁林县。大德九年,省县,止行州事。户八千八百九十一,口二万八百一十一。

贵州地接八番，与播州相去二百余里，乃湖广、四川、云南喉衿之地。大德六年，云南行省右丞刘深征八百息妇，至贵州科夫，致宋隆济等纠合诸蛮为乱，水东、水西、罗鬼诸蛮皆叛。刘深伏诛。

左江。左江出源州界，至合江镇与右江水合为一，流入横州，号郁江。

思明路。户四千二百二十九，口一万八千五百一十。

太平路。户五千三百一十九，口二万二千一百八十六。

右江。右江源出峨利州，与大理大槃水通，大槃在大理之威楚州。

田州路军民总管府。户二千九百九十一，口一万八千九百一。

来安路军民总管府。

镇安路。以上并阙。

海北海道宣慰司。

海北海南道肃政廉访司。至元三十年立。

雷州路。下。唐初为南合州，又更名东合州，又为海康郡，又改雷州。元至元十五年，平章政事阿里海牙南征海外四州，雷州归附，初置安抚司。十七年，即此州为海北海南道宣慰司治所，改安抚司为总管府，隶宣慰司。户八万九千五百三十五，口一十二万五千三百一十。本路屯田一百六十五顷有奇。领县三：

　　海康，中。徐闻，下。遂溪。下。

化州路。下。唐置罗州、辩州。宋废罗州入辩州。复改辩州曰化州。元至元十五年，立安抚司。十七年，改总管府。户一万九千七百四十九，口五万二千三百一十七。本路屯田五十五顷有奇。领县三：

　　石龙，下。吴川，下。石城。下。

高州路。下。唐为高凉郡，又为高州。宋废高州入窦州，后复置。元至元十五年，置安抚司。十七年，改总管府。户一万四千六百七十五，口四万三千四百九十三。本路屯田四十五顷。领县三：

　　电白，下。茂名，下。信宜。下。

钦州路。下。唐为宁越郡，又为钦州。宋因之。元至元十五年，置安抚司。十七年，改总管府。户一万三千五百五十九，口六万一千三百九十三。领县二：

安远，下。灵山。下。

廉州路。下。唐为合浦郡，又改廉州。元至元十七年，设总管府。户五千九百九十八，口一万一千六百八十六。本路屯田四顷有奇。领县二：

合浦，下。倚郭。石康。下。

乾宁军民安抚司。唐以崖州之琼山置琼州，又为琼山郡。宋为琼管安抚都监。元至元十五年，隶海北海南道宣慰司。天历二年，以潜邸所幸，改乾宁军民安抚司。户七万五千八百三十七，口一十二万八千一百八十四。本路屯田二百九十八余顷。领县七：

琼山，下。倚郭。澄迈，下。临高，下。文昌，下。乐会，下。会同，下。安定，下。

南宁军。唐儋州，改昌化郡。宋改昌化军，又改南宁军。元至元十五年，隶海北海南道宣慰司。户九千六百二十七，口二万三千六百五十二。领县三：

宜伦，下。昌化，下。感恩。下。

万安军，唐万安州。宋更为军。元至元十五年，隶海北海南道宣慰司。户五千三百四十一，口八千六百八十六。领县二：

万安，下。倚郭。陵水。下。

吉阳军。唐振州。宋改崖州，又为珠崖郡，又改吉阳军。元至元收附后，隶海北海南道宣慰司。户一千四百三十九，口五千七百三十五。领县一：

宁远。下。

八番顺元蛮夷官。至元十六年，潭州行省遣两淮招讨司经历刘继昌招降西南诸番，以龙方零为小龙番静蛮军安抚使，龙文求卧龙番南宁州安抚使，龙延三大龙番应天府安抚使，程延随程番武盛军安抚使，洪延畅洪番永盛军安抚使，韦昌盛方番河中府安抚使，石延异石番太平军安抚使，卢延陵卢番静海军安抚使，罗阿资罗甸国遏蛮军安抚使，并怀远大将军、虎符，仍以兵三千戍之。是年，宣慰使塔海以西南八番、罗氏等国已归附者，具以来上，洞寨凡千六百二十有六，户凡十万一千一百六十八，西南五番千一百八十六寨，户八万九千四百,西南番三百一十五寨,大龙番三百六十寨。二十八年,从杨胜请,割八番洞蛮自四川行省隶湖广行省。三十年,四川行省官言:"思、播州元隶四川,近改入湖广,今土人愿仍其旧。"有旨遣问,还云,田氏、杨氏言,昨赴阙廷,取道湖广甚便,况百姓相邻,驿传已立,愿隶平章答剌罕。

罗番遏蛮军安抚司。

程番武胜军安抚司。

金石番太平军安抚司。

卧龙番南宁州安抚司。

小龙番静蛮军安抚司。

大龙番应天府安抚司。

木瓜犵狫蛮夷军民长官。

韦番蛮夷长官。

洪番永盛军安抚司。

方番河中府安抚司。

卢番静海军安抚司。

卢番蛮夷军民长官。

定远府。

　　桑州。

　　章龙州。

　　必化州。

　　小罗州。

　　下思同州。

　　朝宗县。

　　上桥县。

　　新安县。

　　麻峡县。

　　瓮蓬县。

　　小罗县。

　　章龙县。

乌山县。

华山县。

都云县。

罗博县。

管番民总管。

　　小程番。以下各设蛮夷军民长官。

　　中嶹百纳等处。

　　底窝、紫江等处。

　　瓮眼、纳八等处。

　　独塔等处。

　　客当、刻地等处。

　　天台等处。

　　梯下。

　　党兀等处。

　　勇都、朱砂、石圹等处。

　　大小化等处。

　　洛甲、洛屯等处。

　　低当、低界等处。

　　独石寨。

　　百眼佐等处。

　　罗来州。

　　那历州。

　　重州。

　　阿孟州。

　　上龙州。

　　峡江州。

　　罗赖州。

　　桑州。

　　白州。

北岛州。

罗那州。

龙里等寨。

六寨等处。

帖犵狫等处。

木当三寨等处。

山斋等处。

羡塘、带夹等处。

都云、桑林、独立等处。

六洞、柔远等处。

竹古弄等处。

中都云、棺水等处。

金竹府。古垻县。

都云军民府。

万平等处。

南宁。

丹竹等处。

陈蒙。

李稍、李殿等处。

阳安等处。

八千蛮。

恭焦溪等处。

都镇。

平溪等处。

平月。

李崖等处。

杨并等处。

卢山等处。

乖西军民府。皇庆元年立，以土官阿马知府事，佩金府。

顺元等路军民安抚司。至元二十年,四川行省讨平九溪十八洞,以其酋长赴阙,定其地之可以设官者与其人之可以入官者,大处为州,小处为县,并立总管府,听顺元路宣慰司节制。

　　雍真乖西葛蛮等处。

　　葛蛮雍真等处。

　　曾竹等处。大德七年,顺元同知宣抚事阿重尝为曾竹蛮夷长官,以其叔父宋隆济结诸蛮为乱,弃家朝京师,陈其事宜,深入乌撒、乌蒙至于水东,招谕木楼苗、猪,生获隆济以献。

　　龙平寨。

　　骨龙等处。

　　底寨等处。

　　茶山、百纳等处。

　　纳坝、紫江等处。

　　麻坡、雷波等处。

　　漕泥等处。

　　青山、远地等处。

　　木窝、普冲、普得等处。

　　武当等处。

　　养龙坑、宿徵等处。

　　骨龙、龙里、清江、木楼、雍眼等处。

　　高桥、青塘、鸭水等处。

　　落邦、札佐等处。

　　平迟、安德等处。

　　六广等处。

　　贵州等处。

　　施溪、样头。

　　朵泥等处。

　　水东。

　　市北洞。

思州军民安抚司。婺川县。

镇远府。

楠木洞。

古州八万洞。

偏桥中寨。

野鸡平。

德胜寨偏桥四甲等处。

思印江等处。

石千等处。

晓爱泸洞赤溪等处。

卑带洞大小田等处。

黄道溪。

省溪坝场等处。

金容金远等处。

台蓬若洞住溪等处。

洪安等处。

葛章葛商等处。

平头著可通达等处。

溶江芝子平等处。

亮寨。

沿河。

龙泉平。思州旧治龙泉，及火其城，即移治清江。至元十七年，敕徙安抚司还旧治。

祐溪。

水特姜。

杨溪公俄等处。

麻勇洞。

思勒洞。

大万山苏葛办等处。

五寨铜人等处。

铜人大小江等处。

德明洞。

乌罗龙干等处。

西山大洞等处。

秃罗。

浦口。

高丹。

福州。

永州。

乃州。

銮州。

程州。

三旺州。

地州。

忠州。

天州。

文州。

合凤州。

芝山州。

安习州。

茆滩等团。

荔枝。

安化上中下蛮。

曹滴等洞。

洛卜寨。

麦着土村。

衙迪洞。

会溪施容等处。

感化州等处。

契锄洞。

腊惹洞。

劳岩洞。

驴迟洞。

来化州。

客团等处。

中古州乐墩洞。

上里坪。

洪州泊李等洞。

张家洞。

沿边溪洞宣慰使司。至元二十八年,播州杨赛因不花言,洞民近因籍户,怀疑窜匿,乞降诏招集。又言,向所授安抚职任,隶顺元宣慰司,其所管地于四川行省为近,乞改为军民宣抚司,直隶四川行省。从之。以播州等处管军万户杨汉英为绍庆珍州南平等处沿边宣慰使,行播州军民宣抚使、播州等处管军万户,仍虎符。汉英即赛因不花也。仍颁所请诏旨,诏曰:"爰自前宋归附,十五余年,阅实户数,乃有司当知之事,诸郡皆然,非独尔播。自今以往,咸莫厥居,流移失所者,招谕复业,有司常加存恤,毋致烦扰,重困吾民。"

播州军民安抚司。

黄平府。

平溪上塘罗骆家等处。

水车等处。

石粉罗家永安等处。

六沿柔远等处。

锡乐平等处。

白泥等处。

南平綦江等处。

珍州思宁等处。

水烟等处。

　　溙洞涪洞等处。

　　洞天观等处。

　　葛浪洞等处。

　　寨坝垭黎焦溪等处。

　　小姑单张。

　　倒柞等处。

　　乌江等处。

　　旧州草堂等处。

　　恭溪沓洞。

　　水囤等处。

　　平伐月石等处。

　　下坝。

　　寨章。

　　横坡。

　　平地寨。

　　寨劳。

　　寨勇。

　　上塘。

　　寨坦。

　　哠奔。

　　平莫。

　　林种密秀。

　　沿河祐溪等处。

新添葛蛮安抚司。大德元年,授葛蛮安抚驿券一。

　　南渭州。

　　落葛谷鹅罗椿等处。

　　昔不梁骆杯密约等处。

　　乾溪吴地等处。

　　哝耸古平等处。

瓮城都桑等处。

都镇马乃等处。

平普乐重墺等处。

落同当等处。

平族等处。

独禄。

三陂地蓬等处,

小葛龙洛邦到骆豆虎等处。

罗月和。

麦傲。

大小田陂带等处。

都云洞。

洪安画剂等处。

谷霞寨。

刺客寨。

吾狂寨。

割利寨。

必郎寨。

谷底寨。

都谷郎寨。

犵猪寨。

平伐等处。大德元年,平伐酋领内附,乞隶于亦奚不薜,从之。

安刺速。

思楼寨。

落暮寨。

梅求望怀寨。

甘长寨。

桑州郎寨。

永县寨。

平里县寨。

锁州寨。

双隆。

思母。

归仁。

各丹。

木当。

雍郎客都等处。

雍门犵狫等处。

栖求等处仲家蛮。

娄木等处。

乐赖蒙囊吉利等处。

华山谷津等处。

青塘望怀甘长不列独娘等处。

光州。

者者寨。

安化思云等洞。

北遏洞。

茅难思风北郡都变等处。

必际县。

上黎平。

潘乐盈等处。

诚州富盈等处。

赤畬洞。

罗章特团等处。

福水州。

允州等处。

钦村。

硬头三寨等处。

颜村。

水历吾洞等处。

顺东。

六龙图。

推寨。

橘叩寨。

金竹等寨。

格慢等寨。

客芦寨。

地省等寨。

平魏。

白崖。

雍门客当乐赖蒙襄大化木瓜等处。

嘉州。

分州。

平珠。

洛河洛脑等处。

宁溪。

瓮除。

麦穰。

孤顶得同等处。

瓮包。

三陂。

控州。

南平。

独山州。

木洞。

瓢洞。

窨洞。

大青山骨记等处。

百佐等处。

九十九寨蛮。

当桥山齐朱谷列等处。

虎列谷当等处。

真滁杜珂等处。

杨坪杨安等处。

棣甫都城等处。

杨友阆。

百也客等处。

阿落传等寨。

蒙楚。

公洞龙木。

三寨苗犵刺等处。

黑土石。

洛宾洛咸。

益轮沿边蛮。

割和寨。

王都谷浪寨。

王大寨。

只蛙寨。

黄平下寨。

林拱章秀拱江等处。

密秀丹张。

林种拱帮。

西罗剖盆。

杉木箐。

各郎西。

恭溪望成崖岭等处。

孤把。

焦溪笃住等处。

草堂等处。

上桑直。

下桑直。

米坪。

令其平尾等处。

保靖州。

特团等处。

征东等处行中书省。领府二、司一、劝课使五。大德三年,立征东行省,未几罢。至治元年,复立,命高丽国王为左丞相。

高丽国。事迹见《高丽传》。至元十八年,王晴言:"本国置站凡四十,民畜凋弊。"敕并为二十站。三十年,沿海立水驿,自耽罗至鸭渌江并杨村、海口凡十三所。

沈阳等路高丽军民总管府。

征东招讨司。

各道劝课使。

庆尚州道。

东界交州道。

全罗州道。

忠清州道。

西海道。

耽罗军民总管府。大德五年立。

河源附录

河源古无所见。《禹贡》导河,止自积石。汉使张骞持节,道西域,度玉门,见二水交流,发葱岭,趋于阗,汇盐泽,伏流千里,至积石而再出。唐薛元鼎使吐蕃,访河源,得之于阌磨黎山。然皆历岁月，涉艰难，而其所得不过如此。世之论河源者，又皆推本二家。其说怪迂，总其实，皆非本真。意者，汉、唐之时，外夷未尽臣服，而道未尽通，故其所往，每迂迴艰阻，不能直抵其处，而究其极也。

元有天下，薄海内外，人迹所及，皆置驿传，使驿往来，如行国中。至元十七年，命都实为招讨使，佩金虎符，往求河源。都实既受命，是岁，至河州。州之东六十里，有宁河驿，驿西南六十里有山曰杀马关，林麓穹隘，举足浸高，行一日至巅。西去愈高，四阅月始抵河源。是冬，还报，并图其城传位置以闻。其后翰林学士潘昂霄从都实之弟阔阔出得其说，撰为《河源志》。临川朱思本又从八里吉思家得帝师所藏梵字图书，而以华文译之，与昂霄所志，互有详略。今取二家之书，考定其说，有不同者，附注于下。

按河源在土蕃朵甘思西鄙，有泉百余泓，沮洳散涣，弗可逼视，方可七八十里，履高山下瞰，灿若列星，以故名火敦脑儿。火敦，译言星宿也。思本曰：河源在中州西南，直四川马湖蛮部之正西三千余里，云南丽江宣抚司之西北一千五百余里，帝师撒思加地之西南二千余里。水从地涌出如井。其井百余，东北流百余里，汇为大泽，曰火敦脑儿。群流奔辏，近五、七里，汇二巨泽，名阿剌脑儿。自西而东，连属吞噬，行一日，迤逦东骛成川，号赤宾河。又二、三日，水西南来，名亦里出，与赤宾河合。又三、四日，水南来，名忽阑。又水东南来，名也里术，合流入赤宾，其流浸大，始名黄河。然水犹清，人可涉。思本曰：忽阑河源，出自南山，其地大山峻岭，绵亘千里，水流五百余里，注也里出河。也里出河源，亦出自南山，西北流五百余里，始与黄河合。又一、二日，岐为八、九股，名也孙斡论，译言九渡，通广五、七里，可度马。又四、五日，水浑浊，土人抱革囊，骑过之。聚落纠木干象舟，傅氂革以济，仅容两人。自是，两山峡束，广可一里、二里或半里，其深叵测。朵甘思东北有大雪山，名亦耳麻不莫剌，其山最高，译言腾乞里塔，即昆仑也。山腹至顶皆雪，冬夏不消。土人言，远年成冰时，六月见之。自八、九股水至昆仑，行二十日。思本曰：自浑水东北流二百余里，与怀里火秃河合。怀里火秃河源自南山，水正北偏西流八百余里，与黄河合。又东北流一百余里，过郎麻哈地。又正北流一百余里，乃折而西北流二百余里，又折而正北流一百余里，又折而东流过昆仑山下，番名亦耳麻不剌。其山高峻非常，山麓绵亘五百余里，河随山足东流，过撒思加阔即、阔提地。

河行昆仑南半日，又四、五日至地，名阔即及阔提，二地相属。又三日，地名哈剌别里赤儿，四达之冲也，多寇盗，有官兵镇之。近北二日，河水过之。思本曰：河过阔提，与亦西八思今河合。亦西八思今河，源自铁豹岭之北，正北流凡五百余里，而与黄河合。昆仑以西，人简少，多处山南。山皆不穿峻，水亦散漫，兽有犛牛、野马、狼、狍、羱羊之类。其东，山益高，地亦渐下，岸狭隘，有狐可一跃而越之处。行五、六日，有水西南来，名纳邻哈剌，译言细黄河也。思本曰：哈剌河自白狗岭之北，水西北流五百余里，与黄河合。又两日，水南来，名乞儿马出。二水合流入河。思本曰：自哈剌河与黄河合，正北流二百余里，过阿以伯站，折而西北流，经昆仑之北二百余里，与乞里马出河合。乞里马出河源自威、茂州之西北，岷山之北，水北流，即古当州境，正北流四百余里，折而西北流，又五百余里，与黄河合。

河水北行，转西流，过昆仑北，一向东北流，约行半月，至贵德州，地名必赤里，始有州治官府。州隶吐蕃等处宣慰司，司治河州。又四、五日，至积石州，即《禹贡》积石。五日，至河州安乡关。一日，至打罗坑。东北行一日，洮河水南来入河。思本曰：自乞里马出河与黄河合，又西北流，与鹏拶河合。鹏拶河源自鹏拶山之西北，水正西流七百余里，过札塞塔失地，与黄河合。折而西北流三百余里，又折而东北流，过西宁州、贵德州、马岭，凡八百余里，与邈水合。邈水源自青唐宿军谷，正东流五百余里，过三巴站与黄河合。又东北流，过土桥站古积石州来羌城、廓州构米站界都城凡五百余里，过河州与野庞河合。野庞河源自西倾山之北，水东北流凡五百余里，与黄河合。又东北流一百余里，过踏白城银川站，与湟水、浩亹河合。湟水原自祁连山下，正东流一千余里，注浩亹河。浩亹河源自删丹州之南删丹山下，水东南流七百余里，注湟水，然后与黄河合。又东北流一百余里，与洮河合。洮河源自羊撒岭北，东北流过临洮府，凡八百余里，与黄河合。

又一日。至兰州，过北卜渡。至鸣沙河，过应吉里州，正东行，至宁夏府南，东行，即东胜州，隶大同路。

　　自发源至汉地，南北洞溪，细流傍贯，莫知纪极。山皆草石，至积石方林木畅茂。世言河九折，彼地有二折，盖乞儿马出及贵德必赤里也。思本曰：自洮水与河合，又东北流，过达达地，凡八百余里，过丰州西受降城，折而正东流，过达达地古天德军中受降城、东受降城凡七百余里。折而正南流，过大同路云内州、东胜州与黑河合。黑河源自渔阳岭之南，水正西流，凡五百余里，与黄河合。又正南流，过保德州、葭州及兴州境，又过临州，凡一千余里，与吃那河合。吃那河源自古宥州，东南流，过陕西省绥德州，凡七百余里，与黄河合。又南流三百里，与延安河合。延安河源自陕西芦子关乱山中，南流三百余里，过延安府，折而正东流三百里，与黄河合。又南流三百里，与汾河合。汾河源自河东朔、武州之南乱山中，西南流，过管州，冀宁路汾州、霍州，晋宁路绛州，又西，至龙门，凡一千二百余里，始与黄河合。又南流二百里，过河中府，遇潼关与太华大山绵亘，水势不可复南，乃折而东流。大概河源东北流，所历皆西番地，至兰州凡四千五百余里，始入中国。又东北流，过达达地，凡二千五百余里，始入河东境内。又南流至河中，凡一千八百余里。通计九千余里。

　　　西北地附录
　　　笃来帖木儿：
　　　途鲁吉。
　　　柯耳鲁地。
　　　畏兀儿地。
　　　至元二十年，立畏兀儿四处站及交钞库。
　　　哥疾宁。
　　　可不里。
　　　巴达哈伤。
　　　途思。
　　　忒耳迷。
　　　不花剌。
　　　那黑沙不。
　　　的里安。

撒麻耳干。

忽毡。

麻耳亦囊。

可失哈耳。

忽炭。

柯提。

兀提剌耳。

巴补。

讹迹邗。

倭赤。

苦叉。

柯散。

阿忒八失。

八里茫。

察赤。

也云赤。

亦剌八里。

普剌。

也迷失。

阿里麻里。诸王海都行营于阿力麻里等处,盖其分地也。自上都西北行六千里,至回鹘五城,唐号北庭,置都护府。又西北行四五千里,至阿力麻里。至元五年,海都叛,举兵南来,世祖逆败之于北庭,又追至阿力麻里,则又远遁二千余里。上令勿追,以皇子北平王统诸军于阿力麻里以镇之,命丞相安童往辅之。

哈剌火者。

鲁古尘。

别失八里。至元十五年,授八撒察里虎符,掌别失八里畏兀城子里军站事。十七年,以万户綦公直戍别失八里。十八年,从诸王阿只吉请,自大和岭至别失八里置新站三十。二十年,立别失八里和州等处宣慰司。二十一年,阿只吉使来言："元隶只必帖木儿二十四城之中，有察带二城置达鲁花赤，就付阔端，遂不隶省。"至是奉旨："诚如所言，其还正之。"二十三年，遣侍卫新附兵千人屯田别十八里，置元帅府，即其地以总之。

他古新。

仰吉八里。

古塔巴。

彰八里。至元十五年，授朵鲁知金符，掌彰八里军站事。

月祖伯：

撒耳柯思。

阿兰阿思。

钦察。太宗甲午年，命诸王拔都征西域钦叉、阿速、斡罗思等国。岁乙未，亦命宪宗往焉。岁西西，师至宽田吉思海傍，钦叉酋长八赤蛮逃避海岛中，适值大风，吹海水去而乾，生禽八赤蛮。遂与诸王拔都征斡罗思，至也列赞城，七日破之。岁丁巳，出师南征，以驸马剌真之子乞歹为达鲁花赤，镇守斡罗思、阿思。岁癸丑，括斡罗思、阿思户口。

阿罗思。

不里阿耳。

撒吉剌。

花剌子模。

赛兰。

巴耳赤邗。

毡的。

不赛因：

八哈剌因。

怯失。

八吉打。

孙丹尼牙。

忽里模子。

可咱隆。

设剌子。

泄剌失。

苦法。

瓦夕的。

兀乞八剌。

毛夕里。

设里汪。

罗耳。

乞里茫沙杭。

兰巴撒耳。

那哈完的。

亦思法杭。

撒瓦。

柯伤。

低廉。

胡瓦耳。

西模娘。

阿剌模忒。

可疾云。

阿模里。

撒里牙。

塔米设。

赞章。

阿八哈耳。

撒里茫。

朱里章。

的希思丹。

巴耳打阿。

打耳班。

巴某。

塔八辛。

不思忒。

法因。

乃沙不耳。

撒剌哈歹。

巴瓦儿的。

麻里兀。

塔里干。

巴里黑。

吉利吉思、撼合纳、谦州、益兰州等处。 吉利吉思者，初以汉地女四十人，与乌斯之男结婚，取此义以名其地。南去大都万有余里。相传乃满部始居此，及元朝析其民为九千户。其境长一千四百里，广半之，谦河经其中，西北流。又西南有水曰阿浦，东北有水曰玉须，皆巨浸也，会于谦而注于昂可剌河，北入于海。俗与诸国异，其语言则畏吾儿同。庐帐而居，随水草畜牧，颇知田作，遇雪则跨木马逐猎。土产名马、白黑海东青。昂可剌者，因水为名，附庸于吉利吉思，去大都二万五千余里。其语言与吉利吉思特异。昼长夜短，日没时炙羊肋熟，东方已曙矣，即唐史所载骨利干国也。乌斯亦因水为名，在吉利吉思东，谦河之北。其俗每岁六月上旬，刑白马牛羊，洒马湩，咸就乌斯沐涟以祭河神，谓其始祖所从出故也。撼合纳犹言布囊也，盖口小腹巨，地形类此，因以为名。在乌斯东，谦河之源所从出也。其境上惟有二山口可出入，山水木橛，险阻为甚，野兽多而畜字少。贫民无恒产者，皆以桦皮作庐帐，以白鹿负其行装，取鹿乳，采松实，及劚山丹、芍药等根为食。冬月乘木马出猎。谦州亦以河为名，去大都九千里，在吉利吉思东南，谦河西南，唐麓岭之北。居民数千家，悉蒙古、回纥人。有工匠数局，盖国初所徙汉人也。地沃衍宜稼，夏种秋成，不烦耘耔。或云汪罕始居此地。益兰者，蛇之称也。初，州境山中居人，见一巨蛇，长数十步，从穴中出饮河水，腥闻数里，因以名州。至元七年，诏遣刘好礼为吉利吉思撤合纳谦州益兰州等处断事官,即于此州修库廪,置传舍,以为治所。先是,数部民俗,皆以杞柳为杯皿,刳木为槽以济水,不解铸作农器,好礼闻诸朝,乃遣工匠,教为陶冶舟楫,土人便之。

安南郡县附录

安南,古交趾也。陈氏叛服之迹,已见本传,今取其城邑之可纪者,录于左方:

大罗城路。汉交趾郡。唐置安南都护府。宋时郡人李公蕴立国于此。及陈氏立,以其属地置龙兴、天长、长安府。

龙兴府。本多冈乡。陈氏有国,置龙兴府。

天长府,本多墨乡。陈氏祖父所生之地。建行宫于此,岁一至示不忘本,故改曰天长。

长安府。本华闾洞,丁部领所生之地。五代末,部领立国于此。

归化江路。地接云南。

宣化江路。地接特磨道。

沱江路。地接金齿。

谅州江路。地接左右两江。

北江路。在罗城东岸,泸江水分入北江,江有六桥。

如月江路。

南册江路。

大黄江路。

烘路。

快路。

国威州,在罗城南。此以下州,多接云南、广西界,虽名州,其实洞也。

古州,在北江。

仙州,古龙编。

富良。

司农。一云杨舍。

定边。一云明媚。

万涯。一云明黄。

文周。一云门州。

七源。

思浪。

太原。一云黄源。

通农。

罗顺。一云来神。

梁舍。一云梁个。

平源。

光州。一云明苏。

渭龙。一云乙舍。

道黄。即平林场。

武宁。此以下县，接云南、广西界，虽名县，其实洞也。

万载。

丘温。

新立。

恍县。

纸县。

历县。

兰桥。

乌延。

古勇。

供县。

窟县。

上坡。

门县。

清化府路。汉九真。隋、唐为爱州。其属邑更号曰江、曰场、曰甲、曰社。

梁江。

波龙江。

古农江。

宋舍江。

茶江。

安逼江。

分场。

古文场。

古藤甲。

戈明甲。

古弘甲。

古战甲。

缘甲。

义安府路。汉日南。隋、唐为欢州。

倍江。

恶江。

偈江。

尚路社。

唐舍社。

张舍社。

演州路。本日南属县，曰扶演、安仁。唐改演州。

孝江。

多壁场。

巨赖社。

他衰社。

布政府路。本日南郡象林县，东滨海，西际真蜡，南接扶南，北连九德。东汉末，区连杀象林令，自立国，称林邑。唐时有环王者，徙国于占，曰占城。今布政乃林邑故地。

自安南大罗城至燕京，约一百一十五驿，计七千七百余里。

边氓服役
占城。
王琴。
蒲伽。
道览。
渌淮。
稔婆逻。
獠。

元史卷六四
志第一六

河渠一

　　通惠河　坝河　金水河
　　隆福宫前河　海子岩岸　双塔河
　　芦沟河　白浮瓮山　浑河　白河
　　御河　滦河　河间河　冶河
　　滹沱河　会通河　兖州闸

　　水为中国患，尚矣。知其所以为患，则知其所以为利，因其患之不可测，而能先事而为之备，或后事而有其功，斯可谓善治水而能通其利者也。昔者，禹堙洪水，疏九河，陂九泽，以开万世之利。而《周礼·地官》之属，所载潴防沟遂之法甚详。当是之时，天下盖无适而非水利也。自先王疆理井田之制坏，而后水利之说兴。魏史起凿漳河，秦郑国引泾水，汉郑当时、王安世辈，或献议穿漕渠，或建策防水决，是数君子者，皆尝试其术而卒有成功，太史公《河渠》一书犹可考。自时厥后，凡好事喜功之徒，率多为兴利之言，而其患顾有不可胜言者矣。夫润下，水之性也，而欲为之防以杀其怒，遏其冲，不亦甚难矣哉！惟能因其势而导之，可蓄则遏储水以备旱暵之灾，可泄则泻水以防水潦之溢，则水之患息，而于是盖有无穷之利焉。

　　元有天下，内立都水监，外设各处河渠司，以兴举水利、修理河堤为务。决双塔、白浮诸水为通惠河、以济漕运，而京师无转饷之劳。导浑河，疏滦水，而武清、平滦无垫溺之虞。浚冶河、障滹沱，而真定免决啮之患。开会通河于临清，以通南北之货。疏陕西之三白，以溉关中之田。泄江湖之淫潦，立捍海之横塘，而浙右之民得免于水患。当时之善言水利，如太史郭守敬等，盖亦未尝无其人焉。一代之事功，所以为不可泯也。今故著其开修之岁月、工役之次第，历叙其事而分纪之，作《河渠志》。

　　通惠河，其源出于白浮、瓮山诸泉水也。

　　世祖至元二十八年，都水监郭守敬奉诏兴举水利，因建言：“疏凿通州至都河，改引浑水溉田，于旧闸河踪迹导清水，上自昌平平县白浮村引神山泉，西折南转，过双塔、榆河、一亩、玉泉诸水，至西门入都城，南汇为积水潭，东南出文明门，东至通州高丽庄入白河。总长一百六十四里一百四步。塞清水口一十二处，共长三百一十步。坝闸一十处，共二十座，节水以通漕运，诚为便益。”从之。首事于至元二十九年之春，告成于三十年之秋，赐名曰通惠。凡役军一万九千一百二十九、工匠五百四十二、水手三百一十九、没官囚隶百七十二，计二百八十五万工，用楮币百五十二万锭，粮三万八千七百石，木石等物称是。役兴与之日，命丞相以下皆亲操畚锸为之倡。置闸之处，往往于地中得旧时砖木，时人为之感服。船既通行，公私两便。先时通州至大都五十里，陆挽官粮岁若干万，民不胜其悴，至是皆罢之。

　　其坝闸之名曰：广源闸；西城闸二，上闸在和义门外西北一里，下闸在和义水门西三步；海子闸，在都城内；文明闸二，上闸在丽正门外水门东南，下闸在文明门西南一里；魏村闸二，上闸在文明门东南一里，下闸西至上闸一里；籍东闸二，在都城东南王家庄；郊亭闸二，在都城东南二十五里银王庄；通州闸二，上闸在通州西门外，下闸在通州南门外；杨尹闸二，在都城东南三十里；朝宗闸二，上闸在万亿库南百步，下闸去上闸百步。

成宗元贞元年四月，中书省臣言：新开运河闸，宜用军一千五百，以守护兼巡防往来船内奸究之人。从之。七月，工部言："通惠河创造闸坝，所费不赀，难已成功，全藉主守之人上下照略修治。今拟设提领三员，管领人夫专一巡护，降印给俸。其西城闸改名会川，海子闸改名澄清，文明闸仍用旧名，魏村闸改名惠和，籍东闸改名庆丰，郊亭闸改名平津，通州闸改名通流，河门闸改名广利，杨尹闸改名溥济。"

武宗至大四年六月，省臣言："通州至大都运粮河闸，始务速成，故皆用木，岁久木朽，一旦俱败，然后致力，将见不胜其劳。今为永固计，宜用砖石以次修治。"从之。后至泰定四年始修完焉。

文宗天历三年三月，中书省臣言："世祖时开挑通惠河，安置闸座，全藉上源白浮、一亩等泉之水，以通漕运。今各枝及诸寺观权势，私决堤隄，浇灌稻田、水碾、园圃，致河浅妨漕事，乞禁之。"奉旨：白浮、瓮山直抵大都运粮河堤堰泉水，诸人毋挟势偷决，大司农司、都水监可严禁之。

坝河，亦名阜通七坝。

成宗大德六年三月，京畿漕运司言："岁漕米百万，全藉船坝夫力。自冰开发运至河冻时止，计二百四十日，日运粮四千六百馀石，所辖船夫一千三百馀人、坝夫七百三十，占役俱尽，昼夜不息。今岁水涨，冲决坝堤六十馀处，虽已修毕，恐霖雨冲圮，走泄运水，以此点视河堤浅涩低薄去处，请加修理。"自五月四日入役，六月十二日毕。深沟坝九处，计一万五千一百五十三工。王村坝二处，计七百十三工。郑村坝一处，计一千一百二十五工。西阳坝三处，计一千二百六十二工。郭村坝三处，计一千九百八十七工。千斯坝下一处，计一万工。总用工三万二百四十。

金水河，其源出于宛平县玉泉山，流至和义门南水门入京城，故得金水之名。

至元二十九年二月，中书右丞马速忽等言：金水河所经运石大河及高良河、西河俱有跨河跳槽，今已损坏，请新之。是年六月兴工，明年二月工毕。

至大四年七月，奉旨引金水河水注之光天殿西花园石山前旧池，置闸四以节水。闰七月兴工，九月成。凡役夫匠二十九，为工二千七百二十三，除妨工，实役六十五日。

隆福宫前河，其水与太液池通。

英宗至治二年五月，奉敕云：昔在世祖时，金水河濯手有禁，今则洗马者有之，比至秋疏涤，禁诸人毋得污秽。于是会计修浚，三年四月兴工，五月工毕。凡役军八百，为工五千六百三十五。

海子岸，上接龙王堂，以石甃其四周。海子，一名积水潭，聚西北诸泉之水，流行入都城而汇于此，汪洋如海，都人因名焉。

仁宗延佑六年二月，都水监计会前后，与元修旧石岸相接。凡用石三百五，各长四尺、阔二尺五寸、厚一尺，石灰三千斤。该三百五工，丁夫五十、石工十。九月五日兴工，十一日工毕。

至治三年三月，大都河道提举司言：“海子南岸东西道路，当两城要冲，金水河浸润于其上，海子风浪冲啮于其下，且道狭，不时溃陷泥泞，车马艰于往来。如以石砌之，实永久之计也。”泰定元年四月，工部应副工物，七月兴工，八月工毕，凡用夫匠二百八十七人。

双塔河，源出昌平县孟村一亩泉，经双塔店而东，至丰善村，入榆河。

至元年三年四月六日，巡河官言：“双塔河时将泛溢，不早为备，恐至溃决，临期卒难措手。乃计会闭水口工物，开申都水监，创开双塔河，未及坚久。今已及水涨之时，倘或决坏，走泄水势，误运船不便。”省淮制国用司给所需，都水监差夫修治焉。凡合闭水口五处,用工二千一百五十五。

卢沟河,其源出于代地,名曰小黄河,以流浊故也。自奉圣州界,流入宛平县境,至都城四十里东麻谷,分为二派。

太宗七年岁乙未八月,敕:"近刘冲禄言:'率水工二百余人,已依期筑闭卢沟河元破牙梳口,若不修堤固护,恐不时涨水冲坏,或贪利之人盗决溉灌,请令禁之。'刘冲禄可就主领,毋致冲塌盗决。犯者以违制论,徒二年,决杖七十。如遇修筑时,所用丁夫器具,应差处调发之。其旧有水手人夫内,五十人差官存留不妨。已委管领,常切巡视体究,岁一交番,所司有不应副者罪之。"

白浮瓮山,即通惠河上源之所出也。白浮泉水在昌平县界,西折而南,经瓮山泊,自西水门入都城焉。

成宗大德七年六月,瓮山等处看闸提领言:"自闰五月二十九日始,昼夜雨不止,六月九日夜半,山水暴涨,漫流堤上,冲决水口。"于是都水监委官督军夫,自九月二十一日入役,至是月终辍工,实役军夫九百九十三人。十一年三月,都水监言:"巡视白浮瓮山河堤,崩三十余里,宜编荆笆为水口,以泄水势。"计修笆口十一处,四月兴工,十月工毕。

仁宗皇庆元年正月,都水监言:"白浮瓮山堤,多低薄崩陷处,宜修治。"来春二月入役,八月修完,总修长三十七里二百五十步,计七万三千七百七十三工。

延祐元年四月,都水监言:"自白浮瓮山下至广源闸堤堰,多淤淀浅塞,源泉微细,不能通流,拟疏涤。"由是会计工程,差军千人疏治。

泰定四年八月,都水监言:"八月三日至六日,霖雨不止,山水泛溢,冲坏瓮山诸处笆口,浸没民田。"计料工物,移文工部关支修治。自八月二十六日兴工,九月十三日工毕,役军夫二千名,实役九万工,四十五日。

浑河,本卢沟水,从大兴县流至东安州、武清县,入漷州界。

至大二年十月,浑河水决左都威卫营西大堤,泛溢南流,没左右二翊及后卫屯田麦,由是左都威卫言:"十月五日,水决武清县王甫村堤,阔五十余步,深五尺许,水西南漫平地流,环圆营仓局,水不没者无几。恐来春冰消,夏雨水作,卫决成渠,军民被害,或迁置营司,或多差军民修塞,庶免垫溺。"三年二月十二日,省准下左右翊及后卫、大都路委官督工修治,至五月二十日工毕。

皇庆元年二月十七日,东安州言:"浑河水溢,决黄埚堤一十七所。"都水监计工物,移文工部。二十七日,枢密知院塔失帖木儿奏:"左卫言浑河决堤口二处,屯田浸不耕种,已发军五百修治。臣等议,治水有司职耳,宜令中书戒所属用心修治。"从之。七月,省委工部员外郎张彬言:"巡视浑河,六月三十日霖雨,水涨及丈馀,决堤口二百馀步,漂民庐,没禾稼,乞委官修治,发民丁刈杂草兴筑。"

延祐元年六月十七日,左卫言:"六月十四日,浑河决武清县刘家庄堤口,差军七百与东安州民夫协力同修之。"三年三月,省议:"浑河决堤堰,没田禾,军民蒙害,既已奏闻。差官相视,上自石径山金口,下至武清县界旧堤,长计三百四十八里,中间因旧修筑者大小四十七处,涨水所害合修补者一十九处,无堤创修者八处,宜疏通者二处,计工三十八万一百,役军夫三万五千,九十六日可毕。如通筑则役大难成,就令分作三年为之,省院差官先发军民夫匠万人兴工,以修其要处。"是月二十日,枢府奏拨军三千,委中卫金事督修治之。七年五月,营田提举司言:"去岁十二月二十一日,屯户巡视广赋屯北浑河堤二百余步将崩,恐春首土解水涨,浸没为患,乞修治。"都水监委濠寨,会营田提举司官、武清县官,督夫修完广武屯北陷薄堤一处,计二千五百工;永兴屯北堤低薄一处,计四千一百六十六工;落垡村西冲圮一处,计三千七百三十三工;永兴屯北崩圮一处,计六千五百一十八工;北王村庄西河东岸至白坟儿,南至韩村西道口,计六千九十三工;刘邢庄西河东岸北至宝僧百户屯,南至白坟儿,计三万七百十二工。总用工五万三千七百二十二。

泰定四年四月,省议:"三年六月内霖雨,山水暴涨,泛没大兴县诸乡桑枣田园。移文枢府,于七卫屯田及见有军内,差三千人修治。"

白河在漷州东四里,北出通州潞县,南入于通州境,又东南至香河县界,又流入于武清县境,达于静海县界。

至元三十年九月,漕司言:"通州运粮河全仰白、榆、浑三河之水,合流名曰潞河,舟楫之行有年矣。今岁新开闸河,分引浑、榆二河上源之水,故自李二寺至通州三十余里,河道浅涩。今春夏天旱,有止深二尺处,粮船不通,改用小料船搬载,淹延岁月,致亏粮数。先是,都水监相视白河,自东岸吴家庄前,就大河西南,斜开小河二里许,引榆河合流至深沟坝下,以通漕舟。今丈量,自深沟、榆河上湾,至吴家庄龙王庙前白河,西南至坝河八百步。及巡视,知榆河上源筑闭,其水尽趋通惠河,止有白佛、灵沟、一子母三小河水入榆河,泉脉微,不能胜舟。拟自吴家庄就龙王庙前闭白河,于西南开小渠,引水自坝河上湾入榆河,庶可漕运。又深沟乐岁五仓,积贮新旧粮七十余万石,站军挽运艰缓,由是访视通州城北通惠河积水,至深沟村西水渠,去乐岁、广储等粮甚近,拟自积水处由旧渠北开四百步,至乐岁仓西北,以小料船运载甚便。"都省准焉。通惠河自通州城北至乐岁西北,水陆共长五百步,计役八万六百五十工。

大德二年五月,中书省札付都水监:运粮河堤自杨村至河西务三十五处,用苇一万九千一百四十束,军夫二千六百四十九名,度三十日毕。于是本监分官率濠寨至杨村历视坏堤,督巡河夫修理,以霖雨水溢,故工役倍元料,自寺洵口北至蔡村、清口、孙家务、辛庄、河西务堤,就用元料苇草,修补卑薄,创筑月堤,颇有成功。其杨村两岸相对出水河口四处,苇草不敷,就令军夫采刈,至九月住役。杨村河上接通惠诸河,下通滹沱入江淮,使官民舟楫直达都邑,利国便民。奈杨村堤岸,随修随圮,盖为用力不固,徒烦工役,其未修者,候来春水涸土干,调军夫修治。

延祐六年十月,省臣言:"漕运粮储及南来诸物商贾舟楫,皆由直沽达通惠河,今岸崩泥浅,不早疏浚,有碍舟行,必致物价翔涌。都水监职专水利,宜分官一员以时巡视,遇有頽圮浅涩,随宜修筑。如工力不敷,有司差夫助役,怠事者究治。"从之。

至治元年正月十一日,漕司言:"夏运海粮一百八十九万余石,转漕往返,全藉河道通便。今小直沽汊河口潮汐往来,淤泥壅积七十余处,漕运不能通行,宜移文都水监疏涤。"工部议:"时农作方兴,兼民多艰食,若不差军助役,民力有所不逮。"枢密院言:军人不敷。省议:"若差民丁,方今东作之时,恐妨岁事。其令大都募民夫三千,日给佣钞一两、糙粳米一升,委正官提调,验日支给,令都水监暨漕司官同督其事。"四月十一日入役,五月十日工毕。

泰定元年二月,枢府臣奏:"临清万户府言,至治元年霖雨,决坏运粮河岸,宜差军修筑。臣等议,诚利益事,今府差军三百执役。"从之。三年三月,都水监言:"河西务菜市湾水势冲啮,与仓相近,将来为患,宜于刘二总管营相对河东岸,截河筑堤,改水道与旧河合,可杜后患。"四年正月,省臣奏准,枢府差军五千,大都路募夫五千人,日支糙米五升、中统钞一两,本监工部委官与前卫董指挥同监役。是年三月十八日兴工,六月十一日工毕。

致和元年六月六日,临清御河万户府言:"泰定四年八月二日,河溢,坏营北门堤约五十步,漂旧椿木百余,崩圮犹未已。"工部议:"河岸崩摧,理宜修治,既都水监会计工物,各处支给,其役夫三千人,若拟差民,方春恐妨农务,宜移文枢密院拨军。"省准修旧堤岸,展阔新河口东岸,计工五万九千九百三十七,用军三千、木匠十人。

天历二年三月,漕司言:"元开刘二总管营相对河,比旧河运粮迂远,乞委官相视,复开旧河便。"四月九日,奏准,差军七千,委兵部员外郎邓衡、都水监丞阿里、漕使太不花等督工修浚。后以冬寒,候冻解兴役。三年,工部移交大都,于近甸募民夫三千,日支糙粳米三升、中统钞一两,兵部改委辛侍郎暨元委官修辟。

　　至顺元年六月，都水监言：“二十三日夜，白河水骤涨丈余，观音寺新修护仓堤，已督有司差夫救护，今水落尺馀，宜候伏槽兴作。”

　　御河，自大名路魏县界，经元城县泉源乡于村渡，南北约十里，东北流至包家渡，下接管陶县界三口。御河上从交河县，下入清池县界。又永济河在清池县西三十里，自南皮县来，入清州，今呼为御河也。

　　至元三年七月六日，都水监言：“运河二千馀里，漕公私物货，为利甚大。自兵兴以来，失于修治，清州之南，景州以北，颓阙岸口三十余处，淤塞河流十五里。至癸巳年，朝廷役夫四千，修筑浚涤，乃复行舟。今又三十余年，无官主领。沧州地分，水面高于平地，全藉堤堰防护。其园圃之家掘堤作井，深至丈余，或二丈，引水以溉蔬花。复有濒河人民就堤取土，渐至阙破，走泄水势，不惟涩行舟，妨运粮，或致漂民居，没禾稼。其长芦以北，索家马头之南，水内暗藏椿橛，破舟船，坏粮物。”部议以滨河州县佐贰之官兼河防事，于各地分巡视，如有阙破，即率修治，拔去椿橛，仍禁园圃之家毋穿堤作井，栽树取土。都省准议。七年，省臣言：御河水泛武清县，计疏浚役夫一十，工八十日可毕。从之。

　　至大元年六月二十九日，左翼屯田万户府呈：“五月十八日申时，水决会川县孙家口岸约二十余步，南流灌本管屯田，已移文河间路、武清县、清州有司，多发丁夫，管领修治。”由是枢密院檄河间路、左翊屯田万户府，差军并工筑塞。十月，大名路浚州言：“七月十一日连雨至十七日，清、石二河水溢李家道，东南横流。询社长高良辈，称水源自卫辉路汲县东北，连本州淇门西旧黑荡泊，溢流出岸，漫黄河古堤，东北流入本州齐贾泊，复入御河，漂及门民舍。窃计今岁水势逆行，及下流漳水涨溢，遏绝不能通，以致若此，实非人力可胜。又西关水手佐聚称，七月十二日卯时，御河水骤涨三尺，十八日复添四尺，其水逆流，明是下流涨水壅逆，拟差官巡治。”

延祐三年七月，沧州言："清池县民告，往年景州吴桥县诸处御河水溢，冲决堤岸，万户千奴为恐伤淇屯田，差军筑塞旧泄水郎儿口，故水无所泄，浸民庐及已熟田数万顷，乞遣官疏辟，引水入海。及七月四日，决吴桥县柳斜口东岸三十余步，千户移僧又遣军闭塞郎儿口，水壅不得泄，必致漂荡张管、许河、孟村三十余村黍谷庐舍，故本州摘官相视，移文约会开辟。不从。"四年五月，都水监遣官与河间路官相视元塞郎儿口，东西长二十五步，南北阔二十尺，及堤南高一丈四尺，北高二丈余，复按视郎儿口下流故河，至沧州约三十余里，上下古迹宽阔，及减水故道，名曰盘河。今为开辟郎儿口，增浚故河，决积水，由沧州城北达滹沱河，以入于海。

泰定元年九月，都水监遣官督丁夫五千八百九十八人，是月二十八日兴工，十月二日工毕。

滦河，源出金莲川中，由松亭北经迁安东、平州西，濒滦州入海也。王曾《北行录云》："自偏枪岭四十里，过乌滦河，东有滦州，因河为名。"

至元二十八年八月，省臣奏："姚演言，奉敕疏浚滦河，漕运上都，乞应副沿河盖露囷工匠什物，仍预备来岁所用漕船五百艘，水手一万，牵船夫二万四千。臣等集议，近岁东南荒歉，民力凋弊，造舟、调夫，其事非轻，一时并行，必致重困。请先造舟十艘，量拔水手试行之，如果便，续增益。"制可其奏，先以五十艘行之。仍选能人同事。

大德五年八月十三日，平滦路言："六月九日霖雨，至十五日夜，滦河与淝、洳三河并溢，冲圮城东西二处旧护城堤、东西南三面城墙，横流入城，漂郭外三关濒河及在城官民屋庐粮物，没田苗，溺人畜，死者甚众，而雨犹不止。至二十四日夜，滦、漆、淝、洳诸河水复涨入城，余屋漂荡殆尽。"乃委吏部马员外同都水监官修之。东西二堤，计用工三十一万一千五十，钞八千八十七锭十五两，糙粳米三千一百一十石五斗，椿木等价钞二百七十四锭二十六两四钱。

延祐四年六月十六日，上都留守司言："正月一日，城南御河西北岸为水冲啮，渐至颓圮，若不修治，恐来春水泛涨，漂没民居。又开平县言，四月二十六日霖雨，至二十八日夜，东关滦河水涨，冲损北岸，宜拟修筑。本司议：即目仲夏霖雨，其水复溢，必大为害，乃委官督夫匠兴役。开平发民夫，幼小不任役，请调军供作，庶可速成。"五月二十一日，留守司言："滦河水涨决堤，计修筑用军六百，宜令枢密院差调，官给其食。"制曰："今维其时，移文枢密院，发军速为之。"虎贲司发军三百治焉。

泰定二年三月十三日，永平路屯田总管府言："国家经费咸出于民，民之所生，无过农作。本屯辟田收粮，以供亿内府之用，不为不重。访马城东北五里许张家庄龙湾头，在昔有司差夫筑堤，以防滦水，西南连清水河，至公安桥，皆本屯地分。去岁霖雨，水溢，冲荡皆尽，浸死屯民田苗，终岁无收。方今农隙，若不预修，必致为害。"工部移文都水监，差濠寨泊本屯官及滦州官亲诣相视，督令有司差夫补筑。三年五月十日，上都留守司及本路总管府言："巡视大西关南马市口滦河递北堤，侵啮渐崩，不预治，恐夏霖雨水泛，贻害居民。"于是送都城所丈量，计用物修治，工部移文上都分部施行。七月二日，右丞相塔失帖木儿等奏：斡耳朵思住冬营盘，为滦河走凌河水冲坏，将筑护水堤，宜令枢密院发军千二百人以供役。"从之。枢密院请遣军千二百人。

河间河在河间路界。

泰定三年三月，都水监言："河间路水患，古俭河，自北门外始，依旧疏通，至大成县界，以泄上源水势，引入盐河；古陈玉带河，自军司口浚治，至雄州归信县界，以导淀潦积潦，注之易河；黄龙港，自锁井口开凿，至文安县玳瑁口，以通滦水，经火烧淀，转流入海。计河宜疏者三十处，总役夫三万，三十日可毕。"是月，省臣奏淮，遣断事官定住，同元委都水孙监丞泊本处有司官，于旁近州县发丁夫三万，日给钞一两、米一升，先诣古陈玉带河。寻以岁旱民饥，役兴人劳罢,候年登为之。

冶河在真定路平山县西门外,经井陉县流来本县东北十里,入滹沱河。

元贞元年正月十八日,丞相完泽等言:往年先帝尝命开真定冶河,已发丁夫入役,适值先帝升遐,以聚众罢之。今请遵旧制,俾卒其事。"从之。

皇庆元年七月二日,真定路言:"龙花、判官庄诸处坏堤,计工物,申请省委都水监及本路官,自平山县西北,历视滹沱、冶河合流,急注真定西南关,由是再议,照冶河故道,自平山县西北河内,改修滚水石堤,下修龙塘堤,东南至水碾村,改引河道一里,蒲吾桥西,改辟河道一里。上至平山县西北,下至宁普县,疏其淤淀,筑堤分其上源入旧河,以杀其势。复有程同、程章二石桥阻咽水势,拟开减水月河二道,可久且便。下相栾城县,南视赵州宁晋县,诸河北之下源,地形低下,恐水泛,经栾城、赵州,坏石桥,阻河流为害。由是议于栾城县北,圣母堂东冶河东岸,开减水河,可去真定之患。"省淮,于二年二月,都水监委官与本路及廉访司官,同诣平山县相视,会计修治,总计冶河,始自平山县北关西龙神庙北独石,通长五千八百六步,共役夫五千,为工十八万八百七,无风雨妨工,三十六日可毕。

滹沱河,源出于西山,在真定路真定县南一里,经藁城县北一里,经平山县北十里。《寰宇记》载经灵寿县西南二十里。此河连贯真定诸郡,经流去处,皆曰滹沱水也。

延佑七年十一月,真定路言:"真定县城南滹沱河北决堤,浸近城,每岁修筑。闻其源本微,与冶河不相通,后二水合,其势遂猛,屡坏金大堤为患。本路达鲁花赤哈散于至元三十年言,淮引辟冶河自作一流,滹沱河水十退三、四。至大元年七月,水漂南关百余家,淤塞冶河口,其水复滹河。自后岁有溃决之患。略举大德十年至皇庆元年,节次修堤,用卷扫苇草二百余万,官给夫粮备佣直百余万锭。及延祐元年三月至五月,修堤二百七十余步,其明堂、判官、勉村三处,就用桥木为椿,征夫五百余人,执役月余不能毕。近年米价翔贵,民匮于食,有丁者正身应役,单丁者必须募人,人日佣直不下三、五贯。前工未毕,后役迭至。至七月八日,又冲塌李玉飞等庄及木方、胡营等村三处堤,长一千二百四十步。申请委官相视,差夫筑月堤。延祐二年,本路前总管马思忽尝辟治河,已复湮塞。今岁霖雨,水溢北岸数处,浸没田禾。其河元经康家庄村南流,不记岁月,徙于村北。数年修筑,皆于堤北取土,故南高、北低,水愈就下侵啮。西至木方村,东至护城堤,数约千余步,比来春,必须修治。用椿梢筑土堤,亦非永久之计。若浚木方村南旧湮枯河,引水南流,闸闭北岸河口,于南岸取土筑堤,下至合头村北与本河合。如此去城稍远,庶可无患。”都水监差官相视,截河筑堤,阔千余步,新开古岸,止阔六十步,恐不能制御千步之势。若于北岸阙破低薄处,比元料,增夫力,苇草卷扫补筑,便计苇草、丁夫。若今责办民间,缘今岁旱涝相仍,民食匮乏。拟均料各州县上中户,价钱及食米于官钱内支给。限二月二十日兴工,役夫五千,为工十六万七百一十九,度三十二日可毕。总计补筑滹沱河北岸防水堤十处,长一千九百一十步,高阔不一,计三百四十七万七千七百五十尺,用推扫梯二十五,每梯用大檩三、小檩三,计大小檩一百五十,草三十五万八百束,苇二十八万六百四十束,梢柴七千二百束。

至治元年三月,真定路言:“真定县滹沱河,每遇水泛,冲堤岸,浸没民田,已差募丁夫修筑,与廉访司官相视讲究,如将木方村南旧湮河道疏辟,导水东南行,闸闭北岸,却于河南取土,修筑至合头村,合入本河,似望可以民安。”都水监与真定路官相视议:“夫治水者,行其所无事,盖以顺其性也。闸闭滹沱河口,截河筑堤一千余步,开掘故河老岸,阔六十步,长三十余里,改水东南行流,霖雨之时,水拍两岸,截河堤堰,阻逆水性,新开故河,止阔六十步,焉能吞授千步之势?上咽下滞,必致溃决。徒糜官钱,空劳民力。若顺其自然,将河北岸旧堤比之元料,增添工物,如法卷扫,坚固修筑,诚为官民便益。"省淮补筑滹沱河北岸缕水堤一十处,通长一千九百一十步,役夫五百名,计一十六万七百三十九工。

泰定四年八月七日,省臣奏:"真定路言,滹沱河水连年泛溢为害,都水监、廉访司、真定路及濒河州县官泊耆老会议,其源自五台诸山来,至平山县王母村山口下,与平定州娘子庙石泉冶河合。夏秋霖两水涨,弥漫城郭,每年劳民筑堤,莫能除害。宜自王子村、辛安村凿河,长四里余,接鲁家湾旧涧,复开二百余步,合入冶河,以分杀其势。又木方村滹沱河南岸故道,疏涤三十里,北岸下椿卷扫,筑堤捍水,今东流。今岁储材,九月兴役,期十一月功成。所用石、铁、石灰诸物,夫匠工粮,官为供给,力省功多,可永无害。工部议,若从所请,二河并治,役大民劳,拟先开冶河,其真定路征民夫,如不敷,可于邻郡顺德路差募人夫,日给中统钞一两五钱,如侵碍民田,官酬其直。中书省、都水监差官,率知水利濠寨,督本路及当该州县用工,廉访司添力咸就,滹河近后再议。"从之。九月,委都水监官泊本道廉访、真定路同监督有司,并工修治。后真定路言:"闰九月五日为始兴工间,据赵州临城诸县申,天寒地冻,难于用工,候春暖开辟便,已于十月七日放散人民。"部议,人夫既散,宜淮所拟。凡已给夫钞二万六千八百三十二锭,地价钱六百三十锭。

会通河,起东昌路须城县安山之西南,由寿张西北至东昌,又西北至于临清,以逾于御河。

至元二十六年,寿张县尹韩仲晖、太史院令史边源相继建言,开河置闸,引汶水达舟于御河,以便公私漕贩。省遣漕副马之贞与源等按视地势,商度工用,于是图上可开之状。诏出楮币一百五十万缗、米四百石、盐五万斤,以为佣直,备器用,征旁郡丁夫三万,驿遣断事官忙速儿、礼部尚书张孔孙、兵部尚书李处巽等董其役。首事于是年正月己亥,起于须城安山之西南,止于临清之御河,其长二百五十余里,中建闸三十有一,度高低,分远迩,以节蓄泄。六月辛亥成,凡役工二百五十一万七百四十有八,赐名曰会通河。

二十七年,省以马之贞言霖两岸崩,河道淤浅,宜加修浚,奏拨放罢输运站户三千,专供其役,仍俾采伐木石等以充用。是后,岁委都水监官一员,佩分监印,率令史、奏差、濠寨官往职巡视,且督工,易闸以石,而视所损缓急为后先。至泰定二年,始克毕事。

会通镇闸三、土坝二,在临清县北。头闸长一百尺,阔八十尺,两直身各长四十尺,两雁翅各斜长三十尺,高二丈,闸空阔二丈,自至元三十年正月一日兴工,凡役夫匠六百六十名,至十月二十九日工毕。中闸南至隘船闸三里,元贞二年七月二十三日兴工,至大德二年三月十三日工毕,夫匠四百四十三,长广与上闸同。隘船南至李海务闸一百五十二里,延祐元年八元年八月十五日兴工,九月二十五日工毕,夫匠五百,闸空阔九尺,长广同上。土坝二。

李海务闸,南至周家店闸一十二里,元贞二年二月二日兴工,五月二十日工毕,夫匠五百二十七名,长广与会通镇闸同。

周家店闸,南至七级闸一十二里,大德四年正月二十一日兴工,八月二十日工毕,夫匠四百四十二,长广与上同。

七级闸二:北闸南至南闸三里,大德元年五月一日兴工,十月六日工毕,夫匠四百四十三名,长广如周家店闸,南闸南至阿城闸一十二里,元贞二年正月二十日兴工,十月五日工毕,夫匠四百五十名,长广同北闸。

阿城闸二:北闸南至南闸三里,大德三年三月五日兴工,七月二十八日工毕,夫匠四百四十一名,长广上同;南闸南至荆门北闸一十里,大德二年正月二十五日兴工,十月一日工毕,夫匠四百四十六名,长广上同。

荆门闸二:北闸南至荆门南闸二里半,大德三年六月初一日兴工,至十月二十五日工毕,役夫三百一十名,长广同;南闸南至寿张闸六十五里,大德六年正月二十三日兴工,六月二十九日工毕,长广同北闸。

寿张闸南至安山闸八里,至元三十一年正月一日兴工,五月二十日工毕。

安山闸,南至开河闸八十五里,至元二十六年建。

开河闸,南至济州闸一百二十四里。

济州闸三:上闸南至中闸三里,大德五年三月十二日兴工,七月二十八日工毕。中闸南至下闸二里,至治元年三月一日兴工,六月六日工毕。下闸南至赵村闸六里,大德七年二月十三日兴工,五月二十一日工毕。

赵村闸南至石佛闸七里,泰定四年二月十八日兴工,五月二十日工毕。

石佛闸南至辛店闸一十三里,延祐六年二月十日兴工,四月二十九日工毕。

辛店闸南至师家店闸二十四里,大德元年正月二十七日兴工,四月一日工毕。

师家店闸南至枣林闸一十五里,大德二年二月三日兴工,五月二十三日工毕。

枣林闸南至孟阳泊闸九十五里,延祐五年二月四日兴工,五月二十二日工毕。

孟阳泊闸南至金沟闸九十里,大德八年正月四日兴工,五月十七日工毕。

金沟闸南至隘船闸一十二里,大德十年闰正月二十五日兴工,四月二十三工毕。

沽头闸二:北隘船闸南至下闸二里,延祐二年二月六日兴工,五月十五日工毕。南闸南至徐州一百二十里,大德十一年二月兴工,五月十四日工毕。

三汊口闸,入盐河,南至土山闸一十八里,泰定二年正月十九日兴工,本月十三日工毕。

土山闸,南至三汊口闸二十五里,入盐河。

兖州闸。

坝城闸。

延祐元年二月二十日,省臣言:"江南行省起运诸物,皆由会通河以远于都,为其河浅涩,大船充塞于其中,阻碍余船不得来往。每岁省、台差人巡视。其所差官言,始开河时止许行百五十料船,近年权势之人并富商大贾贪嗜货利,造三四百料或五百料船,于此河行驾,以致阻滞官民舟楫,如于沽头置小石闸一,止许行百五十料船,便。臣等议,宜依所言,中书及都水监差官于沽头置小闸一,及于临清相视宜置闸处,亦置小闸一,禁约二百料之上船,不许入河行运。"从之。

至治三年四月十日,都水分监言:"会通河沛县东金沟、沽头诸处,地形高峻,旱则水浅舟涩,省部已淮置二滚水堰。近延祐二年,沽头闸上增置隘闸一,以限巨舟,每经霖雨,则三闸月河、截河土堰,尽为冲决。自秋摘夫刈薪,至冬水落,或来岁春首修治,工夫浩大,动用丁夫千百,束薪十万之余,数月方完,劳费万倍。又况延祐六年雨多水溢,月河、土堰及石闸雁翅日被冲啮,土石相离,深及数太,其工倍多,至今未完。今若运金沟、沽头并隘闸三处见有石,于沽头月河内修堰闸一所,更将隘闸移置金沟闸月河或沽头闸月河内,水大则大闸俱开,使水得通流,水小则闭金沟大闸,上开隘闸,沽头则闭隘闸,而启正闸行舟,如此岁省修治之费,亦可免丁夫冬寒入水之苦,诚为一劳永逸。"移文工部,令委官与有司同议。

于是,差濠寨约会济宁路官相视,就问金沟闸提领周德兴,言每岁夏秋霖雨,冲失闸堤,必候水落,役夫采薪修治,不下三两月方毕,冬寒水作,苦不胜言。会验监察御史言,延祐初,元省臣亦尝请置隘闸以限巨舟,臣等议,其言当,请从之。于是议:梭板等船乃御河、江、淮可行之物,宜遣出任其所之,于金沟、沽头两闸中置隘闸二,各阔一丈,以限大船。若欲于通惠、会通河行运者,止许一百五十料,违者罪之,仍没其船。其大都、江南权势红头花船,一体不许来往。准拟拆移沽头隘闸,置于金沟大闸之南,仍作运环闸,其间空地北作滚水石堰,水涨即开大小三闸,水落即锁闭大闸,止于隘闸通舟。果有小料船及官用巨物,许申禀上司,权开大闸,仍添金沟闸板积水，以便行舟。其沽头截河土堰，依例改修石堰，尽除旧有土堰三道。金沟闸月河内创建滚水石堰，长一百七十尺，高一丈，阔一丈。沽头闸自河内修截河堰，长一百八十尺，高一丈一尺，底阔二丈，上阔一丈。

泰定四年四月，御史台臣言：“巡视河道，自通州至真、扬，会集都水分监及濒河州县官民，询考利病，不出两端：一曰壅决，二曰经行。卑职参详，自古立国，引漕皆有成式。自世祖屈群策，济万民，疏河渠，引清、济、汶、泗，立闸节水，以通燕、蓟、江、淮，舟楫万里，振古所无。后人笃守成规，苟能举其废坠而已，实万世无穷之利也。盖水性流变不常，久废不修，旧规渐坏，虽有智者，不能善后。以故详历考视，酌古准今，参会众议，辄有管见，倘蒙采录，责任水监，谨守勿失，能事毕矣。不穷利病之源，频岁差人具文巡视，徒为烦扰，无益于事。都水监元立南北隘闸，各阔九尺，二百料下船梁头八尺五寸，可以入闸。愚民嗜利无厌，为隘闸所限，改造减舷添仓长船至八九十尺，甚至百尺，皆五六百料，入至闸内，不能回转，动辄浅阁，阻碍余舟，盖缘隘闸之法，不能限其长短。今卑职至真州，问得造船作头，称过闸船梁八尺五寸船，该长六丈五尺，计二百料。由是参详，宜于隘闸下岸立石则，遇船入闸，必须验量，长不过则，然后放入，违者罪之。闸内旧有长船，立限遣出。”省下都水监，委濠寨官约会济宁路委官同历视议拟，隘闸下约八十步河北立二石则，中间相离六十五尺，如舟至彼，验量如式，方许入闸，有长者罪遣退之。又与东昌路官亲诣议拟，于元立隘闸西约一里，依已定丈尺置石则，验量行舟，有不依元料者罪之。

天历三年三月，诏谕中外：“都水监言，世祖费国家财用，开辟会通河，以通漕运，往来使臣、下番百姓，及随从使臣、各枝干脱权势之人，到闸不候水则，恃势捶挞看闸人等，频频启放，又漕运粮船，凡遇水浅，于河内筑土坝积水，以渐行舟，以故坏闸，乞禁治事。命后诸王驸马各枝往来使臣，及干脱权势之人、下番使等，并运官粮船，如到闸，依旧定例启闭，若似前不候水则，恃势捶拷守闸人等,勒令启闸,及河内用土筑坝坏闸之人,治其罪。如守闸之人,恃有圣旨,合启闸时,故意迟延,阻滞使臣客旅,欺要钱物,乃不畏宪也。仍今监察御史、廉访司尝加体察。

兖州闸已见前。

至元二十七年四月,都漕运副使马之贞言:

准山东东西道宣慰使司牒文,相视兖州闸堰事。先于至元十二年,蒙丞相伯颜访问自江淮达大都河道,之贞乃言,宋、金以来,汶、泗相通河道,郭都水按视,可以通漕。于二十年中书省奏准,委兵部李尚书等开凿,拟修石闸十四。二十一年,省委之贞与尚监察等同相视,拟修石闸八、石堰二,除已修毕外,有石闸一、石堰一、堽城石堰一,至今未修。据济州以南,徐、邳沿河绰道桥梁,二十三年添立邳州水站,移文沿河州县,修治已完。二十三年,调之贞充漕运副使,委管闸接放纲船。治河绰道,元无崩损去处,在前年例,当麻麦盛时,差官修理绰道,督责地主割刈麻麦,并滕州开决稻堰,泗源磨堰,差人于吕梁百步等碛,及济州闸监督江淮纲运般只,过碛出闸,不令阻滞客旅,苟取钱物。据新开会通并济州汶、泗相通河,非自然长流河道,于兖州立闸堰,约泗水西流,堽城立闸堰,分汶水入河,南会于济州,以六闸撙节水势,启闭通放舟楫,南通淮、泗以入新开会通河,至于通州。

近去岁四月,江淮都漕运使言,本司粮运,经济河至东阿交割,前者济州运司不时移文濒河官司,修治绰道,若有缓急处所,正官取招呈省,路经历、县达鲁花赤以下就便断罪。今济州漕司革罢,其河道拨属都漕运司管领,本司粮运未到东阿,凡有阻滞,并是本司迟慢。迤南河道,从此无人管领,不时水势泛溢,堤岸摧塌,涩滞河道。又济州闸,前济州运司正官亲临监视,其押纲船户不敢分争。即目各处官司差人管领,与纲官船户各无统摄,争要水势,及搀越过闸,互相殴打,以致损坏船双,浸没官粮。拟将东阿河道拨付江淮都漕运司提调管领,庶几不误粮运。都省准焉。

　　又准江淮都漕运司副使言,除委官看管闸堰外,据汶、泗、堽城二闸一堰,泗河兖州闸堰,济州城南闸,乃会通河上源之喉衿,去岁流水冲坏堽城汶河土堰,兖州泗河土堰,必须移文兖州、泰安州差夫修闭。又被涨水冲破梁山一带堤堰,走泄势水,通入旧河,以致新河水小,涩粮船,乞移文断事等官,转下东平路修闭。上流拨属江淮漕运司,下流属之贞管领。若已后新河水小,直下济州监闸官,并泰安、兖州、东平修理。据兖州石闸一所、石堰一道,堽城石闸一道,合用材物已行措置完备,必须修理,虽初经之贞相视会计,即今不隶管领,乞移文江淮漕司修治。其泰安州堽城安、梁山一带堤岸,济州闸等处,虽是拨属江淮漕司,今后倘若水涨,冲坏堤堰,亦照会东平、济宁、泰安,如承文字,亦仰奉行。又东阿、须城界安山闸,为粮船不由旧河来往,江淮所委监闸官已去,目今无人看管,必须之贞修理,以此权委人守焉。

元史卷六五

志第一七上

河渠二

黄河　济州河　滏河　广济渠
三白渠　洪口渠　扬州运河　练湖
吴松江　淀山湖　盐官州海塘
龙山河道

　　黄河之水,其源远而高,其流大而疾,其为患于中国者莫甚焉。前史载河决之患详矣。

　　世祖至元九年七月,卫辉路新乡县广盈仓南河北岸决五十余步。八月,又崩一百八十三步,其势未已,去仓止三十步。于是委都水监丞马良弼与本路官同诣相视,差丁夫并力修完之。二十五年,汴梁路阳武县诸处,河决二十二所,漂荡麦禾房舍,委宣慰司督本路差夫修治。

　　成宗大德三年五月,河南省言:"河决蒲口儿等处,浸归德府数郡,百姓被灾。差官修筑计料,合修七堤二十五处,共长三万九千九十二步,总用苇四十万四千束,径尺椿二万四千七百二十株,役夫七千九百二人。

　　武宗至大三年十一月,河北河南道廉访司言:

　　　　黄河决溢,千里蒙害。浸城郭,漂室庐,坏禾稼,百姓已罹其毒。然后访求修治之方,而且众议纷纭,互陈利害,当事者疑惑不决,必须上请朝省,比至议定,其害滋大,所谓不预已然之弊。大抵黄河伏槽之时,水势似缓,观之不足为害,一遇霖潦,湍浪迅猛。自孟津以东,土性疏薄,兼带沙卤,又失导泄之方,崩溃决溢,可翘足而待。

近岁亳、颍之民,幸河北徙,有司不能远虑,失于规划,使陂泺悉为陆地。东至杞县三汊口,播河为三,分杀其势,盖亦有年。往岁归德、太康建言,相次湮塞南北二汊,遂使三河之水合而为一。下流既不通畅,自然上溢为灾。由是观之,是自夺分泄之利,故其上下决溢,至今莫除。即今水势趋下,有复钜野、梁山之意。盖河性迁徙无常,苟不为远计预防,不出数年,曹、濮、济、郓蒙害必矣。

今之所谓治水者,徒尔议论纷纭,咸无良策。水监之官,既非精选,知河之利害者,百无一二。虽每年累驿而至,名为巡河,徒应故事。问地形之高下,则懵不知;访水势之利病,则非所习。既无实才,又不经练。乃或妄兴事端,劳民动众,阻逆水性,翻为后患。

为今之计,莫若于汴梁置都水分监,妙选廉干、深知水利之人,专职其任,量存员数,频为巡视,谨其防护。可疏者疏之,可堙者堙之,可防者防之。职掌既专,则事功可立。较之河已决溢,民已被害,然后卤莽修治以劳民者,乌可同日而语哉。于是省令都水监议,检照大德十年正月省臣奏准,昨都水监升正三品,添官二员,铸分监印,巡视御河,修缺溃,疏浅涩,禁民船越次乱行者,令拟就令分巡提点修治。本监议:"黄河泛涨,止是一事,难与会通河有坝闸漕运分监守治为比。先为御河添官降印,兼提点黄河,若使专一,分监在彼,则有妨御河公事。况黄河已有拘该有司正官提调,自今莫若分监官吏以十月往,与各处官司巡视缺破,会计工物督治,比年终完,来春分监新官至,则一一交割,然后代还,庶不相误。"

　　工部照大德九年黄河决徙，逼近汴梁，几至浸没。本处官司权宜开辟董盆口，分入巴河，以杀其势，遂使正河水缓，并趋支流。缘巴河旧隘，不足吞伏，明年急遣萧都水等闭塞，而其势愈大，卒无成功，致连年为害，南至归德诸处，北至济宁地分，至今不息。本部议："黄河为害，难同余水。欲为经远计，非用通知古今水利之人专任其事，终无补益。河南宪司所言详悉，今都水监别无他见，止依旧例议拟未当。如量设官，精选廉干奉公、深知地形水势者，专任河防之职，往来巡视，以时疏塞，庶可除害。"省准今都分监官专治河患，任满交代。

　　仁宗延祐元年八月，河南等处行中书省言："黄河涸露旧水泊汙池，多为势家所据，忽遇泛溢，水无所归，遂致为害。由此观之，非河犯人，人自犯之。拟差知水利都水监官，与行省、廉访司同相视，可以疏辟堤障，比至泛溢，先加修治，用力少而成功多。又汴梁路睢州诸处，决破河口数十，内开封县小黄村计会月堤一道，都水分监修筑障水堤堰，所拟不一，宜委请行省官与本道宪司、汴梁路都水分监官及州县正官，亲历按验，从长讲议。"则是委太常丞郭奉政、前都水监丞边承务、都水监卿朵儿只、河南行省石右丞、本道廉访副使站木赤、汴梁判官张承直，上自河阴，下至陈州，与拘该州县官一同沿河相视。开封县小黄村河口，测量比旧浅减六尺。陈留、通许、太康旧有蒲苇之地，后因闭塞西河、塔河诸水口，以便种莳，及他处连年溃决。"

　　各官公议："治水之道，惟当顺其性之自然。尝闻大河自阳武、胙城，由白马河间，东北入海。历年既久，迁徙不常。每岁泛溢两岸，时有冲决，强为闭塞，正及农忙，科椿梢，发丁夫，动至数万，所费不可胜纪，其弊多端，郡县嗷嗷，民不聊生。盖黄河善迁徙，惟宜顺下疏泄。今相视上自河阴，下抵归德，经夏水涨，甚于常年，以小黄口分泄之故，并无冲决，此其明验也。详视陈州，最为低洼，濒河之地，今岁麦禾不收，民饥特甚。欲为拯救，奈下流无我可疏之处。若将小黄村河口闭塞，必移患邻郡。决上流南岸，则汴梁被害；决下流北岸,则山东可忧。事虽两全,当遗小就大。如免陈村差税,赈其饥民,陈留、通许、太康县被灾之家,依例取勘赈恤,其小黄村河口仍旧通流外,据修筑月堤,并障水堤,闭河口,别难拟议。"于是凡汴梁所辖州县河堤,或已修治,及当疏通与补筑者,条列具备。

至五年正月,河北河南道廉访副使奥屯言:"近年河决杞县小黄村口,滔滔南流,莫能御遏,陈、颍濒河膏腴之地浸没,百姓流散。今水迫汴城,远无数里,傥值霖雨水溢,仓卒何以防御。方今农隙,宜为讲究,使水归故道,达于江、淮,不惟陈、颍之民得遂其生,窃恐将来浸灌汴城,其害匪轻。"于是大司农司下都水监移文汴梁分监修治,自六年二月十一日兴工,至三月九日工毕,总计北至槐疙疸两旧堤,南至窑务汴堤,通长二十里二百四十三步。创修护城堤一道,长七千四百四十三步。下地修堤,下广十六步,上广四步,高一丈,六十尺为一工。堤东二十步外取土,内河沟七处,深浅高下阔狭不一,计工二十五万三千六百八十,用夫八千四百五十三,除风雨妨工,三十日毕。内流水河沟,南北阔二十步,水深五尺。河内修堤,底阔二十四步,上广八步,高一丈五尺,积十二万尺,取土稍远,四十尺为一工,计三万工,用夫百人。每步用大椿二,计四十,各长一丈二尺,径四寸。每步杂草千束,计二万。每步签椿四,计八十,各长八尺,径三寸。水手二十,木匠二,大船二艘,梯镴一副,绳索毕备。

七年七月,汴梁路言:"荥泽县六月十一日河决塔海庄东堤十步余,横堤两重,又缺数处。二十三日夜,开封县苏村及七里寺复决二处。"本省平章站马赤观率本路及都水监官,并工修筑,于至治元年正月兴工,修堤岸四十六处,该役一百二十五万六千四百九十四工,凡用夫三万一千四百一十三人。

文宗至顺元年六月,曹州济阴县河防官本县尹郝承务言:"六月五日,魏家道口黄河旧堤将决,不可修筑,以此差募民夫,创修护水月堤,东西长三百九步,下阔六步,高一丈。又缘水势瀚漫,复于近北筑月堤,东西长一千余步,下广九步,其功未竟。至二十一日,水忽泛溢，新旧三堤一时咸决，明日外堤复坏，急率民闭塞，而湍流迅猛，有蛇时出没于中，所下椿土，一扫无遗。又旧堤岁久多有缺坏，差夫并工筑成二十余步。其魏家道口缺堤，东西长一千五百步。魏家道口卒未易修，先差夫补筑。磨子口七月十六日兴工，二十八日工毕。二十二日，按视至朱从马头西，旧堤缺坏，东西长一百七十余步，计料堤外贴筑五步，增高一丈二尺，与旧堤等，上广二步。于磨子口修堤夫内，摘差三百一十八人，于是月二十三日入役，至闰七月四日工毕。”

郝承务又言：“魏家道口圩堨等村，缺破堤堰，累下椿土，冲洗不存，若复闭筑，缘缺堤周回皆泥淖，人不可居，兼无取土之处。又沛郡安乐等保，去岁旱炎，今复水涝，漂禾稼，坏室庐，民皆缺食，难于差倩。其不经水害村保民人，先已遍差补筑黄家桥、磨子口诸处堤堰，似难重役。如候秋凉水退，倩夫修理，庶苏民力。今冲破新旧堤七处，共长一万二千二百二十八步，下广十二步，上广四步，高一丈二尺，计用夫六千三百四人，椿九百九十，苇箔一千三百二十，草一万六千五束。六十尺为一工，无风雨妨工，度五十日可毕。”本县准言，至八月三十日差夫二千四百二十，关请郝承务督役。

郝承务又言：“九月三日兴工修筑，至十八日大风，十九日雨，二十四日复雨，缘此辛马头、孙家道口障水堤堰又坏，计工役倍于元数，移文本县，添差二千人同筑。二十六日，元与成武、定陶二县分筑魏家道口八百二十步修完。十月二日，至辛马头、孙家道口，从实丈量元缺堤，南北阔一百四十步，内水地五十步，深者至二丈，浅者不下八九尺，依元料用椿箔补筑，至七日完。又于本处创筑月堤一道，西北东南斜长一千六百二十七步，内成武、定陶分筑一百五十步，实筑一千四百七十七步，外有元料堨头魏家道口外堤未筑。即欲兴工，缘冬寒土冻，拟候来春，并工修理，官民两便。”

济州河者，新开以通漕运也。

世祖至元十七年七月，耿参政、阿里尚书奏：“为姚演言开河事,令阿合马与耆旧臣集议,以钞万锭为佣直,仍给粮食。"世祖从之。十八年九月,中书丞相火鲁火孙等奏:"姚总管等言,请免益都、淄莱、宁海三州一岁赋,入折佣直,以为开河之用。平章阿合马与诸老臣议,以为一岁民赋虽多,较之官给佣直,行之甚便。"遂从之。十月,火鲁火孙等奏:"阿八失所开河,经济州,而其地又有一河,傍有民田,开之甚便。臣等议,若开此河,阿八失所管一方屯田,宜移之他处,不阻水势。"世祖令移之。十二月,差奥鲁赤、刘都水及精算数者一人,给宣差印,往济州,定开河夫役。令大名、卫州新附军亦往助工。

　　二十一年,御史台言:"胶、莱海道浅涩,不能行舟。"台官玉速帖木儿奏:"阿八失所开河,省遣牙亦速失来,谓漕船泛河则失少,泛海则损多。"既而漕臣襄加解、万户孙伟又言:"漕海舟疾且便。"右丞麦术丁又奏:"斡奴兀奴髃凡三移文,言阿八失所开河,益少损多,不便转漕。水手军人二万,舟千艘,见闲不用,如得之,可岁漕百万石。昨奉旨,候忙古髃来共议,海道便,则阿八失河可废。今忙古髃已自海道运粮回,有一、二南人,自愿运粮万石,已许之。"襄加髃、孙万户复请用军验试海运。省院官暨众议:"阿八失河所用水手五千、军五千、船千艘,畀扬州省教习漕运。今拟此水手军人,就用平滦船,从利津海漕运。"世祖从之。阿八失所开河遂废。

　　滏河者,引滏水以通洺州城濠者也。
　　至元五年十月,洺磁路言:"洺州城中,井泉咸苦,居民食用,多作疾,且死者众。请疏涤旧渠,置坝闸,引滏水分灌洺州城濠,以济民用。计会河渠东西长九百步,阔六尺,深三尺,二尺为工,役工四百七十五,民自备用器,岁二次放闸,且不妨漕事。"中书省准其言。

　　广济渠
　　广济渠在怀孟路,引沁水以达于河。
　　世祖中统二年,提举王允中、大使杨端仁奉诏开河渠,凡募夫千六百五十一人，内有相合为夫者，通计使水之家六千七百余户，一百三十余日工毕。所修石堰，长一百余步，阔三十余步，高一丈三尺。石斗门桥，高二丈，长十步，阔六步。渠四道，长阔不一，计六百七十七里，经济源、河内、河阳、温、武陟五县，村坊计四百六十三处。渠成甚益于民，名曰广济。三年八月，中书省臣忽鲁不花等奏："广济渠司言，沁水渠成，今已验工分水，恐久远权豪侵夺。"乃下诏依本司所定水分，已后诸人毋得侵夺。

至文宗天历三年三月，怀庆路同知阿合马言："天久亢旱，夏麦枯槁，秋谷种不入土，民匮于食。近因访问耆老，咸称丹水浇溉近山田土，居民深得其利，有沁水亦可溉田，中统间王学士亦为天旱，奉诏开此渠，募自愿人户，于太行山沁口古迹，置分水渠口，开浚大河四道，历温、陟入黄河，约五百余里，渠成名曰广济。设官提调，遇旱则官为斟酌，验工多寡，分水浇溉，济源、河内、河阳、温、武陟五县民田三千余顷咸受其赐。二十余年后，因豪家截河起堰，立碾磨，壅遏水势。又经霖两，渠口淤塞，堤堰颓圮。河渠司寻亦革罢，有司不为整治，因致废坏。今五十余年，分水渠口及旧渠迹，俱有可考，若蒙依前浚治，引水溉田，于民大便。可今河阳、河内、济源、温、武陟五县使水人户，自备工力，疏通分水渠口，立闸起堰，仍委谙知水利之人，多方区画。遇旱，视水缓急，撤闸通流，验工分水以灌溉。若霖雨泛涨，闭闸退还正流。禁治不得截水置碾磨，载种稻田。如此，则涝旱有备，民乐趋利。请移文孟州、河内、武陟县委官讲议。"

寻据孟州等处申，亲诣沁口，谘询耆老，言旧日沁水正河内筑土堰，遮水入广济渠，岸北虽有减水河道，不能吞伏，后值霖雨，荡没田禾，以此堵闭。今若枋口上连土岸，及于浸水正河置立石堰，与枋口相平，如遇水溢，闭塞闸口，使水漫流石堰，复还本河，又从减水河分杀其势，如此庶不为害。约会河阳、武陟县尹与耆老等议，若将旧广济渠依前开浚，减水河亦增开深阔，禁安磨碾，设立闸堰，自下使水，遇旱放闸浇田，值涝闭闸退水，公私便益。怀庆路备申工部牒，都水监回文本路，委官相视施行。

京兆旧有三白渠,自元伐金以来,渠堰缺坏,土地荒芜,陕西之人唯欲种莳,不获水利,赋税不足,军兴乏用。

太宗之十二年,梁泰奏请差拨人户、牛具、一切种莳等物,修成渠堰,比之旱地,其收数倍,所得粮米可以供军。太宗准奏,就今梁泰佩元降金牌,充宣差、规措三白渠使,郭时中副之,直隶朝廷,置司于云阳县。所用种田户及牛畜,别降旨,付塔海绀不于军前应副。是月,敕喻塔海绀不:"近梁泰奏修三白渠事,可于汝军前所获有妻少壮新民,量拨二千户,及木工二十人,官牛内选肥腯齿小者一千头,内乳牛三百,以界梁泰等。如不敷,于各千户、百户内贴补,限今岁十一月内交付数足,趁十二月入工。其耕种之人,所收之米,正为接济军粮。如发遣人户之时,或阙少衣装,于各千户、百户内约量支给,差军护送出境,沿途经过之处,亦为防送,毋致在逃走逸。验路程给以行粮,大口一升,小者半之。"

洪口渠在奉元路。

英宗至治元年十月,陕西屯田府言:

自秦、汉至唐、宋,年例八月差使水户,自泾阳县西仲山下截河筑洪堰,改泾水入白渠,下至泾阳县北白公斗,分为三限,并平石限,盖五县分水之要所。北限入三原、栎阳、云阳,中限入高陵,南限入泾阳,浇溉官民田七万余亩。近至大三年,陕西行台御史王承德言,泾阳洪口展修石渠,为万世之利。由是会集奉元路三原、泾阳、临潼、高陵诸县,洎泾阳、渭南、栎阳诸屯官及耆老议,如准所言,展修石渠八十五步,计四百二十五尺,深二丈,广一丈五尺,计用石十二万七千五百尺,人日采石积方一尺,工价二两五钱,石工二百,丁夫三百,金火匠二,用火焚水淬,日可凿石五百尺,二百五十五日工毕。官给其粮食用具,丁夫就役使水之家,雇匠佣直使水户均出。

陕西省议,计所用钱粮,还及二年之费,可谓一劳永逸,准所言便。都省准委屯田府达鲁花赤只里赤督工，自延祐元年二月十日发夫匠入役，至六月十九日委官言，石性坚厚，凿仅一丈，水泉涌出，近前续展一十七步，石积二万五千五百尺，添夫匠百人，日凿六百尺，二百四十二日可毕。

文宗天历二年三月，屯田总管兼管河渠司事郭嘉议言："去岁六月三日骤雨，泾水泛涨，元修洪堰及小龙口尽圮。水归泾，白渠内水浅。为此计用十四万九千五百一十一工，役丁夫一千六百，度九十三日毕。于使水户内差拨，每夫就持麻一斤，铁一斤，系罂取泥索各一，长四十尺，草苫一，长七尺，厚二寸。"

陕西省准屯田府照，洪口自秦至宋一百二十激，经由三限，自泾阳下至临潼五县，分流浇溉民田七万余顷，验田出夫千六百人，自八月一日修堰，至十月放水溉田，以为年例。近因奉元亢旱，五载失稔，人皆相食，流移疫死者十七、八。今差夫又令就出用物，实不能办集。窃详泾阳水利，虽分三限引水溉田，缘三原等县地理遥远，不能依时周遍，泾阳北近，俱在上限，并南限、中限，用水最便。今次修堰，除见在户依例差役，其逃亡之家合出夫数，宜今泾阳县近限水利户添差一人，官日给米一升，并工修治。省准出钞八百锭，委耀州同知李承事，洎本府总管郭嘉议及各处正官，计工役，照时直籴米给散。李承事督夫修筑，至十一月十六日毕。

运河在扬州之北。宋时尝设军疏涤，世祖取宋之后，河渐壅塞。至元末年，江淮行省尝以为言，虽有旨浚治，有司奉行，未见实效。

仁宗延祐四年十一月，两淮运司言："盐课甚重，运河浅涩无源，止仰天雨，请加修治。"明年二月，中书移文河南省，选官洎运司有司官相视，会计工程费用。于是，河南行省委都事张奉政及淮东道宣慰司官、运司官，会州县仓场官，遍历巡视集议：河长二千三百五十里，有司差濒河有田之家，顾倩丁夫，开修一千八百六十九里，仓场盐司不妨办课，协济有司，开修四百八十二里。

运司言："近岁课额增多，而船灶户日益贫苦，宜令有司通行修治，省减官钱。"省臣奏准：诸色户内雇募丁夫万人，日支盐粮钱二两，计用钞二万锭，于运司盐课及减驳船钱内支用。差官与都水监、河南行省、淮东宣慰司官专董其事，廉访司体察，枢密院遣官镇遏，乘农隙并工疏治。

练湖在镇江。元有江南之后，豪势之家于湖中筑堤围田耕种，侵占既广，不足受水，遂致泛溢。世祖末年，参政暗都剌奏请依宋例，委人提调疏治，其侵占者验亩加赋。

至治三年十二月，省臣奏："江浙行省言，镇江运河全藉练湖之水为上源，官司漕运，供亿京师，及商贾贩载，农民来往，其舟楫莫不由此。宋时专设人夫，以时修浚。练湖潴蓄潦水，若运河浅阻，开放湖水一寸，则可添河水一尺。近年淤浅，舟楫不通，凡有官物，差民运递，甚为不便。委官相视，疏治运河，自镇江路至吕城坝，长百三十一里，计役夫万五百十三人，六十日可毕。又用三千余人浚涤练湖，九十日可完。人日支粮三升、中统钞一两。行省、行台分官监督。所用船物，今岁预备，来春兴工。合行事宜，依江浙行省所拟。"既得旨，都省移文江浙行省，委参政董中奉率合属正官，亲临督役。

于是董中奉言："所委前都水少监崇明州知州任奉政、镇江路总管毛中议等议：练湖、运河此非一事，宜依假山诸湖农民取泥之法，用船千艘，船三人，用竹箅捞取淤泥，日可三载，月计九万载，三月之间，通取二十七万载，就用所取泥增筑湖岸。自镇江在城程公坝至常州武进县吕城坝，河长百三十一里一百四十六步，拟开河面阔五丈，底阔三丈，深四尺，与见有水二尺，可积深六尺。所役夫于平江、镇江、常州、江阴州及建康路所辖溧阳州田多上户内差倩。若浚湖开河，二役并兴，卒虽办集。宜趁农隙，先开运河，工毕就浚练湖。"省准所言，与都事王徵事等于泰定元年正月至镇江丹阳县，泊各监工官沿湖相视，上湖沙冈黄土，下湖菱根丛杂，泥亦坚硬，不可箅取。又议两役并兴，相离三百余里，往来监督，供给为难，顾以所督夫一万三千五百十二人，先开运河，期四十七日毕，次浚练湖，二十日可完。继有江南行台侍御史及浙西廉访司副使俱至，乃议首事运河，备文咨禀，遂于是月十七日入役。

二月十八日，省臣奏：开浚运河、练湖，重役也，宜依行省所议，仍今便宜从事。后各监工官言："已分运河作三坝，依元料深阔丈尺开浚，至三月四日工毕。数内平江昆山、嘉定二州，实役二十六日，尝熟、吴江二州，长洲、吴县实役二十八日，余皆役三十日，已于三月七日积水行舟。"又监修练湖官言："任奉议指划元料，增筑堤堰及旧有土基，共增阔一丈二尺，平面至高底滩脚，增筑共量斜高二丈五尺。依中堰西石砫东旧堤卧羊滩修筑，如旧堤高阔已及所料之上者，遇有崩缺，修筑今完。中堰西砫至五百婆堤西上增高土一尺，有缺亦补之。五百婆堤至马林桥堤水势稍缓，不须修治，其堤底间有渗漏者窒塞之。三月六日破土，九日入役，至十一日工毕，实役三日。归勘任少监元料，开运河夫万五百十三人，六十日毕，浚练湖夫三千人，九十日毕，人日支钞一两、米三升，共该钞万八千一十四锭二十两、米二万七千二十一石六斗，实徵夫万三千五百十二人，共役三十三日，支钞八千六百七十九锭三十六两、粮万三千十九石五斗八升。比附元料，省钞九千三百三十四锭三十四两、粮万四千二石二升。其练湖未毕，相视地形水势再议。"

参政董中奉又言："练湖旧有湖兵四十三人，添补五十七名，共百人，于本路州县苗粮三石之下、二石之上差充，专任修筑湖岸。设提领二员、壕寨二人、司史三人，于有出身人内选用。"工部议："练湖所设提领人等印信，即同湖兵，宜咨本省遍行议拟。"又镇江路言："运河、练湖今已开浚，若不设法关防，徒劳民力。除关本路运鲁花赤兀鲁失海牙总治其事，同知哈散、知事程郇专管京闭斗门。"行省从之。

浙西诸山之水受之太湖，下为吴松江，东汇淀山湖以入海，而潮沙来往，逆涌浊沙，上湮河口，是以宋时设置撩洗军人，专掌修治。元既平宋，军士罢散，有司不以为务，势豪租占为荡为田，州县不得其人，辄行许准，以致湮塞不通，公私俱失其利久矣。

至治三年，江浙省臣方以为言，就委嘉兴路治中高朝列、湖州路知事丁将仕同本处正官，体究旧曾疏浚通海故道，及新生沙涨碍水处所，商度开涤图呈。据丁知事等官按视讲究，合开浚河道五十五处。内常熟州九处，十三段，该工百三十二万一千五百六十二，昆山州十一处，九十五里，用工二万七千四，日役夫四百五十六，宜于本州有田一顷之上户内，验田多寡，算量里步均派，自备粮赴功疏浚。正月上旬兴工，限六十日工毕，二年一次举行。嘉定州三十五处，五百三十八里，该工百二十六万七千五十九，日支粮一升，计米万二千六百七十石五斗九升，日役夫二万一千一百一十七，六十日毕。工程浩大，米粮数多，乞依年例，劝率附河有田用水之家，自备口粮，佃户佣力开浚。奈本州连年被灾，今岁尤甚，力有不逮，宜从上司区处。

高治中会集松江府各州县官按视，议合浚河渠，华亭县九处，计五百二十八里，该工九百六十八万四千八百八十二，役夫十六万一千四百一十四，人日支粮二升，计米十九万三千六百九十七石六斗四升。上海县十四处，计四百七十一里，该工千二百三十六万八千五十二，日役夫二万六千一百三十四，人日支粮二升，计二十四万七千三百六十一石四升，六十日工毕。官给之粮，佣民疏治。如下年丰稔，劝率有田之家，五十亩出夫一人，十亩之上验数合出，止于本保开浚。其权势之家，置立鱼断并沙涂栽苇者，依上出夫。

其上海、嘉定连年旱涝，皆缘河口湮塞，旱则无以灌溉，涝则不能流泄，累致凶歉，官民俱病。至元三十年以后，两经疏辟，稍得丰稔。比年又复壅闭，势家愈加租占，虽得徵赋，实失大利。上海县岁收粮一十七万石，民粮三万余石，略举似延祐七年灾伤五万八千七百余石，至治元年灾伤四万九千余石，二年十万七千余石，水旱连年，殆无虚岁，不惟亏欠官粮，复有赈贷之费。近委官相视地形，讲议疏浚，其通海大江，未易遽治，旧有河港联络官民田土之间，藉以灌溉者，今皆填塞，必须疏通，以利耕种。欲令有田人户自为开浚，而工役浩繁，民力不能独成。由是议，上海、嘉定河港，宜令本处所管军、民、站、灶、僧、道、诸色有田者，以多寡出夫，自备粮作治，州县正官督役。其豪势租占荡田、妨水利者，并与除辟。本处民田税粮全免一年，官租减半。今秋收成，下年农隙举行。行省、行台、廉访司官巡镇。外据华亭、昆山、常熟州河港，比上海、嘉定缓急不同，难为一体，从各处劝农正官督有田之家，备粮并工修治。若遽兴工，阴阳家言癸亥年动土有忌，预为咨禀可否。

至泰定元年十月十九日，右丞相旭迈杰等奏：“江浙省言，吴松江等处河道壅塞，宜为疏涤，仍立闸以节水势。计用四万余人，今岁十二月为始，至正月终，六十日可毕，用二万余人，二年可毕。其丁夫于旁郡诸色户内均差，依练湖例，给佣直粮食。行省、行台、廉访司并有司官同提调。臣等议，此事官民两便，宜从其请。若丁夫有余，止今一年毕。命脱欢答剌罕诸臣同提调，专委左丞朵儿只班及前都水任少监董役。”得旨，移文行省，准拟疏治。江浙省下各路发夫入役，至二年闰正月四日工毕。

太湖为浙西巨浸，上受杭、湖诸山之水，潴蓄之余，分汇为淀山湖，东流入海。

世祖末年，参政暗都剌言：“此湖在宋时，委官差军守之，湖旁余地，不许侵占，尝疏其壅塞，以泄水势。今既无人管领，遂为势豪绝水筑堤，绕湖为田。湖狭不足潴蓄，每遇霖潦，泛溢为害。昨本省官忙古䚟等兴言疏治，因受曹总管金而止。张参议、潘应武等相继建言，识者咸以为便。臣等议，此事可行无疑。然虽军民相参，选委廉干官提督，行省山住子、行院董八都儿子、行台哈剌䚟令亲诣相视，会计合用军夫拟禀。”世祖曰：“利益美事，举行已晚，其行之。”既而平章铁哥言：“委官相视，计用夫十二万，百日可毕。昨奏军民共役，今民丁数多，不须调军。”世祖曰：“有损有益，咸令均齐，毋自疑惑，其均科之。”

至元三十一年，世祖崩，成宗即位，平章铁哥奏：“太湖、淀山湖

昨尝奏过先帝,差情民夫二十万疏掘已毕。今诸河日受两潮,渐致
沙涨,若不依旧宋例,令军屯守,必致坐隳成功。臣等议,常时工役
拨军,枢府犹且怜惜,屯守河道用军八千,必辞不遣。淀山湖围田赋
粮二万石,就以募民夫四千,调军士四千与同屯守。立都水防田使
司,职掌收捕海贼,修治河渠围田。"命伯颜察儿暨枢密院议毕闻
奏。于是,枢府言:"尝奏淀山湖在宋时设军屯守,范殿帅、朱、张辈
必知其故,拟与省官集议定禀奏,有旨从之。乃集枢府官及范殿帅
等共议。朱、张言:宋时屯守河道,用手号军,大处千人,小处不下
三、四百,棣巡检司管领。范殿帅言:差夫四千,非动摇四十万户不
可,若今五千军屯守,就委万户一员提调,事或可行。臣等亦以为
然,与都水巡防万户府职名,俾棣行院。"枢府官又言:"若与知源委
之人询其详,候至都定议。"从之。

盐官州去海岸三十里,旧有捍海蟷二,后又添筑咸塘,在宋时
亦尝崩陷。成宗大德三年,塘岸崩,都省委礼部郎中游中顺洎本省
官相视。虚沙复涨,难于施力。至仁宗延祐己未、庚申间,海汛失度,
累坏民居,陷地三十馀里。其时省宪官共议,宜于州后北门添筑土
塘,然后筑石塘,东西长四十三里,后以潮汐沙涨而止。

至泰定即位之四年二月间,风潮大作,冲捍海小塘,坏州郭四
里。杭州路言:"与都水庸田司议,欲于北地筑塘四十馀里,而工费
浩大,莫若先修咸塘,增其高阔,填塞沟港,且浚深近北备塘濠堑,
用桩密钉,庶可护御。"江浙省准下本路修治。都水庸田司又言:"宜
速差丁夫,当水入冲堵闭,其不敷工役,于仁和、钱塘及嘉兴附近州
县诸色人户内斟酌差倩,即目沦没不已,且夕诚为可虑。"工部议:
"海岸崩摧重事也,宜移文江浙行省,督催庸田使司、盐运司及有司
发丁夫修治,毋致侵犯城郭,贻害居民。"五月五日,平章秃满迭儿、
茶乃、史参政等奏:"江浙省四月内,潮水冲破盐官州海岸,令庸田
司官征夫修堵,又令僧人诵经,复差人令天师致祭。臣等集议,世祖
时海岸尝崩,遣使命天师祈祀,潮即退,今可令直省舍人伯颜奉御

香,令天师依前例祈祀。"制曰可。即而杭州路又言:"八月以来,秋潮汹涌,水势愈大,见筑沙地塘岸,东西八十馀步,造木柜石囤以塞其要处。本省左丞相脱欢等议,安置石囤四千九百六十,抵御镂啮,以救其急,拟比浙江立石塘,可为久远。计工物,用钞七十九万四千馀锭,粮四万六千三百馀石,接续兴修。"

致和元年三月,省臣奏:"江浙省并庸田司官修筑海塘,作竹篷篠,内实以石,鳞次垒叠以御潮势,今又沦陷入海,见图修治,傥得坚久之策,移文具报。臣等集议,此重事也,且夕驾幸上都,分官扈从,不得圆议。今差户部尚书李家奴、工部尚书李嘉宾、枢密院属卫指挥青山、副使洪灏、宣政金院南哥班与行省左丞相脱欢及行台、行宣政院、庸田使司诸臣,会议修治之方。合用军夫,除戍守州县关津外,酌量差拨,从便添支口粮。合役丁力,附近有田之民,及僧、道、也里可温、答失蛮等户内点倩。凡工役之时,诸人毋或沮坏,远者罪之。合行事务,提调官移文禀奏施行。"有旨从之。四月二十八日,朝廷所委官,泊行省台院及庸田司等官议:"大德、延祐欲建石塘未就。泰定四年春,潮水异常,增筑土塘,不能抵御,议置板塘,以水涌难施工,遂作篷篠木柜,间有漂沉,欲踵前议,叠石塘以图久远。为地脉虚浮,比定海、浙江、海盐地形水势不同,由是造石囤于其坏处叠之,以救目前之急。已置石囤二十九里馀,不曾沦陷,略见成效。"庸田司与各路官同议,东西接垒石囤十里,其六十里塘下旧河,凡取土筑塘,凿东山之石以备崩损。

文宗天历元年十一月,都水庸田司言:"八月十日至十九日,正当大汛,潮势不高,风平水稳。十四日,祈请天妃入庙,自本州岳庙东海北护岸鳞鳞相接。十五日至十九日,海岸沙涨,东西长七里馀,南北广或三十步,或数十百步,渐见南北相接。西至石囤,已及五都,修筑捍海塘与盐塘相连,直抵岩门,障御石囤。东至十一都六十里塘,东至东大尖山嘉兴、平湖三路所修处海口。自八月一日至二日,探海二丈五尺。至十九日、二十日探之,先二丈者今一丈五尺,先一丈五尺者今一丈。西自六都仁和县界赭山、雷山为首,添涨沙涂,已过五都四都,盐官州廊东西二都,沙土流行,水势俱浅。二十日,复巡视自东至西岸脚涨沙,比之八月十七日渐增高阔。二十七日至九月四日大汛,本州岳庙东西,水势俱浅,涨沙东过钱家桥海岸,元下石囤木植,并无颓圮,水息民安。"于是改盐官州曰海宁州。

　　龙山河在杭州城外,岁久淤塞。武宗至大元年,江浙省令史裴坚言:"杭州钱塘江,近年以来,为沙涂壅涨,潮水远去,离北岸十五里,舟楫不能到岸。商旅往来,募夫搬运十七八里,使诸物翔涌,生民失所,递运官物,甚为烦扰。访问宋时并江岸有南北古河一道,名龙山河,今浙江亭南至龙山闸约一十五里,粪壤填塞,两岸居民间有侵占。迹其形势,宜改修运河,开掘沙土,对闸搬载,直抵浙江,转入两处市河,免担负之劳,生民获惠。"省下杭州路相视,钱塘县城南上隅龙山河至横河桥,委系旧河,居民侵占,起建房屋,若疏辟以接运河,公私大便。计工十五万七千五百六十六,日役夫五千二百五十二,度可三十日毕。所役夫于本路录事司、仁和、钱塘县富实之家差倩,就持筐檐锹镘应役。人日支官粮二升,该米三千一百五十一石三斗二升。河长九里三百六十二步,造石桥八,立上下二闸,计用钞一百六十三锭二十三两四钱七分七厘。省准咨请丞相脱脱总治其事,于仁宗延祐三年三月七日兴工,至四月十八日工毕。

元史卷六六
志第一七下

河渠三

黄河　　蜀堰　　泾渠　　金口河

　　至正四年夏五月,大雨二十馀日,黄河暴溢,水平地深二丈许,北决白茅堤。六月,又北决金堤。并河郡邑济宁、单州、虞城、砀山、金乡、鱼台、丰、沛、定陶、楚丘、武城,以至曹州、东明、钜野、郓城、嘉祥、汶上、任城等处皆罹水患,民老弱昏垫,壮者流离四方。水势北侵安山,沿入会通、运河,延袤济南、河间,将坏两漕司盐场,妨国计甚重。省臣以闻,朝廷患之,遣使体量,仍督大臣访求治河方略。

　　九年冬,脱脱既复为丞相,慨然有志于事功,论及河决,即言于帝,请躬任其事,帝嘉纳之。乃命集群臣议廷中,而言人人殊,唯都漕运使贾鲁,昌言必当治。先是,鲁尝为山东道奉使宣抚首领官,循行被水郡邑,具得修捍成策,后又为都水使者,奉旨诣河上相视,验状为图,以二策进献。一议修筑北堤以制横溃,其用功省;一议疏塞并举,挽河使东行以复故道,其功费甚大。至是复以二策对,脱脱趣其后策。议定,乃荐鲁于帝,大称旨。

　　十一年四月初四日,下诏中外,命鲁以工部尚书为总治河防使,进秩二品,授以银印。发汴梁、大名十有三路民十五万人,庐州等戍十有八翼军二万人供役,一切从事大小军民,咸禀节度,便宜兴缮。是月二十二日鸠工,七月疏凿成,八月决水故河。九月,舟楫通行。十一月,水土工毕,诸埽诸堤成。河乃复故道,南汇于淮,又东入于海。帝遣贵臣报祭河伯,召鲁还京师,论功超拜荣禄大夫、集贤大学士,其宣力诸臣迁赏有差。赐丞相脱脱世袭答剌罕之号,特命翰林学士承旨欧阳玄制河平碑文,以旌劳绩。

玄既为河平之碑,又自以为司马迁、班固记河渠沟洫,仅载治水之道,不言其方,使后世任斯事者无所考则,乃从鲁访问方略,及询过客,质吏牍,作《至正河防记》,欲使来世罹河患者按而求之。其言曰:

治河一也,有疏、有浚、有塞,三者异焉。酾河之流,因而导之,谓之疏。去河之淤,因而深之,谓之浚。抑河之暴,因而扼之,谓之塞。疏、浚之别有四:曰生地,曰故道,曰河身,曰减水河。生地有直有纡,因直而凿之,可就故道。故道有高有卑,高者平之以趋卑,高卑相就,则高不壅,卑不潴,虑夫壅生溃,潴生堙也。河身者,水虽通行,身有广狭。狭难受水,水溢悍,故狭者以计辟之。广难为岸,岸善崩,故广者以计御之。减水河者,水放旷则以制其狂,水骤突则以杀其怒。

治堤一也,有创筑、修筑、补筑之名,有剌水堤,有截河堤,有护岸堤,有缕水堤,有石船堤。

治埽一也,有岸埽、水埽,有龙尾、栏头、马头等埽。其为埽台及推卷、牵制、蕴挂之法,有用土、用石、用铁、用草、用木、用杙、用绠之方。

塞河一也,有缺口,有豁口,有龙口。缺口者,已成川。豁口者,旧尝为水所豁,水退则口下于堤,水涨则溢出于口。龙口者,水之所会,自新河入故道之潨也。

此外不能悉书,因其用功之次第,而就述于其下焉。

其浚故道,深广不等,通长二百八十里百五十四步而强。功始自白茅,长百八十二里。继自黄陵冈至南白茅,辟生地十里。口初受,广百八十步,深二丈有二尺,已下停广百步,高下不等,相折深二丈及泉。曰停、曰折者,用古算法,因此推彼,知

其势之低昂,相准折而取匀停也。南白茅至刘庄村,接入故道
十里,通折垦广八十步,深九尺。刘庄至专固,百有二里二百八
十步,通折停广六十步,深五尺。专固至黄固,垦生地八里,面
广百步,底广九十步,高下相折,深丈有五尺。黄固至哈只口,
长五十一里八十步,相折停广垦六十步,深五尺。乃浚凹里减
水河,通长九十八里百五十四步。凹里村缺河口生地,长三里
四十步,面广六十步,底广四十步,深一丈四尺。自凹里生地以
下旧河身至张赞店,长八十二里五十四步。上三十六里,垦广
二十步,深五尺。中三十五里,垦广二十八步,深五尺。下十里,
二百四十步,垦广二十六步,深五尺。张赞店至杨青村,接入故
道,垦生地十有三里六十步,面广六十步,底广四十步,深一丈
四尺。

　　其塞专固缺口,修堤三重,并补筑凹里减水河南岸豁口,
通长二十里三百十有七步。其创筑河口前第一重西堤,南北长
三百三十步,面广二十五步,底广三十三步,树置桩橛,实以土
牛、草苇、杂梢相兼,高丈有三尺,堤前置龙尾大埽。言龙尾者,
伐大树连梢系之堤旁,随水上下,以破啮岸浪者也。筑第二重
正堤,并补两端旧堤,通长十有一里三百步。缺口正堤长四里。
两堤相接旧堤,置桩堵闭河身,长百四十五步,用土牛、草苇、
梢土相兼修筑,底广三十步,修高二丈。其岸上土工修筑者,长
三里二百十有五步有奇,高广不等,通高一丈五尺。补筑旧堤
者,长七里三百步,表里倍薄七步,增卑六尺,计高一丈。筑第
三重东后堤,并接修旧堤,高广不等,通长八里。补筑凹里减水
河南岸豁口四处,置桩木,草土相兼,长四十七步。

　　于是塞黄陵全河,水中及岸上修堤长三十六里百三十六
步。其修大堤剌水者二,长十有四里七十步。其西复作大堤剌
水者一,长十有二里百三十步。内创筑岸上土堤,西北起李八
宅西堤,东南至旧河岸,长十里百五十步,颠广四步,趾广三
之,高丈有五尺。仍筑旧河岸至入水堤,长四百三十步,趾广三

十步,颠杀其六之一,接修入水。

　　两岸埽堤并行。作西埽者夏人水工,征自灵武,作东埽者汉人水工,征自近畿。其法以竹络实以小石,每埽不等,以蒲苇绵腰索径寸许者从铺,广可一、二十步,长可二、三十步。又以曳埽索绹径三寸或四寸,长二百馀尺者衡铺之。相间复以竹苇麻秸大绰,长三百尺者为管心索,就系绵腰索之端于其上,以草数千束,多至万馀,匀布厚铺于绵腰索之上,囊而纳之,丁夫数千,以足踏实,推卷稍高,即以水工二人立其上,而号于众,众声力举,用小大推梯,推卷成埽,高下长短不等,大者高二丈,小者不下丈馀。又用大索或五为腰索,转致河滨,选健丁操管心索,顺埽台立踏,或挂之台中铁猫大橛之上,以渐缒之下水。埽后掘地为渠,陷管心索渠中,以散草厚覆,筑之以土,其上复以土牛、杂草、小埽梢土,多寡厚薄,先后随宜。修叠为埽台,务使牵制上下,缜密坚壮,互为掎角,埽不动摇。日力不足,火以继之,积累既毕,复施前法,卷埽以压先下之埽,量水浅深,制埽厚薄,叠之多至四埽而止。两埽之间置竹络,高二丈或三丈,围四丈五尺,实以小石、土牛。既满,系以竹缆,其两旁并埽,密下大桩,就以竹络上大竹腰索系于桩上。东西两埽及其中竹络之上,以草土等物筑为埽台,约长五十步或百步,再下埽,即以竹索或麻索长八百尺或五百尺者一二,杂厕其馀管心索之间,俟埽入水之后,其馀管心索如前蕴挂,随以管心长索,远置五七十步之外,或铁猫,或大桩,曳而系之,通管束累日所下之埽,再以草土等物通修成堤。又以龙尾大埽密挂于护堤大桩,分折水势。其堤长二百七十步,北广四十二步,中广五十五步,南广四十二步,自颠至趾,通高三丈八尺。

　　其截河大堤,高广不等,长十有九里百七十七步。其在黄陵北岸者,长十里四十一步。筑岸上土堤,西北起东西故堤,东南至河口,长七里九十七步,颠广六步,趾倍之而强二步,高丈有五尺,接修入水。施土牛、小埽梢草杂土,多寡厚薄随宜修

叠，及下竹络，安大桩，系龙尾埽，如前两堤法。唯修叠埽台，增
用白阑小石。并埽上及前洴修埽堤一，长百馀步，直抵龙口。稍
北，栏头三埽并行，埽大堤广与刺水二堤不同，通前列四埽，间
以竹络，成一大堤，长二百八十步，北广百一十步，其颠至水面
高丈有五尺，水面至泽腹，高二丈五尺，通高三丈五尺；中流广
八十步，其颠至水面高丈有五尺，水面至泽腹高五丈五尺，通
高七丈。并创筑缕水横堤一，东起北截河大堤，西抵刺水大堤。
又一堤东起中刺水大堤，西抵西刺水大堤，通长二里四十二
步，亦颠广四步，趾三之，高丈有二尺。修黄陵南岸，长九里百
六十步，内创岸土堤，东北起新补白茅故堤，西南至旧河口，高
广不等，长八里二百五十步。

　　乃入水作石船大堤。盖由是秋八月二十九日乙巳道故河
流，先所修北岸西中刺水及截河三堤犹短，约水尚少，力未足
恃。决河势大，南北广四百馀步，中流深三丈馀，益以秋涨，水
多故河十之八。两河争流，近故河口，水刷岸北行，洄洲湍激，
难以下埽。且埽行或迟，恐水尽涌入决河，因淤故河，前功遂
隳。鲁乃精思障水入故河之方，以九月七日癸丑，逆流排大船
二十七艘，前后连以大桅或长桩，用大麻索、竹絙绞缚，缀为方
舟。又用大麻索、竹絙周船身缴绕上下，令牢不可破，乃以铁猫
于上流硾之水中。又以竹絙绝长七八百尺者，系两岸大橛上，
每絙或硾二舟或三舟，使不得下，船腹略铺散草，满贮小石，以
合子板钉合之，复以埽密布合子板上，或二重，或三重，以大麻
索缚之急，复缚横木三道于头桅，皆以索维之，用竹编笆，夹以
草石，立之桅前，约长丈馀，名曰水帘桅。复以木楮拄，使帘不
偃仆，然后选水工便捷者，每船各二人，执斧凿，立船首尾，岸
上捶鼓为号，鼓鸣，一时齐凿，须臾舟穴，水入，舟沉，遏决河。
水怒溢，故河水暴增，即重树水帘，令后复布小埽土牛白阑长
梢，杂以草土等物，随宜填垛以继之。石船下诣实地，出水基趾
渐高，复卷大埽以压之。前船势略定，寻用前法，沉馀船以竟后

功。昏晓百刻,役夫分番甚劳,无少间断。船堤之后,草埽三道并举,中置竹络盛石,并埽置桩,系缆四埽及络,一如修北截水堤之法。第以中流水深数丈,用物之多、施功之大,数倍他堤。船堤距北岸才四、五十步,势迫东河,流峻若自天降,深浅叵测。于是先卷下大埽约高二丈者,或四或五,始出水面。修至河口一、二十步,用工尤艰。薄龙口,喧豗猛疾,势撼埽基,陷裂欹倾,俄远故所,观者股弁,众议腾沸,以为难合,然势不容已。鲁神色不动,机解捷出,进官吏工徒十馀万人,日加奖谕,辞旨恳至,众皆感激赴功。十一月十一日丁巳,龙口遂合,决河绝流,故道复通。又于堤前通卷栏头埽各一道,多者或三或四,前埽出水,管心大索系前埽,碙后阑头埽之后,归管心大索亦系小埽,碙前阑头埽之前,后先羁縻,以锢其势。又于所交索上及两埽之间,压以小石白阑土牛,草土相半,厚薄多寡,相势措置。

埽堤之后,自南岸复修一堤,抵已闭之龙口,长二百七十步。船堤四道成堤,用农家场圃之具曰辘轴者,穴石立木如比栉,蘸前埽之旁,每步置一辘轴,以横木贯其后,又穴石,以径二寸馀麻索贯之,系横木上,密挂龙尾大埽,使夏秋潦水、冬春凌凘,不得肆力于岸。此堤接北岸截河大堤,长二百七十步,南广百二十步,颠至水面高丈有七尺,水面至泽腹高四丈二尺,中流广八十步,颠至水面高丈有五尺,水面至泽腹高五丈五尺,通高七丈。仍治南岸护堤埽一道,通长百三十步,南岸护岸马头埽三道,通长九十五步。修筑北岸堤防,高广不等,通长二百五十四里七十一步。白茅河口至板城,补筑旧堤,长二十五里二百八十五步。曹州板城至英贤村等处,高广不等,长一百三十三里二百步。稍冈至砀山县增培旧堤,长八十五里二十步。归德府哈只口至徐州路三百馀里,修完缺口一百七处,高广不等,积修计三里二百五十六步。亦思剌店缕水月堤,高广不等,长六里三十步。

其用物之凡，桩木大者二万七千，榆柳杂梢六十六万六千，带梢连根株者三千六百，藁秸蒲苇杂草以束计者七百三十三万五千有奇，竹竿六十二万五千，苇席十有七万二千，小石二千艘，绳索小大不等五万七千，所沉大船百有二十，铁缆三十有二，铁猫三百三十有四，竹篾以斤计者十有五万，碙石三千块，铁絭万四千二百有奇，大钉三万三千二百三十有二。其馀若木龙、蠢橛木、麦秸、扶桩、铁叉、铁吊、枝麻、搭火钩、汲水、贮水等具，皆有成数。官吏俸给，军民衣粮工钱，医药、祭祀、赈恤、驿置马乘及运竹木、沉船、渡船、下桩等工，铁石、竹木、绳索等匠佣赀，兼以和买民地为河，并应用杂物等价，通计中统钞百八十四万五千六百三十六锭有奇。

鲁尝有言："水工之功，视土工之功为难；中流之功，视河滨之功为难；决河口视中流又难；北岸之功视南岸为难。用物之效，草虽至柔，柔能狎水，水渍之生泥，泥与草并，力重如碇。然维持夹辅，缆索之功实多。"盖由鲁习知河事，故其功之所就如此。

玄之言曰："是役也，朝廷不惜重费，不吝高爵，为民辟害。脱脱能体上意，不惮焦劳，不恤浮议，为国拯民。鲁能竭其心思智计之巧，乘其精神胆气之壮，不惜劬瘁，不畏讥评，以报君相知人之明。宜悉书之，使职史氏者有所考证也。"

先是，岁庚寅，河南、北童谣云："石人一双眼，挑动黄河天下反。"及鲁治河，果于黄陵冈得石人一眼，而汝、颍之妖寇乘时而起。议者往往以谓天下之乱，皆由贾鲁治河之役，劳民动众之所致。殊不知元之所以亡者，实基于上下因循，狃于宴安之习，纪纲废弛，风俗偷薄。其致乱之阶，非一朝一夕之故，所由来久矣。不此之察，乃独归咎于是役，是徒以成败论事，非通论也。设使贾鲁不兴是役，天下之乱，讵无从而起乎？今故具录玄所记，庶来者得以详焉。

江水出蜀西南徼外，东至于岷山，而禹导之。秦昭王时，蜀太守李冰凿离堆，分其江，以灌川蜀，民用以饶。历千数百年，所过冲薄荡啮，又大为民患。有司以故事，岁治堤防，凡一百三十有三所，役兵民多者万馀人，少者千人，其下犹数百人。役凡七十日，不及七十日，虽事治，不得休息。不役者，日出三缗为庸钱。由是富者屈于赀，贫者屈于力，上下交病，会其费，岁不下七万缗。大抵出于民者，十九藏于吏，而利之所及，不足以偿其费矣。

元统二年，金四川肃政廉访司事吉当普巡行周视，得要害之处三十有二，馀悉罢之。召灌州判官张弘，计曰：“若甃之以石，则岁役可罢，民力可苏矣。”弘曰：“公虑及此，生民之福，国家之幸，万世之利也。”弘遂出私钱，试为小堰。堰成，水暴涨而堰不动。乃具文书，会行省及蒙古军七翼之长、郡县守宰，下及乡里之老，各陈利害，咸以为便。复祷于冰祠，卜之吉。于是征工发徒，以仍改至元元年十有一月朔日，肇事于都江堰，即禹凿之处，分水之源也。盐井关限其西北，水西关据其西南。江南北皆东行。北旧无江，冰凿以辟沫水之害，中为都江堰，少东为大、小钓鱼，又东跨二江为石门，以节北江之水，又东为利民台，台之东南为侍郎、杨柳二堰，其水自离堆分流入于南江。

南江东至鹿角，又东至金马口，又东道大安桥入于成都，俗称大皂江，江之正源也。北江少东为虎头山，为斗鸡台。台有水则，以尺画之，凡十有一。水及其九，其民喜，过则尤，没其则则困。又书“深淘滩，高作堰”六字其旁，为治水之法，皆冰所为也。又东为离堆，又东过凌虚、步云二桥，又东至三石洞，酾为二渠。其一自上马骑东流，过郫入于成都，古谓之外江。此冰所穿二江也。

南江自利民台有支流，东南出万工堰，又东为骆驼，又东为碓口，绕青城而东，鹿角之北涯，有渠曰马瀿，东流至成都，入于南江。渠东行二十馀里，水决其南涯四十有九，每岁疲民力以塞之。乃自其北涯凿二渠，与杨柳渠合，东行数十里，复与马瀿渠会，而渠成安流。自金马口之西凿二渠，合金马渠，东南入于新津江，罢蓝淀、黄水、千金、白水、新兴至三利十二堰。

北江三石洞之东为外应、颜上、五斗诸堰,外应、颜上之水皆东北流,入于外江。五斗之水,南入马濡渠,皆内江之支流也。外江东至崇宁,亦为万工堰。堰之支流,自北而东,为三十六洞,过清白堰东入于彭、汉之间。而清白堰水溃其南涯,延袤三里馀,有司因溃以为堰。堰辄坏,乃疏其北涯旧渠,直流而东,罢其堰及三十六洞之役。

嘉定之青神,有堰曰鸿化,则授成其长吏,应期而功半。若成都之九里堤,崇宁之万工堰,彭之堋口、丰润、千江、石洞、济民、罗脚诸堰,工未及施,则召长吏勉谕,使及农隙为之。诸堰都江及利民台之役最大,侍郎、杨林、外应、颜上、五斗次之,鹿角、万工、骆驼、碓口、三利又次之。而都江又居大江中流,故以铁万六千斤,铸为大龟,贯以铁柱,而镇其源,然后即工。

诸堰皆甃以石,节铁以关其中,取实桐之油,和石灰,杂麻丝,而捣之使熟,以苴罅漏。岸善崩者,密筑江石以护之,上植杨柳,旁种蔓荆,栉比鳞次,赖以为固,盖以数百万计。所至或疏旧渠以导其流,或凿新渠以杀其势。遇水之会,则为石门,以时启闭而泄蓄之,用以节民力而资民利,凡智力所及,无不为也。初,郡县及兵家共掌都江之政,延祐七年,其兵官奏请独任郡县,民不堪其役,至是复合焉。常岁获水之利仅数月,堰辄坏。至是,虽缘渠所置碓硙纺绩之处以千万计,四时流转而无穷。

其始至都江,水深广莫可测,忽有大洲涌出其西南,方可数里,人得用事其间。入山伐石,崩石已满,随取而足。蜀故多雨,自初役至工毕,无雨雪,故力省而功倍,若有相之者。五越月,功告成,而吉当普以监察御史召,省、台上其功,诏揭傒斯制文立碑以旌之。

是役也,凡石工、金工皆七百人,木工二百五十人,役徒三千九百人,而蒙古军居其二千。粮为石千有奇,石之材取于山者百万有奇,石之灰以斤计者六万有奇,油半之,铁六万五千斤,麻五千斤。最其工之直,物之价,以缗计者四万九千有奇,皆出于民之庸。而在官之积者,尚馀二十万一千八百缗,责灌守以贷于民,岁取其息,以备祭祀及淘滩修堰之费。仍蠲灌之兵民所尝徭役，俾专其力于堰事。

　　泾渠者，在秦时，韩使水工郑国说秦，凿泾水自仲山西抵瓠口为渠，并北山，东注于洛三百馀里以溉田，盖欲以罢秦之力，使无东伐。秦觉其谋，欲杀之，郑曰："臣为韩延数年之命，而为秦建万世之利。秦以为然，使迄成之，号郑渠。汉时有白公者，奏穿渠引泾水，起谷口入栎阳，注渭中，衺二百里，溉田四千五百馀顷，因名曰白渠。历代因之，皆享其利。至宋时，水冲啮，失其故迹。熙宁间，诏赐常平息钱，助民兴作，自仲山旁开凿石渠，从高泻水，名丰利渠。

　　元至元间，立屯田督治之。大德八年，泾水暴涨，毁堰塞渠，陕西行省命屯田总管夹谷伯颜帖木儿及泾阳尹王琚疏导之。起泾阳、高陵、三原、栎阳用水人户及渭南、栎阳、泾阳三屯所人夫，共三千馀人兴作，水通流如旧。其制编荆为囤，贮之以石，复填以草以土为堰。岁时葺理，未尝废止。

　　至大元年，王琚为西台御史，建言于丰利渠上更开石渠五十一丈，阔一丈，深五尺，积一十五万三千工，每方一尺为一工。自延祐元年兴工，至五年渠成。是年秋，改堰至新口。

　　泰定间，言者谓石渠岁久，水流渐穿逾下，去岸益高。

　　至正三年，御史宋秉亮相视其堰，谓渠积年坎取淤土，叠垒于岸，极为高崇，力难送土于上，因请就岸高处开通鹿巷，以便夫行。廷议允可。四年，屯田同知牙八胡、泾尹李克忠，发丁夫开鹿巷八十四处，削平土垒四百五十馀步。二十年，陕西行省左丞相帖里帖木儿遣都事杨钦修治，凡溉农田四万五千馀顷。

　　至正二年正月，中书参议孛罗帖木儿、都水傅佐建言，起自通州南高丽庄，直至西山石峡铁板开水古金口一百二十馀里，创开新河一道，深五丈，广十五丈，放西山金口水东流至高丽庄，合御河，接引海运至大都城内输纳。是时，脱脱为中书右丞相，以其言奏而行之。廷臣多言其不可，而左丞许有壬言尤力，脱脱排群议不纳，务于必行。有壬因条陈其利害，略曰：

大德二年，浑河水发为民害，大都路都水监将金口下闭闸板。五年间，浑河水势浩大，郭太史恐冲没田薛二村，南、北二城，又将金口已上河身，用砂石杂土尽行堵闭。至顺元年，因行都水监郭道寿言，金口引水过京城至通州，其利无穷。工部官并河道提举司、大都路及合属官员耆老等相视议拟，水由二城中间窒碍。又卢沟河自桥至合流处，自来未尝有渔舟上下，此乃不可行船之明验也。且通州去京城四十里，卢沟止二十里，此时若可行船，当时何不于卢沟立马头，百事近便，却于四十里外通州为之？

又西山水势高峻，亡金时在都城之北流入郊野，纵有冲决，为害亦轻。今则在都城西南，与昔不同。此水性本湍急，若加以复夏秋霖潦涨溢，则不敢必其无虞，宗庙社稷之所在，岂容侥幸于万一。若一时成功，亦不能保其水无冲决之患。且亡金时此河未必通行，今所有河道遗迹，安知非作而复辍之地乎？又地形高下不同，若不作闸，必致走水浅涩；若作闸以节之，则沙泥浑浊，必致淤塞。每年每月，专人挑洗，盖无穷尽之时也。且郭太史初作通惠河时，何不用此水而选取白浮之水引入都城，以供闸坝之用？盖白浮之水澄清，而此水浑浊，不可用也。

此议方兴，传闻于外，万口一辞，以为不可。若以为成大功者，不谋于众，人言不足听，则是商鞅、王安石之法，当今不宜有此。

议既上，丞相终不从。遂以正月兴工，至四月功毕。起闸放金口水，流湍势急，沙泥壅塞，船不可行。而开挑之际，毁民庐舍坟茔，夫丁死伤甚众。又费用不赀，卒以无功。继而御史纠劾建言者，孛罗帖木儿、傅佐俱伏诛。今附载其事于此，用为妄言水利者之戒。

元史卷六七

志第一八

礼乐一

《传》曰："礼者,天地之序也;乐者,天地之和也。"致礼以治躬,外貌斯须不庄不敬,则慢易之心入之矣。致乐以治心,中心斯须不和不乐,则鄙诈之心入之矣。古之礼乐,壹本于人君之身心,故其为用,足以植纲常而厚风俗。后世之礼乐,既无其本,唯属执事者从事其间,故仅足以美声文而侈观听耳。此治之所以不如古也。

前圣之制,至周大备。周公相成王,制礼作乐,而教化大行,邈乎不可及矣。秦废先代典礼,汉因秦制,起朝仪,作宗庙乐。魏、晋而后,五胡云扰,秦、汉之制亦复不存矣。唐初袭用隋礼,太常多肄者,教坊俗乐而已。至宋承五季之衰,因唐作《太尝因革礼》,而所制《大晟乐》,号为古雅。及乎靖康之变,礼文乐器扫荡无遗矣。

元之有国,肇兴朔漠,朝会燕飨之礼,多从本俗。太祖元年,大会诸侯王于阿难河,即皇帝位,始建九斿白旗。世祖至元八年,命刘秉忠,许衡始制朝仪。自是,皇帝即位、元正、天寿节,及诸王、外国来庙,册立皇后、皇太子,群臣上尊号,进太皇太后、皇太后册宝,暨郊庙礼成、群臣朝贺,皆如朝会之仪。而大飨宗亲、锡宴大臣,犹用本俗之礼为多。

若其为乐,则自太祖征用旧乐于西夏,太宗征金太常遗乐于燕京,及宪宗始用登歌乐,祀天于日月山。而世祖命宋周臣典领乐工,又用登歌乐享祖宗于中书省。既又命王镛作《大成乐》,诏括民间所藏金之乐器。至元三年,初用宫县、登歌、文武二舞于太庙,烈祖至宪宗八室,皆有乐章。三十年,又撰社稷乐章。成宗大德间,制郊庙曲舞,复撰宣圣庙乐章。仁宗皇庆初,命太常补拨乐工,而乐制日备。大抵其于祭祀,率用雅乐,朝会飨燕,则用燕乐,盖雅俗兼用者也。

元之礼乐,揆之于古,固有可议。然自朝仪既起,规模严广,而人知九重大君之尊,至其乐声雄伟而宏大,又足以见一代兴王之象,其在当时,亦云盛矣。今取其可书者,著于篇,作《礼乐志》。

世祖至元八年秋八月己未,初起朝仪。先是,至元六年春正月甲寅,太保刘秉忠、大司农孛罗奉旨,命赵秉温、史杠访前代知礼仪者,肄习朝仪。既而,秉忠奏曰:"二人习之,虽知之,莫能行也。"得旨,许用十人。遂征儒生周铎、刘允中、尚文、岳忱、关思义、侯祐贤、萧琬、徐汝嘉从亡金故老乌古伦居贞、完颜复昭、完颜从愈、葛从亮、于伯仪及国子祭酒许衡、太常卿徐世隆稽诸古典,参以时宜,沿情定制而肄习之，百日而毕。

秉忠复奏曰：“无乐以相须，则礼不备。”奉旨搜访旧教坊乐工，得杖鼓色杨皓、笛色曹楫、前行色刘进、教师郑忠，依律运谱，被诸乐歌。六月而成，音声克谐，陈于万寿山便殿，帝听而善之。

秉忠及翰林、太常奏曰：“今朝仪既定，请备执礼员。”有旨，命丞相安童、大司农孛罗择蒙古宿卫士可习容止者二百馀人，肄之期月。七年春二月，奏以丙子观礼。前期一日，布绵蕝金帐殿前，帝及皇后临观于露阶，礼文乐节，悉无遗失。冬十有一月戊寅，秉忠等奏请建官典朝仪，帝命与尚书省论定以闻。

八年春二月，立侍仪司，以忽都于思、也先乃为左右侍仪，奉御赵秉温为礼部侍郎兼侍仪司事，周铎、刘允中为左右侍仪使，尚文、岳忱为左右直侍仪事，关思义、侯祐贤为左右侍仪副使，萧琬、徐汝嘉为金左右侍仪事，乌古伦居贞为承奉班都知，完颜复昭为引进副使，葛从亮为侍仪署令，于伯仪为尚衣局大使。夏四月，侍仪司奏请制内外仗，如历代故事。从之。秋七月，内外仗成。遇八月帝生日，号曰天寿圣节，用朝仪自此始。

前期三日，习仪于圣寿万安寺。或大兴教寺。前二日，陈设于殿庭。至期大昕，侍仪使引导从护尉，各服其服，入至寝殿前，捧牙牌跪报外办。内侍入奏，出传制曰“可”，侍仪使俯伏兴。皇帝出阁升辇，鸣鞭三。侍仪使并通事舍人，分左右，引擎执护尉、劈正斧中行，导至大明殿外。劈正斧直正门北向立，导从倒卷序立，惟扇置于锜。侍仪使导驾时，引进使同内侍官，引宫人擎执导从，入至皇后宫庭，捧牙牌跪报外办。内侍入启，出傅旨曰“可”，引进使俯伏兴。皇后出阁升辇，引进使引导从导至殿东门外，引进使分退押直至垩涂之次，引导从倒卷出。俟两宫升御榻，鸣鞭三，劈正斧退立于露阶东。司晨报时鸡唱毕，尚引引殿前班，皆公服，分左右入日精、月华门，就起居位，相向立。通班舍人唱曰“左右卫上将军兼殿前都点检臣某以下起居”，尚引唱曰“鞠躬”，曰“平身”，引至丹墀拜位，知班报

班齐。宣赞唱曰"拜",通赞赞曰"鞠躬",曰"拜",曰"兴",曰"拜",曰
"兴",曰"都点检稍前"。宣赞报曰"圣躬万福",通赞赞曰"复位",曰
"拜",曰"兴",曰"拜",曰"兴",曰"平身",曰"搢笏",曰"鞠躬",曰
"三舞蹈",曰"跪左膝,三叩头",曰"山呼",曰"山呼",曰"再山呼",
凡传"山呼",控鹤呼噪应和曰"万岁",传"再山呼",应曰"万万岁"。后仿此。
曰"出笏",曰"就拜",曰"兴",曰"拜",曰"兴",曰"拜",曰"兴",曰
"平立",宣赞唱曰"各恭事"。两班点检、宣徽将军分左右升殿,宿直
以下分立殿前,尚厩分立仗南,管旗分立大明门南楹。

　　俟后妃、诸王、驸马以次贺献礼毕,典引引丞相以下,皆公服,
入日精、月华门,就起居位。通班唱曰"文武百僚、开府仪同三司、录
军国重事、监修国史、右丞相具官无常。臣某以下起居",典引赞曰
"鞠躬",曰"平身",引至丹墀拜位。知班报班齐。宣赞唱曰"拜",通
赞赞曰"鞠躬",曰"拜",曰"兴",曰"拜",曰"兴",曰"平身",曰"搢
笏",曰"鞠躬",曰"三舞蹈",曰"跪左膝,三叩头",曰"山呼",曰"山
呼",曰"再山呼",曰"出笏",曰"就拜",曰"兴",曰"拜",曰"兴",曰
"拜",曰"兴",曰"平身"。侍仪使诣丞相前请进酒,双引升殿。前行
乐工分左右,引登歌者及舞童、舞女,以次升殿门外露阶上。登歌之
曲各有名,音中本月之律。先期,仪凤司运谱,翰林院撰辞肄之。丞相至
宇下褥位立,侍仪使分左右北向立。俟前行色曲将半,舞旋列定,通
赞唱曰"分班",乐作。侍仪使引丞相由南东门入,宣徽使奉随至御
榻前。丞相跪,宣徽使立于东南,曲终。丞相祝赞曰"溥天率土,祈
天地之洪福,同上皇帝、皇后亿万岁寿"。宣徽使答曰:"如所祝"。丞
相俯伏兴,退诣进酒位。尚酝官以觞授丞相,丞相搢笏捧觞,北面
立,宣徽使复位。前行色降,舞旋至露阶上。教坊奏乐,乐舞至第四
拍,丞相进酒,皇帝举觞。宣赞唱曰"殿上下侍立臣僚皆再拜",通赞
赞曰"鞠躬",曰"拜",曰"兴",曰"拜",曰"兴",曰"平身"。丞相三进
酒毕,以觞授尚酝官,出笏,侍仪使双引自南东门出,复位,乐止。至
元七年进酒仪:班首至殿前褥位立,前行进曲,尚酝官执空杯,自正门出,授班
首。班首搢笏执空杯,由正门入,至御榻前跪。俟曲终,以杯授尚酝官,出笏祝

赞。宣徽使曰"诺"，班首俯伏兴。班首、宣徽使由南东门出，各复位。班首以下舞蹈山呼五拜，百官分班，教坊奏乐，尚酝官进酒，殿上下侍立臣僚皆再拜。三进酒毕，班首降至丹墀。至元十八年十二月二十八日，改今仪。

通赞赞曰"合班"。礼部官押进奏表章、礼物二案至横阶下，宣礼物舍人进读礼物目，至第二重阶。俟进读表章官等，翰林国史院属官一人。至宇下齐跪。宣表目舍人先读中外百司表目，翰林院官读中书省表毕，皆俯伏兴，退，降第一重阶下立。俟进读礼物舍人升阶，至宇下，跪读礼物目毕，俯伏兴，退。同降至横阶，随表章西行，至右楼下，侍仪仍领之，礼物东行至左楼下，太府受之。宣赞唱曰"拜"，通赞赞曰"鞠躬"，曰"拜"，曰"兴"，曰"平身"，曰"搢笏"，曰"鞠躬"，曰"三舞蹈"，曰"跪左膝，三叩头"，曰"山呼"，曰"山呼"，曰"再山呼"，曰"出笏"，曰"就拜"，曰"兴"，曰"拜"，曰"兴"，曰"拜"，曰"兴"，曰"平立"。僧、道、耆老、外国蕃客，以次而贺。

礼毕，大会诸王、宗亲、驸马、大臣，宴飨殿上，侍仪使引丞相等升殿侍宴。凡大宴，马不过一，羊虽多，必以兽人所献之鲜及脯瑚，折其数之半。预宴之服，衣服同制，谓之质孙。宴飨乐节，见宴乐篇。四品以上，赐酒殿上。典引引五品以下，赐酒于日精、月华二门之下。宴毕，鸣鞭三。侍仪使导驾，引进使导后，还寝殿，如来仪。

天寿圣节受朝仪如元正仪。

郊庙礼成受贺仪如元正仪。

前期三日，习仪于万安寺。前二日，陈设于殿庭。前一日，设宣诏位于阙前。至期大昕，侍仪使引导从护尉，各服其服，至皇太子寝阁前，捧牙牌跪报外办。内侍传旨曰"可"，侍仪使俯伏兴。皇太子出阁，侍仪使前导，由崇天门入，升大明殿。引进使引导从至皇太子妃阁前，跪报外办。内侍出传旨曰"可"，引进使俯伏兴，前导由凤仪门入。俟诸王以国礼扶皇帝登宝位毕，鸣鞭三。尚引引点检以下，皆公服，入就起居位。起居赞拜，如元正朝仪。两班点检、宣徽将军、宿直、尚厩、管旗，各恭事。俟后妃、诸王、驸马以次贺献礼毕，参议中书省事四人，以笸奉诏书，由殿左门入，至御榻前。参议中书省事跪奏诏文，俯伏兴，以诏授典瑞使押宝毕，置于笸，对举由正门出，乐作，至阙前，以诏置于案。文武百僚各公服就位北向立。侍仪使称有制，宣赞唱曰"拜"，通赞赞曰"鞠躬"，曰"拜"，曰"兴"，曰"拜"，曰"兴"，曰"平身"，曰"班首稍前"，典引引班首至香案前。通赞赞曰"跪"，曰"在位官皆跪"，司香赞曰"搢笏"，通赞赞曰"上香"，曰"上香"，曰"三上香"，曰"出笏"，曰"就拜"，曰"兴"，曰"复位"，宣赞唱曰"拜"，通赞赞曰"鞠躬"，曰"拜"，曰"兴"，"曰"拜"，曰"兴"，曰"平身"。侍仪使以诏授左司郎中，郎中跪受，同译史稍西，升木榻，东向宣读。通赞赞曰"在位官皆跪"。读诏，先以国语宣读，随以汉语译之。读毕，降榻，以诏授侍仪使，侍仪使置于案。通赞赞曰"就拜"，曰"兴"，曰"拜"，曰"兴"，曰"拜"，曰"兴"，曰"搢笏"，曰"鞠躬"，曰"三舞蹈"，曰"跪左膝，三叩头"，曰"山呼"，曰"山呼"，曰"再山呼"，曰"出笏"，曰"就拜"，曰"兴"，曰"拜"，曰"兴"，曰"拜"，曰"兴"，曰"平立"。典引引丞相以下皆公服人起居位。起居拜舞，祝颂，进酒，献表，赐宴，并同元正受朝仪。宴毕，鸣鞭三。侍仪使导驾，引进使导后入寝殿，如来仪。次日，以诏颁行。

前期二日，仪鸾司设大次于大明门外，又设进册案于殿内御座前之西，进宝案于其东，设受册案于御座上之西，受宝案于其东。侍仪司设册案于香案南，宝案又于其南。礼仪使位于前，册使、册副位于廷中，北面。引册、奉册、举册、读册、捧册官，位于右，引宝、奉宝、举宝、读宝、捧宝官，位于左，以北为上。百官自金玉府迎册宝，奉安中书省，如常仪。

前期一日，右丞相率公卿朝服，仪卫音乐，导册、宝二案出自中书，至阙前，控鹤奠案，方舆中道。册使等奉随入大次内，方舆奠案。侍仪使引册使以下，由左门以出，百官趋退。

至期大昕，右丞相以下百官，各公服集阙廷，仪仗护尉就位。侍仪使、礼仪使引导从导皇帝升大明殿，引进使引导从导皇后升殿。尚引引殿前班入起居位，起居山呼拜舞毕，宣赞唱曰"各恭事"。皇太子、诸王、后妃、公主以次升殿，鸣鞭三。侍仪使、引册、引宝导册，宝由正门入，乐作。奉册使、右丞相率册官由右门入，奉宝使、御史大夫率宝官由左门入，至殿下，置册案于香案南，宝案又奠于其南，乐止。侍仪使引册使以下就起居位，典引引群臣入就位。通班舍人唱曰"文武百僚具官臣某以下起居"，典引赞曰"鞠躬"，曰"平身"，引至丹墀拜位。宣赞唱曰"拜"，通赞赞拜、舞蹈、山呼，如常仪。

毕，承奉班都知唱曰"奉册使以下进上册、宝"。侍仪司引册使以下进就位。乐作。掌仪赞曰"奉册宝官稍前，搢笏，捧册宝"。侍仪使前导，由中道升正阶，立字下。俟奉册使、诸册官由右阶陛，奉宝使、诸宝官由左阶陛毕，俱由左门入，奉册、宝至御榻褥位前，册西、宝东。乐止。掌仪赞曰"捧册宝官稍前，以册宝跪置于案"，曰"出笏"，曰"就拜"，曰"兴"，曰"平身"，曰"复位"，曰"奉册使以下皆跪"，曰"举册官兴，俱至案前跪"，曰"搢笏，取册于匣，置于盘，对举"，曰"读册官兴，俱至案前跪"，曰"读册"。读册官称臣某谨读册。读毕，举册官纳册于匣，兴，以授典瑞使，出笏，立于册案西南，典瑞使置于受册案。掌仪赞曰"举宝官兴，俱至案前跪"，曰"搢笏，取宝于盝，对举"，曰"读宝官兴，俱至案前跪"，曰"读宝"。读宝官称臣某谨读宝。

读毕，举宝官纳宝于盝，兴，以授典瑞使，出笏，立于宝案东南，典瑞使置于受宝案。掌仪赞曰"奉册使以下皆就拜"，曰"兴"，曰"平身"。参议中书省事四人，以筐奉诏书，由殿左门入，至御榻前，跪读诏文，如常仪，授典瑞使押宝毕，置于筐，对举，由正门出，至丹墀北，置于诏案。册使以下由南东门出，就位听诏，如仪。仪鸾使四人，舁进册宝案，由左门出。侍仪使引班首由左阶陛，前行色乐作，至字下，乐止，舞旋至露阶立。班首入殿，宣徽使奉随，班首跪，宣徽使西北向立。班首致词曰："册宝礼毕，愿上皇帝、皇后万万岁寿。"宣徽使应曰："如所祝"。乐作。通赞唱曰"分班"。进酒毕，班首由南东门出，降阶，复位。乐止。通赞唱曰"合班"。奏进表章礼物，赞拜、舞蹈、山呼、锡宴，并如元正之仪。

　　前期二日，仪鸾司设发册、宝案于大明殿御座前稍西，设发宝案稍东。掌谒设香案于皇后殿前，设册案于殿内座榻前稍西，宝案稍东，设受册案于座榻上稍西，设受宝案于稍东。侍仪司设板位，册使副位于廷中，北面，册官位于右，宝官位于左，礼仪使位于册案前，主节位于太尉左。皇后殿廷亦如之。

　　至期大昕，引赞叙太尉以下于阙廷，各公服。侍仪使、礼仪使、引册使，引册、奉册、举册、读册、捧册官，由月华门入。侍仪使、礼仪使、引册副，引宝、奉宝、举宝、读宝、捧宝官，由日精门入。至露阶下，依板立位。侍仪使捧牙牌入至寝殿前，跪报外办。内侍入奏，出传制曰"可"，侍仪使俯伏兴。皇帝出阁升辇，鸣鞭三。侍仪使引导从导皇帝入大明殿，升御座。鸣鞭三。

　　司晨报时鸡唱毕，尚引引殿前班入起居位，起居、赞拜、舞蹈、山呼，如仪。宣赞唱曰"各恭事"。引赞引册使以下入就位，掌仪舍人引承奉班都知、侍仪使、礼仪使、主节、捧册、捧宝官，升自左阶，由南东门入至御座前，分左右相向立。掌仪赞曰"礼仪使称前跪"，曰"太尉以下皆跪"。礼仪使跪奏请进发皇后册、宝。掌仪赞曰"就拜"，曰"兴"，曰"平身"，曰"太尉以下皆兴"，曰"复位"。掌仪赞曰"内谒者稍前"，曰"搢笏"，曰"捧册、宝跪进皇帝"，曰"以"册、宝授捧册、宝官"，捧册、宝官跪受，兴。掌仪赞曰"主节官搢笏持节"，礼仪使引节导册宝由正门出，至露阶，南向立。礼仪使称有制，承奉班都知唱曰"太尉以下皆再拜"，通赞曰"鞠躬"，曰"拜"，曰"兴"，曰"拜"，曰"兴"，曰"平身"。礼仪使宣制曰"命太尉某等持节授皇后册宝"，通赞赞曰"鞠躬"，曰"拜"，曰"兴"，曰"拜"，曰"兴"，曰"平身"。降至露阶下，依次就位。掌仪唱曰"以册、宝置于案"，曰"出笏"，曰"复位"。方舆昇以行，乐作。侍仪使、礼仪使引太尉及册宝官，奉随至皇后宫庭奠案,乐止。掌仪唱曰"捧册宝官稍前,搢笏。捧册、宝使、太尉以下奉随由正阶陞,至案前。掌仪赞曰"以册、宝置于案,曰"出笏",曰"复位"。侍仪使稍前跪报外办,内侍入启,出传旨曰"可",侍仪使俯伏兴。

皇后出阁,诣褥位。太尉称制遣臣某等恭授皇后册、宝。内侍赞礼曰"跪",掌仪赞曰"太尉以下皆跪"。内侍赞皇后曰"上香",曰"上香",曰"三上香",曰"拜",曰"兴",曰"拜",曰"兴"。掌仪赞曰"太尉以下皆兴"。皇后升殿,立于座榻前。承奉班都知唱曰"太尉以下进册、宝",掌仪唱曰"捧册、宝官稍前,搢笏"。捧册、宝由正门至殿内。掌仪赞曰"以册、宝跪置于案",曰"捧册、宝官出笏,兴,复位",曰"太尉以下皆跪",曰"举册官兴,至案前跪",曰"搢笏,取册于匣,置于盘,对举",曰"读册官兴,至案前跪",曰"读册"。读册官称臣某谨读册。读毕,纳册于匣。掌仪赞曰"出笏,举宝官兴,至案前跪,搢笏,取宝于盝,对举",曰"读宝官兴,至案前跪",曰"读宝"。读宝官称臣某谨读宝。读毕,纳宝于盝。掌仪赞曰"出笏",曰"太尉以下皆就拜",曰"兴",曰"平身"。捧册、宝官以册、宝授太尉,太尉以授掌谒,掌谒以册、宝置于受册、宝案。掌仪唱曰"太尉以下跪",曰"众官皆跪"。太尉致祝辞曰:"册宝礼毕,伏愿皇后与天同算。"司徒应曰:"如所祝。"就拜,兴,平身。太尉进酒,乐作。皇后饮毕,乐止。礼仪使引节引主节由正门以出。侍仪使引太尉以下由左门至阶下,北面立。承奉班都知唱曰"太尉以下皆再拜",通赞曰"鞠躬",曰"拜",曰"兴",曰"拜",曰"兴",曰"平立"。侍仪使引太尉以下还诣皇帝御座前,跪奏曰:"奉制授皇后册宝,谨以礼毕"。就拜,兴,由左门以出,降诣旁折位。

侍仪使引导从导皇后诣大明殿前谢恩,掌谒赞曰"拜",曰"兴",曰"拜",曰"兴"。侍仪使分退,掌谒导皇后升御座。典引引丞相以下入起居位,起居赞拜如仪。侍仪使诣右丞相前请进酒,双引升殿,至宇下褥位立。侍仪使分左右北向立,俟前行色曲将半,舞旋列定,通赞唱曰"分班"。乐作。侍仪使引右丞相由南东门入,宣徽使奉随至御榻前，右丞相跪，宣徽使立于东南。曲终。右丞相祝赞曰：
"册宝礼毕，臣等不胜庆抃，同上皇帝、皇后万万岁寿。"宣徽使应
曰："如所祝。"右丞相俯伏兴，退诣进酒位。进酒、进表章礼物、赞拜、僧
道贺献、大宴殿上，并如元正仪。宴毕，鸣鞭三。侍仪使导驾，引进使导
后还寝殿，如来仪。

前期三日，右丞相率百僚至金玉局册宝案前，舍人赞曰"鞠
躬"，曰"拜"，曰"兴"，曰"拜"，曰"兴"，曰"平身"，曰"班首稍前"，曰
"跪"，曰"在位官皆跪"，曰"搢笏"，曰"上香"，曰"上香"，曰"三上
香"，曰"出笏"，曰"就拜"，曰"兴"，曰"拜"，曰"兴"，曰"拜"，曰
"兴"，曰"平身"。侍仪使、舍人分引群臣，仪卫音乐导至中书省，正
位安置。

前期二日，仪鸾司发发册案于大明殿御座西，发宝案于东。典
宝官设香案于太子殿前阶上，设册案于西，宝案于东；又设受册案
于殿内座榻之西，受宝案于东。侍仪司设板位，太尉、册使副位于大
明殿廷，太尉位居中，册官位于右，宝官位于左，礼仪使位于前，主
节官位于太尉之左。太子殿廷亦如之，乐位布置亦如之。右丞相率
百僚朝服，至中书省册宝案前，叙立定。舍人赞曰"鞠躬"，曰"拜"，
曰"兴"，曰"拜"，曰"兴"，曰"平身"，曰"班首稍前"，曰"跪"，曰"搢
笏"，曰"在位官皆跪"，曰"上香"，曰"上香"，曰"三上香"，曰"出
笏"，曰"就拜"，曰"兴"，曰"拜"，曰"兴"，曰"拜"，曰"兴"，曰"平
立"。舍人分引群臣，仪卫导从，音乐伞扇，导至阙前。控鹤奠案，方
舆官舁之，由中道入崇天门，册使以下奉随至露阶下。方舆官置册
案于西，宝案于东，分退立于两庑。册使副北面，引册官、举册官、读
册官、捧册官，位于册案西，东向；引宝官、举宝官、读宝官、捧宝官，
位于宝案东，西向。掌仪舍人赞曰"捧册官稍前"，曰"搢笏"，曰"捧
册"。又赞曰"捧宝官稍前"，曰"搢笏"，曰"捧宝"。侍仪使、引进使、
引册官、引宝官前导，捧册宝官次之，册使副以下奉随，升大明殿午
阶，由正门入至进发册、宝案前，册使副北面立，引册官、引宝官、举

册官、举宝官以下，分左右夹册宝案立。掌仪赞曰"以册、宝置于案"，曰"出笏"，曰"复位"。侍仪使引奉册使以下由左门出，百辟趋退。

至期大昕，引赞引册使以下，皆公服，叙位于阙廷。侍仪使导从皇帝出阁，鸣鞭三，升大明殿，登御座。尚引引殿前班入起居位，起居赞拜如仪，宣赞唱曰"各恭事"，引赞引册使以下入就位，掌仪舍人引承奉班都知、侍仪使、礼仪使、主节郎、捧册、捧宝官升自左阶，由左门入，至御座前，分左右立。掌仪赞曰"礼仪使稍前"，曰"跪"，曰"众官皆跪"。礼仪使奏请发皇太子册、宝，掌仪唱曰"就拜"，曰"兴"，曰"平身"，曰"众官皆兴"，曰"复位"。曰"内谒者稍前"，曰"搢笏"，曰"捧册宝跪进皇帝"，曰"以册宝授捧册宝官"，捧册宝官跪受，兴。掌仪赞曰"主节郎搢笏持节"，礼仪使引节导册宝由正门以出，至露阶南向立。礼仪使称有制，承奉班都知唱曰"太尉以下皆再拜"，掌仪赞曰"鞠躬"，曰"拜"，曰"兴"，曰"拜"，曰"兴"，曰"平身"。礼仪使宣制曰"上命太尉等持节授皇太子册、宝"，掌仪赞曰"鞠躬"，曰"拜"，曰"兴"，曰"拜"，曰"兴"，曰"平身"。礼仪使引节导册、宝，降至露阶下，依次就位。掌仪赞曰"以册宝置于案"，曰"出笏"，曰"复位"。方舆昇以行，乐作。侍仪使、礼仪使、主节前导，册使以下奉随，由正门出。至阙前，方舆奠案，控鹤昇以行。至皇太子殿廷，控鹤奠案，方舆昇以行。入至露阶下奠案，方舆退，乐止。册使以下以次立，掌仪赞曰"捧册、宝官稍前，搢笏，捧册、宝"。侍仪使引节，主节导册、宝以行，册使以下由正阶陟，节立于香案之西。掌仪赞曰"捧册宝官跪，以册宝置于案"，曰"出笏"，曰"兴"，曰"就位"。右庶子跪报外备，内侍入启，出传旨曰"可"，右庶子俯伏兴。

皇太子出阁，立于香案前。掌仪赞曰"皇太子跪"，曰"上香"，曰"上香"，曰"三上香"，曰"拜"，曰"兴"，曰"拜"，曰"兴"。太尉前称制遣臣某等恭授皇太子册宝，复位。掌仪赞曰"皇太子拜"，曰"兴"，曰"拜"，曰"兴"。请皇太子诣褥位，南向立。曰"皇太子跪"，曰"诸执事官皆跪"。曰"举册官兴，至案前"，曰"跪"，曰"读册"。读毕，曰

"纳册于匣"，曰"出笏"。掌仪唱曰"举宝官兴，至案前"，曰"跪"，曰"读宝"。读毕，曰"纳宝于盝"，曰"出笏"，曰"举册、宝官，读册、宝官皆兴，复位"。掌仪赞曰"太尉进授册、宝"，侍仪使引太尉、司徒至册、宝案前，盝笏，以册、宝跪进。皇太子恭受，以授左、右庶子，左、右庶子搢笏跪受。掌仪赞曰"皇太子兴，册使以下皆兴"。右庶子捧册，左庶子捧宝，导皇太子入殿。右庶子奠册于受册案，左庶子奠宝于受宝案。引节引主节立于殿西北，引赞引太尉以下降阶复位，北向立。承奉班都知唱曰"太尉以下皆再拜"，掌仪赞曰"鞠躬"，曰"拜"，曰"兴"，曰"拜"，曰"兴"，曰"平身"。乐作。侍仪使诣太尉前请进酒，太尉入至殿内，进酒毕，降复位。乐止。

侍仪使、礼仪使、主节导太尉以下还诣大明殿御座前，跪奏曰："奉制授皇太子册、宝，谨以礼毕。"俯伏兴，降诣位。侍仪使、左右庶子导皇太子诣大明殿座前谢恩，右庶子赞曰"拜"，曰"兴"，曰"拜"，曰"兴"。进酒，又赞曰"拜"，曰"兴"，曰"拜"，曰"兴"。降殿，还府。

侍仪使诣右丞相前请进酒，双引升殿，至宇下褥位立，侍仪使分左右，北向立。俟前行色曲将半，舞旋列定，通赞唱曰"分班"。乐作。侍仪使、右丞相由南东门入，宣徽使奉随至御榻前。右丞相跪，宣徽使立于东南。曲终。右丞相祝赞曰："皇太子册宝礼毕，臣等不胜庆抃，同上皇帝、皇后万万岁寿。"宣使应曰："如所祝。"右丞相俯伏兴，退诣进酒位。进酒、进表章礼物、赞拜，如元正仪。驾兴，鸣鞭三。侍仪使导驾还寝殿，如来仪。

皇太子还府，升殿。典引引群臣入就起居位，通班自班西行至中道，唱曰"具官某以下起居"，典引赞曰"鞠躬"，曰"平身"。进就拜位，宣赞唱曰"拜"，通赞赞曰"鞠躬"，曰"拜"，曰"兴"，曰"拜"，曰"兴"，曰"平身"。侍仪使诣班首前请进酒，双引由左阶至殿宇下褥位立，侍仪分左右北向立。俟前行色曲将半，舞旋列定，通赞唱曰"分班"。班首入自左门，右庶子随至座前。班首跪，右庶子立于东南。俟曲终，班首致祝词曰："册宝礼毕，愿上殿下千秋之寿。"右庶子应曰："如所祝。"班首俯伏兴，退至进酒位，搢笏，奉觞，北向立，右庶子退复位。俟舞旋至露阶，乐舞至第四拍，班首进酒。宣赞唱曰"文武百僚皆再拜"，通赞赞曰"鞠躬"，曰"拜"，曰"兴"，曰"拜"，曰"兴"，曰"平身"。班首自东门出，复位。乐止。通赞唱曰"合班。中书押进笺及礼物案至横阶下，进读笺官由左阶陟，进读礼物官至阶下。俟进读笺官至宇下，先读笺目，次读笺，读毕，俯伏兴，降至阶下。进读礼物官升阶，至宇下，跪读礼物状毕，俯伏兴，退，同读笺官至横阶，随笺案西行，至右庑下，礼物案东行，至左庑下，各付所司。宣赞唱曰"拜"，通赞赞曰"鞠躬"，曰"拜"，曰"兴"，曰"拜"，曰"兴"，曰"平立"。右庶子导皇太子还阁。

　　前期二日，仪鸾司设进发册、宝案于大明殿御座之前，掌谒设进册、宝案于太皇太后殿座榻前，设受册、宝案于座榻上，并册西、宝东。侍仪司设册使副位于廷中，北面，册官位右，宝官位左，礼仪使位于前，以北为上。太皇太后殿廷亦如之。

　　至期大昕，群臣皆公服，叙位阙前。侍仪使、礼仪使、引册使，引册、奉册、举册、读册、捧册官，由月华门入。侍仪使、礼仪使、引册副，引宝、奉宝、举宝、读宝、捧宝官，由日精门入。至露阶下，依板位立。侍仪使捧牙牌入至寝殿前，跪报外办，内侍入奏，出传制曰"可"，侍仪使俯伏兴。皇帝出阁升辇，鸣鞭三；入大明殿，升御座，鸣鞭三。司农报时鸡唱毕，侍仪使、礼仪使、引册使以下升自东阶，由左门入，至御榻前，相向立。掌仪赞曰"奏中严"，侍仪使捧牙牌跪奏曰"中严"，又赞曰"就拜"，曰"兴"，曰"平身"，曰"复位"，曰"礼仪使稍前跪"，曰"册使以下皆跪"。礼仪使奏请进发太皇太后册、宝，掌仪赞曰"就拜"，曰"兴"，曰"平身"，曰"复位"，曰"内谒者稍前"，曰"搢笏，奉册、宝上进"，曰"册使副、捧册宝官稍前"，曰"搢笏"，曰"内谒者跪进册、宝"。皇帝兴，以册授册使，册使跪受，兴，以授捧册官，出笏；以宝授册副，册副跪受，兴，以授捧宝官，出笏。侍仪使、礼仪使、引册、引宝官，导册、宝由正门出，册使以下奉随，至阶下。掌仪赞曰"以册、宝置于案"，曰"出笏，复位"。方舆舁行，乐作。侍仪使、礼仪使、引册、引宝前导，册使以下奉随，至兴圣宫前，奠案，乐止。

侍仪使以导从入至太皇太后寝殿前，跪报外办。掌谒人启，出传旨曰"可"，侍仪使俯伏兴。侍仪使、掌谒前导太皇太后升殿。导太皇太后时，侍仪使入至大明殿，跪奏册、宝至兴圣宫，请行礼。驾兴，鸣鞭三，侍仪使前引导从至兴圣宫，升御座。侍仪使出，至案所，乐作。方舆入，至露阶下奠案。册使副立于案前，册官东向，宝官西向。方舆分退，立于两庑，乐止。

尚引引殿前班入起居位，相向立，起居拜舞，如元正仪。礼毕，宣赞唱曰"各恭事"，赞引册使以下退至起居位。通班舍人唱曰"摄某官具官或太尉，具官无常。臣某以下起居"，引赞赞曰"鞠躬"，曰"平身"。进入丹墀，知班唱曰"班齐"，宣赞唱曰"拜"，通赞赞曰"鞠躬"，曰"拜"，曰"兴"，曰"拜"，曰"兴"，曰"平身"，宣赞唱曰"各恭事"。进至案前，依位立。宣赞唱曰"太尉以下进上册宝"，掌仪赞曰"捧册、宝官稍前"，"搢笏，捧册、宝"。侍仪使引册、宝官前导，册使奉随，至御榻，进册、宝案前。掌仪唱曰"跪"，捧册、宝官不跪，曰"以册、宝置于案"，曰"捧册、宝官出笏，复位"，曰"太尉以下皆跪"，曰"读、举册、宝官兴，俱至案前跪"。掌仪赞曰"举册官搢笏，取册于匣，置于盘，对举"。曰"读册"，读册官称臣某谨读册。读毕，举册官纳册于匣。掌仪赞曰"出笏"，曰"举宝官搢笏，取宝于盝，对举。曰"读宝"，读宝官称臣某谨读宝。读毕，举宝官纳宝于盝。掌仪赞曰"出笏"，曰"就拜"，曰"兴"，曰"平身"，曰"众官皆兴"，曰"复位"。曰"太尉、司徒、奉册宝官稍前"，曰"捧册宝官稍前"，曰"搢笏"，曰"捧册、宝上进"，曰"皇帝躬授太皇太后册、宝"，太皇太后以册、宝授内掌谒，内掌谒置于案。皇帝兴，进酒。太皇太后举觞饮毕，皇帝复御座毕，掌仪赞曰"众官皆复位"。侍仪使、引册使以下，分左右，出就位。皇帝率皇后及后妃、公主，降丹墀，北面拜贺，升殿。皇太子及诸王拜贺，升殿。典引引百官入就起居位，通班舍人唱曰"文武百僚具官臣某以下起居"，曰"鞠躬"，曰"平身"，引至丹墀拜位。知班报班齐，宣

赞唱曰"拜"，通赞赞曰"鞠躬"，曰"拜"，曰"兴"，曰"拜"，曰"兴"，曰
"平身"。侍仪使诣班首前请进酒，双引至殿宇下褥位立，俟舞旋列
定，通赞唱曰"分班"，乐作。侍仪使引班首由南东门入，宣徽使奉随
至御榻前，班首跪，曲终。班首祝赞曰："册宝礼毕，臣等不胜欣抃，
愿上太皇太后、皇帝亿万岁寿。"宣徽使应曰："如所祝。"班首俯伏
兴，退诣进酒位。以下并同元正仪。

皇太后上尊号进册宝仪同前仪

太皇太后加上尊号进册宝仪同前仪

清道官二人，警跸二人，并分左右，皆摄官，服本品朝服。

云和乐一部：署令二人，分左右。次前行戏竹二，次排箫四，次
箫管四，次板二，次歌四，并分左右。前行内琵琶二十，次筝十六，次
箜篌十六，次纂十六，次方响八，次头管二十八，次龙笛二十八，为
三十三重。重四人。次仗鼓三十，为八重。次板八，为四重。板内大
鼓二，工二人，舁八人。乐工服并与卤簿同。法物库使二人，服本品
服。次朱团扇八，为二重。次小雉扇八，次中雉扇八，次大雉扇八，
分左右，为十二重。次朱团扇八，为二重。次大伞二，次华盖二，次
紫方伞二，次红方伞二，次曲盖二，并分左右。执伞扇所服，并同立
仗。

围子头一人，中道。次围子八人，分左右。服与卤簿内同。

安和乐一部：署令二人，服本品服。札鼓六，为二重，前四后二。
次和鼓一，中道。次板二，分左右。次龙笛四，次头管四，并为二重。
次羌管二，次笙二，并分左右。次云璈一，中道。次纂二，分左右。乐
工服与卤簿内同。

伞一，中道。椅左，踏右。执人，皂巾，大团花绯锦袄，金涂铜束
带，行滕鞋韈。

拱卫使一人，服本品服。

舍人二人,次引宝官二人,并分左右,服四品服。

香案,中道。舆士控鹤八人,服同立仗内表案舆士。侍香二人,分左右,服四品服。

宝案,中道。舆士控鹤十有六人,服同香案舆士。方舆官三十人,夹香案宝案,分左右而趋。至殿门,则控鹤退,方舆官舁案以升。唐巾,紫罗窄袖衫,金涂铜束带,乌靴。

引册二人,四品服。

香案,中道。舆士控鹤八人,服同宝案舆士。侍香二人,分左右,服四品服。

册案,中道。舆士控鹤十有六人,服同宝案舆士。方舆官三十人,夹香案册案,分左右而趋。至殿门,则控鹤退,方舆官舁案以升。巾服与宝案方舆官同。

葆盖四十人,次阅仗舍人二人,服四品服。次小戟四十人,次仪镋四十人,夹云和乐伞扇,分左右行,服同立仗。

拱卫使二人,服本品朝服。次班剑十,次梧杖十二,次斧十二,次镫杖二十,次列丝十,皆分左右。次水甗左,金盆右。次列丝十,次立瓜十。次金杌左,鞭桶右,蒙鞍左,散手右。次立瓜十,次卧瓜三十,并夹葆盖、小戟、仪镋,分左右行,服并同卤簿内。

拱卫外舍人二人,服四品服,引导册诸官。次从九品以上,次从七品以上,次从五品以上,并本品朝服。

金吾折冲二人,牙门旗二,每旗引执五人。次青稍四十人,赤稍四十人,黄稍四十人,白稍四十人,紫稍四十人,并兜鍪甲靴,各随稍之色,行导册官外。

册案后舍人二人,服四品服。次太尉右,司徒左。次礼仪使二人,分左右。次举册官四人右,举宝官四人左。次读册官二人右,读宝官二人左。次阁门使四人,分左右,并本品服。

知班六人,分左右,服同立仗,往来视诸官之失仪者而行罚焉。

上尊号册、宝,凡摄官二百一十有六人:奉册官四人,奉宝官四人,捧册官二人,捧宝官二人,读册官二人,读宝官二人,引册官五人,引宝官五人,典瑞官三人,纠仪官四人,殿中侍御史二人,监察御史四人,阁门使三人,清道官四人,点试仪卫五人,司香四人,备顾问七人,代礼官三十人,拱卫使二人,押仗二人,方舆一百六十人。

上皇太后册宝,凡摄官百五十人:摄太尉一人,摄司徒一人,礼仪使四人,奉册官二人,奉宝官二人,引册官二人,引宝官二人,举册官二人,举宝官二人,读册官二人,读宝官二人,捧册官二人,捧宝官二人,奏中严一人,主当内侍十人,阁门使六人,充内臣十三人,纠仪官四人,代礼官四十二人,掌谒四人,司香十二人,折冲都尉二人,拱卫使二人,清道官四人,警跸官四人,方舆官百二十人。

上太皇太后册、宝摄官,同前。

授皇后册宝,凡摄官百八十人:摄太尉一人,摄司徒一人,主节官二人,礼仪使四人,奉册官二人,奉宝官二人,引册官二人,引宝官二人,举册官二人,举宝官二人,读册官二人,读宝官二人,内臣职掌十人,宣徽使二人,阁门使四人,代礼官三十七人,侍香二人,清道官四人,折冲都尉二人,警跸官四人,中宫内臣九人,纠仪官四人,接册内臣二人,接宝内臣二人,方舆官七十四人。

授皇太子册,凡摄官四十有九人:摄太尉一人,奉册官二人,持节官一人,捧册官二人,读册官二人,引册官二人,摄礼仪使二人,主当内侍六人,副持节官五人,侍从官十一人,代礼官十六人。

　　摄行告庙仪如受尊号,上太皇太后、皇太后册宝,册立皇后、皇太子,凡国家大典礼,皆告宗庙。

前期二日,太庙令扫除内外,翰林国史院学士撰写祝文。前一日,告官等致斋一日。其日,告官等各服紫服,奉祝版,进请御署讫,差控鹤,用红罗销金案抬舁,覆以黄罗帕,并奉御香、御酒,如常仪,迎至祀所斋宿。告日质明前三刻,礼直官引太庙令,率其属入庙殿,开室,陈设如仪。礼直官引告官等,各服紫服,以次入就位,东向立定。礼直官稍前,赞曰"有司谨具,请行事"。赞者曰"再拜",在位者皆再拜。礼直官先引执事者各就位,次引告官诣盥洗、爵洗位,北向立。搢笏,盥手,帨手,洗爵、拭爵讫,执笏,请诣酒尊所,搢笏,执爵,司尊者举幂,良酝令酌酒,以爵授奉爵官,执笏,诣太祖室,再拜。执事者奉香,告官搢笏跪,三上香,执爵三祭酒,以虚爵授奉爵官,执笏,俯伏兴。举祝官搢笏跪,对举祝版,读祝官跪读祝文讫,奠祝于案,执笏,俯伏兴。礼直官、赞告官再拜毕,每室并如上仪。告毕,引告官以下降,复位。再拜讫,诣望瘗燔祝,再拜,半燎,告官以下皆退。

是日大昕,诸司官具公服,立于光天门外,侍仪使引《实录》案以入,监修国史以下奉随,至光天殿前,分班立,皇帝升御座。宣赞唱曰"拜",通赞赞曰"鞠躬",曰"拜",曰"兴",曰"拜",曰"兴",曰"平身"。待制四人奉《实录》,升自午阶,监修国史以下奉随,至御前香案南立,众官降,复位。应奉翰林文字升,至《实录》前,跪读表。读毕,俯伏兴,复位。翰林学士承旨升,至御前,分班立,俟御览毕,降复位。宣赞唱曰"监修国史以下皆再拜",通赞赞曰"鞠躬",曰"拜",曰"兴",曰"拜",曰"兴",曰"平身"。待制升,取《实录》,降自午阶,置于案,由光天门以出,音乐仪从前导,还国史院,置于堂上。通赞赞曰"鞠躬",曰"拜",曰"兴",曰"拜",曰"兴",曰"平身",曰"搢笏",曰"上香",曰"上香",曰"三上香",曰"出笏",曰"就拜",曰"兴",曰"拜",曰"兴",曰"拜",曰"兴",曰"平立"。百僚趋退。

元史卷六八
志第一九

礼乐二

制乐始末　　登歌乐器　　宫县乐器
节乐之器　　文舞器　　武舞器　　舞表

　　太祖初年,以河西高智耀言,征用西夏旧乐。太宗十年十一月,宣圣五十一代孙衍圣公元措来朝,言于帝曰:"今礼乐散失,燕京、南京等处亡金太常故臣及礼册、乐器多存者,乞降旨收录。"于是降旨,令各处管民官,如有亡金知礼乐旧人,可并其家属徙赴东平,令元措领之,于本路税课所给其食。十一年,元措奉旨至燕京,得金掌乐许政、掌礼王节及乐工翟刚等九十二人。十二年夏四月,始命制登歌乐,肄习于曲阜宣圣庙。十六年,太常用许政所举大乐令苗兰诣东平,指授工人,造琴十张,一弦、三弦、五弦、七弦、九弦者各二。

　　宪宗二年三月五日,命东平万户严忠济立局,制冠冕、法服、钟磬、筍簴、仪物肄习。五月十三日,召太常礼乐人赴日月山。八月七日,学士魏祥卿、徐世隆,郎中姚枢等以乐工李明昌、许政、吴德、段楫、寇忠、杜延年、赵德等五十馀人,见于行宫。帝问制作礼乐之始,世隆对曰:"尧、舜之世,礼乐兴焉"。时明昌等各执钟、磬笛箫、簴、埙、巢笙,于帝前奏之。曲终,复合奏之,凡三终。十一日,始用登歌乐祀昊天上帝于日月山。祭毕,命驿送乐工还东平。

　　三年,时世祖居潜邸,命勾当东平府公事宋周臣兼领大乐礼官、乐工人等，常令肄习，仍令万户严忠济依已降旨存恤。六年夏五月，世祖以潜邸次滦州，下教命严忠济督宋周臣以所得礼乐旧人肄习，宜如故事勉行之，毋忽。冬十有一月，敕乐工老不堪任事者，以子孙代之，不足者，以他户补之。

中统元年春正月，命宣抚廉希宪等，召太常礼乐人至燕京。夏六月，命许唐臣等制乐器、公服、法服。秋七月七日，工毕。十一日，用新制雅乐，享祖宗于中书省。礼毕，赐预祭官及礼乐人百四十九人钞有差。八月，命太常礼乐人复还东平。二年秋九月，敕太常少卿王镛领东平乐工常加督视肄习，以备朝廷之用。

五年，太常寺言："自古帝王功成作乐，乐各有名，盛德形容，于是乎在。伏睹皇上践阼以来，留心至治，声名文物，思复承平之旧。首敕有司修完登歌、宫县、八佾乐舞，以备郊庙之用。若稽古典，宜有徽称。谨案历代乐名，黄帝曰《咸池》、《龙门》、《大卷》，少昊《大渊》，颛顼《六茎》，高辛《五英》，唐尧《大咸》、《大章》，虞舜《大韶》，夏禹《大夏》，商汤《大濩》，周武《大武》。降及近代，咸有厥名。宋总名曰《大晟》，金总名曰《大和》。今采舆议，权以数名，伏乞详定。曰《大成》，按《尚书》'箫韶九成，凤凰来仪'。《乐记》曰'王者功成作乐'，《诗》云'展也大成'。曰《大明》，按《白虎通》言'如唐尧之德，能大明天人之道'。曰《大顺》，《易》曰'天之所助者顺'，又曰'顺乎天而应乎人'。曰《大同》，《乐记》曰'乐者为同，礼者为异'。《礼运》曰'大道之行也，故人不独亲其亲，不独子其子，是之谓大同'。曰《大豫》，《易》曰'豫顺以动，故天地如之'。《象》曰'雷出地奋，豫。先王以作乐崇德，殷荐之上帝，以配祖考'。"中书省遂定名曰《大成之乐》，乃上表称贺。表曰：

离日中天，已睹文明之化，豫雷出地，又闻正大之音。神人以和，祖考来格。钦惟皇帝陛下，润色洪业，游意太平，爰从龙邸之潜，久敬凤仪之奏。及登宝位，申命鼎司，谓虽陈堂上之登歌，而尚阙庭前之佾舞。方严禋祀，当备声容。属天语之一宣，乃春官之毕会。臣等素无学术，徒有汗颜。聿求旧署之师工，仍讨累朝之典故。按图索器,永言和声,较钟律于积黍之中,续琴调于绝弦之后。金而模,石而琢,箦斯竖,筍斯横,合八音而克谐,阅三岁而始就。列文武两阶之干羽,象帝王四面之宫庭,一洗哇淫之声,可谓盛大之举。既完雅器,未锡嘉名。盖闻轩、昊以来,俱有《咸》、《云》之号,《茎》、《英》、《章》、《韶》以象德,《夏》、《濩》、《武》、《勺》以表功。洪惟国朝,诞受天命,地大物钜,人和岁丰。宜符古记之文,称曰《大成之乐》。汉庭聚议,作章敢望于一夔;舜殿鸣弦,率舞顾观于百兽。

至元元年冬十有一月,括金乐器散在寺观民家者。先是,括到燕京钟磬等器,凡三百九十有九事,下翟刚辨验给价。至是,大兴府又以所括钟磬乐器十事来进。太常因言:"亡金散失乐器,若止于燕京拘括,似为未尽。合于各路寺观民家括之,庶省铸造。"于是奏檄各道宣慰司,括到钟三百六十有七,磬十有七,錞一,送于太常。又中都、宣德、平滦、顺天、河东、真定、西京、大名、济南、北京、东平等处,括到大小钟、磬五百六十有九。其完者,景钟二,镈钟十六,大声钟十,中声钟一,少声钟二十有七,编钟百五十有五、编磬七。其不完者,景钟四,镈钟二十有三,大声钟十有三,中声钟一,少声钟四十有五,编钟二百五十有一,编磬十有四。

三年,初用宫县、登歌乐、文武二舞于太庙。先是,东平万户严忠范奏:"太常登歌乐器乐工已完,宫县乐、文武二舞未备,凡用人四百一十二,请以东平漏籍户充之,合用乐器,官为置备。"制可,命中书省臣议行。于是,中书命左三部、太常寺、少府监,于兴禅寺置局,委官杨天祐、太祝郭敏董其事,大乐正翟刚辨验音律,充收受乐器官。丞相耶律铸又言:"今制宫县大乐,内编磬十有二簨,宜于诸处选石材为之。"太常寺以新拨宫县乐工、文武二舞四百一十二人,未习其艺,遣大乐今许政往东平教之。大乐署言:"堂上下乐舞官员及乐工,合用衣服、冠冕、靴履等物,乞行制造。"中书礼部移准太常博士议定制度,下所属制造。宫县乐器既成,大乐署郭敏开坐名数以上:编钟、磬三十有六簨,树鼓四建鼓、应同一座。晋鼓一,路鼓二,鼗鼓二,相鼓二,雅鼓二,柷一,敔一,笙二十有七,巢和竽。埙八,篪、箫、籥、笛各十,琴二十有七,瑟十有四,单铎、双铎、铙、镯、钲、麾、旌、纛各二,补铸编钟百九十有二,灵壁石磬如其数。省臣言:"太庙殿室向成,宫县乐器咸备,请征东平乐工赴京师肄习,以俟享庙。"制可。秋七月,新乐服成,乐工至自东平,敕翰林院定撰八室乐章,大乐署编运舞节,俾肄习之。

冬十有一月,有事于太庙,宫县、登歌乐、文武二舞咸备。其迎送神曲曰《来成之曲》,烈祖曰《开成之曲》,太祖曰《武成之曲》,太宗曰《文成之曲》,皇伯考术赤曰《弼成之曲》,皇伯考察合带曰《协成之曲》,睿宗曰《明成之曲》,定宗曰《熙成之曲》,宪宗曰《威成之曲》。初献、升降曰《肃成之曲》,司徒奉俎曰《嘉成之曲》,文舞退、武舞进曰《和成之曲》,亚终献、酌献曰《顺成之曲》,彻豆曰《丰成之曲》。文舞曰《武定文绥之舞》,武舞曰《内平外成之舞》。第一成象灭王罕,二成破西夏,三成克金,四成收西域、定河南,五成取西蜀、平南诏,六成臣高丽、服交趾。详见《乐舞》篇。

十有二月,籍近畿儒户三百八十四人为乐工。先是,召用东平乐工凡四百一十二人。中书以东平地远,惟留其户九十有二,馀尽遣还,复入民籍。

十一年秋八月,制内庭曲舞。中书以上皇帝册宝,下太常太乐署编运无射宫《大宁》等曲,及上寿曲谱。当时议殿庭用雅乐,后不果用。

十三年,以近畿乐户多逃亡,仅得四十有二,复征用东平乐工。十六年冬十月,命太常卿忽都于思召太常乐工。是月十一日,大乐令完颜椿等以乐工见于香阁,文郎魏英舞迎神黄钟曲,武郎安仁舞亚献无射宫曲。十八年冬十月,昭睿顺圣皇后将祔庙,制昭睿顺圣皇后室曲舞。

十九年,王积翁奏请征亡宋雅乐器至京师,置于八作司。二十一年,大乐署言,宜付本署收掌;中书命八作司与之。镈钟二十有七,编钟七百二十有三,特磬二十有二,编磬二十有八,铙六,单铎、双铎各五,钲、镯各八。二十二年冬闰十有一月,太常卿忽都于思奏:"大乐见用石磬,声律不协。稽诸古典,磬石莫善于泗滨,女直未尝得此。今泗在封疆之内,宜取其石以制磬。"从之。选审听音律大乐正赵荣祖及识辨磬材石工牛全,诣泗州采之,得磬璞九十,制编磬二百三十。命大乐令陈革等料简,应律者百有五。二十三年,忽都于思又奏:"太庙乐器,编钟、笙匏,岁久就坏,音律不协。"遂补铸编钟八十有一,合律者五十,造笙匏三十有四。二十九年四月,太常太卿香山请采石增制编磬。遣孔铸驰驿往泗州,得磬璞五十八,制磬九十。大乐令毛庄等审听之,得应律磬五十有八。于是编磬始备。

三十年夏六月,初立社稷。命大乐许德良运制曲谱,翰林国史院撰乐章。其降送神曰《镇宁之曲》,初献、盥洗、升坛、降坛、望瘗位,皆《肃宁之曲》,正配位奠玉币曰《亿宁之曲》,司徒奉俎彻豆曰《丰宁之曲》,正配位酌献曰《保宁之曲》,亚终献曰《咸宁之曲》。按祭社稷,先农及大德六年祀天地五方帝,乐章皆用金旧名,莫宣圣,亦因宋不改。详《乐章》篇。三十一年,世祖、裕宗祔庙,命大乐署编运曲谱舞节,翰林定撰乐章。世祖室曰《混成之曲》,裕宗室曰《昭成之曲》。

成宗大德九年,新建郊坛既成,命大乐署编运曲谱舞节,翰林撰乐章。十一月二十八日,祀圜丘用之。其迎送神曰《天成之曲》,初献奠玉币曰《钦成之曲》,酌献曰《明成之曲》,登降曰《隆成之曲》,亚终酌献曰《和成之曲》,奉馔彻豆曰《宁成之曲》,望燎如登降,惟用黄钟宫。文舞曰《崇德之舞》,武舞曰《定功之舞》。

十年命江浙行省制造宣圣庙乐器,以宋旧乐工施德仲审较应律,运至京师。秋八月,用于庙祀宣圣。先令翰林新撰乐章,命乐工习之。降送神曰《凝安之曲》,初献、盥洗、升殿、降殿、望瘗皆《同安之曲》,奠币曰《明安之曲》,奉俎曰《丰安之曲》,酌献曰《成安之曲》,亚终献曰《文安之曲》,彻豆曰《娱安之曲》。盖旧曲也,新乐章不果用。

十一年,武宗即位,祭告天地,命大乐署编运皇地祇酌献大吕宫一曲及舞节,翰林撰乐章。无曲名。九月,顺宗、成宗二室祔庙,下大乐署编运曲谱舞节,翰林撰乐章。顺宗室曰《庆成之曲》,成宗室曰《守成之曲》。

至大二年,亲享太庙。皇帝入门,奏《顺成之曲》,盥洗、升殿,用至元中初献升降《肃成之曲》,亦曰《顺成之曲》,出入小次奏《昌宁之曲》。迎神用至元中《来成之曲》,改曰《思成》。初献、摄太尉盥洗、升殿奏《肃宁之曲》,酌献太祖室仍用旧曲,改名《开成》。《开成》本至元中烈祖曲名,其词则太祖旧曲也。睿宗室仍用旧曲,改名《武成》。此亦至元中太祖曲名,其词则"神祖创业"以下仍旧。皇帝钦福、登歌奏《厘成之曲》。新制曲。文舞退、武舞进,仍用旧曲,改名《肃宁》。旧名《和成》,其词"天生五材,孰能去兵"以下是也。亚终献、酌献仍用旧曲,改名《肃宁》。旧名《顺成》,其词"幽明精祲"以下是也。彻豆曰《丰宁之曲》。旧名《丰成》,词语亦异。送神曰《保成之曲》。皇帝出庙廷亦曰《昌宁之曲》。《太常集礼》曰:"乐章据孔思逮本录之。国朝乐章皆用成字,凡用宁字者,金曲也。国初礼乐之事,悉用前代旧工,循习故常,遂有用其旧者。亦有不用其词,而冒以旧号者,如郊祀先农等乐是也。"

冬十有二月,始制先农乐章,以太常登歌乐祀之。先是,有命祀先农以登歌乐,如祭社稷之制。大乐署言"《礼》祀先农如社",遂录祭社林钟宫《镇宁》等曲以上,盖金曲也。三年冬十月,置曲阜宣圣庙登歌乐。初,宣圣五十四代孙左三部照磨思逮言:"阙里宣圣祖庙,释奠行礼久阙,祭服登歌之乐,未蒙宠赐。如蒙移咨江浙行省,于各处赡学祭馀子粒内,制造登歌乐器及祭服,以备祭祀,庶尽事神之礼。"中书允其请,移文江浙制造。至是,乐器成,运赴阙里用之。十有一月,敕以二十三日冬至,祀昊天上帝于南郊,配以太祖,令大乐署运制配位及亲祀曲谱舞节,翰林撰乐章。皇帝出入中壝黄钟宫曲二,盥洗黄钟宫曲一,升殿登歌大吕宫曲一,酌献黄钟宫曲一,饮福登歌大吕宫曲一,出入小次黄钟宫曲一。皆无曲名。四年夏六月,武宗祔庙,命乐正谢世宁等编曲谱舞节,翰林侍讲学士张士观撰乐章,曲名《威成之曲》。

仁宗皇庆二年秋九月,用登歌乐祀太上皇睿宗。于真定玉华

宫。自是岁用之,至延祐七年春三月奏罢。延祐五年,命各路府宣
圣庙置雅乐,选择习古乐师教肄生徒,以供春秋祭祀。六年秋八月,
议置三皇庙乐,不果行。七年,仁宗祔庙,命乐正刘琼等编运酌献乐
谱舞节,翰林撰乐章,曲名曰《歆成之曲》。

英宗至治二年冬十月,用登歌乐于太庙。是月,英宗祔庙,下大
乐署编运乐谱舞节,翰林撰乐章,曲曰《献成之曲》。文宗天历二年
春三月,明宗祔庙,下大乐署编运乐谱舞节,翰林定撰乐章,曲曰
《永成之曲》。

金部

编钟一簴,钟十有六,范金为之。筍簴横曰筍,植曰簴。皆雕绘树
羽,涂金双凤五,中列博山,崇牙十有六,县以红绒组。簴跗青龙籍
地,以绿油卧梯二,加两趼焉。筍两端金螭首,衔输石璧翣,五色销
金流苏,缘以红绒维之。铁杙者四,所以备欹侧。在太室以砖地甃,
因易以石麟。簴额识以金饰篆字。击钟者以荼荑木为之,合竹为柄。
凡钟,未奏,覆以黄罗;雨,覆以油绢。磬亦然。元初,钟用宋、金旧
器,其识曰"大晟"、"大和"、"景定"者是也。后增制,兼用之。

石部

编磬一簴,磬十有六,石为之。县以红绒纫,簴趼狻猊。拊磬者,
以牛角为之。余筍簴、崇牙、树羽、璧翣、流苏之制,并与钟同。元初,
磬亦用宋、金旧器。至元中,始采泗滨灵璧石为之。

丝部

琴十,一弦、三弦、五弦、七弦、九弦者各二。斲桐为面,梓为底,
冰弦,木轸,漆质,金徽。长三尺九寸。首阔五寸二分,通足中高二
寸七分,旁各高二寸,尾阔四寸一分,通足中高二寸,旁各高一寸五
分。俱以黄绮夹囊贮之。琴卓絭以绿。

瑟四。其制,底面皆用梓木,面施采色,两端绘锦。长七尺。首

阔尺有一寸九分,通足中高四寸,旁各高三寸;尾阔尺有一寸七分,通足中高五寸,旁各高三寸五分。朱丝为弦,凡二十有五,各设柱,两头有孔,疏通相连。以黄绮夹囊贮之。架四,髹以绿,金饰凤首八。

竹部

箫二,编竹为之。每架十有六管,阔尺有六分。黑抢金鸾凤为饰,输石钉铰。以黄绒纠维于人项,左右复垂红绒绦结。架以木为之,高尺有二寸,亦号排箫。韬以黄囊。

笛二,断竹为之。长尺有四寸,七孔,亦号长笛。缠以朱丝,垂以红绒绦结。韬以黄囊。

篪二,制如笛,三孔。缠以朱丝,垂以红绒绦结。韬以黄囊。

篪二,髹色如桐叶,七孔。缠以朱丝,垂以红绒绦结。韬以黄囊。

匏部

巢笙四,和笙四,七星匏一,九曜匏一,闰馀匏一,皆以班竹为之。玄髹底,置管匏中,施簧管端,参差如鸟翼。大者曰巢笙,次曰和笙,管皆十九,簧如之。十三簧者曰闰馀匏,九簧者曰九曜匏,七簧者曰七星匏。皆韬以黄囊。

土部

埙二,陶土为之。围五寸半,长三寸四分,形如称锤。六孔,上一,前二,后三。韬以黄囊。

革部

搏拊二,制如鼓而小,中实以糠,外髹以朱,绘以绿云,系以青绒绦。两手用之,或搏或拊,以节登歌之乐。

木部

柷一,以桐木为之,状如方桶,绘山于上,髹以粉,旁为圆孔,纳椎于中。椎以杞木为之,撞之以作乐。

敔一,制以桐木,状如伏虎,彩绘为饰,背有二十七鉏铻刻,下承以敔。用竹长二尺四寸,破为十茎,其名曰籈,栎其背以止乐。

金部

镈钟十有二簴,簴一钟,制视编钟而大,依十二辰位特县之,亦号辰钟。筍簴朱髹、涂金,彩绘飞龙。跗东青龙,西白虎,南赤豸,北玄麟。素罗五色流苏。馀制并与编钟同。

编钟十有二簴,簴十有六钟,制见《登歌》。此下乐器制与《登歌》同者,皆不重载。

石部

编磬十有六簴,簴十有二磬,制见《登歌》。筍簴与镈钟同。

丝部

琴二十有七,一弦者三,三弦、五弦、七弦、九弦者各六。

瑟十有二。

竹部

箫十,篪十,箎十,笛十。

匏部

巢笙十。

竽十,竹为之。与巢笙皆十九簧,惟指法各异。

七星匏一,九曜匏一,闰馀匏一。

土部

埙八。

革部

晋鼓一,长六尺六寸,面径四尺,围丈有二尺,穿隆者居鼓面三之一,穿径六尺六寸三分寸之一。面绘云龙为饰,其皋陶以朱髹之,下承以彩绘跌座,并鼓高丈馀。在郊祀者,鞔以马革。

树鼓四,每树三鼓。其制高六尺六寸,中植以柱,曰建鼓。柱末为翔鹭,下施小圆轮。又为重斗,方盖,并缭以彩绘。四角有竿,各垂璧翠流苏,下以青狻猊四为跌。建旁挟二小鼓,曰鞞、曰应,树乐县之四隅。踏床、鼓枹,并髹以朱。

雷鼓二,制如鼓而小,鞔以马革,持其柄播之,旁耳自击。郊祀用之。

雷鼗二,亦以马革鞔之,为大、小鼓三,交午贯之以柄。郊祀用之。

路鼓二,制如雷鼓,惟非马革。祀宗庙用之。

路鼗二,其制为小大二鼓,午贯之,旁各有耳,以柄摇之,耳往还自击,不以马革。祀宗庙用之。

木部

柷一,敔一。

麾一,制以绛缯,长七尺,画升龙于上,以涂金龙首朱杠县之。乐长执之,举以作乐,偃以止乐。

照烛二,以长竿置绛罗笼于其末,然烛于中。夜暗,麾远难辨,乐正执之,举以作乐,偃以止乐。

纛二,制若旌幢,高七尺,杠首刻象牛首,下施朱绘盖为三重,以导文武。

籥六十有四,木为之。象籥之制,舞人所执。

翟六十有四,木柄,端刻龙首,饰以雉羽,缀以流苏。舞人所执。

笙二,制如蘥,杠首栖以凤,以导武舞。

干六十有四,木为之,加以彩绘。舞人所执。

戚六十有四,制若剑然。舞人所执。《礼记》注"戚,斧也"。今制与古异。

金镈二,范铜为之,中虚,鼻象狻猊,木方跗。二人举镈,筑于跗上。

金钲二,制如铜槃。县而击之,以节乐。

金铙二,制如火斗,有柄,以铜为匡,疏其上如铃,中有丸。执其柄而摇之,其声铙铙然,用以止鼓。

单铎、双铎各二,制如小钟。上有柄,以金为舌,用以振武舞。两铎通一柄者,号曰双铎。

雅鼓二,制如漆筒。鞔以羊革,旁有两纽。工人持之,筑地以节舞。

相鼓二,制如搏拊,以韦为表,实之以糠。拊其两端,以相乐舞节。

鼗鼓二。

表四,木杆,凿方石树之,用以识舞人之兆缀。

元史卷六九

志第二〇

礼乐三

郊祀乐章　　宗庙乐章　　社稷乐章
先农乐章　　宣圣乐章

成宗大德六年，合祭天地五方帝乐章：

降神，奏《乾宁之曲》，六成：

圜钟宫三成

惟皇上帝，监德昭明。祖考承天，治底隆平。孝思维则，禋祀荐诚。神其降格，万福来并。

黄钟角一成词同前。

太簇徵一成词同前。

姑洗羽一成词同前。

初献盥洗，奏《肃宁之曲》：

黄钟宫

明水在下，钟鼓既奏。有孚颙若，陟降左右。辟公处止，多士裸将。吉蠲以祭，上帝其飨。

初献升隆，奏《奏肃宁之曲》：

大吕宫

禋祀孔肃，盥荐初升。摄齐恭敬，以荐惟馨。肃雍多士，来格百灵。降福受厘，万世其承。

奠玉币,奏:

大吕宫

宗祀配飨,启举明禋。嘉玉既设,量币斯陈。惟德格天,惟诚感神。于万斯年,休命用申。

迎俎,奏《丰宁之曲》:

黄钟宫

有硕斯俎,有涤斯牲。銮刀屡奏,血登载升。礼崇茧栗,气达尚腥。上帝临止,享于克诚。

酌献,奏《嘉宁之曲》:

大吕宫

崇崇泰畤,穆穆昊穹。神之格思,肸蚃斯通。牺尊载列,黄流在中。酒既和止,万福攸同。

亚献,奏《咸宁之曲》:

黄钟宫

六成既阕,三献云终。神其醉止,穆穆雍雍。和风庆云,贲我郊宫。受兹祉福,亿载无穷。

终献词同前

彻笾豆,奏《丰宁之曲》:

大吕宫

禋礼既备,神具宴娭。笾豆有楚,废彻不迟。多士骏奔,乐且有仪。乃锡纯嘏,永佐丕基。

送神,奏:

圜钟宫

殷祀既毕,灵驭载旋。礼洽和应,降福自天。动植咸若,阴阳不愆。明明天子,亿万斯年。

望燎,奏:

黄钟宫

享申百礼,庆洽百灵。奠玉高坛,燔柴广庭。祥光达曙,粲若景星。神之降福,万国咸宁。

大德九年以后，定拟亲祀乐章：

皇帝入中壝：

黄钟宫

赫赫有临，洋洋在上。克配皇祖，于穆来飨。肇此大禋，乾文弘朗。被衮圜丘，巍巍玄象。

皇帝盥洗：

黄钟宫

翼翼孝思，明德洽礼。功格玄穹，有光帝始。著我精诚，洁兹荐洗。币玉攸奠，永集嘉祉。

皇帝升坛：降同。

大吕宫

天行惟健，盛德御天。日月龙章，筍簴宫县。薰糈尚明，礼璧苍圜。神之格思，香升燔烟。

降神，奏《天成之曲》：

圜钟宫三成

烝哉皇元，丕承帝眷。报本贵诚，于郊殷荐。薰糈载陈，云门六变。神之格思，来处来燕。

黄钟角一成

太簇徵一成

姑洗羽一成词并同前。

初献盥洗，奏《隆成之曲》：

黄钟宫

肇禋南郊，百神受职。齐洁惟先，匪馨于稷。乃沃乃盥，祠坛是陟。上帝监观，其仪不忒。

初献升坛，降同。奏《隆成之曲》：

大吕宫

于穆圜坛，阳郊奠位。孔惠孔时，吉蠲为饎。降登祗若，百礼既至。愿言居歆，允集熙事。

奠玉币，正配位同。奏《钦成之曲》：

黄钟宫

谓天盖高，至诚则格。克祀克禋，骏奔百辟。制币斯陈，植以苍璧。神其降康，俾我来益。

司徒捧俎，奏《宁成之曲》：

黄钟宫

我牲既洁，我俎斯实。笙镛克谐，笾豆有铋。神来宴娭，歆兹明德。永锡繁禧，如几如式。

昊天上帝位酌献，奏《明成之曲》：

黄钟宫

于昭昊天，临下有赫。陶匏荐诚，馨闻在德。酌言献之，上灵是格。降福孔偕，时万时亿。

皇地祇位酌献：

大吕宫

至哉坤元，与天同德。函育群生，玄功莫测。合飨圜坛，旧典时式。申锡无疆，聿宁皇国。

太祖位酌献：

黄钟宫

礼大报本，郊定天位。皇皇神祖，反始克配。至德难名，玄功宏济。帝典式敷，率育攸墍。

皇帝饮福：

大吕宫

特牲享诚，备物循质。上帝居歆，百神受职。皇武昭宣，孝祀芬苾。万福攸同，下民阴隲。

皇帝出入小次：

黄钟宫

惟天惟大，惟帝飨帝。以配祖考，肃赞灵祉。定极崇功，永我昭事。升中于天，象物毕至。

文舞退，武舞进，奏《和成之曲》：

黄钟宫

羽籥既竣,载扬玉戚。一弛一张,匪舒匪棘。八音克谐,万舞有奕。永观厥成,纯嘏是锡。

亚终献,奏《和成之曲》:

黄钟宫

有严郊禋,恭陈币玉。大糦是承,载祗载肃。上帝居歆,馨香既饫。惠我无疆,介以景福。

彻笾豆,奏《宁成之曲》:

大吕宫

三献攸终,六乐斯遍。既右享之,彻其有践。洋洋在上,默默灵眷。明禋告成,于皇锡羡。

送神,奏《天成之曲》:

圜钟宫

神之来歆,如在左右。神保聿归,灵斿先后。恢恢上圆,无声无臭。日监孔昭,思皇多祐。

望燎,奏《隆成之曲》:

黄钟宫

熙事备成,礼文郁郁。紫烟聿升,灵光下烛。神人乐康,永膺戬谷。祚我丕平,景命有仆。

皇帝出中壝:

黄钟宫

泰坛承光,寥廓玄暧。畅我扬明,飨仪惟大。九服敬宣,声教无外。皇拜天祐,照临斯届。

世祖中统四年至至元三年,七室乐章:《太常集礼薨》云:此系卷牍所载。

太祖第一室:

天垂灵顾,地献中方。帝力所拓,神武莫当。阳溪昧谷,咸服要荒。昭孝明禋,神祖皇皇。

太宗第二室：

和林胜域，天邑地宫。□□□□，南北来同。□司分置，胄教肇崇。润色祖业，德仰神宗。

睿宗第三室：

珍符默授，畴昔自天。爰生圣武，宝祚开先。霓旌回狩，龙驾游仙，追远如生，皇慕颙然。

皇伯考术赤第四室：

威□鹰扬，冢位□当。从龙远拓，千万里疆。诞总虎旅，驻压西方。航海梯山，东西来王。

皇伯考察合带第五室：

雄武军威，滋多历年。深谋远略，协赞惟专。流沙西域，饯日东边。百国畏服，英声赫然。

定宗第六室：

三朝承休，恭己优游。钦绳祖武，其德聿修。帝慭锡寿，德泽期周。蠲馈惟芗，祈飨于幽。

宪宗第七室：

龙跃潜居，风云会通。知民病苦，轸念宸衷。夔门之旅，继志图功。俎豆敬祭，华仪孔隆。

至元四年至十七年，八室乐章：《太常集礼》云：周驭所藏《仪注》所录舞节同。

迎神，奏《来成之曲》，九成：

黄钟宫三成

齐明盛服，翼翼灵眷。礼备多仪，乐成九变。烝烝孝心，若闻且见。肸蚃端临，来宁来燕。

大吕角二成词同黄钟。

太簇徵二成词同黄钟。

应钟羽二成词同黄钟。

初献盥洗，奏《肃成之曲》：再诣盥洗同。至大以后，名《顺成之曲》，词律同。

无射宫

天德维何，如水之清。维水内耀，配彼天明。以涤以濯，牺象光晶。孝思维则，式荐忱诚。

初献升殿，登歌乐奏《肃成之曲》：降同。

夹钟宫

祀事有严，太宫有侐。陟降靡违，孔容翼翼。笾豆旅陈，钟磬翕绎。于昭吉蠲，神保是格。

司徒捧俎，奏《嘉成之曲》：别本所录亲祀乐章词同。

无射宫

色纯体全，三牺五牲。銮刀屡奏，毛炰胾羹。神具厌饫，听我磬声。居歆有永，胡考之宁。

烈祖第一室，奏《开成之曲》：

无射宫

于皇烈祖，积厚流长。大勋未集，燮伐用张。笃生圣嗣，奄有多方。锡我景福，万世无疆。

太祖第二室，奏《武成之曲》：

无射宫

天扶昌运，混一中华。爰有真人，奋起龙沙。际天开宇，亘海为家。肇修禋祀，万世无涯。

太宗第三室，奏《文成之曲》：

无射宫

纂成前烈，底定丕图。礼文简省，禁网宽疏。还风太古，跻世华胥。三灵顺协，四海无虞。

皇伯考术赤第四室，奏《弼成之曲》：

无射宫

神支挺秀，右壤疏封。创业艰难，相我祖宗。叙亲伊迩，论功亦崇。春秋祭祀，万世攸同。

皇伯考察合带第五室，奏《协成之曲》：

无射宫

玉牒期亲，神支懿属。论德疏封，展亲分玉。相我祖宗，风栉雨沐。昔同其劳，今共兹福。

睿宗第六室，奏《明成之曲》：

无射宫

神祖创业，爰著戎衣。圣考抚军，代行天威。河南底定，江北来归。贻谋翼子，奕叶重辉。

定宗第七室，奏《熙成之曲》：

无射宫

嗣承丕祚，累洽重熙。堂构既定，垂拱无为。边庭闲暇，田里安绥。歆兹禋祀，万世攸宜。

宪宗第八室，奏《威成之曲》：

无射宫

羲驭未出，萤爝腾光。大明丽天，群阴披攘。百神受职，四海宁康。愔愔灵韶，德音不忘。

文舞退，武舞进，奏《和成之曲》：别本所录亲祀乐章词同。

无射宫

天生五材，孰能去兵。恢张鸿业，我祖天声。干戈曲盘，濯濯厥灵。于赫七德，展也大成。

亚献行礼，奏《顺成之曲》：终献词律同。

无射宫

幽通神明，所重精禋。清宫肃肃，百礼具陈。九韶克谐，八佾姺姺。灵光昭答，天休日申。

彻笾豆，登歌乐奏《丰成之曲》：

夹钟宫

豆笾苾芬，金石锵铿。礼终三献，乐奏九成。有严执事，进彻无声。神保聿归，万福来宁。

送神，奏《来成之曲》：或作《保成》。

黄钟宫

神主在室，神灵在天。礼成乐阕，神返幽玄。降福冥冥，百顺无愆。于皇孝思，于万斯年。

至元十八年冬十月，世祖皇后祔庙酌献乐章：《太常集礼》云：卷牍所载。

徽柔懿哲，温默靖恭。范仪宫闱，任姒同风。敷天宁谧，内助多功。淑德祔庙，万世昌隆。

亲祀禘祫乐章：未详年月。《太常集礼》云，别本所录。以时考之，疑至元三年以前拟用。详见《制乐始末》。

皇帝入门，宫县奏《顺成之曲》：

无射宫

熙熙雍雍，六合大同。维皇有造，典礼会通。金奏王夏，祗款神宫。感格如响，嘉气来丛。

皇帝升殿，奏《顺成之曲》：

夹钟宫

皇明烛幽，沿时制作。宗庙之威，降登时若。趋以采茨，声容有恪。曰艺曰文，监兹衍乐。

皇帝诣罍洗，宫县奏《顺成之曲》：《太常集礼》云，至元四年用此曲，名曰《肃成》。至大以后用此，词律同。

无射宫

酌彼行潦，维挹其清。洁齐以祀，祀事昭明。肃肃辟公，沃盥乃升。神之至止，歆于克诚。

皇帝诣酌奠所，宫县奏《顺成之曲》：

无射宫

灵庭愔愔，乃神攸依。文为在礼，载斝匪祈。皇皇穆穆，玉佩声希。列侯百辟，济济□威。

迎神，宫县奏《思成之曲》。至元四年，名《来成之曲》，词律同。

司徒捧俎，宫县奏《嘉成之曲》。至元四年，词律同。

酌献始祖,宫县奏《庆成之曲》:

无射宫

启运流光,幅员既长。敬恭祀事,郁邑芬芗。德以舞象,功以歌扬。式歌且舞,神享是皇。

诸庙奏《熙成》、《昌成》、《鸿成》、《乐成》、《康成》、《明成》等曲。词阙。

文舞退,武舞进,宫县奏《肃成之曲》。至元四年,名《和成之曲》,词律同。

亚终献,宫县奏《肃成之曲》。至元四年,名《顺成之曲》,词律同。

皇帝钦福,登歌奏《厘成之曲》:

夹钟宫

诚通恩降,灵慈昭宜。左右明命,六合大全。啐饮椒馨,纯嘏如川。皇人寿谷,亿万斯年。

彻豆,登歌奏《丰成之曲》:

夹钟宫

三献九成,礼毕乐阕。于豆于登,于焉靖彻。多士密勿,乐且有仪。能事脱颖,孔惠孔时。

送神,奏《保成之曲》:

黄钟宫

云车之来,不疾而速。风驭言还,阒其悦惚。神心之欣,孝孙之禄。燕翼无疆,景命有仆。

武宗至大以后亲祀摄乐章:《太常集礼》云,孔思逮本所录。

皇帝入门,奏《顺成之曲》。别本,亲祀禘祫乐章,词律同。

皇帝盥洗,奏《顺成之曲》。至元四年,名《肃宁之曲》,词律同。

皇帝升殿,登歌乐奏《顺成之曲》。别本,亲祀乐章,词律同。

皇帝出入小次,奏《昌宁之曲》:《太常集礼》云,此金曲,思逮取之。详见《制乐始末》。

无射宫

于皇神宫，象天清明。肃肃来止，相维公卿。威仪孔彰，君子攸宁。神之休之，绥我思成。

迎神，奏《思成之曲》：至元四年，名《来成之曲》，词律同。

黄钟宫三成

齐明盛服，翼翼灵眷。礼备多仪，乐成九变。烝烝孝心，若闻且见。胪胾端临，来宁来燕。

大吕角二成

太簇徵二成

应钟羽二成词并同上。

初献盥洗，奏《肃成之曲》。别本，亲祀乐章名《顺成之曲》，词律同。

初献升殿，降同。登歌乐奏《肃宁之曲》。至元四年，名《肃成之曲》，词律同。

司徒捧俎，奏《嘉成之曲》。至元四年，曲名词律同。

太祖第一室，奏《开成之曲》。至元四年，名《武成之曲》，词同。

睿宗第二室，奏《武成之曲》。至元四年，名《明成之曲》，词同。

世祖第三室，奏《混成之曲》：

无射宫

于昭皇祖，体健乘乾。龙飞应运，盛德光前。神功耆定，泽被垓埏。诒厥孙谋，何千万年。

裕宗第四室，奏《昭成之曲》：

无射宫

天启深仁，须世而昌。追惟显考，敢后光扬。徽仪肇举，礼备音锵。皇灵监止，降厘无疆。

顺宗第六室，奏《庆成之曲》：

无射宫

龙潜于渊，德昭于天。承休基命，光被纮埏。洋洋如临，笾豆牲牷。惟明惟馨，皇祚绵延。

成宗第七室，奏《守成之曲》：

无射宫

天开神圣,继世清宁。泽深仁溥,乐协《韶英》。宗枝嘉会,气和惟馨。繁禧来格,永被皇灵。

武宗第八室,奏《威成之曲》:

无射宫

绍天鸿业,继世隆平。惠孚中国,威靖边庭。厥功惟茂,清庙妥灵。歆兹明祀,福禄来成。

仁宗第九室,奏《歆成之曲》:

无射宫

绍隆前绪,运启文明。深仁及物,至孝躬行。惟皇建极,盛德难名。居歆万祀,福禄崇成。

英宗第十室,奏《献成之曲》:

无射宫

神圣继作,式是宪章。诞兴礼乐,躬事烝尝。翼翼清庙,烨有耿光。于千万年,世仰明良。

皇帝饮福,登歌乐奏《厘成之曲》:

夹钟宫

穆穆天子,禋祀太宫。礼成乐备,敬彻诚通。神胥乐止,锡之醇�6。天子万世,福禄无穷。

文舞退,武舞进,奏《肃成孔本作《肃宁》。之曲》。至元四年名《和成之曲》,词律同。

亚终献行礼,宫县奏《肃成之曲》。至元四年,名《顺成之曲》,词律同。

彻笾豆,登歌乐奏《丰宁之曲》。至元四年,名《丰成之曲》,词律同。

送神,奏《保成之曲》。至元四年,名《来成之曲》,词律同。

皇帝出庙廷,奏《昌宁之曲》:

无射宫

缉熙维清,吉蠲致诚。上仪具举,明德荐馨。已事而竣,欢通三灵。先祖是皇,来燕来宁。

文宗天历三年,明宗祔庙酌献,奏《永成之曲》:

无射宫

猗那皇明,世缵神武。敬天弗违,时潜时旅。龙旗在涂,言受率土。不遐有临,永锡多暇。

降神,奏《镇宁之曲》:

林钟宫二成

以社以方,国有彝典。大哉元德,基祚绵远。农功万世,于焉报本。显相默佑,降监坛埠。

太簇角二成

锡民地利,厥工甚溥。昭代典礼,清声律吕。谷旦于差,洋洋来下。相此有年,根本日固。

姑洗徵二成

平厥水土,百谷用成。长扶景运,宜歆德馨。五祀为大,千古举行。感通肸蚃,登歌镇宁。

南宫羽二成

币齐虔修,粢盛告备。仓庾坻京,繄维之赐。崇坛致恭,幽光孔迩。享于精诚,休祥毕至。

初献盥洗,奏《肃宁之曲》:

太簇宫

礼备乐陈,辰良日吉。挹彼樽罍,馨哉黍稷。濯溉揭虔,维巾及羃。万年严祀,跄跄受职。

初献升坛,奏《肃宁之曲》:降同。

应钟宫

春祈秋报,古今彝章。民天是资,神灵用彰。功崇礼严,人阜时康。雍雍为仪,燔芬苾香。

正配位奠玉币,奏《亿宁之曲》:

太簇宫

地祇向德,稽古美报。币帛斯陈,圭璋式缫。载烈载燔,肴羞致告。雨旸时若，丕图永保。

司徒捧俎，奏《丰宁之曲》：

太簇宫

我稼既同，群黎遍德。我祀如何，牲牷孔硕。有翼有严，随方布色。报功求福，其仪不忒。

正位酌献，奏《保宁之曲》：

太簇宫

异世同德，于皇圣造。降兹嘉祥，卫我大宝。生乃烝民，俾德覆焘。厥作祼将，有相之道。

配位酌献，奏《保宁之曲》：

太簇宫

以御田祖，皇家秩祀。有民人焉，盍究本始。惟叙惟修，谁实介止。酒旨且多，盛德宜配。

亚终献，奏《咸宁之曲》：

太簇宫

以引以翼，来处来燕。豆笾牲牢，有楚有践。庸答神休，神亦锡羡。土谷是依，成此酺献。

彻豆，奏《丰宁之曲》：

应钟宫

文治修明，相成田功。功为特殊，仪为特隆。终如其初，诚则能通。明神毋忘，时和岁丰。

送神，奏《镇宁之曲》：

林钟宫

不屋受阳，国所崇敬。以兴来岁，苞秀坚颖。云辂莫驻，神其谛听。景命有仆，与国同永。

望瘗位，奏《肃宁之曲》：

太簇宫

雅奏肃宁，繁厘降格。篚厥玄黄，丹诚烜赫。肇祀以归，瞻言咫尺。万年攸介，丕承帝德。

降神，奏《镇宁之曲》：

林钟宫二成

民生斯世，食为之天。恭惟大圣，尽心于田。仲春劝农，明祀吉蠲。馨香感神，用祈丰年。

太簇角二成

耕种务农，振古如兹。爰粒烝庶，功德茂垂。降嘉奏艰，国家攸宜。所依惟神，庸洁明粢。

姑洗徵二成

俶载平畴，农功肇敏。千耦耕耘，同徂隰畛。田祖丕灵，为仁至尽。丰岁穰穰，延洪有引。

南吕羽二成

群黎力耕，及兹方春。维时东作，笃我农人。我黍既华，我稷宜新。由天降康，永赖明神。

初献盥洗，奏《肃宁之曲》：

太簇宫

洞酌行潦，真足为荐。奉兹洁清，神在乎前。分作甘霖，沾溉芳甸。慎于其初，诚意攸见。

初献升坛，奏《肃宁之曲》：

应钟宫

有椒其馨，维多且旨。式慎尔仪，降登庭止。黍稷稻粱，民无渴饥。神嗜饮食，永绥嘉祉。

正配位奠玉币，奏《亿宁之曲》：

太簇宫

奉币维恭，前陈嘉玉。聿昭盛仪，肃雍纯如。南亩深耕，麻麦禾菽。用祈三登，膺受多福。

司徒捧俎，奏《丰宁之曲》：

太簇宫

奉牲孔嘉，登俎丰备。地官骏奔，趋进光辉。肥硕蕃孳，歆此诚意。有年斯今,均被神赐。

正位酌献,奏《保宁之曲》:

太簇宫

宝坛巍煌,神应如响。备脯咸有,牲体苾芳。洋洋如在,降格来享。秉诚罔怠,群生瞻仰。

配位酌献,奏《保宁之曲》:

太簇宫

酒清斯香,牲硕斯大。具列觞俎,精意先会。民命维食,秬秠毋害。我仓万亿,神明攸介。

亚终献,奏《咸宁之曲》:

宫

至诚攸感,胖盍潜通。百谷嘉种,爰降时丰。祈年孔夙,稼穑为重。俯歆醴齐,载扬歌颂。

彻豆,奏《丰宁之曲》:

应钟宫

有来雍雍,存诚敢匮。废彻不迟,灵神攸嗜。孔惠孔时,三农是宜。眉寿万岁,谷成丕乂。

送神,奏《镇宁之曲》:

林钟宫

焄蒿凄怆,万灵来唉。灵神具醉,聿言旋归。岁丰时和,风雨应期。皇图万年,永膺洪禧。

望瘗位,奏《肃宁之曲》:

宫

礼成文备,歆受清祀。加牲兼币,陈玉如仪。灵驭言旋,面阴昭瘗。集兹嘉祥,常致丰岁。

迎神,奏《凝安之曲》:

黄钟宫三成

大哉宣圣,道尊德崇。维持王化,斯文是宗。典祀有常,精纯并隆。神其来格,于昭盛容。

大吕角二成

生而知之,有教无私。成均之祀,威仪孔时。惟兹初丁,洁我盛
粢。永言其道,万世之师。

太簇徵二成

巍巍堂堂,其道如天。清明之象,应物而然。时维上丁,备物荐
诚。维新礼典,乐谐中声。

应钟羽二成

圣王生知,阐乃儒规。诗书文教,弓世昭垂。良日惟丁,灵承丕
爽。揭此精虔,神其来享。

初献盥洗,奏《同安之曲》:

姑洗宫

右文兴化,宪古师经。明祀有典,吉日惟丁。丰牺在俎,雅奏在
庭。周回陟降,福祉是膺。

初献升殿,奏《同安之曲》:降同。

南吕宫

诞兴斯文,经天纬地。功加于民,实千万世。笙镛和鸣,粢盛丰
备。肃肃降登,歆兹秩祀。

奠币,奏《明安之曲》:

南吕宫

自生民来,谁底其盛。惟王神明,度越前圣。粢币具成,礼容斯
称。黍稷惟馨,惟神之听。

捧俎,奏《丰安之曲》:

姑洗宫

道同乎天,人伦之至。有享无穷,其兴万世。既洁斯牲,粢明醴
旨。不懈以忱,神之来墍。

大成至圣文宣王位酌献,奏《成安之曲》:

南吕宫

大哉圣王,实天生德。作乐以崇,时祀无斁。清酤惟馨,嘉牲孔

硕。荐羞神明,庶几昭格。

兖国复圣公位酌献,奏《成安之曲》:

南吕宫

庶几屡空,渊源深矣。亚圣宣献,百世宜祀。吉蠲斯辰,昭陈尊簋。旨酒欣欣,神其来止。

郕国宗圣公酌献,奏《成安之曲》:

南吕宫

心传忠恕,一以贯之。爰述大学,万世训彝。惠我光明,尊闻行知。继圣迪后,是享是宜。

沂国述圣公酌献,奏《成安之曲》:

南吕宫

公传自曾,孟传自公。有嫡绪承,允得其宗。提纲开蕴,乃作中庸。侑于元圣,亿载是崇。

邹国亚圣公酌献,奏《成安之曲》:

南吕宫

道之由兴,于皇宣圣。维公之传,人知趋正。与飨在堂,情文斯称。万年承休,假哉天命。

亚献,奏《文安之曲》:终献同。

姑洗宫

百王宗师,生民物轨。瞻之洋洋,神其宁止。酌彼金罍,惟清且旨。登献惟三,于嘻成礼。

饮福受胙。与盥洗同,惟国学释奠亲祀用之,摄事则不用,外路州县并皆用之。

彻豆,奏《娱安之曲》:

南吕宫

牺象在前,豆笾在列。以享以荐,既芬既洁。礼成乐备,人和神悦。祭则受福,率尊无越。

送神,奏《凝安之曲》:

黄钟宫

有严学宫，四方来崇。恪恭祀事，威仪雍雍。歆兹惟馨，飙驭回复。明禋斯毕，咸膺百福。

望瘗。与盥洗同。

右释奠乐章，皆旧曲。元朝尝拟撰易，而未及用，今并附于此。

迎神，奏《文明之曲》：

天纵之圣，集厥大成。立言垂教，万世准程。庙庭孔硕，尊俎既盈。神之格思，景福来并。

盥洗，奏《昭明之曲》：

神既宁止，有孚颙若。罍洗在庭，载盥载濯。匪惟洁修，亦新厥德。对越在兹，敬恭惟则。

升殿，奏《景明之曲》：降同。

大哉圣功，薄海内外。礼隆秩宗，光垂昭代。陟降在庭，摄齐委佩。莫不肃雍，洋洋如在。

奠币，奏《德明之曲》：

圭衮尊崇，佩绅列侑。笾豆有楚，乐具和奏。式陈量币，骏奔左右。天睠斯文，繄神之佑。

文宣王酌献，奏《诚明之曲》：

惟圣监格，享于克诚。有乐在县，有硕斯牲。奉醴以告，嘉荐惟馨。绥以多福，永底隆平。

兖国公酌献，奏《诚明之曲》：

潜心好学，不违如愚。用舍行藏，乃兴圣俱。千载景行，企厥步趋。庙食作配，祀典弗渝。

郕国公酌献。阙。

沂国公酌献。阙。

邹国公酌献，奏《诚明之曲》：

洙、泗之传，学穷性命。力距杨、墨，以承三圣。遭时之季，孰识其正。高风仰止，莫不肃敬。

亚献，奏《灵明之曲》：终献同。

　　庙成奕奕，祭祀孔时。三爵具举，是飨是宜。于昭圣训，示我民彝。纪德报功，配于两仪。

　　送神，奏《庆明之曲》：

　　礼成乐备，灵驭其旋。济济多士，不懈益虔。文教兹首，儒风是宣。佑我阙

元史卷七〇
志第二一

礼乐四

郊祀乐舞　　宗庙乐舞
泰定十室乐舞

降神文舞，崇德之舞。《乾宁之曲》六成。

圜钟宫三成。始听三鼓。一声钟，一声鼓，凡三作，后仿此。一鼓，稍前，开手立；二鼓，合手，退后；三鼓，相顾蹲。三鼓毕，间声作。二声钟，一声鼓。一鼓，稍前，舞蹈。二鼓，举左手，收，左揖。三鼓，举右手，收，右揖。四鼓，高呈手。五鼓，两两相向蹲。六鼓，稍前，开手立。七鼓，退后，俯伏。八鼓，举左手，收，左揖。九鼓，举右手，收，右揖。十鼓，稍前，开手立。十一鼓，合手，退后，躬身。十二鼓，伏，兴，仰视。十三鼓，舞蹈，相向立。十四鼓，复位，交篇，正蹲。十五鼓，躬身，受。终听三鼓。止。

黄钟角一成。始听三鼓。一鼓，稍前，舞蹈。二鼓，合手，退后。三鼓，相顾蹲。三鼓毕，间声作。一鼓，稍前，舞蹈。二鼓，高呈手。三鼓，两两相向蹲。四鼓，举左手，收，左揖。五鼓，举右手，收，右揖。六鼓，稍前，开手。七鼓，复位，正揖。八鼓，两两相向，交篇，正蹲。九鼓，复位立。十鼓，稍前，开手立。十一鼓，合手，退后，躬身。十二鼓，伏，兴，仰视。十三鼓，举左手，收，开手，正蹲。十四鼓，举右手，收，开手，正蹲。十五鼓，躬身。受。终听三鼓。止。

太簇徵一成。始听三鼓。一鼓,稍前,开手立。二鼓,合手,退后。三鼓,相顾蹲。三鼓毕,间声作。一鼓,稍前,舞蹈。二鼓,复位,躬身。三鼓,高呈手。四鼓,举左手,收,左揖。五鼓,举右手,收,右揖。六鼓,两两相向,交篇,正蹲。七鼓,复位,躬身。八鼓,舞蹈,相向立。九鼓,复位,俯伏。十鼓,举左手,收,左揖。十一鼓,举右手,收,右揖。十二鼓,伏,兴,仰视。十三鼓,舞蹈,相向立。十四鼓,复位,交篇,正蹲。十五鼓,躬身,受。终听三鼓。止。

姑洗羽一成。始听三鼓。一鼓,稍前,开手立。二鼓,合手,退后。三鼓,相顾蹲。三鼓毕,间声作。一鼓,稍前,舞蹈。二鼓,复位,正揖。三鼓,高呈手。四鼓,推左手,收,左揖。五鼓,推右手,收,右揖。六鼓,两两相向,交篇,正蹲。七鼓,复位,俯伏。八鼓,舞蹈,相向立。九鼓,复位,躬身。十鼓,伏,兴,仰视。十一鼓,举左手,收,左揖。十二鼓,举右手,收,右揖。十三鼓,舞蹈,相向立。十四鼓,复位,交篇,正蹲。十五鼓,躬身,受。终听三鼓。止。

昊天上帝位酌献文舞,崇德之舞。《明成之曲》,黄钟宫一成。始听三鼓。一鼓,稍前,开手立。二鼓,合手,退后。三鼓,相顾蹲。三鼓毕,间声作。一鼓,稍前,舞蹈,相向立。二鼓,复位,相顾蹲。三鼓,复位,开手立。四鼓,合手,正揖。五鼓,举左手,收,左揖。六鼓,举右手,收,右揖。七鼓,两两相向,交篇,正蹲。八鼓,复位,正揖。九鼓,稍前,开手立。十鼓,退后,俯伏。十一鼓,稍前,开手立。十二鼓,推左手,收。十三鼓,推右手,收。十四鼓,三叩头,拜舞。十五鼓,躬身,受。终听三鼓。止。

皇地祇酌献,大吕宫一成。始听三鼓。一鼓,稍前,开手立。二鼓,合手,退后。三鼓,相顾蹲。三鼓毕,间声作。一鼓,稍前,舞蹈,相向立。二鼓,复位,正揖。三鼓,举左手,收,左揖。四鼓,举右手,收,右揖。五鼓,高呈手。六鼓,两两相向,交篇,正蹲。七鼓,复位,俯伏。八鼓,舞蹈,相向立。九鼓,复位,躬身。十鼓,交篇,正蹲。十一鼓,两两相向,开手,正蹲。十二鼓,伏,兴,仰视。十三鼓,舞蹈,相向立。十四鼓,三叩头,拜舞。十五鼓,躬身,受。终听三鼓。止。

太祖位酌献,黄钟宫一成。始听三鼓。一鼓,稍前,开手立。二鼓,合手,退后。三鼓,相顾蹲。三鼓毕,间声作。一鼓,稍前,舞蹈。二鼓,复位,正揖。三鼓,举左手,收,左揖。四鼓,举右手,收,右揖。五鼓,高呈手。六鼓,两两相向,交籥,正蹲。七鼓,复位,俯伏。八鼓,舞蹈,相向立。九鼓,复位,躬身。十鼓,交籥,正蹲。十一鼓,两两相向,开手,正蹲。十二鼓,伏,兴,仰视。十三鼓,合手,正揖。十四鼓,叩头,拜舞。十五鼓,躬身,受。终听三鼓。止

亚献、酌献武舞,<small>定功之舞</small>黄钟宫一成。始听三鼓。一鼓,稍前,开手立。二鼓,合手,退后,按腰立。三鼓,相顾蹲。三鼓毕,间声作。一鼓,稍前,左右扬干戚。二鼓,退后,相顾蹲。三鼓,举左手,收。四鼓,举右手,收。五鼓,左右扬干戚,相向立。六鼓,复位,相顾蹲。七鼓,呈干戚。八鼓,复位,按腰立。九鼓,刺干戚。十鼓,复位,推左手,收。十一鼓,推右手,收。十二鼓,稍前,开手立。十三鼓,左右扬干戚。十四鼓,复位,按腰,相顾蹲。十五鼓,躬身,受。终听三鼓。止

终献武舞,黄钟宫一成。始听三鼓。一鼓,稍前,开手立。二鼓,合手,退后,按腰立。三鼓,相顾蹲。三鼓毕,间声作。一鼓,稍前,左右扬干戚。二鼓,退后,高呈手。三鼓,复位,相顾蹲。四鼓,左右扬干戚,相向立。五鼓,复位,举左手,收。六鼓,举右手,收。七鼓,面向西,开手正蹲。八鼓,呈干戚。九鼓,复位,按腰立。十鼓,刺干戚。十一鼓,两两相向立。十二鼓,复位,左右扬干戚。十三鼓,退后,相顾蹲。十四鼓,三叩头,拜舞。十五鼓,躬身,受。终听三鼓。止。

世祖至元三年,八室时享,文舞<small>武定文绥之舞</small>。降神,《来成之曲》九成。

黄钟宫三成。始听三鼓。一鼓,稍前,开手立。二鼓,退后,合

手。三鼓,相顾蹲。三鼓毕,间声作。一鼓,稍前,舞蹈,次合手而立。
二鼓,正面高呈手,住。三鼓,退后,收手蹲。四鼓,正面躬身,兴身
立。五鼓,推左手,右相顾,左揖。六鼓,皆推右手,左相顾,右揖。七
鼓,稍前,正面开手立。八鼓,举左手,右相顾,左揖。九鼓,举右手,
左相顾,右揖。十鼓,稍退后,俯身而立。十一鼓,稍前,开手立。十
二鼓,合手,退后,相顾蹲。十三鼓,稍进前,舞蹈。十四鼓,退后,合
手,相顾蹲。十五鼓,正面躬身,受。终听三鼓。止。

　　大吕角二成。始听三鼓。一鼓,稍前,开手立。二鼓,退后,合
手。三鼓,相顾蹲。三鼓毕,间声作。一鼓,稍前进,舞蹈,合手立。
二鼓,举左手,住,收右足。三鼓,举右手,住,收左足。四鼓,两两相
向而立。五鼓,稍前,高呈手,住。六鼓,舞蹈,退后立。七鼓,稍前,
开手立。八鼓,合手,退后蹲。九鼓,正面归佾立。十鼓,推左手,收
右足,推右手,收左足。十一鼓,举左手,收右足,举右手,收左足。十
二鼓,稍进前,正面仰视。十三鼓,稍退后,相顾蹲。十四鼓,合手,
俯身立。十五鼓,正面躬身,受。终听三鼓。止。

　　太簇徵二成。始听三鼓。一鼓,稍前,开手立。二鼓,退后,合
手。三鼓,相顾蹲。三鼓毕,间声作。一鼓,稍进前,舞蹈,次合手立。
二鼓,俯身而正面揖。三鼓,稍进前,高呈手立。四鼓,收手,正面蹲。
五鼓,举左手,住,收右足。六鼓,举右手,收左足,收手。七鼓,两两
相向而立。八鼓,稍前,高仰视。九鼓,稍退,收手蹲。十鼓,举左手,
住而蹲。十一鼓,举右手,收手而蹲。十二鼓,正面归佾,舞蹈。十
三鼓,俯身,正揖。十四鼓,交籥翟,相顾蹲。十五鼓,正面躬身,受。
终听三鼓。止。

　　应钟羽二成。始听三鼓。一鼓,稍前,开手立。二鼓,退后,合
手。三鼓,相顾蹲。三鼓毕,间声作。一鼓,稍进前,舞蹈,次合手立。
二鼓,两两相向立。三鼓,举左手,收右足,左揖。四鼓,举右手,收
右足,右揖。五鼓,归佾,正面立。六鼓,稍进前,高呈手,住。七鼓,
收手,稍退,相顾蹲。八鼓,两两相向立。九鼓,稍前,开手蹲。十鼓,
退后,合手对揖。十一鼓,正面归佾立。十二鼓,稍进前,舞蹈,次合

手立。十三鼓，垂左手而右足应。十四鼓，垂右手而左足应。十五鼓，正面躬身，受。终听三鼓。止。

烈祖第一室文舞，《开成之曲》，无射宫一成。始听三鼓。一鼓，稍前，开立。二鼓，稍退，合手。三鼓，相顾蹲。三鼓毕，间声作。一鼓，稍进前，舞蹈，合手立。二鼓，稍退，俯身，开手立。三鼓，垂左手，住，收右足。四鼓，垂右手，收左足。五鼓，左侧身相顾，左揖。六鼓，右侧身相顾，右揖。七鼓，正面躬身，兴身立。八鼓，两两相向，合手立。九鼓，相顾高呈手，住。十鼓，收手，舞蹈。十一鼓，舞左而收手立。十二鼓，舞右而收手立。十三鼓，扬左手，相顾蹲。十四鼓，扬右手，相顾蹲。十五鼓，稍前，正面躬身，受。终听三鼓。止。

太祖第二室，文舞，《武成之曲》，无射宫一成。始听三鼓。一鼓，稍前，开手立。二鼓，退后，合手。三鼓，相顾蹲。三鼓毕，间声作。一鼓，稍前，舞蹈，次合手立。二鼓，正面高呈手，住。三鼓，两两相向而对揖。四鼓，正面归俯，舞蹈，次合手立。五鼓，稍前，开手蹲，收手立。六鼓，稍退，合手蹲，收手立。七鼓，举左手而左揖。八鼓，挥右手而右揖。九鼓，推左手住而正蹲。十鼓，推右手正蹲。十一鼓，开手执籥翟，正面俯视。十二鼓，垂左手，收右足。十三鼓，垂右手，收左足。十四鼓，稍前，正面仰视而立。十五鼓，稍前，正面躬身，受。终听三鼓。止。

太宗第三室，文舞，《文成之曲》，无射宫一成。始听三鼓。一鼓，稍前，开手立。二鼓，退后，合手。三鼓，相顾蹲。三鼓毕，间声作。一鼓，稍进前，舞蹈。二鼓，两相向而高呈手立。三鼓，稍前，开手立，相顾蹲。四鼓，退后，合手立，相顾蹲。五鼓，垂左手而右足应。六鼓，垂右手而左足应。七鼓，推左手，住，左揖。八鼓，推右手，住，右揖。九鼓，稍前，仰视，正揖。十鼓，举左手，住，收右足。十一鼓，举右手，住，收左足。十二鼓，稍前，舞蹈。十三鼓，稍前，开手而相顾立。十四鼓，退后，合手立。十五鼓，稍前，正面躬身，受。终听三鼓。止。

皇伯考术赤第四室,文舞,《弼成之曲》,无射宫一成。始听三鼓。一鼓,稍前,开手立。二鼓,退后,合手。三鼓,相顾蹲。三鼓毕,间声作。一鼓,稍进前,舞蹈。二鼓,合手,俯身,相顾蹲。三鼓,正面高呈手,住。四鼓,稍前,舞蹈,次合手立。五鼓,垂左手,右相顾,收手立。六鼓,垂右手,左相顾,收手立。七鼓,稍前,高仰视,收手正面立。八鼓,再退,高执篇翟,相顾蹲。九鼓,舞蹈,次合手而立。十鼓,举左手,住,收右足。十一鼓,举右手,住,收左足。十二鼓,稍前,开手立,收手蹲。十三鼓,稍前,退后,合手立。十四鼓,俯身,合手而立。十五鼓,稍前,正面躬身,受。终听三鼓。止。

皇伯考察合带第五室,文舞,《协成之曲》,无射宫一成。始听三鼓。一鼓,稍前,开手立。二鼓,退后,合手。三鼓,相顾蹲。三鼓毕,间声作。一鼓,稍进前,舞蹈,次合手立。二鼓,开手,相顾蹲。三鼓,合手,相顾蹲。四鼓,稍前,高呈手,住。五鼓,举左手,右相顾,左揖。六鼓,举右手。左相顾,右揖。七鼓,推左手,住,收右足。八鼓,推右手,住,收左足。九鼓,稍前,舞蹈,次合手立。十鼓,开手,正蹲,收,合手立。十一鼓,稍前,正面仰视立。十二鼓,交篇翟,相顾蹲。十三鼓,各尽举左手而住。十四鼓,各尽举右手,收手立。十五鼓,稍前,正面躬身,受。终听三鼓。止。

睿宗第六室,文舞,《明成之曲》,无射宫一成。始听三鼓。一鼓,稍前,开手立。二鼓,退后,合手。三鼓,相顾蹲。三鼓毕,间声作。一鼓,稍前,舞蹈。二鼓,稍前,开手立。三鼓,退后,合手立。四鼓,垂左手,相顾蹲。五鼓,垂右手,相顾蹲。六鼓,稍前,正面仰视立。七鼓,舞左手,住,收右足,收手。八鼓,舞右手,住,收左足,收手。九鼓,两相向,合手而立。十鼓,推左手,推右手。十一鼓,皆举左右手。十二鼓,正面高呈手立。十三鼓,退后,合手,俯身。十四鼓,开手,高呈篇翟,相顾蹲。十五鼓,正面稍前,躬身,受。终听三鼓。止。

定宗第七室,文舞,《熙成之曲》,无射宫一成。始听三鼓。一鼓,稍前,开手立。二鼓,退后,合手。三鼓,相顾蹲。三鼓毕,间声作。一鼓,稍前,舞蹈。二鼓,两相向,高呈手立。三鼓,垂左手,而右足应。四鼓,垂右手而左足应。五鼓,稍前,开手立,相顾蹲。六鼓,退后,合手立,相顾蹲。七鼓,举左手,住,收右足。八鼓,举右手,住,收左足。九鼓,推右手,左揖。十鼓,推右手,右揖。十一鼓,稍前,舞蹈。十二鼓,退后,正揖。十三鼓,稍前,开手相顾立。十四鼓,退后,合手立。十五鼓,稍前,正面躬身,受。终听三鼓。止。

宪宗第八室,文舞,《威成之曲》,无射宫一成。始听三鼓。一鼓,稍前,开手。二鼓,退后,合手。三鼓,相顾蹲。三鼓毕,间声作。一鼓,进前,舞蹈,次合手立。二鼓,高呈手,住。三鼓,举左手,右顾。四鼓,举右手,左顾。五鼓,推左手,右揖。六鼓,推右手,左揖。七鼓,两相向,交籥翟,立。八鼓,正面归俏,合手立。九鼓,稍前,舞蹈,收手立。十鼓,退后,正揖。十一鼓,俯身,正面揖。十二鼓,高仰视。十三鼓,垂左手。十四鼓,垂右手。十五鼓,正面躬身,受。终听三鼓。止。

亚献武舞,内平外成之舞。《顺成之曲》,无射宫一成。始听三鼓。一鼓,侧身,开手。二鼓,合手。三鼓,相顾蹲。三鼓毕,间声作。一鼓,皆稍进前,舞蹈,次按腰立。二鼓,按腰,相顾蹲。三鼓,左右扬干戚,收手,按腰。右以象灭王罕。四鼓,稍退,舞蹈,按腰立。五鼓,两两相向,按腰立。六鼓,归俏,开手蹲。七鼓,面西,收手,按腰立。八鼓,侧身击干戚,收,立。右以象破西夏。九鼓,正面归俏,躬身,次兴身立。十鼓,稍进前,舞蹈,次按腰立。十一鼓,左右推手,次按腰立。十二鼓,跪左膝,叠手,呈干戚,住。右以象克金国。十三鼓,收手,按腰,兴身立。十四鼓,两相向而相顾蹲。十五鼓,正面躬身,受。终听三鼓。止。

终献武舞,《顺成之曲》,无射宫一成。始听三鼓。一鼓,侧身,开手立。二鼓,合手,按腰。三鼓,相顾蹲。三鼓毕,间声作。一鼓,稍进前,舞蹈,次按腰立。二鼓,开手,正面蹲,收手,按腰。三鼓,面西,舞蹈,次按腰立。四鼓,面南,左右扬干戚,收手,按腰。五鼓,侧身,击干戚,收手,按腰立。右以象收西域、定河南。六鼓,两两相向立。

七鼓，归佾，正面开手，蹲，收手，按腰。八鼓，东西相向，躬身，受。右以象收西蜀、平南诏。九鼓，归佾，舞蹈，退后，次按腰立。十鼓，推左右手，躬身，次兴身立。十一鼓，前进，舞蹈，次按腰立。右以象臣高丽、服交趾。十二鼓，两两相向，按腰蹲。十三鼓，归佾，左右扬手，按腰立。十四鼓，正面开手，俯视。十五鼓，收手，按腰，躬身，受。终听三鼓。止。

迎神文舞，《思成之曲》。

黄钟宫三成。始听三鼓。一鼓，稍前，开手立。二鼓，合手，退后。三鼓，相顾蹈。三鼓毕，间声作。一鼓，稍前，舞蹈。二鼓，高呈手。三鼓，举左手，收，左揖。四鼓，举右手，收，右揖。五鼓，退后，相顾蹲。六鼓，两两相向立。七鼓，复位，俯伏。八鼓，举左手，开手，正蹲。九鼓，举右手，开手，正蹲。十鼓，稍前，开手立。十一鼓，合手，退后，躬身。十二鼓，伏，兴，仰视。十三鼓，舞蹈，相向立。十四鼓，复位，交篱，正蹲。十五鼓，躬身，受。终听三鼓。止。

大吕角二成。始听三鼓。一鼓，稍前，舞蹈。二鼓，合手，退后。三鼓，相顾蹲。三鼓毕，间声作。一鼓，稍前，舞蹈。二鼓，举左手，收，左揖。三鼓，举右手，收，右揖。四鼓，高呈手。五鼓，两两相顾蹲。六鼓，稍前，开手立。七鼓，复位，正揖。八鼓，两两相向，交篱，正蹲。九鼓，复位，正揖。十鼓，举左手，收，左揖。十一鼓，举右手，收，右揖。十二鼓，伏，兴，仰视。十三鼓，舞蹈，相向立。十四鼓，复位，立。十五鼓，躬身，受。终听三鼓。止。

太簇徵二成。始听三鼓。一鼓，稍前，开手立。二鼓，合手，退后。三鼓，相顾蹲。三鼓毕，间声作。一鼓，稍前，舞蹈。二鼓，复位，躬身。三鼓，高呈手。四鼓，两两相向，交篱，正蹲。五鼓，复位，立。六鼓，舞蹈，相向立。七鼓，举左手，收，左揖。八鼓，举右手，收，右揖。九鼓，稍前，舞蹈。十鼓，退后，俯伏。十一鼓，稍前，开手立。十二鼓，推左手，收。十三鼓，推右手，收。十四鼓，三叩头，拜舞。十五鼓，躬身，受。终听三鼓。止。

应钟羽二成。始听三鼓。一鼓，稍前，开手立。二鼓，合手，退后。三鼓，相顾蹲。三鼓毕，间声作。一鼓，稍前，舞蹈。二鼓，复位，正揖。三鼓，高呈手。四鼓，稍前，开手立。五鼓，退后，躬身。六鼓，推左手，收。七鼓，推右手，收。八鼓，舞蹈，相向立。九鼓，复位，躬身。十鼓，交篇，正蹲。十一鼓，两两相向，开手，正蹲。十二鼓，举左手，收，左揖。十三鼓，举右手，收，右揖。十四鼓，三叩头，拜舞。十五鼓，躬身，受。终听三鼓。止。

初献、酌献太祖第一室文舞，《开成之曲》，无射宫一成。始听三鼓。一鼓，稍前，开手立。二鼓，合手，退。三鼓，相顾蹲。三鼓毕，间声作。一鼓，稍前，舞蹈，相向立。二鼓，复位，正揖，三鼓，推左手，收。四鼓，推右手，收。五鼓，三叩头，拜舞。六鼓，两两相向，交篇，正蹲。七鼓，复位立。八鼓，稍前，舞蹈。九鼓，复位，俯伏。十鼓，高呈手，正揖。十一鼓，两两相向，蹲。十二鼓，复位，开手立。十三鼓，合手，正揖。十四鼓，伏，兴，仰视。十五鼓，躬身，受。终听三鼓。止。

睿宗第二室文舞，《武成之曲》，无射宫一成。始听三鼓。一鼓，稍前，开手立。二鼓，合手，退后。三鼓，相顾蹲。三鼓毕，间声作。一鼓，稍前，舞蹈。二鼓，复位，正揖。三鼓，高呈手。四鼓，稍前，开手立。五鼓，退后，躬身。六鼓，举左手，收，左揖。七鼓，举右手，收，右揖。八鼓，舞蹈，相向立。九鼓，复位立。十鼓，推左手，收。十一鼓，推右手，收。十二鼓，伏，兴，仰视。十三鼓，两两相向蹲。十四鼓，复位，交篇，正蹲。十五鼓，躬身，受。终听三鼓。止。

世祖第三室文舞，《混成之曲》，无射宫一成。始听三鼓。一鼓，稍前，开手立。二鼓，合手，退后。三鼓，相顾蹲。三鼓毕，间声作。一鼓，稍前，舞蹈。二鼓，高呈手。三鼓，交篇，正蹲。四鼓，两两相向，开手，正蹲。五鼓，伏，兴，仰视。六鼓，举左手，收，左揖。七鼓，举右手，收，右揖。八鼓，退后，躬身。九鼓，稍前，开手立。十鼓，举左手，收，左揖。十一鼓，举右手，收，右揖。十二鼓，高呈手，正揖。

十三鼓，舞蹈，相顾蹲。十四鼓，三叩头，拜舞。十五鼓，躬身，受。终听三鼓止。

　　裕宗第四室文舞，《昭成之曲》，无射宫一成。始听三鼓。一鼓，稍前，开手立。二鼓，合手，退后。三鼓，相顾蹲。三鼓毕，间声作。一鼓，稍前，舞蹈。二鼓，退后，高呈手。三鼓，举左手，收，左揖。四鼓，举右手，收，右揖。五鼓，稍前，开手立。六鼓，退后，躬身。七鼓，两两相向，交篇，正蹲。八鼓，伏，兴，仰视。九鼓，推左手，收，左揖。十鼓，推右手，收，右揖。十一鼓，稍前，舞蹈。十二鼓，退后，相顾蹲。十三鼓，高呈手。十四鼓，三叩头，拜舞。十五鼓，躬身，受。终听三鼓。止。

　　显宗第五室文舞，《德成之曲》，无射宫一成。始听三鼓。一鼓，稍前，开手立。二鼓，合手，退后。三鼓，相顾蹲。三鼓毕，间声作。一鼓，稍前，舞蹈，相向立。二鼓，复位，正揖。三鼓，举左手，收。四鼓，举右手，收。五鼓，伏，兴，仰视。六鼓，两两相向立。七鼓，复位，交篇，正蹲。八鼓，退后，躬身。九鼓，稍前，开手立。十鼓，举左手，收，左揖。十一鼓，举右手，收，右揖。十二鼓，高呈手。十三鼓，复位，正蹲。十四鼓，三叩头，拜舞。十五鼓，躬身，受。终听三鼓。止。

　　顺宗第六室文舞，《庆成之曲》，无射宫一成。始听三鼓。一鼓，稍前，开手立。二鼓，合手，退后。三鼓，相顾蹲。三鼓毕，间声作。一鼓，稍前，舞蹈。二鼓，复位，相顾蹲。三鼓，稍前，开手立。四鼓，合手，正揖。五鼓，举左手，收，左揖。六鼓，举右手，收，右揖。七鼓，两两相向，交篇，正蹲。八鼓，复位立。九鼓，稍前，开手立。十鼓，伏，兴，仰视。十一鼓，举左手，收，相顾蹲。十二鼓，举右手，收，相顾蹲。十三鼓，高呈手，正揖。十四鼓，三叩头，拜舞。十五鼓，躬身，受。终听三鼓。止。

　　成宗第七室文舞，《守成之曲》，无射宫一成。始听三鼓。一鼓，稍前，开手立。二鼓，合手，退后。三鼓，相顾蹲。三鼓毕，间声作。一鼓，稍前，舞蹈。二鼓，退后，躬身。三鼓，举左手，收，左揖。四鼓，举右手，收，右揖。五鼓，伏，兴，仰视。六鼓，两两相向，交篇，正蹲。

七鼓，复位，正揖。八鼓，高呈手。九鼓，举左手，收，左揖。十鼓，举右手，收，右揖。十一鼓，开手立。十二鼓，合手，正揖。十三鼓，稍前，舞蹈。十四鼓，三叩头，拜舞。十五鼓，躬身，受。终听三鼓。止。

　　武宗第八室文舞，《威成之曲》，无射宫一成。始听三鼓。一鼓，稍前，开手立。二鼓，合手，退后。三鼓，相顾蹲。三鼓毕，间声作。一鼓，稍前，舞蹈。二鼓，复位，正揖。三鼓，高呈手。四鼓，稍前，开手立。五鼓，退后，躬身。六鼓，举左手，收，左揖。七鼓，举右手，收，右揖。八鼓，舞蹈，相向立。九鼓，复位立。十鼓，举左手，收，左揖。十一鼓，举右手，收，右揖。十二鼓，伏，兴，仰视。十三鼓，两两相向立。十四鼓，复位，交籥，正蹲。十五鼓，躬身，受。终听三鼓。止。

　　仁宗第九室文舞，《歆成之曲》，无射宫一成。始听三鼓。一鼓，稍前，开手立。二鼓，合手，退后。三鼓，相顾蹲。三鼓毕，间声作。一鼓，稍前，舞蹈，相向立。二鼓，复位，正揖。三鼓，高呈手。四鼓，推左手，收。五鼓，推右手，收。六鼓，稍前，开手立。七鼓，退后，躬身。八鼓，两两相向立。九鼓，复位，交籥，正蹲。十鼓，举左手，收，左揖。十一鼓，举右手，收，右揖。十二鼓，稍前，舞蹈。十三鼓，复位，正揖。十四鼓，伏，兴，仰视。十五鼓，躬身，受。终听三鼓。止。

　　英宗第十室文舞，《献成之曲》，无射宫一成。始听三鼓。一鼓，稍前，开手立。二鼓，合手，退后。三鼓，相顾蹲。三鼓毕，间声作。一鼓，稍前，舞蹈，相向立。二鼓，举左手，收，左揖。三鼓，举右手，收，右揖。四鼓，高呈手。五鼓，伏，兴，仰视。六鼓，两两相向，蹲。七鼓，退后，俯伏。八鼓，复位，交籥，正蹲。九鼓，稍前，开手立。十鼓，复位，躬身。十一鼓，稍前，舞蹈。十二鼓，复位，正揖。十三鼓，舞蹈，两两相向立。十四鼓，三叩头，拜舞。十五鼓，躬身，受。终听三鼓。止。

　　亚献武舞，《肃宁之曲》，无射宫一成。始听三鼓。一鼓，稍前，开手立。二鼓，合手，退后，按腰立。三鼓，相顾蹲。三鼓毕，间声作。一鼓，稍前，左右扬干戚。二鼓，退后，相顾蹲。三鼓，高呈手。四鼓，左右扬干戚。五鼓，呈干戚。六鼓，复位，按腰立。七鼓，刺干戚。八鼓，两两相向，开手，正蹲。九鼓，复位，举左手，收。十鼓，举右手，收。十一鼓，稍前，开手立。十二鼓，退后，按腰立。十三鼓，左右扬干戚，相向立。十四鼓，复位，按腰，相顾蹲。十五鼓，躬身，受。终听三鼓。止。

终献武舞，《肃宁之曲》，无射宫一成。始听三鼓。一鼓，稍前，开手立。二鼓，合手，退后，按腰立。三鼓，相顾蹲。三鼓毕，间声作。一鼓，稍前，左右扬干戚。二鼓，退后，高呈手。三鼓，举左手，收。四鼓，举右手，收。五鼓，面向西，开手，正蹲。六鼓，复位，左右扬干戚。七鼓，躬身，受。八鼓，呈干戚。九鼓，复位，按腰立。十鼓，刺干戚。十一鼓，两两相向立。十二鼓，复位，按腰立。十三鼓，退后，相顾蹲。十四鼓，三叩头，拜舞。十五鼓，躬身，受。终听三鼓。止。

天历三年新制乐舞。明宗酌献文舞，《永成之曲》，无射宫一成。始听三鼓。一鼓，合手，稍前，开手立。二鼓，退后立。三鼓，相顾蹲。三鼓毕，间声作。一鼓，向前，舞蹈，相向立。二鼓，复位，三叩头，拜舞。三鼓，两两开手，正蹲。四鼓，复位，俯伏。五鼓，交籥，正蹲。六鼓，伏，兴，仰视。七鼓，躬身。八鼓，稍前，开手立。九鼓，复位，正揖，高呈手。十鼓，举左手，收，左揖。十一鼓，举右手，收，右揖。十二鼓，正揖。十三鼓，两两交籥，相揖。十四鼓，复位。十五鼓，躬身，受。终听三鼓。止。

元史卷七一
志第二二

礼乐五

乐服　大乐职掌　宴乐之器　乐队

乐正副四人,舒脚幞头,紫罗公服,乌角带,木笏,皂靴。

照烛二人,服同前,无笏。

乐师二人,服绯,冠、笏同前。

运谱二人,服绿,冠、笏同前。

舞师二人,舒脚幞头,黄罗绣抹额,紫服,金铜荔枝带,皂靴,各执仗。仗,牙仗也。

执旌二人,平冕,前后各九旒五就,青生色鸾袍,黄绫带,黄绢裤,白绢袜,赤革履。平冕鸾袍,皆仿金制,惟冕之旒数不同,详见后至元二年博士议。

执纛二人,青罗巾,馀同执旌。

乐工,介帻冠,绯罗生色鸾袍,黄绫带,皂靴。冠以皮为之,黑油如熊耳,亦金制也。

歌工,服同乐工。

执麾,服同上,惟加平巾帻。状若笼金帻,以革为之。

舞人,青罗生色义花鸾袍,缘以皂绫,平冕冠。冠前后有旒,青白硝石珠相间。

执器二十人,服同乐工,绿油母追冠,革为之,一名武弁。加红抹

额

　　至元二年闰五月,大乐署言,堂上下乐舞官员及乐工,合用衣服冠冕靴履等物,乞行制造。太常寺下博士议定:乐正副四人、乐师二人、照烛二人、运谱二人,皆服紫罗公服,皂纱幞头舒脚,红鞓角带,木笏,皂靴。引舞色长四人,紫罗公服,皂纱幞头展脚,黄罗绣南花抹额,金铜带,皂靴。乐工二百四十有六人,绯绣义花鸾袍,县黄插口,介帻冠,紫罗带,全黄罗抹带,黄绢夹裤,白绫袜,朱履。金太常寺掌故张珍所著《叠代世范》载金制:舞人服黑衫,皆四袄,有黄插口,左右垂之,黄绫抹带,其衫以绅为之,胸背二答、两肩二答,前后各一答,皆采色,绣二鸾盘飞之状,缀之于衫。冠以平冕,亦有天板、口圈,天门纳言以紫绢撺背,铜裹边圈,前后各五旒,以青白硝石珠相间。《大备集》所载,二舞人皂绣义花鸾衫,县紫插口,黄绫抹带,朱履,平冕。其冠有口圈,亦有天门纳言系带,口圈高一尺许,天板长二尺,阔一尺,前微高后低,裹外紫绢糊,铜楞道桩钉,无旒。执器二十人,绯绣义花鸾袍,县黄插口,绿油革冠,黄罗抹带,黄绢夹裤,白绫袜,朱履。旌纛四人,青绣义花鸾袍,县紫插口,平冕冠二,青包巾二,黄罗抹带,黄绢夹裤,白绫袜,朱履。七月,中书吏部再准太常博士议定,行下所司制造。三年九月服成,绯鸾袍二百六十有七,青鸾袍一百三十二,黄绢裤一百五十二,紫罗公服一十四,黄绫带三百九十七,介帻冠二百四十有四,平冕冠百三十,簪全,木笏十有六,幞头十有四,平巾帻二,绿油革冠二十,荔枝铜带四,角带十,皂靴二百六十对,朱履百五十对。

　　宣圣庙乐工,黑漆冠三十五,绿罗生色胸背花袍三十五,皂靴三十五对,黄绢囊三十五,黄绢夹袄三十五。

　　大乐署,今一人,丞一人,掌郊社、宗庙之乐。凡乐,郊社、宗庙,则用宫县,工三百六十有一人;社稷,则用登歌,工五十有一人;二乐用工四百一十有二人,代事故者五十人。前祭之月,召工习乐及舞,祀前一日,宿县于庭中。东方西方设十二镈钟,各依辰位。编钟处其左,编磬处其右。黄钟之钟起子位,在通街之西。蕤宾之钟居午位,在通街之东。每辰三簴,谓之一肆,十有二辰,凡三十六簴。树建鞞应于四隅,左祝右敔,设县中之北。歌工次之,三十二人,重行相向而坐。巢笙次之,箫次之,竽次之,篪次之,篴次之,埙次之,长笛又次之。夹街之左右,瑟翼祝敔之东西,在前行。路鼓、路鼗次之。郊祀则雷鼓、雷鼗。闰余匏在箫之东、七星匏在西,九曜匏次之。一弦琴列路鼓之东西,东一,西二。三弦、五弦、七弦、九弦次之。晋鼓一,处县中之东南,以节乐。一弦琴三,三弦以下皆六。凡坐者,高以杌,地以毡。立四表于横街之南,少东。设舞位于县北。文郎左执籥,右秉翟;武郎左执干,右执戚;皆六十有四人。享日,与工人先入就位。舞师二人,执纛二人,引文舞分立于表南。武舞及执器者,俟立于宫县之左右。器鼗二,双铎二,单铎二,铙二,錞二,二錞用六人,钲二,相鼓二,雅鼓二,凡二十人。文舞退,舞师二人,执纛二人,引武舞进,立其处。文舞还立于县侧。又设登歌乐于殿之前楹,殿陛之旁,设乐床二,乐工列于上。搏拊二,歌工六,祝一,敔一,在门内,相向而坐。钟一簴,在前楹之东。一弦、三弦、五弦、七弦、九弦琴五,次之。瑟二,在其东,笛一、篪一、篴一在琴之南,巢笙和笙各二次之。埙一,在笛之南。闰余匏、排箫各一,次之,皆西上。磬一簴,在前楹之西。一弦、三弦、五弦、七弦、九弦琴五,次之。埙一,在笛之南。七星匏、九曜匏、排箫各一,次之。皆东上。凡宗庙之乐九成,舞九变。黄钟之宫,三成,三变。大吕之角,二成,二变,太簇之徵,应钟之羽,二成,二变。圜丘之乐六成,舞六变。夹钟之宫,三成,三变。黄钟之角,一成,一变。太簇之徵,一成,一变。姑洗之羽,一成,一变。社稷之乐八成:林钟之宫二成,太簇之角二成,姑洗之徵二成,南吕之羽二成。凡有事于宗庙,大乐令位于殿楹之东,西向;丞位于县北,通街之东,西向;以肃乐舞。

　　协律郎二人,掌和律吕,以合阴阳之声。阳律六:黄钟子,太簇寅,姑洗辰,蕤宾午,夷则申,无射戌。阴吕六:大吕丑,夹钟卯,仲吕巳,林钟未,南吕酉,应钟亥。文之以宫、商、角、徵、羽、变宫、变徵,播之以金、石、丝、竹、匏、土、革、木。凡律管之数九,九九相乘,八十一以为宫；三分去一，五十四以为徵；三分益一，七十二以为商；三分去一，四十八以为羽；三分益一，六十四以为角。如黄钟为宫，则林钟为徵，太簇为商，南吕为羽，姑洗为角，应钟为变宫，蕤宾为变徵，是为七磬十二律，还相为宫，为八十四调。凡大祭祀皆法服，一人立于殿楹之西，东向；一人立于县北通街之西，东向；以节乐。堂上者主登歌，堂下者主宫县。凡乐作，则跪，俯伏，举麾以兴，工鼓祝以奏；乐止则堰麾，工戛敔而乐止。今执麾者代执之，协律郎特拜而已。

乐正二人，副二人，掌肄乐舞、展乐器、正乐位。凡祭，二人立于殿内，二人立于县间，以节乐。殿内者视献者奠献用乐作止之节，以笏示照烛，照烛举偃以示堂下。若作登歌，则以笏示祝敔而已。县间者示堂上照烛。及引初献，照烛动，亦以笏示祝敔。

乐师一人，运谱一人，掌以乐教工人。凡祭，立于县间，皆北上，相向而立。

舞师四人，皆执梃，梃，牙仗也。执蘥二人，执翟二人，祭则前舞以为舞容。舞人从南表向第一表，为一成，则一变。从第二至第三，为二成。从第三至北第四表，为三成。舞人各转身南向于北表之北，还从第一至第二，为四成。从第二至第三，为五成。从第三至南第一表，为六成。若八变者，更从南北向第二，为七成。又从第二至第三，为八成。若九变者，又从第三至北第一，为九变。

执麾一人，从协律郎以麾举偃而节乐。

照烛二人，掌执笼烛而节乐。凡乐作止，皆举堰其笼烛。一人立于堂上门东，视殿内献官礼节，麾烛以示县间。一人立于堂下县间，俟三献入导初献至位，立于其左。初献行皆前导，亚、终则否。凡殿下礼节，则麾其烛以示上下。初献诣盥洗位，乃偃其烛，止亦如之。俟初献动为节，宫县乐作，诣盥洗位，洗拭瓒讫，乐止。诣阶，登歌乐作，升自东阶，至殿门，乐止，乃立于陛侧以俟。晨祼讫，初献出殿，登歌乐作，至版位，乐止。司徒迎馔至横街，转身北向，宫县乐作，司徒奉俎至各室遍奠讫，乐止。酌献，初献诣盥洗位，宫县乐作，诣爵洗位，洗拭爵讫，乐止。出笏，登歌乐作，升自东阶，至殿门，乐止。初献至酒尊所,酌讫,宫县乐作,诣神位前,祭酒讫,拜、兴、读祝,乐止。读讫,乐作,再拜讫,乐止。次诣每室,作止如初。每室各奏本室乐曲,俱献毕,还至殿门,登歌乐作,降自东阶,至版位,乐止。文舞退,武舞进,宫县乐作,舞者立定,乐止。亚献行礼,无节步之东,至酒尊所,酌酒讫,出笏,宫县乐作,诣神位前,奠献毕,乐止。次诣每室,作止如初。俱毕,还至版位,皆无乐。终献乐作同亚献,助奠以下升殿,奠马湩,至神位,蒙古巫祝致词讫,宫县乐作,同司徒进馔之曲,礼毕,乐止。出殿,登歌乐作,各复位,乐止。太祝彻边豆,登歌乐作,卒彻,乐止。奉礼赞拜,众官皆再拜讫,送神,宫县乐作,一成而止。

兴隆笙,制以楠木,形如夹屏,上锐而面平,缕金雕镂枇杷、宝相、孔雀、竹木、云气,两旁侧立花板,居背三之一。中为虚柜,如笙之匏。上竖紫竹管九十,管端实以木连苞。柜外出小横十五,上竖小管,管端实以铜杏叶。下有座,狮象绕之,座上柜前立花板一,雕镂如背,板间出二皮风口,用则设朱漆小架于座前,系风囊于风口,囊面如琵琶,朱漆杂花,有柄,一人挼小管,一人鼓风囊,则簧自随调而鸣。在中统间,回回国所进。以竹为簧,有声而无律。玉宸乐院判官郑秀乃考音律,分定清浊,增改如今制。其在殿上者,盾头两旁立刻木孔雀二,饰以真孔雀羽,中设机。每奏,工三人,一人鼓风囊,一人按律,一人运动其机,则孔雀飞舞应节。

殿庭笙十,延祐间增制,不用孔雀。

琵琶,制以木,曲首,长颈,四轸,颈有品,阔面,四弦,面饰杂花。

筝,如瑟,两头微垂,有柱,十三弦。

火不思,制如琵琶,直颈,无品,有小槽,圆腹如半瓶榼,以皮为面,四弦,皮绲同一孤柱。

胡琴,制如火不思,卷颈,龙首,二弦,用弓掖之,弓之弦以马尾。

方响，制以铁，十六枚，悬于磬簨，小角槌二。廷中设，下施小交足几，黄罗销金衣。

龙笛，制如笛，七孔，横吹之，管首处制龙头，衔同心结带。

头管，制以竹为管，卷卢叶为首，窍七。

笙，制以匏为底，列管于上，管十三，簧如之。

箜篌，制以木，阔腹，腹下施横木，而加轸二十四，柱头及首，并加凤喙。

云璈，制以铜，为小锣十三，同一木架，下有长柄，左手持，而右手以小槌击之。

箫，制如笛，五孔。

戏竹，制如簆，长二尺馀，上系流苏香囊，执而偃之，以止乐。

鼓，制以木为匡，冒以革，朱漆杂花，面绘复身龙，长竿二。廷中设，则有大木架，又有击挝高座。

杖鼓，制以木为匡，细腰，以皮冒之，上施五采绣带，右击以杖，左拍以手。

札鼓，制如杖鼓而小，左持而右击之。

和鼓，制如大鼓而小，左持而右击之。

纂，制如筝而七弦，有柱，用竹轧之。

羌笛，制如笛而长，三孔。

拍板，制以木为板，以绳联之。

水盏，制以铜，凡十有二，击以铁箸。

乐音王队：元旦用之。引队大乐礼官二员，冠展角幞头，紫袍，涂金带，执笏。次执戏竹二人，同前服。次乐工八人，冠花幞头，紫窄衫，铜束带。龙笛三，杖鼓三，金鞚小鼓一，板一，奏《万年欢》之曲。从东阶升，至御前，以次而西，折绕而南，北向立。后队进，皆仿此。次二队，妇女十人，冠展角幞头，紫袍，随乐声进至御前，分左右相向立。次妇女一人，冠唐帽，黄袍，进北向立定，乐止，念致语毕，乐作，奏《长春柳》之曲。次三队，男了三人，戴红发青面具，杂彩衣，次一人，冠唐帽，绿襕袍，角带，舞蹈而进，立于前队之右。次四队，男子一人戴孔雀明王像面具，披金甲，执义，从者二人，戴毗沙神像面具，红袍，执斧。次五队，男子五人，冠五梁冠，戴龙王面具，绣氅，执圭，与前队同进，北向立。次六队，男子五人，为飞天夜叉之像，舞蹈以进。次七队，乐工八人，冠霸王冠，青面具，锦绣衣，龙笛三，觱栗三，杖鼓二，与前大乐合奏《吉利牙》之曲。次八队，妇女二十人，冠广翠冠，销金绿衣，执牡丹花，舞唱前曲，与乐声相和，进至御前，北向，列为九重，重四人，曲终，再起，与后队相和。次九队，妇女二十人，冠金梳翠花钿，绣衣，执花鞓稍子鼓，舞唱前曲，与前队相和。次十队，妇女八人，花髻，服销金桃红衣，摇日月金鞓稍子鼓，舞唱同前。次男子五人，作五方菩萨梦像，摇日月鼓。次一人，作乐音王菩萨梵像，执花鞓稍子鼓，齐声舞前曲一阕，乐止。次妇女三人，歌《新水令》、《沽美酒》、《太平令》之曲终，念口号毕，舞唱相和，以次而出。

寿星队：天寿节用之。引队礼官、乐工、大乐冠服，并同乐音王队。次二队，妇女十人，冠唐巾，服销金紫衣，铜束带。次妇女一人，冠平天冠，服绣鹤氅，方心曲领，执圭，以次进至御前，立定，乐止，念致语毕，乐作，奏《长春柳》之曲。次三队，男子三人，冠服舞蹈，并同乐音王队。次四队，男子一人，冠金漆弁冠，服绯袍，涂金带，执笏；从者二人，锦帽，绣衣，执金字福禄牌。次五队，男子一人，冠卷云冠，青面具，绿袍，涂金带，分执梅、竹、松、椿、石、同前队而进，北向立。次六队，男子五人，为乌鸦之像，作飞舞之态，进立于前队之左，乐止。次七队，乐工十有二人，冠云头冠，销金绯袍，白裙，龙笛三，觱栗三，札鼓三，和鼓一，板一，与前大乐合奏《山荆子》带《祅神急》之曲。次八队，妇女二十人，冠凤翘冠，翠花钿，服宽袖衣，加云肩、霞绶、玉佩，各执宝盖，舞唱前曲。次九队，妇女三十人，冠玉女冠，翠花钿，服青销金宽袖衣，加云肩、霞绶、玉佩，各种楘毛日月扇，舞唱前曲，与前队相和。次十队，妇女八人，服杂彩衣，被槲叶、鱼鼓、简子。次男子八人，冠束发冠，金掩心甲，销金绯袍，执戟。次

为龟鹤之像各一。次男子五人，冠黑纱帽，服绣鹤氅，朱履，策龙头
藜杖，齐舞唱前曲一阕，乐止。次妇女三人，歌《新水令》、《沽美酒》、
《太平令》之曲终，念口号毕，舞唱相和，以次而出。

礼乐队：朝会用之。引队礼官乐工大乐冠服，并同乐音王队。次
二队，妇女十人，冠黑漆弁冠，服青素袍，方心曲领，白裙，束带，执
圭；次妇女一人，冠九龙冠，服绣红袍，玉束带，进至御前，立定，乐
止，念致语毕，乐作，奏《长春柳》之曲。次三队，男子三人，冠服舞蹈
同乐音王队。次四队，男子三人，皆冠卷云冠，服黄袍，涂金带，执
圭。次五队，男子五人，皆冠三龙冠，服红袍，各执劈正金斧，同前队
而进，北向立。次六队，童子五人，三髻，素衣，各执香花，舞蹈而进，
乐止。次七队，乐工八人，皆冠束发冠，服锦衣白袍，龙笛三，觱栗
三，杖鼓二，与前大乐合奏《新水令》、《水仙子》之曲。次八队，妇女
二十人，冠龙巾，服紫袍，金带，执笏，歌《新水令》之曲，与乐声相
和，进至御前，分为四行，北向立，鞠躬拜，兴，舞蹈，叩头，山呼，就
拜，再拜，毕，复趁声歌《水仙子》之曲一阕，再歌《青山口》之曲，与
后队相和。次九队，妇女二十人，冠车髻冠，服销金蓝衣，云肩，佩
绶，执孔雀幢，舞唱与前队相和。次十队，妇女八人，冠翠花唐巾，服
锦绣衣，执宝盖，舞唱前曲。次男子八人，冠凤翅兜牟，披金甲，执金
戟。次男子一人，冠平天冠，服绣鹤氅，执圭，齐舞唱前曲一阕，乐
止。次妇女三人，歌《新水令》、《沽美酒》、《太平令》之曲终，念口号
毕，舞唱相和，以次而出。

说法队：引队礼官乐工大乐冠服，并同乐音王队。次二队，妇女
十人，冠僧伽帽，服紫禅衣，皂绦；次妇女一人，服锦袈裟，馀如前，
持数珠，进至御前，北向立定，乐止，念致语毕，乐作，奏《长春柳》之
曲。次三队，男子三人，冠、服、舞蹈，并同乐音王队。次四队，男子
一人，冠隐士冠，服白纱道袍，皂绦，执尘拂；从者二人，冠黄包巾，
服锦绣衣，执令字旗。次五队，男子五人，冠金冠，披金甲，锦袍，执
戟，同前队而进，北向立。次六队，男子五人，为金翅雕之像，舞蹈而
进，乐止。次七队，乐工十有六人，冠五福冠，服锦绣衣，龙笛六觱栗

六,杖鼓四,与前大乐合奏《金字西番经》之曲。次八队,妇女二十人,冠珠子菩萨冠,服销金黄衣,缨络,佩绶,执金浮屠白伞盖,舞唱前曲,与乐声相和,进至御前,分为五重,重四人,曲终,再起,与后队相和。次九队,妇女二十人,冠金翠菩萨冠,服销金红衣,执宝盖,舞唱与前队相和。次十队,妇女八人,冠青螺髻冠,服白销金衣,执金莲花。次男子八人,披金甲,为八金刚像。次一人,为文殊像,执如意;一人为普贤像,执西番莲花;一人为如来像;齐舞唱前曲一阕,乐止。次妇女三人,歌《新水令》、《沽美酒》、《太平令》之曲终,念口号毕,舞唱相和,以次而出。

凡吉礼,郊祀、享太庙、告谥,见《祭祀志》。军礼,见《兵志》。丧礼五服,见《刑法志》。水旱赈恤,见《仓货志》。内外导从,见《仪卫志》。

元史卷七二
志第二三

祭祀一

郊祀上

　　礼之有祭祀,其来远矣。天子者,天地宗庙社稷之主,于郊社禘尝有事守焉。以其义存乎报本,非有所为而为之,故其礼贵诚而尚质,务在反本修古,不忘其初而已。汉承秦弊,郊庙之制,置《周礼》不用,谋议巡守封禅,而方士祠官之说兴,兄弟相继共为一代,而统绪乱。迨其季世,乃合南北二郊为一。虽以唐、宋盛时,皆莫之正,盖未有能反其本而求之者。彼笾豆之事,有司所职,又岂足以尽仁人孝子之心哉。

　　元之五礼,皆以国俗行之,惟祭祀稍稽诸古。其郊庙之仪,礼官所考日益详慎,而旧礼初未尝废,岂亦所谓不忘其初者欤。然自世祖以来,每难于亲其事。英宗始有意亲郊,而志弗克遂。久之,其礼乃成于文宗。至大间,大臣议立北郊而中辍,遂废不讲。然武宗亲享于庙者三,英宗亲享五。晋王在帝位四年矣,未尝一庙见。文宗以后,乃复亲享。岂以道释祷祠荐禳之盛,竭生民之力以营寺宇者,前代所未有,有所重则有所轻欤。或曰,北陲之俗,敬天而畏鬼,其巫祝每以为能亲见所祭者,而知其喜怒,故天子非有察于幽明之故、礼俗之辨,则未能亲格,岂其然欤?

　　自宪宗祭天日月山,追崇所生与太祖并配,世祖所建太庙,皇伯术赤、察合带皆以家人礼祔于列室。既而太宗、定宗以世天下之君俱不犹庙享，而宪宗亦以不祀。则其因袭之弊，盖有非礼官之议所能及者而况乎不祔所受国之君，而兄弟共为一世，乃有征于前代者欤。夫郊庙国之大祀也，本原之际既已如此，则中祀以下，虽有阙略，无足言者。

其天子亲遣使致祭者三：曰社稷，曰先农，曰宣圣。而岳镇海渎，使者奉玺书即其处行事，称代祀。其有司尝祀者五：曰社稷，曰宣圣，曰三皇，曰岳镇海渎，曰风师雨师。其非通祀者五：曰武成王，曰古帝王庙，曰周公庙，曰名山大川、忠臣义士之祠，曰功臣之祠，而大臣家庙不与焉。其仪皆礼官所拟，而议定于中书。日星始祭于司天台，而回回司天台遂以荧星为职事。五福太乙有坛，以時道流主之，皆所未详。

凡祭祀之事，其书为《太常集礼》，而《经世大典》之《礼典篇》尤备。

参以累朝《宝录》与《六条政类》，序其因革，录其成制，作《祭祀志》。

元兴朔漠，代有拜天之礼。衣冠尚质，祭器尚纯，帝后亲之，宗戚助祭。其意幽深古远，报本反始，出于自然，而非强为之也。

宪宗即位之二年，秋八月八日，始以冕服拜天于日月山。其十二日，又用孔氏子孙元措言，合祭昊天、后土，始大合乐作牌位，以太祖、睿宗配享。岁甲寅，会诸王于颗颗脑儿之西，丁巳秋，驻跸于军脑儿，皆祭天于其地。

世祖中统二年，亲征北方。夏四月己亥，躬祀天于旧桓州之西北。洒马湩以为礼，皇族之外，无得而与，皆如其初。

十二年十二月，以受尊号，遣使豫告天地，下太常检讨唐、宋、金旧仪，于国阳丽正门东南七里建祭台，设昊天上帝、皇地祇位二，行一献礼。自后国有大典礼，皆即南郊告谢焉。十三年五月，以平宋，遣使告天地，中书下太常议定仪物以闻。制若曰："其以国礼行事。”

三十一年，成宗即位。夏四月壬寅，始为坛于都城南七里。甲辰，遣司徒兀都带率百官为大行皇帝请谥南郊，为告天请谥之始。大德六年春三月庚戌，合祭昊天上帝、皇地祇、五方帝于南郊，遣左丞相哈剌哈孙摄事，为摄祀天地之始。

大德九年二月二十四日，右丞相哈剌哈孙等言：“去年地震星变，雨泽愆期，岁比不登。祈天保民之事，有天子亲祀者三：曰天，曰祖宗，曰社稷。今宗庙、社稷，岁时摄官行事。祭天，国之大事也，陛下虽未及亲祀，宜如宗庙、社稷，遣官摄祭，岁用冬至，仪物有司豫备，日期至则以闻。”制若曰：“卿言是也，其豫备仪物以待事。”

于是翰林、集贤、太常礼官皆会中书集议。博士疏曰：“冬至，圜丘惟祀昊天上帝，至西汉元始间，始合祭天地。历东汉至宋千有馀年，分祭合祭，迄无定论。”集议曰：“《周礼》，冬至圜丘礼天，夏至方丘礼地，时既不同，礼乐亦异。王莽之制，何可法也。今当循唐、虞、三代之典，惟祀昊天上帝。其方丘祭地之礼，续议以闻。”按《周礼》坛壝三成。近代增外四成，以广天文从祀之位。集议曰：“依《周礼》三成之制。然《周礼疏》云每成一尺，不见纵广之度。恐坛上狭隘，器物难容，拟四成制内减去一成，以合阳奇之数。每成高八尺一寸，以合乾之九九。上成纵广五丈，中成十丈，下成十五丈。四陛，陛十有二级。外设二壝，内去坛二十五步，外壝去内壝五十四步，壝各四门。坛设于丙巳之地，以就阳位。”按古者，亲祀冕无旒，服大裘而加衮。臣下从祀，冠服历代所尚，其制不同。集议曰：“依宗庙见用冠服制度。”按《周礼·大司乐》云：“凡乐，圜钟为宫，黄钟为角，太簇为徵，姑洗为羽，雷鼓雷鼗，孤竹之管，云和之琴瑟，云门之舞，冬至日于地上之圜丘奏之。若乐六变，则天神皆降，可得而礼矣。”集议曰：“乐者所以动天地，感鬼神，必访求深知音律之人，审五磬八音，以司肄乐。”

夏四月壬辰，中书复集议。博士言：“旧制神位版用木。”中书议，改用苍玉金字，白玉为座。博士曰：“郊祀尚质，合依旧制。”遂用木主,长二尺五寸,阔一尺二寸,上圆下方,丹漆金字,木用松柏,贮以红漆匣,黄罗帕覆之。造毕,有司议所以藏。议者复谓,神主庙则有之,今祀于坛,对越在上,非若他神无所见也。所制神主遂不用。

七月九日,博士又言:"古者祀天,器用陶匏,席用藁秸。自汉甘泉雍畤之祀,以迄后汉、晋、魏、南北二朝、隋、唐,其坛壝玉帛礼器仪仗,日益繁缛,浸失古者尚质之意。宋、金多循唐制,其坛壝礼器,考之于经,固未能全合,其仪法具在。当时名儒辈出,亦未尝不援经而定也,酌古今以行礼,亦宜焉。今检讨唐、宋、金亲祀、摄行仪注,并雅乐节次,合从集议。"太常议曰:"郊祀之事,圣朝自平定金、宋以来,未暇举行,今欲修严,不能一举而大备。然始议之际,亦须酌古今之仪,垂则后来。请从中书会翰林、集贤、礼官及明礼之士,讲明去取以闻。"中书集议曰:"合行礼仪,非草创所能备。唐、宋皆有摄行之礼,除从祀受胙外,一切仪注悉依唐制修之。"

八月十二日,太常寺言:"尊祖配天,其礼仪乐章别有常典,若俟至日议之,恐匆遽致有误。"于是中书省臣奏曰:"自古汉人有天下,其祖宗皆配天享祭,臣等与平章何荣祖议,宗庙已依时祭享,今郊祀止祭天。"制曰可。是岁南郊,配位遂省。

十一年,武宗即位。秋七月甲子,命御史大夫铁古迭儿即南郊告谢天地,主用柏,素质玄书,为即位告谢之始。

至大二年冬十月乙酉,尚书省臣及太常礼官言:"郊祀者国之大礼,今南郊之礼已行而未备,北郊之礼尚未举行。今年冬至南郊,请以太祖圣武皇帝配享。明年夏至北郊,以世祖皇帝配。"帝皆是之。十二月甲辰朔,尚书太尉右丞相、太保左丞相、田司徒、郝参政等复奏曰:"南郊祭天于圜丘,大礼已举。其北郊祭皇地祇于方泽,并神州地祇、五岳四渎、山木川泽及朝日夕月,此有国家所当崇礼者也。当圣明御极而弗举行,恐遂废弛。"制若曰:"卿议甚是,其即行焉。"

至大三年春正月,中书礼部移太常礼仪院,下博士拟定北郊从祀、朝日夕月礼仪。博士李之绍、蒋汝砺疏曰:"按方丘之礼,夏以五月,商以六月,周以夏至,其丘在国之北。礼神之玉以黄琮,牲用黄犊,币用黄缯,配以后稷。其方坛之制,汉去都城四里,为坛四陛。唐去宫城北十四里,为方坛八角三成,每成高四尺,上阔十六步,设陛。上等陛广八尺,中等陛一丈,下等陛广一丈二尺。宋至徽宗始定为再成。历代制虽不同,然无出于三成之式。今拟取坤数用六之义,去都城北六里,于壬地选择善地,于中为方坛,三成四陛,外为三壝。仍依古制,自外壝之外,治四面稍令低下,以应泽中之制。宫室、墙围、器皿色,并用黄。其再成八角八陛,非古制,难用。其神州地祇以下从祀,自汉以来,历代制度不一,至唐始因隋制,以岳镇海渎、山林川泽、丘陵坟衍原隰,各从其方从祀。今盍参酌举行。"秋九月,太常礼仪院复下博士,检讨合用器物。十一月丙申,有事于南郊,以太祖配,五方帝日月星辰从祀。

仁宗延祐元年夏四月丁亥,太常寺臣请立北郊。帝谦逊未遑,北郊之议遂辍。

英宗至治二年九月,有旨议南郊祀事。中书平章买闾,御史中丞曹立,礼部尚书张野,学士蔡文渊、袁桷、邓文原,太常礼仪院使王纬、田天泽,博士刘致等会都堂议:

一曰年分。按前代多三年一祀,天子即位已及三年,常有旨钦依。

二曰神位。《周礼·大宗伯》,以禋祀祀昊天上帝。注谓:"昊天上帝,冬至圜丘所祀天皇大帝也。"又曰"苍璧礼天"。注云:"此礼天以冬至,谓天皇大帝也。在北极,谓之北辰。"又云:"北辰天皇耀魄宝也,又名昊天上帝,又名太一帝君,以其尊大,故有数名。"今按《晋书》《天文志·中宫》"钩陈口中一星曰天皇大帝,其神耀魄宝。"《周礼》所祀天神正言昊天上帝。郑氏以星经推之,乃谓即天皇大帝。然汉、魏以来,名号亦复不一。汉初曰上帝,曰太一,曰皇天上帝。魏曰皇皇帝天。梁曰天皇大帝。惟西晋曰昊天上帝,与《周礼》合。唐、宋以来,坛上既设昊天上帝第一等,复有天皇大帝,其五天帝与太一、天一等,皆不经见。本朝大德九年，中书圆议，止依《周礼》，祀昊天上帝。至大三年圆议，五帝从享，依前代通祭。

三曰配位。《孝经》曰："孝莫大于严父，严父莫大于配天。"又曰："郊祀后稷以配天。"此郊之所以有配也。汉、唐已下，莫不皆然。至大三年冬十月三日，奉旨十一月冬至合祭南郊，太祖皇帝配，圆议取旨。

四曰告配。《礼器》曰："鲁人将有事于上帝，必先有事于頖宫。"注：告后稷也，告之者，将以配天也。告用牛一。《宋会要》于致斋二日，宿庙告配，凡遣官牺尊豆笾，行一献礼。至大三年十一月二十一日，质明行事。初献摄太尉同太常礼仪院官赴太庙奏告，圆议取旨。

五曰大裘冕。《周礼》司裘"掌为大裘，以共王祀天之服"，郑司农云，黑羊裘，服以祀天，示质也。弁师"掌王之五冕"，注："冕服有六，而言五者，大裘之冕盖无旒，不联数也。《礼记·郊特牲》曰："郊之祭也，迎长日之至也。祭之日，王被衮以象天，戴冕十有二旒，则天数也。"陆佃曰："礼不盛服不充，盖服大裘以衮袭之也。谓冬祀服大裘，被之以衮。"开元及开宝《通礼》，銮驾出宫，服衮冕至大次。质明改服大裘冕而出次。《宋会要》绍兴十三年，车驾自庙赴青城，服通天冠、绛纱袍，祀日服大裘衮冕。圆议用衮冕，取旨。

六曰匏爵。《郊特牲》曰："郊之祭也，器用陶匏，以象天地之性也。"注谓："陶瓦器，匏用酌献酒。"《开元礼》、《开宝礼》，皆有匏爵。大德九年，正配位用匏爵有坫。圆议正位用匏，配位饮福用玉爵，取旨。

七曰戒誓。唐《通典》引《礼经》，祭前期十日亲戒百官及族人，太宰总戒群官。唐前祀七日，《宋会要》十日。《纂要》太尉南向，司徒，亚终献，一品，二品从祀北向，行事官以次向，礼直官以誓文授之太尉读。今天子亲行太礼，止令礼直局管勾读誓文。圆议令管勾代太尉读誓，刑部尚书莅之。

八曰散斋、致斋。《礼经》前期十日,唐、宋、金皆七日,散斋四日,致斋三日。国朝亲祀太庙七日,散斋四日于别殿,致斋三日于大明殿。圆议依前七日。

九曰藉神席。《郊特牲》曰:"莞簟之安,而蒲越稾鞂之尚。"注:"蒲越稾鞂,藉神席也。"《汉旧仪》高帝配天绀席,祭天用六彩绮席六重。成帝即位,丞相衡、御史大夫谭以为天地尚质,宜皆勿修,诏从焉。唐麟德二年诏曰:"自处以厚,奉天以薄,改用裀褥。上帝以苍,其馀各视其方色。"宋以褥加席上,礼官以为非礼。元丰元年,奉旨不设。国朝大德九年,正位稾鞂,配位蒲越,冒以青缯。至大三年,加青绫褥,青锦方座。圆议合依至大三年于席上设褥,各依方位。

十曰牺牲。《郊特牲》曰:"郊特牲而社稷太牢。"又曰:"天地之牛角茧栗。"秦用骝驹。汉文帝五帝共一牲。武帝三年一祀,用太牢。光武采元始故事,天地共犊。隋上帝、配帝,苍犊二。唐开元用牛。宋正位用苍犊一,配位太牢一。国朝大德九年,苍犊二,羊豕各九。至大三年,马纯色肥腯一,牲正副一,鹿一十八,野猪一十八,羊一十八。圆议依旧仪。神位配位用犊外,仍用马,其余并依旧日已行典礼。

十一曰香鼎。大祭有三,始烟为歆神,始宗庙则熵萧裸鬯,所谓臭阳达于墙屋者也。后世焚香,盖本乎此,而非《礼经》之正。至大三年,用陶瓦香鼎五十,神座香鼎、香盒案各一。圆议依旧仪。

十二曰割牲。《周礼》,《司士》"凡祭祀,帅其属而割牲,羞俎豆。"又《诸子》,"大祭祀正六牲之体。"《礼运》云:"腥其俎,熟其殽","体其犬豗"。注云:"腥其俎,谓豚解而腥之,为七体也。熟其殽,谓体解而熟之,为二十一体也。体其犬豕牛羊,谓分别骨肉之贵贱,以为众俎也。"七体,谓脊、两肩、两拍、两髀。二十一体,谓肩、臂、臑、膊、骼、正脊、脡脊、横脊、正胁、短胁、代胁并肠三、胃三、柢肺一、祭肺三也。宋元丰三年,详定礼文所言,古者祭祀用牲,有豚解,有体解。豚解则为七,以荐腥;体解则为二十一,以荐熟。盖犬豕牛羊,分别骨肉贵贱,其解之为体,则均也。皇朝马牛羊豕鹿,并依至大三年割牲用国礼。圆议依旧仪。

十三曰大次、小次。《周礼·掌次》,王旅上帝,张毡案皇邸。唐《通典》前祀三日,尚舍直长施大次于外壝东门之内道北,南向。《宋会要》前祀三日,仪鸾司帅其属,设大次于外壝东门之内道北,南向;小次于午阶之东,西向。《曲礼》曰:"践阼,临祭祀。"《正义》曰:"阼主阶也。天子祭祀履主阶行事,故云践阼。"宋元丰详定礼文所言,《周礼》宗庙无设小次之文。古者人君临位于阼阶。盖阼阶者东阶也,惟人主得位主阶行事。今国朝太庙仪注,大次、小次皆在西,盖国家尚右,以西为尊也。圆议依祀庙仪注。

绩具末议:

一曰礼神玉。《周礼·大宗伯》,"以禋祀祀昊天上帝"。注:"禋之言烟也,周人尚臭,烟气之臭闻者。积柴实牲体焉。或有玉帛。"《正义》曰:"或有玉帛,或有用玉帛,皆不定之辞也。"崔氏云,天子自奉玉帛牲体于柴上,引《诗》"圭璧既卒",是燔牲玉也。盖卒者终也,谓礼神既终,当藏之也。正经即无燔玉明证。汉武帝祠太乙,昨馀皆燔之,无玉。晋燔牲币,无玉。唐、宋乃有之。显庆中,许敬宗等修旧礼,乃云郊天之有四圭,犹宗庙之有圭瓒也,并事毕收藏,不在燔列。宋政和礼制局言:"古祭祀无不用玉,《周官》典瑞掌玉器之藏,盖事已则藏焉,有事则出而复用,未尝有燔瘗之文。今后大祀,礼神之玉时出而用,无得燔瘗。"从之。盖燔者取其烟气之臭闻。玉既无烟,又且无气,祭之日但当奠于神座,既卒事,则收藏之。

二曰饮福。《特牲馈食礼》曰:尸九饭,亲嘏主人。《少牢馈食礼》尸十一饭,尸嘏主人。嘏长也,大也。行礼至此,神明已飨,盛礼俱成,故膺受长大之福于祭之末也。自汉以来,人君一献才毕而受嘏。唐《开元礼》太尉未升堂，而皇帝饮福。宋元丰三年，改从亚终献。既行礼，皇帝饮福受胙。国朝至治元年亲祀庙仪注，亦用一献毕饮福。

三曰升烟。祼之言烟也，升烟所以报阳也。祀天之有祼柴，犹祭地之瘗血，宗庙之祼鬯。历代以来，或先燔而后祭，或先祭而后燔，皆为未允。祭之日，乐六变而燔牲首，牲首亦阳也。祭终，以爵酒馔物及牲体，燎于坛。天子望燎，柴用柏。

四曰仪注。《礼经》出于秦火之后，残阙脱漏，所存无几。至汉，诸儒各执所见。后人所宗，惟郑康成、王子雍，而二家自相矛盾。唐《开元礼》、杜佑《通典》，五礼略完。至宋，《开宝礼》并《会要》与郊庙奉祠礼文，中间讲明始备。金国大率依唐、宋制度。圣朝四海一家，礼乐之兴，政在今日。况天子亲行大礼，所用仪注，必合讲求。大德九年，中书集议，合行礼仪依唐制。至治元年已有祀庙仪注，宜取大德九年、至大三年并今次新仪，与唐制参酌增损修之。侍仪司编排卤簿，太史院具报星位，分献官员数及行礼并诸执事官，合依至大三年仪制亚终献官，取旨。

是岁，太皇太后崩，有旨冬至南郊祀事，可权止。

泰定四年春正月，御史台臣言：“自世祖迄英宗，咸未亲郊，惟武宗、英宗亲享太庙，陛下宜躬祀郊庙。”制曰：“朕当遵世祖旧典，其命大臣摄行祀事。”闰九月甲戌，郊祀天地，致祭五岳四渎、名山大川。

至顺元年，文宗将亲郊，十月辛亥太常博士言：“亲祀仪注已具，事有未尽者，按前代典礼。亲郊七日，百官习仪于郊坛。今既与受戒誓相妨，合于致斋前一日，告示与祭执事者，各具公服赴南郊习仪。亲祀太庙虽有防禁，然郊外尤宜严戒，往来贵乎清肃。凡与祭执事斋郎乐工，旧不设盥洗之位，殊非涓洁之道。今合于馔殿斋班厅前及斋宿之所，随宜设置盥洗数处，俱用锅釜温水置盆杓巾帨，令人掌管省谕，必盥洗然后行事，违者治之。祭日，太常院分官提调神厨，监视割烹。上下灯烛籸燎，已前虽有蕈烛提调籸盆等官，率皆虚应故事；或减刻物料，烛燎不明。又尝见奉礼赞赐胙之后，献官方退，所司便服彻俎，坛上灯烛一时俱灭，因而杂人登坛攘夺，不能禁止，甚为亵慢。今宜禁约，省牲之前，凡入墙门之人，皆服窄紫，有官者公服。禁治四墙红门，宜令所司添造关木锁钥，祭毕即令关闭，毋使杂人得入。其蓺秸匏爵，事毕合依大德九年例焚之。"壬子，御史台臣言："祭日，宜敕股肱近臣及诸执事人毋饮酒。"制曰："卿言甚善，其移文中书禁之。"丙辰，监察御史杨彬等言："礼，享帝必以始祖为配，今未闻设配位，窃恐礼文有阙。又，先祀一日，皇帝必备法驾出宿郊次，其扈从近侍之臣未尝经历，宜申加戒敕，以达孚诚。"命与中书议行。十月辛酉，始服大裘衮冕，亲祀昊天上帝于南郊，以太祖配。自世祖混一六合，至文宗凡七世，而南郊亲祀之礼始克举焉，盖器物仪注至是益加详慎矣。

自至元十二年冬十二月，用香酒脯醢行一献礼。而至治元年冬二祭告，泰定元年之正月，咸用之。自大德九年冬至，用纯色马一，苍犊一，羊鹿野豕各九。十一年秋七月，用马一，苍犊正副各一，羊鹿野豕各九。而至大中告谢五，皇庆至延祐告谢七，与至治三年冬告谢二，泰定元年之二月，咸如大德十一年之数。泰定四年闰九月，特加皇地祇黄犊一，将祀之敕送新猎鹿二。惟至大三年冬至，正配位苍犊皆一，五方帝犊各一，皆如其方之色，大明青犊、夜明白犊皆一，马一，羊鹿野豕各十有八，兔十有二，而四年四月如之。其牺牲品物香酒，皆参用国礼，而丰约不同。告谢非大祀，而用物无异，岂所谓未能一举而大备者乎。

南郊之礼，其始为告祭，继而有大祀，皆摄事也，故摄祀之仪特详。

坛壝：地在丽正门外丙位，凡三百八亩有奇。坛三成，每成高八尺一寸，上成纵横五丈，中成十丈，下成十五丈。四陛午贯地子午卯酉四位陛十有二级。外设二壝。内壝去坛二十五步，外壝去内壝五十四步。壝各四门，外垣南棂星门三，东西棂星门各一。圜坛周围上下俱护以甓，内外墙各高五尺，墙四面各有门三，俱涂以赤。至大三年冬至，以三成不足以容从祀版位，以青绳代一成。绳二百，各长二十五尺，以足四成之制。

燎坛在外墙内丙巳之位，高一丈二尺，四方各一丈，周围亦护以甓，东西南三陛，开上南出户，上方六尺，深可容柴。香殿三间，在外墙南门之外，少西，南向。馔幕殿五间，在外墙南门之外，少东，南向。省馔殿一间，在外墙东门之外，少北，南向。

外墙之东南为别院。内神厨五间，南向；祠祭局三间，北向；酒库三间，西向。献官斋房二十间，在神厨南垣之外，西向。外墙南门之外，为中神门五间，诸执事斋房六十间以翼之，皆北向。两翼端皆有垣，以抵东西周垣，各为门，以便出入。斋班厅五间，在献官斋房之前，西向。仪鸾局三间，法物库三间，都监库五间，在外垣内之西北隅，皆西向。雅乐库十间，在外垣西门之内，少南，东向。演乐堂七间，在外垣内之西南隅，东向。献官厨三间，在外垣内之东南隅，西向。涤养牺牲所，在外垣南门之外，少东，西向。内牺牲房三间，南向。

神位：昊天上帝位天坛之中，少北，皇地祇位次东，少却，皆南向。神席皆缘以缯，绫褥素座，昊天上帝色皆角青，皇地祇色皆用黄，藉皆以藁秸。配位居东，西向。神席绫褥锦方座，色皆用青，藉以蒲越。

其从祀圜坛，第一等九位。青帝位寅，赤帝位巳，黄帝位未，白帝位申，黑帝位亥，主皆用柏，素质玄书；大明位卯，夜明位酉，北极位丑，天皇大帝位戌，用神位版，丹质黄书。神席绫褥座各随其方色，藉皆以藁秸。

第二等内官位五十有四。钩星、天柱、玄枵、天厨、柱史位于子，其数五；女史、星纪、御女位于丑，其数三；自子至丑，神位皆西上。帝座、岁星、大理、河汉、析木、尚书位于寅，帝座居前行，其数六，南上。阴德、大火、天枪、玄戈、天床位于卯，其数五，北上。太阳守、相

星、寿星、辅星、三师位于辰,其数五,南上。天一、太一、内厨、荧惑、
鹑尾、势星、天理位于巳,天一、太一居前行,其数七,西上。北斗、天
牢、三公、鹑火、文昌、内阶位于午,北斗居前行,其数六;填星、鹑
首、四辅位于未,其数三;自午至未,皆东上。太白、实沈位于申,其
数二,北上。八谷、大梁、杠星、华盖位于酉,其数四;五帝内座、降
娄、六甲、傅舍位于戌,五帝内座居前行,其数四;自酉至戌,皆南
上。紫微垣、辰星、陬訾、钩陈位于亥,其数四,东上。神席皆藉以莞
席,内壝外诸神位皆同。

　　第三等中官百五十九位。虚宿、牛宿、织女、人星、司命、司非、
司危、司禄、天津、离珠、罗堰、天桴、奚仲、左旗、河鼓、右旗位于子,
虚宿、女宿、牛宿、织女居前行,其数十有七;月星、建星、斗宿、箕
宿、天鸡、辇道、渐台、败瓜、扶筐、匏瓜、天弁、天棓、帛度、屠肆、宗
星、宗人、宗正位于丑,月星、建星、斗宿、箕宿居前行,其数十有七;
自子至丑,皆西上。日星、心宿、天纪、尾宿、罚星、东咸、列肆、天市
垣、斛星、斗星、车肆、天江、宦星、市楼、候星、女床、天籥位于寅,日
星、心宿、天纪、尾宿居前行,其数十有七,南上。房宿、七公、氐宿、
帝席、大角、亢宿、贯索、键闭、钩钤、西咸、天乳、招摇、梗河、亢池、
周鼎位于卯,房宿、七公、氐宿、帝席、大角、亢宿居前行,其数十有
五,北上。太子星、太微垣、轸宿、角宿、摄提、常陈、幸臣、谒者、三
公、九卿、五内诸侯、郎位、郎将、进贤、平道、天田位于辰,太子星、
太微垣、轸宿、角宿、摄提居前行,其数十有六,南上。张宿、翼宿、明
堂、四帝座、黄帝座、长垣、少微、灵台、虎贲、从官、内屏位于巳,张
宿、翼宿、明堂居前行,其数十有一,西上。轩辕、七星、三台、柳宿、
内平、太尊、积薪、积水、北河位于午,轩辕、七星、三台、柳宿居前
行,其数九;鬼宿、井宿、参宿、天尊、五诸侯、钺星、座旗、司怪、天关
位于未,鬼宿、井宿、参宿居前行,其数九;自午至未,皆东上。毕宿、
五车、诸王、觜宿、天船、天街、砺石、天高、三柱、天潢、咸池位于申,
毕宿、五车、诸王、觜宿居前行,其数十有一,北上。月宿、昴宿、胃
宿、积水、天谗、卷舌、天河、积尸、太陵、左更、天大将军、军南门位

于酉，月宿、昴宿、胃宿居前行，其数十有二；娄宿、奎宿、壁宿、右更、附路、阁道、王良、策星、天厩、土公、云雨、霹雳位于戌，娄宿、壁宿居前行，其数十有二；自酉至戌，皆南上。危宿、室宿、车府、坟墓、虚梁、盖屋、臼星、杵星、土公吏、造父、离宫、雷电、腾蛇位于亥，危宿、室宿居前行，其数十有三，东上。

内壝内外官一百六位。天垒城、离瑜、代星、齐星、周星、晋星、韩星、秦星、魏星、燕星、楚星、郑星位于子，其数十有二；越星、赵星、九坎、天田、狗国、天渊、狗星、鳖星、农丈人、杵星、糠星位于丑，其数十有一；自子至丑，皆西上。车骑将军、天辐、从官、积卒、神宫、傅说、龟星、鱼星位于寅，其数八，南上。阵车、车骑、骑官、颉颃、折威、阳门、五柱、天门、衡星、库楼位于卯，其数十，北上。土司空、长沙、青丘、南门、平星位于辰，其数五，南上。酒旗、天庙、东瓯、器府、军门、左右辖位于巳，其数六，西上。天相、天稷、爟星、天记、外厨、天狗、南河位于午，其数七；天社、矢星、水位、关丘、狼星、弧星、老人星、四渎、野鸡、军市、水府、孙星、子星位于未，其数十有三；自午至未，皆东上。天节、九州殊口、附耳、参旗、九斿、玉井、军井、屏星、伐星、天厕、天矢、丈人位于申，其数十有二，北上。天园、天阴、天廪、天苑、天囷、刍藁、天庾、天仓、铁锧、天溷位于酉，其数十；外屏、大司空、八魁、羽林位于戌，其数四；自酉至戌，皆南上。哭星、泣星、天钱、天纲、北落师门、败臼、斧钺、垒壁阵位于亥，其数八，东上。

内壝外众星三百六十位，每辰神位三十自第二等以下，神位版皆丹质黄书。内官、中官、外官则各题其星名；内壝外三百六十位，惟题曰众星位。凡从祀位皆内向，十二次微左旋，子居子陛东，午居午陛西，卯居卯陛南，酉居酉陛北。

器物之等，其目有八：

一曰圭币。昊天上帝苍璧一，有缫藉，青币一，燎玉一。皇地祇黄琮一，有缫藉，黄币一。配帝青币一，黄帝黄琮一，青帝青圭一，赤帝赤璋一，白帝白琥一，黑帝玄璜一，币皆如其方色。大明青圭有

邸,夜明白圭有邸,天皇大帝青圭有邸,北极玄圭有邸,币皆如其玉
色。内官以下皆青币。

二曰尊罍。上帝大尊、著尊、牺尊山罍各二,在坛上东南隅,皆
北向,西上;设而不酌者,象尊、壶尊各二,山罍四,在坛下午陛之
东,皆北向,西上。皇地祇亦如之,在上帝酒尊之东,皆北向,西上。
配帝著尊、牺尊、象尊各二,在地祇酒尊之东,皆北向,西上。设而不
酌者,牺尊、壶尊各二,山罍四,在坛下酉陛之北,东向,北上。五帝、
日月、北极、天皇,皆太尊一,著尊二。内官十二次,各象尊二。中官
十二次,各壶尊二。外官十二次,各概尊二。众星十二次,各散尊二。
凡尊各设于神座之左而右向,皆有站,有勺,加冪,冪之绘以云,惟
设而不酌者无勺。

三曰笾、豆、登、俎。昊天上帝、皇地祇及配帝,笾豆皆十二,登
三,簋二,簠二,俎八,皆有七筋,玉币篚二,匏爵一,有站,沙池一,
青瓷牲盘一。从礼九位,笾豆皆八,簋一,簠一,登一,俎一,匏爵一,
有站,沙池一,玉币篚一。内官位五十四,笾豆皆二,簋一,簠一,登
一,俎一,匏爵有站,沙池,币篚,十二次各一。中官位百五十八,皆笾
一,豆一,簋一,簠一,俎一,匏爵有站,沙池,币篚,十二次各一。外
官位一百六,皆笾一,豆一,簋一,簠一,俎一,匏爵,沙池,币篚,十
二次各一。众星位三百六十,皆笾一,豆一,簋一,簠一,俎一,匏爵,
沙池,币篚,十二次各一。此边、豆、簋、簠、登、爵、篚之数也。凡笾
之设,居神位左,豆居右,登、簋、簠居中,俎居后,笾皆有巾,巾之绘
以斧。

四曰酒齐。以太尊实泛齐,著尊实醴齐,牺尊实盎齐,山罍实三
酒,皆有上尊。马湩设于尊罍之前,注于器而冪之。设而不酌者,以
象尊实醴齐,壶尊实沈齐,山罍二实三酒,皆有上尊,以祀昊天上
帝。皇地祇亦如之。以著尊实泛齐,牺尊宝醴齐,象尊实盎齐,山罍
实清酒,皆有上尊。马湩如前设之。设而不酌者,以牺尊实醍齐,壶
尊实沈齐,山罍三实清酒,皆有上尊,以祀配帝。以太尊实泛齐,以
著尊实醍齐,皆有上尊,九位同,以祀五帝、日月、北极、天皇大帝。

以象尊实醴齐,有上尊,十二次同,以祀内官。以壶尊实沈齐,有上尊,十二次同,以祀中官。以概尊实清酒,有上尊,十二次同,以祀外官。以散尊实昔酒,有上尊,十二次同,以祀众星。凡五齐之上尊,必皆实明水;山罍之上尊,必皆实玄酒;散尊之上尊,亦实明水。

五曰牲齐庶器。昊天上帝苍犊,皇地祇黄犊,配位苍犊,大明青犊,夜明白犊,天皇大帝苍犊,北极玄犊皆一,马纯色一,鹿十有八,羊十有八,野豕十有八,兔十有二,盖参以国礼。割牲为七体:左肩臂臑兼代胁、长胁为一体,右肩臂臑,代胁,长胁为一体,右髀肫胳为一体,脊连背肤短胁为一体,膺骨脐腹为一体,项脊为一体,马首报阳升烟则用之。毛血盛以豆,或青瓷盘,馔末入置俎上,馔入彻去之。笾之实,鱼鳝、糗饵、粉粢、枣、干蕡、形盐、鹿脯、榛、桃、麦、芡、栗。豆之实,芹菹、韭菹、青菹、笋菹、脾析菹、醢食、鱼醢、豚拍、鹿臡、醓醢、糁食。凡笾之用八者,无糗饵、粉粢、菱、栗。豆之用八者,无脾析菹、醢食、兔醢、糁食。用皆二者,笾以鹿脯、枣,豆以鹿臡、菁菹。用皆一者,笾以鹿脯,豆以鹿臡。凡簠、簋用皆二者,簋以黍、稷,簠以稻、粱;用皆一者,簋以稷,簠以黍。实登以大羹。

六曰香祝。洗位正位香鼎一,香合一,食案一,祝案一,皆有衣,拜褥一,盥爵洗位一,罍一,洗一,白罗巾一,亲祀匜二,盘二。地祇配位咸如之。香用龙脑沉香。祝版长各二尺四寸,阔一尺二寸,厚三分,木用楸柏。从祀九位,香鼎、香合、香案、绫拜褥皆九,褥各随其方之色,祇爵洗位二,二,罍洗二,巾二。第二等,祇爵洗位二,罍二,洗二,巾二。第三等亦如之。内壝内,盥爵洗位一,一罍,洗一,巾一。内壝外亦如之·。凡巾皆有筐。从祀而下,香用沈檀,降真,鼎用陶瓦。第二等十二次而下,皆紫绫拜褥十有二。亲祀御板位一,饮福位及大小次盥洗爵洗板位各一,皆青质金书。亚献、终献饮福板位一,黑质黄书。御拜褥八,亚终献饮福位拜褥一,黄道褟褥宝案二,黄罗销金案衣,水火鉴。

七曰烛燎。天坛椽烛四,皆销金绛纱龙。自天坛至内壝外及乐县南北通道,绛烛三百五十,素烛四百四十,皆绛纱笼。御位椽,烛六,销金绛纱笼。献官椽烛四,杂用烛八百,粝盆二百二十,有架。黄桑条去肤一车,束之置燎坛,以焚牲首。

八曰献摄执事。亚献官一,终献官一,摄司徒一,助奠官二,大礼使一,侍中二,门下侍郎二,礼仪使二,殿中监二,尚辇官二,太仆卿二,控马官六,近侍官八,导驾官二十有四,典宝官四,侍仪官五,太常卿丞八,光禄卿丞二,刑部尚书二,礼部尚书二,奉玉币官一,定撰祝文官一,书读祝册官二,举祝册官二,太史令一,御奉爵官一,奉匜盘官二,御爵洗官二,执巾官二,割牲官二,温酒官一,太官令一,太官丞一,良酝令丞二,廪牺令丞二,纠仪御史四,太常博士二,郊祀令丞二,太乐令一,太乐丞一,司尊罍二,亚终献盥洗官二,爵洗官二,巾篚官二,奉爵官二,祝史四,太祝十有五,奉礼郎四,协律郎二,爇烛官四,礼直官管勾一,礼部点视仪卫官二,兵部清道官二,拱卫使二,大都兵马使二,斋郎百,司天生二,看守粝盆军官一百二十。

元史卷七三
志第二四

祭祀二

郊祀下

仪注之节,其目有十:

一曰斋戒。祀前七日,皇帝散斋四日于别殿,致斋三日,其二日于大明殿,一日于大次,有司停奏刑罚文字。致斋前一日,尚舍监设御幄于大明殿西序,东向。致斋之日质明,诸卫勒所部屯门列仗。昼漏上水一刻,通事舍人引侍享执事文武四品以上官,俱公服诣别殿奉迎。昼漏上水二刻,侍中版奏请中严,皇帝服通天冠、绛纱袍。昼漏上水三刻,侍中版奏外办,皇帝结佩出别殿,乘舆华盖伞扇侍卫如常仪,奉引至大明殿御幄,东向坐,侍臣夹侍如常。一刻顷,侍中前跪奏“臣某言,请降就斋”,俯伏兴,皇帝降座入室,解严。侍享执事官各还本司,宿卫者如常。凡侍祠官受誓戒于中书省,散斋四日,致斋三日。守壝门兵卫与大乐工人,俱清斋一宿。光禄卿以阳燧取明火供爨,以方诸取明水实尊。

二曰告配。祀前二日,摄太尉与太常礼仪院官恭诣太庙,以一献礼奏告太祖法天启运圣武皇帝之室。寅刻,太尉以下公服自南神门东偏门入,至横街南,北向立定。奉礼郎赞曰“拜”,礼直官承傅曰鞠躬,曰“拜”,曰“兴”,曰“拜”,曰“兴”,曰“平立”。又赞曰“各就位”。礼直官诣太尉前曰“请诣盥洗位”,引太尉至盥洗位,曰“盥手"，曰"帨手"，曰"诣爵洗位"，曰"涤爵"，曰"拭爵"，曰"请诣酒尊所"，曰"酌酒"，曰"请诣神座前"，曰"北向立"，曰"稍前"，曰"搢笏"，曰"跪"，曰"上香"，曰"再上香"，曰"三上香"，曰"授币"，曰"奠币"，曰"执爵"，曰"祭酒"，曰"祭酒"，曰"三祭酒"。祭酒于沙池讫，曰"读祝"。举祝官搢笏，跪对举祝版。读祝官跪读祝文毕，举祝官奠祝版于案，执笏兴，读祝官俯伏，兴。礼直官赞曰"出笏"，曰"俯伏兴"，曰"拜"，曰"兴"，曰"拜"，曰"兴"，曰"平立"，曰"复位"，司尊彝、良酝令从降复位，北向立。奉礼郎赞曰"拜"，礼直官承传再拜毕，太祝捧祝币降自太阶，诣望瘗位。太尉以下俱诣坎位焚瘗讫，自南神门东偏门以次出。

三曰车驾出宫。祀前一日，所司备仪从内外仗，侍祠官两行序立于崇天门外，太仆卿控御马立于大明门外，诸侍臣及导驾官二十有四人，俱于斋殿前左右分班立俟。通事舍人引侍中，奏请中严，俯伏，兴。皇帝服通天冠、绛纱袍。少顷，侍中版奏外办，皇帝出斋室，即御座。群臣起居讫，尚辇进舆，侍中奏请皇帝升舆，华盖伞扇侍卫如常仪。导驾官导至大明门外，侍中进当舆前，跪奏请降舆乘马，导驾官分左右步导。门下侍郎跪奏请进发，俯伏兴，前称警跸。至崇天门外，门下侍郎奏请权停，敕众官上马，侍中承旨称"制可"，门下侍郎传制称"众官上马"，赞者承传"众官出棂星门外上马"。门下侍郎奏请进发，前称警跸。华盖伞扇仪仗与众官分左右前引，教坊乐鼓吹不作。至郊坛南棂星门外，侍中传制"众官下马"，赞者承传"众官下马"。下马讫，自卑而尊，与仪伏倒卷而北，两行驻立。驾至棂星门，侍中奏请皇帝降马，步入棂星门，由西偏门稍西。侍中奉请升舆。尚辇奏舆，华盖伞扇如尝仪。导驾官前导皇帝乘舆至大次前，侍中奏请降舆。皇帝降舆入就次，帘降，侍卫如式。通事舍人承旨，敕众官各还斋次。尚食进膳讫，礼仪使以祝册奏请御署讫，奉出，郊祀令受之，各奠于坫。

四曰陈设。祀前三日，尚舍监陈大次于外壝西门之道北，南向。设小次于内壝西门之外道南，东向。设黄道褥，自大次至于小次，版位及坛上皆设之。所司设兵卫,各具器服,守卫墙门,每门兵官二员。外垣东西南棂星门外,设跸街清路诸军,诸军旗服各随其方之色。去坛二百步,禁止行人。祀前一日,郊祀令率其属扫除坛之上下。大乐令率其属设登歌乐于坛上,稍南,北向;设宫县二舞,位于坛南内墙南门之外,如式。奉礼郎设御版位于小次之前,东向;设御饮福位于坛上,午陛之西,亚终献饮福位于午陛之东,皆北向。又设亚终献、助奠、门下侍郎以下版位坛下御版位之后,稍南东向,异位重行,以北为上。又设司徒、太常卿以下位于其东,相对北上,皆如常仪。又分设纠仪御史位于其东西二墙门之外,相向而立。又设御盥洗、爵洗位于内墙南门之内道西,北向。又设亚终献、盥洗、爵洗位于内墙南门之外道西,北向。又设省牲馔等位,如常仪。未后二刻,郊祀令同太史令俱公服,升设昊天上帝位于坛上北方,南向,席以藁秸,加神席褥座。又设配位于坛上西方,东向,席以蒲越,加神席褥座。礼神苍璧置于缫藉,青币设于篚,正位之币加燎玉,置尊所。俟告洁毕,权彻。毕。祀日丑前重设。执事者实柴于燎坛,及设笾豆、簠簋、尊罍、匏爵、俎坫等事,如常仪。

　　五曰省牲器。祀前一日未后二刻,郊祀令率其属又扫除坛之上下,司尊罍、奉礼郎率祠祭局以祭器入设于位。郊祀令率执事者以礼神之玉,置于神位前。未后三刻,廪牺令与诸太祝、祝史以牲就位,礼直官分引太常卿、光禄卿丞、监祭、监礼官、太官令丞等诣省牲位,立定。礼直官引太常卿、监祭、监礼由东墙北偏门入,自卯陛陛坛,视涤濯。司尊罍跪举幂曰洁。告洁毕,俱复位。礼直官稍前曰“请省牲”。太常卿稍前,省牲毕,退复位。次引廪牺令巡牲一匝,西向折身曰充。告充毕,复位。诸太祝俱巡牲一匝,复位。上一员出班,西向折身曰“腯”。告腯毕,复位。礼直官引太常卿、光禄卿丞、太官令丞、监祭、监礼诣省馔位,东西相向立。礼直官请太常卿省馔毕,退还斋所。廪牺令与诸太祝、祝史以次牵牲诣厨,授太官令。次引光禄卿、监祭、监礼等诣厨,省鼎镬,视涤溉毕,还斋所。晡后一刻,太官令率宰人以鸾刀割牲,祝史各取血及左耳毛实于豆,仍取牲首贮于盘用马首。俱置于馔殿，遂烹牲。刑部尚书苍之，监实水纳烹之事。

六曰习仪。祀前一日未后三刻，献官诸执事各服其服，习仪于外壝西南隙地。其陈设、乐架、礼器等物，并如行事之仪。

七曰奠玉币。祀日丑前五刻，太常卿设烛于神座，太史令、郊祀令各服其服，升设昊天上帝及配位神座，执事者陈玉币于篚，置尊所。礼部尚书设祝册于案。光禄卿率其属，入实笾豆、簠簋、尊罍如式。祝史以牲首盘设于坛，大乐令率工人二舞入就位。礼直官分引监祭礼、郊祀令及诸执事官、斋郎入就位。礼直官引监祭礼按视坛之上下，退复位。奉礼赞再拜。礼直官承传，监祭礼以下皆再拜讫，又赞各就位。太官令率斋郎出诣馔殿，俟于门外；礼直官分引摄太尉及司徒等官入就位；符宝郎奉宝陈于宫县之侧，随地之宜。太尉之将入也，礼直官引博士，博士引礼仪使，对立于大次前。侍中版奏请中严，皇帝服大裘衮冕。侍中奏外办，礼仪使跪奏礼仪使臣某请皇帝行礼，俯伏兴。凡奏二人皆跪一人赞之。帘卷出次，礼仪使前导，华盖伞扇如常仪。至西壝门外，殿中监进大圭，礼仪使奏请执大圭，皇帝执圭。华盖伞扇停于门外。近侍官与大礼使皆后从皇帝入门，宫县乐作。请就小次，释圭，乐止。礼仪使以下分立左右。少顷，礼仪使奏有司谨具，请行事。降神乐作，《天成之曲》六成。太常卿率祝史捧马首，诣燎坛升烟讫，复位。礼仪使跪奏请就版位，俯伏兴。皇帝出次，请执大圭，至位东向立，再拜。皇帝再拜，奉礼赞众官皆再拜讫，奉玉币官跪取玉币于篚，立于尊所。礼仪使奏请行事，遂前导，宫县乐作，由南壝西偏门入，诣盥洗位，北向立，乐止。搢大圭，洗手。奉匜官奉匜沃水，奉盘官奉盘承水，执巾官奉巾以进。盥帨手讫，执大圭，乐作，至午陛，乐止。升阶，登歌乐作，至坛上，乐止。宫县《钦成之乐》作，殿中监进镇圭，殿中监二员，一员执大圭，一员执镇圭。礼仪使奏请搢大圭，执镇圭，请诣昊天上帝神位前，北向立。内侍先设缫席于地，礼仪使奏请跪奠镇圭于缫席。奉玉币官加玉于币以授侍中，侍中西向跪进，礼仪使奏请奠玉币。皇帝受奠讫，礼仪使奏请执大圭,俯伏兴,少退再拜。皇帝再拜兴,平立。内侍取镇圭授殿中监,又取缫藉置配位前。礼仪使前导,请诣太祖皇帝神位前,西向立,奠镇圭及币并如上仪。乐止。礼仪使前导,请还版位。登歌乐作,降阶,乐止。宫县乐作,殿中监取镇圭、缫藉以授有司。皇帝至版位,东向立,乐止。请还小次,释大圭。祝史奉毛血豆,升自午陛,以进正位,升自卯陛,以进配位。太祝各迎奠于神座前,俱退立尊所。

八曰进馔。皇帝奠玉币还位,祝史取毛血豆以降,礼直官引司徒、太官令率斋郎奉馔入自正门,升殿如常仪。礼仪使跪奏请行礼,俯伏,兴。皇帝出次,宫县乐作。请执大圭,前导由正门西偏门入,诣盥洗位,北向立,乐止。搢圭盥手如前仪。执圭,诣爵洗位,北向立,搢圭。奉爵官跪取匏爵于篚,以授侍中,侍中以进皇帝,受爵。执罍官酌水洗爵,执巾官授巾拭爵讫,侍中受之,以授捧爵官。执圭,乐作,至午陛,乐止;升阶,登歌乐作,至坛上,乐止。诣正位酒奠所,东向立,搢圭。捧爵官进爵,皇帝受爵。司尊者举幂,侍中赞酌太尊之泛齐。以爵授捧爵官,执圭。宫县乐作,奏《明成之曲》。请诣昊天上帝神座前北向立,搢圭跪,三上香,侍中以爵跪进皇帝。执爵,三祭酒,以爵授侍中。太官丞注马湩于爵,以授侍中,侍中跪进皇帝。执爵,亦三祭之,今有葡萄酒与尚酝马湩各祭一爵,为三爵。以爵授侍中,执圭,俯伏兴,少退立。读祝,举祝官搢笏跪举祝册,读祝官西向跪读祝文,读讫,俯伏兴。举祝官奠祝于案,奏请再拜。皇帝再拜兴,平立。请诣配位酒尊所,西向立。司尊者举幂,侍中赞酌著尊之泛搢。以爵授捧爵官,执圭。请诣太祖皇帝神位前西向立。宫县乐作。侍中赞齐圭跪、三上香、三祭酒及马湩讫,赞执圭,俯伏兴,少退立。举祝官举祝,读祝官北向跪读祝文,读讫,俯伏兴。奠祝版讫,奏请再拜。皇帝再拜兴,平立。乐止。请诣饮福位北向立。登歌乐作。太祝各以爵酌上尊福酒,合置一爵以授侍中,侍中西向以进。礼仪使奏请再拜,皇帝再拜兴。奏请搢圭、跪受爵。祭酒啐酒以爵授侍中,侍中再以温酒跪进。礼仪使奏请受爵。皇帝饮福酒讫,侍中受虚爵兴,以授太祝。太祝又减神前胙肉加于俎,以授司徒。司徒以俎西向跪进皇帝,受以授左右。奏请执圭,俯伏兴,平立,少退。奏请再拜,皇帝再拜讫,乐止。礼仪使前导,还版位。登歌乐作,降自午陛,乐止。宫县乐作,至位,东向立,乐止。请还小次,至次释圭。文舞退,武舞进,宫县乐作,奏《和成之曲》,乐止。礼直官引亚终献官升自卯陛,行礼如常仪,惟不读祝,皆饮福而无胙俎。降自卯陛,复位。礼直官赞太祝彻笾豆。登歌乐作,奏《宁成之曲》,卒彻,乐止。奉礼赞赐胙,众官再拜,在位者皆再拜。礼仪使奏请诣版位,出次执圭,至位东向立,再拜。皇帝再拜。奉礼赞曰再拜,赞者承传在位者皆再拜。送神乐作,《天成之曲》一成,止。礼仪使奏礼毕,遂前导皇帝还大次。宫县乐作,出门乐止,至大次释圭。

　　九曰望燎。皇帝既还大次,礼直官引摄太尉以下监祭礼诣望燎位,太祝各捧篚诣神位前,进取燔玉、祝币、牲俎并黍稷、饭笾、爵酒,各由其陛降诣燎坛,以祝币、馔物置柴上,礼直官赞“可燎半柴”,又赞“礼毕”,摄太尉以下皆出。礼直官引监祭礼、祝史、太祝以下从坛南,北向立定,奉礼赞曰“再拜”,监祭礼以下皆再拜讫,遂出。

　　十曰车驾还宫。皇帝既还大次,侍中奏请解严。皇帝释衮冕,停大次。五刻顷,所司备法驾,序立于棂星门外,以北为上。侍中版奏请中严,皇帝改服通天冠、绛纱袍。少顷,侍中版奏外办,皇帝出次升舆,导驾官前导,华盖伞扇如常仪。至棂星门外,太仆卿进御马如式。侍中前奏请皇帝降舆乘马讫,太仆卿执御,门下侍郎奏请车驾进发,俯伏兴退。车驾动,称警跸。至棂星门外,门下侍郎跪奏曰“请权停,敕众官上马。”侍中承旨曰制可,门下侍郎传制,赞者承传。众官上马毕,导驾官及华盖伞扇分左右前导。门下侍郎跪请车驾进发,俯伏兴。车驾动,称警跸。教坊乐鼓吹振作。驾至崇天门棂星门外,门下侍郎跪奏曰:“请权停,敕众官下马”,侍中承旨曰制可。门下侍郎俯伏兴,退传制,赞者承传。众官下马毕,左右前引入内,与仪仗倒卷而北驻立。驾入崇天门至大明门外,降马升舆以入。

驾既入,通事舍人承旨敕众官皆退,宿卫官率卫士宿卫如式。

摄祀之仪,其目有九:

一曰斋戒。祀前五日质明,奉礼郎率仪鸾局,设献官诸执事版位于中书省。献官诸执事位俱藉以席,仍加紫绫褥。初献摄太尉设位于前堂阶上,稍西,东南向。监察御史二位,一位在甬道上,西稍北,东向;一位在甬道上,东稍北,西向。监礼博士二位,各次御史,以北为上。次亚献官、终献官、摄司徒位于其南。次助奠官,次太常太卿、太常卿、光禄卿,次太史令、礼部尚书、刑部尚书,次奉璧官、奉币官、读祝官、太常少卿、拱卫直都指挥使,次太常丞、光禄丞、太官令、良酝令、司尊罍,次廪牺令、举祝官、奉爵官,次太官丞、盥洗官、爵洗官、巾篚官,次爇烛官,次与祭官。其礼直官分直于左右,东西相向。西设版位四列,皆北向,以东为上:郊祀令、太乐令、太祝、祝史,次斋郎。东设版位四列,皆北向,以西为上:郊祀丞、太乐丞、协律郎、奉礼郎,次斋郎、司天生。礼直官引献官诸执事各就位。献官诸执事俱公服,五品以上就服其服,六品以下皆借紫服。礼直局管勾进立于太尉之右,宣读誓文曰:“某年某月某日,祀昊天上帝于圜丘,各扬其职,其或不敬,国有常刑。”散斋三日宿于正寝,致斋二日于祀所。散斋日治事如故,不吊丧问疾,不作乐,不判署刑杀文字,不决罚罪人,不与秽恶事。致斋日惟祀事得行,其馀悉禁。凡与礼之官已斋而阙者,通摄行事。读毕,稍前唱曰“七品以下官先退”,复赞曰“对拜”,太尉与馀官皆再拜乃退。凡与祭者,致斋之宿,官给酒馔。守壝兵卫及大乐工人,皆清斋一宿。

二曰告配。祀前二日,初献官与太尝礼院官恭诣太庙,奏告太祖皇帝本室,即还斋次。

三曰迎香。祝祀前二日,翰林学士赴礼部书写祝文,太常礼仪院官亦会焉。书毕,于公廨严洁安置。祀前一日质明,献官以下诸执事皆公服,礼部尚书率其属捧祝版,同太常礼仪院官俱诣阙廷,以祝版授太尉,进请御署讫,同香酒迎出崇天门外。香置于舆,祝置香案，御酒置辇楼，俱用金复覆之。太尉以下官比上马，清道官率京官行于仪卫之先，兵马司巡兵执矛帜夹道次之，金鼓又次之，京尹仪从左右成列前导，诸执事官东西二班行于仪仗之外，次仪凤司奏乐，礼部官点视成列，太常礼仪院官导于香舆之前，然后控鹤舁舆案行，太尉等官从行至祀所。舆案由南棂星门入，诸执事官由左右偏门入，奉安御香、祝版于香殿。

四曰陈设。祀前三日，枢密院设兵卫各具器服守卫壝门，每门兵官二员，及外垣东西南棂星门外，设跸街清路诸军，诸军旗服，各随其方色。去坛二百步，禁止行人。祀前一日，郊祀令率其属扫除坛上下。大乐令率其属设登歌乐于坛上，稍南，北向。编磬一簨西，编钟一簨在东。击钟磬者，皆有坐杌。大乐令位位在钟簨东，西向。协律郎位左磬簨西，东向。执麾者立于后。柷一，在钟簨北，稍东。敔一，在磬簨北，稍西。博拊二，一在柷北，一在敔北。歌工八人，分列于午陛左右，东西相向坐，以北为上，凡坐者皆藉以席加毡。琴一弦、三弦、五弦、七弦、九弦者，各二。瑟四，篪二，箫二，笛二，箫二，巢笙四，和笙四，闰馀匏一，九曜匏一，七星匏一，埙二，各分立于午陛东西乐榻上。琴瑟者分列于北，皆北向坐。匏竹者分立于琴瑟之后，为二列重行，皆北向相对为首。又设圜宫悬乐于坛南，内壝南门之外。东方西方，编磬起北，编钟次之。南方北方，编磬起西，编钟次之。又设十二镈钟于编悬之间，各依辰位，每辰编磬在左，编钟在右，谓之一肆。每面三辰，共九架，四面三十六架。设晋鼓于悬内通街之东，稍南，北向。置雷鼓、单鼗、双鼗各二柄于北悬之内，通街之右右，植四楹雷鼓于四隅，皆左鼗右应。北悬之内，歌工四列。内二列在通街之东，二列于通街之西。每列八人，共三十二人，东西相向坐，以北为上。柷一在东，敔一在西，皆在歌工之南。大乐丞位在北悬之外，通街之东，西向。协律郎位于通街之西，东向。执麾者立于后，举节乐正立于东，副正立于西，并在歌工之北。乐师二员，对立于歌工之南。运谱二人，对立于乐师之南。照烛二人，对立于运谱之南，祀日分立于坛之上下，掌乐作乐止之标准。琴二十七，设于东

西悬内：一弦者三，东一，西二，俱为第一列；三弦、五弦、七弦、九弦
者各六，东西各四列；每列三人，皆北向坐。瑟十二，东西各六，共为
列，在琴之后坐。巢笙十、箫十、闰馀匏一在东，七星匏一、九曜匏
一，皆在竽笙之侧。竽笙十、篪十、篪十、埙八、笛十，每色为一列，各
分立于通街之东西，皆北向。又设文舞位于北悬之前，植四表于通
街之东，舞位行缀之间。导文舞执翿伏舞师二员，执旌二人，分立于
舞者行缀之外。舞者八佾，每佾八人，共六十四人，左手执籥，右手
秉翟，各分四佾，立于通街之东西，皆北向。又设武舞，俟立位于东
西县外。导武舞执翿仗舞师二员，执蘲二人，执器二十人，内单鼗
二、单铎二、双铎二、金铙二、钲二、金镯二，执帉者四人，扶錞二、相
鼓二、雅鼓二，分立于东西县外。舞者如文舞之数，左手执干，右手
执戚，各分四佾，立于执器之外。俟文舞自外退，则武舞自内进，就
立文舞之位，惟执器者分立于舞人外。文舞亦退于武舞俟立之位。
太史令、郊祀令各公服，率其属升设昊天上帝神座于坛上，北方，南
向；席以藁秸，加褥座，置璧于缫藉，设币于篚，置酌尊所。皇地祇神
座，坛上稍东，北方，南向，席以藁秸，加褥座，置玉于缫席，设币于
篚，置酌尊所。配位神座，坛上东方，西向；席以蒲越，加褥座，置于
缫藉，设币于篚，置酌尊所。设五方五帝、日、月、天皇大帝、北极等
九位，在坛之第一等；席以莞，各设玉币于神座前。设内官五十四位
于圜坛第二等，设中官一百五十九位于圜坛第三等，设外官一百六
位于内墙内，设众星三百六十位于内墙外；席皆以莞，各设青币于
神座之首，皆内向。候告洁毕，权彻第一等玉币，至祀日丑前重设。
执事者实柴于燎坛，仍设苇炬于东西。执炬者东西各二人，皆紫服。
奉礼郎率仪鸾局，设献官以下及诸执事官版位，设三献官版位于内
墙西门之外道南，东向，以北为上。次助奠位稍却，次第一等至第三
等分献官，第四等、第五等分奠官，次郊祀令、太官令、良酝令、廪牺
令、司尊罍，次郊祀丞、读祝官、举祝官、奉璧官、奉币官、奉爵官、太
祝、盥洗官、爵洗官、巾篚官、祝史，次斋郎，位于其后。每等异位重
行，俱东向，北上。摄司徒位于内墙东门之道南，与亚献相对。次太

常礼仪使、光禄卿、同知太常礼仪院事、太史令、分献分奠官、佥太常礼仪院事、拱卫直都指挥使、太常礼仪院同佥院判、光禄丞，位于其南，皆西向，北上。监察御史二位，一位在内壝西门之外道北，东向；一位在内壝东门之外道北，西向。博士二位，各次御史，以北为上。设奉礼郎位于坛上稍南，午陛之东，西向；司尊罍位于尊所，北向。又设望燎位于燎坛之北，南向。设牲榜于外壝东门之外，稍南，西向；太祝、祝史位于牲后，俱西向。设省牲位于牲北；太常礼仪使、光禄卿、太官令、光禄丞位于其北，太官令以下位皆少却。监祭、监礼位在太常礼仪使之西，稍却，南向。廪牺令位于牲西南，北向。又设省馔位于牲位之北，馔殿之南。太常礼仪使、光禄卿丞、太官令丞位在东，西向；监祭、监礼位在西，东向；俱北上。祠祭局设正配三位，各左十有二笾，右十有二豆，俱为四行。登三，铏三，簠、簋各二，在笾豆间。登居神前，铏又居前，簠左、簋右，居铏前，皆藉以席。设牲首俎一，居中；牛羊豕俎七，次之。香案一，沙池、爵坫各一，居俎前。祝案一，设于神座之右。又设天地二位各太尊二、著尊二、牺尊二、山罍二于坛上东南，俱北向，西上。又设配位著尊一、牺尊二、象尊二、山罍二，在二尊所之东，皆有坫，加勺幂，惟玄酒有幂无勺，以北为上。马湩三器，各设于尊所之首，加幂勺。又设玉币篚二于尊所西，以北为上。又设正位象尊二、壶尊二、山罍四于坛下午陛之西。又设地祇尊罍，与正位同，于午陛之东，皆北向，西上。又设配位牺尊二、壶尊二、山罍四在酉陛之北，东向，北上，皆有坫、幂，不加勺，设而不酌。又设第一等九位各左八笾，右八豆，登一，在笾豆间，簠、簋各一，在登前，俎一，爵、坫各一，在簠、簋前。每位太尊二、著尊二，于神之左，皆有坫，加勺、幂，沙池、玉币篚各一。又设第二等诸神每位笾二，豆二，簠、簋各一，登一，俎一，于神座前。每陛间象尊二，爵、坫、沙池、币篚各一，于神中央之座首。又设第三等诸神，每位笾、豆、簠、簋各一，俎一，于神座前。每陛间设壶尊二，爵尊二，爵、坫、沙池、币篚各一，于神中央之座首。又设内壝内诸神，每位笾、豆各一，簠、簋各一，于神座前。每道间概尊二，爵、坫、沙池、币篚各一,于神中央之座首。又设内壝外众星三百六十位,每位笾、豆、簠、簋、俎各一,于神座前。每道间散尊二,爵、坫、沙池、币篚各一,于神中央之座前。自第一等以下,皆用匏爵先涤讫,置于坫上。又设正配位各笾一,豆一,簠一,簋一,俎四,及毛血豆各一,牲首盘一。并第一神位,每位俎二,于馔殿内。又设盥洗、爵洗于坛下,卯阶之东,北向,罍在洗东加勺,篚在洗西南肆,实以巾,爵洗之篚实以匏,爵加坫。又设第一等分献官盥洗、爵洗位,第二等以下分献官盥洗位,各于陛道之左,罍在洗左,篚在洗右,俱内向。凡司尊罍篚位,各于其后。

五曰省牲器,见亲祀仪。

六曰习仪,见亲祀仪。

七曰奠玉币。祀日丑前五刻,太常卿率其属,设橼烛于神座四隅,仍明坛上下烛、内外粎燎。太史令、郊祀令各服其服升,设昊天上帝神座,藁秸、席褥如前。执事者陈玉币于篚,置于尊所,礼部尚书设祝版于案。光禄卿率其属人实边、豆、簠、簋。笾四行,以右为上。第一行鱼鱐在前,糗饵、粉餈次之。第二行乾枣在前,乾笾形盐次之。第三行鹿脯在前,榛实、乾桃次之。第四行菱在前,芡栗次之。豆四行,以左为上。第一行芹菹在前,笋菹、葵菹次之。第二行菁菹在前,韭菹,饱食次之。第三行鱼醢在前,兔醢、豚拍次之。第四行鹿臡在前,醓醢、糁食次之。簠实以稻、粱,簋实以黍、稷,登实以大羹。良酝令率其属人实尊、罍。太尊实以泛齐,著尊醴齐,牺尊盎齐,象尊罍齐,壶尊沈齐;山罍为下尊,实以玄酒;其酒、齐皆以尚酝酒代之。太官丞率革囊马湩于尊所。祠祭局以银盒贮香,同瓦鼎设于案。司香官一员立于坛上。祝史以牲首盘,设于坛上。献官以下执事官,各服其服,就次所,会于齐班幕。拱卫直都指挥使率控鹤,各服其服,擎执仪仗,分立于外壝内东西,诸执事位之后;拱卫使亦就位。大乐令率工人二舞,自南壝东偏门以次入,就坛上下位。奉礼郎先入就位。礼直官分引监祭御史、监礼博士、郊祀令、太官令、良酝令、廪牺令、司尊罍、太官丞、读祝官、举祝官、奉玉币官、太祝、祝史、奉爵官、盥爵洗官、巾篚官、斋郎，自南壝东偏门入，就位。礼直官引监祭、监礼按视坛之上下祭器，纠察不如仪者。及其按视也，太祝先彻去盖幂，按视讫，礼直官引监祭、监礼退复位。奉礼郎赞再拜，礼直官承传曰拜，监祭礼以下皆再拜。奉礼郎赞曰各就位，太官令率斋郎次出诣馔殿，俟立于南壝门外。礼直官分引三献官、司徒、助奠官、太常礼仪院使、光禄卿、太史令、太常礼仪院同知金院、同金院判、光禄丞，自南壝东偏门，经乐县内入就位。礼直官进太尉之左，赞曰"有司谨具，请行事"，退复位。宫县乐作降神《天成之曲》六成，内圜钟宫三成，黄钟角、太簇徵、姑洗羽各一成。文舞《崇德之舞》。初乐作，协律郎跪，俯伏举麾兴，工鼓柷，偃麾，戛敔而乐止。凡乐作、乐止，皆仿此。礼直官引太常礼仪院使率祝史，自卯陛升坛，奉牲首降自午陛，由南壝正门经宫县内，诣燎坛北，南向立。祝史奉牲首升自南陛，置于户内柴上。东西执炬者以火燎柴，升烟燔牲首讫，礼直官引太常礼仪院使祝史捧盘血，诣坎位瘗之。礼直官引太常礼仪院使、祝史，各复位。奉礼郎赞再拜，礼直官承传曰拜，太尉以下皆再拜讫，其先拜者不拜。执事者取玉币于篚，立于尊所。礼直官引太尉诣盥洗位，宫县乐奏黄钟宫《隆成之曲》，至位北向立，乐止。搢笏、盥手、帨手讫，执笏诣坛，升自午陛，登歌乐作大吕宫《隆成之曲》，至坛上，乐止。诣正位神座前，北向立，宫县乐奏黄钟宫《钦成之曲》，搢笏跪，三上香。执事者加璧于币，西向跪，以授太尉，太尉受玉币奠于正位神座前，执笏，俯伏兴，少退立，再拜讫，乐止。次诣皇地祇位，奠献如上仪。次诣配位神主前，奠币如上仪。降自午陛，登歌乐作如升坛之曲，至位乐止。祝史奉毛血豆，入自南壝门诣坛，升自午陛。诸太祝迎取于坛上，俱跪奠于神座前，执笏，俯伏兴，退立于奠所。

　　至大三年大祀，奠玉币仪与前少异，今存之以备互考。祀日丑前五刻，设坛上及第一等神位，陈其玉币及明烛，实笾、豆、尊、罍。乐工各入就位毕，奉礼郎先入就位。礼直官分引分献官、监祭御史、监礼博士、诸执事、太祝、祝史、斋郎，入自中壝东偏门，当坛南重行西上，北向立定。奉礼郎赞曰再拜，分献官以下皆再拜讫，奉礼赞曰各就位。礼直官引子丑寅卯辰巳陛道分献官，诣版位，西向立，北上；午未申酉戌亥陛道分献官，诣版位，东向立，北上。礼直官分引监祭礼点视陈设，按视坛之上下，纠察不如仪者，退复位。太史令率斋郎出俟。礼直官引三献官并助奠等官入就位，东向立，司徒西向立。礼直官赞曰"有司谨具，请行事"，降神六成乐止。太常礼仪使率祝史二员，捧马首诣燎坛，升烟讫，复位。奉礼郎赞曰"再拜，三献"，司徒等皆再拜讫，奉礼郎赞曰"诸执事者各就位"，立定。礼直官请初献官诣盥洗位，乐作，至位，乐止。盥毕诣坛，乐作，升自卯陛，至坛，乐止。诣正位神座前，北向立，乐作，搢笏跪，太祝加玉于币，西向跪以授初献，初献受玉币，奠讫，执笏俯伏兴，再拜讫，乐止。次诣配位神座前立，乐作，奠玉币如上仪，乐止。降自卯陛，乐作，复位，乐止。初献将奠正位之币，礼直官分引第一等分献官诣盥洗位，盥毕，执笏各由其陛升，诣各神位前，搢笏跪，太祝以玉币授分献官，奠讫，俯伏兴，再拜讫，还位。初第一等分献官将升，礼直官分引第二等内墙内、内墙外分献官盥毕，盥洗官俱从至酌尊所立定，各由其陛道诣各神首位前奠，并如上仪。退立酌尊所，伺候终献酌奠，诣各神首位前酌奠。祝史奉正位毛血豆由午陛升，配位毛血豆由卯陛陛，太祝迎于坛上，进奠于正配位神座前，太祝与祝史俱退于尊所。

　　八曰进熟。太尉既升奠玉币，太官令丞率进馔斋郎诣厨，以牲体设于盘，马牛羊豕鹿各五盘，宰割体段，并用国礼。各对举以行至馔殿，俟光禄卿出实笾、豆、簠、簋。笾以粉糍，豆以糁食，簠以梁，簋以稷。斋郎上四员，奉笾、豆、簠、簋者前行，举盘者次之。各奉正配位之馔，以序立于南墙门之外，俟礼直官引司徒出诣馔殿，斋郎各奉以序从司徒入自南墙正门。配位之馔，入自偏门。宫县乐奏黄钟宫《宁成之曲》，至坛下，俟祝史进彻毛血豆讫，降自卯陛以出。司徒引斋郎奉正位馔诣坛，升自午陛，太官令丞率斋郎奉配位及第一等之馔，升自卯陛，立定。奉礼赞诸太祝迎馔，诸太祝迎于坛陛之间，

斋郎各跪奠于神座前。设笾于糗饵之前,豆于醓醢之前,簠于稻前,
簋于黍前。又奠牲体盘于俎上,斋郎出笏,俯伏兴,退立定,乐止。礼
直官引司徒降自卯陛,太官令率斋郎从司徒亦降自卯陛,各复位。
其第二等至内壝外之馔,有司陈设。礼直官赞,太祝搢笏,立茅苴于
沙池,出笏,俯伏兴,退立于本位。礼直官引太诣盥洗位,宫县乐作,
奏黄钟宫《隆成之曲》,至位北向立,乐止。搢笏、盥手、帨手讫,出笏
诣爵洗位,北向立。搢笏,执事者奉匏爵以授太尉,太尉洗爵、拭爵
讫,以爵授执事者。太尉出笏,诣坛,升自午陛,一作卯陛。登歌乐作,
奏黄钟宫《明成之曲》,至坛上,乐止。诣酌尊所,西向立,搢笏,执事
者以爵授太尉,太尉执爵,司尊罍举幂,良酝令酌太尊之泛齐,凡举
幂、酌酒,皆跪。以爵授执事者。太尉出笏,诣正位神座前,北向立,宫
县乐作,奏黄钟宫《明成之曲》,文舞《崇德之舞》。太尉搢笏跪,三上
香。执事者以爵授执事,太尉执爵三祭酒于茅苴,以爵授执事者,执
事者奉爵退,诣尊所。太官丞倾马湩于爵,跪授太尉,亦三祭于茅
苴,复以爵授执事者,执事者受虚爵以兴。太尉出笏,俯伏兴,少退,
北向立,乐止。举祝官搢笏跪,对举祝版,读祝官搢笏跪,读祝文。读
讫,举祝官奠版于案,出笏兴,读祝官出笏,俯伏兴,宫县乐奏如前
曲。举祝、读祝官俱先诣皇地祇位前,北向立。太尉再拜讫,乐止。
次诣皇地祇位,并如上仪,惟乐奏大吕宫。次诣配位,并如上仪,惟
乐奏黄钟宫。降自午陛,一作卯陛。登歌乐作如前降神之曲,至位,乐
止。读祝、举祝官降自卯陛,复位。文舞退,武舞进,宫县乐作,奏黄
钟宫《和成之曲》,立定,乐止。礼直官引亚献官诣盥洗位,北向立。
搢笏、盥手、帨手讫,出笏诣爵洗位,北向立。搢笏、执爵、洗爵、拭
爵,以爵授执事者。出笏诣坛,升自卯陛,至坛上酌尊所,东向一作
西向。立。搢笏授爵执爵,司尊罍举幂,良酝令酌著尊之醴齐,以爵
授执事者。出笏,诣正位神座前,北向立。宫县乐奏黄钟宫《熙成之
曲》,武舞《定功之舞》。搢笏跪,三上香,授爵执爵,三祭酒于茅苴,
复祭马湩如前仪,以爵授执事者。出笏,俯伏兴,少退立,再拜讫,次
诣皇地祇位、配位,并如上仪讫,乐止,降自卯陛,复位。礼直官引终

献官诣盥洗位,盥手、帨手讫、诣爵洗位受爵执爵,洗爵拭爵,以爵授执事者。出笏,升自卯陛,至酌尊所,搢笏授爵执爵,良酝令酌牺尊之盎齐,以爵授执事者。出笏,诣正位神座前,北向立。宫县乐作,奏黄钟宫《熙成之曲》,武舞《定功之舞》。上香、祭酒、马湩,并如亚献之仪,降自卯陛。初终献将升坛时,礼直官分引第一等分献官诣盥洗位,搢笏、盥手、帨手、涤爵、拭爵讫,以爵授执事者,出笏,各由其陛诣酌尊所,搢笏,执事者以爵授分献官,执爵,酌太尊之泛斋,以爵授执事者。各诣诸神位前,搢笏跪,三上香、三祭酒讫,出笏,俯伏兴,少退,再拜兴,降复位。第一等分献官将升坛时,礼直官引第二等、第三等、内壝内、内壝外众星位分献官,各诣盥洗位搢笏、盥手、帨手,酌奠如上仪讫,礼直官各引献官复位,诸执事者皆退复位。礼直官赞太祝彻笾豆。登歌乐作大吕宫《宁成之曲》,太祝跪以笾豆各一少移故处,卒彻,出笏,俯伏兴,乐止。奉礼郎赞曰赐胙,众官再拜,礼直官承传曰拜,在位者皆再拜,平,立定。送神宫县乐作,奏圜钟宫《天成之曲》一成止。

九曰望燎。礼直官引太尉,亚献助奠一员,太常礼仪院使,监祭、监礼各一员等,诣望燎位。又引司徒,终献助奠、监祭、监礼各一员,及太常礼仪院使等官,诣望瘗位。乐作,奏黄钟宫《隆成之曲》,至位,南向立,乐止。上下诸执事各执筐进神座前,取燔玉及币祝版。日月已上,斋郎以俎载牲体黍稷,各由其陛降,南行,经宫县乐,出东,诣燎坛。升自南陛,以玉币、祝版、馔食臻于柴上户内。诸执事又以内官以下之礼币,皆从燎。礼直官赞曰可燎,东西执炬者以炬燎火半柴。执事者亦以地祇之玉币、祝版、牲体、黍稷诣瘗坎。焚瘗毕,礼直官引太尉以下官以次由南壝东偏门出,礼直官引监祭、监礼奉玉币官、太祝、祝史、斋郎俱复坛南,北向立。奉礼郎赞曰再拜,礼直官承传曰拜,监祭、监礼以下皆再拜讫,各退出。太乐令率工人二舞以次出。礼直官引太尉以下诸执事官至齐班幕前立,礼直官赞曰礼毕,众官圆揖毕,各退于次。太尉等官、太常礼仪院使、监祭、监礼展视胙肉酒醴,奉进阙庭,馀官各退。

祭告三献仪,大德十一年所定。告前三日,三献官、诸执事官,具公服赴中书省受誓戒。前一日未正二刻,省牲器。告日质明,三献官以下诸执事官,各具法服。礼直官引监祭礼以下诸执事官,先入就位,立定。监祭礼黜视陈设毕,复位,立定。太官令率斋郎出,礼直官引三献司徒、太常礼仪院使、光禄卿入就位,立定。礼直官赞曰"有司谨具,请行事",降神乐作六成止。太常礼仪院使燔牲首,复位,立定。奉礼赞三献以下皆再拜,就位。礼直官引初献诣盥洗位,盥手讫,升坛诣昊天上帝位前,北向立。搢笏跪,三上香,奠玉币,出笏,俯伏兴,再拜讫,降复位。礼直官引初献诣盥洗位,盥手讫,诣爵洗位,洗拭爵讫,诣酒尊所,酌酒讫,请诣昊天上帝神位前,北向,搢笏跪,三上香,执爵三祭酒于茅苴,出笏,俯伏兴,俟读祝讫,再拜,平立。请诣皇地祇酒尊所,酌献并如上仪,俱毕,复位。礼直官引亚献,并如初献之仪,惟不读祝,降复位。礼直官引终献,并如亚献之礼,降复位。奉礼赞赐胙,众官再拜,在位者皆再拜。礼直官引三献司徒、太常卿、光禄卿、监祭、监礼等官,请诣望燎位,南向立定,俟燎玉币祝版。礼直官赞可燎,礼毕。

祭告一献仪,至元十二年所定。告前二日,郊祀令扫除坛墠内外,翰林国史院学士撰写祝文。前一日,告官等各公服捧祝版,进请御署讫,同御香上尊酒如常仪,迎至祠所斋宿。告日质明前三刻,礼直官引郊祀令帅其属诣坛,铺筵陈设如仪。礼直官二员引告官等各具紫服,以次就位,东向立定。礼直官稍前曰"有司谨具,请行事",赞者曰鞠躬,曰拜,曰兴,曰拜,曰兴,曰平身。礼直官先引执事官各就位,次诣告官前曰"请诣盥爵洗位"。至位,北向立,曰搢笏,曰盥手,曰帨手,曰洗爵,曰拭爵,曰出笏,曰诣酒尊所,曰搢笏,曰执爵,曰司尊者举幂,曰酌酒。良酝令酌酒,曰"以爵授执事者",告官以爵授执事者。曰出笏,曰"诣昊天上帝、皇地祇神位前,北向立",曰稍前,曰搢笏,曰跪,曰上香,曰上香,曰三上香,曰祭酒,曰祭酒,曰三祭酒,曰"以爵授捧爵官",曰出笏,曰俯伏兴,曰"举祝官跪",曰举祝，曰"读祝官跪"，曰读祝。读讫，曰"举祝官奠祝版于案"，曰俯伏兴。告官再拜，曰鞠躬，曰拜，曰兴，曰拜，曰兴，曰平身，引告官以下降复位。礼直官赞曰再拜，曰鞠躬，曰拜，曰兴，曰拜，曰兴，曰平身，曰诣望燎位，燔祝版半燎，告官以下皆退。瘗之其坎于祭所壬地，方深足以容物。

元史卷七四
志第二五

祭祀三

宗庙上

　　其祖宗祭享之礼，割牲、奠马湩，以蒙古巫祝致辞，盖国俗也。世祖中统元年秋七月丁丑，设神位于中书省，用登歌乐，遣必阇赤致祭焉。必阇赤，译言典书记者。十二月，初命制太庙祭器、法服。二年九月庚申朔，徙中书署，奉迁神主于圣安寺。辛巳，藏于瑞像殿。三年十二月癸亥，即中书省备三献官，大礼使司徒摄祀事。礼毕，神主复藏瑞像殿。四年三月癸卯，诏建太庙于燕京。十一月丙戌，仍寓祀事中书，以亲王合丹、塔察儿、王盘、张文谦摄事。

　　至元元年冬十月，奉安神主于太庙，初定太庙七室之制。皇祖、皇祖妣第一室，皇伯考、伯妣第二室，皇考、皇妣第三室，皇伯考、伯妣第四室，皇伯考、伯妣第五室，皇兄、皇后第六室，皇兄、皇后第七室。凡室以西为上，以次而东。二年九月，初命涤养牺牲，取大乐工于东平，习礼仪。冬十月己卯，享于太庙，尊皇祖为太祖。三年秋九月，始作八室神主，设祫室。

　　冬十月，太庙成。丞相安童、伯颜言：“祖宗世数、尊谥庙号、配享功臣、增祀四世、各庙神主、七祀神位、法服祭器等事，皆宜以时定。”乃命平章政事赵璧等集议，制尊谥庙号，定为八室。烈祖神元皇帝、皇曾祖妣宣懿皇后第一室，太祖圣武皇帝、皇祖妣光献皇后第二室，太宗英文皇帝、皇伯妣昭慈皇后第三室，皇伯考术赤、皇伯妣别土出迷失第四室，皇伯考察合带、皇伯妣也速伦第五室，皇考睿宗景襄皇帝、皇妣庄圣皇后第六室，定宗简平皇帝、钦淑皇后第七室，宪宗桓肃皇帝、贞节皇后第八室。十一月戊申，奉安神主于祧室，岁用冬祀，如初礼。

四年二月，初定一岁十二月荐新时物。六年冬，时享毕，十二月，命国师僧荐佛事于太庙七昼夜，始造木质金表牌位十有六，设大榻金椅奉安祧室前，为太庙荐佛事之始。七年十月癸酉，敕宗庙祝文书以国字。八年八月，太庙柱杇。从张易言，告于列室而后修，奉迁栗主金牌位与旧神主于馔幕殿，工毕安奉。自是修庙皆如之。丙子，敕冬享毋用牺牛。

十二年五月，检讨张谦呈："昔者因修太庙，奉迁金牌位于馔幕殿，设以金椅，其栗主却与旧主牌位各贮箱内，安置金椅下，礼有非宜。今拟合以金牌位迁于八室内，其祧室栗主宜用采舆迁纳，旧主并牌位安置于箱为宜。"九月丁丑，敕太庙牲复用牛。十月己未，迁金牌位于八室内。太祝兼奉礼郎申屠致远言："窃见木主既成，又有金牌位，其日月山神主及中统初中书设祭神主，安奉无所。"博士议曰："合存祧室栗主，旧置神主牌位，俱可随时埋瘗，不致神有二归。"太常少卿以闻，制曰："其与张仲谦诸老臣议行之。"十三年九月丙申，荐佛事于太庙，命即佛事处便大祭。己亥，享于太庙，加荐羊鹿野豕。是岁，改作金主，太祖主题曰"成吉思皇帝"，睿宗题曰"太上皇也可那颜"，皇后皆题名讳。

十四年八月乙丑，诏建太庙于大都。博士言："古者庙制率都宫别殿，西汉亦各立庙，东都以中兴崇俭，故七室同堂，后世遂不能革。"十五年五月九日，太常卿还自上都，为议庙制，据博士言同堂异室非礼，以古今庙制画图贴说，令博士李天麟赍往上都，分寺可否以闻。

一曰都宫别殿，七庙、九庙之制。《祭法》曰："天子立七庙，三昭三穆与太祖之庙而七，诸侯、大夫、士降杀以两。"晋博士孙毓以谓外为都宫,内各有寝庙,别有门垣。太祖在北,左昭、右穆,以次而南是也。前庙后寝者,以象人君之居,前有朝而后有寝也。庙以藏主,以四时祭。寝有衣冠几杖象生之具,以荐新物。天子太祖百世不迁,宗亦百世不迁,高祖以上,亲尽则递迁。昭常为昭,穆常为穆,同为都宫,则昭常在左,穆常在右,而外有以不失其序。一世自为一庙,则昭不见穆,穆不见昭,而内有以各全其尊,必祫享而会于太祖之庙,然后序其尊卑之次。盖父子异宫,祖祢异庙,所以尽事亡如事存之义。然汉儒论七庙、九庙之数,其说有二。韦玄成等以谓周之所以七庙者,以后稷始封,文三、武王受命而王,是以三庙不毁,与亲庙四而七也。如刘歆之说,则周自武王克商,以后稷为太祖,即增立高圉、亚圉二庙于公叔、太王、王季、文王二昭二穆之上,已为七庙矣。至懿王时始立文世室于三穆之上,至孝王时始立武世室于三昭之上,是为九庙矣。然先儒多是刘歆之说。

二曰同堂异室之制。后汉明帝遵俭自抑,遗诏无起寝庙,但藏其主于光武庙中更衣别室。其后章帝又复如之,后世遂不敢加。而公私之庙,皆用同堂异室之制。先儒朱熹以谓至使太祖之位,下同孙子,而更僻处于一隅,无以见为七庙之尊;群庙之神,则又上压祖考,不得自为一庙之主。以人情论之,生居九重,穷极壮丽,而设祭一室,不过寻丈,甚或无地以容鼎俎,而阴损其数,子孙之心,于此宜亦有所不安矣。且如命士以上,其父子妇姑,犹且异处,谨尊卑之序,不相亵渎。况天子贵为一人,富有四海,而祖宗神位数世同处一堂,有失人子事亡如事存之意矣。

十六年八月丁酉,以江南所莸玉爵及坫,凡四十九事,纳于太庙。十七年十二月甲申,告迁于太庙。癸巳,承旨和礼霍孙,太常卿太出、秃忽思等,以祏室内栗主八位并日月山版位、圣安寺木主俱迁。甲午,和礼霍孙、太常卿撒里蛮率百官奉太祖、睿宗二室金主于新庙安奉,遂大享焉。乙未,毁旧庙。

十八年二月,博士李时衍等议:"历代庙制,俱各不同。欲尊祖宗,当从都宫别殿之制,欲崇俭约,当从同堂异室之制。"三月十一日,尚书段那海及太常礼官奏曰:始议七庙,除正殿、寝殿、正门、东西门已建外,东西六庙不须更造,馀依太常寺新图建之。"遂为前庙、后寝,庙分七室。二十一年三月丁卯,太庙正殿成,奉安神主。九月,庙室卦铁纲钉鐅笼门告成。

二十二年十二月丁未,皇太子薨。太尝博士议曰:"前代太子薨,梁武帝谥统曰昭明,齐武帝谥长懋曰文惠,唐宪宗谥宁曰惠昭,金世宗谥允恭曰宣孝,又建别庙以奉神主,准中祀以陈登歌,例设令丞,岁供洒扫。斯皆累代之典,莫不追美洪休。"时中书、翰林诸老臣,亦议宜加谥,立别庙奉祀。遂谥曰明孝太子,作主用金。二十五年冬享,制送白马一。三十年十月朔,皇太子祔于太庙。

三十一年,成宗即位,追尊皇考为皇帝,庙号裕宗。元贞元年冬十月癸卯,有事于太庙。中书省臣言:"去岁世祖、皇后、裕宗祔庙,以绫代玉册。今玉册、玉宝成,请纳诸各室。"帝曰:"亲飨之礼,祖宗未尝行之。其奉册以来,朕躬祝之。"命献官迎导入庙。大德元年十一月,太保月赤察儿等奏请庙享增马,制可。二年正月,特祭太庙,用马一、牛一,羊、鹿、野豕、天鹅各七,馀品如旧,为特祭之始。四年八月,以皇妣、皇后祔。六年五月戊申,太庙寝殿灾。

十一年,武宗即位,追尊皇考为皇帝,庙号顺宗。太祖室居中,睿宗西第一室,世祖西第二室,裕宗西第三室,顺宗东第一室,成宗东第二室。追尊先元妃为皇后,祔成宗室。至大二年春正月乙未,以受尊号,恭谢太庙,为亲祀之始。十月,以将加谥太祖、睿宗,择日请太祖、睿宗尊谥于天,择日请光献皇后、庄圣皇后尊谥于庙,改制金表神主,题写尊谥庙号。十二月乙卯,亲享太庙,奉玉册、玉宝。加上太祖圣武皇帝尊谥曰法天启运,庙号太祖,光献皇后曰翼圣。加上睿宗景襄皇帝曰仁圣,庙号睿宗,庄圣皇后曰显懿。其旧制金表神主,以椟贮两旁,自是主皆范金作之,如金表之制。

延佑七年,仁宗升祔,增置庙室。太常礼仪院下博士检讨历代典故,移书礼部、中书集议曰:"古者天子祭七代,兄弟同为一代,庙室皆有神主,增置庙室。"又议:"大行皇帝升祔太庙,七室皆有神主,增室不及。依前代典故,权于庙内止设幄座,面南安奉。今相视得第七室近南对室地位,东西一丈五尺,除设幄座外,馀五尺,不妨行礼。"乃结采为殿,置武宗室南,权奉神主。

十月戊子,英宗将以四时躬祀太庙,命太常礼官与中书、翰林、集贤等官集议其礼制,曰:"此追远报本之道也,毋以朕劳而有所损焉,其一遵典礼。"丙寅,中书以躬谢太庙仪注进。十一月丙子朔,帝御斋宫。丁丑,备法驾仪卫,躬谢太庙,至棂星门驾止,有司进辇不御,步至大次,服衮冕端拱以俟。礼仪使请署祝,帝降御座正立书名。及读祝,敕高赞御名。至仁宗室,辄欷歆流涕,左右莫不感动。退至西神门,殿中监受圭,出降没阶乃授。甲辰,太常进时享太庙仪式。

至治元年正月乙酉,台命于太庙垣西北建大次殿。丙戌,始以四孟月时享,亲祀太室。礼成,坐大次谓群臣曰:"朕缵承祖宗丕绪,夙夜祗慄,无以报称,岁惟四祀,使人代之,不能致如在之诚,实所未安。自今以始,岁必亲祀,以终朕身。"五月,中书省臣言:"以庙制事,集御史台、翰林院、太常院臣议。谨按前代庙室,多寡不同。晋则兄弟同为一室,正室增为十四间,东西各一间。唐九庙,后增为十一室。宋增室至十八,东西夹室各一间,以藏祧主。今太庙虽分八室,然兄弟为世,止六世而已。世祖所建前庙后寝,往岁寝殿灾。请以今殿为寝,别作前庙十五间,中三间通为一室,以奉太祖神主,馀以次为室,庶几情文得宜。谨上太尝庙制。"制曰:"善,期以来岁营之。"

二年春正月丁丑,始陈卤簿,亲享太庙。三月二十三日,以新作太庙正殿,夏秋二祭权止。秋八月丙辰,太皇太后崩,太常院官奏:"国哀以日易月,旬有二日外,乃举祀事。有司以十月戊辰,有事于太庙,取圣裁。"制曰:"太庙礼不可废,迎香去乐可也。"又言:"太庙兴工未毕,有妨陈宫县乐,请止用登歌。"从之。

　　三年春三月戊申，祔昭献元圣皇后于顺宗室。夏四月六日，上
都分省参议速速，以都堂旨，太庙夹室未有制度，再约台院等官议
定。博士议曰："按《尔雅》曰'室有东西厢曰庙'，《注》'夹室前堂'。
同礼曰'西夹南向'，《注》曰'西厢夹室'。此东西夹室之正文也。贾
公彦曰，室有东西厢曰庙，其夹皆在序。是则夹者，犹今耳房之类
也。然其制度，则未之闻。东晋太庙正室一十六间，东西储各一间，
共十有八。所谓储者，非夹室与？唐贞观故事，迁庙之主，藏于夹室
西壁，南北三间。又宋哲宗亦尝于东夹室奉安，后虽增建一室，其夹
室仍旧。是唐、宋夹室，与诸室制度无大异也。五帝不相沿乐，三王
不相袭礼。今庙制皆不合古，权宜一时。宜取今庙一十五间，南北
六间，东西两头二间，准唐南北三间之制，垒至栋为三间，壁以红
泥，以准东西序，南向为门，如今室户之制，虚前以准厢，所谓夹室
前堂也。虽未尽合于古，于今事为宜。"六月，上都中书省以闻，制若
曰可。壬申，敕以太庙前殿十有五间，东西二间为夹室，南向。秋七
月辛卯，太庙落成。

　　俄，国有大故，晋王即皇帝位。十二月戊辰，追尊皇考晋王为皇
帝，庙号显宗，皇妣晋王妃为皇后。庚午，盗入太庙，失仁宗及慈圣
皇后神主。壬申，重作仁庙二金主。丙午，御史赵成庆言："太庙失
神主，乃古今莫大之变。由太常礼官不恭厥职，宜正其罪，以谢宗
庙，以安神灵。"制命中书定罪。泰定元年春正月甲午，奉安仁宗及
慈圣皇后二神主。丁丑，御史宋本、赵成庆、李嘉宾言："太庙失神
主，已得旨，命中书定太常失守之罪。中书以为事在太庙署令，而太
常官属居位如故。昔唐陵庙皆隶宗正。盗斫景陵门戟架，既贬陵令
丞，而宗正卿亦皆贬黜。且神门戟架比之太庙神主，孰为轻重。宜
定其罪名，显示黜罚，以惩不恪。"不报。

　　先是，博士刘致建议曰：

　　　　窃以礼莫大于宗庙。宗庙者，天下国家之本，礼乐刑政之
　　　所自出也。唐、虞、三代而下，靡不由之。圣元龙兴朔陲，积德
　　　累功，百有馀年，而宗庙未有一定之制。方圣天子继统之初，完

一代不刊之典，为万世法程，正在今日。

　　周制，天子七庙，三昭三穆，昭处于东，穆处于西，所以别父子亲疏之序，而使不乱也。圣朝取唐、宋之制，定为九世，遂以旧庙八室而为六世，昭穆不分，父子并坐，不合《礼经》。新庙之制，一十五间，东西二间为夹室，太祖室既居中，则唐、宋之制不可依，惟当以昭穆列之。父为昭，子为穆，则睿宗当居太祖之东，为昭之第一世，世祖居西，为穆之第一世。裕宗居东，为昭之第二世。兄弟共为一世，则成宗、顺宗、显宗三室毕皆当居西，为穆之第二世。武宗、仁宗二室皆当居东，为昭之第三世。昭之后居左，穆之后居右，西以左为上，东以右为上也。苟或如此，则昭穆分明，秩然有序，不违《礼经》，可为万世法。

　　若以累朝定制，依室次于新庙迁安，则显宗跻顺宗之上，顺宗跻成宗之上。以礼言之，春秋闵公无子，庶兄僖公代立，其子文公遂跻僖公于闵公之上，史称逆祀。及定公正其序，书曰从祀先公。然僖公犹是有位之君，尚不可居故君之上，况未尝正位者乎。

　　国家虽曰以右为尊，然古人所尚，或左或右，初无定制。古人右社稷而左宗庙，国家宗庙亦居东方。岂有建宗庙之方位既依《礼经》，而宗庙之昭穆反不应《礼经》乎。且如今朝贺或祭祀，宰相献官分班而立，居西则尚左，居东则尚右。及行礼就位，则西者复尚右，东者复尚左矣。

　　致职居博士，宗庙之事所宜建明，然事大体重，宜从使院移书集议取旨。

四月辛巳，中书省臣言："始祖皇帝始建太庙。太祖皇帝居中南向，睿宗、世祖、裕宗神主以次祔西室，顺宗、成宗、武宗、仁宗以次祔东室。迩者集贤、翰林、太常诸臣言，国朝建太庙遵古制。古尚左，今尊者居右为少屈，非所以示后世。太祖皇帝居中南向，宜奉睿宗皇帝神主祔左一室，世祖祔右一室，裕宗祔睿宗室之左。显宗、顺宗、成宗兄弟也，以次祔世祖室之右，武宗、仁宗亦兄弟也，以祔裕宗室之左，英宗袝成宗室之右。臣等以其议近是，谨绘室次为图以献，惟陛下裁择。"从之。五月戊戌，袝显宗、英宗凡十室。

四年夏四月辛未，盗入太庙，失武宗神位及祭器。壬申，重作武宗金主及祭器。甲午，奉安武宗神主。天历元年冬十月丁亥，毁显宗室。重改至元之六年六月，诏毁文宗室。其宗庙之事，本末因革，大概如此。

凡大祭祀，尤贵马湩。将有事，敕太仆寺挏马官，奉尚饮者革囊盛送焉。其马牲既与三牲同登于俎，而割奠之馔，复与笾豆俱设。将奠牲盘酹马湩，则蒙古太祝升诣第一座，呼帝后神讳，以致祭年月日数、牲齐品物，致其祝语。以次诣列室，皆如之。礼毕，则以割奠之馀，撒于南棂星门外，名曰抛撒茶饭。盖以国礼行事，尤其所重也。始至元初，金太祝魏友谅者仕于朝，诣中书言太常寺奉祀宗庙礼不备者数事。礼部移太常考前代典礼，以勘友谅所言，皆非是，由是礼官代有讨论。割奠之礼，初惟太常卿设之。桑哥为初献，乃有三献等官同设之仪。博士议曰："凡陈设祭品、实尊罍等事，献官皆不与也，独此亲设之然后再升殿，恐非诚懿专一之道。且大礼使等官，尤非其职。"大乐署长言："割奠之礼，宜别撰乐章。"博士议曰："三献之礼，实依古制。若割肉，奠葡萄酒、马湩，别撰乐章，是又成一献也。"又议：燔膋胖与今烧饭礼合，不可废。形盐、糗饵、粉瓷、酏食、糁食非古。雷鼓、路鼓，与播鼗之制不同。摄祀大礼使终夕坚立，无其义。"知礼者皆有取于其言。英宗之初，博士又言："今冬祭即烝也。天子亲祼太室，功臣宜配享。"事亦弗果行。

庙制：至元十七年，新作于大都。前庙后寝。正殿东西七间，南北五间，内分七室。殿陛二成三阶，中曰泰阶，西曰西阶，东曰阼阶。寝殿东西五间，南北三间。环以宫城，四隅重屋，号角楼。正南、正东、正西宫门三，门各五门，皆号神门。殿下道直东西神门曰横街，直南门曰通街，甓之。通街两旁井二，皆覆以亭。宫城久，缭以崇垣。馔幕殿七间，在宫城南门之东，南向。齐班厅五间，在宫城之东南，西向。省馔殿一间，在宫城东门少北，南向。初献斋室，在宫城之东，东垣门内少北，西向。其南为亚终献、司徒、大礼使、助奠、七祀献官等斋室，皆西向。雅乐库在宫城西南，东向。法物库、仪鸾库在宫城之东北，皆南向。都监局在其东少南，西向。东垣之内，环筑墙垣为别院。内神厨局五间，在北，南向。井在神厨之东北，有亭。酒库三间，在井亭南，西向。祠祭局三间，对神厨局，北向。院门西向。百官厨五间，在神厨院南，西向。宫城之南，复为门，与中神门相值，左右连屋六十余间，东掩齐班厅，西值雅乐库，为诸执事斋房。筑崇墉以环其外，东西南开棂星门三，门外驰道，抵齐化门之通衢。

至治元年，诏议增广庙制。三年，别建大殿一十五间于今庙前，用今庙为寝殿，中三间通为一室，余十间各为一室，东西两旁际墙各留一间，以为夹室。室皆东西横阔二丈，南北入深六间，每间二丈。宫城南展后，凿新井二于殿南，作亭。东南隅、西南隅角楼，南神门、东西神门、馔幕殿、省馔殿、献官百执事斋室、中南门、齐班厅、雅乐库、神厨、祠祭等局，皆南徙。建大次殿三间于宫城之西北，东西棂星门亦南徙。东西棂星门之内，卤簿房四所，通五十间。

神主：至元三年，始命太保刘秉忠考古制为之。高一尺二寸，上顶圜径二寸八分，四厢合剡一寸一分。上下四方穿，中央通孔，径九分，以光漆题尊谥于背上。匮跌底盖俱方。底自下而上，盖从上而下。底齐跌，方一尺，厚三寸。皆准元祐古尺图。主及匮跌皆用栗木，匮跌并用玄漆，设祏室以安奉。帝主用曲几，黄罗帕覆之。后主用直几，红罗帕覆之。祏室，每室红锦厚褥一，紫锦薄褥一，黄罗复帐一，龟背红帘一，缘以黄罗带饰。六年十二月十八日，国师奉旨造木质金表牌位十有六，亦号神主。设大榻金椅位，置祏室前。帝位于右，后位于左，题号其面，笼以销金绛纱，其制如椟。

祝有二：祝册，亲祀用之。制以竹，每副二十有四简，贯以红绒絛。面用胶粉涂饰，背饰以绛金绮。藏以楠木缕金云龙匣。涂金锁钥,韬以红锦襄,蒙以销金云龙绛罗覆。拟撰祝文、书祝、读祝,皆翰林词臣掌之。至大二年亲祀,竹册长一尺二寸,广一寸二分,厚三分。至治二年正月亲祀,竹册八副,每册二十有四简,长一尺一寸,广一寸,厚一分二厘。

祝版,摄祀用之,制以楸木,长二尺四寸,广一尺二寸,厚一分。其面背饰以精洁楮纸。

祝文,至元时,享于太祖室,称孝孙嗣皇帝臣某;睿宗室,称孝子嗣皇帝臣某。天历时,享自太祖至裕宗四室,皆称孝曾孙嗣皇帝臣某;顺宗室,称孝孙嗣皇帝臣某;成宗至英宗三室,皆称嗣皇帝臣某;武宗室,称孝子嗣皇帝臣某。

币:以白缯为之,每段长一丈八尺。

牲齐庶品:大祀,马一,用色纯者,有副;牛一,其角握,其色赤,有副;羊,其色白;豕,其色黑;鹿。凡马、牛、羊、豕、鹿牲体,每室七盘,单室五盘。太羹,每室三登;和羹,每室三铏。笾之实,每室十有二品;豆之实,每室十有二品。凡祀,先期命贵臣率猎师取鲜獐鹿兔,以供脯醢醯醢。稻粱为饭,每室二簠;黍稷为饭,每室二簋。彝尊之实,每室十有一。明水玄酒,用阴鉴取水于月,与井水同,鬯用郁金为之。五齐三酒,酝于光禄寺。膵膋萧蒿,至元十八年五月弗用,后遂废。茅香以缩酒,至元十七年,始用沅州麻阳县包茅。天鹅、野马、塔剌不花、其状如獾。野鸡、鸽、黄羊、胡寨儿、其状如鸠。湩乳、葡萄酒,以国礼割奠,皆列室用之。羊一,豕一,笾之实二栗、鹿脯,豆之实二菁菹、鹿臡,簠之实黍,簋之实稷,爵尊之实酒,皆七祀位各用之。荐新鲔、野羞,孟春用之。雁、天鹅,仲春用之。荺韭、鸭鸡卵,季春用之。冰、羔羊,孟夏用之。樱桃、竹笋、蒲笋、羊,仲夏用之。瓜、豚、大麦饭、小麦面,季夏用之。雏鸡,孟秋用之。菱芡、栗、黄鼠,仲秋用之。梨、枣、黍、粱、鸳老,季秋用之。芝麻、兔、鹿、稻米饭,孟冬用之。麕、野马,仲冬用之。鲤、黄羊、塔剌不花,季冬用之。至大元年春正月，皇太子言荐新增用影堂品物，羊羔、炙鱼、馒头、饵子、西域汤饼、圖米粥、砂糖饭羹，每月用以配荐。

祭器：笾十有二，幂以青巾，巾缋采云。豆十有四，一实毛血，一实脾脊。登三，铏三，有柶。簠二，簋二，有匕箸。俎七，以载牲体，皆有鼎。后以盘贮牲体，盘置俎上，鼎不用。香案一，销金绛罗衣。银香鼎一，银香奁一，茅苴盘一，实以沙。已上并陈室内。燎炉一，实以炭。筐一，实以萧蒿黍稷。祝案一，紫罗衣，置祝文于上，销金绛罗覆之。鸡彝一，有舟；鸟彝一，有舟，加勺；春夏用之。斝彝一，有舟；黄彝一，有舟，加勺；秋冬用之。虎彝一，有舟；蜼彝一，有舟，加勺；特祭用之。凡鸡彝、斝彝、虎彝，以实明水，鸟彝、黄彝、蜼彝以实郁。牺尊二，象尊二，春夏用之。著尊二，壶尊二，秋冬用之。太尊二，山尊二，特祭用之。尊皆有坫勺，幂以白布巾，巾缋黼文。著尊二，山罍二，皆有坫加幂。已上并陈室外。壶尊二，太尊二，山罍四，皆有坫加幂，藉以莞席，并陈殿下，北向西上，设而不酌，每室皆同。通廊御香案一，销金黄罗衣，银香奁一，贮御祝香，销金帕覆之，并陈殿中央。罍洗所罍二，洗二，一以供爵涤，一以供盥洁。筐二，实以璋瓒巾、涂金银爵。七祀神位，笾二，豆二，簠一，簋一，俎一，爵一有坫，香案一，沙池一，壶尊二有坫加幂，七祀皆同。罍一、洗一、筐一，中统以来，杂金、宋祭器而用之。至治初，始造新器于江浙行省，其旧器悉置几阁。

亲祀时享仪，其目有八：

一曰斋戒。前祀七日，皇帝散斋四日于别殿，治事如故，不作乐，停奏刑名事，不行刑罚。致斋三日，惟专心祀事，其二日于大明殿，一日于大次。致斋前一日，尚舍监设御幄于大明殿西序，东向。致斋之日质明，诸卫勒所部屯列。昼漏下一刻，通事舍人引侍享执事文武四品以上官，俱公服诣别殿奉迎。二刻，侍中版奏请中严，皇帝服通天冠、绛纱袍。三刻，侍中版奏外办，皇帝结佩出别殿，乘舆，华盖伞扇侍卫如常仪,奉引至大明殿御幄,东向坐,侍臣夹侍如常。
一刻顷,侍中前跪奏言请降就斋,俯伏兴。皇帝降座入室,侍享执事
官各还所司,宿卫者如常。凡应祀官受誓戒于中书省。散斋四日,
致斋三日。光禄卿鉴取明水、火。火以供爨,水以实尊。

　　二曰陈设。祀前三日,尚舍监陈大次于西神门外道北,南向。设
小次于西阶西,东向。设版位于西神门内,横街南,东向。设饮福位
于太室尊彝所,稍东,西向。设黄道裀褥于大次前,至西神门,至小
次版位西阶及殿门之外。设御洗位于御版位东,稍北,北向。设亚
终献位于西神门内御版位稍南,东向,以北为上,罍洗在其东北。设
亚终献饮福位于御饮福位后,稍南,西向。陈设八宝黄罗案于西阶
西,随地之宜。设享官宫县乐、省牲位、诸执事公卿御史位,并如常
仪。殿上下及各室,设簠、簋、笾、豆、尊、罍、彝、斝等器,并如常仪。

　　三曰车驾出宫。祀前一日,所司备法驾卤簿于崇天门外。太仆
卿率其属备玉辂于大明门外。千牛将军执刀于辂前,北向。其日质
明,诸侍享执事官,先诣太庙祀所。诸侍臣直卫及导驾官于致斋殿
前,左右分班立。通事舍人引侍中跪奏请中严,俯伏兴。皇帝服通
天冠、绛纱袍。少顷,侍中版奏外办,皇帝出斋室,即御座。群臣起
居讫,尚辇进舆,侍中奏请皇帝升舆。皇帝升舆,华盖伞扇侍卫如常
仪。导驾官前导至大明门外,侍中进当舆前,跪奏请皇帝降舆升辂。
皇帝升辂,太仆执御,导驾官分左右步导。门下侍郎进当辂前,跪奏
请车驾进发。车驾动,称警跸。千牛将军夹而趋至崇天门外,门下
侍郎跪奏请车驾少驻,敕众官上马。侍中承旨退,称曰制可。门下
侍郎退,传制称众官上马。赞者承传敕众官上马。上马讫,门下侍
郎奏请敕车右升,侍中前承制,退称曰制可。千牛将军升讫,门下侍
郎奏请车驾进发。车驾动,称警跸。符宝郎奉八宝与殿中监部从在
黄钺内,教坊乐前引,鼓吹不振作。将至太庙,礼直官引诸侍享执事
官于庙门外,左右立班,奉迎驾至庙门,回辂南向。将军降立于辂
左,侍中于辂前奏称侍中臣某请皇帝降辂,步入庙门。皇帝降辂,导
驾官前导,皇帝步入庙门稍西。侍中奏请皇帝升舆,尚辇奉舆,华盖

伞扇如常仪。皇帝乘舆至大次，侍中奏请皇帝降舆入就大次。皇帝入就次，帘降，宿卫如式。尚食进膳如仪。礼仪使以祝版奏御署讫，奉出，太庙令受之，各奠于坫，置各室祝案上。通事舍人承旨，敕众官各还斋次。

四曰省牲器。祀前一日未后三刻，廪牺令丞、太官令丞、太祝以牲就位。礼直官引太常卿、光禄卿丞、监祭礼等官就位。礼直官请太常、监祭、监礼由东神门北偏门入，升自东阶。每位视涤祭器，司尊彝举幂曰洁。俱毕，降自东阶，由东神门北偏门出，复位，立定。礼直官稍前曰请省牲，引太常卿视牲，退复位。次引廪牺令出班，巡牲一匝，西向折身曰"充"。诸太祝巡牲一匝，上一员出班西向折身曰"腯"毕，俱复位。蒙古巫祝致词讫，礼直官稍前曰"请诣省馔位"，引太常卿、光禄卿、监祭、监礼，光禄丞、太官令丞诣省馔位，东西相向立定，以北为上。礼直官引太常卿诣馔殿内省馔。视馔讫，礼直官引太常卿还斋所。次引廪牺令丞、诸太祝以次牵牲诣厨，授太官令。次引光禄卿丞、监祭、监礼诣厨省鼎镬，视涤溉讫，各还斋所。太官令帅宰人以鸾刀豁割牲，祝史各取毛血，每位共实一豆，以肝洗于郁鬯及取膟膋，每位共实一豆，置于各位。馔室内，庖人烹牲。

五曰晨祼。祀日丑前五刻，诸享陪位官各服其服。光禄卿、良酝令、太官令入，实笾豆、簠簋、尊、罍，各如常仪。太乐令率工人二舞，以次入。奉礼郎赞者先入就位，礼直官引御史、博士及执事者以次各入，就位，并如常仪。礼直官引司徒以下官升殿，分香设酒，如常仪。礼直官引太常官、御史、博士升殿，视陈设，就位。复与太庙令、太祝、宫闱令升殿。太祝出帝主，宫闱令出后主讫，御史及以上升殿官于当陛近西，北向立。奉礼于殿上赞奉神主讫，奉礼曰再拜，赞者承传，诸官及执事者皆再拜，各就位。礼直官引亚终献等官，由南神门东偏门入，就位，立定。礼直官赞有司谨具，请行事。协律郎俯伏兴，举麾，工鼓柷，宫县乐作《思成之曲》，以黄钟为宫，大吕为角，太簇为徵，应钟为羽，作文舞九成止。乐奏将终，通事舍人引侍中版奏请中严。皇帝服衮冕，坐少顷，礼直官引博士，博士引礼仪

使,对立于大次门外,当门北向。侍中奏外办,礼仪使跪奏请皇帝行
礼,俯伏兴,帘卷。符宝郎奉宝陈于西陛之西黄罗案上。皇帝出大
次,博士、礼仪使前导,华盖伞扇如仪,大礼使后从。至西神门外,殿
中监跪进镇圭,皇帝执圭,华盖伞扇停于门外,近侍从入门。协律郎
跪俯伏兴,举麾,工鼓柷,宫县《顺成之乐》作。至版位东向,协律郎
偃麾,工戛敔,乐止。引礼官分左右侍立,礼仪使前奏请再拜,皇帝
再拜。奉礼曰众官再拜,赞者承传,凡在位者皆再拜。礼仪使奏请
皇帝诣盥洗位,宫县乐作,至洗位,乐止。内侍跪取匜,兴,沃水。又
内侍跪取盘,兴,承水。礼仪使奏请搢镇圭,皇帝搢圭,盥手讫,内侍
跪取巾于篚,兴,以进,帨手讫,皇帝诣爵洗位,奉瓒官以瓒跪进,皇
帝受瓒,内侍奉匜沃水。又内侍跪,奉盘承水,洗瓒讫,内侍奉巾以
进,皇帝拭瓒讫,内侍奠盘匜,又奠巾于篚,奉瓒官跪受瓒。礼仪使
奏请执镇圭,前导皇帝升殿,宫县乐作,至西阶下,乐止。皇帝升自
西阶,登歌乐作,礼仪使前导皇帝诣太祖室尊彝所,东向立,乐止。
奉瓒官以瓒莅罍,司尊者举幂,侍中跪酌郁罍讫,礼仪使前导,入诣
太祖神座前,北向立。礼仪使奏请搢镇圭,奉瓒官西向立,以瓒跪
进。礼仪使奏请执瓒、以罍祼地,皇帝执瓒以罍祼地,以瓒授奉瓒
官。礼仪使奏请执镇圭、俯伏兴。皇帝俯伏兴,礼仪使前导出户外
褥位。礼仪使奏请再拜。皇帝再拜讫,礼仪使前导诣第二室以下,
祼罍并如上仪。祼讫,礼仪使奏请还版位。登歌乐作,皇帝降自西
阶,乐止。宫县乐作,至版位东向立,乐止。礼仪使奏请还小次,前
导皇帝行,宫县乐作。将至小次,礼仪使奏请释镇圭,殿中监跪受,
皇帝入小次,帘降,乐止。

　　六曰进馔。皇帝祼将毕,光禄卿诣馔殿视馔,复位。太官令率
斋郎诣馔幕,以牲体设于盘,各对举以行,自南神门入。司徒出迎
馔,宫县乐作,奏无射宫《嘉成之曲》。礼直官引司徒、斋郎奉馔升自
太阶,由正门入。诸太祝迎于阶上,各跪奠于神座前。斋郎执笾俯
伏兴,遍奠讫,乐止。礼直官引司徒、太官令率斋郎降自东阶,各复
位。馔之升殿也,太官丞率七祀斋郎奉馔,以序跪奠于七祀神座前,

退从殿上斋郎以次复位,诸太官令率割牲官诣各室,进割牲体置俎上,皆退。

七曰酌献。礼直官于殿上赞太祝立茅苴,礼仪使奏请诣盥洗位。帘卷,出次,宫县乐作。殿中监跪时镇圭,皇帝执镇圭至盥洗位,乐止,北向立。礼仪使奏请搢镇圭,执事者跪取匜,兴,沃水,又跪取盘,承水。礼仪使奏请皇帝匜手,执事者跪取巾于篚,兴,进。帨手讫,礼仪使奏请执镇圭,请诣爵洗位,北向立。礼仪使搢镇圭,奉爵官以爵跪进。皇帝受爵,执事者奉匜沃水,奉盘承水。皇帝洗爵讫,执事者奉巾跪进。皇帝拭爵,执事者奠盘匜,又奠巾于篚,奉爵官受爵。礼仪使奏请执镇圭,升殿。宫县乐作,至西阶下,乐止。升自西阶,登歌乐作,礼仪使前导诣太祖室尊彝所,东向立,乐止。礼仪使奏请搢镇圭执爵,奉爵官以爵跪进。皇帝受爵,司奠者举幂,良酝令跪酌牺尊之泛齐,以爵授执事者。礼仪使奏请执镇圭,皇帝执圭,入诣太祖神位前,北向立。宫县乐作,奏《开成之曲》。礼仪使跪奏请搢镇圭跪,又奏请三上香。三上香讫,奉爵官以爵授进酒官,进酒官东向以爵跪进。礼仪使奏请执爵,三祭酒于茅苴,以虚爵授进酒官,进酒官以授奉爵官,奉爵官退立尊彝所。进酒官进取神案上所奠玉爵马湩,东向跪进,礼仪使奏请执爵祭马湩,祭讫,以虚爵授进酒官,进酒官进奠神案上,退。礼仪使奏请执圭,俯伏兴,司徒搢笏跪于俎前,奉牲西向以进。礼仪使奏请搢镇圭,皇帝搢圭,俯受牲盘,北向跪奠神案上。蒙古祝史致辞讫,礼仪使奏请执镇圭兴,前导,出户外褥位,北向立,乐止。举祝官搢笏跪,对举祝版,读祝官北向跪,读祝文讫,俯伏兴,举祝官奠祝版讫,先诣次室。礼仪使奏请再拜。拜讫,礼仪使前导诣各室,各奏本室之乐。其酌献、进牲、祭马湩,并如第一室之仪。既毕,礼仪使奏请诣饮福位。登歌乐作,至位,西向立,乐止。登歌《厘成之乐》作,礼直官引司徒立于饮福位侧,太祝以爵酌上奠饮福酒,合置一爵,以奉侍中,侍中受爵,奉以立。礼仪使奏请皇帝再拜。拜讫,奏请搢镇圭跪。侍中东向以爵跪进,礼仪使奏请执爵,三祭酒,又奏请啐酒。啐酒讫,以爵授侍中。礼仪使奏请受胙,太祝以黍稷饭笾授司徒,司徒东向跪进。皇帝受,以授左右。太祝又以胙肉俎跪授司徒,司徒跪进。皇帝受,以授左右。礼直官引司徒退立。侍中再以爵酒跪进,礼仪使奏请皇帝受爵饮福。饮福讫,侍中受虚爵,兴,以授太祝。礼仪使奏请执镇圭,俯伏兴,又奏请再拜。拜讫,乐止。礼仪使前导还版位,登歌乐作,降自西阶,乐止。宫县乐作,至位乐止。礼仪使奏请还小次。宫县乐作。将至小次,礼仪使奏请释镇圭,殿中监跪受。入小次,帘降,乐止。文舞退,武舞进。先是皇帝酌献讫,将至小次,礼直官引亚献官诣盥洗位。盥洗讫,升自阼阶,酌献并如常仪。酌献讫,礼直官引亚献官诣东序,西向立。诸太祝各以酌罍福酒,合置一爵,一太祝捧爵进亚献之左,北向立。亚献再拜受爵,跪祭酒,遂啐饮。太祝进受爵,退,复于坫上。亚献兴再拜,礼直官引亚献官降复位。终献如亚献之仪。初终献既升,礼进官引七祀献官各诣盥洗位,搢笏盥帨讫,执笏诣神位,搢笏跪执爵,三祭酒,奠爵执笏,俯伏兴,再拜讫,诣次位,如上仪。终献毕,赞者唱太祝彻笾豆。诸太祝进彻笾豆,登歌《丰成之乐》作,卒彻乐止。奉礼曰赐胙,赞者唱众官再拜,在位者皆再拜。礼仪使奏请诣版位。帘卷,出次,殿中监跪进镇圭。皇帝执圭行,宫县乐作,至位乐止。送神《保成之乐》作,一成止。礼仪使奏请皇帝再拜,赞者承传,凡在位者皆再拜。礼仪使前奏礼毕,前导皇帝还大次。宫县《昌宁之乐》作,出门乐止。礼仪使奏请释镇圭,殿中监跪受,华盖伞扇引导如常仪。入大次,帘降。礼直官引太常卿、御史、太庙令、太祝、宫闱令升殿纳神主,降就拜位,奉礼赞升纳神主讫,再拜,御史以下诸执事者皆再拜,以次出。礼直官各引享官以次出。太乐令率工人二舞以次出,太庙令阖户以降乃退。祝册藏于匮。

　　八曰车驾还宫。皇帝既还大次,侍中奏请解严。皇帝释衮冕,停大次。五刻顷,尚食进膳。所司备法驾卤簿,与侍祠官序立于太庙灵星门外,以北为上。侍中版奏请中严,皇帝改服通天冠、绛纱袍。少顷,侍中版奏皇帝出次升舆,导驾官前导,华盖伞扇如仪。至庙门外,太仆卿率其属进金辂如式。侍中前奏请皇帝降舆升辂。升辂讫，太仆御。门下侍郎奏请车驾进发，俯伏兴，退。车驾动，称警跸。至棂星门外，门下侍郎奏请车驾权停，敕众官上马。侍中承旨退称曰制可。门下侍郎退传制，赞者承传。众官上马毕，门下侍郎奏请敕车右升。侍中承旨退称制可，千牛将军升讫，导驾官分左右前导，门下侍郎奏请车驾进发。车驾动，称警跸。符宝郎奉八宝与殿中监从，教坊乐鼓吹振作。驾至崇天门外垣棂星门外，门下侍郎奏请车驾权停，敕众官下马。赞者承传，众官下马。车驾动，众官前引入内石桥，与仪伏倒卷而北，驻立。驾入崇天门，至大明门外降驾，升舆以入。驾既入，通事舍人承旨敕众官皆退，宿卫官率卫士宿卫如式。

元史卷七五
志第二六

祭礼四

宗庙下　神御殿

亲谢仪,其目有八:

一曰斋戒。前享三日,皇帝散斋二日于别殿,致斋一日于大次。应享官员受誓戒于中书省,如常仪。

二曰陈设,如前亲祀仪。

三曰车驾出宫。前享一日,所司备仪从、内外仗,与应享之官两行序立于崇天门外,太仆卿控御马立于大明门外,诸侍臣及导驾官二十四人,俱于斋殿前左右分班立俟。通事舍人引侍中跪奏请中严,俯伏兴。少顷,侍中版奏外办,皇帝即御座。四品以上应享执事官起居讫,侍中奏请升舆。皇帝出斋殿,降自正阶,乘舆,华盖伞扇如常仪。导驾官前导至大明门外,侍中进当舆前,奏请降舆,乘马讫,导驾官分左步导。门下侍郎跪奏请进发,俯伏兴,前称警跸。至崇天门,门下侍郎奏请权停,敕众官上马。侍中承旨退,称制可,门下侍郎退传制,称众官上马,赞者承传,众官出棂星门外,上马讫,门下侍郎奏请进发,前称警跸,华盖伞扇仪仗与众官左右前引,教坊乐鼓吹不振作。至太庙棂星门外,红桥南,赞者承传众官下马。下马讫,自卑而尊与仪仗倒卷而北,两行驻立。驾至庙门,侍中奏请皇帝下马,步入庙门。入庙门讫,侍中奏请升舆,尚辇奉舆,华盖伞扇如常仪。导驾官前导，皇帝乘舆至大次前，侍中奏请降舆。皇帝降舆入就位，帘降，侍卫如式。尚仓进膳，如常仪。礼仪使以祝册奏御署讫，奉出，太庙令受之，各奠于坫，置各室祝案上。通事舍人承旨，敕众官各还斋次。

四曰省牲器，见前亲祀仪。

五曰晨祼。享日丑前五刻，光禄卿、良酝令、太官令入实笾豆簠簋尊罍，各如常仪。太乐令率工人二舞，以次入就位。礼直官引御史及执事者以次入就位。礼直官引太常卿、御史升殿点视陈设，退复位。礼直官引司徒等官诣各室，分香设酒如常仪。礼直官复引太常卿及御史、太庙令、太祝、宫闱令升殿，奉出帝后神主讫，各退降就拜位，立定。奉礼于殿上赞奉神主讫，奉礼赞曰再拜，赞者承传，御史以下皆再拜讫，各就位。礼直官引摄太尉由南神门东偏门入就位，立定。协律郎跪俯伏，举麾兴，工鼓柷，宫县乐作《思成之曲》，以黄钟为宫，大吕为角，太簇为徵，应钟为羽，作文舞九成止。太尉以下皆再拜讫，礼直官引太尉诣盥洗位，宫县乐作《肃宁之曲》，至位乐止，北向立，搢笏、盥手、帨手，执笏诣爵洗位，北向立，搢笏、洗瓒、拭瓒，以瓒授执事者。执笏升殿，宫县乐作，至阼阶下，乐止。升自阼阶，登歌乐作，诣太祖尊彝所，西向立，乐止。执事者以瓒奉太尉，太尉搢笏执瓒。司尊者举幂酌郁鬯讫，太尉以瓒授执事者，执笏诣太祖神位前，搢笏跪，三上香。执事者以瓒奉太尉，太尉执瓒以鬯祼地讫，以虚瓒授执事者。执笏俯伏兴，退出户外，北向再拜讫，次诣各室，并如上仪。礼毕，降自阼阶，复位。

六曰进馔。太尉祼将毕，进馔如前仪。

七曰酌献。太尉既升祼，礼直官引博士，博士引礼仪使至大次前，北向立。通事舍人引侍中诣大次前，版奏请中严，皇帝服衮冕。坐少顷，侍中奏外办，礼仪使跪奏请皇帝行礼，俯伏兴。帘卷出次，礼仪使前导至西神门，华盖伞扇停于门外，近侍从入，太礼使后从。殿中监跪进镇圭，皇帝执圭入门，协律郎跪，俯伏兴，举麾，宫县《顺成之乐》作，至版位东向立，乐止。引礼官分左右侍立，礼仪使奏请

皇帝再拜。奉礼曰众官再拜，赞者承传，凡在位者皆再拜。礼仪使
奏请皇帝诣盥洗位，宫县乐作，至位乐止。内侍跪取匜，兴，沃水，又
内侍跪取盘，承水。礼仪使奏请搢镇圭，皇帝搢圭盥手。内侍跪取
巾于篚，兴，进。帨手讫，奉爵官以爵跪进。皇帝受爵，内侍奉匜沃
水，又内侍奉盘承水。皇帝洗爵讫，内侍奉巾跪进。皇帝拭爵讫，内
侍奠盘匜，又奠巾于篚，奉爵官受爵。礼仪使奏请执镇圭，导升殿，
宫县乐作，至西阶下乐止。升自西阶，登歌乐作。礼仪使前导诣太
祖室尊彝所，东向立，乐止。宫县乐作，奏《开成之曲》。奉爵官以爵
莅尊，执事者举幂，侍中跪酌牺尊之泛齐，以爵授执事者。礼仪使前
导，入诣太祖神位前，北向立。礼仪使奏请搢镇圭，跪，又奏请三上
香。上香讫，奉爵官以爵授进酒官，进酒官东向以爵跪进，礼仪使奏
请执爵祭酒。执爵三祭酒于茅苴讫，以虚爵授进酒官，进酒官受爵
以授奉爵官，退立尊彝所。进酒官进彻神案上所奠玉爵马湩，东向
跪进，礼仪使奏请执爵祭马湩。祭讫以虚爵授进酒官，进酒官进奠
神案上讫，退。礼仪使奏请执圭，俯伏兴，司徒搢笏跪俎前，举牲盘
西向以进。礼仪使奏请搢镇圭，皇帝搢圭，俯受牲盘，北向跪，奠神
案上讫，礼仪使奏请执圭兴，前导出户外褥位，北向立，乐止。举祝
官搢笏跪，对举祝版。读祝官北向跪，读祝文讫，俯伏兴。举祝官奠
祝版讫，先诣次室。次蒙古祝史诣室前致祠讫，礼仪使奏请再拜。拜
讫，礼仪使前导诣各室，奏各室之乐。其酌献、进牲体、祭马湩，并如
第一室之仪。既毕，礼仪使奏请诣饮福位。登歌乐作，至位，西向立，
乐止。宫县《厘成之乐》作，礼直官引司徒立于饮福位侧，太祝以爵
酌上尊福酒，合置一爵，以奉侍中，侍中受爵奉以立。礼仪使奏请皇
帝再拜。拜讫，奏搢镇圭跪，侍中东向以爵跪进。礼仪使奏请执爵
三祭酒，又奏请啐酒。啐讫，以爵授侍中。礼仪使奏请受胙，太祝以
黍稷饭笾授司徒，司徒东向跪进，皇帝受，以授左右。太祝又以胙肉
俎跪授司徒，司徒跪进，皇帝受，以授左右，礼直官引司徒退立。侍
中再以爵酒跪进，礼仪使奏请皇帝受爵，饮福酒讫，侍中受虚爵兴，
以授太祝。礼仪使奏请执镇圭，俯伏兴，又奏请再拜。拜讫，乐止。

礼仪使前导还版位。登歌乐作，降自西阶，乐止。宫县乐作，至位乐止。奉礼于殿上唱太祝彻笾豆。宫县《丰宁之乐》作，卒彻，乐止。奉礼曰赐胙，赞者唱众官再拜，在位者皆再拜。送神乐作，《保成之曲》作，一成止。礼仪使奏请皇帝再拜，赞者承传，在位者皆再拜。拜讫，礼仪使前奏礼毕，皇帝还大次。宫县《昌宁之乐》作，出门，乐止。礼仪使奏请释镇圭，殿中监跪受，华盖伞扇如常仪。入次，帘降。礼直官引太常卿、御史、太庙令、太祝、宫闱令升殿纳神主讫，各降就位。赞者于殿上唱升纳神主讫，奉礼曰再拜，御史以下诸执事者皆再拜讫，以次出。通事舍人、礼直官各引享官以次出，太乐令率工人二舞以次出，太庙令阖户以降乃退。祝版藏于匦。

八曰车驾还宫。皇帝既还大次，侍中奏请解严。皇帝释衮冕，停大次。五刻顷，尚食进膳，如常仪。所司备仪从、内外仗，与从祀诸执事官两行序立于太庙棂星门外。侍中版奏外办，皇帝出次升舆，导驾官前导，华盖伞扇如常仪。至庙门，太仆卿进御马，侍中奏请皇帝降舆乘马。乘马讫，门下侍郎奏请进发，俯伏兴退，前称警跸。至棂星门外，门下侍郎奏请权停，敕众官上马。侍中承旨退称曰制可，门下侍郎退传制，赞者承传，众官上马毕，导驾官及华盖伞扇分左右前导，称警跸，教坊乐鼓吹振作。至崇天门棂星门外，门下侍郎奏请权停，敕从官下马。赞者承传，众官下马讫，左右前引入内石桥北，与仪仗倒卷而北，驻立。驾入崇天门，至大明门外降马，升舆以入。驾既入，通事舍人承旨敕众官皆退。宿卫官率卫士宿卫如式。

摄祀仪，其目有九：

一曰斋戒。享前三日，三献官以下凡与祭员，皆公服受誓戒于中书省。是日质明，有司设金椅于省庭，一人执红罗伞立于其左。奉礼郎率仪鸾局陈设版位，献官诸执事位，俱藉以席，仍加紫绫褥。设初献太尉位于省阶少西，南向；大礼使位于其东，少南，西向；监祭御史位二，于通道之西，东向；监礼博士位二，于通道之东，西向；俱北上。设司徒亚终献位于其南,北向,西上。次助奠七祀献官,次太常卿、光禄卿、光禄丞、书祝官、读祝官、太官令、良酝令、廪牺令、司尊彝、举祝官、太官丞、廪牺丞、奉爵官、奉瓒官、盥爵官二、巾篚官、蒙古太祝、巫祝、点视仪卫、清道官及与祭官,依品级陈设,皆异位重行。太庙令、太乐令、郊社令、太祝位于通道之西,北向,东上。太庙丞、太乐丞、郊社丞、奉礼郎、协律郎、司天生位于通道之东,北向,西上。斋郎位于其后。赞者引行事等官,各就位,立定。次引初献官立定。礼直官搢笏,读誓文曰“某年某月某日,享于太庙,各扬其职,其或不敬,国有常刑。”散斋二日宿于正寝,致斋一日宿于祠所。散斋日治事如故,不吊丧问病,不作乐,不判署刑杀文字,不决罚罪人,不与秽恶事。致斋日惟享事得行,馀悉禁。凡与享之官,已斋而阙者,通行事。七品以下官先退,馀官再拜。礼直官赞鞠躬,拜,兴,拜,兴,平立,礼毕。守庙兵卫与太乐工人,俱清斋一宿。赴祝所之日,官给酒馔。

　　二曰陈设。享前二日,所司设兵卫于庙门,禁断行人。仪鸾局设幄幔于馔殿,所司设三献官以下行事执事官次于斋房之所。前一日,太乐令率其属设宫县之乐于庭中。东方西方磬簴起北,钟簴次之;南方北方磬簴起西,钟簴次之。设十二镈钟于编县之间。各依辰位,树建鼓于四隅,置柷敔于北县之内。柷一在道东,敔一在道西。路鼓一在柷之东南,晋鼓一在其后,又路鼓一在柷之西南。诸工人各于其后。东方西方,以北为上;南方北方,以西为上。文舞在北,武舞在南,立舞表于缀之间。又设登歌之乐于殿上前楹间。玉磬一簴在西,金钟一簴在东,柷一在金钟北稍西,敔一在玉磬北稍东。搏拊二,一在敔北,东西相向。歌工次之,馀工各位于县后。其匏竹者立于阶间,重行北向,相对为首。

　　享前一日,太庙令率其属扫除庙庭之内外;枢密院军官一员,率军人刬除草秽,平治道路。又设七祀燎柴于庙门之外。又于室内铺设神位于北牖下,当户南向。每位设黼扆一,紫绫厚褥一,薄褥一,莞席一,缫席二,虎皮次席二。时暄则用桃枝竹席,几在筵上。又设三献官拜跪褥位二，一在室内，一在室外。学士院定撰祝册讫，书祝官于馔幕具公服书祝讫，请初献官署御名讫，以授太庙令。又设祝案于室户外之右。又设三献官位于殿下横街之南，稍西，东向；亚献终献位稍却，助奠七祀献官又于其南；书祝官、读祝官、举祝官、太庙令、太官令、良酝令、廪牺令、太庙丞、太官丞位，又于其南；司尊彝、奉瓒官、奉爵官、盥洗巾篚、爵洗巾篚、蒙古太祝、蒙古巫祝、太祝、宫闱令及七祀司尊彝、盥洗巾篚，以次而南。又设斋郎位于其后。每等异位，重行，东向，北上。又设大礼使位于南神门东偏门稍北，北向。又设司徒、太常卿等位于横街之南，稍东，西向，与亚终献相对，司徒位在北，太常卿稍却；太常同知、光禄卿、金院、同金、院判、光禄丞、拱卫使，以次而南。又设监祭御史位二，监礼博士位二于横街之北，西向，以北为上。又设协律郎位在宫县乐簴西北，东向，太乐丞在乐簴之间。又设太乐令、协律郎位于登歌乐簴之间。又设牲榜于东神门外，南向。设太常卿位于牲位，南向。监祭御史位在太常卿之左，太官令次之，光禄丞、太官丞又次之，廪牺令位在牲西南，廪牺丞稍却，俱北向，以右为上。又设诸太祝位于牲东，西向，以北为上。又设蒙古巫祝位于牲东南，北向。又设省馔位于省馔殿前，太常卿、光禄卿、光禄丞、太官令位于东，西向；监祭、监礼位于西，东向；皆北上。太庙令陈祝版于室右之祝案，又率祠祭局设笾豆簠簋。每室左十有二边，右十有二豆，俱为四行。登三在笾豆之间，铏三次之，簠二、簋二又次之，簠左簋右，俎七在簠簋之南，香案一次之，沙池又次之。又设每室尊罍于通郎，牺彝、黄彝各一，春夏用鸡彝、鸟彝、牺尊二、象尊二，秋冬用著尊、壶尊、著尊二、山罍二，以次在本室南之左，皆加勺幂。为酌尊所，北向，西上。彝有稍坫幂。又设壶尊二、太尊二、山罍四，在殿下阶间，俱北向，望室户之左，皆有坫加幂，设而不酌。凡祭器，皆藉以席。又设七祀位于横阶之南道东，西向，以北为上。席皆以莞。设神版位，各于座首。又设祭器，每位左二笾，右二豆，簠一、簋一在笾豆间，俎一在笾前，爵坫一次之，壶尊二在神位之西，东向，以北为上，皆有坫勺幂。又设三献盥洗、爵洗在通街之西，横街之南，北向。罍在洗西加勺，篚在洗东，皆实以巾。爵洗仍实以瓒，爵加盘坫。执罍篚者各位于后。又设七祀献官盥洗位于七祀神位前，稍北。罍在洗西，篚在洗东，实以巾。又实爵于坫。执罍篚者各位于后。

三曰习仪。享前二日，三献以下诸执事官员赴太庙习仪。次日早，各具公服乘马赴东华门，迎接御香至庙省牲。

四曰迎香。享前一日，有司告谕坊市，洒扫经行衢路，祗备香案。享前一日质明，三献官以下及诸执事官，各具公服，六品以下官皆借紫服，诣崇天门下。太常礼仪院官一员奉御香，一员奉酒，二员奉马湩，自内出；监祭、监礼、奉礼郎、太祝，分两班前导；控鹤五人，一人执伞，从者四人，执仪仗在前行。至大明门，由正门出，教坊大乐作。至崇天门外，奉香、酒、马湩者安置腰舆，导引如前。行至外垣棂星门外，百官上马，分两班行于仪仗之外，清道官行于仪卫之先，兵马司巡兵夹道次之，金鼓又次之，京尹仪从又次之，教坊大乐为一队次之。控鹤弩手各服其服，执仪仗左右成列次之，拱卫使居其中，仪凤司细乐又次之。太常卿与博士、御史导于舆前，献官、司徒、大礼使、助奠官从于舆后。至庙，入自南门。至神门外，百官及仪卫皆止。太常卿、博士、御史导舆，三献、司徒、大礼使、助奠官从入至殿下，献官奉香、酒、马湩升自太阶，入殿内通廊正位安置。礼直官引献官降自东阶，由东神门北偏门出，释服。

五曰省牲器，见亲祀仪。

六曰晨祼。祀日丑前五刻，太常卿、光禄卿、太庙令率其属设烛于神位，遂同三献官、司徒、大礼使等每室一人，分设御香酒醴，以金玉爵罍，酌马湩、蒲萄尚酝酒奠于神案。又陈笾豆之实。笾四行，以右为上。第一行，鱼鱐在前，糗饵、粉餈次之。第二行，乾蒉在前，乾枣、形盐次之。第三行，鹿脯在前，榛实、乾桃次之。第四行，菱在前，芡、栗次之。豆四行，以左为上。第一行，芹菹在前，笋菹、葵菹次之。第二行，菁菹在前，韭菹、酏食次之。第三行，鱼醢在前，兔醢、豚拍次之。第四行，鹿臡在前，醢醢、糁食次之。簠实以稻粱，簋实

以黍稷,登实以大羹,铏实以和羹,尊彝、斝彝实以明水,黄彝实以
郁鬯,牺尊实以泛齐,象尊宝以醴齐,著尊实以盎齐,山罍实以三
酒,壶尊实以醍齐,太尊实以沈齐。凡齐之上尊实以明水,酒之上尊
实以玄酒,其酒齐皆以上酝代之。又实七祀之祭器,每位左二笾,栗
在前,鹿脯次之;右二豆,菁菹在前,鹿臡次之。簠实以黍,簋实以
稷,壶尊实以醍齐,其酒齐亦以上酝代之。陈设讫,献官以下行事执
事官,各服其服,会于齐班厅。礼直官引太常卿、监祭、监礼、太庙
令、太祝、宫闱令、诸执事官、斋郎,自南神门东偏门入就位,东西相
向立定。俟监祭、监礼按视殿之上下,彻去盖幂,纠察不如仪者,退
复位。礼直官引太常卿、监祭、监礼太庙令、太祝、宫闱令升自东阶,
诣太祖室。蒙古太祝起帝主神幂,宫闱令起后主神幂。次诣每室,
并如常仪毕,礼直官引太常卿以下诸执事官,当横街间,重行,以西
为上,北向立定。奉礼郎赞曰"奉神主讫,再拜。"礼直承传,太常卿
以下皆拜讫,奉礼郎又赞曰各就位。礼直官引诸执事官各就位,次
引太官令率斋郎由南神门东偏门以次出。赞者引三献官、司徒、大
礼使、七祀献官、诸行事官,由南神门东偏门入,各就位,立定。礼直
官进认初献官之左,赞曰"有司谨具,请行事",退复位。协律郎跪,
俯伏兴,举麾,工鼓柷,宫县乐奏《思成之曲》九成,文舞九变。奉礼
郎赞再拜,在位者皆再拜。奉礼又赞诸执事者各就位,礼直官引奉
瓒、奉爵、盥爵、洗巾篚执事官各就位,立定。礼直官引初献官诣盥
洗位,宫县乐作无射宫《肃宁之曲》,至位北向立定;搢笏、盥手、帨
手,执笏诣爵洗位,至位北向立定;搢笏、执瓒、洗瓒、拭瓒,以瓒授
执事者,执笏,乐止。登歌乐作,奏夹钟宫《肃宁之曲》,升自东阶,乐
止。诣太祖酌尊所,西向立,搢笏,执事者以瓒授初献官,执瓒。司
尊彝跪举幂,良酝令跪酌黄彝郁鬯,初献以瓒授执事者,执笏诣太
祖神位前,北向立,搢笏跪,三上香。执事者以瓒授初献,初献,执瓒
以鬯灌于沙池,以瓒授执事者,执笏,俯伏兴,出室户外,北向立。再
拜讫,诣每室祼鬯如上仪。俱毕,礼直官引初献降自东阶,登歌乐
作,奏夹钟宫《肃宁之曲》。复位,乐止。

七曰馈食。初献既祼,如前进馔仪。

八曰酌献。太祝立茅苴于盘。礼直官引初献诣盥洗位,宫县乐作,奏无射宫《肃宁之曲》,至位北向立;搢笏、盥手、帨手,执笏诣爵洗位;搢笏、执爵、洗爵、拭爵,以爵授执事者,执笏,乐止。登歌乐作,奏夹钟宫《肃宁之曲》。升自东阶,乐止。诣太祖酒尊所,西向立,搢笏执爵。司尊彝搢笏跪举幂,良酝令搢笏跪酌牺尊之泛齐,以爵授执事者,执笏。宫县乐作,奏无射宫《开成之曲》。诣太祖神座前,北向立,稍前,搢笏跪,三上香。执爵,三祭酒于茅苴,以爵授执事者,执笏,俯伏兴,平立。请出室户外,北向立,乐止,俟读祝。举祝官搢笏跪,对举祝版,读祝官跪读祝文。读讫,举祝官奠祝版于案,执笏兴,读祝官俯伏兴,礼直官赞再拜讫,次诣每室,酌献如上仪,各奏本室之乐。献毕,宫县乐止。降自东阶,登歌乐作,奏夹钟宫《肃宁之曲》。初献复位,立定。文舞退,武舞进,宫县乐作,奏无射宫《肃宁之曲》。舞者立定,乐止。礼直官引亚献诣盥洗位,至位北向立,搢笏、执爵、洗爵、拭爵,以爵授执事者。升自东阶,诣太祖酌尊所,西向立,搢笏,执爵。司尊彝搢笏跪举幂,良酝令搢笏跪酌象尊之醴齐,以爵授执事者,执笏。宫县乐作,奏无射宫《肃宁之曲》。诣太祖神座前,北向立,稍前,搢笏跪,三上香,执爵三祭酒于茅苴,以爵授执事者,执笏俯伏兴,平立,请出室户外,北向立。再拜讫,次诣每室,酌献并如上仪。献毕,乐止。降自东阶,复位立定。礼直官引终献,如亚献之仪,唯酌著尊之盎齐。礼毕,降复位。初终献将行,赞者引七祀献官诣盥洗位,搢笏、盥手、帨手讫,执笏诣酒尊所,搢笏、执爵、酌酒,以爵授执事者,执笏诣首位神座前,东向立,稍前,搢笏跪执爵,三祭酒于沙池,奠爵于案,执笏俯伏兴,少退立,再拜讫,每位并如上仪。俱毕,七祀献官俟终献官降复位,立定。

九曰祭马湩。终献酌献将毕,礼直官分引初献亚献官、司徒、大礼使、助奠官、七祀献官、太常卿、监祭、监礼、太庙令丞、蒙古庖人、巫祝等升殿。每室献官一员各立于户外,太常卿、监祭、监礼以下立于其后。礼直官引献官诣神座前,蒙古庖人割牲体以授献官。献官

搢笏跪奠于帝主神位前，次奠于后主神位前讫，出笏退就拜位，搢
笏跪。太庙令取案上先设金玉爵斝马湩葡萄尚酝酒，以次授献官，
献官皆祭于沙池。蒙古巫祝致词讫，宫县乐作同进馔之曲。初献出
笏就拜兴，请出室户外，北向立。俟众献官毕立，礼直官通赞曰拜，
兴，凡四拜。监祭、监礼以下从拜。皆作本朝跪礼。拜讫退，登歌乐
作，降阶，乐止。太祝彻笾豆，登歌乐作，奏夹钟宫《丰宁之曲》。奉
礼赞赐胙，赞者承传，众官再拜兴。送神乐作，奏黄钟宫《保成之
曲》，一成而止。太祝各奉每室祝版，降自太阶望瘗位，礼直官引三
献、司徒、大礼使、助奠、七祀献官、太常卿、光禄卿、监祭、监礼视燔
祝版，至位坎北南向跪，以祝版奠于柴，就拜兴。俟半燎，礼直官赞
可瘗。礼直官引三献以下及诸执事者斋郎等，由南神门东偏门出至
揖位，圆揖。乐工二舞以次从出。三献之出也，礼直官分引太常卿、
太庙令、监祭、监礼、蒙古太祝、宫闱令及各室太祝，升自东阶，诣太
祖神座前，升纳神主，每室如仪。俱毕，降自东阶，至横街南，北向西
上立定。奉礼赞曰升纳神主讫，再拜，赞者承传，再拜讫，以次出。礼
毕，三献官、司徒、大礼使、太常礼仪院使、光禄卿等官，奉胙进于阙
庭。驾幸上都，则以驿赴奉进。

　　摄行告谢仪：告前三日，三献官以下诸执事官，各具公服赴中
书省受誓戒。告前一日未正二刻，省牲器。至期质明，三献官以下
诸执事者各服法服，礼直官引太常卿、监察御史、监礼博士、五令诸
执事官先入就位。礼直官引监祭、监礼点视陈设毕，复位。礼直官
引太常卿、监祭、监礼、太庙令、太祝、宫闱令奉迁各室神主讫，降自
横街，北向立定。奉礼郎赞再拜，在位官皆再拜讫，奉礼郎赞各就位
讫，太官令、斋郎出。礼直官引三献、司徒、光禄卿、捧瓒、爵盘、爵洗
官入就位，立定。礼直官赞"有司谨具，请行事"，降神乐作，九成止。
奉礼郎赞再拜，三献以下再拜讫，奉礼郎赞诸执事者各就位，立定。
礼直官引初献诣盥洗位，盥手，诣爵洗位，洗瓒。诣第一室酒尊所，
酌郁鬯。诣神座前北向跪，搢笏三上香，奠币执瓒，以鬯灌于沙池，

执笏俯伏兴。出室户外,再拜讫,次诣各室,并如上仪。俱毕,降复位。司徒率斋郎进馔,如常仪。奠毕,降复位。礼直官引初献诣盥洗位,盥手,诣爵洗位,洗爵。诣第一室酒尊所,酌酒。诣神座前,北向揩笏跪,三上香,执爵三祭酒于茅苴,以爵授执事者,执笏俯伏兴,出室户外,北向立。俟读祝官读祝文讫,再拜。诣每室,并如上仪。俱毕,降复位。礼直官引亚献官盥手、洗爵、酌献,并如初献仪,惟不读祝。俱毕,降复位。礼直官引终献,并如亚献仪。俱毕,复位。太祝彻笾豆,奉礼郎赞赐胙,众官再拜。在位官皆再拜讫,礼直官引三献官、司徒、太常卿、监祭、监礼视焚祝版币帛,礼直官赞可瘗。礼毕;太常卿、监祭、监礼升纳神主讫,降自横阶。奉礼郎赞再拜,在位官皆再拜讫,退。

荐新仪:至日质明,太常礼仪院官属赴庙所,皆公服俟于次。太庙令率其属升殿,开室户,不出神主,设笾豆俎、酒醴、马湩及室户内外褥位。又设盥洗位于阶下,少东,西向。奉礼郎率仪鸾局设席褥版位于横街南,又设盥盆巾帨二所于齐班幕前。凡与祭执事官皆盥手讫,太常官诣神厨点视神馔。执事者奉所荐馔物,各陈馔幕内。太常官以下入就位,东西重行,北向立定。礼直官赞:皆再拜,鞠躬,拜,兴,拜,兴,平立,各就位。礼直官引太常次官一员,率执事者出诣馔所,奉馔入自正门,升自太阶,奠各室神位前。执事者进时食,院官揩笏受而奠之。礼直官引太常礼仪使诣盥洗位,盥手,帨手。升殿诣第一室神位前,揩笏,执事者注酒于杯,三祭酒,又注马湩于杯,亦三祭之,奠杯于案。出笏,就拜兴,出室户外,北向立,再拜。每室俱毕,降复位,执事者皆降。礼直官赞:再拜,鞠躬,拜,兴,拜,兴,平立。馀官率执事者升彻馔,出殿阖户。礼直官引太常官以下俱出东神门外,圆揖。

神御殿,旧称影堂。所奉祖宗御容,皆纹绮局织锦为之。影堂所在:世祖帝后大圣寿万安寺,裕宗帝后亦在焉;顺宗帝后大普庆寺,仁宗帝后亦在焉;成宗帝后大天寿万宁寺;武宗及二后大崇恩福元寺，为东西二殿；明宗帝后大天源延圣寺；英宗帝后大永福寺；也可皇后大护国仁王寺。世祖、武宗影堂，皆藏玉册十有二牒，玉宝一钮。仁宗影堂，藏皇太子玉册十有二牒，皇后玉册十有二牒，玉宝一钮。英宗影堂，藏皇帝玉册十有二牒，玉宝一钮，皇太子玉册十有二牒。凡帝后册宝，以匣匮金锁钥藏于太庙，此其分置者。

其祭器，则黄金骈斝盘盂之属以十数，黄金涂银香合碗碟之属以百数，银壶釜杯匜之属称是。玉器、水晶、玛瑙之器为数不同，有玻璃瓶、琥珀勺。世祖影堂有真珠帘，又皆有珊瑚树、碧甸子山之属。

其祭之日，常祭每月初一日、初八日、十五日、二十三日，节祭元日、清明、粆宾、重阳、冬至、忌辰。其祭物，常祭以蔬果，节祭忌辰用牲。祭官便服，行三献礼。加荐用羊羔、炙鱼、馒头、饵子、西域汤饼、圜米粥、砂糖饭羹。

泰定二年，亦作显宗影堂于大天源延圣寺，天历元年废。旧有崇福、殊祥二院，奉影堂祀事，乃改为泰禧院。二年，又改为太禧宗禋院，秩二品。既而，复以祖宗所御殿尚称影堂，更号神御殿。殿皆制名以冠之：世祖曰元寿，昭睿顺圣皇后曰睿寿，南必皇后曰懿寿，裕宗曰明寿，成宗曰广寿，顺宗曰衍寿，武宗曰仁寿，文献昭圣皇后曰昭寿，仁宗曰文寿，英宗曰宣寿，明宗曰景寿。且命学士拟其祭祀仪注，今阙。

又有玉华宫孝思殿在真定，世祖所立。以忌日享祀太上皇、皇太后御容。本路官吏祭奠，太常博士按《宋会要》定其仪。所司前期置办茶食、香果。质明，礼直官、引献官与陪位官以下，并公服入庙庭，西向立。俱再拜讫，引献官诣殿正阶下再拜，升阶至案前褥位，三上香，三奠酒讫，就拜兴。又再拜讫，引献官复位，与陪位官以下俱再拜，退。仁宗皇庆二年秋八月庚辰，命大司徒田忠良诣真定致祭，依岁例给御香酒并牺牲祭物钱中统钞壹百锭。延祐四年，始用登歌乐，行三献礼。七年，太常博士言影堂用太常礼乐非是，制罢之，岁时本处依旧礼致祭。

其太祖、太宗、睿宗御容在翰林者，至元十五年十一月，命承旨和礼霍孙写太祖御容。十六年二月，复命写太上皇御容，与太宗旧御容，俱置翰林院，院官春秋致祭。二十四年二月，翰林院言旧院屋敝，新院屋才六间，三朝御容宜于大常寺安奉，后仍迁新院。至大四年，翰林院移署旧尚书省，有旨月祭。中书平章完泽等言：“祭祀非小事，太庙岁一祭，执事诸臣受戒誓三日乃行事，今此轻易非宜。旧置翰林院御容，春秋二祭，不必增益。”制若曰可。至治三年迁置普庆寺，祀礼废。泰定二年八月，中书省臣言当祭如故，乃命承旨斡赤赍香酒至大都，同省臣祭于寺。四年，造影堂于石佛寺，未及迁。至顺元年七月，即普庆寺祭如故事。二年，复祀于翰林国史院。重改至元之六年，翰林院言三朝御容祭所甚隘，兼岁久屋漏，于石佛寺新影堂奉安为宜。中书省臣奏，此世祖定制，当仍其旧，制可。